Jahrbuch für die Geschichte des Protestantismus in Österreich

Band 127/128 (2011/2012)

Jahrbuch für die Geschichte des Protestantismus in Österreich

Band 127/128 (2011/2012)

Herausgegeben vom Vorstand der Gesellschaft
für die Geschichte des Protestantismus in Österreich

Jahrbuch für die Geschichte
des Protestantismus in Österreich

Band 127/128 (2011/2012)

Schwerpunkt:
19. Jahrhundert

EVANGELISCHE VERLAGSANSTALT
Leipzig

Bibliographische Information der Deutschen Nationalbibliothek
Die Deutsche Nationalbibliothek verzeichnet diese Publikation in der Deutschen Nationalbibliographie; detaillierte bibliographische Daten sind im Internet über http://dnb.dnb.de abrufbar.

Printed in Germany · H 7567

Das Buch wurde auf alterungsbeständigem Papier gedruckt.

Cover: Kai-Michael Gustmann, Leipzig
Innenlayout: Jochen Busch, Leipzig
Druck und Binden: Druckhaus Köthen GmbH

ISBN 978-3-374-03067-5
www.eva-leipzig.de

Inhaltsverzeichnis

Weitere Aufsätze:

Rezensionen:

Vorwort

Der vorliegende Band widmet sich aus Anlass des 150-Jahrjubiläums des Protestantenpatents von 1861 dem Protestantismus des 19. Jahrhunderts in Österreich. Die im Band versammelten Aufsätze versuchen erste Pfade in das bislang kaum bearbeitete Feld der Theologie- und Frömmigkeitsgeschichte dieser Zeit zu schlagen, um so Grundlagen und Anregungen für weitere Forschungen zu bieten. Erstmals wird auch ein Überblick über die Gründung und das Wirken der Bibelgesellschaft im schwierigen Umfeld der Habsburgermonarchie geboten. Ebenso finden sich Arbeiten zu den Evangelischen in Habsburgs Heer, zum protestantischen politischen und theologischen Liberalismus, zur Rechtsgeschichte und zum konfessionellen Klima am Ende des 19. Jahrhunderts. Eine Analyse der Gebete auf einer Kärntner Steinätzung des 16. Jahrhunderts und Rezensionen runden den Doppelband ab.

Für die mühevolle redaktionelle Arbeit sei an dieser Stelle Astrid Schweighofer und Leonhard Jungwirth herzlich gedankt.

Im Namen des Vorstandes
Rudolf Leeb

Mitarbeiterverzeichnis:

Mag. Werner Horn
Ferdinand-Wedenig-Str 53, A-9073 Klagenfurt am Wörthersee

Mag. Yvonne Jäger
Bergsteiggasse 12-16/1/3, A-1170 Wien

Mag. Günter Merz
Tegetthoffstraße 44, 4020 Linz

Univ.Prof. Dr. Gustav Reingrabner
Angerried 16, 2424 Zurndorf

Ao. Univ.Prof. Mag. Dr. Stefan Schima
Institut für Recht und Religion, Universität Wien
Schenkenstraße 8-10, 1010 Wien

MMag. Astrid Schweighofer
Institut für Kirchengeschichte, Christliche Archäologie und Kirchliche Kunst, Evangelisch-theologische Fakultät, Universität Wien
Schenkenstraße 8-10, A-1010 Wien

Min.Rat Ao. Univ.Prof. Dr. Karl Schwarz
Benjowskigasse 28, A-1220 Wien

DDr. Karl-Reinhart Trauner
Zieglergasse 10/33, A-1230 Wien

DDr. Harald Uhl
Im Bungert 14a, D-Wachtberg

Dr. Johannes Wischmeyer
Leibniz-Institut für Europäische Geschichte, Abteilung für Abendländische Religionsgeschichte
Alte Universitätsstraße 19, D-55116 Mainz

Schwerpunkt: 19. Jahrhundert

Innerprotestantische Kulturkämpfe: Der »Grazer Kirchenstreit« 1871–1873 und die kirchenpolitische Debatte um den theologischen Liberalismus

Von Johannes Wischmeyer

I. Einführung

In jüngerer Zeit hat sich das historische Verständnis der Vorgänge und Konstellationen gewandelt, die sich traditionell mit dem Terminus »Kulturkampf« verbinden. Zunehmend wird die europäische und globale Dimension des Geschehens – auch vergleichend und in Hinsicht auf Transferbeziehungen – untersucht.[1] Das Augenmerk gilt nicht mehr allein Institutionen und Vertretern der katholischen Kirche und ihren kulturellen und politischen Antagonisten, sondern auch den Konflikten, die andere Konfessionen und Religionen unter dem Andrängen der Moderne und des damit verbundenen religiös-gesellschaftlichen Wandels zu bestehen hatten. Nicht mehr »der« Kulturkampf, sondern »Kulturkämpfe« im 19. Jahrhundert ziehen dementsprechend das Forschungsinteresse auf sich. Allerdings sind die Annahmen über die Grundstruktur der untersuchten Phänomene vergleichsweise konstant geblieben: Nach wie vor geht man mehrheitlich aus von einer Frontstellung zwischen Protagonisten des religiösen Feldes einerseits – auch wenn diese nicht mehr prinzipiell als reaktionär oder zumindest konservativ gelten müssen – und Vertretern säkularistischer oder laizistischer Überzeugungen andererseits.

Eine solch bipolare Interpretation erfasst eine wesentliche Komponente der Kulturkämpfe im 19. Jahrhundert nicht: Die aus teilweise schärfsten positionellen Differenzen entstehenden Konflikte innerhalb vieler (wenn nicht aller) Konfessionen und Religionsgemeinschaften selbst. Die Ursachen für diese internen religiösen Positionsstreitigkeiten sind so vielfältig wie die jeweiligen religiösen und nationalen Kontexte. Ihre Erforschung ist häufig noch ein Desiderat. Dies gilt mehr noch als für den Katholizismus für die »innerprotestantischen Kulturkämpfe des 19. Jahrhunderts«.[2]

---

1 Vgl. nur Manuel Borutta, Antikatholizismus. Deutschland und Italien im Zeitalter der europäischen Kulturkämpfe (Göttingen ²2011).

2 Der Begriff bei: Friedrich Wilhelm Graf, Vorwort, in: Liberale Theologie. Eine Ortsbestimmung, hg. von Ders. (Troeltsch-Studien 7, Gütersloh 1993) 7–9, hier 7.

Interne Auseinandersetzungen prägten in besonderem Maße auch den Protestantismus im Habsburgerreich, spätestens seit 1860. Wachsende Dynamik kennzeichnete die Situation aller dort vertretenen Religionen. Als gesellschaftliche Großgruppen beeinflussten sie noch immer in erheblichem Maß individuelle und kollektive Identitätsbildungen; das gilt besonders für Minoritäten wie die Protestanten im westlichen Teil der Donaumonarchie. Gleichzeitig traten aber die sozialen Unterschiede innerhalb der Religionsgruppen deutlicher hervor, induziert durch geographische Mobilität, etwa die Migration von Akademikern oder Arbeitern, ebenso wie durch die ökonomische Entwicklung. Die Erleichterungen, die den nichtkatholischen Österreichern im Zuge der Religionsverfassungsreformen seit der josephinischen Toleranz Stück für Stück gewährt wurden, brachten zusätzliche Entfaltungsmöglichkeiten. Eine Pluralisierung intellektueller, kultureller und politischer Orientierungen war die Folge, die zahlreiche Anlässe für theologische und ethische Konflikte bot.

Der österreichische Protestantismus im 19. Jahrhundert kann trotz seiner organisatorisch überschaubaren Strukturen keineswegs als ein geschlossenes sozial-moralisches Milieu betrachtet werden. Allerdings trat, analog zum politischen Leben, das Bürgertum als tonangebende Schicht immer deutlicher hervor. Dies gilt nicht nur für die öffentliche Diskussion über religiöse Themen. Bürgerliche Laien bzw. Nichttheologen hatten in der evangelischen Kirche vielmehr entscheidenden Anteil an Funktionen der Kirchenleitung. Rupert Klieber hat darauf hingewiesen, dass in der zweiten Hälfte des 19. Jahrhunderts die Protestanten Schrittmacherfunktion für die übrigen nichtkatholischen Konfessionen besaßen, was die Einführung partizipatorischer Leitungsstrukturen betraf. Dies führte wiederum »zu einer steigenden ›bürgerlichen‹ Vereinnahmung des religiösen Sektors« und beförderte langfristig auch dessen nationale und politische Instrumentalisierung.[3] Aufgrund der gemeindlichen Partizipationsmöglichkeiten gab es eine große öffentliche Bühne für kirchlich-theologische Parteien- und Positionskonflikte. Die starken Polarisierungen zwischen den verschiedenen Lagern innerhalb der evangelischen Kirche artikulierten sich zum Beispiel häufig – wie zu zeigen ist, nicht nur auf lokaler und regionaler Ebene[4] – bei der Wahl neuer Geistlicher.[5]

---

3 Rupert Klieber, Soziale Integration durch Religion? Die konfessionellen Milieus der Habsburgermonarchie und ihr Einfluss auf die Lebenspraxis der Bevölkerung, in: Die Habsburgermonarchie 1848–1918, Bd. IX: Soziale Strukturen, 1. Teilbd.: Von der feudal-agrarischen zur bürgerlich-industriellen Gesellschaft, Teilbd. 1/1: Lebens- und Arbeitswelten in der industriellen Revolution, hg. von Helmut Rumpler/Peter Urbanitsch (Wien 2010) 743–781, hier 759, 767.

4 Grundlegend zu den strukturellen Entwicklungen auf Gemeindeebene: Gustav Reingrabner, Beiträge zur inneren Geschichte des österreichischen Protestantismus im späteren 19. Jahrhundert. *JGPrÖ* 121 (2005) 205–284; vgl. Klieber, Soziale Integration (wie Anm. 3) 768, mit Nachweisen zu vergleichbaren Konflikten innerhalb jüdischer Gemeinden.

5 Vgl. auch: Wolfgang Olschbaur/Karl Schwarz (Hg.), Evangelisch in Vorarlberg. Festschrift zum Gemeindejubiläum (Bregenz 1987); Herbert Patzelt, Geschichte der evangelischen Kirche in Österreichisch-Schlesien (Schriften der Stiftung Haus Oberschlesien 5, Dülmen 1989).

Das bürgerliche war aber nur ein Milieu des Protestantismus; ihm gegenüber standen, in deutlicher Analogie zur Situation der römisch-katholischen Kirche und auch der anderen Konfessionen und Religionen in der Donaumonarchie, ein traditionell religiöses, eher ländlich geprägtes Konfessionschristentum, außerdem ein neu ausgeprägtes »entschieden gläubiges« Milieu, das eher kleinbürgerlich bzw. bildungsfern geprägt war, jedoch vor allem in städtisch und industriell geprägten Regionen Fuß fasste.[6] In den lutherischen Stadtgemeinden Cisleithaniens war das mittlere und gehobene Bürgertum allerdings vergleichsweise stärker repräsentiert als bei den Katholiken.[7] Besonders in den Großstädten wurde das gehobene bürgerliche Element durch zahlreiche Immigranten aus dem Deutschen Reich verstärkt und nahm teilweise dezidiert kulturprotestantische Züge an.[8] In einigen protestantischen Gemeinden gewann eine politische und kulturelle Hochschätzung Preußens Raum, die für österreichisch-habsburgische Patrioten befremdlich und verletzend wirken musste.

Die angesprochenen, vielerorts nachweisbaren Konfliktlinien bündelten sich 1871 und in den Folgejahren wie in einem Brennglas in einer kirchenpolitischen Kontroverse, die in der Grazer evangelischen Gemeinde ihren Ausgang nahm. Sie führte dort zu dramatischen Auseinandersetzungen, erfuhr aber bald auch auf der nationalen Ebene und darüber hinaus große öffentliche Resonanz.[9] Im Folgenden wird dieser von den Zeitgenossen so genannte »Grazer Kirchenstreit« bzw., nach dem umstrittenen Hauptprotagonisten, die »Affäre Schultz«, aus den reichlich vorhandenen Quellen rekonstruiert. Zwei Hauptaspekte werden verfolgt: zunächst die Ereignisdimension, d. h., die Entwicklung des Konflikts vor Ort sowie die Weiterungen im Zusammenspiel der kirchlichen Instanzen und der kritischen Öffentlichkeit (1.); anschließend geht es darum, inwiefern der Konflikt typische bzw. neue Argumentationsmuster im zeitgenössischen theologischen und kirchenpolitischen Diskurs der österreichischen Protestanten aktivierte (2.).

Die kirchlich-theologischen Grundsatzdiskussionen, die prominente Vertreter der unterschiedlichen Positionen anlässlich des Grazer Streits in der protestantischen Kirchenpresse des gesamten deutschen Sprachraums führten, können aus Platzgründen nur ansatzweise erwähnt werden. Der Umstand, dass man dort lagerübergreifend großen Anteil am positionellen Streit in Österreich nahm, macht den »Grazer

6 Klieber, Soziale Integration (wie Anm. 3) 749–751.

7 Ebenda 761.

8 Friedrich Gottas, Die Geschichte der Protestanten in der Habsburgermonarchie, in: Die Habsburgermonarchie 1848–1918, Bd. IV: Die Konfessionen, hg. von Adam Wandruszka (Wien 1985) 489–595, hier 592 f., nennt Beispiele prominenter in den Gemeindegremien engagierter Ordinarien der Wiener Universität.

9 In Grundzügen berichtet: Gotthold Müller, Theologischer Liberalismus und österreichischer Protestantismus im 19. Jahrhundert. *Theologische Zeitschrift* 20 (1964) 172–191. Umstände und Verlauf des Konflikts wurden in den Darstellungen der Grazer und Steiermärker Protestantismusgeschichte bisher weitgehend ausgeblendet; Heimo Begusch [Heimo Begusch, Von der Toleranz zur Ökumene, in: Kirchengeschichte der Steiermark, hg. von Karl Amon/Maximilian Liebmann (Graz–Wien–Köln 1993) 494] schätzt, ohne die Vorgänge selbst zu rekonstruieren, ihre Bedeutung richtig ein.

Kirchenstreit« zu einem transnationalen Medienereignis des 19. Jahrhunderts. Diese Dimension des Geschehens soll in einer gesonderten Veröffentlichung behandelt werden.

II. Provokationen: Der Ablauf des Kirchenstreits und seine unmittelbaren kirchlichen und theologischen Kontexte

II. 1 Die Grazer Kirchengemeinde und ihr religiöses Umfeld

Die 1821 offiziell gegründete und seit 1856 selbstständige protestantische Pfarrgemeinde AB in Graz stellte sich um 1870 als wohlorganisiert und handlungsfähig dar – Zeitgenossen bezeichneten sie als »eine Perle der evangelischen Kirche Oesterreichs«.[10] Gemeinsam mit der Filiale Bruck a. d. Mur[11] umfasste sie ca. 1700 Seelen. Trotz der Diasporasituation waren ihre Mitglieder in die Gesellschaft der steirischen Landeshauptstadt integriert, wozu das heterogene soziale Profil beitrug. Neben teilweise adeligen Gutsbesitzern war das bürgerliche Element stark vertreten: Es reichte von wohlhabenden Pensionisten und – oft aus dem Deutschen Reich stammenden – protestantischen Angehörigen der Grazer Universität bis ins kleinbürgerliche Handwerkermilieu. Daneben war auch die Arbeiterklasse vertreten, der Gemeinde gehörten zahlreiche Tagelöhner an.[12] Die Zeichen standen auf institutionelle Expansion: Seit 1846 bestand eine öffentliche Gemeindeschule mit drei angestellten Lehrern für 170 Kinder. Sie war allerdings mit dem liberalen Volksschulgesetz von 1869 in eine Privatschule umgewandelt worden und infolgedessen wie das gesamte evangelische Schulwesen in Cisleithanien in eine schwere finanzielle Krise geraten. Mithilfe hoher Spenden, auch öffentlicher Institutionen, gelang es, sie weiterzuführen. 1853 war der Grundstein für einen Umbau des 1824 geweihten Bethauses zu einer repräsentativen Kirche und für ein Schulhaus gelegt worden. 1855 war das inzwischen im Stadtzentrum gelegene Ensemble vollendet.[13] Die Gemeinde finanzierte sich durch freiwillige Beiträge von 250 Vollmitgliedern, insgesamt 2000 fl. (Gulden), weiter durch Kirchensitzgelder in Höhe von 700 fl.; an Kollekten kamen 650 fl. zusammen. Bei der Deckung des Haushalts und der Ansammlung eines Vermögensstocks in Form von Kirchen-, Schul- und Krankenfonds halfen darüber hinaus regelmäßige Zahlungen (jährlich ca. 650 fl.) des Gustav-Adolf-Vereins, der seit 1863 auch mit ei-

10 Adresse des Presbyteriums der evangelischen Pfarrgemeinde Wald an den Oberkirchenrat (Separatdruck, datiert 9. Februar 1873).

11 Später mit Leoben und Zeltweg zu einer Gemeinde vereinigt.

12 Vgl. auch zum Folgenden: Julius Kolatschek (Hg.), Die evangelische Kirche Oesterreichs in den deutsch-slavischen Ländern. Eine Darstellung des Arbeitsfeldes des evangelischen Vereins der Gustav-Adolf-Stiftung in den genannten Ländern und zugleich ein Beitrag zur Geschichte des österreichischen Protestantismus (Wien 1869) 23; ähnlich Julius Wallner, Die Geschichte der evangelischen Gemeinde Graz Heilandskirche von der Reformationszeit bis zum Jubiläumsjahr 1956 (Graz 1965) 38.

13 Vgl. Begusch, Von der Toleranz (wie Anm. 9) 486 f.

nem Steiermärker Zweig- und Grazer Ortsverein vertreten war.[14] Weitere 500 fl. stellte die politische Gemeinde jährlich speziell für Schulzwecke bereit. Hier bestanden enge personelle Verbindungen. Unter anderem waren mehrere protestantische Presbyter und vorübergehend auch der Pfarrer Mitglieder des Grazer Stadtrats.[15]

Im Rahmen des organisatorischen Aufbaus der evangelischen Kirche war die Gemeinde seit 1861 dem niederösterreichischen – nicht dem von den obersteirischen Landgemeinden geprägten steirischen – Seniorat zugeordnet. Darüber stand die Wiener Superintendenz AB als kirchliche Mittelbehörde.[16] Die übergeordnete Religionsaufsicht der Protestanten in Cisleithanien, die etwa in der Bestätigung der von den Gemeinden gewählten Geistlichen zum Ausdruck kam, übte der in Wien ansässige k. k. Oberkirchenrat A. und H. B. aus, der im Mai 1861 als eine dem Kultusministerium untergeordnete Staatsbehörde ins Leben gerufen worden war.

Der Aufschwung des Grazer Protestantismus vollzog sich in einem zunehmend dynamischen religiösen Umfeld, in dem es auch innerhalb der katholischen Kirche zu Pluralisierungsvorgängen kam: 1848 hatte sich ein großer deutschkatholisch-freichristlicher Verein mit hohem Frauenanteil konstituiert, der 1851 verboten wurde. Die engen Beziehungen der evangelischen Gemeinde zu den Deutschkatholiken hatten nach 1848 zu ernsten Problemen mit den staatlichen Behörden geführt. Der Presbyter Moritz Ritter von Horstig d'Aubigny war deswegen 1852 vom Kreispräsidenten amtsenthoben worden; auch später versagte man neugewählten Presbytern wegen ihrer Nähe zu den Deutschkatholiken die amtliche Bestätigung.[17] Im bewussten Gegensatz zu den liberalkatholischen Tendenzen wurde das katholische Vereinsleben intensiviert, 1869 fand in Graz der erste Katholikentag statt.[18] Nach 1871 wurde die Stadt außerdem zu einer Hochburg der altkatholischen Bewegung. Auch freidenkerische und atheistische Gruppen waren in Graz präsent, über ihre Rechtsstreitigkeiten mit staatlichen Behörden berichten die zeitgenössischen Kirchenzeitungen immer wieder. Kulturkämpferische Töne wurden in der Grazer Öffentlichkeit anlässlich einer wissenschaftlich-religiösen Kontroverse angeschlagen, die ein relativ frühes Beispiel für den Streit um den Darwinismus im deutschen Sprachraum darstellt: Am zweijährigen Gründungstag der Grazer Universität, im November 1865, hielt der Zoologe Oskar Schmidt als Rektor eine Rede »Über den Darwinismus und seinen Einfluß auf die Zoologie«. Darin propagierte er einen rein säkularen Wissenschaftsbegriff.

---

14 Ebenda 490.

15 861 und 1867 wurde das Gemeindeglied Moritz Ritter von Franck zum Bürgermeister der Landeshauptstadt gewählt: Wallner, Die Geschichte (wie Anm. 12) 38 f.; zur Berufsverteilung in den gemeindlichen Gremien – überwiegend Unternehmer und Grundbesitzer, daneben Akademiker und Beamte – während Leidenfrosts Amtszeit vgl. Begusch, Von der Toleranz (wie Anm. 9) 493.

16 Begusch, Von der Toleranz (wie Anm. 9) 486; zur Wiener Superintendenz: Gottas, Habsburgermonarchie (wie Anm. 8) 561.

17 Begusch, Von der Toleranz (wie Anm. 9) 484 f.

18 Vgl. Maximilian Liebmann, Vom Josephinismus zur freien Kirche, in: Kirchengeschichte der Steiermark, hg. von Karl Amon/Ders. (Graz–Wien–Köln 1993) 220–255, hier 245.

Die Schöpfung, verstanden als ein unbegreifliches Wunder, müssten Darwinisten ablehnen; der Mensch stamme von niederen Tierstufen ab, die Organismen von unorganischem Material. Katholische Theologiestudenten protestierten gegen die in der lokalen Presse breit diskutierte Rede, zahlreiche katholische Studentenvereine solidarisierten sich mit ihnen.[19] Schmidt, ein protestantischer Pfarrerssohn aus Torgau, der seine Anfangsjahre als Universitätsdozent in der liberalprotestantischen Atmosphäre der Jenaer Universität verbracht hatte,[20] wird uns im Kirchenstreit als ein besonders aktiver Presbyter begegnen.

Die akademisch-bürgerlichen Kreise der Universitätsstadt waren stark politisiert: Obgleich der Höhepunkt der deutsch-nationalen Politik in Graz erst Mitte der achtziger Jahre des 19. Jahrhunderts einsetzen sollte, fanden hier liberale und gleichzeitig – typisch für die Situation im Deutschen Reich in Nachmärz und früher Gründerzeit – deutsch-nationale Tendenzen bereits um 1870 großen Anklang. Das »Grazer Tagblatt«, ein wichtiges Organ der lokalen Berichterstattung über den Kirchenstreit, wurde im Sommer 1871 – allerdings nur für eine kurze Frist – in »Deutsche Zeitung« umbenannt. Das Blatt stand in enger Verbindung zum prussophilen und katholikenfeindlichen »Deutschen Verein«, der im Juni desselben Jahres gegründet wurde.[21] Konservative, häufig der katholischen Kirche nahestehende Gruppen hielten dagegen. Ende der sechziger Jahre hatten sie das »Grazer Volksblatt« sowie einen »Katholisch-konservativen Volksverein« ins Leben gerufen, der sich in der Folgezeit besonders der Pressearbeit widmete.

Mit dem Stadtpfarrer Leidenfrost stand ein noch relativ junger, gebildeter und aktiver Theologe an der Spitze der Gemeinde.[22] Zwar wurde sein Ansehen, wie zu se-

19 Ebenda 257.

20 Zur Biographie: W. Hess, Art.: Schmidt, Eduard Oscar. *ADB* 32 (1891) 11 f.; vgl. Tilman Matthias Schröder, Naturwissenschaften und Protestantismus im Deutschen Kaiserreich. Die Versammlungen der Gesellschaft Deutscher Naturforscher und Ärzte und ihre Bedeutung für die Evangelische Theologie (Contubernium. Tübinger Beiträge zur Universitäts- und Wissenschaftsgeschichte, Bd. 67, Stuttgart 2008) 140, 488 (ohne Erwähnung der Grazer Vorgänge und des kirchlichen Engagements des Zoologen).

21 *Neue Freie Presse*, 17. Juni 1871 (Morgenblatt) 4.

22 Dr. Robert Leidenfrost (1827–1897) stammte aus einer Gelehrten- und Industriellenfamilie. Der Vater, ein wohlhabender mährischer Spinnfabrikant, ermöglichte ihm das Studium in Wien, Heidelberg und Leipzig. Nach einer längeren Zeit als Lehrer an Schulen in Brünn und Preßburg wurde er 1862 zunächst als Pfarradministrator nach Graz berufen und dort sofort zum ersten Pfarrer gewählt. In seiner fünfunddreißigjährigen Amtszeit trug er maßgeblich zur Gründung einer Reihe kirchlich-diakonischer Institutionen bei und engagierte sich im protestantischen Vereinswesen. Seit 1868 Cosenior innerhalb des niederösterreichischen Seniorats, fungierte Leidenfrost von 1880 bis 1892 als Senior und nahm an den Generalsynoden 1883, 1889 und 1890 teil. Seit 1869 Mitglied des Landesschulrates, wirkte er wie erwähnt 1867 bis 1872 als Gemeinderat und dauerhaft als Mitglied der städtischen Armen-Oberdirektion. Vgl. Robert Beck, Dr. Robert Leidenfrost. *Evangelische Kirchenzeitung für Österreich* 14 (1897) 344 f.; Herbert Rampler, Evangelische Pfarrerinnen und Pfarrer der Steiermark seit dem Toleranzpatent. Ein Beitrag zur österreichischen Presbyterologie (Forschungen zur geschichtlichen Landeskunde XL, Graz 1998) 185–187.

hen sein wird, während des Grazer Kirchenstreits vorübergehend schwer beschädigt. Doch es gelang ihm, in seiner langen Amtszeit das Vertrauen zurückzugewinnen, was in der Selbsthistorisierung der Grazer Gemeinde zu einer weitgehenden Verdrängung der Konfliktgeschichte führte. Leidenfrost vertrat, typisch für eine größere Zahl seiner österreichischen Amtsgenossen, eine am lutherischen Bekenntnis orientierte, eher konservative Theologie, die aber zu keiner Zeit neukonfessionalistische Züge annahm. In Österreich setzte der zeitgenössische Trend zu einer fundamentalen Rückbesinnung auf den Gesamtbestand des lutherischen Bekenntnisses erst später ein als beispielsweise in den Landeskirchen Bayerns oder Sachsens. Insgesamt blieb er auch weniger intensiv, da es noch längere Zeit weder in der Kirchenleitung noch an der Wiener evangelisch-theologischen Fakultät, die eine wichtige Rolle bei der Ausbildung der angehenden Geistlichen spielte, eine klare Präferenz für den lutherischen Neukonfessionalismus gab.[23] Allerdings vollzogen viele österreichische Geistliche infolge langfristiger Wirkungen der Erweckungsbewegung eine antiliberale Wendung in Fragen protestantischer Ekklesiologie, Kultur und Ethik.

II.2 Irritationen im Zusammenhang von Schultz' Berufung

E(h)rhard(t) Schultz, Leidenfrosts künftiger Gegenspieler im Predigtamt, gelangte 1869 aus Bremen nach Graz. Das Presbyterium hatte ihn nach einer öffentlichen Stellenausschreibung zum Lehrer an der evangelischen Hauptschule gewählt. Ob Schultz gezielt von liberalen Kreisen in der Grazer Gemeinde angeworben wurde, womöglich über persönliche Beziehungen innerhalb des deutschen Protestantenvereins, ist noch nicht geklärt. In einem autobiographischen Memorandum erklärte er später, er habe sich auf eine Zeitungsannonce hin beworben.[24] Schultz' Qualifikation als Lehrer war unbestritten – er hatte vor dem Göttinger Theologiestudium einen Schulamtskurs in Lüneburg absolviert –, doch seiner von Seiten der Gemeinde mit ins Auge gefassten zusätzlichen Tätigkeit als Hilfsgeistlicher standen Schwierigkeiten entgegen: Statt eines ordentlichen Konsistorialexamens hatte Schultz bei seiner hannoverschen Heimatkirche nur eine Vorprüfung absolviert. Eigenen Angaben zufolge war ihm danach in Göttingen wegen seines burschenschaftlichen Engagements eine bereits in Aussicht gestellte Repetentenstelle verweigert worden. Damit zerschlug sich die Hoffnung auf eine wissenschaftliche Weiterqualifizierung, und Schultz wechselte auf

23 Zur Förderung rationalistischer und später freisinniger Tendenzen an der Wiener Fakultät durch die Kirchenleitung vgl. Gustav Frank, Die k. k. evangelisch-theologische Facultät in Wien von ihrer Gründung bis zur Gegenwart. Zur Feier ihres fünfzigjährigen Jubilaeums verfasst (Wien 1871) 21 f., 47; vgl. auch: Karl-Reinhart Trauner, Von Jena nach Erlangen. Ein Beitrag zum Wechsel theologischer Schulen an der Evangelisch-Theologischen Fakultät in Wien. *JGPrÖ* 117/118 (2002) 48–83.

24 Die im Folgenden genannten Archivquellen entstammen sämtlich folgendem Sammelakt: Evangelische Kirche in Österreich, Kirchenamt A. B., Abteilung Matrikenwesen, Archivwesen, Bibliothek (AEKÖ): Akten des Ev. Oberkirchenrates, ältere allgemeine Reihe (äaR), Fasz. 62 (neu: 14); vgl. hier: 1870/Nr. 1601 (28./29. 10.).

eine befristete Hilfspredigerstelle in Bremen. Ein Examen in der hannoverschen Landeskirche war für Schultz wohl keine ernsthafte Option, da auch dort in der Zeit des Nachmärz ein kirchenpolitisch aggressives Neuluthertum vorherrschte und der junge Kandidat nicht bereit war, seine liberale theologische Orientierung zu verhehlen: In Hannover, konstatiert Schultz, habe er »den engherzigsten Confessionalismus [...], der über dem Buchstaben seiner Theologie die Religion und den Geist des Christenthums vergißt«, kennengelernt. Im, wie allgemein bekannt, überwiegend freisinnigen Bremen herrsche demgegenüber »ein milder echt christlicher Geist«.[25] Schultz' Bewerbung auf die dortige 5. Dompredigerstelle blieb aber erfolglos. Nachdem auch die Bewerbungen um eine Predigerstelle in Oldenburg und um die Redakteursstelle der liberalen Protestantischen Kirchenzeitung missglückten, blieb Schultz anscheinend nur der Weg ins Ausland. Zum Abschied von Bremen erhielt er immerhin noch eine Ordination durch das Predigerkollegium einer unierten Bremer Kirchengemeinde, der ein examensähnliches Kolloquium vorausgegangen war.

Bei vielen Grazer Eltern fand Schultz' Pädagogik, die auf Mündigkeit der Schüler setzte, rasch Anklang. Auch Predigten scheint der liberale Theologe von Anfang an gehalten zu haben. Der zuständige Superintendent Gunesch, der sich später neben Pfarrer Leidenfrost als Schultz' unerbittlichster Gegner erweisen sollte, hatte zwar bei dessen Anstellung den Wiener Oberkirchenrat vorsorglich darauf aufmerksam gemacht, dass Schultz wegen seiner fehlenden Anstellungsprüfung keine Pfarramtstätigkeit, auch nicht als Aushilfe, übernehmen könne.[26] Immerhin hatte er Schultz aber mündlich eine vorläufige Erlaubnis zum Predigen erteilt. Womöglich gab es zu dieser Zeit bereits Gerüchte, dass die Gemeindevertreter weitergehende Pläne verfolgten: Tatsächlich wählte das Presbyterium Schultz am 20. Februar 1870, ein knappes halbes Jahr nach seiner Ankunft in Graz, mit 113 von 128 Stimmen zum zweiten Pfarrer. Einen solchen Posten hatte es in Graz bereits zwischen 1862 und 1864 gegeben. Im Oberkirchenrat löste die Wahl wegen des von Gunesch angesprochenen Qualifikationsproblems Bedenken aus. Der Superintendent verzögerte außerdem zunächst die Präsentation, d. h. die Vorlage des gemeindlichen Wahlbeschlusses, beim Oberkirchenrat zur Bestätigung durch das Kultusministerium, indem er dem Grazer Presbyterium eine Reihe formaler Beanstandungen übermittelte. Gleichzeitig betonte er in der internen Kommunikation mit der Kirchenleitung, »dass die theologische Richtung des Schultz weit über die äußerste Linke hinausschweift«. Prinzipiell, äußerte Gunesch gereizt im selben Schreiben, sei man in Graz geneigt, »die Autonomie der Gemeinde nach eigenem Sinne aufzufassen«.[27]

Nachdem sich das selbstbewusste Presbyterium über die Verschleppung der Angelegenheit offiziell beschwert hatte,[28] nahm Gunesch in einem umfangreichen Schreiben Stellung: Trotz der möglichen Formfehler sei Schultz insgesamt die wissen-

25 Ebenda.
26 1869/Nr. 1412 (24.9.) (vgl. Anm. 24).
27 1870/Nr. 66 (22.1.) (vgl. Anm. 24).
28 1870/Nr. 803 (23.5.) (vgl. Anm. 24).

schaftliche Befähigung für das Predigtamt deutlich zuzusprechen. Doch man dürfe sich nicht auf die formale Seite der Angelegenheit beschränken:

> »Allein mit dem Wissen muß auch der Glaube, und eine correcte Bewegung des Evangelischen Geistlichen innerhalb des Bekenntnisses auf der Kanzel, in seinen Vorträgen, u. ein solcher theologischer Standpunkt, welcher dem kirchlichen Bekenntniß entspricht, verbunden seyn; und auch im Leben, welches die Welt sieht und wahrnimmt, muß der Evangelische Geistliche eine Haltung beweisen, die mit seinem Amte verträglich ist.«[29]

Beides sei bei Schultz zu vermissen. Den geistreichenden und rhetorisch ansprechenden Predigten fehle der dezidiert christliche Charakter. Schultz diskutiere auf der Kanzel in unpassender Form Dogmen und bezeichne etwa die Lehre vom Teufel als Hirngespinst, das Festhalten am Bekenntnis als widervernünftig und lehne Begriffe wie Erbsünde und Rechtfertigung durch den Glauben ab. Ähnlich falle auch sein Schulunterricht aus, wie der Superintendent »aus authentischer Quelle« erfahren haben möchte. Neben den kirchlich-theologischen Defiziten des Kandidaten kritisierte Gunesch auch dessen politische Einstellung. Seine Kritik enthält konservative und preußenfeindliche Argumente: Schultz spreche davon, »eine, der modernen ungläubigen Weltanschauung huldigende Parthei« zu wählen:

> »Er ergeht sich gerne in hochtrabenden Phrasen über das traurige Loos der armen Arbeiter, und wie denselben nur durch gesteigerte Freigebigkeit der Besitzenden zu helfen sei; dann sagt er: wenn man nicht gutwillig gebe, so werden die hierzu berechtigten kommen und nehmen. Sein Standpunkt ist der eines Uhlich, er ist eine Art Socialdemocrat, der mit den hiesigen Freidenkern fraternisirt, sich an den Commersen der academischen Jugend betheiligt, um auf diese einzuwirken, und in Bier-Hallen zündende Reden hält.«[30]

Sein didaktisches Talent habe Schultz als Agitationsmittel benutzt: »Er ist ein arroganter Bismarkianer, er meint für unser liebes Oestreich, über das er nur verächtlich spricht, noch viel zu gut zu sein.«[31] In der aufstrebenden Grazer Gemeinde habe Schultz eine Spaltung herbeigeführt, die auch gegenüber der katholischen Kirche nachteilig wirke. Der Kandidat, der »sich mit einem gewissen Liberalismus und Ungebundenheit in seinem Lehren und Leben, populär zu machen« versuche, werde von einer seit längerem bestehenden Gruppe unterstützt, die dem »Materialismus« huldige. Eine Reihe von Presbytern gehörte ihr an, sie nähme weder am Gottesdienst noch am Abendmahl teil.[32]Superintendent Gunesch ärgerte sich vor allem über die Umtriebe des erwähnten Universitätsprofessors Oskar Schmidt, »des bekannten Vertreters der Darwinischen Lehre, und leider Presbyters der Gemeinde; der allen kirchlichen Sinnes baar seyn soll, für den die Kirchengesetze nur in sofern Geltung haben, als sie seinen Anschauungen nicht zuwider sind«.[33]

---

29 Schreiben des Superintendenten Gunesch an den Oberkirchenrat vom 15. Mai 1870; 1870/Nr. 826 (23.5.) (vgl. Anm. 24)

30 Ebenda. Leberecht Uhlich, 1799–1872, Gründer des »Vereins der Protestantischen Freunde« (»Lichtfreunde«) und führender Repräsentant der freireligiösen Bewegung.

31 Ebenda.

32 Ebenda.

33 1870/Nr. 927 (11.6.) (vergl. Anm. 24).

Der Oberkirchenrat nahm den Vorschlag Guneschs auf, Schultz solle bereits vor der Bestätigung den so genannten Pfarravers unterschreiben, d.h. die allen Pastoren bei der Amtseinführung vorgelegte Verpflichtung auf die Confessio Augustana und die Grundsätze der lutherischen Kirche und ihre allgemein anerkannten und angenommenen Lehren. Der auch in den kommenden Auseinandersetzungen stets federführende Konsistorialrat Gustav Frank bezweifelte dabei in einer Aktennotiz, ob Schultz »bei s[eine]r allerdings sehr linken u[nd] zu Verletzung Strenggläubiger angethanen Richtung überhaupt auf den hier üblichen Avers eingeht«.[34]

Vorerst kam Schultz nicht dazu, die Bekenntnisverpflichtung zu unterschreiben, denn die Entscheidung zog sich in die Länge. Nach einer ausführlichen Verhandlung mit dem hannoverschen Konsistorium entstand vorübergehend der Eindruck, Schultz könne nicht als wahlfähig für das Pfarramt gelten.[35] Währenddessen ließ dieser aber seine Beziehungen nach Bremen spielen. Bald konnte er eine Wahlfähigkeitsbescheinigung des Bremischen Senats präsentieren. Da mit der Zeit auch alle anderen Beanstandungen geklärt waren und Schultz ohne Vorbehalt Bekenntnistreue und staatsbürgerliche Loyalität gelobte,[36] bestanden keine formalen Einwände mehr gegen Schultz' Bestätigung.[37] Im Februar 1871 gab der Oberkirchenrat seine Zustimmung zur Präsentation und leitete den Vorgang ans Kultusministerium weiter, mit der Kautel, Schultz müsse sich bei seiner Tätigkeit im Pfarramt stets an der Bekenntnisverpflichtung messen lassen; andernfalls würde die Kirchenleitung auf eine Anzeige hin Maßnahmen gegen ihn ergreifen.[38]

Der Kandidat hatte sich bei den kirchlichen Behörden inzwischen durch eine Provokation unbeliebt gemacht: Per Telegramm fragte er beim Oberkirchenrat an, ob seine »Suspendierung« durch den Stadtpfarrer Leidenfrost rechtmäßig sei.[39] Hintergrund war, dass Leidenfrost – kirchenrechtlich korrekt – die Zustimmung zu einer Trauung verweigert hatte, die Schultz durchführen wollte. Der niederösterreichische Senior Lichtenstettiner berichtete, dass es sich beim Bräutigam um einen Schultz nahestehenden Konvertiten handle, der längerfristig gar keine Aufnahme in die evangelische Gemeinde anstrebe.[40] Diese Umstände hinderten die liberale Mehrheit der Presbyter nicht, Leidenfrost öffentlich eine schikanöse Behandlung seines Kollegen

34 1870/Nr. 826 (23.5.) (vgl. Anm. 24). Gustav Wilhelm (von) Frank (1832–1904) wurde nach Studium und akademischer Qualifikationszeit in Jena 1867 als ordentlicher Professor für Systematische Theologie und Symbolik an die protestantisch-theologische Fakultät in Wien berufen und wirkte von seiner Berufung an bis 1883 im Nebenberuf als theologisches Mitglied des evangelischen Oberkirchenrats. Zur Person: Georg Loesche, Dr. theol. Gustav W. Frank, o. ö. Prof. i. R., 25. 9. 1832–24. 9. 1904. Ein Gedenkblatt: Mit dem Bildnis des Entschlafenen (Leipzig 1904). Ders., Art. Frank, Gustav (Wilhelm). *RE*[3] 23 (1913) 452–457.

35 1870/Nr. 927 (11.6.) (vgl. Anm. 24).

36 Schreiben Schultz' an den Oberkirchenrat vom 5. Oktober 1870: 1870/Nr. 1541 (26. 10.) (vgl. Anm. 24).

37 1870/Nr. 1467 (17.10.) (vgl. Anm. 24).

38 1871/Nr. 282 (9.2.) (vgl. Anm. 24).

39 1870/1283 (19.8.) (vgl. Anm. 24).

40 1870/Nr. 1308 (31.8.) (vgl. Anm. 24).

vorzuwerfen. Sie setzten ihrerseits mit einer weiteren Anfrage beim Oberkirchenrat die Politik der bürokratischen Nadelstiche fort.

II.3 Auslöser des Konflikts: Die umstrittene Fastenpredigt

Die Situation war also allseitig gespannt. Sie eskalierte bei der ersten Gelegenheit: Im März 1871 entzog der Wiener Superintendent Schultz fristlos die Predigterlaubnis, nachdem es Beschwerden über eine seiner Predigten gegeben hatte. Ziel der theologisch provokativen, umgehend in mehreren Auflagen gedruckten »Fastenpredigt«[41] war, den in den positionellen Kämpfen der Gegenwart umstrittenen und oft exklusiv von den kirchlich Konservativen vereinnahmten Begriff des Glaubens aus einer freisinnigen Perspektive stark zu machen. Seine Position markierte Schultz bereits dadurch, dass er im Kanzelgruß den »allgemeinen Weltgeist, der die Liebe ist«, anrief – die Formel war als Erkennungsmerkmal freireligiöser Predigten bekannt.[42]

Zu Beginn seiner Predigt legt Schultz die Unverzichtbarkeit des Glaubensbegriffs dar, indem er auf dessen Suggestionskraft in säkularen Verwendungen anspielt: Glaube als »Quell der Begeisterung für die Pfadfinder der Menschheit«, aber gleichzeitig auch »Quell des glühenden Hasses und der satanischen Bosheit, welche die Weltgeschichte mit Schamröthe in ihren Tafeln verzeichnet hat«.[43] Schultz legt den zugrundeliegenden Text Hebr. 11,1 dahingehend aus, der Glaube beziehe sich auf »das Nichtsinnliche, [...] die Welt der Ideen, der Ideale«, nicht auf das Gebiet der »sinnlichen Wahrnehmung« beziehungsweise der »Thatsachen«. Dementsprechend könne sich der christliche Glaube nicht auf Bibel, Katechismus oder Bekenntnisformeln beziehen, sondern lediglich auf den »unsichtbaren, idealen Gehalt derselben«.[44] Ebenso wenig seien Jesu Geburt, Tod, Auferstehung, die von ihm vollbrachten Wunder und seine gesamte historische Persönlichkeit Gegenstand des Glaubens. Es handle sich hierbei um »historische Vorgänge, die vor den Richterstuhl der Geschichte, vor das Tribunal der Wissenschaft gehören«.[45] Mit den radikalen Vertretern des Flügels der Tübinger Schule und den theologischen Linkshegelianern erklärt Schultz, der Glaube könne sich allein auf Ideen und Ideale Jesu, auf das Göttliche, das in seiner Persönlichkeit, seinem Charakter und seinem »Wirken und Streben« hervorgetreten sei, beziehen. Von dieser Ausgangsbeobachtung aus kritisiert Schultz mannigfaltige Verfehlungen der Religionen, die Sinnliches zum Gegenstand der Verehrung machen. Gleich ob es den Fetisch der Naturreligionen, den Ort Jehovahs über der Bundeslade, das Apostolikum, den neuen römischen Katechismus oder die mohammedanischen Vorstellungen vom Paradies betreffe: Überall machten die Religionen unangemessen das Sinnliche zum Gegenstand des Glaubens. Besonders der Protestantismus sei hierdurch teilweise seinen Grundsätzen untreu geworden und »aus einer Religion

41 Ehrhard SCHULTZ, Was ist unter dem Worte Glauben zu verstehen? Fastenpredigt (Graz [1]1871).
42 Vgl. Erlass des Oberkirchenrats vom 30. Mai 1871: 1871/Nr. 1029 (30.5.) (vgl. Anm. 24).
43 SCHULTZ, Fastenpredigt (wie Anm. 41) 4.
44 Ebenda 5.
45 Ebenda 6.

des Geistes und der Freiheit zu einem Bekenntnisse des Buchstabens und der Form herabgesunken«.[46]

Schultz bedient sich typischer Argumentationsmuster der Radikalliberalen, die häufig eine Überzeugung der eigenen intellektuellen Überlegenheit mit einem ausgeprägten Dissidentenbewusstsein verbanden:[47] Der Buchstabenglaube habe zu einer Abwendung der besten Köpfe von der Religion geführt, obgleich letztere dazu bestimmt sei, »das gesammte Leben mit dem Schmelz des Idealen zu durchhauchen und zu verklären«.[48] Stattdessen benutzten überall »niedrige Geister« den Glauben, um ihre verleumderischen und hetzerischen Ränke voranzubringen. Schultz ruft die Schuld der (römisch-katholischen) Kirche und ihres gewaltsam durchgesetzten Glaubens in den Fällen Kolumbus, Galileo und Kopernikus, Hus und Servet, bei den Judenverfolgungen und der Vertreibung der Salzburgischen Protestanten, in der Bartholomäusnacht und bei der Inquisition in Erinnerung.[49] Der »Buchstabendienst« und »Sinnencultus«, der diesen Schrecknissen zugrunde liege, müsse »im Namen der Geistesfreiheit« bekämpft werden. Wer sich am »Christentum Christi« orientiere, könne nur den beseligenden und Frieden bringenden Glauben an das Ideale ernst nehmen.[50] So findet Schultz zu seiner abschließenden Definition:

> »Glauben ist demnach diejenige Beschaffenheit, Stimmung und Richtung unsers Innern, unseres geistigen Lebens, die gewiß ist von dem Vorhandensein des Göttlichen, des Uebersinnlichen, des Idealen, der sittlichen Mächte und die sich denselben hingibt in Liebe und Vertrauen. [...] Glaube ist die Gewißheit des Herzens, des Gemüthes, des gesammten geistigen Lebens.«

Als Wahrnehmung des Göttlichen, das durch das Ideale – inhaltlich in erster Linie durch das Sittengesetz – verkörpert wird, konvergiere der Glaube mit der Vernunft. Auf diese Weise überwinde er die »Welt des Unwahren, Unfreien, Unedlen und Gemeinen«.[51]

Die Kommentierung der Predigt in der Grazer Tagespresse führt die positionellen Differenzen in der bürgerlichen Öffentlichkeit der Stadt vor Augen. Die liberale »Tagespost« verknüpfte die Würdigung der Predigt mit einem antikatholischen Seitenhieb: »Die markige, echt männliche Rede kontrastiert wohlthätig zu jenen Predigten, die, das politische Feld betretend, das Reich der sittlichen Ideale verlassen und zu unwürdigen Tiraden gegen den Fortschritt sich gestalten.«[52] Ein konservativ-katho-

46 Ebenda 7.

47 Der belesene Theologieprofessor und Konsistorialrat Frank wies später nach, dass Schultz' Predigt erhebliche Anleihen bei einer Monographie des Bremer liberalen Theologen Wilhelm Nagel genommen hatte: Wilhelm Nagel, Das Christenthum in seiner Wahrheit als Religion der Gegenwart (Bremen 1855) 46–53; zu dessen Person: Motz, Art.: Nagel, Karl August Wilhelm. *Allgemeine Deutsche Biographie* 23 (1886) 216–218.

48 Schultz, Fastenpredigt (wie Anm. 41) 8.

49 Ebenda.

50 Ebenda 10.

51 Ebenda 12.

52 *Tagespost* (9. März 1871).

lisches Blatt bezeichnete demgegenüber die Predigt als den »krassesten Nihilismus«. Bei der Lektüre werde klar, »daß der Liberalismus es wirklich auf die Vernichtung unserer positiven Religion abgesehen hat«. Der Eklat dient dem Kommentator als Argument, um die antiklerikalen Vorwürfe in der Kulturkampfdebatte zu entkräften: Dass katholische Prediger auf liberale Religionsfeindlichkeit hinwiesen, könne angesichts von Stellungnahmen wie der Schultzschen Predigt keineswegs als »Hetzerei« abqualifiziert werden: Nicht die katholischen Prediger, sondern eben gerade »Herr Schulz [sic !] und Alle seinesgleichen sind ausgepichte politische Agitatoren auf der Kanzel«. Beklagt wird die »höchst parteiliche Inkonsequenz liberaler Rezensenten«.[53]

Superintendent Gunesch war mit seiner Entscheidung einer dringenden Bitte des Grazer Pfarrers Leidenfrost nachgekommen. Dieser hatte ihm direkt nach der inkriminierten Predigt die Situation als äußerst bedrohlich beschrieben: Schultz' Kanzelreden seien zwar geistreich, doch sie trügen nicht den Charakter evangelischer Predigten. Fortwährend werde in ihnen die evangelische Kirche angegriffen und auf eine Stufe mit der katholischen gestellt. Schultz kritisiere die heilige Schrift und meine, dass die Bekenntnisschriften der Kirche »von den ›Denkenden‹ lange & mit recht über Bord geworfen« seien.[54] Seine Fastenpredigt mit ihrem Angriff auf Christus selbst sei besonders »verblüffend« und »absurd«, da sie noch weitergehend als »ein Zeugniß gegen das Christenthum«, nicht mehr nur gegen die Kirche verstanden werden müsse. Leidenfrost hielt es für ausgeschlossen, dass Schultz eine derartige Predigt irgendwo in Deutschland hätte halten können. Ihm zufolge zeichnete sich das Ziel des liberalen Theologen klar ab, die Kirche »auf Grund des ›allgemeinen Weltgeistes der die Liebe ist‹ zu reformiren« – hier greift er eine von Schultz häufig verwendete Formel auf. Die Grazer Gemeinde sei durch Schultz' Theologie besonders verwundbar, da in ihr mehrere Gruppen konkurrierten: Eine ganze Reihe von Mitgliedern halte die Religion für eine reine Privatsache. Ihr Engagement erfolge nur mit dem Ziel, die Gemeinde zum »Tummelplatz der politisch etwas eingeengten freien Bewegung« zu machen. Neben diesen Liberalen gebe es viele, die Schultz' Anschauungen zwar nicht teilten, die aber davon ausgingen, seine theologische Richtung sei zulässig. Viele verstünden zwar kaum Schultz' Sprache und seinen »Dialect«, aber sie bekämen von Freunden und aus Zeitungen lobende Kommentare über seine Predigten mit und schätzten ihn deswegen. Das gelte auch für alle, die aus persönlicher Missgunst gegen Leidenfrost Schultz' Handlungen guthießen. Leidenfrost meinte sich aber immerhin auf diejenigen stützen zu können, die von Beginn an Schultz' Ziel erkannt hätten – nämlich »mit den Mitteln der evangel[ischen] Gemeinde & auf ihrem Boden eine neue Kirche oder Gemeinde, wol eine confessionslose zu errichten, einen Mittelpunkt für alle die bisher zerstreuten & zerfahrenen freireligiösen Elemente unserer Stadt« – und die seinem Treiben ein Ende setzen wollten.[55]

---

53 Nicht identifizierter Zeitungsausschnitt (»*ZNStG*«), in: 1871/Nr. 495 (4.4.) (vgl. Anm. 24).

54 Schreiben Leidenfrosts an Superintendent Gunesch vom 14. März 1871: 1871/Nr. 495 (4.4.) (vgl. Anm. 24).

55 Ebenda.

Als zweiten Pfarrer, so Leidenfrost, könne er Schultz nicht hinnehmen. In der Auseinandersetzung mit ihm gehe es nicht nur um Richtungsfragen, sondern um die Verteidigung der Fundamente der evangelischen Kirche. Im Falle eines Zusammenwirkens käme es dahin, dass die Glaubensgrundlagen »an dem einen Sonntage derselben Gemeinde, von derselben Kanzel als solche gepriesen, am andern Sonntag als altes nutzloses ja geistgefährliches Gerümpel geschildert werden«. Leidenfrost dehnt seine Kritik auf Schultz' Religionsunterricht aus. Ebenso wie die Predigten bei den Erwachsenen systematisch Zweifel hervorriefen, geschehe das auch dort: Statt des Katechismus lehre Schultz die Kinder Bibelkritik, außerdem »eine Menge von unverdaulichen Phrasen wie über Vernunft & Verstand, Wille & Energie, Wahrheit & Freiheit, Weltgeist & Liebe«, die die Kinder gegen jede pädagogische Klugheit auswendig lernen müssten. Leidenfrost forderte den Superintendenten auf, Schultz das Predigen und den Schulunterricht zu untersagen. Obgleich er die Predigt noch nicht vorlegen konnte, da Schultz sie noch nicht eingereicht hatte, müsse das Verbot wegen »Gefahr am Verzuge« sofort erfolgen.[56]

II.4 Erste disziplinarische Konsequenzen und gemeindliche Proteste

Drei Tage später erging der entsprechende Bescheid. Er berief sich auf die in der Kirchenverfassung festgeschriebene Kompetenz der Superintendenten, Sorge für einen erbaulichen Gottesdienst zu tragen.[57] Dem Oberkirchenrat gegenüber begründete Gunesch seine Sofortmaßnahme damit, dass Schultz daran gehindert werden müsse, an den wichtigen Osterfeiertagen »vor einem nach Bildung und Confession gemischten Publicum« zu predigen. Da sich bereits die Presse der Vorgänge bemächtige, sei es »hohe Zeit, dem öffentlichen Gewissen und der öffentlichen Meinung die Annahme zu nehmen, ein evang[elischer] Prediger dürfe in der evang[elischen] Kirche unbehindert seinen subjektiven Glauben und seine Sondermeinung aussprechen, und über die wichtigsten, kirchlich festgehaltenen Dogmen und Satzungen, unter dem Deckmantel des Liberalismus, des Fortschrittes in der Weise des Schultz lehren und predigen«.[58] Dem Oberkirchenrat war bewusst, dass die Angelegenheit in den politi-

56 Ebenda.

57 Kirchenverfassung [im Folgenden: KV; zit. nach: Verfassung der evangelischen Kirche Augsburgischen und Helvetischen Bekenntnisses usw. – Bekanntmachung des Staatsministeriums vom 23. Jänner 1866, in: Reichs-Gesetz-Blatt für das Kaiserthum Österreich (Wien 1866) V, 5. Februar 1866, 21 ff.] § 85 (das gleichzeitig erteilte Verbot des Religionsunterrichts stand rechtlich auf deutlich schwächeren Füßen). Die unmittelbare Begründung für das Einschreiten war laut Gunesch, dass Schultz bekenntniswidrig lehre. Damit war KV § 22,1 berührt: »Die Kirche fordert von dem Geistlichen, daß er die Lehre der heiligen Schrift in Uebereinstimmung mit dem kirchlichen Bekenntnisse verkünde, in einem musterhaften christlichen Lebenswandel, in Gehorsam gegen die Obrigkeit und in der Treue gegen Gott und gegen den Kaiser (Math. 22, 21) der ihm anvertrauten Gemeinde vorleuchte, und in dem Allem seine Pfarrangehörigen durch Wort und That bestärke und den Ernst und die Würde seines Amtes bewahre.«

58 Schreiben Superintendent Guneschs an den Oberkirchenrat vom 18. März 1871: 1871/Nr. 495 (4.4.) (vgl. Anm. 24).

schen Blättern immer wieder behandelt wurde.[59] Ihm musste unter diesen Umständen »Alles an einer ganz objectiven und gerechten Beurtheilung liegen«.[60] Um diese zu gewährleisten, initiierte Konsistorialrat Frank eine Umfrage bei den bisher nicht involvierten Superintendenten Cisleithaniens. Sie sollten sich in Gutachten äußern, ob sie bei Vorlage von Schultz' Predigt dem Kandidaten die Predigterlaubnis erteilen bzw. belassen würden.

Bevor weitere Schritte möglich wurden, reagierten die liberalen Grazer Protestanten. Das Presbyterium hatte mit großer Mehrheit beschlossen, sich gegen Schultz' Maßregelung einzusetzen. Mehrere Unterschriftenaktionen wurden begonnen. Mehr als die Hälfte der aktiven Gemeindeglieder verlangte Anfang April in einem Brief an den Oberkirchenrat die Rücknahme des Predigt- und Lehrverbots und Schultz' überfällige Bestätigung im Amt. Nur so könne der Gemeindefrieden wiederhergestellt werden und »zugleich auch die hohe Achtung der hiesigen gebildeten katholischen Bevölkerung vor dem Geiste des Protestantismus« erhalten werden. Ihre kirchlich-theologische Position charakterisierten die Unterzeichner mit den Worten, sie seien »zu der durch die geschichtliche Entwicklung berechtigten Ueberzeugung gelangt, daß im Protestantismus verschiedene Richtungen und Auffassungen neben einander bestehen können. Ohne daß sie die Andersdenkenden verdammen, ist ihr eigener Standpunkt derjenige, welchen Herr Schultz in Kirche und Schule vertreten hat«.[61] Parallel hierzu hatte offensichtlich das Presbyterium eine theologisch noch wesentlich schärfer akzentuierte Eingabe an die Kirchenleitung gerichtet.[62]

Eine weitere Petition, die Grazer mehrerer Konfessionen und auch zahlreiche Frauen unterzeichnet hatten, betonte, dass Schultz' Predigten »ihr Interesse für Religion und alle höheren Lebensfragen wieder geweckt [hätten] und in recht christlichem Geist stets auf Toleranz und Frieden hinweisen«. Die Eltern von Schulkindern

---

59 Frank versuchte in der Anfangsphase des Konflikts, durch eigene Berichterstattung im führenden liberalen kirchlichen Periodikum, der Protestantischen Kirchen-Zeitung, die Öffentlichkeit auf die Entscheidung der Kirchenleitung vorzubereiten: Gegen die bereits geäußerten Unterstellungen, der Oberkirchenrat agiere als ein »Ketzergericht«, betonte Frank, man lasse »die verschiedenen Richtungen gewähren«. Jedoch könne er als Behörde »nicht anders als nach den positiven Bestimmungen der Kirchenverfassung vorgehen«: ~ [Gustav Frank], Aus Oesterreich. *PKZ* 18, Nr. 16 (1871, 22. April) 346.

60 Bericht Gustav Franks vom 4. April 1871: 1871/Nr.495 (4.4.) (vgl. Anm. 24).

61 Schreiben von Grazer Gemeindegliedern an den Oberkirchenrat vom 1. April 1871: 1871/Nr. 584 (1./2.4.) (vgl. Anm. 24).

62 Dort wurden folgende Grundsätze formuliert: »Die Lehre Jesu Christi, wie sie in der Heil[igen] Schrift enthalten ist, steht über den Bekenntnisformeln, welche letztere anzusehen sind als Ausdruck der religiösen Anschauung der betreffenden Zeit und Entwicklungsstufe. Bezüglich der Erkenntnis u[nd] Auffassung des in der Heil. Schrift Enthaltenen ist festzuhalten am Princip freier, selbstverantwortlicher Forschung und Prüfung. Für die Geistlichen, als Lehrer der Gemeinde, besteht daher die Freiheit und Pflicht, Wege und Resultate ihrer eigenen Schriftforschung zu verkünden, damit jedes Gemeindeglied prüfen und sich seine Überzeugung bilden kann.« [Eingabe des Grazer Presbyteriums an den Oberkirchenrat vom 27. März 1871, zit. in: 1871/Nr. 1610 (30.11.) (vgl. Anm. 24)].

bestätigten, dass im Religionsunterricht »deren sittliches Gefühl, Denkkraft, Lerneifer, und Anhänglichkeit von Herrn Schultz in erfreulichster Weise angeregt, und die befriedigendsten Resultate erzielt wurden«. Seine Absetzung wäre ein unersetzlicher Verlust.[63]

Der liberalen Mehrheit stand jedoch eine Gruppe gegenüber, die der zuständige Superintendent als »die kirchlich-conservative Parthei in der Grazer evangelischen Kirchengemeinde« bezeichnete. Es entsprach wohl ihrem Selbstverständnis, wenn sie – im impliziten Kontrast gegenüber den zugezogenen Akademikern und Reichsdeutschen – beim Oberkirchenrat als die »Stammparthei« und »der alte Stock in der Gemeinde« eingeführt wurden, deren Einstellung unbedingt zu berücksichtigen sei.[64] Bald nahmen einige ihrer Vertreter Stellung gegen Schultz: Ein ortsansässiger Adliger veranstaltete seinerseits bei den Unterstützern der Maßregelung eine Unterschriftensammlung. Die Petition dieser Gruppe betonte, man achte das Prinzip der Glaubens- und Gewissensfreiheit in Glaubensdingen. Doch Lehrer und Pfarrer könnten »unmöglich ihre subjektiven Ansichten den Glaubenslehren der Kirche entgegensetzen, ohne gleichzeitig den Glauben derselben zu verlassen«; »die Lehre der Hl. Schrift in Uebereinstimmung mit dem kirchlichen Bekenntnisse« müsse Richtschnur der Verkündigung sein. Dass nur wenige Stimmen zusammenkamen – unter diesen die zunächst drei an Pfarrer Leidenfrosts Seite verbliebenen eher konservativen Presbyter –, erklärte der Initiator gegenüber dem Wiener Superintendenten mit dem Unwillen der bekenntnispositiven Gemeindeglieder, für ihre Zwecke »die Oeffentlichkeit und eine so oft mißbrauchte Journalistik« einzusetzen – der innergemeindliche Konflikt betreffe immerhin eine »Familien Angelegenheit, so zu sagen«.[65] Anders als die Freisinnigen fühlten sich die Konservativen verpflichtet, die Mitwirkung von Frauen an der Aktion explizit zu rechtfertigen: Es handle sich um eine Frage, so der Wortführer, die »unsere Frauen so nahe – man könnte sagen näher berührt, wie uns Männer«, und man werde »ihren Stimmen, wenn auch nicht ein dem Gesetze nach bestimmtes, so doch ein gewaltiges moralisches Gewicht nicht [...] bestreiten können«.[66] Frauen aus den beiden gräflichen Familien Wimpffen und Waldeck organisierten eine weitere

63 Schreiben von Grazer Gemeindegliedern an den Oberkirchenrat vom 30. März 1871: 1871/ Nr. 584 (1./2.4.) (vgl. Anm. 24).

64 Gutachten Superintendent Guneschs betr. Lehr- und Predigttätigkeit des E. Schultz vom 10. Oktober 1871: 1871/Nr.1610 (30.11.) (vgl. Anm. 24).

65 Schreiben von August Frhr. Beaulieu Marconnay an Superintendent Gunesch vom 5. April: 1871/Nr.743 (18./19.4.) (vgl. Anm. 24). Beaulieu war zuvor mit einem in der Gemeindevertretung eingebrachten Antrag unterlegen, der das Austragen innerkirchlicher Polemik in der öffentlichen Presse prinzipiell verbieten wollte: Schreiben Leidenfrosts an Superintendent Gunesch vom 25. März 1871: 1871/Nr. 744 (1.6.) (vgl. Anm. 24). – Die Form der Solidaritätsadresse wurde auch von konservativen Katholiken als öffentlichkeitswirksames Instrument im Kampf gegen der politischen Liberalismus verwendet; vgl. den Bericht über die Überreichung der Priester-Adresse an den Grazer Fürstbischof Zwerger: Graz, 8. Januar. *Neue Freie Presse* (6. Jänner 1872) 3.

66 Schreiben von August Frhr. Beaulieu Marconnay an Superintendent Gunesch vom 5. April: 1871/Nr.743 (18./19.4.) (vgl. Anm. 24).

Petition, deren Sprache noch etwas offener war: Laut den Verfasserinnen ist klar, »daß 9/10 der Gemeinde Grundsätzen huldigt welche der evangelischen Kirche geradezu widersprechen«. Die teuersten Güter der evangelischen Kirche könnten aber nicht preisgegeben werden: Man dürfe nur solche Pfarrer anstellen, die »den Grundsätzen der evangelischen Kirche treu, das Evangelium rein, lauter und unverfälscht« verkündigten.[67] 25 evangelische Familienväter, die wegen ihrer schwachen Einkommensverhältnisse nicht den für die Wahlteilnahme notwendigen Mitgliedsbeitrag aufbringen konnten, stellten in einer Petition die Affäre als einen Konflikt zwischen unterschiedlichen Gesellschaftsschichten dar: Es möge sein, dass Schultz' Theologie »bei hochgebildeten Personen weniger verderblich« wirke; doch »bei Armen, bei Personen, welche nicht in der Lage waren, ihren Wissens- und Bildungsdrang so hoch befriedigen zu können, wirkt sie wie Gift«.[68]

II.5 Polarisierungen

Denunziationen von nicht direkt beteiligten, aber in Graz ansässigen Theologen führen vor Augen, wie konservative Kreise die Angelegenheit wahrnahmen. Das ausführliche Schreiben eines pensionierten Militärpredigers vermittelt eine Reihe von Hintergrundinformationen, die eine weitere Rekonstruktion der lokalhistorischen Kontexte lohnend erscheinen lassen: Der Verfasser bezeichnet die Vorgänge im Presbyterium als »Treiben, einer auf politischem und religiösem Gebiete sehr thätigen Clique in ihrer destructiven Mission«.[69] An ihrer Spitze stehe der Redakteur der »Freiheit«,[70] Zimmermann, seit kurzem außerdem ein Mitarbeiter der (nationalliberalen) »Tagespost«. Mehrere Universitätsprofessoren und andere Akademiker – unter ihnen einige der Presbyter, etwa der bereits genannte Oskar Schmidt sowie der Jurist Gustav Demelius[71] – bildeten gemeinsam mit Konfessionslosen und Freidenkern[72] eine Tafelrunde mit Sitz in Kerbmeyer's Bierhaus. Dort würden auch die Gemeindeangelegenheiten verhandelt, um dann in anderen Kneipen durch »Subagenten« agitiert zu werden, »während die skandalösen Knalleffecte in das Ressort der Tages-

67 1871/Nr. 743 (18./19.4.) (vgl. Anm. 24).

68 Zit. nach: Robert Leidenfrost (Hg.), Die Erlässe des k. k. evangelischen Oberkirchenrathes Augsburgischer Confession in Wien betreffend die Streitfragen in der evangelischen Gemeinde in Graz (Graz 1872) 8.

69 Schreiben des em. Militärpredigers AB Johann Valentin Lukacs an den Oberkirchenrat: 1871/Nr. 743 (18./19.4.) (vgl. Anm. 24).

70 Die Zeitschrift des Grazer Arbeitervereins »Vorwärts« erschien unter dem Titel »Freiheit. Zeitschrift für ernsten Fortschritt und heitere Unterhaltung« von 1868 bis 1871.

71 Zur Person des 1880 zum Kurator der evangelischen Gemeinde gewählten, 1881 nach Wien wegberufenen Demelius (1831–1891), der in seiner Grazer Zeit eng mit dem liberalen und deutschnationalen Politiker und Lyriker Anton Graf von Auersperg alias Anastasius Grün befreundet war, vgl.: Grete Mecenseffy, Evangelische Lehrer an der Universität Wien (Graz–Wien–Köln 1967) 58–60.

72 Zu den Konflikten Konfessionsloser in Graz mit staatlichen Behörden vgl.: (–), Aus Oesterreich. *PKZ* 18, Nr. 32 (1871, 12. August) 702 f.; (§), Graz. *PKZ* 18, Nr. 32 (1871, 12. August) 703.

post gehören«. Gegen die These, eine Majorität der Gemeinde sei gegen Leidenfrost, spreche, dass dessen Gottesdienste sehr gut besucht seien. Überhaupt seien die Unterschriften für Schultz auf Schleichwegen zustande gekommen: Es sei bekannt, dass etwa »auch katholische Dienstbothen für ihre abwesende Herrschaft unterfertigen mußten«. Der Verfasser vertritt keinen Konfessionalismus, aber einen kämpferischen kirchlichen Konservatismus: Es sei eine »Unverschämtheit«, in einer konfessionellen Kirche Lehrfreiheit für den Geistlichen zu fordern. Der »Christusleugner« Schultz möge seine Vorträge beim Bierkrug oder im »Circus[-]Saale« halten – dort, wo sich, wie gesehen, offensichtlich die Konfessionslosen versammelten. Der Oberkirchenrat, so schließt der Anklagebrief, solle keinem »Scheinliberalismus« huldigen, sondern mit fester Hand die abgefallenen Gemeindeglieder aus der Kirche entfernen.[73] Auch der frühere langjährige evangelische Pfarrer in Venedig, seit 1869 Pensionär in Graz, schlug sich auf die Seite Leidenfrosts: Er bestätigt dessen Beliebtheit als Prediger, auch bei vielen Katholiken. Schmidt hingegen habe die Kanzel entweiht »durch atheistische, pantheistische Vorträge, alles bunt durcheinander«.[74] Schmidt und Demelius werden als »Anhänger des modernen Nihilismus, die das Christenthum für einen überwundenen Standpunkt halten«, bezeichnet. Der Antiliberalismus der Konservativen vermischte sich, wie bereits bei Superintendent Gunesch zu beobachten, mit trotzigem Patriotismus und borussophobem Spott über die ideologische Inkonsistenz der reichsdeutschen Freisinnigen: »Was liegt auch diesen hochmüthigen Preussen an dem, wie sie es nennen, dummen Oesterreich, in welchem übrigens sie es sich gut geschehen lassen, und gerne weilen«. Selbstbewusst wird auf die auch in Österreich – zumindest auf dem Papier – bestehende liberale Religionsverfassung verwiesen: »da in unserm Staate Religionsfreiheit herrscht«, sollten sich doch Schultz' Unterstützer »als Confessionslose oder Freidenker constituiren«.[75]

Ein ähnliches Bild der Lage zeichnen die Briefe des Stadtpfarrers Leidenfrost, der inzwischen von allen Seiten eng mit dem Lager der Schultz-Gegner assoziiert wurde: Leidenfrost litt unter der Arroganz der Liberalen, die ihn als unintellektuell verhöhnten. Er berichtet, Demelius habe öffentlich erklärt: »Es ist der Gemeinde notwendig, daß auch ein Prediger predige, welcher Leuten genügt, welche die Vernunft zu gebrauchen gewohnt sind« – die evangelische Kirche bedürfe zu ihrer »Umbildung« Vernunftprediger.[76] Bei der Presbyteriumssitzung habe ein Presbyter offen bekannt: »Ich glaube auch nicht an Christum [,] an seine Wunder [...]«.[77] Leidenfrost verurteilte die Eingabe des Presbyteriums an den Oberkirchenrat, da hier irrigerweise vorausgesetzt sei, den Geistlichen stände Lehrfreiheit und das Recht auf Kritik an Bibel und

73 Schreiben des em. Militärpredigers AB Johann Valentin Lukacs an den Oberkirchenrat: 1871/Nr.743 (18./19.4.) (vgl. Anm. 24).

74 Schreiben des em. Pfarrers Theodor Wittchen an Superintendent Gunesch vom 25. März 1871: 1871/Nr. 744 (1.6.) (vgl. Anm. 24); zur Person vgl. Wallner, Die Geschichte (wie Anm. 12) 40.

75 Ebenda.

76 Schreiben Leidenfrosts an Superintendent Gunesch vom 25. März 1871: 1871/Nr. 744 (1.6.) (vgl. Anm. 24).

77 Ebenda.

Bekenntnis zu. Der Stadtpfarrer bemüht seinerseits kulturkämpferische Semantik, wenn er Demelius bezichtigt, den Beschwerdetext »in echt jesuitischer Weise« ausgearbeitet zu haben. Er klagt, das Presbyterium werde von den drei Universitätsprofessoren terrorisiert, es habe »den Unglauben auf seine Fahne geschrieben« und könne »nicht länger Vertretung einer evang. Gemeinde sein«. Schultz' Anhänger positionierten sich, nach dem Vorbild der deutschen Liberalprotestanten, distanziert vom kirchlich verfassten Christentum – Leidenfrost gibt ihre Einstellung zusammenfassend wieder: »›wir sind nicht evangel[isch] im kirchlichen Sinne, wir treten aber doch nicht aus der Kirche, wie es der Protestantenverein auch nicht gethan. Lassen sich die evangel[ischen] einen Prediger wie Sch[ultz] nicht gefallen, so sollen sie gehen.‹«[78] Gegenüber diesen Provokationen hätten sich seine eigenen Unterstützer längere Zeit zurückgehalten; schließlich habe man aber gegen das herausfordernde Benehmen der »Preussen« zur Notwehr greifen müssen.

II.6 Schutz' Stellungnahme

Schultz scheint während seiner Suspendierung weiterhin geistliche Funktionen für seine liberalen Unterstützer übernommen zu haben: Leidenfrost beschwerte sich im April 1871, der ehemalige Kollege nehme – ohne Amtstracht – zivile Begräbnisse vor, nachdem die Angehörigen zuvor beim Pfarramt angegeben hätten, sie wollten auf geistliche Begleitung verzichten.[79] Unterdessen hatte der Oberkirchenrat große Schwierigkeiten, zu einer Entscheidung zu gelangen. Die Gutachten der Superintendenten waren – wie im zweiten Teil en detail gezeigt werden wird – so unterschiedlich ausgefallen, dass sie sich gegenseitig neutralisierten. Man beschloss, die Vorwürfe gegen Schultz direkt in der Form einer detaillierten schriftlichen Befragung zu klären. Er sollte sich unter anderem zu Wesen und Zweck der christlichen Predigt äußern, die Frage beantworten, ob Tatsachen aus dem Leben Jesu ausschließlich Objekte für die Wissenschaft seien oder auch als »Heilsthatsachen, welche das Christenthum zu einer positiven Religion machen, anerkannt werden« können,[80] ob der geschichtliche Christus das Fundament des Glaubens sei oder nicht und ob das Göttliche innerhalb der Weltgeschichte an der Person Jesu hervorgetreten sei; ob Schultz nicht meine, durch seine Parallelisierung der christlichen Paradiesvorstellung mit dem Paradies des Propheten Mohammed Anstoß erregt zu haben, und ob er seine Lehr-

78 Schreiben Leidenfrosts an Superintendent Gunesch vom 28. März 1871: 1871/Nr. 744 (1.6.) (vgl. Anm. 24); vgl. Schreiben Leidenfrosts an Superintendent Gunesch vom 31. März 1871: 1871/Nr. 744 (1.6.) (vgl. Anm. 24).

79 Schreiben Leidenfrosts an Superintendent Gunesch vom 20. April 1871: 1871/Nr. 744 (1.6.) (vgl. Anm. 24).

80 Erlass des Oberkirchenrats vom 30. Mai 1871: 1871/Nr. 1029 (30.5.) (vgl. Anm. 24). Die Fragen sind abgedruckt bei Bernhard Czerwenka (Hg.), Die zweite General-Synode der evangelischen Kirche Augsburgischen Bekenntnisses innerhalb der in dem Reichsrath vertretenen Königreiche und Länder Oesterreichs. 7. Juni – 17. Juli 1871: Im Auftrage des Synodal-Ausschusses A. C. (Wien 1872) 59 f.

und Predigttätigkeit mit dem Predigerrevers vereinbaren könne. Im Gegenzug sollte der Superintendent anhand von Bibel und Bekenntnis belegen, inwiefern er die Predigt für unvereinbar mit der kirchenverfassungsmäßigen Aufgabe des Predigtamtes halte.[81]

Schultz' offizielle Antwort an den Oberkirchenrat fiel sehr ungehalten aus. Er verwahrte sich gegen alle Denunziationen und gegen die Bezeichnung seiner Predigten als freidenkerische Vorträge. Sie gäben vielmehr die »christliche, protestantische Wahrheit« wieder. Den Duktus seiner Predigt verteidigte er mit dem Argument, er habe sich in Graz als Aufgabe gesetzt, »die der Kirche entfremdeten Glieder aus dem Kreise der Denkenden und Gebildeten für dieselbe wieder zu gewinnen« und mit diesem Ziel einen »ziemlich geschlossenen Zuhörerkreis gesammelt«, vor dem er freier sprechen könne, als es sonst möglich sei.[82] Schultz bejahte seine Verpflichtung auf die Bekenntnisse, auch wenn er persönlich einen solchen Zwang klar ablehne.[83] Kein Geistlicher, auch nicht der Orthodoxeste, halte sich genau an alle Symbole. Alleinige Richtschnur könne die Bibel sein, der man wiederum kritisch gegenübertreten müsse, und zwar nicht mehr mit der »subjektiven Kritik der Reformatoren«. Es sei inzwischen selbstverständlich, »daß der einzig richtige [Weg] der der objectiv historischen Kritik ist«. Nur kursorisch ging Schultz auf die christologischen Fragen ein, indem er die Unterscheidung zwischen Tatsachen – die man lediglich wissen könne – und Idealen – die allein Gegenstand des Glaubens sein könnten – bekräftigte: Die innere Wahrnehmung, das Ahnen und Glauben, werde durch äußerliches Erkennen, sinnliche Wahrnehmung und Wissen zur Klarheit gebracht. Geschichtliche Tatsachen könnten nur vor dem Forum der historischen Kritik der Wissenschaft bewährt werden, insofern gehöre hier der historische Bericht der Bibel hin; diese lediglich gewussten historischen Tatsachen »enthalten und entfalten aber Ideale und an diese glaubt man«. »Der Gesammtbegriff der Ideale im eigentlichen Sinne ist das Göttliche.« Dies sei die Konsequenz aus dem gegenwärtigen Stand von Psychologie und Erkenntnistheorie.[84]

Der Wiener Superintendent setzte in seiner – im zweiten Teil detailliert zu behandelnden – Einlassung alles daran, Schultz' Stellungnahme als unzureichend und inhaltlich unzulässig zu erweisen.[85] Die Erklärungen seien »weit unter den Erwartungen« geblieben, sie könnten kaum ungebührlicher und unbescheidener formuliert sein, sie strotzten »von Hohn, Ironie, und bissigen Ausfällen gegen die in seiner Sache betheiligten Organe«. Schultz habe sich bereits charakterlich als ungeeignet für das

81 Ebenda.

82 Schreiben Schultz' an den Oberkirchenrat vom 25. Juni 1871: 1871/Nr. 1610 (30.11.) (vgl. Anm. 24).

83 »Zunächst bemerke ich, daß ich die Verpflichtung der Geistlichen auf die Symbole für ein Übel halte, das man mit allen erlaubten Mitteln zu beseitigen suchen muß.« Ebenda.

84 Ebenda.

85 Gutachten Superintendent Guneschs betr. Lehr- und Predigttätigkeit des E. Schultz vom 10. Oktober 1871: 1871/Nr. 1610 (30.11.) (vgl. Anm. 24).

Predigtamt erwiesen.[86] Gunesch schließt mit dem Antrag, dem Kandidaten endgültig die Bestätigung im Pfarramt zu versagen:

> »Hoffentlich wird Herr Schulz nicht mehr in die Lage kommen die Heilige Fastenzeit, die Erinnerungszeit an das Erlösungswerk Christi durch sein Leiden und Sterben, durch solche Predigten, in welchen der historischen Christus in Frage gestellt wird, zu entweihen.«

II.7 Die Beanstandung des freisinnigen Religionsunterrichts

Unterdessen hatte der Oberkirchenrat den Stadtpfarrer beauftragt, den Vorwürfen nachzugehen, die gegen Schultz als Religionslehrer laut geworden waren: Sei es tatsächlich das Ziel des Theologen, »die theuersten Wahrheiten unserer Religion wegzudiskutieren?«[87] In seinem Gutachten zeichnete Leidenfrost ein drastisches Bild der Situation des Religionsunterrichts in den von Schultz betreuten Klassen. Leidenfrost schildert den Verlauf einer dort von ihm selbst geleiteten Unterrichtsstunde: Thema war die Heilung des Gichtbrüchigen. Kaum äußerte der Pfarrer den Vorschlag, man könne diese Geschichte »eine wunderbare nennen«, riefen die Kinder im Chor: »Es gibt keine Wunder!« Schultz habe sie gelehrt, die Geschichten der Bibel, etwa auch die Geschichte von Jesu Geburt, seien »nur Sagen« und allein dazu da, »daß man seine Gedanken herausnimmt, oder so etwas hat der Herr Schultz gesagt«. Der pädagogisch erfahrene Leidenfrost vermerkt: »Wie unpädagogisch, Kinder von 8–12 Jahren in solche Fragen & Zweifel hineinzuführen, sie naseweis zu machen!« Als Leitthema, so erkundete der Stadtpfarrer, habe Schultz immer wieder die »Religion der Zukunft« bezeichnet. Diese setzte einen Gestus radikaler Bibelkritik voraus. Ein Knabe, so Leidenfrost, habe nach dem Unterricht bei Schultz etwa seinen Vater belehrt: »nur Schwachköpfe glauben an Jesum, er war nur ein Mensch wie wir«. Leidenfrost hält fest, dass Schultz in einer evangelischen Schule wegen erwiesener »Gotteslästerung« nicht lehren dürfe.[88] Allerdings war, wie erwähnt, wegen des neuen Schulgesetzes die Zukunft der evangelischen Schule vorübergehend offen, sodass Schultz wohl nicht unmittelbar sein Lehrerposten entzogen werden konnte.

II.8 Der Weg zum Verwaltungsentscheid des Oberkirchenrats

Der Grazer Konflikt avancierte – zumindest in den Augen der Öffentlichkeit – zu einem zentralen Thema der zweiten protestantischen Generalsynode, die im Sommer 1871 in Wien stattfand. Die dortigen öffentlichen Verhandlungen und ihre intensive

86 »Der gänzliche Mangel an Bescheidenheit, Demuth und Friedfertigkeit, für einen Geistlichen unerläßliche Eigenschaften, dagegen der maßlose Hochmuth und Selbstüberschätzung bei Schulz, führen zur Frage, welcher Art Unterordnung und Fügung in den organischen Kirchenverband im amtlichen Verkehr von einem Manne solchen Schlages zu hoffen stehe?« Ebenda.

87 Erlass des Oberkirchenrats vom 30. Mai 1871: 1871/Nr. 1029 (30.5.) (vgl. Anm. 24). Schultz veröffentlichte den Erlass mitsamt seiner eigenen Stellungnahme: Ehrhardt Schultz, Zur Affaire Schultz in Gratz. Ein Beitrag zur Würdigung des religiösen Jugendunterrichts. *PKZ* 18, Nr. 32 (1871, 12. August) 723–726.

88 Gutachten Leidenfrosts für den Oberkirchenrat: 1871/Nr.1070 (23.5.) (vgl. Anm. 24).

publizistische Kommentierung werden unten geschildert, da hiermit eine Ausweitung des Kirchenstreits auf das gesamte evangelische Cisleithanien und darüber hinaus erreicht wurde. Aus Graz war es vor allem der als Synodaler entsandte Presbyter Oskar Schmidt, der versuchte, die Angelegenheit zu einem offiziellen Gegenstand der Synodalverhandlungen zu machen. Er fand aber keine Mehrheit. Als Schmidt auch mit seiner Opposition gegen die neue Schulgesetzgebung scheiterte,[89] legte er resigniert sein Mandat vorzeitig nieder. Aber auch nachdem er kurze Zeit später als Professor an die neugegründete Reichsuniversität Straßburg berufen worden war, wurden die Proteste der liberalen Fraktion in der Grazer Gemeinde nicht weniger.

Erst Ende November 1871 kam der Oberkirchenrat zu einem abschließenden Urteil in der Hauptsache: Schultz wurde die Bestätigung verweigert. Wie umstritten die Angelegenheit intern gewesen war, lässt sich bereits daran ablesen, dass man als Entscheidungsgrund nicht direkt eine Verfehlung von Schultz, sondern die eidliche Bindung der Oberkirchenräte an die Kirchenverfassung anführte: Der kirchenamtliche Erlass erklärt, dass eine Bestätigung so aufgefasst werden müsste, als ob Schultz' bisheriges, der Kirchenverfassung zuwiderlaufendes Handeln gutgeheißen werde. Damit würde die Kirchenbehörde verhöhnt und in ihrer Wirksamkeit behindert, die Einigkeit der Grazer Gemeinde wäre endgültig dahin.[90]

Die der Entscheidung vorauslaufende, schriftlich geführte Diskussion zwischen den drei entscheidungsberechtigten Konsistorialräten hatte enorme Ausmaße erreicht. Während sich der schließlich ausschlaggebende Präsident der Behörde, der Jurist Joseph Andreas Zimmermann,[91] eher zurückhielt, waren die beiden übrigen Räte in einen scharfen Gegensatz geraten, der stellenweise den Charakter einer persönlichen Fehde angenommen hatte: Der nach wie vor zuständige Berichterstatter Frank hatte sich trotz der teilweise positiven Gutachten der Superintendenten und trotz seiner persönlich durchaus liberalen Position bei der Abfassung des Entwurfes für die offizielle Entscheidungsbegründung dazu durchgerungen, eng am Buchstaben der Kirchenverfassung zu bleiben. Dementsprechend bestimmte er als Kriterium für die Bestätigung der Kandidatur Bekenntnistreue in einem eher konservativen Verständnis. Diese sah er bei Schultz deutlich verletzt. Wie erwähnt, hatte Frank Schultz' Nähe zu dem radikalliberalen Linkshegelianer Wilhelm Nagel erkannt. Eine solche immanentistische und monistische Position schließe zwar gedanklich oft an christliche Vorstellungen an und verwende biblische und theologische Sprachformen, vertrete aber »extreme, nur noch mit dünnem Faden mit dem Christenthum zusammenhängende Standpunkte«.[92]

89 Vgl. *Grazer Tagblatt* (24. Juni 1871).

90 Erlass des Oberkirchenrats vom 30. November 1871: 1871/Nr. 1610 (30.11.) (vgl. Anm. 24). Auszüge aus dem Dokument wurden umgehend mehrfach in der Tages- und Kirchenpresse veröffentlicht, vgl.: (-), Aus Oesterreich. *PKZ* 18, Nr. 4 (1872, 27. Jänner) 82 f.

91 Zur Person: Karl Schwarz, Ein evangelischer Laienbischof: Zum 200. Geburtstag von Joseph Andreas Zimmermann. *Siebenbürgische Zeitung* (2. Dezember 2010) (online: http://www.siebenbuerger.de/zeitung/artikel/kultur/10612-ein-evangelischer-laienbischof-zum.html).

92 1871/Nr. 1610 (30.11.) (vgl. Anm. 24).

Der zweite Jurist im Kollegium, der ebenfalls liberal positionierte Oberkirchenrat Martin Schenker,[93] versuchte demgegenüber mit Nachdruck ein positives Votum durchzusetzen. Seine Überzeugung, die Predigten seien »in christlichem Geiste gehalten«, unterstützte er mit theologischen Argumenten ebenso wie mit dem Verweis auf die theologische Pluralität innerhalb des österreichischen Protestantismus, die auf der jüngsten Generalsynode wieder offen zutage getreten war. Da Schenkers Stellungnahme als einziger Beitrag eines Nichttheologen den Charakter eines Gutachtens trägt, wird sie im folgenden Teil im Einzelnen vorgestellt werden. Seine Position versuchte Schenker durch einen Verweis auf den zur selben Zeit anhängigen »Fall Hanne« in Preußen zu untermauern:[94] Seiner Ansicht nach durfte der Wiener Oberkirchenrat nicht in ähnlich doktrinärer Form entscheiden wie ein preußisches Konsistorium. Schenker schlug vor, die Prinzipien der Gemeindeautonomie und der Mehrheitsentscheidung zu respektieren. Nach dem Beispiel einiger deutscher Gemeinden, an denen »Geistliche der verschiedensten dogmatischen Richtungen« angestellt seien, wären zwei Pfarrstellen eine ideale Lösung für Graz. So könne »beiden dogmatischen Richtungen Rechnung getragen werden«.[95] Gustav Frank reagierte auf Schenkers ausführliche Stellungnahme beleidigt. Er fühlte sich durch das theologische Votum des Juristen auch in seiner Rolle als Experte für dogmatische Fragen angegriffen.[96]

Die endgültige negative Entscheidung kam erst nach diesem langen Hin und Her zustande: Präsident Zimmermann entschied sich im Einklang mit seinen früheren Voten schließlich für Franks Entwurf. Dem Kultusministerium teilte der Oberkirchenrat mit, Schultz habe den von ihm unterschriebenen Prediger-Revers »nicht als eine zu respectirende Schranke geachtet«.[97] Frank wollte die Ablehnung zusätzlich mit einem Hinweis auf die entsprechenden Mehrheitsentscheidungen der Generalsynode begründen, die sowohl Anträge zu Schultz' Gunsten als auch eine Änderung des Bekenntnisparagraphen in der Kirchenverfassung verworfen habe. Auch hier geriet der Oberkirchenrat in interne Streitigkeiten: Schenker wollte den Eindruck

---

93 Zur Person: Karl Schwarz, Art.: Schenker, Martin. *ÖBL* 10 (1994) 82.

94 Hierzu vgl.: (anon.), Eine Nichtbestätigung. *PKZ* 18, Nr. 17 (1871, 29. April) 359–364; (anon.), Die Entscheidung des Oberkirchenraths gegen Dr. Hanne. *PKZ* 18, Nr. 29 (1871, 22. Juli) 627–631.

95 1871/Nr. 1610 (30.11.) (vgl. Anm. 24).

96 Vgl. Franks gegen Schenker gerichteten Kommentar anlässlich eines späteren Konflikts in der Sache Schultz: »Vermöchte ich übrigens in dogmatischem Fragen von dem Laienelemente im O.K.R. überwunden u[nd] wiederlegt zu werden, so wäre damit der Beweis geführt, daß ein fast 20jähriges angestrengtes Studium der theolog[ischen] Wissenschaft, das meinen Namen doch einigermaßen in der wissenschaftlichen Welt bekannt gemacht u[nd] mir den Ruf zur Professur der Dogmatik eingetragen hat, nicht ausreiche, um an die Theologie der oberkirchenräthlichen Jurisprudenz hinanzureichen. Vorläufig mache ich diese Concession dem Laienelemente ohne Ausnahme im O.K.R. nicht u[nd] ich hoffe auch kein anderer urtheilsfähiger Theologe, dem Gelegenheit geboten wäre, die Schultzschen Acten des O.K.R. zu lesen.« [Randnotiz Gustav Franks, in: 1872/Nr. 382 (4.6.) (vgl. Anm. 24)].

97 1871/No. 1955 (30.11.) (vgl. Anm. 24).

vermeiden, »als habe der Oberkirchenrath nicht den Muth, die Verantwortlichkeit für seine Entscheidung ganz auf sich zu nehmen«. Außerdem sei es dort letztlich nur darum gegangen, »daß die Synode es auf das Entschiedenste abgelehnt hat, auf die Amtshandlungen des Oberkirchenrathes irgendwie Einfluß zu nehmen«.[98]

II.9 Die Spaltung der Gemeinde

In Graz waren unterdessen die liberalen Mitglieder der evangelischen Gemeinde zum aktiven Widerstand gegen die Kirchenbehörden übergegangen: Bei einer Versammlung Ende Oktober hatte Schultz Stellung zu den Synodalverhandlungen über seine Angelegenheit genommen. Unter lebhaftem Beifall konstatierte er, »daß fast alle hervorragenden Männer auf der liberalen Seite stehen«.[99] Er wies auf seine vielen, auch internationalen Unterstützer hin. Seine Gegner sah Schultz – soweit dies aus einem Zeitungsbericht zu rekonstruieren ist – einerseits im katholischen Lager. Die als »Mameluken der Unfehlbarkeit« apostrophierten Katholiken galt es aber seiner Ansicht nach nicht weiter zu beachten. Die konfessionellen Lutheraner bezeichnete er demgegenüber als »Partei [...] die keinen Pardon gibt«. Mit ihnen seien harte Auseinandersetzungen zu bestehen, solange sie den Liberalen nicht zugestehen wollten, »unsere religiösen Bedürfnisse gemäß den Grundsätzen des Protestantismus und entsprechend den Culturforderungen der Gegenwart zu befriedigen«. Vertreter des Presbyteriums prangerten den »Zelotismus« des Stadtpfarrers Leidenfrost an.[100] Die Versammlung endete damit, dass man diesem und Superintendent Gunesch als Beschützer eines »engherzigen, lieblosen, die gesunde Vernunft verleugnenden religiösen Standpunktes« in einer Resolution das Misstrauen aussprach.[101]

Es begann eine neue Agitationswelle. Sie mündete in einen Brief von 122 stimmberechtigten sowie weiteren, noch nicht offiziell aufgenommenen Gemeindemitgliedern, der offiziell zunächst an das Grazer Presbyterium gerichtet war und diesem den Rücken stärken sollte. Die Verfasser erklärten, man betrachte die Entscheidungen des Oberkirchenrats und des Superintendenten in der Sache Schultz »als nicht zu Recht bestehend«.[102] Sie baten das Presbyterium, das Recht der Gemeinde zu wah-

98 Ebenda.

99 Von der evangelischen Gemeinde in Graz. *Tagespost* (30. Oktober 1871).

100 Ebenda.

101 Zit. nach F. C. Kühne, Die evangelische Kirche in Oesterreich, die evangelische Gemeinde Graz und die »Presse«. Mittheilung an die österreichischen evangelischen Gemeinden und andere Freunde der Wahrheit: ein fliegendes Blatt (Graz 1871) 3. Ein Vertreter des konservativen Flügels des österreichischen Protestantismus beklagt kurze Zeit später, dass die Resolution »Alles überbietet, was an kirchlicher Unverschämtheit und Rücksichtslosigkeit nur gedacht werden kann«, zit. nach: J. W. Heck (Hg.), Die Zweite General-Synode der evangelischen Kirche Augsburger- und Helvetischer Confession in den deutsch-slavischen Ländern Oesterreichs Juni – Juli 1871. Sämmtliche Verhandlungen, Vorlagen, Referate und Plenar-Debatten beider Synoden: Nebst einem Anhang mit Denkschriften (Wien 1872) 579.

102 Schreiben von Gemeindegliedern ans Grazer Presbyterium vom 15. November 1871 mit Petition, in: 1872/Nr. 1787 (4.6.1872) (vgl. Anm. 24).

ren und dafür zu sorgen, dass Schultz und Leidenfrost abwechselnd predigten und »je nach Verlangen kirchliche Functionen ausüben«. Eine demokratische Semantik durchzieht den Brief: Das Presbyterium »als gewählte Vertretung der Gemeinde« solle »den Standpunct der Wähler einnehmen«. Diese würden sich »nicht mit halben Maßregeln« zufriedengeben und »eventuell den Kampf um ihr gutes Recht bis aufs Äußerste durchkämpfen«. Zur Kenntnis der Kirchenbehörden betont der Brief, dass nicht die Presbyter an der Eskalation des Konflikts schuld seien:

> »Die Gemeinde ist selbstständig genug um ohne solche Anreizungen zu wissen: was protestantisches Recht ist u[nd] hat namentlich die beiliegende Petition ohne Wissen u[nd] in Abwesenheit der in solcher Art beschuldigten Männer beschlossen.«[103]

Abschließend wies man darauf hin, dass die von der Kirchenverfassung vorgeschriebene Frist zur Ausschreibung von Neuwahlen des Presbyteriums inzwischen verpasst worden sei.

Zumindest in diesem Punkt reagierte der Stadtpfarrer rasch. Die im Dezember 1871 abgehaltenen Wahlen brachten einen großen Erfolg der Liberalen. Da das passive und aktive Wahlrecht in den protestantischen Presbyterien – ähnlich wie in den jüdischen und ostkirchlichen Gemeinden der Donaumonarchie – auf Beitragszahler beschränkt blieb, dominierte gemeinhin die »Honoratiorengesellschaft der Region« die lokalen Gemeindevertretungen.[104] Auch in Graz vergrößerten, wenn man den Klagen der konservativen Minderheit Glauben schenkt, die Repräsentanten des gehobenen Bürgertums gezielt ihre Wählerschaft, indem sie finanziell schwachen Gemeindegenossen die Mitgliedsbeiträge aus eigener Tasche erstatteten.

Bei der abschließenden offiziellen »Wahlversammlung« würdigten die Redner den »glänzenden Sieg« der Liberalen.[105] Der Presbyter Johannes von Meyer, ein Mediziner, erklärte in scharfer Freund-Feind-Rhetorik, dass das »Urtheil der ganzen civilisierten Welt« auf Seiten der Liberalen und gegen Unduldsamkeit und »Fanatismus« der Konservativen stehe. Die »evangelische geläuterte freie Gemeinde in Graz« beflügele »Menschlichkeit, christliche Liebe und der unwiderstehliche Drang, dem verkappten Jesuitismus und der Heuchelei die Maske abzureißen, damit wir nicht dem so sehr verhaßten Muckerthum in die Klauen fallen«. Die Liberalen seien überzeugt, dass »wir als Protestanten das Recht besitzen, in unserer Kirche gegen alles Abnorme, den wahren Geist des Christenthums Verletzende energisch aufzutreten«. Leidenfrost wurde offen mitgeteilt, »daß wir in unserer freien Gemeinde keinen Autokraten brauchen«.[106] Nun sollten weitere Schritte in der Angelegenheit Schultz eingeleitet werden. Dieser war, ohne Rechtsgrundlage, auch ins Presbyterium gewählt worden. Man trug ihm zunächst sogar das Kuratorenamt an, Schultz lehnte aber mit der aufrührerischen Bemerkung ab, dass in der Gemeindevertretung der »Vorsitz eines

103 Ebenda.

104 Klieber, Soziale Integration (wie Anm. 3) 767.

105 *Tagespost* (8. Jänner 1872): Von der evangelischen Gemeinde in Graz.

106 Ebenda; vgl.: Graz, 4. Januar. *Neue Freie Presse* (6. Jänner 1872) 3.

Theologen nichts tauge«.[107] Von Meyer forderte eine Untersuchungskommission. Eine Deputation solle zum Oberkirchenrat und sogar zum Kultusministerium gesandt werden.[108] In einem Brief an den Oberkirchenrat schilderten die liberalen Presbyter den zerrütteten Zustand der Gemeinde: Eltern hätten die Taufe ihrer Kinder um mehr als ein halbes Jahr verschoben, um Leidenfrost zu vermeiden. Der von diesem erteilte Religionsunterricht werde nur von wenigen besucht. Polemisch schließt das Schreiben:

> »Dieß und manches Andere sind unzweifelhafte Symptome einer Zerrüttung, die sich nicht dadurch curiren läßt, daß man von oben her dem Pfarrer Leidenfrost Recht und der ganzen, nie befragten Gemeinde Unrecht giebt. Soll wirklich eine bisher blühende Gemeinde der Unverträglichkeit, dem Hochmuth, den Intriguen dieses einen Mannes oder dem bureaukratischen Unfehlbarkeits-Bewußtsein zum Opfer fallen?«[109]

Offen bekannten die Liberalen in der Folgezeit, dass sie durch ihre öffentlichen Unterstellungen und persönlichen Diffamierungen Leidenfrost zu einer Beleidigungsklage provozieren wollten.[110] Die Wirkung eines Gerichtsprozesses wäre enorm gewesen.

Die Liberalen und ihre Gegner vereinte das Bestreben, Öffentlichkeit herzustellen: Das Presbyterium beschloss noch Ende 1871, das Ablehnungsschreiben des Oberkirchenrats zu veröffentlichen. Auch Superintendent Gunesch regte, beinahe gleichzeitig, beim Oberkirchenrat eine Veröffentlichung an. Ihm ging es darum, Leidenfrosts Rechtsposition zu bestätigen und »in weiteren Kirchen-Kreisen« Unterstützung für das Vorgehen der Kirchenbehörden zu gewinnen.[111] Tatsächlich erschien später eine Dokumentensammlung im Druck. Allerdings sollte sie nur die Erlässe enthalten, die den Konflikt zwischen Presbytern und Stadtpfarrer betrafen. Leidenfrost selbst fungierte als Herausgeber, im Vorwort bewertete er die Dokumentation als »glänzende Rechtfertigung«.[112]

Die neugewählten Presbyter gestalteten ihre Amtsübernahme als Affront gegen Leidenfrost: Sie verbaten sich jede persönliche Ansprache des Stadtpfarrers bei ihrer Einführung,[113] da hierdurch der Eindruck entstehen könne, es herrsche ein Vertrauensverhältnis zwischen Pfarrer und Presbyterium. Leidenfrost habe die Gemeinde-

107 Leidenfrost, Erlässe (wie Anm. 68) 13.

108 *Tagespost* (8. Jänner 1872): Von der evangelischen Gemeinde in Graz; Graz, 4. Januar. *Neue Freie Presse* (6. Jänner 1872) 3.

109 Schreiben des Grazer Presbyteriums an den Oberkirchenrat vom 19. Jänner 1872: 1872/Nr. 147 (29.1.) (vgl. Anm. 24).

110 Ein »Entweder–Oder«. *Grazer Journal* (10. März 1872, Leitartikel); vgl. die ausführliche Darstellung durch einen Insider: »?«, Graz. *PKZ* 18, Nr. 18 (1872, 4. Mai) 393 f.

111 Schreiben Guneschs an den Oberkirchenrat vom 16. Jänner 1872, in: 1872/Nr. 99 (27.5.) (vgl. Anm. 24).

112 Leidenfrost, Erlässe (wie Anm. 68) 3.

113 Die offizielle Einsetzung ins Presbyteramt erfolgte nach §60 KV durch folgendes dem Pfarrer geleistetes Gelöbnis: »Ich gelobe vor Gott, bei meinem Wirken als Presbyter die innere und äußere Wohlfahrt dieser evangelischen Gemeinde nach bestem Wissen und Gewissen zu wahren und darauf zu achten, daß die Kirche wachse in allen Stücken an dem, der das Haupt ist, Christus.«

vertretung aber belogen und »heimlich fälschliche und die Thatsachen entstellende Denunciationen an die Behörde gerichtet«.[114] Die Konservativen waren endgültig in die Defensive geraten. In Presseerklärungen wiesen sie darauf hin, dass in den gegenwärtigen Sitzungen des Presbyteriums wohl keine rechtsgültigen Beschlüsse mehr gefasst werden könnten, da Leidenfrost inzwischen seine Teilnahme verweigerte. In Anlehnung an das Lokalstatut der Wiener evangelischen Gemeinde hatte das Presbyterium nämlich den genannten Arzt von Meyer zum Kurator gewählt und ihm den Vorsitz des Gremiums übertragen,[115] eine rechtlich kaum haltbare Entscheidung. Um sich gegen eine solche Politik zu wehren, legten mehrere konservative Gemeindeglieder Vertrauensbekundungen für Leidenfrost auf, etwa der Eisenhändler Odörfer: Er forderte alle diejenigen zur Solidarisierung auf, die Leidenfrost nicht für einen unduldsamen und vernunftfeindlichen Eiferer hielten und die unwürdige liberale »Reclame« für Schultz ablehnten.[116]

Während dieser Konfrontationsphase gingen die Grazer Liberalen daran, nach deutschem Vorbild einen »steiermärkischen Protestantenverein« zu gründen. Ehrhardt Schultz, Mitglied des fünfköpfigen Vorstands, stellte bei dessen Gründungstreffen einen Statutenentwurf vor: Zweck des Vereins sollte die »Hebung des humanen, sittlich-religiösen Bewußtseins durch Versöhnung der Grundsätze des Christenthums mit der modernen Cultur und Förderung einer gesunden Jugendbildung« sein.[117] Auf den Gemeindeversammlungen der Liberalen wurde derweil weiter agitiert. Kurator Meyer nannte Leidenfrost wegen seines Anspruchs auf Leitung der Gemeinde »größenwahnsinnig«. Sicherlich auf eine Initiative der Liberalen hin schaltete sich nun auch offiziell der Grazer Stadtrat ein: Er verlangte eine Erklärung, bei wem die gesetzliche Vertretung der Gemeinde liege.[118] Leidenfrost reklamierte jetzt nachdrücklich die Organisationshoheit in der Gemeinde, etwa auch durch die Herausgabe eines Nachrichtenperiodikums. Hier wurde etwa über die kombinierte Luther- und Schillerfeier des um Leidenfrost versammelten Teils der bürgerlichen Protestanten berichtet – Gelegenheiten, die man offensichtlich nicht den Liberalen überlassen wollte. Statthalter und Bürgermeister bekräftigten durch ihre Anwesenheit den Anspruch Leidenfrosts und seiner Anhänger, die Gemeinde legitim zu vertreten; der Bürgermeister persönlich hielt eine Stegreifrede über Luther und den Fortschritt, bis weit nach Mitternacht wurde gefeiert.[119]

---

114 Schreiben der neugewählten Presbyter vom 20. Dezember 1871, in: 1872/Nr. 106 (4.6.) (vgl. Anm. 24).

115 *Grazer Zeitung* (3. Februar 1872).

116 »Adresse – Zum Conflict in der protestantischen Gemeinde« (Separatdruck, datiert 15. Oktober 1872); vgl. die in einer Tageszeitung gedruckte Kurzversion des Appells (hs. »1872« datiert), in: 1871/Nr. 1744 (30.11.) (vgl. Anm. 24).

117 *Tagespost* (7. Mai 1872). Der Verein wurde am 15. August 1872 offiziell registriert; vgl.: Statuten des Steiermärkischen Protestanten-Vereines in Graz (Separatdruck 1872) sowie 1872/Nr. 889 (5.6.) (vgl. Anm. 24).

118 1872/Nr. 418 (4.6.) (vgl. Anm. 24).

119 *Kirchlicher Anzeiger der Evangelischen Gemeinde in Graz*, Jg. 1 (1872) 47–49.

Im Oberkirchenrat war man uneins in der Frage, ob, wie vom Presbyterium gewünscht, eine Untersuchungskommission nach Graz gesandt werden sollte. Konsistorialrat Schenker sprach sich hierfür aus; Frank hielt es für sinnvoller, die ausstehende Visitation durch den Superintendenten jetzt unverzüglich durchführen zu lassen. Schenker – der nochmals Schultz' Ablehnung als »voreilig« bezeichnete – widersprach:

> »Denn es handelt sich nicht nur um einen Streit zwischen Pfarrer und Kirchenbehörden einerseits und Gemeinde andererseits sondern um ein die evangelische Kirche tief bewegendes wichtiges Princip, welches nicht durch ein einfaches Decret aus der Welt geschafft werden kann.«[120]

Seine ausführliche Verwahrung, in der er sich zum Schluss auf eine aktuelle Stellungnahme der liberalen Jenaer Fakultät in einem anderen Ablehnungsverfahren berief,[121] wurde zu den Akten genommen.

II.10 Die Absetzung von Grazer Presbytern durch den Oberkirchenrat

Superintendent Gunesch, seinerseits von Leidenfrost über alle Vorgänge in Graz informiert, drängte intern auf eine Auflösung des renitenten Presbyteriums.[122] Der Oberkirchenrat ließ sich davon überzeugen, dass eine Strafmaßnahme geboten sei: Im Juni 1872 wurden acht der opponierenden Presbyter abgesetzt, zusätzlich wurde ihnen die Wählbarkeit bei den nächsten Wahlen zu Gemeindevertretung und Presbyterium aberkannt. Es bleibt zu prüfen, ob die Initiative hierzu tatsächlich allein vom Vorsitzenden Zimmermann ausging und in diesem Fall auch der Universitätstheologe Frank von einer Strafmaßnahme abgeraten hatte.[123] Gleichzeitig wies der Oberkirchenrat die gesammelten Beschwerden gegen die Amtsführung des Stadtpfarrers Leidenfrost summarisch zurück, indem er auf den »selbständigen Wirkungskreis« des Pfarramts verwies.[124] Außerdem wurde Schultz in indirekter Form untersagt, weiterhin Religionsunterricht zu erteilen.[125]

120 1872/Nr. 382 (4.6.) (vgl. Anm. 24).

121 Die sog. »Jenenser Erklärung«, vgl. *PKZ* 1872, Nr.19.

122 Vgl.: Schreiben Superintendent Guneschs an den Oberkirchenrat vom 16. Jänner 1872, in: 1872/Nr. 99 (27.5.) (mit Angabe des korrekten Rechtsweges) (vgl. Anm. 24); Schreiben Superintendent Guneschs an den Oberkirchenrat vom 23. Februar 1872, in: 1872/Nr. 382 (4.6.) (vgl. Anm. 24).

123 So die wohl auf Franks eigenen Erinnerungen beruhende Darstellung der Angelegenheit bei: Ludwig Grimm, Gustav Frank. Ein Gelehrtenleben (Greiz 1905) 66: »Beim Amtseid gemahnt, erklärte endlich Frank: ›Geben Sie her, da will ich in drei Teufels Namen unterschreiben!‹ Und dann sah er die Urkunde, welche die Absetzung der revoltierenden, nach einer vielleicht falschen, doch im Grunde ehrlichen Überzeugung handelnden Presbyter aussprach, noch einmal ruhig an und meinte im gemütlichsten Tonfall: ›Da haben wir uns eine schöne Suppe eingebrockt; nun müssen wir sie auch schön zusammen ausessen!‹«. Ebenda 67, zitiert Grimm allerdings aus Franks Privatkorrespondenz feindliche Äußerungen über die »Radikalen«, deren gesetzverachtender Haltung gegenüber eine unparteiische Haltung nicht sinnvoll sei.

124 Leidenfrost, Erlässe (wie Anm. 68) 5–11.

125 Ebenda 15.

Sofort begannen die Abgesetzten, gegen die Entscheidung zu agitieren. Sie wurden von sechs weiteren Presbytern unterstützt, die ihr Amt freiwillig niederlegten, sodass das Presbyterium nur noch zwei Mitglieder besaß, Pastor Leidenfrost und seinen Unterstützer, den Eisenwarenhändler Odörfer. Die geschassten Presbyter setzten zunächst eine breite Welle öffentlicher Proteste in Gang: Die liberale Kirchenpresse in Deutschland publizierte umgehend heftige Angriffe gegen Frank, den man als Verräter an der eigenen Sache sah – der daraus entstandene öffentliche Schlagabtausch wird unten rekonstruiert. Außerdem legte man beim Kultusministerium Beschwerde gegen den Oberkirchenrat ein und drängte darauf, die Gemeindevertretung wenigstens bis zu einer eventuellen Neuwahl im Amt zu belassen. Wenn man im Oberkirchenrat befürchtete, dass die Maßnahme rechtlich fragwürdig sei, so war man im liberalen Lager fest davon überzeugt, dass es sich um Rechtsbeugung handle.[126] Die Beschwerdeschreiben verraten eine genaue Kenntnis der Rechtsgrundlagen. Gleichzeitig wird wiederum in einem demokratischen Tenor argumentiert: Gegenüber den Presbytern als den Gemeindevertretern, die »durch das Vertrauen ihrer Mitbürger zur Vertretung der Gemeinde berufen wurden«, sei jede Disziplinargewalt unzulässig. Diese stehe den kirchlichen Behörden nur im Verhältnis zu kirchlichen besoldeten Würdenträgern zu. Laut Kirchenverfassung, so juridisch korrekte Argumentation, dürfe allenfalls im Fall des Verstoßes gegen Gesetzesbestimmungen eingegriffen werden. In diesem äußersten Fall könne das Presbyterium über einen Superintendentialausschuss aufgelöst werden. Dann, so formulieren die Presbyter, könne man den »Stimmen der Gemeinde« bei der Neuwahl anheimstellen, »zwischen den Anschauungen der Kirchenbehörden und denen ihrer gewählten Vertreter zu wählen und zu richten«. Die jetzt geschehene »offenbare Rechtsverletzung« werde man nicht hinnehmen, man werde »unser Recht mit allen Mitteln, welche das Gesez und die Verfassung uns zur Verfügung stellt, zubehaupten bemüht seyn«.[127] In einem weiteren Schreiben an das Kultusministerium gaben die Presbyter ihrer Sorge um den Zustand der Grazer Kirchengemeinde Ausdruck. Es könne nicht geduldet werden, dass dort »an die Stelle der gesezlichen Vertretung der Gemeinde Anarchie oder Willkürherrschaft treten«.[128] Die Liste der Vorwürfe gegen die verbliebenen »gegenwärtigen Diktatoren der Gemeinde« ist lang: Der von Leidenfrost als Kassier eingesetzte Odörfer wirtschafte ohne Kontrolle, die Lehrerstellen besetze allein der Pfarrer, die

126 Beschwerde des Grazer Presbyteriums beim Oberkirchenrat (undatiert), in: 1873/Nr. 105 (24.2.) (vgl. Anm. 24). Der Kern der Beschwerde lautete: »der hohe k.k. Oberkirchenrath hat das Recht zu solchen despotischen Maßregelungen einfach gar nicht und wir verwahren uns gegen solchen Rechtsbruch auf das Entschiedenste« [1873/Nr. 105 (24.2.) (vgl. Anm. 24)]; vgl. ebenda das Schreiben des Justizministers an den ev. Oberkirchenrat vom 11. August 1872.

127 Beschwerde des Grazer Presbyteriums beim Oberkirchenrat (undatiert), in: 1873/Nr. 105 (24.2.) (vgl. Anm. 24). Damit wird v. a. auf §117.5 der Kirchenverfassung Bezug genommen: dort wird grundsätzlich eine Beschwerdemöglichkeit gegen Amtshandlungen des Oberkirchenrats bei der Generalsynode eröffnet.

128 Schreiben des Grazer Presbyteriums an den Oberkirchenrat (undatiert), in: 1873/Nr. 105 (24.2.) (vgl. Anm. 24).

Beiträge für die Gemeinde würden weder eingesammelt noch bezahlt. Leidenfrost kümmere sich auch nicht, wie bereits mehrfach bemerkt, um die fällige Neuwahl des Presbyteriums.[129] Der formell auch von der Absetzung betroffene, inzwischen aber an die neugegründete Reichsuniversität in Straßburg berufene Oskar Schmidt sandte einen Brief nach Wien, in dem er nach einer ironischen und beleidigenden Abrechnung »weitere Siege und Urtheile des unvergleichlichen Oberkirchenrathes« wünschte.[130] Die Liberalen, insinuierte Schmidt, müssten über derart anachronistische Maßregelungen eigentlich froh sein. Dadurch steigere sich nämlich in der Öffentlichkeit der Widerwille gegen das Kirchenregiment, langfristig werde so der Kampf gegen das »protestantische Jesuitenthum« erleichtert.[131]

Tatsächlich verlangte das Kultusministerium als vorgesetzte Behörde auf dem Dienstweg Auskunft über die Entscheidungsgründe des Oberkirchenrats. Dieser, offenbar überrascht von der Notwendigkeit, seine Maßnahmen offiziell zu rechtfertigen, verfasste eine umfangreiche Rechtfertigungsschrift. Trotz seines selbstbewussten Tones enthält der Schriftsatz manche juridischen Unsicherheiten – besonders die Argumente, mit denen der Oberkirchenrat den vorübergehenden Ausschluss der Presbyter von der Wählbarkeit zu rechtfertigen versuchte, wirken äußerst konstruiert. Das Schreiben spiegelt die seinerzeit erst eben beginnende Diskussion um das Verhältnis zwischen den beiden Hauptfunktionen des Oberkirchenrates als rechtliche Rekursinstanz und als mit unmittelbaren exekutiven Vollmachten ausgestattete Verwaltungsbehörde wider. Die Konsistorialräte betonen ihre »Obliegenheit, die Kirchenverfassung aufrecht zu erhalten und die Pfarrer zu unterstützen in der Aufrechterhaltung der kirchlichen Ordnung«.[132] Dies sei der Grund für das direkte Einschreiten der kirchlichen Oberbehörde gewesen, da die Grazer Gemeindevertreter eine »totale Verkehrung des Presbyter-Amtes in sein Gegentheil« angestrebt hätten und durch ihre Unterstellungen gegenüber dem Gemeindepfarrer für dessen »moralischen Todschlag« verantwortlich seien. Die Duldung dieses Verhaltens, so der Oberkirchenrat, würde den »fundamentalen Umsturz aller kirchlichen Ordnung bedeuten«. Die Absetzung sei die einzige wirksame Maßnahme gegen die Umtriebe einer »glaubens- und gewissenlosen Partei« gewesen, die, obgleich vertreten in einer kirchenverfassungsgemäßen Institution, die kirchliche Ordnung massiv gefährdet habe. Folgende Vorwürfe werden resümiert: In Graz sei auf kirchenverfassungsmäßig unzulässigen Parteiversammlungen agitiert worden – formal wird namentlich die Wahl von Ehrhardt Schultz beanstandet, der weder aktives noch passives Wahlrecht

129 1873/Nr. 105 (24.2.) (vgl. Anm. 24). Leidenfrost rechtfertigte die Verschiebung der Wahl damit, dass sich bis zum zunächst festgesetzten Termin zuwenig Gemeindeglieder für die Wahlen hätten einschreiben lassen: *Kirchlicher Anzeiger der Evangelischen Gemeinde in Graz*, Jg. 1 (1872) 49.

130 Schreiben Oskar Schmidts an den Oberkirchenrat vom 11. Juli 1872, in: 1874/Nr. 1486 (31.10.) (vgl. Anm. 24).

131 Ebenda.

132 Schreiben des Oberkirchenrats an das Kultusministerium (datiert lediglich: 1872), in: 1872/ Nr. 1848 (10.9.) (vgl. Anm. 24).

besaß. Außerdem sei dadurch, dass Pastor Leidenfrost der Vorsitz im Presbyterium streitig gemacht wurde, ein geregelter Verkehr der Grazer Gemeindevertretung mit den vorgesetzten Behörden unmöglich geworden. Mithilfe auswärtiger Berichte über die Situation des österreichischen Protestantismus bezog der Oberkirchenrat Stellung gegen eine demokratische Lesart der Kirchenverfassung: Deutsche Protestanten hätten in jüngerer Vergangenheit die geringe Strahlkraft kirchlichen Lebens etwa in Böhmen und Mähren durch die »schrankenlose Freiheit« und die »rein democratische Kirchenverfassung« erklärt, die das Presbyterium, nicht den Ortsgeistlichen, zum Mittelpunkt der Gemeinde bestimme.[133]

Die Ausführungen vermochten die Ministerialbürokratie nicht zu überzeugen: Zur Jahreswende entschied das Kultusministerium in Ausübung des landesfürstlichen Oberaufsichts- und Verwahrungsrechts gegenüber der protestantischen Kirche, dass die Absetzung der Grazer Presbyter und die Aufhebung ihres Wahlrechts wegen mangelnder Einhaltung des Rechtsweges nicht rechtswirksam seien.[134] Zähneknirschend gab der Oberkirchenrat die Entscheidung weiter, verbunden mit einer Ermahnung, besonders angesichts des großen öffentlichen Aufsehens den inneren Frieden der Gemeinde zu wahren: »Das Presbyterium wolle ein Beispiel geben, um so leuchtender für die evangelische Kirche dieser Lande, je gespannter die Augen der evangelischen Welt auf dasselbe gerichtet sind.«[135]

II.11 Weitere Entwicklungen

Die Querelen waren mit dieser Revision noch lange nicht abgeschlossen. Eine weitere direkt mit der Affäre Schultz verbundene öffentliche Auseinandersetzung ergab sich, nachdem liberale Kreise versucht hatten, die Angelegenheit im Reichsrat zum Thema zu machen. Diesen Versuch, »innerkirchliche« kirchenpolitische Angelegenheiten zum Gegenstand parlamentarischer Politik zu machen, lehnten nicht nur der Oberkirchenrat, sondern auch viele Freisinnige ab.[136] Auf der lokalen Ebene sind die

133 Ebenda.

134 Schreiben des Kultusministeriums an den Oberkirchenrat vom 31. Dezember 1872, in: 1873/Nr. 105 (24.2.) (vgl. Anm. 24).

135 Erlass des Oberkirchenrats an den Wiener Superintendenten vom 24. Februar 1873, in: 1873/Nr. 105 (24.2.) (vgl. Anm. 24).

136 Der Separatdruck der Beschwerde der Grazer Presbyter beim Reichsrat (datiert: Graz, im Januar 1873), erschien ohne Titel. Erhalten ist außerdem der vom Presbyterium der evangelischen Kirchengemeinde AB in Wien verfasste, am 20. März 1873 datierte, »Protest zur Abwehr der Ingerenz des hohen Reichsrathes in das autonome Rechtsgebiet der evangelischen Kirche augsb. Confession« betitelte Separatdruck, der noch eine weitere Initiative rügt: den an beide Kammern gerichteten Protest des Kärntner Seniorats jenseits der Drau, der sich auf die schwelenden Auseinandersetzungen um die Pfarrerbesoldung bezog. Die Wiener betonen, dass die Ausübung des Rechts auf autonome Verwaltung und selbständige Regelung der inneren Angelegenheiten die »kostbarste Errungenschaft« der evangelischen Kirche sei; vgl. 1873/Nr. 642 (16.4.) (vgl. Anm. 24). Im Zusammenhang der Proteste gegen den Oberkirchenrat hatte das Wiener Presbyterium – damals bezogen auf die Weiterleitung der Beschwerden gegen Schultz an das Kultusministerium – die Kirchenbehörde öffentlich bezichtigt, die »schwer und nach

Nachwirkungen der Konflikte daran abzulesen, dass trotz einer insgesamt schnell steigenden Bevölkerungszahl die Zahl der Grazer protestantischen Gemeindeglieder innerhalb von fünf Jahren von 1740 (1871) auf 1390 (1876) zurückging – dies wohl infolge massenhafter demonstrativer Kirchenaustritte.[137] Einen gewissen Schlussstrich markiert allerdings der Weggang desjenigen, der die Streitigkeiten ausgelöst hatte, aus Graz: Ehrhardt Schultz wurde im Herbst 1872 als Pfarrer der deutschen evangelischen Gemeinde nach Bukarest berufen, nachdem er dort eine erfolgreiche Probepredigt gehalten hatte.[138] Ähnlich wie in Graz hatten sich um 1870 in der bürgerlich geprägten Bukarester Gemeinde mehrheitlich betont liberale Einstellungen durchgesetzt. Den Kontakt nach Rumänien hatte der Grazer Presbyter Dr. von Meyer vermittelt, ein Konvertit, der ehemals Generalarzt der rumänischen Armee gewesen war. Obgleich konservativ-kirchliche Kreise in Preußen protestierten, bestätigte das Auswärtige Amt in Berlin – das gemeinsam mit dem österreichisch-ungarischen Außenamt für die Stellenbesetzung mitzuständig war – die Personalie anstandslos.[139] Schultz scheint in Bukarest erfolgreich als Prediger wie als Organisator einer evangelischen Realschule gewirkt zu haben. Bereits im Frühjahr 1875 kündigte er aber zum Bedauern der Gemeinde aus familiären Gründen seine Stellung.[140] Schultz' weitere Laufbahn konnte bisher noch nicht befriedigend rekonstruiert werden. Noch während seines Grazer Aufenthalts war ihm, einem Pressebericht zufolge, auch der Direktorenposten an der Straßburger staatlichen Höheren Töchterschule angeboten worden. Er entschied sich gegen diese Möglichkeit, scheint später aber als Kreisschulinspektor in Mülhausen im Elsass gewirkt zu haben.[141] Gleichzeitig wurde Schultz als Freimaurer aktiv: Er hielt die Einführungsrede bei der Logengründung in der liberal geprägten Universitätsstadt Jena,[142] fungierte aber auch als Redner der Loge »Zur Säule an den Vogesen« in Mülhausen im Elsass.[143] Daneben besaß Schultz

langem Kampfe errungene Autonomie« der evangelischen Kirche im Zuge innerprotestantischer Konflikte zu verspielen: »An den hohen k. k. Oberkirchen-Rath in Wien. Gesuch des Presbyteriums der evangelischen Kirchengemeinde A. C. in Wien« (Separatdruck Wien 1872; datiert: 17. Oktober 1872) 6. Die Argumentation der Wiener Presbyter blieb also konsistent.

137 Vgl.: Bericht des k. k. evangelischen Oberkirchenrathes augsburgischer und helvetischer Confession an die auf den 14. November 1877 einberufene 3. General-Synode des einen und des anderen Bekenntnisses (Wien 1877) 61.

138 (*), Aus Oesterreich. *PKZ* 18, Nr. 48 (1872, 30. November) 1055 f.

139 Über die diplomatischen Hintergründe des Ernennungsvorgangs und die Installation berichtet: (anon.), Bukarest. *PKZ* 18, Nr. 2 (1873, 11. Jänner) 39 f.

140 Vgl. Hans Petri, Geschichte der evangelischen Gemeinde zu Bukarest (Leipzig 1939) 100–103.

141 G. A. E. Bogeng, Die großen Bibliophilen (Leipzig 1922) 294; hier wird als Sterbedatum 1888 (in Leipzig) genannt.

142 (Anon.), Das Fest der Lichteinbringung in die Loge Carl August zu den drei Rosen im Orient von Jena. *Freimaurer-Zeitung* 34, Nr. 46 (1880, 13. November) 365–367.

143 Vgl. die Publikationen: Erhard Schultz, Maurers Arbeit auf der Gasse. Aus einer Ansprache. *Freimaurer-Zeitung* 36, Nr. 46 (1882, 13. November) 323–325; Ders., Humanität in Gesinnung und That. Zur Feier des Geburtstages Sr. Maj. des Kaisers Wilhelm. *Die Bauhütte. Organ für die Gesamt-Interessen der Freimaurerei*, Jg. 25, Nr. 18 (1882, 29. April) 137 f.

vorübergehend einen kleinen Verlag, in dem er eigene Predigten und eine Theorie der Pädagogik publizierte.[144]

Schultz' radikal freisinnige, d.h. dogmenfeindliche und individualistische Theologie ist – abgesehen von der durch Gustav Frank nachgewiesenen literarischen Abhängigkeit von Wilhelm Nagel – nur schwer in eine bestimmte intellektuelle Tradition einzuordnen: Sie verzichtet auf tiefere Reflexion und schließt nur in begrenztem Maß an charakteristische zeitgenössische Konzepte und Begriffe der freisinnigen oder liberalen Theologie an. Von Schultz' überlieferten Texten besitzt am ehesten das Statut für den Grazer Protestantenverein programmatischen Charakter: Ein Leitbegriff ist hier »Humanität«, verstanden als die vom freien, vernünftigen Individuum geschuldete Gesinnungsform sittlich-religiöser Vergesellschaftung. Die Grundsätze der Humanität sind Schultz zufolge im »Christentum« enthalten, insofern es fordert, nach dem Ideal-Geistigen und nach allgemeiner Menschenliebe zu streben.[145] Die Entfremdung der meisten Gebildeten vom Christentum besonders unter dem Eindruck der Ergebnisse der Naturwissenschaften begreift Schultz als Herausforderung: Die »großartigen Resultate«, die eine historisch-kritische Erforschung der Entstehung des Christentums zutage gefördert hat, sollen seiner Ansicht nach selbstbewusst verwendet werden, um die angestrebte Versöhnung von Christentum, »exacter Wissenschaft« und moderner Kultur zu erreichen.[146]

III. Positionsbildungen: Die theologische und kirchenpolitische Debatte in der Westhälfte der Monarchie

Der Grazer Kirchenstreit ereignete sich zu einem Zeitpunkt, an dem die Situation der evangelischen Kirche im Westteil der Donaumonarchie insgesamt in Konsolidierung begriffen war. Die Zeichen standen auf zunehmender gesellschaftlicher Anerkennung und Gleichberechtigung der Protestanten und ihrer religiösen Institutionen. Bereits das Protestantenpatent von 1861 hatte den evangelischen Bürgern die Gleichberechtigung mit Katholiken gebracht und der evangelischen Kirche trotz fortdauernder Staatsaufsicht bedeutende Sicherheitsgarantien, auch finanzieller Natur, verschafft.[147] Zunächst war eine provisorische Kirchenverfassung in Kraft getreten, 1866 dann eine dauerhafte Ordnung, die eine Mischform von presbyterial-synodaler Organisation und konsistorialer Kirchenleitung festschrieb. Der unter der Ägide des Kultusministeriums verselbständigte Oberkirchenrat ließ, wie bereits erläutert, zunächst Raum

---

144 Erhard Schultz, Wahrheit, Freiheit, That! Predigten (Wien–Mühlhausen i. E. 1879); Ders., Ueber das teleologische Fundamentalprincip der allgemeinen Pädagogik (Mülhausen i. E. 1882); eine populäre Einführung in seinen pädagogischen Ansatz bietet: Ders., Die Grundforderung der k[öniglichen] K[unst] und die Hauptaufgabe der Erziehung. *Die Bauhütte. Organ für die Gesamt-Interessen der Freimaurerei*, Jg. 27, Nr. 27 (1884, 5. Juli) 209–211.

145 Vgl. Statuten des Steiermärkischen Protestanten-Vereines in Graz (wie Anm. 117).

146 Ebenda.

147 Gottas, Habsburgermonarchie (wie Anm. 8) 551–556.

für eine gewisse theologische Liberalisierung – etwa bei Besetzungen an der Wiener k.k. evangelisch-theologischen Fakultät.[148] Im Gesamtstaat hatte 1860 in politischer Hinsicht eine Ära liberaler Gesetzgebung begonnen: Bereits die Maigesetze von 1868 stellten die Staatshoheit über Ehe und Schulwesen sowie die freie Wahl der Konfessionszugehörigkeit wieder her. Die antagonistische Stimmung gegenüber der katholischen Kirche wurde bei den Protestanten allerdings durch die erst kurz zurückliegenden Erfahrungen des Neoabsolutismus lebendig gehalten.[149] Auf religiösem Gebiet hatte die autoritäre Regierungsform vor allem in dem von Beginn an umstrittenen Konkordat von 1855 ihren Niederschlag gefunden – es wurde erst 1870 gekündigt. Die dort festgeschriebene Vorrangstellung der katholischen Kirche vor allem im Schulwesen und in Ehefragen wurde in weiten Teilen des Bürgertums als anachronistisch empfunden und war Anlass für zahllose publizistische Diskussionen geworden.

Demgegenüber stellten der Deutsche Krieg von 1866 und die politisch aufgeheizte Stimmung des deutsch-französischen Krieges von 1870 die fragilen politisch-kulturellen Identitätskonstruktionen der Protestanten in Cisleithanien infrage. Abermals gefährdeten Vorurteile und Abwehrreaktionen die gesellschaftliche Anerkennung der evangelischen Minderheit, der man Sympathien für das preußisch-protestantisch dominierte neue Deutsche Reich unterstellte. Besonders gegenüber den »reichsdeutschen« Immigranten materialisierten sich diese Vorurteile. Indigene wie eingewanderte bürgerlich-liberale Repräsentanten des österreichischen Protestantismus taten das ihre, um dieses Misstrauen zu bestätigen, wobei die politische Bewunderung Preußen-Deutschlands ihr kirchenpolitisches Selbstbewusstsein gegenüber den deutschen Glaubensbrüdern nicht ausschloss. Die bereits mehrfach gesehene demokratische Interpretation der Kirchenverfassung war weit verbreitet, wie ein Leitartikel zur Situation des österreichischen Protestantismus in der deutschlandweit verbreiteten, im allgemeinen gemäßigt liberalen »Allgemeinen Kirchen-Zeitung« zeigt: Das obrigkeitliche Kirchenregiment in den deutschen Staaten, so der anonyme Autor, könne kein Vorbild für den österreichischen Protestantismus sein, wo »das Selbstbestimmungsrecht, das ihr eine auf breiter Basis aufgebaute Presbyterial- und Synodalverfassung trotz vieler Mängel und Lücken gewährt, in Fleisch und Blut

148 Vgl. Trauner, Von Jena nach Erlangen (wie Anm. 23). Die liberalen Tendenzen dürfen aber entsprechend dem oben Gezeigten nicht überbewertet werden, wie dies wohl bei Gottas, Habsburgermonarchie (wie Anm. 8) 567, der Fall ist.

149 Zum Kulturkampf in Österreich vgl. nur Karl Vocelka, Der Kulturkampf in der Cisleithanischen Reichshälfte der Habsburgermonarchie, in: Der Kulturkampf in den deutschsprachigen Ländern, hg. von Rudolf Lill/Francesco Traniello (Schriften des Italienisch-Deutschen Historischen Instituts in Trient, Bd.5, Berlin 1993) 355–366; Laurence Cole, The Counter-Reformation's last stand: Austria, in: Culture Wars. Secular-Catholic Conflict in Nineteenth-Century Europe, hg. von Christopher Clark/Wolfram Kaiser (Cambridge 2003) 284–312 (Cole beschreibt die Dekade 1860–1870 als »the hottest phase of the Austrian culture wars«: ebenda 306); zur politischen Situation des Protestantismus: Gotthold Müller, Politischer Liberalismus und evangelische Kirche in Österreich während des 19. Jahrhunderts. *Österreichisches Archiv für Kirchenrecht* 15 (1964) 103–125.

übergegangen ist«.[150] In Deutschland genieße die evangelische Kirche demgegenüber Macht und Sicherheit ihrer vitalen Interessen. Der Autor, der im übrigen, wie um die heimischen Vorurteile zu bestätigen, den politischen »Anschluß Österreichs an das geeinigte Deutschland« für wünschenswert hält, beklagt die mit dem Krieg wieder aufgekommene »Protestantenhetze«. Hätte Österreich nicht die Neutralität gewahrt, wäre es seiner Ansicht nach zu einem inneren »Religionskrieg« und zu einer »Vergewaltigung des Protestantismus durch den Romanismus« gekommen.[151]

In einem Klima derartiger Veränderungen und Gefährdungen entwickelten die Vertreter der konfligierenden kirchlich-theologischen Positionen unterschiedliche Vorstellungen von der Ausgestaltung der Kirchenverfassung und dementsprechend unterschiedliche kirchenpolitische Strategien. Der Grazer Kirchenstreit wirkte in dieser Hinsicht wie ein Katalysator: Er brachte die schwelenden positionellen Konflikte zum Austrag in der protestantischen Öffentlichkeit. Die Auseinandersetzungen sind fassbar anhand einer fortlaufenden Publizistik in Form von Broschüren, von Zeitungs- und Zeitschriftenartikeln in den unterschiedlichsten Periodika. Sie verdichteten sich an einem Ort während der im Sommer 1871 stattfindenden protestantischen Generalsynode.

III.1 Theologische Gutachten der Superintendenten

Einen besonders intensiven Blick auf die Spannungen innerhalb der evangelischen Kirche Österreichs gestatten darüber hinaus die bereits erwähnten theologischen Gutachten der Superintendenten, die seit April 1871 an den Oberkirchenrat in Wien gelangten. Ihr Status changiert zwischen öffentlicher und nichtöffentlicher Publizistik: Ihr Inhalt wurde von den Verfassern selbst oder aus dem Umkreis des Oberkirchenrats weitergegeben, wie zahlreiche Bezugnahmen in der Presse zeigen sollten. Dennoch ermöglichte die Form des Gutachtens den beteiligten kirchlichen Repräsentanten, ohne die sonst ihrer Stellung geschuldeten Rücksichten, die Situation zu bewerten. Die Gutachten repräsentierten keine einheitliche Meinung und sorgten langfristig eher für Verwirrung und Zerwürfnisse. Gerade dies macht sie aber zu wichtigen Quellen, die das weite Spektrum der theologischen Positionen vor Augen führen, die in der evangelischen Kirche des westlichen Reichsteils vertreten werden konnten.

Zuerst äußerte sich der in Scharten ansässige oberösterreichische Superintendent Sääf.[152] Der schwedischstämmige Lutheraner forderte eine Bekenntnisbindung der kirchlichen Lehre – nicht in erster Linie aus theologischen Gründen, sondern aus Rücksicht auf die Rechtsstellung der evangelischen Kirche im Kaiserstaat, die nach dem Protestantenpatent von 1861 an ihre bekenntnismäßige Lehre gebunden sei. Dies

150 *AKZ* 12 (1871) 202.

151 Ebenda 201.

152 Zur Person: Leopold TEMMEL, Evangelisch in Oberösterreich. Werdegang und Bestand der Evangelischen Kirche (Linz 1982) 82 f.; Gustav REINGRABNER, Erich Martin Sääf (Ritter von Norden). *Glaube und Heimat* 39 (1985) 38 f.

verpflichte alle geistlichen Amtsträger, »in einer dem Wesen und der staatsrechtlichen Stellung unserer Kirche entsprechenden Weise« zu handeln, und die kirchenregimentlichen Behörden zu entsprechender Kontrolle.[153] Wie zu zeigen sein wird, ist dieses Argument typisch für eine größere Gruppe innerhalb der österreichischen Protestanten, die zumindest zeitweise auch von Regierungsstellen bevorzugt wurde.[154] Dem Schartener Superintendenten zufolge baut Schultz auf dem »luftigen Grunde hochfliegender Ideen«. Er wolle gleichzeitig »dem wahren ächten Christenglauben alles das in die Schuhe schieben, was Aberglauben und Fanatismus, Intoleranz und Herrschsucht in der christlichen Kirche verursacht haben«. Sein Kirchenbild möge wohl »in den Köpfen einiger Theologen bestehen«. Doch »in der Wirklichkeit, insbesondere in dem Gebiete, das staatsrechtlich unserer evang[elischen] Kirche in Österreich zugewiesen ist«, sei dafür kein Raum. Weder Staat noch Kirche könnten eine schrankenlose Freiheit dulden. Die von Schultz geforderte Öffnung gegenüber den Intellektuellen lehnt Sääf ab: »die sogenannten Denkenden, die thatsächlich schon vom Glauben abgefallen sind«, dürften nicht noch in ihrem Unglauben bestärkt werden.[155]

Die entgegengesetzte Meinung vertrat Sääfs in Biala amtierender Kollege Hönel in seinem Gutachten.[156] Der von Schleiermachers Theologie geprägte, dezidiert liberalprotestantisch orientierte neuberufene Superintendent in Galizien und der Bukowina sah keinen Handlungsbedarf für kirchliche Leitungsinstanzen: Er könne nichts »so gar Gefährliches« in der Predigt finden. Einige ungewöhnliche Formulierungen könne man bei näherem Verständnis durchaus als biblisch und dogmatisch korrekt verstehen. Daneben sei »soviel Schönes und selbst Weihevolles« in der Predigt, dass sich jede Kritik erübrige. Man könne nicht ernsthaft annehmen, so Hönel, »daß der gesunde Sinn einer gebildeten Stadtgemeinde durch diesen Vortrag von der Kanzel wirklich Schaden genommen habe«.[157]

Hönel schließt eine eingehende theologische Analyse der Predigt an: Schultz' Definition des Glaubens sei keineswegs unevangelisch, für Protestanten stelle dieser sich nämlich tatsächlich als göttliches Leben im Herzen, als »das Ergreifen, das Aneignen des Übersinnlichen, Göttlichen zur Kraft des eigenen Lebens, die Hingabe des Gemüths an die sittlichen Lebensmächte, das Vertrauen auf diese Mächte, die in sie gesetzte gewisse Zuversicht« dar. Der christliche Glaube richte sich im evangelischen

153 Gutachten des oberösterreichischen Superintendenten Sääf vom 8. April 1871: 1871/Nr. 621 (14.4.) (vgl. Anm. 24).

154 Die österreichische Kultuspolitik förderte anscheinend auch im universitären Bereich gezielt bekenntnisorientierte Theologen. Ziel war, eine weitergehende Autonomie der evangelischen Kirche zu verhindern und die Staatsloyalität der Funktionsträger zu befördern; zu diesem noch kaum erforschten Thema vgl. Trauner, Von Jena nach Erlangen (wie Anm. 23) 59.

155 Gutachten des oberösterreichischen Superintendenten Sääf vom 8. April 1871: 1871/Nr. 621 (14.4.) (vgl. Anm. 24).

156 Zur Person: H. F., Nekrolog für Jakob Hönel, Superintendent für Galizien und die Bukowina. *Evangelische Kirchenzeitung für Österreich* 2 (1885) 201–204.

157 Gutachten des galizischen Superintendenten Hönel vom 16. April 1871: 1871/Nr. 721 (16./18.4.) (vgl. Anm. 24).

Verständnis, wie von Schultz dargelegt, nicht auf die Schrift als solche. Mit einem Seitenhieb auf seinen Kollegen Gunesch bemerkt Hönel:

> »Gewiß glaubt auch die Superintendentur in Wien nur an den göttlichen Inhalt dieser Schriften und auch an die Bibel nur, wiefern sie Gesetz und Evangelium ist, der rechte Ausdruck für die sittlichen, die idealen Lebensmächte des Christenthums.«

Der an theologischer Bildung wohl deutlich überlegene Hönel bestärkt in seinem Gutachten mehrere von Schultz vertretene Thesen: Bereits bei Luther finde sich etwa das Verständnis, dass die historischen Tatsachen des Lebens Jesu nicht Gegenstand des Glaubens seien.[158] Ironisch bemerkt der Superintendent: »Schade, daß man dem großen Reformator nicht auch die lic[entia] conc[ionandi] entzogen hat; die Pharisäer seiner Tage hätten das so gern gethan.« Die historischen Umstände des Lebens Jesu seien eine »nur durch gewissenhafte historische Forschung zu entscheidende Frage«, doch »Inhalt unseres Glaubens sind sie nur als Darstellungen des Heils, als Illustrationen des christlichen Princips und, wie ein namhafter Dogmatiker sagt, ›bleibenden Werth hat nur Dasjenige an Ihnen, was sich stets wiederholen und von Jedem wieder erleben läßt‹«.[159]

Schultz' Postulat, nur das Göttliche in der Person Jesu sei relevant, untermauert Hönel mit biblischen Belegen. Inhalt des Herzensglaubens sei nicht der leibliche Jesus von Nazareth, sondern »die geistige, vom Princip der Gotteskindschaft erfüllte und durchleuchtete Persönlichkeit des Mannes« als Verkörperung des Christentums. Als Vorwurf lässt Hönel nur gelten, daß Schultz seine Hörer teilweise überforderte: Nicht alle können die geschichtlichen Tatsachen von dem innewohnenden göttlichen Gehalt, den Menschen Jesus vom Christus des Glaubens unterscheiden. Missverständnisse könnten so den Glauben gefährden. Keineswegs sei die Predigt aber oberflächliches liberales Gerede. Hönel lobt die rhetorische Begabung, die Wärme und das Gefühl des Verfassers, der die alltägliche Gewöhnlichkeit der kirchlichen Rede auf positive Weise unterbreche. Der Superintendent ruft in Erinnerung, wie unintellektuell die meisten Ordinanden wirken, und wünscht, es gebe mehr Kandidaten wie Schultz. Er selbst würde ihm in jedem Fall die Predigterlaubnis erteilen.[160]

Hönel zufolge ist in erster Linie die Gemeinde berufen, über die Qualifikation eines Predigers zu urteilen. Wo diese in ihrer großen Mehrheit hinter einem Prediger stehe wie in Schultz' Fall, werde eine weise und besonnene Kirchenleitung nur im zwingendsten Fall gegen solche Einmütigkeit vorgehen. Hönel äußert sich skeptisch über die Idee, der Protestantismus verfüge über eine reine kirchliche Lehre: Die entsprechenden Vorschriften seien wegen ihrer Zweideutigkeit alle von Übel. Kein Kirchenlehrer habe vollständig mit dem Buchstaben übereingestimmt. Die Gefahr einer »papirnen Infallibilität« sei noch unheilvoller als die päpstliche Anmaßung der

158 »Fides numquam praeteritorum est« (ebenda).

159 Ebenda; es handelt sich um ein Zitat aus: Heinrich Lang, Versuch einer christlichen Dogmatik. Allen denkenden Christen dargeboten (Berlin ^{2}1868) 210.

160 Gutachten des galizischen Superintendenten Hönel vom 16. April 1871: 1871/Nr. 721 (16./18.4.) (vgl. Anm. 24).

Unfehlbarkeit. Schultz halte sich durchaus an den Glauben der – bereits von den Reformatoren selbst nur als Glaubenszeugnisse gedachten – Bekenntnisschriften und der Heiligen Schrift, an ihre Grundsätze und ihren Geist, nur eben nicht an jeden ihrer Aussprüche. Im Kern seiner Glaubensanschauung sei Schultz vortrefflich protestantisch, schließt Hönel mit einer typisch liberalen Semantik. Diese Auffassung scheine als einzige »mit Wesen, Sinn und Geist unserer Kirche vereinbar«. Das bedauerliche Vorgehen seines Wiener Kollegen nennt Hönel »Ketzerriecherei« und, ähnlich wie zur selben Zeit liberale Agitatoren in der Tagespresse, einen »Angriff auf die Lehrfreiheit, dieses Kleinod, diesen kostbaren Schatz unserer Kirche, die man empfindlicher gar nicht treffen kann als durch Verkümmerung dieses Gutes«.[161]

Etwas zurückhaltender, aber in der Tendenz übereinstimmend fiel das Gutachten des mährisch-schlesischen Superintendenten Carl-Samuel Schneider[162] aus: Es konstatiert, Schulz gehöre einer »freisinnigen, aber im Protestantismus berechtigten theologischen Richtung« an. Schneider untersucht, ob die seiner Ansicht nach rhetorisch äußerst gelungene Predigt tatsächlich gegen die in der Kirchenverfassung vorgeschriebene Bekenntnisbindung verstoße: Ihm zufolge betrifft diese aber nicht den Buchstaben, sondern den Geist der Bekenntnisse. Dieser müsse als »ein der evangelischen Ueberzeugung Ausdruck gebender, gegen unevangelisches Wesen protestirender, die Hauptgrundsätze der evangelischen Kirche, der römisch katholischen gegenüber, in Wort und Schrift darstellender, reformatorischer Geist« verstanden werden, »welchem der Buchstaben selbst nach dem Willen der Reformatoren, keine beengenden Fesseln anlegen sollte«.[163] Dementsprechend sei die Predigt nicht unchristlich, ketzerisch oder trübe die reine Lehre. Sie müsse als Meditation über den Glauben vor einer überwiegend gebildeten Stadtgemeinde gewürdigt werden, die, so Schneider, »nach Bildung und Intelligenz ihrer Bewohner, zu den ersten unseres Vaterlandes zählt«. Schneider verleugnet seine liberale Position nicht, wenn er prinzipielle Kritik an einem dogmengestützten Christentum äußert, das nicht wage, sich der Herausforderung der historischen Kritik zu stellen: »zu einer Zeit, wo soviel seichtes Geschwätz, ja Anwiderndes und Unsinniges auf Rechnung des Christenglaubens von der Kanzel ertönt, womit man ein zusammenstürzendes Babel von neuem halten und festigen will«, sei Schultz' intellektueller Ansatz besonders zu begrüßen.[164] Es könne zwar problematisch wirken, dass die Predigt für einen historisch basierten Glauben – der möglicherweise auch seine Berechtigung habe – keinen Raum lasse. Diejenigen, die im festen Glauben an die Heilstatsachen eine seligmachende Kraft Gottes erkennen, könnten vor den Kopf gestoßen werden. Doch es müsse Vertreter jeder theologischen Position überzeugen, wie Schultz den Glauben »im protestantischen Geist« und »im Gegensatz zur katholischen Auffassung« als die fides qua creditur,

161 Ebenda.

162 Zur Person: Karl Schwarz, Art.: Schneider, Carl Samuel. *ÖBL* 10 (1994) 371 f. [*BBKL* 9 (1995) 540–542].

163 Gutachten des mährisch-schlesischen Superintendenten Schneider vom 13. April 1871: 1871/ Nr. 740 (13./19.4.) (vgl. Anm. 24).

164 Ebenda.

nämlich als »Aufnahme des Göttlichen, Hingabe des Herzens an dieses« dargestellt habe. Schultz mundtot zu machen, so Schneiders Fazit, müsste als ein »durchaus antiprotestantisches« Vorgehen zutiefst beklagt werden. Er rät davon ab, den jungen Theologen zu maßregeln und ihn dadurch der Kirche zu entfremden, wo er noch eine segensreiche Tätigkeit vor sich habe. Der Oberkirchenrat solle Schultz vielmehr direkt bestätigen.[165]

Mit einiger Verspätung äußerte sich schließlich der Prager Superintendent Benesch. Er konstatierte knapp, die Predigt könne in ihren Aussagen über die Person Christi und die Heilige Schrift nicht als bekenntniskonform angesehen werden.[166]

Im weiteren Verlauf des Verfahrens erhielt, wie gesehen, auch der Wiener Superintendent Gunesch nochmals Gelegenheit, sich umfassend zu Schultz' theologischen Ansichten zu äußern.[167] In seinem Gutachten bezog er sich nicht nur auf die inkriminierte Predigt, sondern auch auf Schultz' weitere offizielle Stellungnahmen: Dort sei der Kandidat inhaltlichen Antworten entweder aus dem Weg gegangen, »oder er verklausulirt und deckt sich in der Antwort mit seiner gewohnten Dialectic in doppelsinniger Weise«. Es sei niemals klargeworden, ob er »an den historischen oder blos an den Idealen Christus glaubt; ob er die Heilsthatsachen aus dem Leben Jesu als wirklich Geschehenes anerkennt, oder bloß als Vermittler zu den Ideen, zu den Idealen in Christo gelten läßt«. Schultz verstecke sich hinter seiner Distinktion zwischen »Wissen« und »Glaube«. Dabei lasse er unklar, ob er Geburt, Tod, Wunder und Auferstehung Jesu »einfach als wirklich Geschehenes, oder nur in einem gewissen Sinne, nämlich in seinem Sinne, als solches zugebe«. Insgesamt müsse die theologische Sachkenntnis des Kandidaten in Zweifel gezogen werden. Gleichzeitig berechtigten seine Äußerungen zu der Frage, ob er »noch in dieser Kirche stehe«: Sein Insistieren auf unbedingter Bibelkritik und seine freie Stellung zu den Bekenntnisschriften stifteten in der Praxis Unordnung und Verwirrung. Gunesch lehnte es zwar explizit ab, bei der Evaluierung der von Schultz vertretenen Christologie wie vom Oberkirchenrat vorgegeben mit präzisen Belegen aus Bibel und Bekenntnistexten zu argumentieren. Doch er betonte, dass es einen »Compromiss« in Sachen Bekenntnisbindung nicht geben könne, solange man sich noch als »evangelische Christen« bezeichnen wolle. Er berief sich auf die Mehrheit der lutherischen Generalsynode, die für ein Festhalten »an dem positiven Christenthum« votiert habe.[168]

Gegen Schultz' homiletische Ausführungen bekennt sich Gunesch zur konfessionellen Bindung der Predigt: Ihr alleiniges Ziel müsse sein, »daß sie schriftgemäß seye, erbaue, das heilige Wort Gottes enthalte, daß sie eine Rede sey durch das Evangelium und die Kirche modificirt, daß sie auf den Grund, der gelegt ist, auf Christum aufge-

165 Ebenda.

166 Gutachten des Prager Superintendenten Benesch vom 17. Mai 1871: 1871/Nr. 1029 (30.5.) (vgl. Anm. 24).

167 Gutachten Superintendent Guneschs betr. Lehr- und Predigttätigkeit des E. Schultz vom 10. Oktober 1871: 1871/Nr. 1610 (30.11.) (vgl. Anm. 24). Der Oberkirchenrat sollte sich bei seiner endgültigen Entscheidung stark auf Guneschs Ausführungen stützen.

168 Ebenda.

baut sey; das Evangelium von Christo auslege und anwende. Hievon Abweichendes; selbst Erfundenes, Wandelbares, nicht Bibelgemäßes hat in der christlich evangelischen Predigt keinen Raum, und wer nicht im Sinne der Heiligen Schrift predigen kann und will, der möge gar nicht predigen und die Kanzel nicht mißbrauchen«. Schultz fehle außerdem jede pastorale Klugheit: »Der evangelische Prediger hält seine Vorträge nie vor einem geschloßenen Zuhörerkreis der auf gleicher Stufe stehe.«[169]

III.2 Weitere theologische Stellungnahmen

Die theologische Uneinigkeit, die in den Gutachten der Superintendenten zum Ausdruck kam, setzte sich, wie gesehen, im Kollegium des Oberkirchenrats fort. Der liberale Konsistoriale Schenker sprach im geschützten Raum der innerbehördlichen Auseinandersetzung direkt das Grundproblem an: Es wäre ein Verstoß gegen die objektive Gerechtigkeit, wenn eine Reihe von Theologen im Amt sind »die den Standpunkt der objectiv-historischen Kritik einnehmen«, Schultz aber davon ausgeschlossen bliebe. Auch die Superintendenten Schneider und Hönel müssten in diesem Fall, streng genommen, »beseitigt werden«.[170] Indem er unter anderem auf Schleiermacher und Richard Rothe verwies, mahnte Schenker, man müsse weiterhin neue theologische Meinungen akzeptieren. Warum sollten den Kindern Belehrungen zugemutet werden, die naturwissenschaftlich nicht haltbar sind und die später im Naturkundeunterricht widerlegt werden? Warum sollten sie an Wunder glauben, wenn zur selben Zeit namhafte Theologen lehrten, die neutestamentlichen Wundergeschichten seien nicht wörtlich zu verstehen und man könne sie ohne Gefahr für das Christentum preisgeben? Schenker verweist auf die Tradition der evangelischen Kirche in Österreich seit dem Toleranzpatent, die stets eine »auf dem Fundamentalprincipe der freien Forschung beruhende milde Praxis« gepflegt habe:

> »Die ehemaligen Consistorien haben, während der vulgäre Rationalismus in ihrem Amtsbereiche in voller Blüthe stand, meines Wissens in keinem einzigen Falle dem Prediger-Revers vom Jahre 1806 die Deutung gegeben, als lasse derselbe nur solche Theologen zur Anstellung im Pfarramte zu, welche der strenggläubigen Richtung angehören.«

Unter Verweis auf die seiner Ansicht nach vorbildlich tolerante Behandlung der positionellen Unterschiede in der evangelischen Landeskirche Badens kommt Schenker zu dem Fazit: »Möge daher der Oberkirchenrat das bisherige System der Weitherzigkeit und der gleichmäßigen Toleranz für die strengere und die freiere theologische Richtung fortbestehen lassen.«[171]

Zumindest prinzipiell schlossen sich auch Konservative der Mahnung zu einer gewissen innerkirchlichen Toleranz an. Der Eferdinger Pfarrer Ferdinand Karl Kühne,[172] ein ausgesprochener Exponent der theologischen »Orthodoxie«, folgerte in einer Flugschrift ähnlich wie Schenker, dass, »wenn wir einmal um divergirender

---

169 Ebenda.

170 1871/Nr. 1610 (30.11.) (vgl. Anm. 24).

171 Ebenda.

172 Zur Person: Zimmermann, Art.: Kühne, Karl Ferdinand. *ÖBL* 4 (1968) 322.

Glaubensmeinungen willen in der evang[elischen] Kirche Oesterreichs abzusetzen anfangen würden, schwerlich eine Grenze zu finden sein möchte, bei der man Halt machen könnte«.[173] Dennoch verurteilte er Schultz' Predigt scharf wegen ihrer »notorisch widerchristlichen Grundsätze«.[174] Eine spezifisch österreichische konservativ-protestantische Mentalität wird sichtbar, wenn Kühne seine Orthodoxie als das »Beharren auf dem Grunde« definiert, »den unsere Väter mit ihrem Blute besiegelt« haben – der Theologe, der in Brandenburg geboren und erst 1855, 45 Jahre alt, nach Österreich berufen worden war, hatte sich offenbar anders als manche »Reichsdeutsche« weitgehend assimiliert. Ganz im Einklang mit den zeitgenössischen Neukonfessionalisten und bekenntnispositiven Vermittlungstheologen wird das »orthodoxe« Lager mit der »evangelischen Kirche« identifiziert. Dieser stellt Kühne den liberalen und dogmenkritischen »Protestantismus« der »widerchristlichen Neuprotestanten« gegenüber. Allerdings wird nirgends ein expliziter Bezug auf lutherische Bekenntnisschriften oder gar das gesamte Konkordienbuch als Fundament der Kirche ausgesprochen. Es handelt sich also nicht um eine strikt (lutherisch-)neukonfessionalistische Orientierung.[175] Stattdessen wird oft juridisch argumentiert: Die staatlich approbierte Kirchenverfassung gilt als Grundlage des kirchlichen Lebens. Der Amtseid verpflichtet die Geistlichen neben der Bewahrung des Bekenntnisses auch zum Schutz dieser Verfassung.[176]

Hier ansetzend, gab es von liberaler Seite Verständigungsvorschläge: Superintendent Hönel etwa stellte fest, dass sich in der Gegenwart niemand mehr den vollen Umfang der Bekenntnisse buchstabengetreu zueigen machen könne. Deswegen spreche nichts dagegen, pragmatisch von einer gemeinsamen Basis auszugehen: »im Geiste, im Glauben, in den Grundsätzen des Bekenntnisses stehen Alle in Übereinstimmung.«[177]

III.3 Der Grazer Kirchenstreit als Thema der Generalsynode

Mehr noch als andere Themen, die auf der 1871 turnusmäßig stattfindenden Generalsynode diskutiert wurden, bot der Grazer Kirchenstreit den Vertretern der beiden Hauptrichtungen Gelegenheit, sich gegeneinander zu positionieren.[178] Die Synode kennzeichneten ohnedies von Beginn an vielfältige Spannungen: Am spektakulärs-

---

173 Ebenda.

174 Kühne, Evangelische Kirche (wie Anm. 101) 4.

175 Eine Musterformulierung für eine Bekenntnisgrundlage der konservativen österreichischen Lutheraner findet sich bei Heck, General-Synode (wie Anm. 101) 577.

176 Kühne, Evangelische Kirche (wie Anm. 101) 5.

177 Heck, General-Synode (wie Anm. 101) 263.

178 Vgl. zu den synodalen Debatten neben der Dokumentation von J. W. Heck (1872): Czerwenka, General-Synode (wie Anm. 80). – Czerwenka, einer der Wortführer der Bekenntnistreuen auf der Synode, hatte bereits frühzeitig Superintendent Gunesch in seinem Vorgehen bestärkt: Schultz' Anhänger seien Ungläubige, Freigeister und Lichtfreunde, die sich durch die an und für sich seichte, oberflächliche Predigt in ihrer Verhöhnung der Kirchenlehre und des positiven Glaubens bestärkt fühlten [Schreiben des Pfarrers von Ramsau Czerwenka an Superintendent Gunesch vom 18. April 1871: 1871/Nr. 744 (1.6.) (vgl. Anm. 24)].

ten wirkte die Separation der tschechischsprachigen Reformierten aus den gemeinsamen Gremien als Folge des Nationalitätenkonflikts.[179] Den ersten Konflikt zwischen den theologischen Positionen löste gleich die Eröffnungspredigt aus, die der freisinnige Superintendent Hönel hielt und die wegen ihres scharfen Tons gegenüber konfessionalistischen Tendenzen von den Bekenntnispositiven als öffentliche Demütigung empfunden wurde. Ein konservativer Wortführer konstatierte im Rückblick, die Predigt habe lediglich wegen der »antichristlichen Richtung vieler Geister unserer Zeit« öffentlichen Anklang finden können.[180] Seine Gesinnungsgenossen fühlten sich nun erst recht dazu herausgefordert, in der Synode entschlossen gegen die »Linke« und den »protestantenvereinlichen Standpunkt« des »Pseudoliberalismus« mitsamt dessen »Antibekenntnissucht« zu kämpfen.[181]

Ihre Gegenspieler, die liberalen Synodalen, stammten hauptsächlich aus der Gegend um Bielitz, weitere Schwerpunkte des kirchlich-theologischen Liberalismus lagen in Oberösterreich und Kärnten.[182] Jetzt erschien auch die Stadt Graz auf der liberalen Landkarte, auf der Laienebene repräsentiert von Professor Oskar Schmidt als Delegiertem. Neben schulpolitischen Zielen ging es Schmidt vor allem darum, die öffentliche Bühne zu nutzen, um Zeichen in der Angelegenheit Schultz zu setzen. Wahrscheinlich wurden ihm bald die damit verbundenen Schwierigkeiten klar: Die offensiv gesonnenen Vertreter der »orthodoxen Partei« stimmten sich von Beginn an außerhalb des offiziellen Synodenbetriebs ab, um eine »Maßregelung der liberalen Partei« in die Wege zu leiten. Der Grazer Kirchenstreit war für sie in besonderer Weise ein rotes Tuch: Sie fürchteten, dass die Agitation zu Schultz' Gunsten den Anfang eines konzertierten Eindringens liberaler Neuprotestanten in die evangelische Kirche Österreichs bedeuten könne.[183] Dennoch formulierte Schmidt die Resolution, für die er in der Synode eine Mehrheit zu gewinnen hoffte, in einer dezidiert freisinnigen Semantik: Der Oberkirchenrat solle im Sinne der Gewissensfreiheit und »der im Princip des Protestantismus liegenden Freiheit der Forschung« für Schultz entscheiden.[184] Die Möglichkeit, eine Mehrheit zu gewinnen, musste deswegen von vornherein sehr gering erscheinen.

Entscheidende Weichenstellungen geschahen bereits bei der vorbereitenden Diskussion des Antrags im so genannten »gemischten« bzw. interkonfessionellen Ausschuss:[185] Gustav Frank wurde als Vertreter des Oberkirchenrats vor den Aus-

179 Zur allgemeinen Entwicklung nach 1848 vgl. GOTTAS, Habsburgermonarchie (wie Anm. 8) 489–595, hier 546.

180 HECK, General-Synode (wie Anm. 101) 572.

181 Ebenda 573.

182 KÜHNE, Evangelische Kirche (wie Anm. 101) 1.

183 Ebenda. Vgl. zum Selbstverständnis der »rechten« Partei auf der Synode: CZERWENKA, General-Synode (wie Anm. 80) 64.

184 Ebenda 57.

185 Zum Ablauf vgl. HECK, General-Synode (wie Anm. 101) 251–267 (Hecks Synodalblätter wurden als laufende Berichterstattung während der Synode in Lieferungen an die Gemeinden und an Abonnenten versendet); CZERWENKA, General-Synode (wie Anm. 80) 57–66, 77 f.

schuss geladen, um Auskunft über den Fall zu geben. Ein Kollege Franks, der Wiener Professor für Neues Testament Karl Albrecht Vogel, fungierte als Berichterstatter und gewann damit gewissermaßen die Interpretationshoheit. Liberale Kritiker warfen ihm vor, in seinem Referat Schmidts Antrag entgegen dessen eigentlicher Intention vor allem als Beschwerde gegen den Oberkirchenrat dargestellt zu haben. Damit, so Schmidt, sei über seinen Antrag »im vornhinein [...] das Todesurtheil gefällt« worden.[186] Vogels Bericht vor dem Plenum zielte tatsächlich vor allem darauf, die inneren Widersprüche und die rechtliche Unzulässigkeit des Antrags herauszustellen. Abschließend riet Vogel klar zu einer Ablehnung, um eine einseitige Parteinahme zu Schultz' Gunsten zu vermeiden und um dem Eindruck zu wehren, in der evangelischen Kirche herrsche unbegrenzte Lehrfreiheit. Mit der Kompetenz des Neutestamentlers stellte er fest, dass das Christusbild des Freisinnigen nicht der paulinischen Verkündigung entspreche.[187]

Die Synode schloss sich mit Zweidrittelmehrheit Vogels Votum an, den Antrag nicht weiter zu berücksichtigen. Dagegen gab eine kleinere Gruppe von Liberalen um die Superintendenten Schneider – dieser fungierte als Synodalpräsident – und Hönel ihren Protest zu Protokoll: Die Synode verletze durch ihre Untätigkeit die Grundsätze des Protestantismus, sie schädige das Ansehen und das Interesse der evangelischen Kirche in Österreich und verletze außerdem ihre eigene Würde.[188] Viele Synodale zeigten sich darüber verärgert, dass der Protest bereits vor seiner offiziellen Verlesung vor der Synode in der »Neuen Freien Presse« publiziert wurde.[189] Der konservative Wortführer Kühne verwahrte sich gegen die Unterstellung, seine Cosynodalen hätten mit ihrer Beschlussfassung ihren Treueeid gegenüber der Kirche gebrochen.[190]

Auch bei den Streitigkeiten auf der Synode stand im Mittelpunkt die Frage, welche Konsequenzen man aus der Idee einer Gewaltenteilung für die Interpretation der Kirchenverfassung ziehen wollte: Vogel versuchte die liberale Initiative nicht nur als Beschwerde, sondern auch – da sie sich auf ein schwebendes Verfahren vor dem Oberkirchenrat bezog – als einen unzulässigen Eingriff der Legislative in den exekutiven Bereich darzustellen.[191] Dem widersprach, unter Verweis auf seine Erfahrungen im politisch-parlamentarischen Betrieb, Superintendential-Curator Seeliger:[192] Keineswegs stellten die im Reichsrat und in den Landtagen der Monarchie massenhaft ergehenden Resolutionen Übergriffe in das geordnete Verwaltungshandeln dar.[193] Der

186 Kühne, Evangelische Kirche (wie Anm. 101) 2.

187 Czerwenka, General-Synode (wie Anm. 80) 65.

188 Ebenda 65 f.

189 Der Protest ist im Wortlaut angehängt an den Artikel: Wien, 28. Juni. *Neue Freie Presse* (29. Juni 1871). Die vorhergehende, äußerst polemische Berichterstattung von der Sitzung stammt also vermutlich aus dem Umfeld der Beschwerdeführer.

190 Czerwenka, General-Synode (wie Anm. 80) 78.

191 Ebenda 60.

192 Rudolf Theodor von Seeliger (1810–1884), Bürgermeister von Biala, langjähriger Presbyter und Synodaler, Parlamentarier im schlesischen Landtag und im Reichsrat; zur Person: Biographisches Lexikon zur Geschichte der böhmischen Länder, Bd. 4, Teil 1 (2003) 20 f.

193 Heck, General-Synode (wie Anm. 101) 255.

Streit zwischen parlamentarismusaffinen Liberalen und Konservativen, die Assoziationen zwischen Kirchenordnung und politischer Verfassung vermeiden wollten, ging noch mehrmals hin und her.[194] Kühne bezichtigte nach dem Erscheinen des liberalen Protests in der »Neuen Freien Presse« die Verfasser, sie seien sogar über das von ihnen »so oft und nachdrücklich betonte parlamentarische Recht« hinausgegangen.[195] Der Liberale Haase fragte, kulturkämpferische Semantik aufgreifend, ob es die evangelische Kirche akzeptieren könne, »wenn ein Superintendent in die Fußstapfen jener von der ganzen gebildeten Welt unserer Tage gerichteten katholischen Bischöfe tritt, welche ihre nicht mehr zündenden Bannstrahlen in die Welt werfen«.[196]

Die Liberalen erzielten immerhin Teilerfolge: Die Synode hatte im Verlauf der Diskussion mehrheitlich bejaht, dass Schmidts Antrag formal nicht lediglich die Qualität einer Beschwerde habe, sondern tatsächlich als Resolution zu behandeln sei.[197] Außerdem fand Superintendent Hönel in informeller Abstimmung eine Mehrheit für eine abgemilderte Formulierung des Schmidtschen Antrags: Sie lautete, man erwarte eine rasche Entscheidung des Oberkirchenrats, die »sowohl die großen Güter der Kirche, als auch das kostbare Kleinod der Lehrfreiheit« wahren werde.[198] Diese Entscheidung wurde aber, wie erwähnt, überschattet durch die klare Ablehnung des Originalantrags in namentlicher Abstimmung, der eine scharfe Distanzierung Vogels vorausgegangen war.

III.4 Der Kirchenstreit in der überregionalen allgemeinen und kirchlichen Presse

Alle beteiligten Akteure des Kirchenstreits waren sich bewusst, dass – wie der Oberkirchenrat in einem verwaltungsinternen Schreiben formulierte – »die Augen der evangelischen Welt« auf das Geschehen in Graz »gerichtet sind«.[199] Eine vorläufige, noch nicht zuverlässige Sichtung der regionalen wie der überregionalen Tagespresse ergibt ein Übergewicht liberaler Stimmen – eine für die zeitgenössische politische Publizistik insgesamt gültige Beobachtung. Die Ausstrahlungskraft konservativer Medien darf aber nicht unterschätzt werden. Die Klage eines Konservativen, »daß die sogenannte liberale Presse in ihren Spalten nur Raum für solche Protestanten hat, die mit Lehre, Sitte und Verfassung der evang. Kirche gebrochen haben«,[200] scheint aus der Sicht des Autors berechtigt; im Fall der »Neuen Freien Presse« ist detailliert

194 Vogel äußerte: »was in Parlamenten geschehe, gehöre deshalb noch gar nicht in kirchliche Versammlungen«; der Senior Haase beharrte: die parlamentarischen Formen zur Beratung und Beschlußfassung seien überall dieselben (ebenda 255 f.).

195 Ebenda.

196 Ebenda 260. Haase verwies aaO. auf die Aufregung, die der Fall Schultz auch bei vielen katholischen Christen hervorgerufen habe.

197 Ebenda 257.

198 Ebenda 262.

199 Schreiben des Oberkirchenrats an das Kultusministerium vom August 1872, in: 1873/Nr. 105 (24.2.) (vgl. Anm. 24).

200 Kühne, Evangelische Kirche (wie Anm. 101) 9.

dokumentiert, dass eine Gegendarstellung zur pointiert liberalen Synodalberichterstattung von der Redaktion trotz mehrfacher Nachfragen ignoriert wurde.[201]

Die freisinnigen Protestanten hatten keine Schwierigkeiten, ihre Ansichten in den führenden deutschsprachigen Tageszeitungen zu platzieren: Gleich nach Beendigung der Generalsynode artikulierte etwa die liberale Mehrheit der Grazer Gemeinde ihre »äußerste Erbitterung« über das negative Ergebnis.[202] Man war der Meinung, die Synode habe ihre vornehmliche Funktion aufgegeben, nämlich »das Tribunal über den Oberkirchenrath zu sein«.[203] Den Radikalliberalen galten jetzt auch die Wiener Universitätstheologen als »Dunkelmänner«.[204] Die Empörung über den defensiven Auftritt des Berichterstatters Vogel und die ambivalente Rolle Gustav Franks war so groß, dass man unverhohlen drohte, man werde ihre »offenbar fortschritts- und lichtfeindliche Facultät« nicht in dem Bestreben unterstützen, in den Verband der Wiener Universität aufgenommen zu werden.[205]

Die publizistischen Kämpfe, die im Gefolge der Synode und dann nochmals der Nichtbestätigung von Schultz in der überregionalen deutschen Kirchenpresse ausgefochten wurden, können hier nicht näher dargestellt werden. Beispielhaft für die Radikalisierung der veröffentlichten Meinung sei nur die Invektive erwähnt, die der Heidelberger Theologieprofessor Daniel Schenkel, Mitglied des Protestantenvereins, im letzten Jahrgang der von ihm herausgegebenen »Allgemeinen kirchlichen Zeitschrift« gegen seinen Wiener Kollegen Frank richtete: Schenkel geißelte die »hohlen Phrasen« des Erlasses. In Verschärfung der bisher von anderen geäußerten Kritik konstatierte er:

> »Herr Frank ist durch sein Verhalten in der Grazer Affaire um allen seinen liberalen Credit gekommen. Sein Ansehen, seine Würde, der ganze Nimbus von Freisinnigkeit, der ihn umgab, als er nach Wien kam – Alles ist dahin.«[206]

Da der Oberkirchenrat das Prinzip der selbstverantwortlichen Forschung und Lehre negiere, stehe er mit den Ultramontanen auf einer Stufe. Dies gelte auch für die verfassungsbrüchige Entscheidung, »eine Reihe hochachtbarer, in der bürgerlichen

201 Ebenda 7–9.

202 Graz, 30. Juni. *Die Presse* (2. Juli 1871) 3.

203 Ebenda.

204 Ebenda.

205 Ebenda.

206 [] [Daniel Schenkel], Aus Oesterreich. *AKZs* 13, Nr. 13 (1872) 535–539, hier 535; vgl. die Antwort: Gustav Frank, Schenkel und der Wiener Oberkirchenrath. *NEKZ* 15, Nr. 2 (1873, 11. Jänner) 28–30. Die Publikation in der prinzipiell liberalismusfeindlichen »Neuen evangelischen Kirchenzeitung« bedeutete für Frank einen Lagerwechsel: Zuvor hatte er, wie gesehen, der »Protestantischen Kirchen-Zeitung« nahegestanden. Das Verhältnis der Jenaer Freisinnigen, zu denen Frank zählte, zur PKZ hatte sich allerdings bereits vor 1870 abgekühlt. Nachdem auch in diesem Periodikum – zu dem Schultz, wie erwähnt, offenbar gute Beziehungen unterhielt – dem Wiener Oberkirchenrat feindliche Stellungnahmen erschienen waren, assoziierte sich Frank bis zu einem gewissen Grade mit den Vertretern der »Positiven Union« im Umkreis der NEKZ. Gemeinsamkeiten fanden sich allerdings vornehmlich in kirchenpolitischer Hinsicht; seine freisinnige theologische Ausrichtung gab Frank nicht auf.

Gesellschaft hochangesehener Männer« zu kriminalisieren: Die Presbyter würden mit Verbrechern, die ihre Ehrenrechte verlieren, auf eine Stufe gestellt.[207]

III.5 Konzertierter Protest der Gemeinden gegen die Maßregelung des Grazer Presbyteriums

Zu einem neuen Höhepunkt der öffentlichen Proteste kam es nach der Absetzung der widerspenstigen Presbyter durch den Oberkirchenrat im Folgejahr 1872. In einer Flugschrift untermauerten die Kirchenvorsteher ihre Position wiederum vor allem mit politisch-konstitutionellen Argumenten: Sie verwahrten sich nun unter Berufung auf die Kirchenverfassung öffentlich gegen die »despotischen Maßregeln« der Kirchenleitung.[208] Pfarrer Leidenfrost habe sich rechtswidrig »zu einem Polizei-Organe gegenüber dem Presbyterium« aufgeworfen.[209] Dem Oberkirchenrat unterstellten die Presbyter bei sämtlichen Begründungen, die dieser für die Absetzung genannt hatte – der Wahl eines Kurators zum Vorsitzenden in Konkurrenz zum Pfarrer, der Wahl von Ehrhardt Schultz und der Weigerung, eine Rede des Pfarrers bei der Angelobung anzuhören –, eine falsche Interpretation der Rechtslage. Außerdem wiesen sie scharf die Rüge zurück, die sie sich wegen der Veranstaltung freier Gemeindeversammlungen zugezogen hatten, auf denen Schultz' Angelegenheit diskutiert worden war: Das Versammlungsrecht der Mitglieder einer religiösen Gemeinde sei nicht allein nach der Kirchenverfassung zu beurteilen (wobei im übrigen ihrer Ansicht nach auch diese nicht verletzt worden war), sondern nach den Staatsgesetzen.[210]

Die abschließende Forderung, zur Klärung der Angelegenheit eine außerordentliche Generalsynode einzuberufen, verhallte zwar ungehört. Doch die Publikation erschloss der öffentlichen Debatte über die Interpretation und exekutive Ausgestaltung der Kirchenverfassung noch weitere Kreise. Die liberale »Neue Freie Presse« berichtete über den Kirchenstreit an prominenter Stelle.[211] In außerordentlich tendenziösem Stil wurde dort zunächst der Oberkirchenrat für die Eskalation verantwortlich gemacht: Der Behörde wird vorgeworfen, »mit mehr als absolutistischer Willkür« zu wirtschaften und mit ihrer »Mandarinen-Wirthschaft« die evangelische Kirche zu ruinieren. Diese habe bisher, so der konstitutionell konnotierte Grundton der liberalen Kritik, ein »Muster geordneten Selfgovernments« dargestellt. Durch die Unterstützung der »orthodoxen« Position ist die Kirchenleitung in den Augen des Berichterstatters ins Lager der Freiheits- und Fortschrittsfeinde übergegangen und unterscheidet sich nicht mehr von den Institutionen der römischen Kirche: Die »echt ultramontanen Herzensergüsse« des Oberkirchenrats – so die ironische Kommentierung, die an den Wortlaut einer Stellungnahme des Heidelberger Liberalen Schenkel

207 [] [Daniel Schenkel], Aus Oesterreich. *AKZs* 13, Nr. 13 (1872) 535–539, hier 538.

208 Beschwerde der vom Oberkirchenrathe gemaßregelten Presbyter der evangelischen Gemeinde in Graz (Separatdruck Graz 1872) 12; vgl. 1872/Nr. 1498 (18./19.7.) (vgl. Anm. 24).

209 Beschwerde 1872, 4; vgl. 1872/Nr. 1498 (18./19.7.) (vgl. Anm. 24).

210 Ebenda 5.

211 (Anon.), Der Grazer Ketzerproceß. *Neue Freie Presse* (9. Juli 1872) 2 f.

anschließt[212] – prätendierten Unfehlbarkeit und argumentierten mit »wahrhaft jesuitischer Spitzfindigkeit«. Abschließend wird die Frontstellung nochmals eingeschärft, wenn es heißt, dass »die Clericalen hüben wie drüben ihre eigene Logik und ihre von denen aller gesunden Menschenkinder wesentlich abweichenden Rechtsanschauungen haben«.[213]

Zahlreiche weitere Presbyterien – darunter diejenigen wichtiger Gemeinden wie Wien, Czernowitz, Wiener Neustadt und Biala – legten offiziell beim Oberkirchenrat Protest ein.[214] Auch diese Protestnoten sind von konstitutioneller ebenso wie von kulturkämpferischer Semantik durchzogen: Alle argumentieren, lediglich mit einem variierenden Grad an Schärfe, dass das willkürliche »Tendenzurtheil« des Oberkirchenrates Auswirkungen auf sämtliche evangelischen Kirchengemeinden habe und als Angriff auf die Gemeindeautonomie und damit den Rechtsboden der Kirchenverfassung betrachtet werden müsse.[215] Hatten zuvor Bekenntnisorientierte den Liberalen wegen ihrer Mobilisierung außerkirchlicher, politischer Instanzen eine Gefährdung der kirchlichen Autonomie vorgeworfen, so wendeten jetzt letztere dasselbe Argument gegen den Oberkirchenrat. Man warf ihm seine Abhängigkeit vom Kultusministerium vor – freilich ohne zu erwähnen, dass diese sich politischen und rechtlichen Strukturen verdankte, zu denen zum gegenwärtigen Zeitpunkt keine Alternative bestand.[216] Die Freisinnigen bezogen sich stets auf den »liberalen« Charakter der Kirchenverfassung, den es gegen jeden Versuch des behördlichen »Absolutismus« zu verteidigen gelte.[217] Damit wurde der Anspruch auf Interpretation der kirchlichen Grundordnung in kirchenpolitisch und theologisch liberalem Sinn untermau-

212 S. o. Anm. 206.

213 (Anon.), Der Grazer Ketzerproceß. *Neue Freie Presse* (9. Juli 1872) 2 f. Vgl. auch die Aussagen, im Protestantismus habe kein kirchliches Organ »Anspruch auf Unfehlbarkeit« (Protest des Presbyteriums der evangelischen Pfarrgemeinde Wald beim Oberkirchenrat, Separatdruck, datiert 9. Februar 1873), bzw. der Erlass des Oberkirchenrats sei »nur aus dem Dogma jener Absurdität, wozu sich nicht einmal der finstere Geist des Mittelalters erniedrigen wollte, der Infallibilität, abgeleitet« [»Rechtsverwahrung des Czernowitzer evangelischen Presbyteriums gegen den Erlaß des k. k. evangelischen Oberkirchenrathes vom 4. Juni 1872, Z. 682« (Separatdruck Czernowitz 1872) 9].

214 Über die hier zitierten hinaus weitere Nachweise in: (*), Aus Oesterreich. *PKZ* 18, Nr. 34 (1872, 24. August) 738 f.

215 Vgl. die »Adresse des Presbyteriums der evangelischen Kirchengemeinde Wiener-Neustadt wider den an das Presbyterium der evangelischen Kirchengemeinde Graz gerichteten Erlaß eines k.k. evangelischen Oberkirchenrathes in Wien vom 4. Juni 1872, Z. 682« (Separatdruck Wiener-Neustadt 1872) 10, 3 f.; der Protest des Presbyteriums der evangelischen Kirchengemeinde Biala beim Oberkirchenrat, datiert 10. Juli 1872 (Separatdruck Bielitz o. J. [1872]), beklagt einen »Eingriff in die grundgesetzlich gewährleisteten Rechte der Personen und der Kirchengemeinden«.

216 Vgl. nur: »An den hohen k. k. Oberkirchen-Rath in Wien. Gesuch des Presbyteriums der evangelischen Kirchengemeinde A. C. in Wien« (Separatdruck Wien 1872, datiert: 17. Oktober 1872) (vgl. Anm. 136).

217 Vgl. Rechtsverwahrung Czernowitz (wie Anm. 213) 12.

ert: Maßgeblich sollte vor allem das »Presbyterialrecht«[218] der Einzelgemeinden sein. Dass der Rahmen der Kirchenverfassung gleichzeitig bindend die gesamtkirchliche Exekutive exklusiv bei der obrigkeitsförmigen Wiener Zentralbehörde des Oberkirchenrats angesiedelt hatte, versuchte man häufig in der Argumentation zu verdrängen.

Die Liberalen versuchten, die Verantwortung für die vorhersehbare schlechte Presse, die sich Österreichs Protestantismus durch ihre öffentlichen Stellungnahmen zuziehen würde, auf offizielle Stellen abzuwälzen: Sie bezogen sich auf die Publikation der offiziellen Erlässe, die Pfarrer Leidenfrost unternommen hatte: Hiermit, so das Argument, sei eine allgemeine Aufforderung an die Gemeinden ausgesprochen worden, zur Angelegenheit Stellung zu nehmen.[219] Stets wurde daran erinnert, dass die Kirchenverfassung keinesfalls die Deutung zulasse, das Presbyterium sei dem Pfarramt unterstellt. Ebenso verwies man auf die Rechtspraxis anderer Stadtgemeinden in der Monarchie, in denen sich ohne Beanstandung des Oberkirchenrats die Praxis etabliert hatte, dass ein Nichttheologe zum Vorsitzenden des Presbyteriums gewählt wurde.[220] In scharfem Ton erklärte das Czernowitzer Presbyterium, dies sei besonders dann angezeigt, wenn ein Pfarrer – wie Leidenfrost – durch seine Herrschsucht das Recht auf die symbolische Repräsentanz der Gemeindeleitung moralisch verwirkt habe. Das christliche Prinzip der brüderlichen Liebe könne in einer solchen Situation nicht mehr maßgeblich sein. Wer es einfordere, mache sich der »Heuchelei und Lüge« schuldig und gebe »Wahrheit und Menschenwürde« auf.[221]

Der mährisch-schlesische Sprengel suchte im Anschluss an die Protestnote der Kirchenältesten von Biala eine noch größere Bühne für die öffentliche Agitation: Im Oktober 1872 rügte eine vom Superintendenten Schneider einberufene Superintendentialversammlung öffentlich die Verletzung der Kirchenverfassung durch den Oberkirchenrat. Ebenso wie harsche Kritik erfuhr die oberste Kirchenbehörde aber auch Unterstützung. Eine Reihe von Gemeinden sandte dem Oberkirchenrat Dankschreiben, in denen seine Entschiedenheit im Vorgehen gegen die »Grazer Kirchenstürmer« gewürdigt wurde. Hier findet sich die bereits mehrfach nachgewiesene Motivlage, die staatsloyales Ordnungsdenken und – nicht näher spezifizierte oder neukonfessionalistisch intensivierte – Bekenntnisorientierung verbindet. Die Eferdinger Presbyter etwa bezeichneten sich, in pointiertem Gegensatz zu den genannten Protestierern, als eine Gemeinde, »die, wie dem Evangelio, so ihren verfassungsmäßig bestellten kirchlichen Behörden je und je sich freudig unterstellt«. Sie erinnerten an die Unterdrückungsgeschichte des österreichischen Protestantismus: Der Oberkirchenrat habe »das mit vielen edlen Leben theuer erkaufte Bekenntnißrecht der evang. Kirche überhaupt u. im Besonderen die mühsam errungene verfassungsmäßige Stellung derselben in Österreich gewahrt«.[222]

218 Ebenda.

219 Protest Biala (wie Anm. 215) 1872.

220 Vgl. Rechtsverwahrung Czernowitz (wie Anm. 213) 6 f.

221 Ebenda 7 f.

222 Schreiben des Presbyteriums von Eferding an den Oberkirchenrat vom 8. Dezember 1871: 1872/

IV. Ausblick: Innerprotestantische Kulturkämpfe

Die Rekonstruktion des »Grazer Kirchenstreits« hat an einem österreichischen Beispiel in geradezu idealtypischer Form vor Augen geführt, welchen Konfliktlagen protestantische Kirchen Europas in der zweiten Hälfte des 19. Jahrhunderts ausgesetzt waren: Eine polarisierende Persönlichkeit wie Ehrhardt Schultz machte durch ihr Auftreten positionelle Differenzen sichtbar, die in den Gemeinden ebenso wie innerhalb überregionaler personaler Netzwerke seit längerem angelegt waren. Die evangelische Kirche Österreichs erlebte nach 1848 in ähnlicher Form wie die deutschen Landeskirchen eine soziale Differenzierung ebenso wie eine Pluralisierung der politischen, intellektuellen und insgesamt der kulturellen Orientierungen. Besonders deutlich trat dabei die Antinomie zwischen zwei Motivlagen hervor, bei denen jeweils sowohl feste kulturelle Grundeinstellungen als auch eine dezidierte theologisch-kirchenpolitische Position zutage traten: Schultz kann als besonders radikaler Exponent einer theologisch freisinnigen bzw. liberalen Haltung gesehen werden, die sich oft mit einer politisch liberalen Agenda verband. Besonders bei den aus Deutschland stammenden Anhängern dieser Richtung, aber auch bei einigen angestammten österreichischen Protestanten, resultierte diese Haltung zudem in eine preußenfreundliche Einstellung, die trotz der tiefen ideologischen Gegensätze etwa auch Bismarcks politisches Handeln und die kleindeutsche Reichseinigung begrüßte und einen Anschluss »Deutsch-Österreichs« an das neue Reich befürwortete. Dieser Richtung stand eine zahlenmäßig wohl größere, zunächst aber vor allem in der Tagespresse weniger präsente Gruppierung gegenüber, bei der sich eine patriotisch-österreichische Sicht auf die Politik und betonte Staatsloyalität mit dem Festhalten am Bekenntnischristentum verband. Man war hier bestrebt, die Nähe zu den Grundlinien einer »positiven« Theologie zu wahren, indem man anhand biblischer Sprachmuster Grenzen für historisch-kritische Exegese und religionsphilosophische Spekulation vor allem in der gemeindlichen Verkündigung durchsetzen wollte. Zumindest in den 1870er Jahren gab es in Österreich aber keinen direkten Anschluss an das Programm einer umfassenden neulutherischen Rekonfessionalisierung der evangelischen Kirche, wie das in einigen deutschen Landeskirchen der Fall war. Der Antagonismus zwischen den beiden Richtungen nahm im Zuge des Grazer Kirchenstreits endgültig eine kulturkämpferische Dimension an. Nicht mehr einzelne theologische oder kirchenpolitische Streitpunkte standen zur Debatte, sondern die gesamte religiös-kulturelle Identität der jeweiligen Gegenseite wurde infrage gestellt. Harte Exklusionen wurden gefordert – hier nicht, wie in der herkömmlichen kulturkämpferischen Situation, aus der politischen Gemeinschaft, sondern aus dem religiösen Verband selbst.

Eine wichtige Rolle – einerseits als Integrationsfaktor für die Gesamtkirche, andererseits als Objekt des kirchenpolitischen Streits – spielte die Kirchenverfassung von 1866. Sie garantierte, der Tradition des Protestantismus in Österreich gemäß,

---

Nr.1804 (26.3.) (vgl. Anm. 24); vgl. die Sammlung von Dankadressen: 1872/2107 (13./19.10.) (vgl. Anm. 24).

den einzelnen Gemeinden relativ große Autonomie. Ihr Inhalt konnte mit dem Staat als gewährleistender Macht kaum verhandelt werden. Sie wurde von allen Parteien geschätzt, wenn auch aus unterschiedlichen Motiven. Dementsprechend kam es auf verschiedenen Ebenen zu kontroversen Interpretationen dieser Verfassung: Sowohl die Rolle des Pfarrers gegenüber dem Presbyterium als auch die Kompetenzen des Oberkirchenrates waren umstritten. Immer ging es bei den Streitigkeiten um den Stellenwert religiöser Freiheiten: vor allem der individuellen Forschungs- und der Gewissensfreiheit gegenüber einer identitätssichernden Bekenntnisbindung sowie der institutionellen Freiheit der Einzelgemeinden gegenüber einer Rechtssicherheit verbürgenden Kirchenleitung in Form einer vorgesetzten Behörde.

Der Stil der Auseinandersetzung veränderte sich: Zwar waren es zunächst überwiegend Liberale, die – auch in der Öffentlichkeit – zu aggressiven Formulierungen, Unterstellungen und Schmähungen griffen. Doch mit der Zeit stieg auf beiden Seiten die Konfliktbereitschaft. In den Diskursen der österreichischen Protestanten um 1870 lassen sich besonders zwei charakteristische semantische Felder nachweisen: zuerst eine im engeren Sinne »kulturkämpferische« Semantik, die vornehmlich von Liberalen eingesetzt wurde (und deren tief sitzenden Antikatholizismus verrät); der positionelle Gegner wurde systematisch mit dem ultramontanen Katholizismus gleichgesetzt. Hier ist eine Parallele zur klassischen Konstellation der europäischen Kulturkämpfe besonders augenfällig. Daneben steht eine praktisch-politische Semantik, die von beiden Richtungen eingesetzt wurde, um im kirchenpolitischen Streit die Deutungshoheit über die politische Kultur der Institutionen und Verfahren auf allen Ebenen der evangelischen Kirche zu behaupten. Eine Fülle von Begriffen und Vorstellungen aus den zeitgenössischen Diskursen über Verfassung und Parteien wurde auf diese Weise in den kircheninternen Sprachgebrauch übertragen. Hier besteht konfessionsübergreifend ein großer kirchengeschichtlicher Forschungsbedarf.

Den Radikalisierungen auf dem rhetorischen Feld folgte der Einsatz externer Rechtsmittel zur Entscheidung der innerkirchlichen Streitigkeiten, oder zumindest seine Androhung. Anders als zuvor dienten die kirchliche und die allgemeine Tagespresse als primäre Medien des Konflikts. Besonders öffentlichkeitswirksame Großveranstaltungen wie die Generalsynoden wurden intensiv publizistisch begleitet und kommentiert. Im Fall der Kirchenpresse war es durch den deutschlandweiten Verfasser- und Rezeptionshorizont der Periodika von vornherein unmöglich, die Diskussion auf den Protestantismus in der Westhälfte der Donaumonarchie zu beschränken. Die Erforschung der theologischen und kirchenpolitischen Debatten im österreichischen Protestantismus des 19. Jahrhunderts sollte deswegen eine transnationale Perspektive gewinnen.

Liberalismus und österreichischer Protestantismus

Von Karl-Reinhart Trauner

I. Grundsätzliches über den Liberalismus

Im Evangelischen Staatslexikon findet man zum Stichwort »Liberalismus« folgende Erklärung:

> »Das Wesen des L[iberalismus] ist die Entfaltung des Menschen in Freiheit. In dieser Vorstellung ist er in der Gesch[ichte] der Menschheit immer wieder lebendig gewesen. Stellt man jedoch auf den politischen Gehalt des liberalen Gedankengutes ab, wie er sich in der abendländischen Welt niedergeschlagen hat, so ist sein hist[orischer] Standort jüngeren Datums und liegt in der Neuzeit. [...] Wenn der L[iberalismus] die Freiheit des einzelnen in den Mittelpunkt stellt, so sieht er darin zugleich eine Verpflichtung für den einzelnen Menschen. Es ist daher die Freiheit nicht nur eine ›Freiheit von‹, sondern stellt vor allem eine ›Freiheit zu‹ dar. [...] Eine solche Eigenentfaltung des Menschen ist aber nur mögl[ich], wenn ihm dafür ein entsprechender Spielraum gegeben wird. Die Freiheitssphäre, in die so elementare Rechte wie Religions-, Vertrags- und Meinungsfreiheit fallen, stellt daher nichts anderes als diesen Spielraum dar.«[1]

Liberalismus entwickelte sich dabei als politischer, wirtschaftlicher und kultureller Liberalismus.[2]

Schon diese allgemein gehaltene Begriffsbestimmung lässt die Sprengkraft für den Protestantismus in Österreich erahnen. Denn hier wurde erst 1781 mit dem Toleranzpatent erlaubt, »akatholisch« zu sein; selbst dann vermied man den Begriff »evangelisch« tunlichst. Das 19. Jahrhundert ist gekennzeichnet durch die Bestrebung, gleichberechtigt zu werden; ein Ziel, das erst Anfang der 1860er Jahre weitgehend erreicht wurde. Eine katholische Dominanz blieb dennoch bestehen. Im österreichischen Kontext bedeutet Liberalismus also für die evangelischen Kirchen die Befreiung aus den Zwängen des katholischen Staates und Emanzipation gegenüber der katholischen Kirche. Aber der Liberalismus ist auch für die evangelische Konfession eine inhalt-

1 Ernst T. V. Heuss, Art. Liberalismus I. Der L[iberalismus] als politische und wirtschaftstheoretische Strömung, in: *Evangelisches Staatslexikon*[2] (Stuttgart-Berlin 1975) 1476–1484, hier 1476 f.

2 Einen Überblick über den Liberalismus in der Zeit zwischen 1848 und 1918 bieten Ernst Hanisch/Peter Urbanitsch, Die Prägung der politischen Öffentlichkeit durch die politischen Strömungen, in: Die Habsburgermonarchie 1848–1918, Bd. VIII: Politische Öffentlichkeit und Zivilgesellschaft, 1. Teilbd. (Wien 2006) 15–111, hier 34–62; Herbert Matis, Sozioökonomische Aspekte des Liberalismus in Österreich 1848–1918, in: Sozialgeschichte heute. Festschrift für Hans Rosenberg, hg. von Hans-Ulrich Wehler (Kritische Studien zur Geschichtswissenschaft 11, Göttingen 1974) 243–265; Wolfgang Mantl, Liberalismus und Antiliberalismus. Eine Spurensuche, in: Liberalismus. Interpretation und Perspektiven, hg. von Emil Brix/Ders. (Studien zu Politik und Verwaltung 65, Wien–Graz–Köln 1996) 15–48.

liche Herausforderung, denn »das Leben wird [durch den Liberalismus] weitgehend profaniert, Staat und Recht werden entheiligt. Die Religion ist für den Liberalismus Privatangelegenheit, die private Regelung der Beziehungen des einzelnen zu Gott, die keine Rechts- und Staatssache ist«.[3]

Die oben angesprochenen Überlegungen beziehen sich in erster Linie – auf evangelischer Seite – auf den Liberalismus im politischen Bereich. Ab der Mitte des 19. Jahrhunderts entsteht jedoch auch eine Liberale Theologie. Es hatte aber auch davor schon liberale Tendenzen in der Theologie gegeben.

> »Aus der Vorgeschichte des 17. und 18. J[ahr]h[underts] nimmt die liberale Theologie vor allem folgende Motivgruppen auf: Einheitlichkeit der Weltgeschichte [...]; die Zuordnung von Glaube und Vernunft angesichts der Einheit der Wirklichkeit; die Unterscheidung von öffentlicher und privater Religion [...] sowie von äußerer Kirchlichkeit und innerer Religiosität; die Historisierung der ›heiligen‹ Schriften und die damit verbundene Unterscheidung des ›Wesens‹ der Religion von der Positivität der christlich-kirchlichen Überlieferung; den Antidogmatismus und den Anspruch auf individuell-religiöse Glaubenserfahrung; den Theismus als Ausdruck des providentiellen und teleologischen Weltzusammenhangs; die christologische Reduktion auf Jesus als den Lehrer des Reiches Gottes, der Moral und Religiosität; die Kirche als religiös-sittliche Gemeinschaft von Individuen im Gegensatz zur verfassten, rechtlichen Institution; die Religiosität als anthropologische Struktur.«[4]

Die Liberale Theologie entfaltete sich im Wesentlichen in zwei Entwicklungsstufen: Im Altliberalismus bis nach der Mitte des 19. Jahrhunderts, und im Neuliberalismus, der besonders ab den 1870er Jahren wirkmächtig wurde. Auf die Positionen gegenüber Institutionen soll schlaglichtartig verwiesen werden, weil sie das vorliegende Thema besonders betreffen: Vom Altliberalismus wurde »die organisierte Staats- und Bekenntniskirche [...] als Gewissenszwang empfunden. [...] In der Frage der kirchlichen Organisation [...] wünscht sich [der Altliberalismus] die Loslösung von der Kultusbürokratie und erstrebt die Möglichkeit einer protestantischen Nationalkirche, die sich grundsätzlich bekenntnisfrei als antikatholisches Bollwerk, als ›Protestantismus‹ darstellt. [...] Zur Staatskirche findet die altliberale Theologie ein nur gebrochenes Verhältnis«. Die neuliberale Theologie nimmt diese Charaktermerkmale im Wesentlichen auf, verbindet diese aber mit einem betonten Bildungsanspruch; sie »versteht sich bildungsbürgerlich«. Vor dem Hintergrund der aufkommenden Dominanz der Naturwissenschaften bedeutete dies eine weitere Distanz zu einer dogmatisch orientierten Theologie. »Angesichts der Tatsache, dass die Philosophien der Naturwissenschaften dieser Zeit zu holistischen Welterklärungssystemen werden, wird der Begriff der Weltanschauung wichtig [...].«[5]

Im österreichischen Kontext hingen diese Verschiebungen mit der Reform des öffentlichen Unterrichts vom April 1848 zusammen. Franz Exner schlug hier die Verlegung des bisherigen zweijährigen philosophischen Propädeutikums von den Universitäten an die Gymnasien vor, wodurch dieses auf acht Jahre verlängert wurde.

3 Georg Franz, Liberalismus. Die deutschliberale Bewegung in der Habsburgischen Monarchie (München 1955) 393.

4 Manfred Jacobs, Art. Liberale Theologie. *TRE* XXI (1991) 47–68, hier 47 f.

5 Ebenda 52, 54.

»Es war auf diese Art die Vorstellung einer gewissermaßen säkularisierten ›allgemeinen Bildung‹ geboren worden, welche das traditionelle christlich-kirchliche Erziehungsmonopol der Hinführung zu einem ›gottgefälligen Leben‹ überflüssig machte.«[6]

1868 wurde schließlich der (katholischen) Kirche formal ihr Aufsichtsrecht über das Schulwesen entzogen. Die zunehmende Demokratisierung des Habsburgerstaates in der zweiten Hälfte des 19. Jahrhunderts bedeutete zudem auch eine Demokratisierung der Bildung und des Wissens; beides wurde öffentliches Gut.

Bei alledem wird die grundsätzliche Neigung sowohl des politischen als auch des theologischen Liberalismus zum Hinterfragen bestehender Ordnungen deutlich; das ist das gemeinsame »politische« Grundelement, das auch für die Beziehungen zwischen Liberalismus und Protestantismus im Österreich des 19. Jahrhunderts von entscheidender Bedeutung ist. Eine Limitierung fand der Liberalismus in der Befindlichkeit altösterreichischer gesellschaftspolitischer Realität.

»Staat und Kirche, Kaiser und Reich waren vom politischen und religiös-kirchlichen Universalismus so durchtränkt, dass der Liberalismus bis zum Zusammenbruch der Monarchie sich immer unter die Autorität der Apostolischen Majestät beugen musste. [...] Österreich war und blieb katholische Macht [...].«[7]

Eine interessante Frage ist die nach einer konfessionellen Konnotation des Phänomens »Liberalismus«. Denn während der Katholizismus mit seiner Bindung an die kirchliche Hierarchie und Betonung der geistlichen Bedeutung religiös-liturgischer Feiern im Laufe seiner Geschichte kaum liberale Bewegungen entwickelte, sondern tendenziell eher einen konservativen Zugang bevorzugte – was dann sogar zu einem »Kulturkampf« führte –, ist für den Protestantismus immer wieder eine Nahebeziehung – oder sogar mehr – zu liberalem Gedankengut festzustellen. Für die österreichischen Verhältnisse kann eine Studie sogar zum Ergebnis kommen: »Das protestantische Bürgertum [...] wurde besonders intensiv von der Säkularisierung erfasst.«[8]

Dieses historische Phänomen verlangt nach einer Deutung. Es weist in die Zeit der Reformation zurück. Denn wenn »das Wesen des Liberalismus [...] die Entfaltung des Menschen in Freiheit« ist, dann kann man schon Anknüpfungspunkte bei der Reformation und ihrem Konzept des Allgemeinen Priestertums finden. Der humanistische Anteil der Reformation hatte zweifelsfrei zumindest »liberale« Tendenzen, wenn der Begriff passte. Das gilt für die Beziehung der reformatorischen Idee zur Politik, wenn in den Bauernkriegen politische Ideen religiös begründet werden; das gilt für die

---

6 Margret Friedrich/Brigitte Mazohl/Astrid von Schlachta, Die Bildungsrevolution, in: Die Habsburgermonarchie 1848–1918, Bd. IX/1: Soziale Strukturen, 1. Teilbd. (Wien 2010) 67–107, hier 79.

7 Franz, Liberalismus (wie Anm. 3) 401.

8 Oliver Kühschelm, Das Bürgertum in Cisleithanien, in: Die Habsburgermonarchie 1848–1918, Bd. IX/1: Soziale Strukturen, 2. Teilbd. (Wien 2010) 849–907, hier 885. Er verweist u. a. auf Frank-Michael Kuhlemann, Bürgertum und Religion, in: Sozial- und Kulturgeschichte des Bürgertums. Eine Bilanz des Bielefelder Sonderforschungsbereichs (1986–1997), hg. von Peter Lundgreen (Bürgertum 18, Göttingen 2000) 293–318, hier 305–307.

bald eingeführten vordemokratischen Strukturen der Institution Kirche; das gilt für den Bildungsbereich, wenn eine breite Volksbildung angestrebt wird; das gilt für den Wissenschaftsbereich, wenn unter humanistischer Einflussnahme wissenschaftliches Denken – greifbar in der Forderung, ad fontes zu gehen – in die Theologie eingebracht wird. Die Andeutungen müssen genügen. Schleiermacher »meinte, der Katholik komme durch die Kirche zu Jesus, während der Protestant durch Jesus zur Kirche komme. Das heißt, der Protestantismus steht für die Individualität und die Gewissensentscheidung des Einzelnen, während Katholizismus und Orthodoxie den Menschen sehr viel mehr als kirchliches Gemeinwesen begreifen«. U. a. erklärte Bischof Michael Bünker damit manche gegenwärtige Charakterzüge des Protestatismus.[9]

Protestanten hatten immer den Ruf, politisch zu sein. Glaube und soziopolitische Tätigkeit waren für Luther zu unterscheidende, aber nicht zu trennende oder nur koexistierende Bereiche. »Für Luther besteht eine tiefe Verbindung zwischen diesen beiden. Der Glaube befreit nämlich zum Tun.« Und rechtes Tun »ist der rechte Gottesdienst auf Erden [...]«.[10] Nur so ist es verständlich, dass Luther durchaus auch von der Kanzel, durch die Verkündigung von Gottes Wort, die Gewissen schärfen will; oft tut er dies auch im privaten Gespräch oder durch Briefe. Und er scheut nicht davor zurück, auch politische, soziale oder wirtschaftliche Probleme auf die Kanzel zu bringen.[11]

Unter dem Prätext der dogmenkritischen Position der liberalen Theologie konnte sich das Politische des Protestantismus sowohl dem durchaus antiklerikalen politischen Liberalismus, dem Sozialismus oder dem Nationalismus in allen jeweils vorhandenen Spielarten öffnen.[12]

Es muss noch hinzugefügt werden, auch wenn dies nicht Thema des vorliegenden Aufsatzes ist, dass nicht nur die Rolle der evangelischen Kirche im Habsburgerreich eine besondere Prägung hatte, sondern auch die der katholischen. Kaiser Joseph II. hatte nicht nur bestimmten »Akatholiken« Toleranz verordnet, sondern auch versucht, die katholische Kirche dem Staatswesen unterzuordnen.[13] Bereits im Vormärz begann sich in manchen katholischen Kreisen dagegen Widerstand zu regen, der sich dann im Zuge der Revolution 1848 – und später auch in der Liberalen Ära ab 1860 – weiter artikulierte.[14] Das bewirkte aber in den Revolutionstagen keinen

9 Heiner Boberski/Hermann Schlösser, »Der Glaube kann nur im Herzen sein«: Michael Bünker (*Wiener Zeitung* vom 22. Dezember 2007).

10 Albert Greiner, Luther und das Politische. *JMLB* 32 (1985) 39–53, hier 42.

11 Ebenda 44.

12 Ein Überblick über den Sozialismus in der Zeit zwischen 1848 und 1918 findet sich in: Hanisch/Urbanitsch, Prägung der politischen Öffentlichkeit (wie Anm. 2) 79–93; und über den Nationalismus in: Ebenda 93–110.

13 Vgl. u. a. Isnard W. Frank, Zum spätmittelalterlichen und josephinischen Kirchenverständnis, in: Katholische Aufklärung und Josephinismus, hg. von Elisabeth Kovács (Wien 1979) 143–172.

14 Vgl. u. a. Franz, Liberalismus (wie Anm. 3) 412–431. Hier wären zu nennen: in Prag (Praha) der Mathematiker und Philosoph Bernhard Bolzano bzw. in Wien der Theologe Anton Günther und der Unterrichtsminister Leo Graf Thun.

Schulterschluss zwischen den liberal gesinnten Revolutionären und der katholischen Amtskirche, die bis zum Abschluss des Konkordats 1855 unter dem josephinischen Einfluss des Staates stand.

Auch wenn dies inhaltlich kaum zu trennen möglich ist, soll in weiterer Folge versucht werden, in einem ersten Schritt jene Entwicklungen nachzuzeichnen, die sich durch die Wirkung des Liberalismus (oder dessen Abwehr) auf den Protestantismus für diesen ergaben. In einem zweiten Schritt soll die Bedeutung liberalen Gedankenguts im inneren Leben der Kirche angesprochen werden. Eine Gesamtdarstellung ist nicht möglich;[15] episodenhaft sollen deshalb die Wechselwirkungen zwischen politischem Liberalismus und evangelischer Kirche in Österreich ausgeleuchtet sein.

II. Die äussere Entwicklung des Protestantismus im Habsburgerreich

Die evangelische Kirche war zwar seit dem Toleranzpatent unter Joseph II. (1781) »toleriert«, wurde also »gelitten«, war aber keineswegs gleichberechtigt. So gab es neben den äußeren Auflagen, dass die evangelischen Kirchen z.B. keinen Turm haben durften,[16] auch die, dass sich das ganze religiöse Leben im nicht-öffentlichen Bereich abzuspielen habe. Es bestanden auch keine selbstständigen evangelischen Pfarrämter mit eigener Führung von Tauf-, Trau- oder Sterbematrikeln; Pfarrer, Superintendenten und Schullehrer mussten landesherrlich bestätigt werden. Als oberste Leitung setzte die staatliche Regierung 1784 pro Konfession (A.B., H.B.) je ein Konsistorium als Kirchenleitung ein. Es war eine Bedingung, dass diesen Konsistorien gemeinsam ein – bis 1859 – katholischer Präsident vorstand. Man gewinnt den Eindruck, dass diese Behörde als Überwachungsorgan des Staates über die Kirche genutzt wurde, was durchaus dem Metternich'schen Geist entsprach. Von einer Gleichberechtigung der Konfessionen war also noch keine Rede.

II.1 Die Gründung der Evangelisch-Theologischen Fakultät

Ein Einfallstor frühliberaler Ideen war die Universität; es war also bezeichnenderweise der Bildungsbereich, und bezeichnenderweise trat hier bereits im frühen 19. Jahrhundert liberal in Verbindung mit national auf. Ebenso bezeichnenderweise nicht als positiver Impuls zur Konsolidierung des österreichischen Protestantismus, sondern

15 Vgl. aber den Überblick von Friedrich Gottas, Die Geschichte des Protestantismus in der Habsburgermonarchie, in: Die Habsburgermonarchie 1848–1918, Bd. V: Die Konfessionen (Wien 1985) 489–595.

16 Eine Ausnahme bildete nur die Pfarrgemeinde in Triest (Trieste). Sie erhielt bereits im Jahr 1753 die Erlaubnis zur Errichtung eines Friedhofes und 1782 zum Bau einer Kirche mit öffentlichem Eingang und Geläut, d.h. praktisch das Recht der öffentlichen Religionsausübung. Vgl. die entsprechenden Teile in: Herbert Patzelt, Evangelisches Leben am Golf von Triest. Geschichte der evangelischen Gemeinde in Triest mit Abbazia, Görz, Fiume und Pola (München 1999).

als Maßnahme zu seiner Beschränkung wurde 1821 staatlicherseits, ohne Einflussnahme durch den einheimischen Protestantismus, die Evangelisch-Theologische Lehranstalt in Wien gegründet. Es ging darum, die österreichischen Theologiestudenten von den Universitäten außerhalb Österreichs und den Einflüssen dort fern zu halten und gleichzeitig eine Kontrolle über den Pfarrernachwuchs und dessen Ausbildung zu haben.

Die Vorgeschichte der Gründung ist für das gestellte Thema wichtig: Im November 1817 trafen sich auf dem Burgberg in der Nähe Eisenachs in Mitteldeutschland rund 500 Studenten – bei nur rund 8.000 Studenten auf dem Gebiet des Deutschen Bundes also rund jeder Zwanzigste – zum Wartburgfest, um einen doppelten Anlass zu begehen: Das 300 Jahr-Jubiläum der Reformation in Deutschland und den dritten Jahrestag der Völkerschlacht bei Leipzig, die dem napoleonischen Imperialismus ein Ende gesetzt und die Möglichkeit zur politischen Neuordnung Deutschlands eröffnet hatte. Dass diese politische Neuordnung nach Ansicht der Feiernden anders auszusehen hatte wie das, was die Fürsten am Wiener Kongress planten, ersieht man daraus, dass neben zahlreichen Schriften auch ein Zopf und ein preußischer Ulanenschnürleib bei aufpeitschenden Reden verbrannt wurde, was den Behörden – v. a. im Wien des österreichischen Kanzlers Klemens Wenzel Fürst Metternich – missfiel.

Die Folge waren harte Gegenmaßnahmen seitens der Restauration. Die Karlsbader Beschlüsse aus dem Jahr 1819 sahen zahlreiche Restriktionen für den Universitätsbereich vor und verboten u. a. ein Auslandsstudium. Der Zweck dieser Bestimmung lag darin, die einheimischen, österreichischen Studenten von den »Umtrieben«, die an den außerösterreichischen Universitäten herrschten, fernzuhalten und deren Aufkommen in Österreich zu unterbinden, d.h. jede Ausbreitung liberalen oder nationalen Gedankengutes weitestgehend zu unterbinden. Bislang hatten nahezu alle österreichischen Theologiestudenten an deutschen Hochschulen studiert und trugen weitgehend das junge liberale und nationale Gedankengut mit. Sogar nicht-deutsche Studenten wurden von der Begeisterung erfasst. Der bekannteste dieser nicht-deutschen Studenten, der am Wartburgfest teilnahm, war der slowakische evangelische Theologe Ján Kollár. Die Stimmung in Jena, wo er studiert hatte, tat sicherlich das ihre dazu.

> »Jena war als deutsche Ostuniversität seit Jahrhunderten bereits eine Ausbildungsstätte slowakischer und ungarländischer Studenten und stand in reger Beziehung zur Kultur der Slawen. [Heinrich] Luden beispielsweise brachte in seinen Vorlesungen und Schriften den nationalen Rechten der von den Habsburgern unterdrückten slawischen Völkern warme Sympathien entgegen. Zu seinen, [Lorenz] Okens und [Jakob Friedrich] Fries' Schülern gehörten auch die sechs ungarländischen bzw. slowakischen Studenten, die am Wartburgfest teilnahmen.«[17]

17 Günter Steiger, Urburschenschaft und Wartburgfest. Aufbruch nach Deutschland (Leipzig–Jena–Berlin 21991) 101 f.; vgl. Karol Rosenbaum, Ján Kollár auf der Wartburg (1817). *Wissenschaftliche ZS der Friedrich-Schiller-Universität Jena/Gesellschafts- und Staatswissenschaftliche Reihe* 4, 17 (1968) 535–540; zum Lebenslauf Kollárs vgl. Karl W. Schwarz, Von Budapest nach Wien. Streiflichter zur Biographie Ján Kollárs, in: Kirche im Wandel. Festschrift für Oskar

Kollár wurde zu einem Begründer eines neuen slowakischen Selbstverständnisses.

Trotz eines ausgeklügelten Überwachungssystems war es jedoch nicht möglich, ein Einfließen dieses Gedankengutes nach Österreich zu verhindern. 1820 wurde in Wien ein verdächtiger Kreis von den Behörden festgestellt und nach und nach aufgedeckt. Schlussendlich wurden in den Polizeiakten 107 Personen festgehalten.[18] Fragt man nach den Tatbeständen, so ergeben sich nach heutigem Verständnis – keine: Teilnahme an Veranstaltungen, der Besitz eines Liederbuches und verdächtige Kleidungsstücke. Unter den inkriminierten Personen waren bspw. der Dichter Eduard von Bauernfeld oder Anton Freiherr von Doblhoff-Dier, der spätere Handels- und Innenminister. Seine Wohnung wurde zu einem Zentrum der national-liberal gesinnten Bewegung in Wien. Wohl der bekannteste dieses Kreises ist jedoch der Komponist Franz Schubert.

Was aber den Vorfall für das Thema des vorliegenden Aufsatzes erst relevant macht, ist, dass sich unter den 107 Personen auch 13 evangelische Theologen befanden. Studiert hatten sie – zumindest von sieben ist das bekannt – auch an ausländischen Universitäten, wie die Akten vermerken, und zwar hauptsächlich in Tübingen und Jena; einer hatte in Göttingen studiert. Aus dem überdurchschnittlichen Anteil an evangelischen Theologen mag ersehen werden, wie sehr die junge Theologengeneration bereit war, sich liberalen und auch nationalen Gedanken zu öffnen. Diese Einsicht bewirkte umgekehrt aber auch die Begründung der »k. k. Protestantisch-Theologischen Lehranstalt«, d. h. der Evangelischen Fakultät, in Wien im Jahr 1821.

Von den 13 Studenten immatrikulierten immerhin fünf an der neu gegründeten Lehranstalt,[19] wobei drei davon extra deshalb nach Wien gekommen waren und hier auf ihre Eröffnung warteten. Diese Zahl muss man an den Studentenzahlen messen, um sie richtig würdigen zu können: Als die Lehranstalt im Studienjahr 1820/21 eröffnet wurde, immatrikulierten 39 Studenten, was bedeutet, dass fast 13 Prozent der in

---

Sakrausky, hg. von Peter F. Barton (Studien und Texte zur Kirchengeschichte und Geschichte 13, Wien 1993) 101–118.

18 Vgl. Erich Neusser, Zur Verhaftung der österreichischen Anhänger der Burschenschaft in Wien 1820. *Einst und Jetzt XI., Jahrbuch 1966 des Vereins für corpsstudentische Geschichtsforschung* (1966) 156–159; Hans Berner/Erich Neusser, Der Wiener Commersverein von 1820. Einst und Jetzt XIII., *Jahrbuch 1968 des Vereins für corpsstudentische Geschichtsforschung* (1968) 33–54; Kurt Csallner, Siebenbürger Studenten in Wien vor 150 Jahren. *Siebenbürgisch-sächsischer Hauskalender* 16 (München 1971) 65–70.

19 Dass nur ein gutes Drittel der anwesenden Theologiestudenten dann an der neuerrichteten Protestantischen Lehranstalt immatrikulierten, hängt mit der allgemeinen Studien- und Berufssituation der Siebenbürger Sachsen zusammen: »Wer Pfarrer werden wollte, bezog nach Absolvierung des Gymnasiums die Universität [...]. Das Studium, das neben der Theologie seit ungefähr der Mitte des 18. Jahrhunderts auch ein anderes Fach umfaßte, dauerte nicht lange, manchmal bloß ein Jahr, in der Regel zwei Jahre. Dann kam der Student heim und wurde Lehrer an einem Gymnasium oder an einer ›Prätorialschule‹. Mit Prüfungen quälte er sich nicht viel.« [Friedrich Teutsch, Geschichte der evangelischen Kirche in Siebenbürgen, 2 Bde. (Hermannstadt [Sibiu] 1921 f.) II, 303 f.]

Wien befindlichen evangelischen Theologiestudenten nicht nur in Metternich'schen Maßstäben verdächtig waren, sondern sich in liberalem und nationalem Sinn engagierten.

Dass die Metternich'schen Repressionsmechanismen keine nachhaltige Änderung brachten (vielleicht sogar das Gegenteil dessen bewirkten, was sie bewirken wollten), wird an einem Zitat aus der Autobiographie des als Bauernbefreier in die österreichische Geschichte eingegangenen Hans Kudlich deutlich: Er erinnert sich, dass im Jahre 1845 schon in Wien ein Kreis von jungen Männern bestanden hätte, die »aller polizeilichen Vorsicht zum Trotze, vom echten deutschen Turnersinn ergriffen, einen [damit national-liberalen] Verein bildeten. Darunter waren einige tüchtige protestantische Theologen und Lehramtscandidaten«.[20]

II.2 Die Revolution 1848

»Der Regent der Stunde war der Liberalismus.«[21] Die Biedermeierzeit ist durch die Enttäuschung nach der politischen Restauration 1815 und die beinahe völlige Abkehr vom öffentlich-politischen Leben gekennzeichnet; jegliche liberale Ideen wurden unterdrückt. Das änderte sich jedoch 1848: Im März dieses Jahres erhob sich in ganz Europa die Bevölkerung gegen Unterdrückung und für mehr Rechte. Auch in Österreich erhob sich die Bevölkerung: »Das deutsche Volk will: Preßfreiheit, Glaubensfreiheit, allgemeines Parlament [...]«.[22]

Der Ausgangspunkt der Wiener Revolution waren bezeichnenderweise Unruhen unter den Studenten; auch die evangelischen Theologen sympathisierten mit den revolutionären Ideen.[23] Am 12. März verabschiedete eine Studentenversammlung von ungefähr 1.500 Studenten eine vom liberalen Geist getragene Adresse. Sie forderte Press-[24] und Redefreiheit zur Herstellung eines gegenseitigen Verständnisses und Vertrauens zwischen Fürst und Volk, Hebung des Volksunterrichtes und insbesondere Einführung der Lehr- und Lernfreiheit, Gleichstellung der verschiedenen Glaubensgenossen im staatsbürgerlichen Rechte, Öffentlichkeit und Mündlichkeit des Gerichtsverfahrens, allgemeine Volksvertretung etc.

Als sich den Studenten die Handwerker- und Arbeiterschaft anschloss und vor dem Niederösterreichischen Landhaus massive Demonstrationen veranstaltet wur-

---

20 Hans Kudlich, Rückblicke und Erinnerungen, 3 Bde. (Wien–Pest–Leipzig 1873) I, 136 f.

21 Hanisch/Urbanitsch, Prägung der politischen Öffentlichkeit (wie Anm. 2) 22.

22 So formulierte es das Flugblatt »Das deutsche Volk« an die so genannte deutsche Bundesversammlung, abgedruckt in Friedrich Unterreiter, Die Revolution in Wien, 8 Bde. (in 4) (Wien 1848 f.) I, 115–120, hier 118. Vgl. zu den Beziehungen zwischen Revolution und evangelischer Kirche u.a. Karl-Reinhart Trauner, Die Idee von Emanzipation und Autonomie in den Revolutionstagen 1848/49 unter besonderer Berücksichtigung der Evangelischen Kirche in Österreich. *Schulfach Religion* 3–4/1998, 151–198.

23 Vgl. u. a. Karl W. Schwarz, »Ein verlassenes Stiefkind« vor dem »Tempel der Freiheit«. Die Wiener Protestantisch-theologische Lehranstalt im Frühjahr 1848. *Mensch – Wissenschaft – Magie* 25 (2007) 145–160.

24 Gemeint ist damit nicht »Pressefreiheit«, sondern viel allgemeiner »Druckfreiheit«.

den, bekam das Militär Schießbefehl. Mehrere Revolutionäre wurden bei diesen ersten Unruhen getötet. Aus kirchengeschichtlicher Sicht ist eine Facette von besonderem Interesse. Einige der Märzgefallenen wurden am 17. März 1848 im heutigen Märzpark vor der Wiener Stadthalle beerdigt. Hierbei wurde der auf die kirchliche Situation wirkende liberale Geist deutlich, indem die Toten im Rahmen eines interreligiösen Gottesdienstes beerdigt wurden. »Zahlreiche Geistlichkeit, katholische, griechische, refomirt-evangelische, israelitische Lehranstalten« beteiligten sich am Begräbnis.[25]

Die Stände und der Hof reagierten auf die Unruhen hinhaltend, was zu weiteren Zusammenstößen und Barrikadenkämpfen führte. Nach der Abdankung Metternichs verließ Kaiser Ferdinand der Gütige Wien in Richtung Innsbruck. Für rund ein Jahr bestimmten die Revolutionäre auch die Reichspolitik durch einen gewählten Reichstag in Wien, der später unter dem Vorzeichen der erstarkenden Reaktion nach Kremsier (Kroměříž) verlegt werden musste.

Zunächst jedoch beschloss der Reichstag im April 1848 für das Kaisertum Österreich eine Konstitution, in der auch erstmals in Österreich Grundrechte formuliert wurden. Die nach dem Innenminister Franz Freiherr von Pillersdorf benannte Verfassung sah in ihrem § 17 die volle Glaubens- und Gewissens- sowie in § 27 die persönliche Freiheit sowie die bürgerliche Gleichheit aller Konfessionsangehörigen vor. In § 31 wird »allen in der Monarchie [...] anerkannten christlichen Glaubensbekenntnissen und dem israelitischen Cultus [...] die freie Ausübung des Gottesdienstes gesichert«. Der Konfessionsunterschied sollte keinen Einfluss auf die staatsbürgerlichen Rechte und Pflichten haben, und durch die Berufung auf seine Konfession sollte sich niemand seinen staatsbürgerlichen Pflichten entziehen können. Außerdem sah der Grundrechtskatalog die Einführung der obligatorischen Zivilehe vor. Ein Erlass des Innenministeriums regelte ferner den Übertritt zwischen den christlichen Konfessionen dahingehend, dass der Übertrittswillige sich allerdings vor seiner bisherigen Konfession zu rechtfertigen habe.

Diese Weichenstellungen können nicht anders als kirchenkritisch (gegenüber der katholischen Kirche) und damit als Ausdruck des Liberalismus beurteilt werden. Vom Metternich'schen Österreich hatte man gesagt: »Österreich wird regiert vom stehenden Heer der Soldaten, vom sitzenden Heer der Beamten, vom knienden Heer der Priester und vom schleichenden Heer der Denunzianten.«[26] Nun folgert eine Revolutionsflugschrift in Fortsetzung solcher Gedanken: »Die Abhängigkeit Österreichs und Deutschlands von dem römischen Stuhl ist immer für ihre Völker und Fürsten zum Fluche und Unglück gewesen«.[27] Mit der Kirchenkritik war ausschließlich die römisch-katholische Kirche in ihrer josephischen, d. h. in ihrer staatsdiene-

25 Unterreiter, Revolution in Wien (wie Anm. 22) I, 99. Eine zeitgenössische Schilderung des Begräbnisses ebenda 99–103.

26 Zit. nach: Götz Eberbach, Die Deutsche Revolution 1848/49 (Eckartschrift 112, Wien 1990) 6.

27 Theodor Scheibe, Wider Seine Schein-Heiligkeit Papst Pius den IX. und für das Verheirathen der katholischen Geistlichen, in: Unterreiter, Revolution in Wien (wie Anm. 22) II, 114–120, hier 114; vgl. außerdem II, 26–29.

rischen Grundhaltung gemeint, die zu einem wichtigen Träger des reaktionären Habsburgerreiches geworden war. Die anderen Konfessionen und Religionen fanden sich gewissermaßen auf der Opferseite der Macht. Deutlich wurde dies in den Beschränkungen bei den Gottesdienststätten; diese waren keine Kirchen im eigentlichen Sinne, weshalb sie auch als »Bethäuser« bezeichnet wurden. Die Bestimmungen des Toleranzpatentes sahen Folgendes vor:

> »In Ansehung des Bethhauses befehlen Wir ausdrücklich, daß, wo es nicht schon anders ist, solches kein Geläut, keine Glocken, Thürme, und keinen öffentlichen Eingang von der Gasse, so eine Kirche vorstelle, haben, sonst aber wie, und von welchen Materialien sie es bauen wollen, ihnen freystehen […].«

Das beinhaltete z. B. auch das Verbot von hohen »Kirchen«fenstern. Noch 1837 erfolgte die Ausweisung Zillertaler Protestanten,[28] was als Zeichen des Anwachsens katholisch-kirchlichen Einflusses in der Metternich'schen Politik zu werten ist.

Unter dem Prätext eines katholisch orientierten Herrscherhauses und einer erwünschten Befreiung von staatlichen Beschränkungen ergab sich für den Protestantismus eine Nahebeziehung zu den liberalen Ideen. Bei Lichte besehen ging es dem Reichstag um die Durchsetzung der liberalen Grundforderung nach der Trennung von Staat und Kirche. Im Februar 1849, also in einer Zeit, als der Reichstag von Kremsier schon lange den Zenit seiner Macht überschritten hatte, aber noch immer über Grundsatzfragen tagte, drückte der schlesische Reichstagsabgeordnete und evangelische Pfarrer Karl Samuel Schneider in einer Rede bezüglich der Stellung des Staates zu den verschiedenen Konfessionen diese ausgesprochen liberale Position folgendermaßen aus: »Eine herrschende Kirche gibt es nicht; vielmehr sind alle Religionsbekenntnisse gleichgestellt und gleichberechtigt, und es genießt keine Religionsgesellschaft vor der anderen Vorrechte durch den Staat.«[29] In diesem Zusammenhang forderte Schneider auch die Selbstverwaltung der Kirchen; eine logische Konsequenz aus einer Trennung von Kirche(n) und Staat.

Die Erfolgstage der Revolution waren gezählt. Als es im Oktober 1848 zu einem neuerlichen Höhepunkt der Revolution kam und Kriegsminister Theodor Graf de Latour gelyncht wurde, entschloss man sich zur militärischen Niederschlagung der Revolution: Feldmarschall Alfred Fürst Windisch-Graetz und der kroatische Banus Joseph Graf Jelačić zogen mit rund 100.000 Mann gegen Wien. Trotz der Aussichtslosigkeit des Widerstandes nahm die aufständische Hauptstadt unter dem Befehl Wenzel Messenhausers den Kampf auf. Als Wien wenige Tage später erobert wurde, folgten harte Maßnahmen, von denen besonders die Füsilierung des deutschkatholischen Abgeordneten des Frankfurter Paulskirchenparlaments, Robert Blum, der in das belagerte Wien zur Vermittlung geschickt worden war, bekannt geworden ist. Vergeblich berief sich Robert Blum auf seine Immunität als Abgeordneter, man

28 Vgl. u. a. Eckehard Sauser, Die Zillertaler Inklinanten und ihre Ausweisung im Jahr 1837. *Der Schlern* 198 (Innsbruck 1959).

29 Zit. nach: Gotthold Müller, Politischer Liberalismus und evangelische Kirche in Österreich während des 19. Jahrhunderts. *ÖAKR* 15/1964, 103–125, hier 109.

erwiderte ihm kaltschnäuzig, »ob er ›immun‹ sei, werde er vor dem Hinrichtungskommando beweisen können«.[30] Der Reichstag aber musste diesen Vorgängen ohnmächtig zusehen, innerlich gelähmt durch den Streit der Nationalitäten.

De facto hatte damit die Revolution ihr Ende gefunden. Ein äußeres Zeichen der neuen österreichischen Politik wurde mit dem Regierungsantritt Kaiser Franz Josephs im Dezember 1848 gesetzt. Mit ihm wurde aus einem »allergnädigsten konstitutionellen Kaiser« wieder ein »von Gottes Gnaden Kaiser von Österreich«.[31] Im März 1849 löste der neue Kaiser den Kremsierer Reichstag auf (RGBl. 149/1849); gleichzeitig wurde eine neue Verfassung, die so genannte Märzverfassung (RGBl. 150/1849), oktroyiert. Am selben Tag erschien auch ein weiteres Patent »über die durch die constitutionelle Staatsform gewährleisteten politischen Rechte« (RGBl. 151/1849), wobei noch wichtige Grundrechte der Pillersdorf'schen Verfassung bestehen blieben: die volle Glaubensfreiheit, die freie Religionsausübung, die Freiheit der Wissenschaft und ihrer Lehre, der Meinungsäußerung durch Wort, Schrift, Druck und bildliche Darstellung, die Zensurfreiheit der Presse, das Petitions-, Vereins- und Versammlungsrecht, die Freiheit der Person, die Unverletzlichkeit des Hausrechtes und das Briefgeheimnis. Den gesetzlich anerkannten Kirchen wurde eine gewisse Autonomie zugestanden; jede »ordnet und verwaltet ihre Angelegenheiten selbständig, bleibt im Besitze und Genusse der für ihre Kultus-, Unterrichts- und Wohltätigkeitszwecke bestimmten Anstalten, Stiftungen und Fonde, ist aber [...] den allgemeinen Staatsgesetzen unterworfen«.

Aber auch die Märzverfassung hatte nicht lange Bestand: Durch das Sylvester-Patent vom 31. Dezember 1851[32] wurde sie außer Kraft gesetzt – unter Bestätigung jedoch der Abstellung jedes bäuerlichen Untertänigkeits- oder Hörigkeitsverhältnisses. Ein anderes Patent vom gleichen Tag hob die im Jahre 1848 verkündeten Grundrechte auf, jedoch ausschließlich der freien Religionsausübung jeder gesetzlich anerkannten Kirche und Religionsgesellschaft und der selbständigen Verwaltung ihrer Angelegenheiten.

1850 wurde Hermann Bonitz als Dekan der Philosophischen Fakultät der Alma Mater Rudolfina durch das Doktorenkollegium abgelehnt; er war nicht nur liberaler als das Kollegium, sondern auch Protestant. Der Bildungsbereich wurde insgesamt zu einem Feld, in dem die gesellschaftlichen Spannungen ausgetragen wurden. »Kaiser Franz Joseph hat die antiintellektuellen Traditionen des Biedermeier konsequent

30 Zit. nach: Eberbach, Deutsche Revolution (wie Anm. 26) 32; zur Verurteilung und Hinrichtung Blums vgl. Unterreiter, Revolution in Wien (wie Anm. 22) VIII, 14–19.

31 So Erzherzog Johann bei der Eröffnung des Reichstages, Zit. nach: Anton Bezecny (Hg.), Die Thronreden Sr. Majestät des Kaisers Franz Josef I. bei der feierlichen Eröffnung und Schließung des österreichischen Reichsrates (Wien 1908) 9; bzw. bei der Verkündigung der Thronbesteigung, RGBl. 1/1849.

32 Die Bezeichnung Sylvester-Patent fasst gewöhnlich drei Patente zusammen: Die Aufhebung der Märzverfassung 1849 (RGBl. 2/1852), die Aufhebung der Grundrechte (RGBl. 3/1852) und die »Grundsätze für organisatorische Einrichtungen in den Kronländern des österreichischen Kaiserstaates« (RGBl. 4/1852).

fortgesetzt.«[33] Auch die römisch-katholische Kirche zog sich zunehmend aus der Pflege der Wissenschaft zurück, auch wenn sie nach wie vor wichtigster Kulturträger der Habsburgermonarchie blieb.

Der nun folgende Neoabsolutismus Kaiser Franz Josephs – auch nach Alexander Freiherr von Bach, dem bedeutendsten Politiker der Zeit, Bach'sche Ära genannt – baute auf den klassischen Stützen absolutistischer Macht: dem Heer, der (katholischen) Kirche[34] und der Beamtenschaft. Ein sichtbares Zeichen dieser konservativen Neuausrichtung Österreichs nach der Revolution war der Abschluss des Konkordates 1855 (RGBl. 195/1855), das die erbitterte Kritik der Liberalen hervorrief. Die römisch-katholische Kirche unter der Führung des Wiener Fürsterzbischofs Joseph Othmar von Rauscher errang damit eine Vielzahl an besonderen Rechten: »Es bedeutete den Sieg Roms über den Josephinismus.«[35] Die Zeit sprach von einem »gedruckten Canossa«.[36] – D. h. einerseits löste sich die österreichische Politik vom josephinischen Staatskatholizismus, andererseits dokumentierte man damit offiziell die enge Beziehung zwischen Österreich und dem Heiligen Stuhl.

II.3 Die rechtliche Konsolidierung der Evangelischen Kirchen

Trotz des konservativen, neoabsolutistischen Kurses der österreichischen Politik seit der Niederschlagung der Revolution mit ihrer katholischen Ausrichtung, wurden den evangelischen Kirchen die ihnen 1848 und 1849 zugestandenen Rechte weiter zuerkannt. Auch das Sylvester-Patent ließ die freie Religionsausübung jeder gesetzlich anerkannten Kirche und Religionsgesellschaft und das Recht auf selbstständige Verwaltung ihrer Angelegenheiten weiter bestehen.[37]

Während der Revolutionszeit wurde bereits mit »allerhöchster Entschließung« vom 26. Dezember 1848 der Name »Akatholiken« durch »Evangelische der Augsburgischen« bzw. »Helvetischen Konfession« ersetzt. Seit Jänner 1849 bekamen die evangelischen Pfarrämter darüber hinaus das Recht der Matrikenführung und erlangten damit auch eine rechtliche Selbständigkeit und Gleichwertigkeit mit den katholischen Pfarrämtern. Gebühren für geistliche Amtshandlungen, die früher selbst bei evangelischen Amtshandlungen an die katholischen Geistlichen abzuführen waren, wurden abgeschafft; der Übertritt von einem Bekenntnis zu einem anderen für jedermann – mit Einschränkungen – wurde freigestellt.

---

33 Helmut Rumpler, Die Intellektuellen in Cisleithanien, in: Die Habsburgermonarchie 1848–1918, Bd. IX/1: Soziale Strukturen, 2. Teilbd. (Wien 2010) 1119–1155, hier 1127.

34 Vgl. dazu die bissigen Bemerkungen von: Georg Loesche, Geschichte des Protestantismus im vormaligen und im neuen Österreich (Wien [3]1930) 594–601.

35 Ebenda.

36 Vgl. Richard Charmatz, Lebensbilder aus der Geschichte Österreichs (Wien 1947) 80.

37 Einen Überblick über die Entwicklung der Verfassung in Österreich zwischen 1848 und dem Untergang der Monarchie bietet: Wilhelm Brauneder, Die Verfassungsentwicklung in Österreich 1848 bis 1918, in: Die Habsburgermonarchie 1848–1918, Bd. VII: Verfassung und Parlamentarismus, 1. Teilbd. (Wien 2000) 69–237.

Sichtbares Zeichen dieser neuen Rechte waren die Kirchtürme und die Glocken, die nun auch evangelische Kirchen haben durften, auch wenn sich die Kirche lange Zeit mit der konkreten Umsetzung dieses Rechtes Zeit ließ. Die Gumpendorfer Kirche in Wien, die zwar nach der Erlaubnis von Türmen erbaut, deren Pläne jedoch noch aus der Zeit vor 1848 stammten, war noch turmlos. Die erste Kirche auf dem Gebiet des historischen Österreich (d. h. ohne das damals zu Ungarn gehörige Burgenland), die nach den neuen Bestimmungen gebaut wurde, steht in Wels. Und die erste evangelische Kirche mit Turm in Wien ist die (heutige) Lutherkirche in Wien-Währing, die 1898 eingeweiht wurde.

Dennoch war mit dem Abschluss des Konkordats 1855 und der betont katholischen Ausrichtung des Herrscherhauses in Zeiten des Neoabsolutismus eine Gleichberechtigung der Konfessionen in weite Ferne gerückt. 1856 erfolgte eine den Protestantismus benachteiligende Begräbnisregelung; Protestanten sollten abgesondert, ohne Geläut und ohne kirchliche Zeremonie begraben werden. Es herrschte, wie eine zeitgenössische Quelle (Eduard von Wertheimer) berichtete, »infolge dieses Ereignisses eine ungeheure Aufregung nicht nur unter den Protestanten, sondern noch viel mehr unter den liberalen Katholiken«.[38]

Der radikale Umschwung erfolgte durch außenpolitische Katastrophen für das politische System Österreichs: die Niederlagen des Jahres 1859 und der damit verbundene Verlust der Lombardei (Lombardia). Sie brachten den Neoabsolutismus zum Sturz.

Es ist eine tragische Facette der Geschichte des österreichischen Protestantismus, dass dessen Gleichberechtigung und weiteres Aufwachsen im alten Österreich realpolitisch mit dessen Niederlagen verbunden war. Das ohnedies nicht spannungsfreie Verhältnis zwischen dem Staat Österreich und »seinen« Evangelischen wurde damit nicht harmonisiert. Noch etwa hundert Jahre später, überdies verstärkt durch die Geschehnisse des 20. Jahrhunderts, bekennt Wilhelm Dantine, Systematiker an der Evangelisch-Theologischen Fakultät in Wien, die Probleme rund um das Thema »Wir und unser Staat«: »Dabei gilt es zu bedenken – und ich meine, es ist gut und nützlich, dies in aller Offenheit auszusprechen: den Protestanten in diesem Lande fällt es nicht leicht, dies Wörtlein ›Unser‹ auszusprechen. Nicht nur, weil wir eine konfessionelle Minderheit sind […]. Sondern wir denken zurück an die Geschichte dieses Landes.«[39]

Dies findet noch eine Verdichtung, folgt man der Interpretation, die Hanisch und Urbanitsch im renommierten Sammelwerk »Die Habsburgermonarchie« bieten: »Die Liberalen haben die katholische Kirche als Objekt ihrer Kritik vorgeschoben, weil sie den Obrigkeitsstaat nicht direkt anzugreifen wagten.«[40]Damit hätte die nun folgende

38 Zit. nach: Gottas, Geschichte des Protestantismus (wie Anm. 15) 552.

39 Wilhelm Dantine, Wir und unser Staat [1955], in: Ders., Protestantisches Abenteuer. Beiträge zur Standortbestimmung der evangelischen Kirche in der Diaspora Europas, hg. von Michael Bünker (Innsbruck–Wien–Göttingen 2001) 23–36, hier 23.

40 Hanisch/Urbanitsch, Prägung der politischen Öffentlichkeit (wie Anm. 2) 36; sie beziehen sich auf John W. Boyer, Political Radicalism in Late Imperial Vienna. Origins of the Christian Social Movement 1848–1897 (Chicago–London 1981).

liberale, damit protestantenfreundliche – und von diesen heftig begrüßte – Gesetzgebung gar einen latent irredentistischen Zug. Der Umfang des Umbruchs, der in der Politik des Habsburgerreiches stattfand, wird ermessbar, wenn man sich deutlich macht, dass »dem katholischen Kaisertum [...] jedenfalls – parallel zur Multiethnizität – ein multikonfessionelles Reich gegenüber[stand]«.[41] Die Liberalisierung im religiösen Bereich ist damit jenes Feld, auf dem der Übergang der Souveränität vom Herrscherhaus zum Volk bzw. den Völkern stattfand.

1860 wurde Bach von Agenor Graf Goluchowsky (Gołuchowski) (d. Ä.) abgelöst; doch auch er konnte sich politisch nicht halten.

> »Der Verfassungskampf, der die sechziger Jahre einleitete, spielte sich zwischen der zentralistisch-liberalen, auf das Bürgertum gestützten Regierung und dem altkonservativen Adel, dessen Stellung auf den Landtagen beruhte, ab. Das Oktoberdiplom des Jahres 1860 [RGBl. 226/1860] war der letzte Sieg der Altliberalen.«[42]

Es folgte die so genannte Liberale Ära, an deren Beginn der Neubau des Staates – vom Absolutismus zum Konstitutionalismus – stand. An die Stelle des konservativen Goluchowsky trat als Innenminister der gemäßigte Liberale Anton Ritter von Schmerling, der schon Politiker in der Frankfurter Nationalversammlung gewesen war. Unter Schmerlings Einfluss entstand das Verfassungspatent vom 26. Februar 1861: das so genannte Februarpatent (RGBl. 20/1861). In rascher Folge wurden nun, im inhaltlichen Anschluss an die Ideen der Revolution, liberale Gesetze verabschiedet. Das betraf auch die kirchlichen Angelegenheiten. Ab 1859 waren die Präsidenten der kirchenleitenden Konsistorien, wiewohl weiter im Beamtenstatus und vom Kaiser bestellt, evangelischer Konfession.

Von alles entscheidender Wichtigkeit war jedoch das Protestantenpatent des Jahres 1861 (RGBl. 41/1861[43]). Mit ihm schloss man an die rechtlichen Errungenschaften des Jahres 1849 an und setzte sie endgültig fest. Das Protestantenpatent »verbürgt den Evangelischen [...] die grundsätzliche Gleichheit vor dem Gesetz auch betreffs der Beziehung ihrer Kirche zum Staat«.[44] Von den Liberalen wurde das Protestantenpatent mit Jubel begrüßt und als Zeichen gewertet, dass die Regierung »ebenso mit den Doktrinen des mittelalterlichen katholischen Staates wie mit denjenigen des

41 Brigitte Mazohl, Die politischen und rechtlichen Voraussetzungen der sozialen Entwicklung, in: Die Habsburgermonarchie 1848–1918, Bd. IX/1: Soziale Strukturen, 1. Teilbd. (Wien 2010) 233–250, hier 247.

42 Heinrich Benedikt, Monarchie der Gegensätze. Österreichs Weg durch die Neuzeit (Wien 1947) 147 f.

43 Am 1. September 1859 war ein ähnliches Patent bereits im Königreich Ungarn erlassen worden. Es baute auf Vorarbeiten des Kultusministers Leo Graf Thun, des Ministerialrats Josef Andreas Zimmermann und des Unterstaatssekretärs Joseph Alexander Freiherr von Helfert. Vgl. Karl W. Schwarz, Von der Toleranz zur Religionsfreiheit. Der Weg der Evangelischen Kirche in Österreich vom Protestantenpatent zum Protestantengesetz. *Jahrbuch des Oberösterreichischen Musealvereines* 156 (2011) 183–197.

44 Loesche, Geschichte des Protestantismus (wie Anm. 34) 603.

Josefinismus gebrochen hat«.[45] Beschlüsse des Tiroler sowie des Vorarlberger Landtages für die Beibehaltung der (katholischen) Glaubenseinheit wurden vom Kaiser niedergeschlagen.[46] Für die evangelische Kirche war es nun endgültig möglich, sich als Institution auszubauen und künftighin als »vollwertige« Kirche aufzutreten; Hand in Hand mit dem Protestantenpatent ging deshalb eine provisorische Kirchenverfassung vom April 1861.

Hinter der, wenngleich verschieden begründeten, euphorischen Jubelstimmung der Liberalen und der Protestanten könnte man jedoch auch Kritisches vermerken. Bischof Gerhard May wies anlässlich der Hundertjahrfeier des Protestantenpatents 1961 zu Recht auf die Schattenseite des Patents hin:

> »Den Evangelischen wurde die bürgerliche Gleichberechtigung und der Kirche die Autonomie gewährt. Aber was mit der einen Hand gewährt wurde, wurde mit der anderen eingeschränkt. Der Staat bestimmte den Aufbau der Kirchenverfassung, er ernannte den Oberkirchenrat, bestätigte die Superintendenten, genehmigte die Kirchengesetze. Die Handhabung des Protestantenpatentes aber führte darüber hinaus immer wieder zu weittragenden Eingriffen in die angebliche Autonomie.«[47]

Dennoch: Das Protestantenpatent brachte für die evangelischen Kirchen eine deutliche Verbesserung ihrer gesellschaftlichen Lage. Sichtbar kam dies dadurch zum Ausdruck, dass die Kirche auch im Parlament vertreten war; und zwar durch Superintendent Adolf Theodor Haase – er wurde, sehr zu seiner Überraschung, 1861 als erster Vertreter der evangelischen Kirche ins Herrenhaus berufen – und durch Pfarrer Karl Samuel Schneider, der bereits Reichstagsabgeordneter 1848/49 war, ins Abgeordnetenhaus.

Ein weiterer außenpolitischer Misserfolg, der für Österreich traumatische Ausmaße erreichte, brachte weiter Bewegung in die Rechtssituation Österreichs: die Niederlage gegen Preußen 1866. »Es ist keine Frage, daß es die Protestanten hierzulande tiefer als die anderen Glieder des Staates geschmerzt hat, als im Jahre 1866 der Bruderkrieg mit Preußen losging [...].«[48]Dass aber gerade die Niederlage der Habsburger gegen den protestantischen Erzrivalen zu einer Verbesserung der Lage der österreichischen Protestanten – aber nicht nur dieser – beitrug, war nur schwer zu übersehen.

Auch wenn ein großes, alle Religionen und Konfessionen erfassendes Gesetz scheiterte,[49] so brachte das als Teil der nun erlassenen Dezemberverfassung 1867

45 Art. Das Protestantengesetz. *Ost-Deutsche Post*/15. Febr. 1861; vgl. weiters Art. Das Protestantengesetz. *Ost-Deutsche Post*/13. April 1861.

46 Vgl. Loesche, Geschichte des Protestantismus (wie Anm. 34) 611–614; Franz, Liberalismus (wie Anm. 3) 422 f.

47 Gerhard May, Das österreichische Schicksal unserer Evangelischen Kirchen, in: Hundert Jahre Protestantenpatent 1861–1961. Vorträge gehalten bei d. Festfeier im Grossen Musikvereinssaal. Bundespräsident Dr. Ad. Schärf, Bundesminister Dr. H. Drimmel, Bischof D. G. May (Der Christ in der Welt 10, Wien 1961) 11–14, hier 12.

48 Dantine, Wir und unser Staat (wie Anm. 39) 23.

49 Vgl. Helmut Rumpler, Parlament und Regierung Cisleithaniens 1867 bis 1914, in: Die Habsburgermonarchie 1848–1918, Bd. VII: Verfassung und Parlamentarismus, 1. Teilbd. (Wien 2000) 667–894, hier 688 f.

verabschiedete »Staatsgrundgesetz über die allgemeinen Rechte der Staatsbürger« (RGBl. 142/1867) weitere Verbesserungen für den Protestantismus; und nicht nur für diesen. Der Art. 14 dieses Gesetzes regelt die Glaubens- und Gewissensfreiheit für jedermann. Der Genuss der bürgerlichen Rechte ist vom Bekenntnis unabhängig, allerdings darf durch das Religionsbekenntnis den staatsbürgerlichen Pflichten kein Abbruch geschehen. Niemand kann zur Teilnahme an einer kirchlichen Handlung bzw. Feierlichkeit gezwungen werden. Der Art. 15 legt das Recht auf öffentliche Religionsausübung fest, allerdings nur für anerkannte Kirchen und Religionsgesellschaften.[50] Sie haben auch das Recht auf Verwaltung ihrer eigenen Angelegenheiten, der Besitzstand wird ihnen garantiert, soweit dieser seelsorgerlichen, karitativen oder Unterrichtszwecken dient. Die Angehörigen der nicht anerkannten Kirchen und Religionsgesellschaften haben gemäß Art. 16 das Recht auf häusliche Religionsübung. Ebenso liberal ist der Art. 17, nach dem »Wissenschaft und ihre Lehre frei [sind]«. Dazu gehört auch eine Liberalisierung im Schul- und Unterrichtsbereich.

Die Liberale Ära nahm im Anschluss an das Staatsgrundgesetz von 1867 sofort den Kampf gegen das Konkordat auf,[51] das in Reaktion auf die Beschlüsse des Ersten Vatikanischen Konzils 1870 unter Berufung auf die »clausula rebus sic stantibus« gekündigt wurde. Bereits zuvor hatte man die Bestimmungen des Konkordates in den so genannten Maigesetzen des Jahres 1868 ausgehöhlt. Das erste dieser Maigesetze, das Ehegesetz (RGBl. 47/1868[52]), hatte die Ehegerichtsbarkeit des Staates auch über Katholiken wieder hergestellt. Das zweite, das so genannte Kirche-Schule-Gesetz (RGBl. 48/1868[53]), hatte die Leitung und die Aufsicht des Staates über die Schulen wieder im vollen Umfang hergestellt; ausgenommen war lediglich der Religionsunterricht. Das Gesetz über die interkonfessionellen Verhältnisse (RGBl. 49/1868) regelte den Beitritt zu einer Kirche oder Religionsgesellschaft bzw. die so genannte Übertrittsverordnung die Konversion (RGBl. 13/1869). 1870, nach der Kündigung des Konkordates, beschäftigte sich der Gesetzgeber auch intensiv mit den rechtlichen Vorgaben für jene Personen, die keiner Kirche oder Religionsgesellschaft angehörten.[54]

---

50 Vgl. Karl W. SCHWARZ, Vom Exercitium religionis privatum zur Privatisierung des Religionsbekenntnisses. Der Protestantismus im Spiegel seines Ringens um Religionsfreiheit zwischen 1848 und 1938, in: Mensch, Staat und Kirchen zwischen Alpen und Adria 1848–1938. Einblicke in Religion, Politik, Kultur und Wirtschaft einer Übergangszeit, hg. von Werner DROBESCH/Reinhard STAUBER/Peter G. TROPPER (Klagenfurt 2007) 29–50.

51 Vgl. Karl VOCELKA, Verfassung oder Konkordat? Der publizistische und politische Kampf der österreichischen Liberalen um die Religionsgesetze des Jahres 1868 (Studien zur Geschichte der österreichisch-ungarischen Monarchie 17, Wien 1978).

52 Ergänzt wurde dieses mit dem »Gesetz betreffend die Eheschließung zwischen Angehörigen verschiedener christlicher Konfessionen« (RGBl. 4/1869); später durch das »Eherecht für Konfessionslose« (RGBl. 51/1870) und das »Eherecht für Angehörige des Islam« (IslG 159/1912).

53 Ergänzt und erweitert dann mit dem »Reichs-Volksschulgesetz« des Jahres 1869 (RGBl. 62/1869), novelliert 1883 (RGBl. 53/1883). Beide Gesetze sind aber keineswegs antikirchlich. Ganz im Gegenteil sieht bspw. das »Reichs-Volksschulgesetz« 1869 als Aufgabe der Schule vor, »die Kinder sittlich-religiös zu erziehen [...]« (§ 1).

54 Vgl. »Gesetz über (Ehen von) Personen, die keiner gesetzlich anerkannten Kirche oder

Im Jahre 1874 folgten weitere Gesetze; nun wurde auch die Trennung von Staat und Kirche weitestgehend realisiert: Die Maigesetze des Jahres 1874 umfassten das Gesetz betreffend die äußeren Rechtsverhältnisse der katholischen Kirche, das so genannte Katholikengesetz (RGBl. 50/1874), das das Verhältnis zur Kirche zwar kirchenfreundlich, aber doch im Sinne einer Trennung von Kirche und Staat regelte; ein Gesetz betreffend die Beiträge zum Religionsfond; sowie ein Gesetz betreffend die Anerkennung von Kirchen und Religionsgesellschaften, das so genannte Anerkennungsgesetz (RGBl. 68/1874[55]). Eine Zielsetzung der Liberalen Ära war die größtmögliche Trennung von Staat und Kirche, also ein Zurückdrängen des (katholischen) Klerikalismus.[56]

Die Liberale Ära wird deshalb in der (Kirchen-) Geschichtsschreibung gerne mit dem Ausspruch des ersten Ministerpräsidenten des 1861 ausgerufenen Königreichs Italien, des Grafen Benso di Cavour, von der »Freien Kirche im freien Staat« charakterisiert.[57] Der politische Liberalismus war für die österreichischen Evangelischen ein Verbündeter gewesen; er hatte in Österreich jedenfalls bewirkt, dass die evangelischen Kirchen aus ihrem Schattendasein heraustreten konnten und trotz ihrer zahlenmäßigen Kleinheit ein gleichberechtigter, integrierter und akzeptierter Bestandteil Österreichs wurden.

Es darf jedoch nicht verschwiegen werden, dass es auch danach noch punktuell Rückschritte gab: 1883 wurden die Schulgesetze dahingehend novelliert (RGBl. 53/1883), dass Schuldirektoren ab nun die Berechtigung zum Religionsunterricht jenes Bekenntnisses zu erbringen hatten, dem die Mehrheit der Kinder in der Schule angehörte.

II.4 Liberale, Nationale und evangelische Kirche

War der Liberalismus wie ein Verbündeter für die Evangelischen Österreichs, so stellt sich umgekehrt die Frage, ob der Protestantismus auch für die Liberalen und ihre politischen Epigonen als verbündet betrachtet wurde. Unabhängig von inhaltlichen Fragen, denen noch nachzugehen sein wird, muss zunächst rein statistisch festgestellt werden, dass das protestantische Spektrum schon rein numerisch nicht in der Lage

---

Religionsgesellschaft angehören […]« (RGBl. 51/1870) oder VO »betreffend […] die Führung der Geburts-, Ehe- und Sterberegister für Personen, welche keiner gesetzlich anerkannten Kirche oder Religionsgesellschaft angehören« (RGBl. 128/1870).

55 Nach dem AnerkG wurde beispielsweise die Altkatholische Kirche 1877 anerkannt (AnerkVO AltkK, RGBl. 99/1877). Die Israelitische Religionsgesellschaft (GesIsRel, RGBl. 57/1890) oder die Islamische Religionsgesellschaft (IslamG, RGBl. 159/1912) wurden im Zuge der Anerkennungspolitik aufgrund eigener Gesetze zur anerkannten Religionsgesellschaft. Schon zuvor, 1864, wurde neben der Evangelischen Kirche die Griechisch-orientalische Kirche (RGBl. 91/1864) anerkannt.

56 Vgl. jedoch über die tatsächliche Lage der Protestanten nach 1875: Gottas, Geschichte des Protestantismus (wie Anm. 15) 558–560.

57 Vgl. u. v. a. Heinrich Drimmel, Freie Kirche im freien Staat, in: Speculum iuris et ecclesiarum. Festschrift für Willibald M. Plöchl, hg. von Hans Lentze (Wien 1967) 55–66.

gewesen wäre, zu einem Hauptträger des politischen Liberalismus in Österreich zu werden.[58] Das galt überdies auch für die intellektuellen Kreise. Trotz der starken Verankerung des Protestantismus in den Bildungsschichten wurden diese niemals von einer protestantischen Dynamik erfasst.[59]

Träger des liberalen Gedankens waren zunächst Adelige, ab der 1848er Revolution aber zunehmend, ab 1860 dominierend Bürgerliche, die so genannten Jungliberalen, die hauptsächlich der deutschen Nationalität angehörten und deshalb auch als Deutschliberale bezeichnet wurden. Es handelte sich bei ihnen in erster Linie um Beamte, dann um akademische Berufe und erst an dritter Stelle um das kaufmännisch-industrielle Bürgertum.[60] In Zusammenhang mit der neuen Begräbnisbestimmung für Protestanten 1856 wurde noch bemerkt (Eduard von Wertheimer), »daß ein großer Teil der strebsamen Industriellen und deren Arbeiter in und um Wien dem Protestantismus angehören«.[61]

Die Frage der Bildung weiter Bevölkerungsschichten war in Österreich nicht das Thema, das die politischen Parteien trennte:

> »Von allen Verfassungsversuchen unberührt blieb der wahrhaft demokratische Staatsgeist, der sich in der Zugänglichkeit aller Bildungsstätten und wirtschaftlichen Berufe, aller Offiziersränge und Amtsposten, in der gleichen Gelegenheit für alle offenbart. Auch der Besitzlose, der in der Zeit des alten Kurienparlaments kein Stimmrecht besaß, konnte studieren und Hofrat werden.«[62]

Ein nicht unwesentlicher Programmpunkt liberaler Weltanschauung war von Anfang an der Kampf gegen den Klerikalismus. »Den Staat strebten die Liberalen in ihrem Sinne umzuwandeln, vom kirchlich-religiösen Einfluss zu befreien und der Kirche überzuordnen.«[63]D. h. der liberale Grundgedanke äußerte sich in einer Trennung von Staat und Kirche, oder – wie man heute sagen würde – von Politik und Religion. Dabei wurde das Konkordat sogar von manchem Vertreter der eher konservativen Richtung negativ beurteilt. Franz Grillparzer schrieb unter dem Eindruck des Konkordatsabschlusses: »Der Katholizismus ist an allem schuld. Gebt uns eine zweihundertjährige Geschichte als protestantischer Staat und wir sind der mächtigste

58 Einen guten Einblick in das Leben des liberalen protestantischen Bürgertums bietet: Dietlind Pichler, Bürgertum und Protestantismus. Die Geschichte der Familie Ludwig in Wien und Oberösterreich (1860–1900) (Bürgertum in der Habsburgermonarchie 10, Wien–Köln–Weimar 2003).

59 So nennt bspw. Helmut Rumpler in seinem Beitrag »Die Intellektuellen in Cisleithanien« in der renommierten Gesamtdarstellung »Die Habsburgermonarchie 1848–1918« ein evangelisches Element überhaupt nicht.

60 Vgl. Franz, Liberalismus (wie Anm. 3) 425. Zwar in anderem Sinne, aber dennoch charakteristisch für das Selbstverständnis der staatsnahen Kreise der Habsburgermonarchie erklärt: Benedikt, Monarchie der Gegensätze (wie Anm. 42) 188 für die Beamtenschaft: »Was in England das Parlament, das war in Österreich die Verwaltung: das Rückgrat der Freiheit.«

61 Zit. nach: Gottas, Geschichte des Protestantismus (wie Anm. 15) 553.

62 Benedikt, Monarchie der Gegensätze (wie Anm. 42) 189.

63 Franz, Liberalismus (wie Anm. 3) 394.

und begabteste deutsche Volksstamm. Heute haben wir nur das Talent zur Musik und zum Konkordat.«[64]

Aber dieser Kampf gegen die josephinische römisch-katholische Kirche führte auch in der Frühzeit des Liberalismus nicht zu einer positiven Hinwendung zum Protestantismus; eher noch zum Deutsch-Katholizismus, wie bei Franz Schuselka.[65] Doch »erst das Revolutionsjahr machte die liberalen Kräfte in der Abwehr [des zunehmenden Einflusses der Kirche] [...] frei«.[66] Es ging nun um das Zurückdrängen jedes kirchlichen Einflusses. Im österreichischen Kontext war damit jedenfalls die römisch-katholische Kirche gemeint, was den Liberalismus hier zu einem natürlichen Verbündeten des Protestantismus machte. Man darf die liberale Position aber nicht verengt konfessionell betrachten. In Berlin stellte sich die Situation spiegelverkehrt dar: hier wandte sich die liberale Stimmung der Revolution gegen die evangelische Kirche und ihre politische Rolle, der Verbindung von Thron und Altar.[67] Es ging also nicht um religiöse, schon gar nicht um konfessionelle Fragen, sondern es ging um Staats- und Gesellschaftspolitik.

Dennoch: Die Deutschliberalen in Österreich traten von Beginn ihres politischen Wirkens in den 1860er Jahren gegen die klerikale Partei an, und die antiklerikalen, d. h. antikatholischen Positionen bestimmten ihre Politik nicht unmaßgeblich bis zum Ende der Liberalen Ära im Jahr 1879. Es war kein Zufall, dass gerade ein Gesetz, das die evangelische Kirche betraf, nämlich das Protestantenpatent des Jahres 1861, »der Auftakt der liberalen Ära [war], die erste ›liberale‹ Tat, mit der Schmerling die habsburgische Monarchie in die moderne Welt einführte«.[68]

Da das Bürgertum die hauptsächliche tragende Kraft des jungliberalen, antiklerikalen Gedankens war, sah sich dieses unversehens in der Kritik der katholisch-klerikalen Gruppen plötzlich an die Seite der Protestanten gestellt. Tatsächlich gab es nur in den wenigsten Fällen eine direkte Unterstützung der evangelischen Kirche oder eine positive Hinwendung politisch Liberaler zum protestantischen Gedankengut oder gar Bekenntnis. Ein Beispiel aus der frühen Phase der Liberalen Ära ist die Schaffung einer evangelischen Garnisonskirche in Wien. Auf Initiative des damaligen Kriegsministers August Graf Degenfeld-Schonburg – er war selber Protestant – wurde noch vor Erlass des Protestantenpatentes dieses gewissermaßen bereits umgesetzt.[69]

Aber der Schulterschluss zwischen Liberalismus und evangelischer Kirche war ein taktischer, ohne eine tiefe inhaltliche Unterfütterung. Nur wenige der Liberalen

---

64 Zit. nach: Ebenda 420.

65 Vgl. Karl-Reinhart TRAUNER, Die Los-von-Rom-Bewegung. Gesellschaftspolitische und kirchliche Strömung in der ausgehenden Habsburgermonarchie (Szentendre ^{2}2006) 42–49. Zu Franz Schuselka vgl. ebenda 99–101.

66 FRANZ, Liberalismus (wie Anm. 3) 411.

67 Vgl. u. a. *Kladderadatsch* [alle Nummern des Jahres 1848] (Die bibliophilen Taschenbücher 3, Dortmund ^{4}1982) 26.

68 FRANZ, Liberalismus (wie Anm. 3) 411.

69 Vgl. Karl-Reinhart TRAUNER, Die Garnisonskirche in Wien. Ein vergessenes evangelisches Gotteshaus. *JGPrÖ* 121 (2005) 373–396.

wandten sich der evangelischen Kirche zu. Einer davon war der Kunsthistoriker und politische Schriftsteller Anton Springer.[70] Er wurde 1825 in Prag geboren, 1852 wurde er Professor für Kunstgeschichte in Bonn. In seiner Autobiographie bekennt er auf der ersten Seite:

> »Als Österreicher bin ich geboren, als guter Deutscher beschließe ich mein Leben; als Katholik bin ich getauft, als ehrlicher Protestant, wenn auch nicht als rechtgläubiger evangelischer Christ, sterbe ich; eine slawische Mundart war meine Muttersprache, in der Geschichte der deutschen Wissenschaft hoffe ich ein kleines Plätzchen mir erobert zu haben. Ein dreifacher Renegat also, der Religion, Sprache und Nationalität gewechselt und verraten hat, werden meine Feinde sagen.«[71]

Liberale Ungebundenheit spricht aus Springers Worten genauso wie die gebrochene Beziehung zum Protestantismus, für den er sich entschieden hatte und dem er bis zum Tod treu geblieben ist.

Ein in der österreichischen Kulturgeschichte bekannterer Name ist der Franz Schuselkas.[72] Der Publizist gehörte zunächst den radikalen Demokraten an, wandte sich aber dann von dieser Richtung ab und orientierte sich zunehmend an konservativeren Ideen. Seine religiöse Anschauung ist zunächst typisch liberal. Ursprünglich römisch-katholisch, trat er 1845 der deutsch-katholischen Kirche bei, weshalb er Österreich verlassen musste. Während der Revolution kehrte er nach Wien zurück und wurde ins Frankfurter Parlament gewählt, wo er aber bald wieder austrat und in den österreichischen Reichstag wechselte. Nach der Revolution, 1849, trat er in die lutherische Kirche ein. Im Jahr 1861 wurde er in den Niederösterreichischen Landtag gewählt und gab eine Schmerling-kritische Zeitschrift heraus; hierin bildet sich seine politische Wandlung bereits ab, die im Jahr 1879 auch zu seiner Rekonversion zur römisch-katholischen Kirche führte.

> »Parallel zu seinem konfessionellen Wandel verlief sein politisch-weltanschaulicher Werdegang. Als Protestant stand er unter dem Einfluß des ›Jungen Deutschland‹, als Deutsch-Katholik war er demokratisch, als reuiger Sohn der römisch-katholischen Kirche neigte er im Alter zur föderalistisch-klerikalen Richtung.«[73]

Offenbar war zwar die Entwicklung einer evangelischen Kirche durchaus im Interesse der Liberalen, aber nur als Zeichen des Zurückdrängens eines katholischen Klerikalismus. Als Möglichkeit eines persönlichen Bekenntnisses war die evangelische Kirche, trotz ihrer liberalen Tendenzen, offenbar nicht ansprechend. Pointiert ausgedrückt: Eine Zeit lang war der bürgerliche und intellektuelle Protestantismus liberal, aber der Liberalismus war nie protestantisch.

Es mag darin auch der Grund zu finden sein, warum sich die evangelische Kirche nicht mit ihrem Wunsch um Inkorporierung der Evangelisch-Protestantischen Lehranstalt in den Gesamtverband der Alma Mater Rudolfina durchsetzen konnte.

---

70 Vgl. Paul Clemen, Art. Springer, Anton. *ADB* 35 (1893) 315–317.

71 Anton Springer, Aus meinem Leben (Berlin 1892) 1.

72 Vgl. Lothar Höbelt, Art. Schuselka, Franz. *NDB* 23 (2007) 767 f.

73 Franz, Liberalismus (wie Anm. 3) 392 f.

Abgesehen davon, dass trotz der Revolution das Lehrpersonal der Universität tendenziell konservativ war, wäre hiermit auch das liberale Prinzip der Trennung von Staat und Kirche aktiv durchbrochen worden; entscheidend war jedoch der ins Treffen geführte katholische Stiftungscharakter der Universität Wien. 1848 sah es so aus, als ob dieser langgehegte Wunsch Wirklichkeit werden sollten, doch zerschlug sich diese Hoffnung bald und wurde erst 1922 in die Tat umgesetzt, als es kein Kaiserreich Österreich mehr gab.

In manchen Bereichen gab es dennoch eine auffällige Konvergenz. Die Jungliberalen stützten ihre gesellschaftliche zuerst auf ihre wirtschaftliche Kraft, wie sie im Wien der Gründerzeit sichtbar zum Ausdruck kam. Auch diese wirtschaftliche Orientierung hatte ihre Nahebeziehung zum Protestantismus; man denke nur an Max Webers berühmte These vom protestantischen Geist des Kapitalismus in seiner Untersuchung »Die protestantische Ethik und der Geist des Kapitalismus« aus dem Jahr 1905.

> »Der wirtschaftliche Aufschwung des Vormärz, der, durch die Revolution unterbrochen, in der Ära Bach im gesteigerten Maße vor sich ging und in den folgenden Jahrzehnten andauerte, hat einen eigenen Baustil, den Ringstraßenstil, geschaffen, den Stil der Stillosigkeit, der den Bauten Mittel- und Osteuropas sein Gepräge verlieh, den Stil des Liberalismus mit seinem Lebens- und Wirtschaftsoptimismus, zugleich Ausdruck der Zerrissenheit des durch kein einheitliches Lebensgesetz mehr gebundenes Zeitalter.«[74]

Es ist jedenfalls auffällig, dass von den sieben bedeutenden Ringstraßenarchitekten fünf evangelisch waren, nämlich Theophil (von) Hansen, Carl (von) Hasenauer, Friedrich (von) Schmidt – er konvertierte allerdings 1857 zum Katholizismus –, Gottfried Semper und August Sicard von Sicardsburg;[75] wobei von den fünf Evangelischen immerhin drei (Hasenauer, Semper, von Sicardsburg) reformiert waren. Überdies ist auffällig, dass neben der Votivkirche, die streng genommen nicht zum Ringstraßenprogramm zu zählen ist, sich tatsächlich nur ein Gebäude mit kirchlichem Bezug im Ringstraßenprogramm findet, und zwar die »protestantische Schule«, heute die Evangelische Schule am Karlsplatz. Es wäre sicherlich verfehlt, zu glauben, dass die Architekten ihrer Konfession wegen ausgewählt wurden; nicht deswegen, sondern weil das politische Klima die intellektuelle Avantgarde begünstigte, die in Österreich, das die Biedermeierzeit gerade hinter sich gebracht hatte, kaum zu finden war, jedoch in den mehrheitlich evangelischen Staaten v.a. Deutschlands schon zu Blühen

---

74 Benedikt, Monarchie der Gegensätze (wie Anm. 42) 166. Vgl. zum Selbstverständnis des Ringstraßenstils, auch wenn hier der evangelische Aspekt übersehen wird: Wolfgang Mantl, Modernisierung und Dekadenz, in: Die Wiener Jahrhundertwende. Einflüsse, Umwelt, Wirkungen, hg. von Jürgen Nautz/Richard Vahrenkamp (Studien zur Politik und Verantwortung 46, Wien–Köln–Graz ^{2}1996) 80–100; außerdem: Elisabeth Lichtenberger, Wirtschaftsfunktion und Sozialstruktur der Wiener Ringstraße (Die Wiener Ringstraße. Bild einer Epoche 6, Wien–Köln–Graz 1970).

75 Zum Katholizismus bekannten sich Heinrich Ferstel und Eduard van der Nüll bzw. ab 1857 auch Friedrich Schmidt.

begonnen hatte.[76] Wobei es sein mag, dass religionssoziologisch hierbei ein gewisser, dem Protestantismus immer wieder zugeschriebener Fortschritts- und kultureller Gestaltungswille zum Ausdruck kommt,[77] wie ihn auch schon die Bezeichnung für die Auseinandersetzungen zwischen Deutschem Reich und katholischer Kirche – Kultur(!)kampf – suggerierte. Das liberale gesellschaftliche Klima bevorzugte also die intellektuelle Avantgarde, die dem neuen, liberalen Österreich künstlerisch und intellektuell nahe stand.[78]

Ähnliches wie von der Ringstraßenarchitektur kann auch von der Wissenschaft gesagt werden. In der zweiten Hälfte des 19. Jahrhunderts, als in Wien der evangelische Bevölkerungsanteil bei rund zwei Prozent lag, waren rund ein Drittel der Wiener Universitätsprofessoren evangelischer Konfession; viele von ihnen stammten aus dem Gebiet des Deutschen Bundes bzw. Deutschen Reiches, in denen die Wissenschaften damals eine weltweit anerkannte Hochblüte erlebten.[79] Ihre Lehrtätigkeit in Wien – und an anderen Universitäten – bewirkte mit, dass auch Österreich-Ungarn einen festen Bestandteil im globalen, rasch fortschreitenden Forschungsbetrieb erlangte. Im Arkadenhof des neu geschaffenen Universitätsgebäudes am Ring, gewissermaßen der Ruhmeshalle österreichischer Wissenschaft, sind vielen dieser Wissenschaftler Denkmäler gesetzt.[80] Aber auch in anderen Bereichen, in denen man dies, wie bspw. beim Militär, gar nicht erwarten würde, ist eine starke Repräsentanz von Protestanten feststellbar.

Es wurde bereits festgestellt, dass die evangelische Kirche, trotz ihrer liberalen Tendenzen, als Möglichkeit eines persönlichen Bekenntnisses für Liberale offenbar nicht ansprechend war. Betrachtet man das Übertrittsmotiv von Anton Springer, so kommt damit jedoch eine andere Linie in den Blickpunkt: der mit dem Liberalismus verwandte Nationalismus, der in einem gewissen Maße politisch zu seinem Epigonen wurde.[81] Die Konversion Springers Mitte der 1850er Jahre in Bonn war national

---

76 Vgl. zur Entwicklung der Bildungsschicht: William M. JOHNSTON, The Austrian Mind. An Intellectual and Social History 1848–1938 (Berkley 1972).

77 Vgl. u. a. Gerhard BESIER (Hg.), Religion–Nation–Kultur. Die Geschichte der christlichen Kirchen in den gesellschaftlichen Umbrüchen des 19. Jahrhunderts (Neukirchen-Vluyn 1992).

78 Vgl. dazu u. a. Karl-Reinhart TRAUNER/Bernd ZIMMERMANN, Ars Protestantica. Gebaute evangelische Identität in Wien, in: Dem Wahren Schönen Guten. Protestantismus und Kultur, hg. von Karl-Reinhart TRAUNER/Alexander GEMEINHARDT (Wien 2007) 21–76, hier 35–48.

79 Vgl. Gerhard MAY, Unsere Kirche im Wandel der Gegenwart, in: Die evangelische Kirche in Österreich, hg. von DERS. (Göttingen 1962) 2–40, hier 14; v. a. aber Grete MECENSEFFY, Evangelische Lehrer an der Universität Wien (Graz–Wien–Köln 1967).

80 Vgl. Karl W. SCHWARZ, »Alsdann fahr' ma, Euer Gnaden!« Eine Fiakerfahrt durch das »evangelische« Wien, in: Der Himmel ist ein Stück von Wien. Eine Festschrift für Peter Karner, hg. von Michael BÜNKER/Evelyn MARTIN, (Innsbruck–Wien 2004) 76–94, hier 78–80.

81 »Das Freiheitsideal des Liberalismus hatte sich von Anfang an mit der politischen Religion des Nationalismus verschwistert […].« [HANISCH/URBANITSCH, Prägung der politischen Öffentlichkeit (wie Anm. 2) 29]. Vgl. zu den Überlappungen zwischen Liberalismus und Nationalismus am Ende der Habsburgermonarchie: Lothar HÖBELT, Kornblume und Kaiseradler. Die deutschfreiheitlichen Parteien Altösterreichs 1882–1918 (Wien–München 1993) 349–359 sowie allgemeiner: Hans-Ulrich WEHLER, Die Gegenwart als Geschichte (München 1995) 127–189.

bzw. kulturpolitisch oder, wenn man so will, kulturprotestantisch, motiviert. »Das ist freilich bemerkenswert für den Liberalen, daß ein Politikum, in diesem Fall das Nationalitätsprinzip, die Einstellung auch zum Religiösen bestimmt [...].«[82]

Auch wenn natürlich der Nationalismus nicht in der direkten Nachfolge des Liberalismus stand, so trat er gewissermaßen sein politisches Erbe an;[83] noch dazu, da viele der Nationalen als Liberale und Sozialdemokraten – einer besonderen Form des Liberalismus – begonnen hatten. Solche Überlegungen führen direkt zur Los von Rom-Bewegung. Denn anders als beim Liberalismus war für nationale Politiker offenbar die evangelische Kirche sehr wohl von Interesse. Wichtige Protagonisten der Nationalen traten in die evangelische Kirche ein: 1871 Julius Krickl (d. Ä.), 1885 Aurelius Polzer oder 1895 der spätere Agitator der steirischen Los von Rom-Bewegung, Karl Fraiß.[84] 1898 wurde die Los von Rom-Bewegung, nachdem sie Ende 1897 in Wien initiiert worden war, zu einem Schlüsselprogrammpunkt der Alldeutschen um Georg (von) Schönerer. Trotz des in alldeutschen Kreisen häufig anzutreffenden Neuheidentums gehörte zum programmatischen »Los von Rom!«, zunächst rein antiklerikal gemeint,[85] auch die Hinwendung zur lutherischen Konfession. Im Jänner 1900 trat Schönerer selber aus der römisch-katholischen Kirche aus und in die evangelische ein.

Die inneren, auf dem liberalen Erbe fußenden Beziehungen zwischen Nationalisten und Sozialisten werden im Auftreten gegen den katholischen Klerikalismus deutlich. Der österreichische Parteiführer der Sozialdemokratie, Viktor Adler, hatte den sozialpolitischen Teil des Linzer Programms der Deutschnationalen von 1882 verfasst, Engelbert Pernerstorfer, der spätere Gründer der Arbeiterzeitung, hatte ebenfalls am Linzer Programm mitgearbeitet und 1883 ein allerdings nie realisiertes Konzept zur Umbildung der Deutschnationalen in eine Massenbewegung vorgelegt.[86] Auch wenn man die antiklerikale Maßnahme, los von Rom zu gehen, durchaus teilte, ging man jedoch seitens der Sozialdemokratie nie so weit wie Schönerer, dem einen Beitritt zur evangelischen Kirche hinzuzusetzen.[87]Adler konnte sich mit seiner liberalen Anschauung, dass Religion Privatsache sei, in der Partei durchsetzen. »Damit ist auch die zurückhaltende Stellungnahme der Partei zur Los-von-Rom-Bewegung zu erklären.«[88] Dennoch trat Viktor Adler der evangelischen Kirche bei, wenn-

82 Franz, Liberalismus (wie Anm. 3) 392.

83 Vgl. Hanisch/Urbanitsch, Prägung der politischen Öffentlichkeit (wie Anm. 2) 35 f.

84 Vgl. Trauner, Los-von-Rom-Bewegung (wie Anm. 65) 232–235.

85 Die Los von Rom-Propaganda war genuin akirchlich, vielleicht sogar antikirchlich. »In erster Linie« ging es um den Austritt aus der römisch-katholischen Kirche: »Los von jenem Rom, das deutschtumsfeindlich ist. Im übrigen mag jeder glauben, was er will, und nach seiner Einbildung selig werden. [...] Glauben Sie, was Sie wollen, nur seien Sie kein Römling«. [Carl Iro in: *Unverfälschte Deutsche Worte* 22/15. Jahrgang (1897) 242].

86 Vgl. Wolfgang Maderthaner, in: Die ersten 100 Jahre. Österreichische Sozialdemokratie 1888–1988, hg. von Helene Maimann (Ausstellungskatalog, Wien–München 1988) 70.

87 Vgl. Art. Ein sozialdemokratisches ›Los von der Kirche!‹ *Ostdeutsche Rundschau*/18. Mai 1899.

88 Franz Sertl, Die Freidenkerbewegung in Österreich im zwanzigsten Jahrhundert (DUW 5, Wien 1995) 75.

gleich auch nicht unbedingt aus betont religiösen Gründen.[89] Andere Abgeordnete folgten.[90]

Schönerer und die Alldeutschen hatten zwar (häufig) eine positive Affinität zur evangelischen Kirche, hatten diese aber auch politisch instrumentalisiert. Mit der Los von Rom-Bewegung war die evangelische Kirche endgültig in den Strudel der Parteipolitik geraten.

Bis zum Ende der Monarchie waren in Cisleithanien rund 70.000 Übertritte zur Evangelischen Kirche zu verzeichnen[91] – durchaus beachtlich, auch wenn sie keineswegs den hoffnungsfrohen Erwartungen entsprachen. Andererseits ist die Kehrseite nicht zu übersehen: »1908 erfolgten bereits 1.100 Rücktritte zur katholischen Kirche. Der Protestantismus besaß damals auch nicht die religiöse Kraft, um Massen anzuziehen.«[92] Man hat sich zu fragen, ob die evangelische Kirche überhaupt die religiöse Kraft hat haben können, aus nationalen Gründen Übergetretene endgültig zu binden, oder ob nicht vielmehr die Konvertiten der Kirche Erwartungshaltungen entgegengebrachten, die die evangelische Kirche entweder nicht erfüllen konnte oder auch nicht wollte.

III. Die innere Entwicklung des Protestantismus im Habsburgerreich

Mit den letzten Bemerkungen über die Los von Rom-Bewegung wurde eine Frage angesprochen, die den letzten Teil des Aufsatzes leiten soll: Wie gestaltete sich die innere Entwicklung der evangelische Kirche unter den skizzierten gesellschaftspolitischen Rahmenbedingungen, und wie reagierte sie auf diese, im Speziellen auf das liberale Gedankengut. Gilt die fatale Bemerkung Franz Grillparzers aus dem Jahr 1849 – wenn sie überhaupt gelten sollte – auch für die evangelische Kirche: »Der Weg der neuern Bildung geht von Humanität durch Nationalität zur Bestialität.«?[93]

---

89 Vgl. Lothar Albertin, Nationalismus und Protestantismus in der Österreichischen Los-von-Rom-Bewegung um 1900 (Diss. phil. Manuskr., Köln 1953) 161/Anm. 1; Lucian O. Meysels, Victor Adler. Die Biographie (Wien–München 1997) 49 f.; in der alldeutschen Zeitschrift *Wartburg* 26/1908, 260 wird Adler – fälschlicherweise – gar als »Altprotestant« bezeichnet.

90 Vgl. *Wartburg* 26/1908, 260.

91 Vgl. das zeitgenössische Dokument von: Fritz von der Heydt, Gute Wehr. Werden, Wirken und Wollen des Evangelischen Bundes. Zu seinem 50jährigen Bestehen (Berlin 1936) 101; Rudolf Leeb, Der österreichische Protestantismus und die Los-von-Rom-Bewegung, in: Protestantische Mentalitäten, hg. von Johannes Dantine/Klaus Thien/Michael Weinzierl (Wien 1999) 195–230, hier 202–204 hat für das Gebiet des heutigen Österreich die Zahl von rund 29.000 Übertritten im Zuge der Los von Rom-Bewegung errechnet.

92 Heinrich Schnee, Georg Ritter von Schönerer. Ein Kämpfer für Alldeutschland (Reichenberg, [Liberec] ^{3}1943) 74.

93 Franz Grillparzer, Sämtliche Werke. Ausgewählte Briefe, Gespräche, Berichte, hg. von Peter Frank/Karl Pörnbacher (2 Bde., München 1960) I, 500.

Der Ausgangspunkt ist das Jahr 1848, denn von nun an begann die evangelische Kirche, zu einem gesellschaftlichen Faktor zu werden. Eine zeitgenössische, knapp nach der Niederschlagung der Revolution erschienene evangelische Schrift von Friedrich Daniel Schimko führt aus:

> »Die neuen Verhältnisse, in welche Österreich seit einem Jahre eingetreten ist, müssen auch auf das kirchlich-religiöse Leben der Bewohner dieses großen Staates den wichtigsten Einfluß ausüben. Die in der Verfassungsurkunde vom 4. März dieses Jahres [scl. 1849] ausgesprochene Gleichberechtigung aller Confessionen und die darin gewährleistete Autonomie der Kirchen gehört zu den erfreulichsten Ereignissen für jeden denkenden Menschen [...], die Kirchen aber müssen sich neu zu gestalten suchen.«[94]

III.1 Kirchliche Erneuerung unter liberalen Vorzeichen

Im Zuge der Revolution bemühte man sich kirchenintern auf der Basis der neuen Rechtslage um eine Neuorganisation der Evangelischen Kirchen. Der staatliche Konstitutionalismus sollte in der Schaffung einer neuen Kirchenordnung seine Entsprechung finden. Die zugrunde liegenden Ideen dieser neuen Kirchenverfassung waren das Näherrücken der beiden evangelischen Konfessionen[95] sowie die Verankerung eines presbyterial-synodalen Prinzips; also eines liberalen, demokratisch-strukturierten Systems bei der Entscheidungsfindung innerhalb der Kirche, das der reformatorischen Erkenntnis des allgemeinen Priestertums Rechnung trägt. Diese Tendenzen entsprachen durchaus auch den Ideen der Revolution.

Ein Meilenstein in dieser Entwicklung für die Evangelische Kirche war die Wiener Augustkonferenz 1848; sie wurde zu einem »Kristallisationsherd kirchlicher Reformbemühungen«.[96] Einer der Initiatoren dieser Konferenz, die unter Umgehung der Organe des Kirchenregiments ein synodales Prinzip vorzeichnet, war Pfarrer A.B. Gustav Steinacker aus Triest (Trieste).[97] Der staatsrechtliche Rahmen für solch eine Konferenz war nicht zuletzt auch die Pillersdorf'sche Verfassung, die volle Glaubens- und Gewissensfreiheit vorsah.

Ziel der Augustkonferenz waren – in den Worten ihres Protokollführers Gustav Steinacker – die »möglichst schleunige und allseitige Sicherstellung der, durch den Umschwung der Zeit unhaltbar oder schwankend gewordenen äußeren Rechtsver-

---

94 Friedrich Daniel Schimko, Das kirchlich-religiöse Leben im constitutionellen Staate mit besonderer Rücksicht auf die österreichische Monarchie (Wien 1850) [III f.].

95 Die »Scheidewand« sollte weggeräumt werden, die die »Schwesterkirchen« getrennt hatte, wie ein zeitgenössisches Werk das ausdrückte [Schimko, Kirchlich-religiöses Leben (wie Anm. 94) [I]]. Vgl. Karl W. Schwarz, Eine »protestantische Gesamtkirche Österreichs ... ist rathsam« – Ján Kollár als kirchenpolitischer Vordenker (1849), in: Ján Kollár a slovanská vzájomnosť. Genéza nacionalizmu v strednej Európe, hg. von Tatiana Ivantyšynová (Preßburg [Bratislava] 2006) 131–149.

96 Karl W. Schwarz, Kirchenreform zwischen Staatsaufsicht und Grundrechtsfreiheit. Die evangelische Toleranzkirche 1848/49 im Spannungsfeld von Kirchenfreiheitspostulaten, Patronatspflichten und Dotationswünschen (Diss. theol. ev. Manuskr., Wien 1983) 48.

97 Ebenda 48–90, 134–198.

hältnisse unserer evang[elischen] Kirche« sowie »Meinungsaustausch und vorläufige Anbahnung in Betreff der zeitgemäßen inneren Reform der Kirche«.[98]

Trotz der Beschlüsse der Augustkonferenz nahm die Entwicklung schließlich eine andere Richtung: Die Überlegungen des lutherischen Konsistoriums gingen bewusst an der Augustkonferenz vorüber, »indem sie gerade nicht den Grundsatz der inneren kirchlichen Autonomie zum Angelpunkt der Kirchenverfassung erklärten, sondern in der gegenseitigen Unterstützung von Staat und Kirche die für die Kirchenverfassungsfrage geeignete Basis erblickten«.[99] Es dauerte immerhin bis 1861, dass eine, überdies nur provisorische, Kirchenverfassung in Zusammenhang mit dem Protestantenpatent erlassen wurde.

Die unionistischen Tendenzen, die 1848 laut wurden, sind, wie das presbyterial-synodale Prinzip, typisch liberale Forderungen. Ab der Mitte des 19. Jahrhunderts war in der deutschen Theologie die Jenaer Schule beherrschend; sie war theologiegeschichtlich Vorreiter beim Durchbruch der historisch-kritischen Methode, lehnte überdies den Konfessionalismus ab und hatte eine religionsphilosophische Ausrichtung. Die eigentliche Jenaer Schule bildete sich unter dem Einfluss des Kirchenhistorikers Karl August (von) Hase, seit 1829 in Jena, jedoch erst im Gegensatz zum strengen Rationalismus, wie ihn dann die Tübinger Theologie vertreten sollte. Mit dieser relativierenden Position zum Rationalismus setzte sie sich in gewissem Sinne vom politischen Liberalismus ab.

Ab den 1850er Jahren standen auch (nahezu) alle neu berufenen Professoren der Wiener Evangelisch-Theologischen Fakultät in enger Beziehung zur Salana Jenensis. Mit ihnen begann im eigentlichen Sinne erst ein »wissenschaftlicher Betrieb an der Fakultät«, wie der Kirchenhistoriker Karl Völker in den 1930er Jahren ausführte.[100] Die liberale Jenaer Richtung prägte die Theologenausbildung der nächsten dreißig Jahre. Von dieser zweiten Professorengeneration der Fakultät ist Richard Adelbert Lipsius, Ordinarius für Dogmatik A.B., zweifelsfrei der bedeutendste; er ist »zu den im eigentlichen Sinne liberalen Koryphäen der Wiener theologischen Fakultät [...] zu rechnen«.[101] Dass diese Orientierung an der Jenaer Theologie auch an obrigkeitlicher Stelle missfiel, wurde bei der Berufung auf die Lehrkanzel für Dogmatik A.B. des letzten der zweiten Professorengeneration, Gustav Frank, 1867 deutlich; diese erfolgte, »trotzdem der feudal-klerikale ›Sistierungsgraf‹ Minister Belcredi einer Abordnung oberösterreichischer Geistlicher das Versprechen gegeben, keinen Jenenser und keinen ›Negativen‹ zu ernennen«.[102]

Mit der Berufung Franks waren für die nächsten 17 Jahre alle Lehrstühle besetzt.

98 *Bericht über die vom 3. bis 11. August 1848 zu Wien abgehaltene Conferenz* in Angelegenheiten der evangelischen Kirche Österreichs (Wien 1848) 6.

99 SCHWARZ, Kirchenreform (wie Anm. 96) 112.

100 Karl VÖLKER, Art. Wien: II. Universität. *RGG*[2] V, 1919–1924, hier 1924.

101 Gotthold MÜLLER, Theologischer Liberalismus und österreichischer Protestantismus im 19. Jahrhundert. *ThZ* 20 (1964) 172–191, hier 179.

102 Georg LOESCHE, Dr. theol. Gustav W. Frank. Ein Gedenkblatt (Sonderdruck aus dem 4. Bd. von: Gustav FRANK, Geschichte der protestantischen Theologie, Leipzig 1905) 9 f.

Vertreter der Jenaer Schule beherrschten im großen und ganzen den Lehrbetrieb, auch wenn die Professoren keinesfalls theologisch uniforme Standpunkte vertraten. Der slowakische Theologe Joseph Miroslav Hurban charakterisierte die Fakultät im Jahre 1863 als »seit jeher stark unionistisch und furchtbar rationalistisch«. Die einzige Ausnahme sei Karl Kuzmány gewesen, der die Fahne des lutherischen Bekenntnisses hochgehalten habe, der deshalb aber »ein Dorn in den Augen der Kollegen« gewesen sei. Die Sonderrolle Kuzmánys hängt mit seinem Lehrstuhl der Praktischen Theologie zusammen: Auf Grund dessen, dass in Wien die einzige Fakultät Österreichs außerhalb Ungarns war, musste der Inhaber des Praktisch-theologischen Lehrstuhles tunlichst auch eine slawische Sprache beherrschen.[103] Kuzmánys Nachfolger, Johann Michael Szeberinyi, habe diesen theologischen Ansatz konsequent weiterverfolgt. Gegen den ausdrücklichen Widerstand der Wiener Professoren sei er definitiv ernannt worden: »Vor den Wiener Liberalen denuncirte man ihn als einen bald zum Pietismus, bald zum Katholicismus hinneigenden, bald als unwissenschaftlichen Mann«.[104] Zuvor, 1864, hatte man schon Eduard Böhl auf den Lehrstuhl für Dogmatik H.B. berufen, ohne dass dieser jedoch in der Lage gewesen wäre, die theologische Richtung der Fakultät, die lutherisch geprägt war, nachhaltig zu verändern.

Mit Szeberinyi zog das Neuluthertum an der Wiener Fakultät ein; und damit die Distanz zu liberalen Ideen. Seine Berufung fällt aber auch in die Zeit der massiver werdenden nationalen Spannungen an der Fakultät.[105] Erst mit der 1884 erfolgten Berufung Wilhelm Lotz als Professor für alttestamentliche Exegese setzte vollends die dritte Professorengeneration ein. Mit ihr beherrschte nicht mehr die liberale Jenaer Theologie den Lehrbetrieb, sondern die konfessionelle Erlanger Theologie. Sie stand für die Ablehnung des Rationalismus und der neuen kritischen Theologie, wie sie von der Tübinger Schule vertreten wurde; denn die Erlanger Schule »wollte in den Spuren der Erweckungsfrömmigkeit, doch zugleich im Einklang mit der mo-

---

103 Vgl. Karl W. Schwarz, Von Kollár bis Kvačala. Die Wiener Evangelisch-theologische Lehranstalt/Fakultät und ihre Beziehung zur Slowakei. *Der Donauraum* 3+4/1995 (Sonderheft Slowakei) 90–104; Über die spezielle Bedeutung Österreichs und der Wiener Fakultät für den Südosten: Ders., »Eine Fakultät für den Südosten«. Die Evangelisch-theologische Fakultät in Wien und der »außerdeutsche Protestantismus«. *SODA* 36+37 (1993/94) 84–120.

104 Zit. nach: Karl W. Schwarz, Johann Michael Szeberinyi – ein Absolvent des Kollegiums als Theologieprofessor in Wien (Acta Collegii Evangelici Presoviensis I, Presov 1997) 197–214, hier 204; vgl. auch: Ders., Ein Sieg des »Neuluthertums«: Die Berufung des Theologieprofessors Johann Michael Szeberiny. *WrJTh* 7 (2008) 197–208.

105 Vgl. Karl W. Schwarz, »Ein Glück für die Lehranstalt, dass sie von diesen Slawenaposteln verschont blieb.« Nationalismus und nationalistische Motive im Spiegel der Wiener Evangelisch-theologischen Fakultät, in: Cirkvi a národné vedomie obyvateľstva strednej Európy, hg. von Peter Švorc/Ľubica Harbuľová/Ders. (Eperies [Prešov] 2008) 59–73; als Überblick über die nationale Frage an der Fakultät im 19. Jahrhundert: Karl-Reinhart Trauner, Die eine Fakultät und die vielen Völker. Die Evangelisch-Theologische Fakultät zu Wien im nationalen Spannungsfeld der Habsburgermonarchie, in: Zeitenwechsel und Beständigkeit. Beiträge zur Geschichte der Evangelisch-Theologischen Fakultät in Wien 1821–1996, hg. von Karl W. Schwarz/Falk Wagner (Schriftenreihe des Universitätsarchivs/Universität Wien 10, Wien 1997) 71–98.

dernen Geschichtswiss[enschaft] ungezwungen die traditionelle Lehre zur Geltung bringen«.[106] Die Erlanger Theologie prägte bis zum Ende der Monarchie, sieht man vom Kirchenhistoriker Georg Loesche ab, den Pfarrernachwuchs.

Diese theologische Umorientierung bei den Berufungen ist auch im staatspolitischen Kontext zu sehen: Im Jahre 1864 – ein Jahr nach der Entscheidung für Szeberinyi – schrieb Aloys Graf Károlyi, der österreichische Gesandte in Berlin, um die notwendige Promotion Szeberinyis voranzutreiben:

> »Im Hinblick auf die unionistischen Bestrebungen in der österreichischen protestantischen Kirche als auch auf die immer mehr sich kundgebende Tendenz unter dem Vorwande der Autonomie, die Trennung von Kirche und Staate zu bewerkstelligen, liegt es im Interesse der kaiserlichen Regierung auf der einzigen evangelisch-theologischen Fakultät Österreichs das Element der Bekenntnisrichtung und dem Staate ergebener Gesinnung zu befestigen. Von diesem Streben geleitet, wurden in jüngster Zeit der Wiener Garnisonprediger und Konsistorialrath J. M. Szeberinyi und der Privatdozent in Basel Eduard Böhl zu Professoren der Theologie ernannt.«[107]

Diese Begründung ist von großer staatskirchenpolitischer Bedeutung, und sie stellt die Berufung der beiden neuorthodoxen Theologen gleichsam als Gegengewicht gegen die Jenaer liberale Theologie dar.

Die Bemerkung bei der Berufung Franks 1867, dass Minister Richard Graf Belcredi einer Abordnung oberösterreichischer Geistlicher das Versprechen gegeben habe, keinen Jenenser und keinen »Negativen« zu ernennen, weist auf einen anderen wichtigen Sachverhalt hin: auf die unterschiedlichen Strömungen innerhalb der evangelischen Kirche. Grob gesprochen, hatten die liberalen Ideen zwar bereits während des Biedermeiers in der evangelischen Kirche zu wirken begonnen, allerdings beschränkte sich dieses Wirken auf die intellektuellen Kreise v.a. in den Städten. Damit entstanden unterschiedliche Strömungen innerhalb der Altprotestanten, wie seit der Los von Rom-Bewegung jene genannt wurden, die nicht erst zum Protestantismus konvertiert waren. In den ländlichen Toleranzgemeinden blieb ein konservativer, konfessionell-dogmatisch orientierter Protestantismus bestehen, während in den Stadtgemeinden und den bürgerlich-intellektuellen Kreisen des 19. Jahrhunderts der Liberalismus zu einer neuen Frömmigkeitsform führte: dem Kulturprotestantismus.

Traditionell versteht man darunter jene Richtung, »die zwischen reformatorischer Tradition und moderner, in der Aufklärung entstandener Kultur zu vermitteln« sucht. Er wurde vom wirtschaftlich erfolgreichen, liberalen und zunehmend auch nationalen Bürgertum getragen. »Die politische Mehrdeutigkeit der kulturprotestantischen ›Modernisierung des Christentums‹ tritt besonders prägnant in der Gleichsetzung von ›Modernisierung‹ und ›Germanisierung‹ zutage.«[108] Vertreter dieser Richtung passten sehr gut zu jenen Pfarrern, die in der Zeit der zweiten Professorengenerati-

---

106 Dietz Lange/Christian Seysen/Frederic Henry Shophewer, Art. Theologiegeschichte des 19./20. Jh.s. 1. Protestantische Theologie. *EKL*³ IV (1996) 775–823, hier 783 f.

107 Zit. nach: Schwarz, Szeberinyi (wie Anm. 104) 206 f.

108 Friedrich Wilhlem Graf, Art. Kulturprotestantismus. *TRE* XX (1990) 230–243, hier 231 und 236.

on, also rund zwischen 1850 und 1885, ausgebildet worden waren. Mit den Pfarrern, die danach in Erlanger Richtung erzogen wurden, fanden sich kaum Berührungspunkte. Möglicherweise war auch das dafür verantwortlich, dass sich das bürgerliche Lager innerhalb der Kirche gewissermaßen verselbstständigte, was zu einer immer größeren Kluft zwischen Kirchenleitung und evangelischer Basis führte. Unter dem Einfluss nationaler Ideen wurde dies dann im Zuge der Los von Rom-Bewegung überdeutlich.

III.2 Konversionen

Normalerweise denkt man beim Stichwort »Konversionen« an jene, die vom Katholizismus zum Protestantismus wechselten; einige wenige Namen wurden auch schon genannt, wie der Anton Springers. Aber »als Konvertit vom Katholizismus zum Protestantismus ist er […] eine Ausnahme; […] die Zahl der Konvertiten vom protestantischen zum katholischen Bekenntnis waren vor 1867 weitaus größer als umgekehrt.«[109]

Auch das hing mit dem Liberalismus zusammen. Die Konnotation zwischen liberaler Politik und Protestantismus bewirkte, dass sich zahlreiche Liberalismus-ferne Protestanten von der evangelischen Kirche ab- und dem Katholizismus zuwandten.[110] Als nach dem Wiener Kongress parallel zur politischen auch eine katholische Restauration im Deutschen Bund einsetzte, wurde Wien ihr Zentrum. Der Mittelpunkt dieser katholischen Erneuerungsbewegung war Clemens Maria Hofbauer. Sein Kreis bestand fast ausschließlich aus zum Katholizismus konvertierten Protestanten: Friedrich und Dorothea Schlegel, der Pädagoge Friedrich von Klinkowström, der Journalist Josef Anton von Pilat, der Philosoph, Diplomat und Publizist Adam Heinrich Müller Ritter von Nitterdorf, der Dichter Zacharias Werner oder der Jurist Friedrich (Fritz) Schlosser. Zum romantischen Kreis um Friedrich Schlegel ist auch der wichtigste Vertreter der Kirchenmalerei zu zählen: (Johann) Friedrich Overbeck, der 1813 konvertierte.

Auch nach Hofbauers Tod und dem Verblassen der Romantik hielt die Tendenz zum Katholizismus an. Zu dem Kreis der Konvertiten gehörten auch Metternichs maßgebliche Mitarbeiter, der Jurist und Publizist Karl Ernst von Jarcke sowie Carl L. von Halbe; Jarcke wurde Nachfolger von Gentz als rechte Hand Metternichs und, nach Hofbauers Tod 1820, Führer der Redemptoristen. Auf seinen und Metternichs Einfluss ist die Wiederzulassung der Jesuiten in den 1820er und 1830er Jahren zurückzuführen. Auch die 1837 erfolgte Ausweisung der Zillertaler Protestanten ist in diesem Zusammenhang zu sehen.[111]

Zu nennen ist hier auch der österreichische Reichshistoriograph Friedrich von Hurter. Letzterer hatte zunächst sogar evangelische Theologie in Göttingen studiert. Er »war in der helvetischen Confession, aber zugleich unter dem Einflusse seines

109 Franz, Liberalismus (wie Anm. 3) 392.

110 Die folgende Aufzählung folgt im wesentlichen: Ebenda 408 f.

111 Vgl. ebenda 410.

elterlichen Hauses in streng positiver Richtung erzogen, die mit der ihm angeborenen Grundstimmung seines Wesens in demselben Maße im Einklange, als mit der herrschenden, dem Rationalismus zugeneigten protestantischen Theologie im Widerspruche stand.«[112] Das führte zu seiner baldigen inneren Konversion, die allerdings erst 1844 offiziell vollzogen wurde.

Vom Protestantismus zum Katholizismus konvertierten weiter einer der Begründer der katholischen Soziallehre, Karl Freiherr von Vogelsang, der Historiker Onno Klopp, der ebenfalls u.a. evangelische Theologie studiert hatte und 1873 übertrat, außerdem die Diplomaten und Politiker Maximilian (Max) Freiherr von Gagern und Gustav Graf Blome, der 1853 konvertierte. Auch Künstler traten noch in der zweiten Hälfte des 19. Jahrhunderts zum Katholizismus über: Der Baumeister und Pfarrerssohn Friedrich (von) Schmidt wurde bereits genannt.

Bis 1866 haben die politisch konservativen katholischen Kreise, zu denen Max von Gagern zu zählen ist, bei der Regierung eine erhebliche Rolle gespielt. Ihre Vertreter waren nach Onno Klopps Ansicht die »Träger der Reichstradition in Österreich«.[113]

> »Der Hannoveraner und Konvertit Klopp war ein eifrigerer Kämpfer für die katholisch-universale Aufgabe der katholischen Monarchie als die amtliche österreichische Politik. Er vertrat mit seiner Feder den Standpunkt des schwarz-gelben Ultras, der feudal-konservativen und katholisch-klerikalen Richtung […].«[114]

Gerade in den letzten Dezennien des 19. Jahrhunderts gab es umgekehrt aber auch eine Vielzahl von Konversionen zum Protestantismus; aus den verschiedensten Motiven.[115] Da ist – sieht man einmal von der Los von Rom-Bewegung in den letzten Jahren der Monarchie, die später angesprochen werden soll, ab – zunächst an die zahlreichen Juden, trotz der antisemitischen Tendenzen, die es auch in der evangelischen Kirche gab, zu erinnern,[116] aber auch an Katholiken, die sich der evangelischen Kirche zuwandten.

Unter den Konvertiten finden sich durchaus prominente Namen wie der des Komponisten Johann Strauß Sohn. Er wurde katholisch erzogen und war die meiste Zeit seines Lebens auch katholisch, konvertierte schließlich aber aus Eherechtsfragen[117] zum Protestantismus, und nahm auch deshalb die Staatsbürgerschaft eines »evange-

112 Franz Xaver von Wegele, Art. Hurter, Friedrich Emanuel von. *ADB* 13 (1881) 431–444, hier 431.

113 Zit. nach: Franz, Liberalismus (wie Anm. 3) 420.

114 Ebenda 421.

115 Vgl. Gustav Reingrabner, Motive des Konfessionswechsels, in: Evangelische in Österreich. Vom Anteil der Protestanten an der österreichischen Kultur und Geschichte (Katalog z. Ausstellung i. d. Österr. Nationalbibliothek, Wien 1996) 119–122.

116 Vgl. Herbert Unterköfler, Die evangelische Kirche und die Judenchristen. *JGPrÖ* 107/108 (1991/92) 109–136; zu den antisemitischen Tendenzen: Astrid Schweighofer, Antisemitismus in der evangelischen Kirche von 1880 bis 1938. *Dialog Du-Siach* 74/Januar 2009, 22–36.

117 Vgl. Karl W. Schwarz, Die Ehescheidung – zwischen biblischer Weisung und säkularer Praxis. Zur Rechtslage in Österreich im 19. und 20. Jahrhundert, in: Sola Scriptura. Das reformatorische Schriftprinzip in der säkularen Welt, hg. von Hans H. Schmid/Joachim Mehlhausen (Gütersloh 1991) 240–250.

lischen« Landes, Sachsen-Coburg-Gotha, an; und zwar anlässlich der 1883 erfolgten Eheschließung mit Adele, nachdem er sich von Angelica scheiden hatte lassen. Ganz ähnlich, wenngleich mit verschiedenen Vorzeichen, gestaltete sich die Konversion Gina Gräfin Conrad von Hötzendorfs, der Gemahlin des österreichisch-ungarischen Generalstabschefs. Auch sie konvertierte vor ihrer Eheschließung zum Protestantismus, weil sie geschieden war; »die Trauung« – vom Monarchen nur unwillig gebilligt – erfolgte »möglichst im geheimen« 1915 in der Wiener Dorotheerkirche.[118]

An diesen Beispielen wird deutlich, welche schwierige Rolle das evangelische Element in Österreich spielte. Auf den ersten Blick war die Konversion eine reine Nützlichkeitsentscheidung; zudem machte sie aber auch deutlich, was der Protestantismus war: offenbar eine echte Alternative zu den Zwängen einer katholischen Gesellschafts- und auch teilweise Staatsordnung. Das liberale Moment im Protestantismus bewirkte, dass man sich bewusst zur evangelischen Kirche bekannte, wenngleich dieses Bekenntnis zweifelsfrei, wie bei Anton Springer, ebenfalls liberal, und damit der Institution Kirche fern, war.

Theologisch ist darin eine Auswirkung der Zwei-Reiche-Lehre zu sehen. Sie »verweist auf den Versuch Martin Luthers, [...] die politische Gewalt von jeder klerikalen Bevormundung zu befreien. Damit wurde die politische Gewalt ebenso wie die ökonomische Gestaltung von der Rationalität, der Vernunft, bestimmt. [...] Die Stärke der Zwei-Reiche-Lehre ist, dass sie genau das mitbefördert hat, was wir heute den säkularen, weltanschaulich neutralen Verfassungsstaat nennen. Bis zu einem gewissen Grad kann man sogar sagen, dass dem Protestantismus insoweit eine Tendenz zur Selbstsäkularisierung zu eigen ist«.[119] Und an anderer Stelle charakterisiert Bischof Michael Bünker die Auswirkungen dieser Position:

> »Es stimmt, dass der Protestantismus mehr als andere christliche Traditionen in Gefahr steht, sich selbst zu säkularisieren. Man kann sich den Protestantismus ohne Bildung nicht wirklich vorstellen. Die Menschen müssen zumindest lesen können, weil sie sich ja selbst ein Bild von dem machen müssen, was in der Heiligen Schrift steht. Je gebildeter die Menschen aber sind, desto größer wird ihre Distanz zur Religion.«[120]

III.3 Gemeindeaufbau unter liberalen Vorzeichen

In der zweiten Hälfte des 19. Jahrhunderts konnte man in manchen Bereichen tatsächlich den Eindruck einer weitgehenden Kongruenz zwischen Liberalismus und evangelischer Kirche haben. Ein gutes Beispiel für dieses Ineinandergreifen ist die

118 Vgl. Gina Conrad von Hötzendorf, Mein Leben mit Conrad von Hötzendorf. Sein geistiges Vermächtnis (Leipzig 1935) 40–44, hier 40.

119 Michael Bünker, Überlegungen zum Verhältnis von Politik und Kirche aus evangelischer Perspektive, in: Gottesstaat oder Staat ohne Gott. Politische Theologie in Judentum, Christentum und Islam, hg. von Severin J. Lederhilger (Linzer Philosophisch-Theologische Beiträge 8, Frankfurt/Main–Berlin–Bern–Brüssel–New York–Oxford–Wien 2002) 164–169, hier 165 f.

120 Boberski/Schlösser, Der Glaube (wie Anm. 9).

Entstehung der Pfarrgemeinde in Salzburg.[121] Im Zuge des Frühindustrialismus hatten sich hier evangelische Kaufleute v. a. aus Württemberg und Bayern angesiedelt; 1851 war die Zahl der Evangelischen auf 200 angewachsen. Damit war aber die im Toleranzpatent von 1781 geforderte Zahl von 500 Personen für die Gründung einer eigenen Pfarrgemeinde noch nicht erreicht.

Das Protestantenpatent des Jahres 1861 brachte hier eine Veränderung. 1863 wurde mit Zustimmung der Landesregierung eine unabhängige Gemeinde gegründet und der aus Coburg stammende Pfarramtskandidat Heinrich Aumüller zum ersten Pfarrer gewählt, was er bis 1903 blieb. Ein rasanter Gemeindeaufbau begann: Schon 1867 wurde nach vierjähriger Bauzeit die Kirche fertig gestellt, an deren Einweihungsfeier auch die katholische Bevölkerung der Stadt »regen Anteil nahm«.[122] Nach weiteren zwei Jahren war dann das auf dem direkt angrenzenden Grund gebaute Schulhaus – das heutige Pfarrhaus – vollendet, in dem zu Beginn des Schuljahres 1869 der Schulbetrieb aufgenommen wurde.

Die Gründung und die rasante Konsolidierung ist nur im Zusammenhang mit dem Liberalismus zu verstehen; sie ist eine der ersten Neugründungen der bislang von den Toleranzgemeinden geprägten evangelischen Kirche.[123] Die Pfarrgemeinde war seit ihrer Gründung fest im bürgerlich-liberalen Bereich verankert; auch Pfarrer Heinrich Aumüller trug mit seiner großbürgerlichen Herkunft und seinen dezidiert liberalen Ansichten die Salzburger Gesellschaft der zweiten Hälfte des 19. Jahrhunderts persönlich mit.[124] Eine große Zahl an Mitgliedern gehörte zur gehobenen Bürgerschicht.[125] Das hohe soziale Prestige, das die protestantische Gemeinde damals genoss, wird auch daran deutlich, dass 1863 der gerade gegründeten evangelischen Gemeinde, die bislang das Schloss Leopoldskron für Gottesdienste genutzt hatte, dieses aber plötzlich aufgeben musste, der Sitzungssaal des Rathauses zur Verfügung gestellt wurde.

Sichtbar zum Ausdruck kam die enge Verbindung mit der bürgerlich-liberalen Stadt Salzburg beim Bau der neuen evangelischen Kirche. Salzburg befand sich gera-

121 Vgl. zur Geschichte der Gemeinde im 19. Jahrhundert: Lieselotte von Eltz-Hoffmann, Heinrich Gottfried Aumüller (Salzburg 2001) sowie: Karl-Reinhart Trauner, »Los von Rom!« in Salzburg. Ein Geisteskampf an der Wende vom 19. zum 20. Jahrhundert. *MGSL* 148 (2008) 199–235.

122 Gerhard Florey, Bischöfe, Ketzer, Emigranten. Der Protestantismus im Lande Salzburg von seinen Anfängen bis zur Gegenwart (Graz–Wien–Köln 1967) 278.

123 Vgl. Leeb, Los-von-Rom-Bewegung (wie Anm. 91) 195–230, hier 195.

124 Vgl. Hanns Haas, Postmeister, Wirt, Kramer, Brauer, Müller und Wundarzt. Trägerschichten und Organisationsformen des Liberalismus. Das Salzburger Beispiel. Vom frühen Konstitutionalismus bis zum Kulturkampf, in: Bürgertum in der Habsburgermonarchie, hg. von Ernst Bruckmüller/Ulrike Döcker/Hannes Stekl/Peter Urbanitsch (Wien–Köln 1990) 257–273.

125 Vgl. Angela Schwarz, Salzburger Bürgertum um 1900 am Beispiel Eberhard Fuggers (Dipl. Arb. phil. Manuskr., Salzburg 1992) 5. Für die Zeit vor 1910 vgl. Ernst Hanisch/Ulrike Fleischer, Im Schatten berühmter Zeiten. Salzburg in den Jahren Georg Trakls 1887–1914 (Salzburg 1986) 23.

de in der Phase einer Stadterweiterung rechts der Salzach. Dabei entstand die noch heute verkehrspolitisch wichtige Schwarzstraße als Prachtstraße, die den erweiterten neuen Bahnhof mit dem Kern der Stadt verbinden sollte. Die Renaissancevillen und die Prachtbauten im dahinter liegenden Viertel wurden Wohngebiete der gehobenen Bevölkerungsschichten. Dass gerade hier die evangelische Friedenskirche, die heutige Christuskirche, entstand, war Programm! Die Schwarzstraße war als Gegenpol des bürgerlich-liberalen Salzburg gegenüber dem erzbischöflich-katholisch-konservativen Salzburg, getrennt durch die dazwischen fließende Salzach, geplant. Die evangelische Gemeinde war also sichtbar Teil dieser bürgerlich-liberalen Salzburger Gesellschaft.

Doch die gesellschaftliche und politische Lage in Salzburg änderte sich im ausgehenden 19. Jahrhundert gründlich.[126] Durch die Wirtschaftskrise 1873 brach in der gesamten Habsburgermonarchie das bürgerlich-liberale Modell, das die auseinanderstrebenden politischen Richtungen noch zusammenhalten hatte können, auseinander.[127] Ab den achtziger Jahren stellten darüber hinaus neue politische Akteure den liberalen Grundkonsens in Frage, wobei die »eigentliche Herausforderung für das liberale Milieu [...] von den Massenparteien [kam]«.[128] Die politische Landschaft wurde damit nicht nur vielgestaltiger, sondern erfuhr auch zunehmend Polarisierungen. Hatte es zwar bereits knapp nach der Revolution 1848 katholisch-konservative Bestrebungen gegeben, die sich allerdings nicht durchsetzen konnten, so machte sich ab den 1880er Jahren ein massives Vordringen klerikaler Kräfte bemerkbar, was zu einem mit Heftigkeit geführten Kulturkampf führte.[129] Gleichzeitig erfuhr die politische Landschaft Salzburgs Erweiterungen: Ab 1889 war zum ersten Mal eine deutschnationale Partei politisch aktiv. Der Sozialismus erhielt, auch wenn erste Anfänge sogar staatlicherseits bereits in den 1850er Jahren gesetzt wurden,[130] erst in den 1890er Jahren politische Bedeutung; den ersten entscheidenden Erfolg erkämpfte die Sozialdemokratie erst 1905 durch ihre massive Unterstützung im Kampf um die 1907 verabschiedete österreichweite Wahlrechtsreform.

Auf manche andere Entwicklungen innerhalb der österreichischen evangelischen Kirche, die in dieser Phase ihren Ausgang nahmen, kann nur hingewiesen werden. So entwickelte sich der Protestantismus unter dem Einfluss des säkular denkenden Liberalismus zu dem, was heute Zivilreligion genannt wird; das Gesellschaftsmodell, vor dessen Hintergrund die gesellschaftspolitisch liberale Entwicklung statt-

---

126 Vgl. zusammenfassend: Thomas Hellmuth, »Identitätsbausteine«. Deutschnationalismus und Anti-klerikalismus in Salzburg. *Historicum*/Herbst 2000, 8–13.

127 Vgl. Herbert Matis, Leitlinien der österreichischen Wirtschaftspolitik, in: Die Habsburgermonarchie 1848–1918, Bd. I: Die wirtschaftliche Entwicklung (Wien 1973) 29–67, hier 45–53.

128 Hannes Stekl/Hans Heiss, Klein- und mittelständische Lebenswelten, in: Die Habsburgermonarchie 1848–1918, Bd. IX/1: Soziale Strukturen, 1. Teilbd. (Wien 2010) 561–619, hier 570.

129 Vgl. Eltz-Hoffmann, Heinrich Gottfried Aumüller (wie Anm. 121) 74 f.

130 Vgl. Werner Drobesch, Ideologische Konzepte zur Lösung der »sozialen Frage«, in: Die Habsburgermonarchie 1848–1918, Bd. IX/1: Soziale Strukturen, 2. Teilbd. (Wien 2010) 1419–1463, hier 1432–1435.

fand, führte dementsprechend auch zur Ausbildung einer Zivilgesellschaft neben der staatlich-öffentlichen. Außerdem nahm sich die evangelische Kirche zunehmend als Diasporakirche wahr, als Minderheit. Eine solche Selbstwahrnehmung setzte jedoch eine Selbsteinschätzung nicht nur als österreichische kirchliche Institution, sondern als Vergleichsobjekt v. a. zur römisch-katholischen Kirche auf einer einigermaßen gleichen Augenhöhe voraus. Das war aber inhaltlich erst ab 1848 und rechtlich ab 1861, d. h. unter den Vorzeichen liberalen Gedankenguts möglich.

Zum Ausdruck kam dieses neu erweckte Interesse an der eigenen Identität und seiner Geschichtlichkeit u. a. in der 1879 erfolgten Gründung der Gesellschaft für die Geschichte des Protestantismus in Österreich; sie ging auf eine Initiative des Brünner (Brno) Seniors Gustav Trautenberger und des reformierten Oberkirchenrates Charles Alphonse Witz-Oberlin zurück.[131]

Unter dieser Perspektive entwickelte die evangelische Kirche aber eine »Haltung, der zufolge sich die Evangelischen vornehmlich als Opfer der Geschichte sehen«.[132] Das wirkt letztlich bis heute fort. Es ist bspw. auffallend, dass in seinem beeindruckenden Memorandum »Demnächst oder der Stein des Sisyphos« (1986) der österreichische Kulturschaffende Jörg Mauthe – gegenüber einem seiner Kinder – sein Bekenntnis zum Protestantismus nicht positiv, sondern nur aus dieser Situation des Verfolgtwerdens begründet:

> »Weil deine Väter und Vorväter samt ihren geduldig duldenden, aber hartköpfigen Frauen [ ] ihres Glaubens wegen viel gelitten haben. [ ] Es wäre ihnen besser gegangen, wenn sie sich angepaßt, auf Priester statt auf Pastoren gehört, wenn sie sich eine andere Sprache zugelegt hätten. Das haben sie nicht getan, und wozu hätten sie all das auf sich genommen, würdet ihr, meine Söhne, es jetzt abstreifen, mehr oder weniger leichthin, weil so was heute ja keine große Rolle mehr spielt und die Frage, ob das Abendmahl in dieser oder jener Form verabreicht werden sollte, ja wirklich ein fast schon skurriler Anachronismus ist! Ihr würdet das Leid und die Hoffnung und die Erduldungen unserer Vorfahren im Nachhinein sinnlos machen und ein Muster aus dem Teppich der Geschichte tilgen.«[133]

Eine spätliberale Blüte, die wieder eng mit der Pfarrgemeinde Salzburg in Zusammenhang steht, soll noch genannt werden. Der Los von Rom-Ruf war 1897 vom Medizinstudenten Theodor Georg Rakus ausgebracht worden. Er ließ sich – evangelisch geworden – als Arzt in Salzburg nieder. Hier war er maßgeblich dafür verantwortlich, dass letztendlich 1932 in Salzburg die Feuerbestattung eingeführt wurde.[134] Sie war oft protesthafter Ausdruck einer liberalen, d. h. antiklerikalen Position.

---

131 Vgl. Peter F. Barton, Vom Kaisertum Österreich zur Massendemokratie der Republik Österreich. Hundert Jahre »Gesellschaft für die Geschichte des Protestantismus in Österreich«. *JGPrÖ* 96 (1980) 11–52, hier 15–32.

132 Michael Bünker, Kirche – Volk – Staat – Nation. Eine Standortbestimmung aus christlicher Sicht, in: Volksgruppen und Religion – Identität und Bekenntnis, hg. von Peter Karpf/Werner Platzer/Udo Puschnig (Kärntner Dokumentation 24, Klagenfurt 2008) 7–17, hier 7.

133 Zit. nach: Monika Salzer/Peter Karner, Vom Christbaum zur Ringstraße. Evangelisches Wien (Wien 2008) 110.

134 Für Informationen danke ich Herrn Knut Rakus, Salzburg.

Salzburg wurde, wohl auch wegen der starken liberalen Tradition, keine Los von Rom-Gemeinde, auch wenn die Los von Rom-Bewegung für einige wenige Jahre dominant war, was zu einem Richtungswechsel innerhalb der Gemeinde führte und im Abschied Aumüllers sichtbar wurde. Als er, versöhnt mit der Pfarrgemeinde, 1913 starb, wurde ihm zwar ein Ehrengrab zugestanden, trotz reger Beteiligung der Bevölkerung war es aber symptomatisch, dass kein Vertreter der Regierung oder des öffentlichen Lebens an dem Begräbnis teilnahm. Der Grund für diese offenkundige Missachtung lag darin, »dass die Männer einer liberalen Gesinnung an der Spitze von Stadt und Land längst durch Vertreter des politisch-konservativen Katholizismus ersetzt worden waren«.[135]

III.4 Liberale Elemente im kirchlichen Leben am Ende der Habsburgermonarchie

Von Salzburg, dessen evangelische Gemeinde sich nur episodenhaft dem Nationalismus in der ausgehenden Habsburgermonarchie geöffnet hatte, wechselt nun der Schauplatz – zumindest teilweise – in die Untersteiermark. Die Gründung der evangelischen Pfarrgemeinde Marburg a. d. Drau (Maribor) erfolgte zwar unter ähnlichen zeitlichen und soziologischen Rahmenbedingungen, erfuhr aber eine gänzlich andere Entwicklung. Ab der Jahrhundertmitte erwachte Marburg aus seiner »provinziellen Zurückgezogenheit«.[136] Die Stadt war nicht nur Industriestadt, sondern auch Verwaltungsmittelpunkt, Mittelpunkt der Industrie und des Handels. 1863 wurden die großen Eisenbahnwerkstätten für bis zu 1.300 Beschäftigte mit einer Arbeitersiedlung von 40 Häusern errichtet; die erste geplante und 1874 fertiggestellte Wohnsiedlung auf dem Gebiet des heutigen Sloweniens.[137]

Diese Entwicklung führte zu einer gewissen Inhomogenität innerhalb der evangelischen Pfarrgemeinde; es spiegelt sich darin die gesamtgesellschaftliche soziale Segmentierung des 19. Jahrhunderts im Zuge der Industrialisierung im Bereich der evangelischen Kirche. Einerseits stieg die Zahl der Arbeiter – v. a. der Südbahn-Arbeiter – langsam an, ohne jedoch das Bild der Pfarrgemeinde zunächst nachhaltig zu verändern oder zu prägen. Andererseits brachte die Entwicklung auch manche Evangelische aus gehobeneren Schichten zur Marburger Pfarrgemeinde.

Von 1882 bis 1903 war Josef Goschenhofer Pfarrer in Marburg; ab 1892 war er auch Konsenior des Triester Seniorats. In seiner Zeit wuchs die Pfarrgemeinde langsam, aber stetig an und konsolidierte sich – durchaus parallel zu Salzburg. Die evangelische Pfarrgemeinde wurde ein selbstverständlicher Teil des gesellschaftlich-kirchlichen Lebens, wie auch später die Umbenennung des nördlichen Teils der Theatergasse in »Luthergasse« Anfang des 20. Jahrhunderts deutlich macht;[138] heute heißt sie –

135 Eltz-Hoffmann, Heinrich Gottfried Aumüller (wie Anm. 121) 101.

136 Jože Curk, Maribor. Ein Führer durch die Stadt und ihre nähere Umgebung (Marburg [Maribor] 2000) 14.

137 Ebenda 15 und 97. Die Siedlung war dabei sehr modern: Ab 1870 gab es einen Kindergarten, ab 1873 eine Schule für die Arbeiterkinder und ab 1874 ein Verpflegungsmagazin (Konsum und Kantine) sowie eine eigene Badeanstalt.

138 Vgl. Loesche, Geschichte des Protestantismus (wie Anm. 34) 672.

ebenfalls in gut evangelischer Tradition – Trubarjeva ulica (Trubergasse). Goschenhofer gehörte, wie Aumüller in Salzburg oder auch Karl Leidenfrost in Graz, einer Pfarrergeneration an, die der Los von Rom-Bewegung kritisch gegenüberstand und den personellen Aufschwung der Kirche nicht zu akzeptieren bereit war; sie hatten zweifelsfrei ein anderes, noch vom Spätjosephinismus geprägtes Selbstverständnis als Pfarrer. Ihr Liberalismus unterschied sich deutlich von jenen liberalen Elementen, die sich in der Spätphase der Habsburgermonarchie im Nationalismus oder Sozialismus fanden; das massive antiklerikale Moment des Austritts aus der römisch-katholischen Kirche war zweifelsfrei ein Erbe des Liberalismus.

Unter Goschenhofer begann jedoch 1899 etwas, was jener in dieser Form zweifelsohne nicht initiierte und befördert hatte: die Los von Rom-Bewegung. Sprunghaft stiegen die Eintrittszahlen an; fast um das Zwanzigfache: Von sechs im Jahr 1898 auf 109 im Jahr 1899. Ausgangspunkt der stürmischen Los von Rom-Bewegung war eine spätere Tochtergemeinde Marburgs, Mahrenberg (Radlje ob Dravi). Hier wurde im Jahr 1900 einer der profiliertesten Los von Rom-Geistlichen, Ludwig Mahnert, Vikar. Er gehörte zur Gruppe jener Vikare, die vom reichsdeutschen Evangelischen Bund entsandt und besoldet wurden.

Auch in Salzburg sollte einer dieser Los von Rom-Vikare tätig werden. In der Art und Weise seines Dienstantritts wird deutlich, wie die Los von Rom-Bewegung gewissermaßen bürgerlich abgestützte Parallelstrukturen zum Oberkirchenrat aufbaute, der als staatliche Behörde der alldeutschen Bewegung mit ihren latent irredentistischen Tendenzen distanziert gegenüberstand,[139] und deshalb kritisch betrachtet wurde. Auf dem Gebiet der Salzburger Pfarrgemeinde hatte sich 1899 in Hallein[140] eine Gruppe von Los von Rom-Protestanten gebildet. »Sie versicherten sich der moralischen und materiellen Beihilfe des evangelischen Bundes, berieten sich mit dem bekannten Vikar [Friedrich] Hochstetter und begannen nun eine Agitation, um die Anstellung eines Vikars in Hallein zu erreichen«,[141] schildert Aumüller die Lage. Hochstetter hatte zuvor im steirischen Stainz eine Los von Rom-Gemeinde initiiert.

Tatsächlich erreichte Hochstetter beim Evangelischen Bund eine Unterstützung von 2.000 Kronen zur Anstellung eines Vikars. In einer Versammlung im August 1902 in Hallein setzte Hochstetter auseinander, »wie man es zu machen habe, um zu dem gewünschten Ziel zu kommen«.[142] Eine offizielle Information oder gar eine Abstimmung mit Pfarrer Heinrich Aumüller, der ja ein erklärter Kritiker der Los

139 Zur Linie des Evang. Oberkirchenrates vgl. u. a. Trauner, Los-von-Rom-Bewegung (wie Anm. 65) 574–594.

140 Zur gesellschaftlichen Entwicklung des Bürgertums als Hintergrund der konfessionellen Verschiebungen in Hallein vgl. Thomas Hellmuth/Ewald Hiebl, Hallein – Bürgertum einer Salinenstadt, in: Kleinstadtbürgertum in der Habsburgermonarchie 1862–1914, hg. von Peter Urbanitsch/Hannes Stekl (Bürgertum in der Habsburgermonarchie IX, Wien–Köln–Weimar 2000) 257–306.

141 Schreiben Heinrich Aumüller an das Oberländer Seniorat v. 19. Okt. 1902. AEKÖ, Fasz. Nr. 260, Z. 13635.

142 Ebenda.

von Rom-Bewegung war, bzw. mit dem Wiener Oberkirchenrat war nicht geschehen, was dem Vorgang den Charakter einer »Verschwörung« gab.[143] Es war dabei nicht untypisch, dass Los von Rom-Versammlungen ohne Wissen des zuständigen Pfarrers bzw. die Entsendung eines Vikars seitens des Evangelischen Bundes ohne Wissen der kirchenleitenden Organe geschah. Letztendlich konnte sich Aumüller aber mit seiner (obrigkeitlichen) Position durchsetzen, Hochstetter wurde nicht Vikar der Pfarrgemeinde Salzburg.

Auch als Nachfolger Aumüllers nach dessen Rücktritt 1903 konnte sich Friedrich Hochstetter nicht durchsetzen. Er unterlag Theodor Fußgänger, der, gebürtiger Österreicher, politisch gemäßigt und damit kein deklarierter Los von Rom-Befürworter war. Ganz im Gegensatz dazu wurde in Marburg 1903 der reichsdeutsche Los von Rom-Geistliche Mahnert Nachfolger von Goschenhofer, was hier zu einem deutlichen Einschnitt führte. Mit Mahnert wurde Marburg endgültig eine Los von Rom-Gemeinde.

Ohne näher auf die weiteren Umstände der Los von Rom-Bewegung und der Entwicklung in Marburg eingehen zu wollen, seien nur einige wenige Elemente der Los von Rom-Bewegung genannt, die in liberaler Tradition standen. Eines der alles verbindenden Elemente, zweifelsfrei ein Erbe liberalen Denkens unter den Vorzeichen der neuen Zeit, war, dass man, ganz im Sinne des Kulturprotestantismus, modern sein wollte. Zunächst ist die Gemeindesoziologie von Interesse: Traditionellerweise waren (und sind) die Toleranzgemeinden im bäuerlichen Milieu angesiedelt. Die Los von Rom-Bewegung brachte in die ab der Mitte des 19. Jahrhunderts entstehenden tendenziell städtischen Gemeinden, die zunächst ganz liberal waren, soziologisch neben das bürgerliche Element (in seiner ganzen Bandbreite vom Industriellen bis zum Handwerker) die Arbeiterklasse ein. Mit ihnen kam sozialistisches, also linksliberales Gedankengut. Indirekt bildet sich damit auch der Unterschied zwischen den so genannten Altprotestanten und den Neuprotestanten ab, deren Verhältnis keineswegs immer homogen war.

»Die Übertretenden rekrutieren sich zumeist aus dem Arbeiterstande. [...] in zwei Jahren hat sich unsere Gemeinde verdoppelt und den zweifachen Charakter einer Arbeiter- und einer Übertrittsgemeinde angenommen«, weiß der Jahresbericht 1905 der Marburger Gemeinde zu konstatieren.[144] Die Nationalen in Österreich – und damit auch Mahnert – verstanden sich keinesfalls als konservativ, sondern als volksverbunden auch im sozialen Sinn und als fortschrittlich. »Das Brechen jedweden Kastengeistes ist der Grundzug des deutsch-evangelischen Hochgedankens«, ist sich Mahnert sicher.[145]

Ähnlich der sozialistischen Bewegung, im Zuge derer bspw. den Arbeiterbildungsvereinen eine besondere Bedeutung zukam, war es auch der Los von Rom-Bewegung ein Anliegen, die Bildung der Neuprotestanten zu heben; ebenfalls eine alte, »libe-

143 Eltz-Hoffmann, Heinrich Gottfried Aumüller (wie Anm. 121) 86.
144 Evang. Pfarrgemeinde Marburg, Jahresbericht 1905, 7.
145 Evang. Pfarrgemeinde Marburg, Jahresbericht 1905, 14.

rale«, protestantische Forderung seit jeher. Auch, weil es Zeit für eine gründliches Unterweisung in der evangelischen Konfession war, bemühte sich Mahnert um den Aufbau einer Gemeindebücherei, die bereits 1904 mit einem Bestand von rund 500 Büchern eröffnet werden konnte und »stark in Anspruch genommen« wurde.[146] Bildungs- wie auch soziale Veranstaltungen prägten das Leben der Gemeinde nicht unwesentlich. Das gilt nicht nur für Marburg. In Peggau, dem ersten Kirchenbau Otto Bartnings, wurde an den Kirchenraum ein Gemeindesaal mit einer öffentlichen Bibliothek von 2.000 Bänden angefügt. Er diente zu Vortragszwecken; in ihm hielen der Ortsgeistliche oder Gastreferenten vor 30 bis 60 Zuhörern, von denen die überwiegende Mehrheit Katholiken waren, Vorträge über allgemeine Weltgeschichte, die Entstehung der Erde, die Entstehung des Lebens oder des Menschen mit anschließender Diskussion.[147]

Es ist bemerkenswert, dass diese Vorträge nicht nur inhaltlich einen weiten Horizont aufwiesen, sondern didaktisch auch am neuesten Stand waren. 1907 wurden bspw. in Marburg auch fünf Vorträge mit Lichtbildern über das Leben Jesu angeboten.[148] Auffällig ist überdies, dass immer wieder Missionare aus allen Teilen der Welt nach Marburg kamen und über ihre Arbeit berichteten, wie – neben dem bereits erwähnten Schultze – bspw. 1910 der Missionar der Brüdergemeinde Edmund Dahl, der »an Hand von Lichtbildern in trefflicher Weise über die Heidenmission in Deutsch-Ostafrika erzählte«.[149] 1913 beschäftigte man sich bspw. mit Indien und Kamerun.[150]

Dahinter steht die evangelische Ansicht, dass das Leben der Kirche nicht durch den Kleriker, sondern das Kirchenvolk getragen werden soll. Auch hier trifft die liberale Forderung nach Höherstellung des Individuums auf die alte evangelische Vorstellung vom Allgemeinen Priestertum. Zum Ausdruck kommt dies im nun rege aufblühenden evangelischen Vereinswesen, wenngleich man hier auf ältere Vorbilder, wie z. B. den Gustav Adolf-Verein aufbauen konnte.[151] Die rechtliche Grundlage für den Aufschwung der Vereine, »Casinos« und Gesellschaften war das neue, 1867 genehmigte liberale Vereinsgesetz (RGBl. 134/1867).[152] Für den evangelischen Bereich wurde bereits auf die Gesellschaft für die Geschichte des Protestantismus aufmerksam gemacht, die allerdings in enger Anlehnung an die Evangelische Fa-

146 Evang. Pfarrgemeinde Marburg, Jahresbericht 1904, 7. Die Schaffung von Bibliotheken erfolgte nicht nur im Bereich der evangelischen Kirche, sondern auch im kommunalen Bereich [vgl. Stekl/Heiss, Lebenswelten (wie Anm. 128) 610 f.].

147 Vgl. Rudolf Leeb, Der Kirchenbau der Los-von-Rom-Bewegung, in: Kirchliche Kunst in Sachsen. Festgabe für Hartmut Mai zum 65. Geburtstag, hg. von Jens Bulisch/Dirk Klingner/Christian Mai (Beucha 2002) 156–172.

148 Vgl. Evang. Pfarrgemeinde Marburg, Jahresbericht 1907, 3.

149 Evang. Pfarrgemeinde Marburg, Jahresbericht 1910, 6 f.

150 Vgl. Evang. Pfarrgemeinde Marburg, Jahresbericht 1913, 4.

151 Vgl. Erich Stökl, Fünfzig Jahre Österreichischer Hauptverein der Evangelischen Gustav Adolf-Stiftung 1862–1912 (Wien 1912); zusammenfassend Gottas, Geschichte des Protestantismus (wie Anm. 15) 572–574.

152 Vgl. u. a. Friedrich/Mazohl/von Schlachta, Die Bildungsrevolution (wie Anm. 6) 106 f.

kultät und kirchliche Führungspersönlichkeiten bestand. Zu nennen wären hier auch der Oberösterreichische Verein für Innere Mission oder der Waisenhausverein. Die Treffen der Vereine waren wichtige Möglichkeiten der Repräsentation der evangelischen Kirchen. Immerhin wurde 1910 in Bielitz (Bielsko[-Biała]) anlässlich der Jahreshauptversammlung des Gustav Adolf-Vereins mit der Enthüllung des zweiten Lutherdenkmals in der Monarchie ein deutliches öffentliches Zeichen gesetzt.[153]

Zunehmend erlangten die Vereine einen bedeutenden, das kirchliche Leben tragenden Charakter; sie repräsentierten nicht nur das »Laienelement« (ein Begriff, den es in der evangelischen Theologie eigentlich nicht gibt), sondern auch eine selbstständige kirchliche Instanz neben dem obrigkeitlichen, unter staatlicher Kontrolle stehenden Oberkirchenrat. In Salzburg wäre hier bspw. der 1902 gegründete Salzbund zu nennen.[154] Für die gesamtösterreichische Situation ist aber neben dem schon genannten Gustav Adolf-Verein v. a. der Evangelische Bund wichtig, dessen österreichische Organisation – niemals mit der reichsdeutschen organisatorisch vereint – 1903 gegründet wurde. Sein Bestreben war erklärtermaßen, die Los von Rom-Bewegung unabhängig von der Wiener Kirchenleitung voranzutreiben.[155]

Ebenfalls wandelte sich die Rolle der Frauen im kirchlichen Leben.[156] 1895 konnte der Jahresbericht der Pfarrgemeinde Marburg vermelden, dass »oft [...] die Sitze, namentlich auf der Frauen-Abtheilung für die Andächtigen nicht hin(reichten), die im Gottesdienst erschienen«.[157] Bezüglich der Rolle der Frauen nahm die evangelische Kirche schon frühzeitig eine besondere Stellung ein. Für Frauen bot die Mitarbeit in der Pfarrgemeinde eine Möglichkeit einer anerkannten öffentlichen Tätigkeit, die sonst gesellschaftlich in dieser Form nicht möglich gewesen wäre, um damit die rechtliche Unmündigkeit der Frauen[158] durch Anerkennung und Engagement im

153 Vgl. Arthur Schmidt (Hg.), Die Festtage in Bielitz. Zur Erinnerung an die achtunddreißigste Jahreshauptversammlung des österreichischen Hauptvereins der evang[elischen] Gustav-Adolf-Stiftung und die Enthüllung des Lutherdenkmals (Bielitz [Bielsko-(Biała)] 1900). Auf die Bedeutung des Festes machen auch Stekl/Heiss, Lebenswelten (wie Anm. 128) 601 aufmerksam.

154 Vgl. Trauner, »Los von Rom!« in Salzburg (wie Anm. 121) 213 f.

155 Zur Geschichte des Evangelischen Bundes in Österreich vgl.: Karl-Reinhart Trauner, »Auf Vorposten!« Die Arbeit des österreichischen Evangelischen Bundes von seiner Gründung bis zum Ende des Dritten Reiches (1903–1945), in: 100 Jahre Evangelischer Bund in Österreich. Probleme und Chancen in der Diaspora-Arbeit, hg. von Ders./Bernd Zimmermann (Bensheimer Hefte 100, Göttingen 2003) 11–112.

156 Vgl. zur Rolle der Frauen: Renate Flich, Bildungsbestrebungen und Frauenbewegung, in: Die Habsburgermonarchie 1848–1918, Bd. VIII: Politische Öffentlichkeit und Zivilgesellschaft (1. Teilbd., Wien 2006) 941–964; Gabriella Hauch, »Arbeit, Recht und Sittlichkeit« – Themen der Frauenbewegung in der Habsburgermonarchie, in: Die Habsburgermonarchie 1848–1918, Bd. VIII: Politische Öffentlichkeit und Zivilgesellschaft, 1. Teilbd. (Wien 2006) 965–1003.

157 Evang. Pfarrgemeinde Marburg, Jahresbericht 1895, 3.

158 Zur Rechtsstellung der Frauen in Österreich vgl.: Diemut Majer, Frauen – Revolution – Recht. Die grossen europäischen Revolutionen in Frankreich, Deutschland und Österreich 1789 bis 1918 und die Rechtsstellung der Frauen. Unter Einbeziehung von England, Russland, der

kulturellen Bereich zu kompensieren. Ganz im Sinne des Aufschwungs des Gemeindelebens wurde 1874 in Marburg der Frauenverein gegründet, der innerhalb der Gemeinde soziale Aufgaben wahrnahm.

Die Frauenemanzipation entsprach dem Modernisierungsschub der zweiten Hälfte des Jahrhunderts und passte gut zu der sich als »moderne« Kirche präsentierenden evangelischen Kirche, v. a. auch in der Los von Rom-Bewegung, die sich ebenfalls als eminent moderne Bewegung verstand. Dass die Frauenemanzipation wirkungsgeschichtlich in einem engen Zusammenhang mit der Arbeiterbewegung stand,[159] konnte in einer Industriestadt wie Marburg und in Zusammenhang mit der Los von Rom-Bewegung, die sich nicht unwesentlich auch an die Arbeiterschaft wandte, nur noch mehr Dynamik bedeuten. Bei der Übertrittbewegung in Marburg war der Anteil an Frauen überproportional; offenbar sprach die religiöse Seite der Bewegung auch Frauen in besonderer Weise an, was zu einem Aufbau der Frauenarbeit innerhalb vieler Pfarrgemeinden führte.[160]

Das, was über die volksbildnerische Arbeit gesagt wurde, galt (in eingeschränktem Maße) auch für den gottesdienstlichen Bereich. Man bemühte sich nicht nur um ansprechende und hochstehende Predigt, Liturgie und Gesang, sondern es finden sich auch manche bemerkenswerte liturgische Experimente, die den Gottesdienst modern und interessant machten: so wurde beispielsweise 1913 in der Kirche in Krems am Weihnachtsabend ein »liturgischer Lichtbildergottesdienst« gehalten.

Das nachhaltigste Erbe des Liberalismus war aber zweifellos die Öffnung des Protestantismus gegenüber der Politik, und zwar wesentlich in dem Sinne, dass man seitdem (und in allen jungen Strömungen, die die letzten 150 Jahre mit sich brachten) danach strebte, gesellschaftspolitische Moderne sein zu wollen, verbunden mit einem kulturprotestantischen Streben, auch kulturell modern sein wollen. Während in der Revolution 1848 und in der Liberalen Ära die Parteipolitik jedoch kein religiöses Interesse an der evangelischen Kirche hatte, so änderte sich dies mit dem steigenden Einfluss des Nationalismus, der die evangelische Konfession instrumentalisierte.

Die Kirche erkannte dies offenbar – bewusst oder unbewusst – sehr bald. Dem »Los von Rom!« wurde deshalb ein »Hin zum Evangelium!«-Ruf als Ergänzung bei-, vielleicht sogar entgegengestellt.[161] Man versuchte damit mehr oder weniger erfolgreich, Politik mit religiösen Idealen anzureichern, was zu manchen schwierigen Positionen und Weichenstellungen führte. Das komplexe Verhältnis zwischen evangelischer Kir-

USA und der Schweiz (Europäische Rechts- und Sozialgeschichte 5, Zürich–St. Gallen 2008) 273–287 sowie: Waltraud Heindl, Geschlechterbilder und Geschlechterrollen. Ideologie und Realitäten, in: Die Habsburgermonarchie 1848–1918, Bd. IX/1: Soziale Strukturen, 1. Teilbd. (Wien 2010) 701–741, hier 709 f.; einen Überblick bietet: Birgitta Bader-Zaar, Frauenbewegung und Frauenwahlrecht, in: Die Habsburgermonarchie 1848–1918, Bd. VIII: Politische Öffentlichkeit und Zivilgesellschaft, 1. Teilbd. (Wien 2006) 1005–1027.

159 Vgl. Majer, Frauen – Revolution – Recht (wie Anm. 158) 197 u. ö.

160 Vgl. Trauner, Los-von-Rom-Bewegung (wie Anm. 65) 521–524.

161 Vgl. Karl-Reinhart Trauner, »Los von Rom« versus »Hin zum Evangelium«. *A+G* 6/1993, 81–83.

che und politischen Positionen ist auch für den Bereich des Sozialismus feststellbar. In der Beurteilung des Ersten Weltkrieges – und damit erreicht der Aufsatz seinen chronologischen Schlusspunkt – werden eigenartige gedankliche Kombinationen sichtbar. 1915 hielt der Studieninspektor des Wiener Theologenheims und Privatdozent für Kirchengeschichte an der Wiener Evangelisch-Theologischen Fakultät Karl Völker einen Vortrag »Der Weltkrieg als Wendepunkt der Kirchengeschichte«. Darin ist ihm der Weltkrieg für die Kirchengeschichte gleichermaßen Wendepunkt wie für die Geschichte der Menschheit. Trotz zahlreicher Schwierigkeiten »bedeutet [der Weltkrieg] auf dem Gebiete der Inneren Mission, des Sozialismus wie des religiösen Individualismus einen Wendepunkt zum Besseren, insofern durch ihn der deutsche Protestantismus sich in alledem verselbständigt«.[162]

Das Elend nach dem verlorenen Weltkrieg führte zu einem verstärkten Hinwenden zu Fragen des Sozialismus, wobei man offenbar einen gesamtgesellschaftlichen Schulterschluss im Blick hatte. Der Dekan der Evangelisch-Theologischen Fakultät, der Alttestamentler Fritz Wilke, betonte anlässlich einer Gedenkrede 1919:

> »Wenn wir unser Volk retten wollen aus Elend, Not, Schmach und Schande, dann müssen wir uns mit ihm [dem Arbeiterstand] befassen, und wer wirklich arbeiten, wer anderen etwas bieten will, den schreckt die rauhe Schale des Fabrikarbeiters ebensowenig wie der Sozialismus oder der Bolschewismus.«[163]

Die Evangelisch-Theologische Fakultät beschäftigte sich dementsprechend in ihrer Festschrift zu ihrem Hundertjahr-Jubiläum mit dem Thema »Religion und Sozialismus«. In der Festschrift legt Karl Völker einen Beitrag über »Sozialismus und Christentum im 19. Jahrhundert« vor. Hier arbeitet er sehr deutlich einen notwendigen Schulterschluss zwischen Sozialismus und Christentum heraus, die beide »zu Geistesmächten herangewachsen, die sich gegenseitig [aber auch] zum Problem geworden sind. Der Sozialismus sucht die Kirchen zu verdrängen, indem er sich als Ersatz für die Tröstungen dieser anbietet, und die Kirchen glauben ihren Gegner aus dem Feld zu schlagen, indem sie zu zeigen sich bemühen, daß sie zu verwirklichen vermögen, was jener anstrebt«. Völker kommt aber zu einem Sozialismus-freundlichen Ergebnis:

> »Denn im letzten Grund dreht sich der Kampf nicht um rein materielle Güter, sondern um das Ideal der neuen Menschheit. In diesem Sinne wird das Programm des Spartakusbundes der Kommunismus als eine Idee begrüßt, ›wie sie herrlicher, unerfüllbarer und größer seit dem Christentum nie wieder gedacht worden ist‹.«[164]

---

162 Karl VÖLKER, Der Weltkrieg als Wendepunkt der Kirchengeschichte, gehalten am 26. Mai 1915 in Wien anläßlich der Jahresversammlung des ›Evang. Pfarrervereines für Österreich‹ (Bielitz 1915) 20.

163 Fritz WILKE, Totenehrung. Eine Gedenkrede gehalten bei der Trauerfeier für die im Weltkriege gefallenen deutschen Studenten im Konzerthaus, hg. von der wissenschaftlichen Abteilung des Wirtschaftsvereines der Hochschüler Deutschösterreichs (Wien 1920) 16 f.

164 Beide Zitate: Karl VÖLKER, Sozialismus und Christentum im 19. Jahrhundert. Festschrift zur hundertjährigen Jubelfeier der evangelisch-theologischen Fakultät in Wien (Separatdruck aus Religion und Sozialismus, Berlin-Lichterfelde 1921) 25.

Oder, wie es Dekan Wilke bei der Totenehrung 1919 gesagt hatte: Es geht um »die Vereinigung aller deutschen Volksgenossen zu einer großen, einheitlichen Kulturmacht, einem Hort der Freiheit und der sozialen Wohlfahrt [...]«.[165]

Als besondere Form des Linksliberalismus wandte man sich also am Ende der Monarchie, als Anfang einer neuen Zeit, auch einem religiösen Sozialismus zu, der sich aber niemals aus Sicht des Sozialismus als dessen Teil etablieren konnte, sondern immer eine Sonderrolle spielte. Der religiöse Sozialismus, wie er während und nach dem Ende des Ersten Weltkrieges vertreten wurde, ist darüber hinaus – man hört die nationalistischen Töne in den Zitaten deutlich – unter den besonderen, auch ideologischen Vorzeichen der ersten Hälfte des 20. Jahrhunderts zu beurteilen.

IV. Nachbemerkung

Die Behandlung des Themas muss offen bleiben; die Entwicklung, wie sie für die Endphase der Monarchie nur schlaglichtartig angedeutet werden konnte, findet im 20. Jahrhundert eine Fortsetzung mit Höhen und erschreckenden Tiefen.

Die im 19. Jahrhundert grundgelegte Tradition lebt in manchen bis in die Gegenwart weiter und beeinflusst die Identität der evangelischen Kirche bis heute. Sehr menschlich sprach das Bischof Michael Bünker bei einem Interview knapp nach seiner Wahl zum Bischof an, als er nach seiner eigenen religiösen Sozialisierung gefragt wurde:

> »[...] was ich [...] mitbekommen habe, ist eine gewisse Intellektualität, die für das evangelische Pfarrhaus typisch ist, in dem es immer viele Bücher gibt. Aber die Pfarrer waren [...] auch diejenigen, die tarockieren konnten. Sie merken schon, dass ich nicht aus dem strengen Pietismus stamme, sondern aus dem liberalen Kulturprotestantismus. Man muss aber hinzufügen, dass dieses Milieu für nationales Gedankengut anfällig war.«[166]

165 Wilke, Totenehrung (wie Anm. 163) 15.
166 Boberski/Schlösser, Der Glaube (wie Anm. 9).

Kirchenvorsteher und kirchliche Obrigkeit Beobachtungen am Beispiel der evangelischen Gemeinden Oberösterreichs 1781 bis 1866

Von Günter Merz

Wie sich das Protestantenpatent und die vorausgehende Protestantengesetzgebung seit 1849 auf die äußeren Verhältnisse der evangelischen Gemeinden ausgewirkt haben, ist vielfach beschrieben worden. Sichtbarstes Zeichen der neuen Verhältnisse war die Möglichkeit, Kirchengebäude im Unterschied zu Bethäusern zu errichten. Für das Selbstwertgefühl der Evangelischen waren der Wegfall diskriminierender Schikanen wie des sechswöchigen Übertrittsunterrichts beim katholischen Pfarrer, des Begriffs »akatholisch«, der Kasualabgaben an den katholischen Pfarrer usw. wichtig.

Kaum beachtet wird hingegen, dass mit dem Wegfall der Toleranzbestimmungen die Einführung neuer Organisationsformen und damit neuer Machtverhältnisse in der Kirche einherging. Mein Eindruck ist, dass die Gemeinden und innerhalb der Gemeinden die weltlichen Vertreter an Bedeutung verloren und den damit verbundenen Machtverlust nicht widerspruchslos hingenommen haben. Dies soll die folgende Studie zeigen, wobei aufgrund der schwierigen Quellenlage hier nur Andeutungen gemacht werden können.

I. Zur Darstellung der Geschichte der Gemeinden seit Mitte des 19. Jahrhunderts

Seit der Mitte des 19. Jahrhunderts erschienen Publikationen zur Geschichte evangelischer Gemeinden Oberösterreichs. Zweck der meisten dieser Schriften war zunächst die »Erbauung« der Gemeindeglieder durch die Schilderung des Glaubens und Mutes der Vorfahren. Weiters wurde die Geschichte der österreichischen Evangelischen im deutschsprachigen Ausland bekannt gemacht und damit zugleich die Spendenfreudigkeit der dortigen »Glaubensgenossen« angeregt. Meist diente der Erlös dieser Schriften, etwa der vom Gustav-Adolf-Verein herausgegebenen Heftchen, der finanziellen Unterstützung bestimmter Gemeinden oder Projekte. Seit Beginn des 20. Jahrhunderts wurden vor allem Jubiläen zum Anlass genommen, sich mehr oder weniger ausführlich mit der Geschichte einzelner Gemeinden zu beschäftigen.

Wissenschaftlich beschäftigten sich in der ersten Hälfte des 20. Jahrhunderts vor allem die Brüder (und Superintendenten) Josef Friedrich und Jakob Ernst Koch mit der Geschichte der evangelischen Gemeinden Oberösterreichs. Von Jakob Ernst Koch stammt die bis heute unübertroffene, aber leider nur maschingeschriebene, bzw. mit

Spiritusmatrizzen vervielfältigte gründliche und detaillierte Darstellung der Geschichte der evangelischen Gemeinden Oberösterreichs.[1]

Die Darstellung der Gemeindegeschichte folgt in den meisten dieser Publikationen einem einfachen Schema:

Zunächst wird der Gründermütter und -väter gedacht, werden ihr Glaube, ihr Bekennermut und ihre Tatkraft gerühmt. Fast jede Toleranzgemeinde hat solche »Glaubenshelden« der Frühzeit aufzuweisen, Persönlichkeiten wie Brigitta Wallner in Gosau, die »Mayerin« von Taubenbrunn in Eferding, Rosina Steinauer in Neukematen, die Hebamme Elisabeth Hillinger in Rutzenmoos, der »Weberbartl« und der »Hietlmayer« in Wallern oder Paul Hehenberger in Scharten. Aber auch später entstandene Gemeinden haben ihre verehrten Gründerväter, wie Johann Konrad Vogel in Linz oder Jakob Schönthaler in Braunau. Ausführlich geschildert werden dann die Schwierigkeiten und Widerstände, die die Gemeindegründungen begleiteten. Viele dieser Darstellungen beruhen auf Erzählungen, die später von Pastoren oder Lehrern niedergeschrieben wurden. Manchmal, wie im Fall der Elisabeth Hillinger in Rutzenmoos, dienen auch die anklagenden Briefe des katholischen Pfarrers als Quellen.[2] Dazu kommen amtliche Dokumente und vor allem für den Raum Scharten, Eferding, Wallern die Aufzeichnungen des Kaufmannes Johann Tobias Kießling.[3] Doch insgesamt sind die Quellen rar.

Die weitere Geschichte der Gemeinden wird in der Regel als Geschichte der hier wirkenden Pastoren/Pfarrer und Lehrer präsentiert. Besondere Ereignisse wie Neubauten, Neugründungen von Gemeinden usw. werden der Amtszeit des jeweiligen Pfarrers zugeordnet und damit der Eindruck erweckt, als wären Leistungen wie das Herbeischaffen der nötigen finanziellen Mittel im Wesentlichen deren Verdienst und Werk, was in Einzelfällen, aber keineswegs in der Regel, zutrifft.[4] Von Vorstehern und Presbytern und deren Beitrag ist hingegen wenig die Rede. Zwar findet sich in vielen Festschriften eine namentliche Auflistung der Kuratoren seit 1865, aber deren Leistungen, wie die der übrigen Presbyter, werden nur sehr pauschal gewürdigt.[5] Dass

1 Jakob Ernst KOCH, Aus der Geschichte der evangelischen Kirchengemeinden in Oberösterreich, maschinschriftl., ca. 1933–1947, OÖLA.

2 Steffen MEIER-SCHOMBURG, Rutzenmooser Chronik (Vöcklabruck 1959) 17 f.

3 Dazu: Grete MECENSEFFY, Der Nürnberger Kaufmann Johann Tobias Kießling und die österreichischen Toleranzgemeinden. *JGPrÖ* 74 (1958) 29–70.

4 In dieser Tradition steht auch Leopold TEMMEL mit seinem Buch »Evangelisch in Oberösterreich. Werdegang und Bestand der Evangelischen Kirche« (Linz 1982), der die Kirchengeschichte Oberösterreichs seit dem Toleranzpatent als Geschichte der Superintendenten präsentiert.

5 Als Beispiel sei das Buch »Von Teno bis Thening« [Andreas MEISSNER/Andreas HAGMÜLLER, Von Teno bis Thening. Ein gemeindegeschichtlicher Entwurf (Thening 1983)] zitiert: »Während vor 1861 der Pfarrer mehr oder weniger alleinverantwortlich zeichnete für die Geschäfte des Pfarramtes (wenngleich es in Thening immer maßgeblich »tragende Säulen« gegeben hatte), [...]« (S. 123). »Das, was Thening war, wurde und ist, geht gerade auch auf das Wirken unserer Kuratoren und der jeweiligen Presbyter zurück.« (S. 125).

es auch anders gehen konnte, zeigt eine der frühesten Darstellungen der Geschichte einer evangelischen Gemeinde, die »Geschichte der evangelischen Kirchengemeinde Neukematen«[6] aus dem Jahr 1860, in der Pastoren, Lehrer und sämtliche Vorsteher seit 1783 in gleichwertiger Weise aufgelistet sind.

In vielen, auch in für die Anfangsjahre sehr gründlichen und durchaus wissenschaftlichen Darstellungen der Gemeindegeschichten, kommen Presbyter und Kuratoren und deren Arbeit nicht vor.[7] Dementsprechend wird auch die Gesetzgebung rund um das Protestantenpatent im Wesentlichen auf die Schilderung der Aufhebung der Diskriminierungen reduziert, während der organisatorische Umbau der Kirche und der Gemeinden durch die provisorische Verordnung von 1861 und die Kirchenverfassung von 1866 selten erwähnt wird. Das mag daran liegen, dass die Verfasser dieser Publikationen fast ausschließlich Pfarrer und Superintendenten waren und sind. Auch steht sehr viel Aktenmaterial (Personalakten, Visitationsprotokolle usw.) über hauptamtliche Mitarbeiter (Pastoren, Lehrer) zur Verfügung, während über die Vorsteher vergleichsweise wenig erhalten ist. Aber es fehlt auch die Bereitschaft, vorhandene Quellen neu zu untersuchen und das Bild der evangelischen Kirche als »Pastorenkirche«, das sich seit Mitte des 19. Jahrhunderts durchgesetzt hat, kritisch zu überprüfen.

II. »Die Gemeinde« und die Aufsichtsbehörden zwischen 1781 und 1861

II.1 Rechtliche Stellung der Gemeinde

Das Toleranzpatent vom 13. Oktober 1781 legte fest, dass 100 »acatholische« Familien eine Gemeinde gründen durften. Wie sich die Gemeinde organisieren sollte, blieb hingegen offen. Das überrascht, denn der Gemeinde kam große Bedeutung zu. Sie übte in der Regel das ius patronis aus.[8] Wenn sie in der Lage war, die finanziellen Mittel dafür aufzubringen, durfte sie die Errichtung von Bethaus und Schule planen und nach behördlicher Genehmigung durchführen. Sie durfte Prediger- und Lehrerposten schaffen und Kandidaten für diese Posten suchen und präsentieren. Dem Kaiser bzw. den von ihm beauftragten Behörden stand das ius confirmationis, das Recht auf Bestätigung des Vorschlags der Gemeinde zu (zuständig dafür war das Konsistorium in Teschen, später in Wien). Schließlich war es Aufgabe der untergeordneten Behör-

6 Josef Ecker, Geschichte der evangelischen Kirchengemeinde Neukematen von ihrer Gründung im Jahre 1783 bis zu Ende des Jahres 1859 (Manuskript, Neukematen 1860, hg. von der Evangelischen Pfarrgemeinde Neukematen 1992).

7 Als Beispiele seien J. E. Kochs Geschichte der Kirchengemeinden [Koch, Kirchengemeinden (wie Anm. 1)] und Meier-Schomburgs Rutzenmooser Chronik [Meier-Schomburg, Rutzenmooser Chronik (wie Anm. 2)] genannt.

8 Ausnahmen: Goisern und Gosau. In Goisern übernahm der Kaiser dieses Recht, in Gosau die Saline. Das wirkte sich für die betroffenen Gemeinden in finanzieller Hinsicht vorteilhaft aus. Ansonsten unterschieden sich die Verhältnisse offenbar kaum von den übrigen Gemeinden.

den, das Verfahren unter genauer Einhaltung der Bestimmungen des Toleranzpatents abzuschließen (das geschah durch das örtliche Kreisamt oder den Superintendenten). Wie groß der Spielraum der Gemeinden tatsächlich war, hing von der Haltung der jeweiligen Behörde und deren Ermessen ab. Dies bedeutete, wie Reingrabner[9] deutlich gemacht hat, dass »der Kaiser als der die Toleranz als freien Gnadenakt Gewährende jedes Recht und jede Stellung gegenüber den Tolerierten – stillschweigend oder ausdrücklich – für sich in Anspruch nehmen konnte« und dass »nicht an den Aufbau einer Landeskirche gedacht [war], sondern der Landesfürst wollte seine iura circa sacra gegenüber einzelnen Gemeinden durch seine politischen Behörden ausüben«. Dennoch ist festzuhalten, dass »die Gemeinde«, die in den meisten Fällen in Oberösterreich aus Bauern oder Arbeitern bestand, dem Kaiser als – wenn auch ungleicher – Partner gegenüberstand. Meinungsverschiedenheiten zwischen Behörden und Gemeinden endeten daher des Öfteren mit einer persönlichen Vorsprache der Vertreter der Gemeinden beim Kaiser oder der Hofkanzlei und nicht selten damit, dass Weisungen der Aufsichtsbehörden aufgehoben wurden.[10]

II.2 Gemeinde und kirchliche Aufsichtsbehörden

In Bereichen, die mit theologischen Inhalten oder der Amtsführung der Prediger und Lehrer zu tun hatten sowie bei der Bestätigung der Prediger und Lehrer lag die Aufsicht in den Händen von Superintendent und Konsistorium. Da eine Aufsicht über die Amtsführung der Vorsteher durch Superintendent oder Konsistorium außer in organisatorischen Fragen (Erhaltung der Gebäude, pünktliche Gehaltszahlungen) nicht vorgesehen war, ergab sich im Konfliktfall für Pastoren und Lehrer eine schwierige Stellung zwischen ihrem Arbeitgeber, der Gemeinde und den kirchlichen Vorgesetzten. Wie sich in den Auseinandersetzungen der ersten Jahrzehnte nach dem Toleranzpatent zeigte, überwog die Identifikation der Prediger mit den Wünschen der Gemeinden die Anweisungen des Superintendenten, dessen Drohungen (Amtsenthebung usw.) ins Leere gingen.[11] Da sowohl der erste Superintendent, Johann Christian Thielisch (im Amt 1783–1827), als auch das Konsistorium, das abgesehen von seinem katholischen Präsidenten aus Vertretern der Wiener evangelischen Gemeinden A.C. und H.C. bestand,[12] dem rationalistischen Flügel der Kirche angehörten, der das Denken des aufgeklärten absolutistischen Staates unterstützte, konnten heftige Konflikte

9 Gustav Reingrabner, Zur rechtlichen Lage der evangelischen Kirche in den österreichischen Erblanden nach 1781. *Österreich in Geschichte und Literatur* 10. Jg., Folge 10 (Dezember 1966) 525–539, hier 529.

10 Als Beispiele seien genannt: Entscheidung der Hofkanzlei betr. Drucklegung des Gesangbuches der Gemeinde Wallern (gegen das Konsistorium) siehe Kap. II.2.1, Intervention der Gemeindevorsteher von Goisern bezügl. Schulbau, aber auch noch Vorsprache der Linzer Vorsteher betreffend den Bethausbau 1842.

11 Die »Außer Landes Schaffung« des Eferdinger Predigers Eisenbach bildet hier eine Ausnahme, die mit besonderen Umständen und Provokationen auch der Landesbehörden zusammenhing. [Siehe Koch, Kirchengemeinden, Eferding (wie Anm. 1) 13–16].

12 Reingrabner, Zur rechtlichen Lage (wie Anm. 9) 530.

mit den pietistisch geprägten, auf ihre Eigenverantwortung pochenden Gemeinden nicht ausbleiben.

Die im Folgenden dargestellten Konflikte waren Auseinandersetzungen zwischen den Gemeinden und ihren Vorstehern auf der einen und den kirchlichen, vom Staat unterstützten Behörden auf der anderen Seite. Die Prediger vertraten in der Regel die Position ihrer Gemeinde.

II.2.1 Der oberösterreichische Gesangbuchstreit[13]

Von 1783 bis 1791 vergiftete der oberösterreichische Gesangbuchstreit das Klima zwischen Gemeinden und kirchlichen Aufsichtsorganen. In diesem Streit ging es um die Frage, welche Gesangbücher in den Gemeinden verwendet werden durften, welche Lieder zu singen waren. Da sich die Gemeinden weigerten, ihre alten, aus Regensburg oder Ortenburg stammenden Gesangbücher durch moderne, in Österreich gedruckte, rationalistisch geprägte Gesangbücher zu ersetzen, forderte Superintendent Thielisch am 4. September 1784 die Landesregierung auf, den Gemeindevorstehern das Recht, die Gesangbücher zu bestimmen, zu entziehen und auf Superintendent und Prediger zu übertragen, »denn die Vorsteher sind unwissende Bauern«.[14]

Dass Thielischs eigene Gemeinde Scharten sich mit den Nachbargemeinden in diesem Konflikt gegen ihren Prediger und Superintendenten verbündete, verwundert angesichts der Verankerung von Persönlichkeiten wie dem Mitbegründer und Vorsteher der Gemeinde Paul Hehenberger in der pietistischen Tradition nicht. 1788 gipfelte der Konflikt in der Androhung durch die vom Superintendenten angerufene Hofkanzlei, dass jenen Gemeinden, die sich weiterhin der Einführung der vom Konsistorium approbierten Gesangbücher widersetzten, das Bethaus zu sperren sei und widerständige Pastoren ihres Amtes zu entheben seien.[15] Dass es dazu nicht kam, war das Verdienst der Gemeindevorsteher von Scharten, die in Verhandlungen zwischen Superintendent und widerständigen Gemeinden einen Kompromiss zustande brachten, der es allen ermöglichte, ohne allzu schlimmen Gesichtsverlust aus dem selbstzerstörerischen Streit herauszukommen. Man einigte sich auf die Einführung eines Gesangbuches, das neben neuen und modernisierten Liedern auch alte, wenn auch überarbeitete Lieder enthielt (nicht enthalten war das Lied: »Ein feste Burg!«).[16] Die Gemeinde Wallern setzte sich durch Entscheidung der Hofkanzlei gegen Thielisch und das Konsistorium durch und durfte ein, allerdings durch die Zensur stark verändertes, eigenes Gesangbuch drucken.[17]

---

13 Eine detaillierte Schilderung der Auseinandersetzungen: Jakob Ernst Koch, Zur Geschichte der Gesangbuchfrage in Oberösterreich seit den Tagen der Toleranz. *JGPrÖ* 74 (1958) 3–28; siehe auch Ernst Hofhansl, Nachlese zum oberösterreichischen Gesangbuchstreit. Ein Beitrag zur österreichischen Frömmigkeitsgeschichte. *JGPrÖ* 94 (1978) 96–106.

14 Koch, Gesangbuchfrage (wie Anm. 13) 9.

15 Ebenda 21.

16 Ebenda 22.

17 Ebenda 13–17, siehe auch Hofhansl, Gesangbuchstreit (wie Anm. 13) 102.

Die Einführung eines neuen Gesangbuches bedeutete allerdings nicht, dass die alten, nun verbotenen Gesangbücher verschwunden waren. So berichtet Ecker[18] im Jahr 1860, dass in Neukematen das »Regensburgische Gesangbuch [...] bis in die neueste Zeit noch bei Leichenbegängnissen in Anwendung stand«. In den Visitationsprotokollen über Neukematen wird das verständlicherweise verschwiegen.

Als Ergebnis des acht Jahre dauernden Ringens um das Gesangbuch kann festgehalten werden, dass zwar die Gemeinden letztlich zum Nachgeben gezwungen wurden und sich der Zensur und Bevormundung beugen mussten, dass sie sich das aber keineswegs widerspruchslos oder demütig gefallen ließen, sondern hart um jeden noch so kleinen Freiraum zu kämpfen bereit waren.

II.2.2 Die Bekämpfung des Pietismus durch kirchliche und staatliche Behörden

Ging es im Gesangbuchstreit um die Auseinandersetzung zwischen Tradition und Moderne, wobei der Konflikt zwischen Pietismus und Rationalismus im Hintergrund stand, so bestimmte dieser Konflikt in den folgenden Jahren das Verhältnis zwischen Gemeinden und kirchlichen Aufsichtsbehörden.

Der Pietismus hatte in Oberösterreich vor allem durch das Wirken des Nürnberger Kaufmannes Johann Tobias Kießling[19] viele Anhänger gewonnen. Kießling war Mitglied des Nürnberger Partikularvereins der »Deutschen Christentumsgesellschaft« und stellte nach dem Erlass des Toleranzpatents die Verbindung zur Christentumsgesellschaft in Basel her. Er besuchte über Jahrzehnte die Märkte in Linz und Graz und nützte diese Aufenthalte zu Besuchen in den Gemeinden und evangelischen Häusern der Region. Er brachte Bücher nach Oberösterreich, war an der Vermittlung von Predigern und Lehrern beteiligt und warb in Deutschland um Spenden für die österreichischen Gemeinden. Durch seine Vermittlung unterstützte die Gesellschaft die oberösterreichischen Gemeinden auch nach Katastrophen wie dem großen Hochwasser in Eferding 1799.[20] Mit vielen Gemeindegliedern und Vorstehern, aber auch manchen Pastoren verband Kießling eine enge Freundschaft. Dadurch fand die von ihm gepflegte Erweckungsbewegung nachhaltige Verbreitung. So traten auch Paul Hehenberger und seine Freunde später der »Deutschen Christentumsgesellschaft« bei,[21] ja sie planten sogar die Gründung einer eigenen österreichischen Partikulargesellschaft. Darauf verzichteten sie allerdings aufgrund der dem Pietismus feindlichen Haltung der kirchlichen Aufsichtsbehörden.[22]

Über Kießling hatte Hehenberger offenbar sofort nach dem Toleranzpatent auch Kontakte zu Johann August Urlsberger (1728–1806) in Augsburg aufgenommen. Je-

---

18 Ecker, Geschichte Neukematen (wie Anm. 6) 15.

19 Zu Kießling siehe: Mecenseffy, Der Nürnberger Kaufmann (wie Anm. 3) 29–70.

20 Ebenda 41.

21 Martin Brecht, Württembergische Pietisten und oberösterreichische Toleranzgemeinden, in: Im Zeichen der Toleranz. Aufsätze zur Toleranzgesetzgebung des 18. Jahrhunderts im Reiche Josephs II., hg. von Peter F. Barton (Studien und Texte zur Geschichte und Kirchengeschichte, Reihe 2, Bd. VIII, Wien 1981) 429–439, hier 434.

22 Mecenseffy, Der Nürnberger Kaufmann (wie Anm. 3) 44 f.

denfalls berichtet der Linzer Dechant Johann Michael Posch am 26. Dezember 1781 an den Bischof von Passau, Kardinal Firmian, dass »der Bauer Hehenberger in der Scharten schon um 2000 fl. lutherische Bücher aus Augsburg bestellt habe«.[23] Hehenberger stand zudem in Briefkontakt mit Vertretern des Württemberger Pietismus. Dabei ging es auch um häusliche Erbauungsstunden.[24]

Die in Privathäusern an Wochentagen abgehaltenen Erbauungsstunden bildeten ein Kernstück der pietistischen Praxis, die unter anderem von den aus Württemberg stammenden Predigern in Neukematen und Rutzenmoos gepflegt wurde. Damit wurde weitergeführt, was unmittelbar nach dem Toleranzpatent – noch vor Einrichtung der Pastorate – von den Evangelischen praktiziert wurde, dass sie, »in die Häuser zusammenzukommen, allwo sie vorlesen, betten, singen und die Baurnapostel, wie sie sagen, recht schene Lehr machen«.[25]

Superintendent Thielisch und das Konsistorium standen diesen Zusammenkünften ablehnend gegenüber. In die Neufassung der Instruction für den Superintendeten vom 15. Februar 1786[26] wurde ein zusätzlicher Punkt eingeführt:

»Da es die Erfahrung in anderen Ländern gelehrt hat, wie viel Nachtheil für die Religion selbst, für den öffentlichen Gottesdienst und für die bürgerliche Ruhe aus Privatversammlungen mehrerer Familien unter dem Vorwand einer besseren und größeren Erbauung entstehen könne [...]« sollten die Prediger dafür sorgen, dass »dergleichen nicht einreißen möge, und davon, wenn es sich doch ereigne, sogleich die Anzeige von solcher Unordnung dem Superintendenten« zu machen sei, der dann das Konsistorium zu informieren habe.

Im März 1791 kam es deshalb zu einem Konflikt zwischen der Gemeinde Rutzenmoos und der weltlichen und kirchlichen Obrigkeit.[27] Auslöser dürfte eine Beschwerde des katholischen Pfarramtes über private Zusammenkünfte in zwei Bauernhöfen gewesen sein. Während der Rutzenmooser Pastor die Hausandachten heftig verteidigte, erließ das Konsistorium am 7. Februar 1792 ein Schreiben, in dem es vor der »sog. Deutschen Christentumsgesellschaft« warnte, die zum Fanatismus hinneige und durch die Einführung schwärmerischer Erbauungsbücher und die Berufung schwärmerischer Prediger einen schlechten Einfluss ausübe.[28]

Bis Mitte des 19. Jahrhunderts kam es immer wieder zu ähnlichen Konflikten. Ein Beispiel aus späterer Zeit ist der Fall des Lehrers Peter Fuchsmeier.[29] Fuchsmeier, zunächst Lehrer in Roitham (Gemeinde Scharten), organisierte um 1828 religiöse Hausversammlungen in den Gemeinden des Unterlandes um Scharten. Senior Jo-

---

23 Rudolf Zinnhobler, Katholische Reaktionen auf das Toleranzpatent im Lande ob der Enns, in: Im Zeichen der Toleranz (wie Anm. 21) 440–468, hier 451.

24 Brecht, Württembergische Pietisten (wie Anm. 21) 436.

25 Bericht des Pfarrers von Schwanenstadt, Kerschbaumer an Kardinal Firmian, 6. März 1782, zit. in Zinnhobler, Katholische Reaktionen (wie Anm. 23) 454.

26 OÖLA, Archiv der Superintendentur, Sch. 7, B14.

27 Meier-Schomburg, Rutzenmooser Chronik (wie Anm. 2) 27 f.

28 Ebenda 28 f.

29 Koch, Kirchengemeinden, Goisern (wie Anm. 1) 24 f.

hann Steller, der Nachfolger Thielischs als Superintendent, und das Konsistorium setzten die Abberufung Fuchsmeiers durch. Dieser wechselte daraufhin nach Goisern und setzte dort sein Wirken als Lehrer und Organisator von Hausandachten fort. 1831 wurde er neuerlich abgesetzt und durch Einberufung zum Militär aus Oberösterreich entfernt. Während Pastor Wehrenfennig sich ruhig verhielt, protestierten drei Vorsteher persönlich, wenn auch erfolglos, bei Steller. 1837 kam Fuchsmeier nach Roitham zurück und wirkte dort als Lehrer bis 1869.

Ein weiteres Konfliktfeld bildete der Umgang mit der Offenbarung des Johannes. Als der Rutzenmooser Pastor Seeger im Sommer 1793 Andachten über die Offenbarung hielt, erteilte ihm das von Superintendent Thielisch informierte Konsistorium den Rat, das Buch, »das zu schwärmerischen Vorstellungen Veranlassung geben könnte« nicht zu behandeln.[30] Seeger reagierte scharf. Daraufhin warnte das Konsistorium am 30. Juni 1794 die Prediger unter Androhung, eine Absetzung zu beantragen, »sich aller Schwärmereien und Deuteleien über den prophetischen Inhalt der Offenbarung zu enthalten«. Leider wird die Haltung der Gemeindevorsteher in diesem Konflikt nicht erwähnt, aber es kann davon ausgegangen werden, dass sie voll hinter ihrem Prediger standen.

Gerade der Umgang mit der Offenbarung, für Thielisch ein »Steckenpferd chiliastischer Schwärmerei und pietistischer Verbohrtheit«[31], barg Konfliktpotential. Als Josef Friedrich Gross, Pastor in Eferding und ebenfalls überzeugter Pietist, 1790 eine Erklärung der Offenbarung verfasste, forderte Thielisch diese umgehend an. Allerdings dürfte das Manuskript bei ihm nie angekommen sein, denn Paul Hehenberger, der es von Eferding nach Scharten mitnehmen sollte, behielt das Buch vorsorglich bei sich.[32]

Auch die Berufung von Predigern, die mit der Deutschen Christentumsgesellschaft in enger Verbindung standen, löste Konflikte aus.

So kam es zwischen der Gemeinde Eferding und Superintendent Thielisch zum Streit um die Besetzung der Predigerstelle nach dem Abgang des Pastors Gross im Jahr 1800. Die Vorsteher beriefen den Sekretär der »Deutschen Christentumsgesellschaft« in Basel, Karl F.A. Steinkopf, in das Predigeramt. Thielisch, der einen noch stärkeren Einfluss pietistischer Kreise in Oberösterreich fürchtete, nahm in diesem Konflikt eine zwiespältige Haltung ein. Das Konsistorium lehnte die Bestätigung Steinkopfs ab. Erst nach langen heftigen Auseinandersetzungen war die Gemeinde schließlich bereit, einen in Ödenburg ausgebildeten Kandidaten als Prediger zu akzeptieren.[33]

30 Meier-Schomburg, Rutzenmooser Chronik (wie Anm. 2) 29 f.

31 Koch, Kirchengemeinden, Eferding (wie Anm. 1) 19.

32 Ebenda. 1933 entdeckte Koch das Buch im Hehenbergerhof. Es befindet sich heute im Evangelischen Museum OÖ in Rutzenmoos.

33 Koch, Kirchengemeinden, Eferding (wie Anm. 1) 21 f. Steinkopf blieb trotzdem mit der Gemeinde Eferding in Verbindung. 1830 spendete er, inzwischen Prediger an der Savoyerkirche in London, 125 Gulden für den Neubau des Bethauses.

Ein ähnlicher Fall ereignete sich 1810 in Gosau. Der aus Ortenburg stammende Prediger Johann Friedrich Wiesinger, ein Nachkomme österreichischer Emigranten, wurde von der Gemeinde als Kandidat präsentiert. Das Konsistorium lehnte Wiesinger im Einvernehmen mit Superintendent Thielisch ab, weil er Kießling und der Christentumsgesellschaft nahe stand.[34]

In den ersten Jahren des 19. Jahrhunderts dürfte sich die Situation beruhigt haben. Einige der radikalsten Pietisten unter den Predigern waren nach Deutschland zurückgekehrt. Das Konsistorium setzte durch, dass kaum noch Kandidaten aus Deutschland nach Oberösterreich kommen konnten und die Pfarrstellen mit Predigern aus der Habsburgermonarchie, besonders aus den ungarischen Ländern (Ödenburg, Zips usw.), besetzt wurden.

Die Gemeinden hatten infolge der Franzosenkriege und der wirtschaftlichen Krisen (Staatsbankrott 1811) andere Sorgen. Kießling, dessen Firma durch die engen Verflechtungen mit Österreich 1811 in Konkurs ging, konnte nicht mehr helfen. Er pflegte aber weiter den Kontakt zu den oberösterreichischen Freunden.

Gleichzeitig scheint Superintendent Thielisch durch seinen großen Einsatz etwa zur Verbesserung des Schul- und Konfirmandenunterrichts das Vertrauen der Gemeinden und Pastoren gewonnen zu haben. Gegen Mitte seiner langen Amtszeit, etwa ab 1800, verhielt er sich auch toleranter und verständnisvoller gegenüber pietistischen Strömungen.

Unter seinem Nachfolger, dem Theninger Pastor Johann Steller (zunächst als Senior, 1832 bis 1854 als Superintendent), verschärften sich die Auseinandersetzungen um private Zusammenkünfte und Hausandachten wieder, wobei die Angst der rationalistisch eingestellten kirchlichen Behörden (Superintendent, Konsistorium) vor »Schwärmerei und Mystizismus« sich mit der Angst des Staates vor schwer kontrollierbaren Vorgängen traf. In der Instruktion für den Superintendenten von 1830[35] wurde das Verbot privater Zusammenkünfte wiederholt, allerdings wurde die Sorge, dass »dergleichen nicht einreißen möge« dem Superintendenten zugewiesen. Offenbar wollte man den Pastoren in diesem Punkt nicht mehr vertrauen.

II.2.3 Verbot von Hausandachten außerhalb bestehender Gemeinden

Der von kirchlichen und staatlichen Behörden geführte Kampf gegen Andachten und Zusammenkünfte außerhalb der Bethäuser machte keinen Unterschied zwischen pietistischen Versammlungen, die als Ergänzungen neben den nach strengen Regeln ablaufenden Gottesdiensten stattfanden, und Versammlungen, die als Ersatz für die aufgrund großer Entfernung zu einem Bethaus normalerweise nicht erreichbaren Gottesdienste dienten.

Durch die gesellschaftlichen und wirtschaftlichen Veränderungen am Beginn des 19. Jahrhunderts wuchs auch in Städten, in denen es 1781 noch keine oder sehr

34 Koch, Kirchengemeinden, Gosau (wie Anm. 1) 19.

35 OÖLA, Archiv Superintendentur, Sch. 7, B1.

wenige Evangelische gegeben hatte, deren Zahl an. In Linz fanden sich vor allem aus Deutschland zugewanderte Handwerker und Kaufleute zu einer Gemeinschaft zusammen. Nicht nur die Entfernung zum zuständigen Bethaus in Thening, sondern wohl auch die Fremdheit der traditionsverbundenen Bauerngemeinde veranlassten die evangelischen Linzer zur Organisation eigener Andachten in einem Gasthaus in der Vorstadt.[36] 1811 wurden diese Andachten behördlich verboten, wobei die Tatsache, dass Kießling hier ein häufiger Gast war, keine besondere Rolle gespielt haben dürfte. 1826 erfolgte erstmals die Eingabe zur Errichtung einer selbständigen Gemeinde. Doch es dauerte bis 1844, ehe in dem seit 1841 genehmigten Bethaus Gottesdienste stattfinden durften. Vorausgegangen waren jahrelange Konflikte zwischen den Linzer Vorstehern einerseits, dem Superintendenten und den staatlichen Behörden andererseits. Bis 1844 wurden die Linzer angehalten, den Gottesdienst in Thening zu besuchen.

Auch in Gmunden wurde die Eingabe zur Errichtung einer Filialgemeinde mit Bethaus und damit zur Abhaltung legaler Gottesdienste von den kirchlichen und staatlichen Behörden vor allem aus finanziellen Gründen abgelehnt.[37] Dabei darf aber nicht übersehen werden, dass eine Abtrennung der bürgerlichen Stadtgemeinden auch von den betroffenen »Muttergemeinden« abgelehnt wurde. Gerade die arme bäuerliche Gemeinde Rutzenmoos konnte sich einen Verzicht auf die evangelischen Bürger in Gmunden und Vöcklabruck nicht leisten.[38] Dass die Ablehnung der Gesuche um Errichtung einer Filialgemeinde für die betroffenen Evangelischen bedeutete, dass ein Gottesdienst nur nach stundenlangen Fußmärschen zu besuchen war, und daher das Interesse an der evangelischen Kirche erlahmte, spielte für die Behörden im Kampf gegen Andachten außerhalb der Bethäuser keine Rolle. Manchen katholischen Stellen mag dieser Nebeneffekt durchaus willkommen gewesen sein.

Besonders negativ in Erinnerung geblieben ist das Verhalten des Konsistoriums und des Superintendenten Steller gegenüber den Boosianern im Raum Gallneukirchen.[39] Dort hatte sich durch das Wirken des katholischen Pfarrers Martin Boos, der vom deutschen Pietismus beeinflusst und mit dem Eferdinger Pastor Höchstetter eng befreundet war, ab 1810 eine Erweckungsbewegung gebildet. 1821 wurden die ersten beiden Übertritte zur evangelischen Kirche (zur Gemeinde Eferding) behördlich genehmigt, doch in den folgenden Jahren reagierten die Behörden auf Übertrittsansuchen meist ablehnend und mit harten Schikanen. Während Superintendent Thielisch die Anliegen jener, die sich nach langem Ringen der evangelischen Kirche anschließen

36 N.N. (Bernhard Czerwenka), Zur Geschichte der evangelischen Gemeinde zu Linz in Ober-Österreich (Linz 1862) 25 f.

37 Koch, Kirchengemeinden, Gmunden (wie Anm. 1) 53.

38 Ebenda.

39 Besonders detailliert ist die Geschichte der Boosianer dargestellt bei: Koch, Kirchengemeinden, Gallneukirchen (wie Anm. 1) 10–68.

wollten, vertrat, warnte das Konsistorium mehrmals vor »Proselytenmacherei«. Auch Senior (später Superintendent) Steller stand den Übertrittswilligen negativ gegenüber und unterstützte damit die Vorgangsweise des als besonders konservativ-katholisch bekannten Mühlkreisamtes. Selbst Kaiser Franz I. konnte sich 1827 in seiner ablehnenden Haltung gegenüber der evangelischen Bewegung im Mühlviertel auf Steller berufen. Besonders schmerzlich für die Übertrittswilligen war, dass einerseits scharf gegen »Winkelandachten« vorgegangen wurde, andererseits jenen, die noch formal der katholischen Kirche angehörten, der Besuch eines evangelischen Gottesdienstes streng untersagt war. Unterstützung erhielten die »Boosianer« hingegen von den pietistisch geprägten Pastoren Kotschy (Eferding) und Koch (Wallern). Erst 1849, 28 Jahre nach den ersten Übertrittsansuchen, wurden die letzten »Boosianer« aus der katholischen Kirche entlassen und schlossen sich der neuen evangelischen Gemeinde Linz an. 1860 gründeten sie die evangelische Schulgemeinde in Weikersdorf, 1871 erfolgte die Gründung der Pfarrgemeinde Gallneukirchen.

Anders als in Oberösterreich war es in Niederösterreich sehr wohl möglich, Hausandachten und Gottesdienste in Privathäusern zu feiern. Jedenfalls hielten die zur Gemeinde Neukematen gehörenden Evangelischen auf dem Sonntagberg bei Waidhofen a.d. Ybbs bis 1857 regelmäßig und unbehelligt an jedem Sonn- und Feiertag Lesegottesdienste in einem Bauernhaus ab. Ein Mal im Jahr kam auch der Pastor aus Neukematen zu einem Abendmahlsgottesdienst in das Haus.[40]

II.3 Gemeinde und staatliche Aufsichtsbehörden

In finanziellen Fragen, aber auch bei Konflikten, in denen es nicht um religiöse Meinungsverschiedenheiten ging, waren die Kreisämter für die Gemeinden zuständig. Ihnen musste der jährliche Rechnungsabschluss vorgelegt werden, bei außergewöhnlichen Ausgaben über 50 Gulden (Instruktion 1785) bzw. 30 Gulden (Instruktion 1830) war eine Genehmigung des Kreisamtes einzuholen. Daraus ergab sich die Zuständigkeit des Kreisamtes für sämtliche Baumaßnahmen und die Schaffung von Dienstposten (Prediger, Lehrer). Eine enge Zusammenarbeit mit den kirchlichen Aufsichtsbehörden war unerlässlich. Diese kam auch darin zum Ausdruck, dass bei Visitationen durch den Superintendenten immer auch ein Vertreter der lokalen Behörde anwesend sein und das abschließende Visitationsprotokoll mit unterschreiben musste. Da der Superintendent der Landesregierung und das Konsistorium der Hofkanzlei verantwortlich war, hatten diese obersten staatlichen Behörden das letzte Wort und entschieden – wie die oben genannten Beispiele gezeigt haben – in manchen Konflikten zugunsten der Gemeinden gegenüber den ihnen untergeordneten kirchlichen Behörden.

---

40 Ecker, Geschichte Neukematen (wie Anm. 6) 42–44.

II.4 Innere Organisation der Gemeinden vor 1861

Angesichts der sonst zu beobachtenden »Regelungswut« des josefinischen Staates fällt auf, dass Regelungen die innere Organisation der Gemeinden betreffend zunächst offen blieben. Ein dringender Bedarf, Gemeindeordnungen zu erstellen, scheint nicht gegeben gewesen zu sein. Offensichtlich ergab es sich, welche Männer[41] die schwierige und vor allem in finanzieller Hinsicht mit großer Verantwortung verbundene Aufgabe eines Gemeindevorstehers zu übernehmen hatten. Es waren Persönlichkeiten wie Paul Hehenberger in Scharten, die sich nicht nur um finanzielle und rechtliche Fragen kümmerten, sondern bei Bedarf auch Andachten hielten, die Anschaffung religiöser Bücher organisierten und bereit waren, für kirchliche Zwecke Räumlichkeiten, Grundstücke, Naturalien und außergewöhnliche finanzielle Mittel zur Verfügung zu stellen.

Dabei scheint es selbstverständlich gewesen zu sein, dass die Gemeindevorsteher ihre Aufgabe als Kollegialorgan ohne interne Rangordnung ausübten.

II.4.1 Aufgaben der Vorsteher

Erste Aussagen über Funktion und Befähigung der Gemeindevorsteher finden sich zwar schon in dem Entwurf einer Presbyterialordnung durch den gerade erst installierten Superintendenten Johann Christian Thielisch (1783).[42] Aber sein Entwurf wurde zu Thielischs großer Enttäuschung von der oberösterreichischen Landesregierung nicht angenommen. Auch spätere Versuche Thielischs, die Gemeindevorsteher unter die Aufsicht des Superintendenten und der Pastoren zu stellen, scheiterten, wie der Verlauf des Gesangbuchstreites zeigte, kläglich, weil dem Superintendenten in dieser Frage die Rückendeckung durch die ihm vorgesetzten Landesbehörden fehlte.

In der vom Konsistorium am 24. Juni 1785 erlassenen Superintendentialinstruktion[43] fehlen Aussagen betreffend die innere Organisation der Gemeinden. In einer Neufassung der Instruktion vom 23. Dezember 1785 wird lediglich festgehalten, dass »zur Verwaltung der oeconomicorum [...] einige Vorsteher als Repräsentanten [...] gewählet und bevollmächtiget werden [...]«.[44]

Ausführlich befasst sich damit nur eine weitere Fassung der Instruction für die Superintendenten, die von der oberösterreichischen Landesregierung als »Publica-

---

41 Bemerkenswert ist, dass bei der Sammlung der Evangelischen nach dem Toleranzpatent Frauen eine sehr wichtige Rolle gespielt haben (so in Gosau, Rutzenmoos, Eferding, Neukematen usw. aber auch z. B. in Mitterbach/NÖ), während ab der Gründung der Gemeinden bis zur Kirchenverfassung 1949 Frauen vom Wahlrecht und allen »weltlichen« Ämtern in der Kirche ausgeschlossen waren!

42 OÖLA Archiv Superintendentur, Sch. 7, B 14, abgedruckt auch bei Helga Hochhauser, Oberösterreichische Toleranzgemeinden von der Gründung (1781/82) bis zum Protestantenpatent (1861) (Diss. Salzburg 1997) 241–246.

43 OÖLA, Archiv der Superintendentur, Sch. 7, B 14.

44 Reingrabner, Zur rechtlichen Lage (wie Anm. 9) 531.

tions Aufsatz«[45] am 15. Februar 1786 ausgesandt wurde. Darin werden auch Anliegen aufgegriffen, die Thielisch in seinem Entwurf bereits geäußert hatte:

In Punkt 14 heißt es:

> »Zur Verwaltung der Kirchengüter der Gemeinden, über deren Verwaltung der Superintendent die Aufsicht hat« müssen in »jeder Gemeinde einige Vorsteher als Repräsentanten gewählet und bevollmächtiget werden, die im Rechnungswesen erfahren sind, und zu diesem Amte erforderliche Geschicklichkeit haben; auch müßen dazu fromme, würdige Männer, die einen unbescholtenen Lebenswandel führen, ihre Familien in guter Ordnung halten, und bey der Gemeinde in einigem Ansehen stehen, genommen werden. Diese Vorsteher haben mit Zuziehung des Predigers, auf die Verwendung der Kirchengelder gewissenhaft zu sehen, auf Einnahmen und Ausgaben zu merken, auch auf die Gebäude, welche auf Kosten der Gemeinde erhalten werden, das Bethaus, Prediger- und Schulwohnung acht zu haben, für deren Reparaturen Sorge zu tragen, und dem Prediger und Schulmeister ihr bestimmtes Salarium in gesetzter Zeit und richtig abzureichen.
>
> Sie werden sich aber auch in den Gemeinden sehr verdient machen, wenn sie dem Prediger es anzeigen, wo sie in einer Familie Unordnung, schwere Sünden bemerken oder sonst etwas wahrnehmen, was wider die Allerhöchsten Verordnungen streitet, und dem Prediger zu weiterer Fürkehrung zu wissen nöthig ist.«

Deutlich wird hier das Bestreben, den Vorstehern jegliche Mitverantwortung in geistlichen oder theologischen Fragen abzusprechen. Die vielen Konflikte zeigen, dass das dem Selbstverständnis vieler Vorsteher nicht entsprach. Personen, die jahrelang als Laienprediger, Leiter von Hausandachten und Bücherschmuggler tätig gewesen waren und durch den Kontakt mit pietistischen Kreisen in Deutschland eine gewisse theologische Bildung erworben hatten, ließen sich nicht auf die Rolle des Vermögensverwalters oder Aufsehers über die Nachbarn beschränken. Dazu kommt, dass die Vorsteher ja fast überall das Patronatsrecht ausübten. Sie wählten die Kandidaten für Prediger und Lehrerposten aus und hatten damit gravierende inhaltliche Entscheidungen zu treffen. Ohne ihre Zustimmung konnte kein Posten in der Gemeinde besetzt werden. Die Konflikte um die Besetzung der Predigerstellen mit Personen, die der »Deutschen Christentumsgesellschaft« nahe standen oder angehörten, aber auch spätere Konflikte wie der Streit um den Lehrer Fuchsmeier in Goisern zeigen, dass die Vorsteher auf ihre geistliche Kompetenz nicht zu verzichten bereit waren.

Ohne Rücksicht darauf wurde in der Neufassung der Instruktion für Superintendenten 1830[46] die Aufgabe der Vorsteher im Sinne der Instruktion vom Dezember 1785 wieder auf rein wirtschaftliche Aufgaben reduziert. Erstmals ist 1836 in der im Auftrag des Konsistoriums erfolgten Erhebung,[47] wie die Wahlen und Beratungen in den Gemeinden vor sich gehen, von »kirchlichen und ökonomischen Angelegenheiten« die Rede.

45 OÖLA, Archiv der Superintendentur, Sch. 7, B14.

46 OÖLA, Archiv der Superintendentur, Sch. 7, B14.

47 Rundschreiben des Superintendenten Steller an die Pastorate vom 15. März 1836. OÖLA, Archiv Superintendentur, Sch. 5, B 10, Nr. 56.

II.4.2 Organisation der Gemeinde, Wahl der Vorsteher

1787 verfasste Superintendent Thielisch einen »Verfassungsentwurf für Gemeinden«.[48] Er wurde vom Konsistorium mit dem 1. August 1787 genehmigt und daraufhin von der Landesregierung in Kraft gesetzt. Er bildete für Jahrzehnte die gesetzliche Grundlage für die Organisation der Gemeinden.[49]

Darin wurde festgeschrieben, was ohnehin schon Praxis in den Gemeinden gewesen sein dürfte:

Die Gemeinden sollten in Viertel eingeteilt werden. Die Hausbesitzer jedes Viertels hatten aus ihrer Mitte einen Vorsteher zu wählen. Als Aufgaben des Vorstehers nannte der Entwurf vor allem das Einsammeln des Geldes für die Belange der Gemeinde und die Führung des Verzeichnisses der Gemeindeglieder. Vierteljährlich sollten die Vorsteher mit dem Seelsorger zusammenkommen und gemeinsam die notwendigen Entscheidungen treffen. Jedem Vorsteher sollten zwei Ausschussmänner zur Seite gestellt werden, die »bei wichtigen Angelegenheiten zu Rathe gezogen werden« sollten. Die Namen der Gewählten mussten dem Superintendenten mitgeteilt werden.

Erledigt wurde die Stelle eines Vorstehers durch Tod oder durch Abdankung, wobei der Rücktritt erst nach Klärung aller finanziellen Fragen erlaubt war.

Dass in diesem Entwurf die Sicherstellung der Finanzen der Gemeinde im Vordergrund stand, geht aus dem letzten Paragraphen (§10) hervor: Sollte ein Gemeindeglied die Zahlung verweigern, war dies dem Kreisamt zu melden.

Auch die Sozialkontrolle spielte eine wichtige Rolle: Deshalb wurde in dem Entwurf festgelegt, dass Gottesdienstbesuch und Amtshandlungen nur im eigenen Bethaus mit dem zuständigen Seelsorger erlaubt waren.

Über die Einteilung der Gemeinde und die Zahl der Viertelmänner entschied die Gemeinde autonom. Wie das vor sich ging, berichtet Josef Ecker[50] über die Gemeinde Neukematen. Als sich 1857 »bei der vorher gepflogenen Beratung sämtlicher Wahlberechtigte[r]« herausstellte, dass statt bisher sechs nur noch fünf Viertelmänner zu wählen sein sollten, legten die bisherigen Vorsteher ihr Amt zurück, »damit die Gemeinde zu einer allgemeinen, jede Rücksichtnahme auf die Vergangenheit ausschließenden, neuen Vorsteherwahl schreiten könne«. Gleichzeitig wurde die Amtszeit der Vorsteher auf vier Jahre begrenzt. Die neuen Vorsteher wurden im Rahmen eines Gottesdienstes feierlich installiert.

Besondere Bedeutung hatte die Einteilung der Gemeinde in Viertel mit klaren Verantwortungsstrukturen, wenn es mehrere Schulstandorte gab. Die Schulgemeinde, die für die Erhaltung der Schule und den Unterhalt des Lehrers verantwortlich war,

48 Vorschlag Thielischs vom 20. Mai 1787, Bitte Thielischs an die Landesregierung um Publikation durch Kreisämter am 15. August 1787, Abschrift des Kreisamtes Lambach vom 25. Oktober 1787: Archiv der Superintendentur, Sch. 5, abgedruckt auch in Hochhauser, Oberösterreichische Toleranzgemeinden (wie Anm. 42) 247–248.

49 Das Hofdekret vom 16. Oktober 1802 fand in Oberösterreich keine Anwendung, wie aus der Erhebung von 1836 deutlich hervorgeht.

50 Ecker, Geschichte Neukematen (wie Anm. 6) 105 f.

aber auch das Recht hatte, Kandidaten für den Lehrerposten zu präsentieren, und das Viertel haben sich zumindest überschnitten. Die Autonomie der Viertel war vor allem wichtig, wenn es um die Gründung einer Schule in großer Entfernung vom Sitz der Gemeinde ging, etwa in Zell am Attersee 1787, oder auch in Weikersdorf 1860. Die Gründung wurde vom Vorstand der zuständigen Gemeinde bestätigt.

1836 verlangte das Kreisamt Lambach von Senior Steller einen Bericht über die innere Organisation der Gemeinden des Traunkreises (Attersee, Eferding, Rutzenmoos, Scharten, Thening, Wallern, Wels). Punkt 1 betraf die Frage nach der »Anzahl der Gemeindeglieder, d. h. der Hausbesitzer, welche allein das Recht haben, Vorsteher und Ausschussmänner durch Mehrheit der Stimmen zu wählen und überhaupt über die wichtigsten kirchlichen und ökonomischen Angelegenheiten zu berathen [...]«[51], und ob zu diesen Beratungen sämtliche Gemeindeglieder beigezogen werden.

Die Antworten der Prediger und Stellers Bericht[52] an das Kreisamt vom 6. April 1836 geben einen Einblick, wie in den Gemeinden Verantwortung wahrgenommen wurde:

Grundsätzlich wurde die Ordnung von 1787 eingehalten, wenngleich Steller in dem Brief an das Kreisamt einräumte, dass sie »nicht in allen Gemeinden und nicht nach allen Beziehungen befolgt« wurde. Das Hofdekret von 1802 war, wie einige Prediger in ihren Antwortschreiben betonten, völlig unbekannt. Auch die Ordnung von 1787 war in den meisten Gemeinden nicht vorhanden.

Wahlberechtigt waren grundsätzlich die Hausbesitzer bzw. Hausväter, die finanzielle Beiträge an die Gemeinde leisteten. Die Wahlberechtigten eines Viertels wählten ihren Vorsteher. In den meisten Gemeinden wurden die Ausschussmänner ebenfalls gewählt, in Rutzenmoos ernannte der Vorsteher seine Ausschussmänner. In Scharten (der Gemeinde des Superintendenten Thielisch!) wurden erst ab 1816 Ausschussmänner gewählt, »da die Gemeindeangelegenheiten nicht in der besten Ordnung waren«. In Thening wurde die Wahl der Vorsteher erst 1830 eingeführt. Bis dahin ernannten die amtierenden Vorsteher ihre Mitvorsteher.

In Thening und Wallern kam auf jeden Vorsteher ein Ausschussmann, in Attersee gab es 1836 keine Ausschussmänner, in den übrigen Gemeinden waren es zwei pro Vorsteher. Die Zahl der Vorsteher betrug in Rutzenmoos 9, Thening 8, Scharten, Eferding und Wels je 6, in Wallern und Attersee je 4.

In den meisten Gemeinden galt eine Mindestamtszeit von zwei oder drei Jahren. Während in Wels, Eferding und Scharten manche Vorsteher über Jahrzehnte im Amt waren und ein Wechsel »wegen Mangel an geeigneten Individuen« (Scharten) selten war, wechselten in Rutzenmoos die Vorsteher alle vier bis sechs Jahre, wobei meistens ein bisheriger Ausschussmann Vorsteher wurde und der bisherige Vorsteher als zweiter Ausschussmann zur Verfügung stand. Dieses System häufiger Vorsteherwahlen hatte allerdings zur Folge, dass die stimmberechtigten Gemeindeglieder in Rutzenmoos die Verantwortung ganz auf die Vorsteher und Ausschussmänner übertrugen und trotz Einladung zur Beratung wichtiger Gemeindeanliegen selten erschienen.

---

51 Rundschreiben des Seniors Steller an die Pastorate vom 15. März 1836, OÖLA, Archiv Superintendentur, Sch. 5, B 10, Nr. 56.

52 Sämtliche Unterlagen dazu befinden sich in OÖLA, Archiv Superintendentur, Sch. 5, B 10.

Während in Wallern und Eferding wichtige Entscheidungen wie die Wahl der Prediger und Lehrer, Baufragen und Fragen des Grundbesitzes von allen stimmberechtigten Gemeindegliedern beraten und abgestimmt wurden, wurden in Wels die Wahlen von allen Wahlberechtigten durchgeführt und die wirtschaftlichen Fragen den Vorstehern und Ausschussmännern überlassen. Auch in Scharten entschieden Vorsteher und Ausschuss über die wirtschaftlichen Fragen, die Wahlen wurden dagegen durch die Vorsteher und ein Gremium von 20 bis 30 Wahlmännern durchgeführt, das die unterschiedliche Größe der Viertel repräsentierte.

II.4.3 Andeutungen zum Selbstverständnis der Gemeinde und ihrer Vorsteher

»Ist das Evangelium unsers Herrn und Heilandes Jesu Christi eine Kraft Gottes, selig zu machen, Alle, die daran glauben, o wie theuer und werth soll es uns nicht seyn und bleiben, o wie reichlich dankbar sollen wir nicht dafür seyn! Wie tief gerührt und freudigst sollen wir nicht diese unaussprechliche Wohlthat erkennen! – Nur müsse aber unser Dank nicht bloß in Worten und einigen schnell vorübergehenden Rührungen bestehen, sondern sich auch in der That und in unserm ganzen Verhalten gegen Gott und Jesum, sowie auch in der treuen Erfüllung unserer Pflichten gegen unsern Nebenmenschen und Mitchristen thätig zeigen, und besonders auch gegen unsere Lehrer in Kirchen und Schulen, die am Worte Gottes und am Evangelio arbeiten. [...] Groß, unaussprechlich groß wird dann einst unser Lohn dafür seyn! [...].«

Diese Sätze aus der Abschiedspredigt von Johann Bernhard Friedrich Höchstetter,[53] von 1800 bis 1817 Pastor in Eferding, sind mehr als fromme Formeln. Sie geben die wohl wichtigste Motivation jener wieder, die als Gemeinde oder deren Amtsträger bereit waren, ihre »Pflichten« zu erfüllen. Aus der Dankbarkeit gegen Gott folgt die Verpflichtung zum Tun und die Bereitschaft, unter großen Opfern der Arbeit am Evangelium zu dienen. Der Hinweis auf Gottes Lohn wird ein Grund dafür gewesen sein, warum auch jene Gemeindeglieder, die besonders große Leistungen und Opfer für die Gemeinde gebracht haben, nur selten namentlich genannt werden. Es gibt aus den ersten Jahrzehnten nach dem Toleranzpatent wenige Informationen über diese verdienten Personen. In Visitationsprotokollen und Berichten werden sie nicht erwähnt, und wenn Dank ausgesprochen wird, wie in der zitierten Predigt, dann gilt dieser Dank »Dir, ewig theure liebe Gemeine«[54] ohne Namensnennungen.

Nur bei ganz außergewöhnlichen Leistungen tauchen Namen auf. Als Beispiel dafür sei wieder auf Eferding verwiesen. In seinem Bericht über den Bau des Bethauses[55] nennt Pastor Friedrich Traugott Kotschy drei Personen: den Bauern Michael Jungreithmayer, der fast allen Bausand zur Verfügung stellte, den Fischer Joseph Bruckmayer, der die Reinigung des Sandes organisierte und den Müller und Gemeindevorsteher

53 Johann B. F. HÖCHSTETTER, Abschieds-Predigt über Kolosser 2. Vers 6,7 bei der Evangelischen Gemeinde in Eferding gehalten den 17ten August 1817 (gedruckt bei Kastner, Linz 1818) 15.

54 Ebenda 16.

55 Friedrich Traugott KOTSCHY, Reden und Predigt bey der Einweihung des evangel. Bethhauses in Eferding am zwanzigsten Sonntage nach Trinitatis, den 20. October 1833 (gedruckt bei Eurich, Linz 1834) 58 f.

Martin Brumayer, der fast alle Steine zur Verfügung stellte, außerdem »100 Fuhren davon aus eigenen Mitteln« zahlte und »sich vom Anfang bis zum Ende des ganzen Baues auf das eifrigste« annahm. Nicht nur »die Hausbesitzer, sondern auch Inwohner, Dienstboten und Kinder« hatten ihr Scherflein beigebracht. Kotschy schließt seinen Dank mit den Worten:

> »Gottes reicher Segen ruhe auf den Haushaltungen dieser beyden achtungswerthen frommen Mitglieder wie aller andern Vorsteher, Ausschußmänner und Hausbesitzer dieser Gemeinde, die diesen Bau aus reiner Liebe förderten, Gott sey auch jedem Kinde, Dienstboten und Inwohner Schild und ein sehr großer Lohn für seinen Beytrag zum Gedeihen des Ganzen und lasse Jeden insonderheit auch des Heiles theilhaftig werden, das uns Jesus Christus erworben hat und in Seinem Bethhause verkündigen lässt.«

Auch das konsequente Auftreten der Vorsteher als Kollegialorgan ohne erkennbare Rangordnung passt in dieses wohl aus der pietistischen Tradition kommende Bild der Tätigkeit für Gott. Ein Heraustreten Einzelner und ein Rühmen ihrer Verdienste hätten der gebotenen und in vielen Berichten gerühmten Bescheidenheit und Demut des evangelischen Christen nicht entsprochen. Dabei waren sich die Vorsteher ihrer Funktion wohl bewusst. Wichtige Briefe und Dokumente der Gemeinde wurden von allen Vorstehern unterschrieben. Aus Gosau ist ein Dokument erhalten, das dieses Selbstbewusstsein besonders schön zeigt: Das Protokoll vom 5. Juli 1788[56] über den Beschluss der Vorsteher, freiwillige Gaben zur Besoldung des Superintendenten einzusammeln, schließt mit dem Satz:

> »Solches alles genehmigen, versprechen und bekräftigen wir Viertelmänner und Ausschüsse im Namen der ganzen Gemeine mit unseren gewöhnlichen Unterzeichnungen und Petschaften […].«

Dann folgen die Unterschriften (zum Teil Kreuze und Ergänzung des Namens durch den Lehrer!) und Siegel jedes einzelnen Viertelmannes und Ausschussmitgliedes sowie des Lehrers Ebenberger.

Beschluss der Kirchenvorsteher, Gosau 1788 (Ausschnitt)

56 Protokoll Gosau vom 5. Juli 1788, OÖLA, Archiv Superintendentur, Sch. 7, B15a.

III. Beobachtungen zu den Visitations-Protokollen der oberösterreichischen Superintendenz 1840 und 1847

III.1 Ablauf der Visitation, die Instruktion von 1830[57]

Die wichtigste Aufgabe des Superintendenten war die Visitation der Gemeinden, die regelmäßig zu erfolgen hatte und über deren Ergebnis der Superintendent dem Konsistorium und der Landesregierung zu berichten hatte. Zu überprüfen hatte er Amtsführung und Privatleben des Predigers und des Lehrers sowie deren Bezahlung durch die Gemeinde und den Zustand der kirchlichen Gebäude. Zur Visitation wurde die gesamte Gemeinde eingeladen, sodass für alle die Gelegenheit bestand, allfällige Beschwerden oder Klagen vorzubringen und nach Möglichkeit auszuräumen. Ebenfalls eingeladen wurde ein Beamter der Grundherrschaft, bzw. der örtlichen Behörde. Dieser hatte auch das abschließende Visitationsprotokoll gemeinsam mit Superintendent, Prediger, Lehrern und allen Vorstehern zu unterzeichnen. Mit der Lockerung der Toleranzbestimmungen 1849 fiel die verpflichtende Anwesenheit des obrigkeitlichen Beamten weg.

Im Jahre 1830 ersetzte das Konsistorium die Superintendentialinstruktion des Jahres 1785 durch eine neue Instruktion. Die Superintendenten hatten neben den bisherigen Aufgaben besonders auf die Einhaltung der Grenzen der Toleranzgesetzgebung zu achten. Sie mussten überprüfen, ob die Liturgie und gottesdienstliche Praxis der gültigen Agende entsprachen und ob nur approbierte Bücher in Gottesdienst und Schule verwendet wurden. Besonders eingeschärft wurde ihnen neuerlich, jegliche Privatandachten zu unterbinden und bei Predigern und Lehrern darauf zu achten, ob »Spuren von einem misslichen Hange zur Schwärmerey oder zu schädlichen Missbräuchen und Lastern« erkennbar waren.

Angeschlossen war ein Visitationsformular, das in den folgenden Jahrzehnten (zum Unwillen der Gemeinden auch noch Jahre nach dem Protestantenpatent!) in Verwendung stand.

Das Formular, wie schon die Instruktion, drückt aus, welche Interessen die Behörden im Umgang mit den Gemeinden leiteten:

Das Formular war in sechs Kapitel gegliedert, die wiederum zahlreiche Unterpunkte enthielten:

I. Ueber die Stärke der visitierten Gemeinde, ihren Zuwachs oder ihre Abnahme; über die Vermögensumstände derselben im Allgemeinen.
II. Ueber die öffentliche Religionsübung und den Gottesdienst überhaupt.
III. Ueber die Prediger, deren Amtsführung und Wandel.
IV. Ueber die Schulen und Schullehrer.
V. Ueber den Prediger der visitierten Gemeinde, der zugleich Senior ist.
VI. Ueber die Verwaltung der Kirchengüter.

57 Siehe die Instruktionen 1785 und 1830, OÖLA Archiv Superintendentur, Sch. 7, B 14.

Punkt II. enthielt die konfliktträchtigen Fragen nach der öffentlichen Religionsübung, besonders Frage 1:

> »Ob der Prediger den öffentlichen Religions-Unterricht nach dem Inhalte der heiligen Schrift und den damit übereinstimmenden symbolischen Büchern unserer Kirche ertheile, sich aller unnützen Grübeleyen, alles Polemisirens enthalte, und die Glaubenslehre und Lebenspflichten des Christenthums ohne unverständliche Terminologie, in einer allgemein verständlichen faßlichen Sprache vortrage?«

Frage 4:

> »Ob in Ansehung der äußeren Religionsübung die durch die Toleranz-Ordnungen bestimmten Gränzen genau beobachtet werden?«

Frage 5:

> »Ob auch in einer Gemeinde Privat-Versammlungen unter dem Vorwande einer größern Erbauung Statt finden?«

Oder Frage 8:

> »Ob bey dem Gottesdienste ein hohen und höchsten Ortes approbirtes und vorgeschriebenes Gesangbuch gebraucht werde, und welches? oder ob, und aus welchen Gründen man sich der Einführung eines solchen Gesangbuches widersetze? [...].«

III.2 Die Visitationen von 1840 und 1847

Glaubt man den Protokollen der Jahre 1840 und 1847,[58] so hat es in Oberösterreich keine Konflikte mehr gegeben. Die Frage nach Privat-Versammlungen wurde durchgehend mit »nein« beantwortet. Auch die Beachtung der Toleranzbestimmungen wird überall genau befolgt; manchmal fügte Superintendent Steller eigenhändig Ergänzungen hinzu wie »[...] was vom gegenwärtigen grundherrschaftlichen Beamten bestätigt wird« (Gosau 1847). Auch die Beurteilung der Pastoren und Lehrer fällt durchwegs positiv aus.

Dieses friedliche Bild, das da von der evangelischen Kirche nach außen präsentiert wurde, überrascht, wenn man bedenkt, wie heftig noch wenige Jahre zuvor die Auseinandersetzungen zwischen Steller und den Gemeinden um Privatversammlungen waren. Es scheint, dass die politischen Verhärtungen ab den Dreißiger-Jahren des 19. Jahrhunderts (Ausweisung der Zillertaler 1837, Häufung von Willkürakten gegen Übertrittswillige[59]) auch den Superintendenten zu der Einsicht geführt haben, dass der vor den Augen der staatlichen Behörden geführte Kampf der kirchlichen Aufsichtsorgane gegen widerständige Gemeinden die Kirche insgesamt gefährden oder zumindest ihr schweren Schaden zufügen musste. Jedenfalls zeugen die Protokolle von dem – auch von den lokalen staatlichen Behörden mitgetragenen – Wunsch, die

58 OÖLA, Archiv Superintendentur, Bündel 7.

59 Neben den erwähnten Boosianern erregte vor allem der brutale Umgang der lokalen Behörden und des katholischen Pfarrers mit Übertrittswilligen in Sierning 1832 bis 1838 [Ecker, Geschichte Neukematen (wie Anm. 6) 62–80] Aufsehen.

internen Probleme intern zu lösen und nach außen als Kirche geschlossen aufzutreten.[60]

Außer den unter Punkt I abgefragten statistischen Daten und den unter dem sehr kurzen Punkt VI abgefragten Angaben zur Verwaltung der Kirchengüter wurde über die Gemeinden als Organisationen nichts erhoben. Es wurden keine Angaben über Zahl und Namen der Vorsteher und Ausschussmänner oder anderer ehrenamtlicher Mitarbeiter und Mitarbeiterinnen und deren Tätigkeit verlangt. Deshalb ist es zwar möglich, anhand der Unterschriften auf verschiedenen Dokumenten einzelne Namen zu erfassen. Eine vollständige Auflistung der Repräsentanten der Gemeinden ist aber schwer möglich. Auch die innere Organisation der Gemeinden wie die Einteilung in Viertel, das in der Gemeinde praktizierte Wahlsystem usw. interessierte bei der Visitation nicht.

Die einzige Frage, die die Vorsteher in den Blick nimmt, ist Punkt VI.1: »Von welchen Personen werden die Ausgaben und Rechnungen des Kirchenwesens besorgt? haben sie die zu ihrem Amte erforderliche Geschicklichkeit?« Diese Frage wurde in den meisten Gemeinden damit beantwortet, dass das Kollegium der Vorsteher oder abwechselnd einzelne Vorsteher, oft unter Zuhilfenahme des Lehrers, als Rechnungsführer diese Arbeit erledigten. In seltenen Fällen (Attersee, Neukematen) wirkte auch der Pastor bei der Rechnungsführung mit.

IV. Die Übergangsphase. Von der Revolution 1848 bis zum Protestantenpatent 1861

IV.1 Bedeutung der Revolution für die evangelische Kirche in Oberösterreich

Wenn über das Jahr 1848 in Bezug auf die evangelische Kirche Oberösterreichs berichtet wird, dann werden meistens zwei Ereignisse festgehalten: Am 10. April 1848 tagte in Thening eine Predigerkonferenz unter Vorsitz des Superintendenten Steller. Dort wurde eine vom Wallerner Pastor Jakob Ernst Koch entworfene Petition an den Landtag beschlossen mit dem Ziel einer Gleichstellung der evangelischen mit der katholischen Kirche. Als Reaktion darauf wurden die Pastoren Koch und Wehrenfennig (Goisern) vor den Landtag geladen, der am 4. August 1848 auch mit Zustimmung des katholischen Klerus die »Petition der Landtagsabgeordneten aus dem evangelischen Klerus des Landes ob der Enns«[61] zur Weiterleitung an das Ministerium des Inneren annahm. Gleichzeitig tagte in Wien eine Konferenz kirchenleitender Persönlichkeiten (ohne Beteiligung der Oberösterreicher),[62] die die Beschwerden der Evangelischen

60 Stellers Haltungsänderung lässt sich auch daran ablesen, dass er um 1836 seinen Widerstand gegen die Errichtung einer Gemeinde in Linz aufgab und den von den Linzer Vorstehern an die Hofkanzlei gerichteten Antrag auf Errichtung eines Filialbethauses unterstützte.

61 Abschrift in OÖLA, Archiv Superintendentur, Sch. 5, B 10.

62 Karl Schwarz, Die Wiener Augustkonferenz 1848. *JGPrÖ* 99 (1983) 58–108.

an die Regierung zusammenfasste und die Einführung eines presbyterial-synodalen Systems diskutierte.

Die Ergebnisse dieser Konferenz wurden teilweise im Ministerialerlass im Jänner 1849 erfüllt. Das Scheitern der Revolution verhinderte weitergehende Reformen.

Im Zusammenhang dieser Arbeit ist darauf hinzuweisen, dass in dieses Geschehen die Gemeinden bzw. deren Vorsteher nicht eingebunden waren. Auch in den Tagen der Revolution blieben kirchliche und staatliche Behörden dabei, dass inhaltliche Fragen, etwa jene nach der Gestaltung der kirchlichen Ordnungen, allein Sache der Pastoren seien. Natürlich entsprach es auch dem auf ein katholisches Kirchenbild fixierten Denken der Mitglieder des Landtags, dass als Repräsentanten der evangelischen Gemeinden Pastoren und nicht Vorsteher wahrgenommen wurden, obwohl gerade die nur wenige Jahre zurückliegenden Auseinandersetzungen um den Bau des Bethauses in Linz[63] die Bedeutung der Vorsteher und deren Einsatzbereitschaft und Durchsetzungsfähigkeit neuerlich unter Beweis gestellt hatten.

Wie sehr in den Gemeinden an dem Geschehen Anteil genommen wurde, zeigt die kleine pietistisch geprägte Schrift des Handwerkers Johann Lichtenwanger aus Wallern.[64] Zunächst preist er in überschwänglicher Weise die »volle Glaubensfreiheit« und betont zugleich die dankbare Loyalität gegenüber dem jungen Kaiser Franz Josef I. Die neue Freiheit sieht er als Ansporn zu wahrem christlichen Leben. Ausführlich befasst er sich dann mit den »katholischen Glaubensbrüdern«. »Als friedliche, sich liebende Schwestern sollen sie miteinander wetteifern, ihre Pflegbefohlenen zu führen«[65] zu christlicher Tugend, zu Liebe und Glauben. Schließlich fragt er: »Warum erschreckt ihr ob dem Worte: Glaubensfreiheit?« und antwortet selbst: »weil ihr irrig glaubet, dass eure Kirche dadurch gefährdet werde«.[66] Stattdessen sollten beide Kirchen befreit den Weg des Glaubens gehen. Lichtenwanger sieht vor sich dank der Glaubensfreiheit eine Welt, »in der Glaube grünt, die Liebe herrscht und die ganze Menschheit vereinigt dem Herrn zur Ehre lebt«.[67] Anders beurteilt sein Pastor, Jakob Ernst Koch, die Lage. In seiner »Predigt am Neujahrstage 1849«[68] stellt er die Frage: »Wie wollen wir der dunklen und gefahrdrohenden Zukunft entgegengehen?«, weil die Revolution zerstörerische Kräfte entfesselt habe.

IV.2 Die Verordnung des Innenministers vom 31. Jänner 1849

Folgt man den heutigen Darstellungen der Geschichte der evangelischen Gemeinden, so entsteht der Eindruck, dass die ministerielle Verordnung von 1849 wesentlich grö-

---

63 Ausführlich beschrieben in Roman Raschka, Martin-Luther-Kirche (140 Jahre) (Linz 1984).

64 Johann Lichtenwanger, Ein Wort an die Christenheit, veranlaßt durch die Proklamation der Constitution vom 25. April 1848 und der damit verbundenen Glaubensfreiheit (gedruckt bei Joseph Wimmer, Linz 1849) (Archiv der Evang. Pfarrgemeinde A.B. Linz Innere Stadt).

65 Ebenda 10 f.

66 Ebenda 13.

67 Ebenda 16.

68 Jakob Ernst Koch, Predigt am Neujahrstage 1849 (gedruckt bei Joseph Wimmer, Linz 1849) (Archiv der Evang. Pfarrgemeinde Linz Innere Stadt).

ßere Bedeutung für die innere Entwicklung der bestehenden Gemeinden hatte als das Protestantenpatent von 1861.

Mit der Verordnung von 1849 fielen die offensichtlichsten Einschränkungen des Toleranzpatents weg. Die diskriminierende Bezeichnung »akatholisch« im gesetzlichen und behördlichen Sprachgebrauch[69] wurde ebenso abgeschafft wie die engen Vorschriften für den Bau der Bethäuser. Die »Prediger« durften jetzt die Berufsbezeichnung »Pfarrer« führen.

Weniger beachtet, aber für die Arbeit der Gemeinden wohl ebenso wichtig, war, dass das Eingriffs- und Kontrollrecht der staatlichen Behörden eingeschränkt wurde. Das betraf z. B. die laufende Kontrolle der Finanzen und die Genehmigungspflicht aller größeren Ausgaben durch das Kreisamt. Die Anwesenheitspflicht eines Behördenvertreters bei Visitationen wurde abgeschafft.

Nichts geändert hatte sich hingegen an der obrigkeitlichen Führungsstruktur, was die inhaltliche Arbeit betraf. Zwar hatte im August 1849 in Wien eine Konferenz der Superintendenten und von diesen nominierten Vertrauensleuten stattgefunden, deren Ziel die Erarbeitung eines Entwurfs einer Kirchenverfassung war.[70] Aber abgesehen von grundsätzlichen Auffassungsunterschieden zwischen Anhängern eines konsequent synodal-presbyterialen Systems und Anhängern einer, wenn auch eingeschränkten, Beibehaltung des landesherrlichen Kirchenregiments, scheiterte das Projekt an der Finanzierung. Die Regierung lehnte die Finanzierung von durch kirchliche Gremien gewählten Repräsentanten ab, die meisten Gemeinden waren nicht in der Lage, zusätzliche Gehälter und Reisekosten zu übernehmen.[71]

Somit blieben Konsistorium und Superintendent als vom Staat eingesetzte Aufsichtsorgane dafür verantwortlich, dass in den Gemeinden Frieden und Ordnung, aber auch eine den staatlichen Vorstellungen entsprechende Lehre, Verkündigung und Glaubenspraxis herrschte. Allerdings wurde das rigide Versammlungsverbot des Vormärz nicht mehr beachtet.

Offen blieb auch weiterhin die innere Organisation der Gemeinden. Dem Selbstverständnis vieler Gemeinden, die sich demokratisch (allerdings ohne Einbeziehung der Frauen) organisierten, standen die autoritäre Staatsmacht und, als deren verlängerter Arm, die kirchliche Aufsichtsbehörde gegenüber. Dass besonders unter den leitenden oberösterreichischen Pastoren ein tiefes Misstrauen gegenüber dem Einbruch der »Volkssouveränität« in die evangelische Kirche herrschte, war bei den Verfassungsverhandlungen in Wien deutlich geworden.[72]

Dieses Misstrauen bildet wohl den Hintergrund für jenes Geschehen, das ein grelles Licht auf die innerkirchlichen Verhältnisse in den Jahren nach 1848 wirft: Der Streit um das Wahlrecht und die Pfarrerwahl in Linz.

69 Im allgemeinen Sprachgebrauch (kirchenintern, Medien, halboffizieller Schriftverkehr usw.) wurde immer die Bezeichnung »evangelisch« verwendet.

70 Karl Schwarz, Die Kirchenverfassungsfrage auf der »Vorsynode« 1849. Ein Beitrag zur Rechtsgeschichte des österreichischen Protestantismus. *JGPrÖ* 99 (1983) 191–200.

71 Ebenda 200.

72 Ebenda 195, Anm. 20, nennt Schwarz dies die »Urangst des Luthertums«.

IV.3 Exkurs: Der Streit um das Wahlrecht und die Pfarrerwahl in Linz[73]

Mit 1. Jänner 1850 hatte sich die Filialgemeinde Linz von der Muttergemeinde Thening getrennt. Vorausgegangen war dem ein jahrzehntelanges Ringen mit staatlichen Behörden, aber auch, zumindest phasenweise, mit dem Theninger Pastor und Superintendenten Johann Steller. 1844 konnte in Linz das Bethaus eingeweiht werden. 1846 wurde mit Joseph Pultar ein ständiger Vikar berufen. Die Leitung der Gemeinde lag seit 1827 in den Händen eines aus sechs Personen bestehenden Vorstandes.

Nur wenige Wochen nach Erlangung der Selbständigkeit erhielt der Vorstand ein Schreiben,[74] das von 100 Gemeindegliedern (das waren ca. 75 % der Stimmberechtigten!) unterschrieben war und in dem die Außerkraftsetzung der Vollmacht des Vorstandes von 1827 verlangt wurde. Da das Schreiben »in ungeziemender Sprache« und »voll Misstrauen gegen die Handlungen des Vorstandes« abgefasst war,[75] traten die Vorsteher daraufhin zurück und schrieben eine Neuwahl aus.

Auch im Blick auf das Folgende ist die vom amtierenden Vorstand veranlasste Kanzelabkündigung zur Neuwahl bemerkenswert. Es heißt: »wahlfähig werden alle jene männlichen Mitglieder und jene selbständigen ansässigen Frauenspersonen, wenn sie durch an einen Mann übertragene Vollmacht vertreten sind, welche zur Bestreitung der Auslagen [...] dieser Gemeinde jährliche Geldbeiträge leisten.«[76]

Die Wahl fand am 3. März statt. Da aber keinerlei Struktur oder Vollmacht gegeben war, lehnten die gewählten Vorsteher die Annahme der Wahl ab. Daraufhin berief der provisorische Vorstand für 7. März eine Versammlung ein, zu der nur jene eingeladen wurden, die bei der Wahl am 3. März Stimmen bekommen hatten und alle jene, die mehr als 5 Gulden jährlich in die Kirchenkasse einbezahlten. Diese Versammlung erarbeitete eine »Verfassung für den zu wählenden Vorstand«.[77] In 19 Paragraphen wurde festgelegt, dass die Gemeinde 20 Ausschussmänner zu wählen hatte, die aus ihrem Kreis den aus fünf Personen bestehenden Vorstand wählten. Während die Wahl des Geistlichen und des Lehrers ausschließliches Recht aller Wahlberechtigten bleiben sollte, waren die wirtschaftlichen Fragen dem Ausschuss und die Details dem Vorstand zugeordnet. Auf Basis dieser Ordnung wurden am 17. März 1850 Ausschuss und Vorstand gewählt.

Wieder eine Woche später[78] diskutierten Ausschuss und Vorstand die Frage, ob die Wahl eines Pastors angegangen oder das Provisorium eines Vikars beibehalten

73 Alle Angaben in diesem Kapitel beziehen sich auf das »Protokoll der Evangelischen Kirchengemeinde Linz«, 1846–1858, Archiv der Evang. Pfarrgemeinde Linz Innere Stadt.

74 Protokoll 15. Februar 1850, 19. Leider ist das Schreiben nicht mehr erhalten, es hat wohl den Geist der Revolution widergespiegelt. Dass es sich nicht gegen die Vorsteher persönlich richtete, zeigt die Tatsache, dass 3 der bisherigen Vorsteher in der Wahl am 14. März 1850 wiedergewählt wurden.

75 Ebenda.

76 Ebenda 19a.

77 Protokoll 7. März 1850, 22–24.

78 Protokoll 28. März 1850, 29 f.

werden sollte. Da es keine Einigung gab, wurde mit Mehrheit beschlossen, das Provisorium beizubehalten.

Gegen diesen Beschluss protestierten unter Führung zweier adeliger Herrn mehrere Gemeindeglieder.[79] Daraufhin beschlossen der Vorstand und die Mehrheit des Ausschusses, doch eine Pfarrerwahl vorzunehmen. Am 25. April erstellte der Ausschuss einen Dreiervorschlag, der vom Konsistorium am 5. Juli genehmigt wurde.[80]

Bei der Festlegung des Modus der Pfarrerwahl kam es zur Auseinandersetzung um die Frage des Census. Während der angesehene Vorsteher Johann Konrad Vogel[81] sich gegen einen Census aussprach und sich dabei auch auf ein Gesuch von 89 Stimmberechtigten, aber auch auf das Fehlen eines Census in der im März beschlossenen Verfassung stützte, traten 3 Vorsteher für einen Census von 1 Gulden ein und beriefen sich dabei auf die Märzwahl, bei der ein Census von 5 Gulden gegolten hatte. Auch meinten sie, dass ein Census die Ordnung in der Gemeinde fördere.[82]

Am 30. Juli wurde die Censusfrage dem Ausschuss vorgelegt. Die Abstimmung ergab eine Mehrheit von 11 gegen 7 Stimmen für einen Census. Daraufhin legten der bisherige Vorstehervorsitzende J. G. Richter und Vogel sowie mehrere Ausschussmitglieder ihre Ämter zurück.

Offensichtlich handelte es sich bei der Censusfrage um eine grundsätzliche Frage, in der sozial engagierte, liberale Bürger einer konservativen Koalition aus Landwirten, Kaufleuten und Adeligen gegenüber standen. Die Liberalen wussten die große Mehrheit der Gemeinde hinter sich.

Diese Vorgänge veranlassten Superintendent Steller zu einer Anzeige beim Konsistorium in Wien. Dieses reagierte ungewöhnlich schnell. Am 7. September erschien Konsistorialrat Ernst Pauer,[83] der Superintendent der Wiener Diözese, in Linz. Unter seinem Vorsitz tagte der Ausschuss in seiner bisherigen Zusammensetzung[84] und beschloss mit 6 zu 5 Stimmen die Einführung des Census von 1 Gulden. Allerdings

79 Protokoll 14. April 1850, 30.

80 Abschrift des Bescheides: Protokoll 20. Oktober 1850, 43.

81 Der aus der Nähe von Ansbach stammende Zuckerbäcker Johann Konrad Vogel (1796–1883) war noch durch J. T. Kießling 1822 nach Linz vermittelt worden. Durch Einheirat erwarb er das Linzer Bürgerrecht. Vogel war seit 1834 die treibende Kraft im Ringen um die Errichtung einer evangelischen Gemeinde in Linz. Nach 1850 war der sozial engagierte, überzeugte Demokrat der schärfste Gegner der Bevormundung durch Superintendent und Konsistorium. Der Nachwelt ist er vor allem als »Wohltäter« und Begründer mehrerer Stiftungen im Gedächtnis geblieben. Sein Einsatz für ein demokratisches Wahlrecht, das auch Frauen mitbedachte, ist hingegen in Vergessenheit geraten. Vogel bekleidete auch das Amt des Armenvaters und Stadtverordneten und wurde schließlich Ehrenbürger der Stadt Linz. Es ist bezeichnend für die manchmal eingeschränkte innerkirchliche Sicht auf Vogels Wirken, wenn etwa J. E. Koch [Koch, Kirchengemeinden, Linz (wie Anm. 1) 65] behauptet, dass Vogel dem Liberalismus »unentwegt den Schild lutherischer Bibelgläubigkeit und evangelischer Glaubensinnigkeit entgegenhielt«.

82 Protokoll 17. Juli 1850, 33 f.

83 Zur Haltung Pauers siehe die Bemerkungen bei Schwarz, Kirchenverfassungsfrage (wie Anm. 70) 195.

84 Protokoll 7. September 1850, 35.

sollten alle, die die Bedingungen des Census erfüllten, zu einer Abstimmung über die Einführung des Census geladen werden. »Ferner wurde beschlossen, dass sämtliche weiblichen Gemeindeglieder von der Abgabe ihrer Stimmen bei jeder Wahl ausgeschlossen sein sollen.«

Die Abstimmung über den Census fand am 24. September statt und brachte ein klares Ergebnis: Mit 61 gegen 43 Stimmen wurde die Einführung des Census abgelehnt. Daraufhin wurden Neuwahlen beschlossen, weil bei den Wahlen im März ja nicht alle jetzt Stimmberechtigten mitwählen konnten.[85]

Fünf Tage später verlangte die Mehrheit der Stimmberechtigten per Eingabe die Direktwahl des Vorstandes, Abschaffung des Ausschusses und Erarbeitung einer Vollmacht (gemeint ist ein Arbeitsprogramm für die nächsten drei Jahre) für den neu zu wählenden Vorstand. Am 6. Oktober wurden diese gewünschten Änderungen beschlossen und die Statuten vom März für ungültig erklärt. Am 13. Oktober fand die Neuwahl unter großer Beteiligung (130 von 136 Berechtigten nahmen teil) statt und brachte eine klaren Sieg für die liberale Gruppe um Johann Konrad Vogel, der die meisten Stimmen (92) erhielt.

Als erste Aktion setzte der Vorstand die Pastorenwahl für 27. Oktober 1850 an. Am Morgen dieses Tages legten 30 Gemeindeglieder einen Protest gegen die Wahl ein und verlangten eine Verschiebung um zwei Wochen. Begründet wurde die gewünschte Verschiebung damit, dass nach Meinung der Protestierenden die neu gewählten Vorsteher vom Konsistorium zu bestätigen und ohne diese Bestätigung nicht handlungsberechtigt seien. Außerdem wurde der Vorwurf erhoben, dass nicht in Linz wohnende Gemeindeglieder in der kurzen Frist nicht an der Wahl teilnehmen könnten. Der Protest wurde vom Vorstand und der Mehrheit der versammelten Wähler zurückgewiesen. Die Wahl wurde durchgezogen. Von 166 Wahlberechtigten nahmen 134, darunter auch einige, die den Protest unterschrieben hatten, teil. Vikar Pultar wurde mit 113 Stimmen gewählt.

Am 31. Oktober stellte der Vorstand dem gewählten Pfarrer die Vokation aus und sandte diese gleichzeitig an die Superintendentur zur Bestätigung und Weiterleitung an das Konsistorium.

Am 5. November wies Superintendent Steller, in dem man wohl den Drahtzieher der Protestaktion vermuten muss, die Vokation mit der Begründung zurück, dass es in der Gemeinde Zwietracht gäbe.[86] Damit eskalierte die Auseinandersetzung zwischen Gemeinde und Obrigkeit.

In einem scharfen Brief[87] wandte sich der Vorstand am 9. November direkt an das Konsistorium, betonte die Rechtmäßigkeit und freie Wahl des Pfarrers und erklärte, dass sich der Vorstand »als rechtmäßig gewählte[r] Vertreter der Gemeinde tief gekränkt« fühle, weil der Superintendent Vorsteher- und Pfarrerwahl in Zweifel ziehe,

85 Protokoll 24. September 1850, 36.
86 Schreiben Superintendent Stellers vom 5. November 1850, Beilage im Protokollbuch der Evang. Pfarrgemeinde Linz 1846, nach 53.
87 Protokoll 7. November 1850, 51–53.

die Zahl derer, die bei ihm »Protest gegen die Pfarrerwahl angemeldet haben sollen, nicht angibt« und dem Vorstand keine weitere Eingabe mehr gestatte. »Dadurch muss nur neue Zwietracht, neuer Unfriede, in der hiesigen Gemeinde nothwendig hervorgerufen werden.« Gleichzeitig bat der Vorstand das Konsistorium um Bestätigung der Vokation. Auf dieses und eine Reihe weiterer Schreiben in den folgenden Monaten reagierte das Konsistorium nicht.

Im Februar 1852 verschärfte sich der Konflikt mit Superintendent Steller. Dieser warf Vikar Pultar vor, im Religionsunterricht »Ausfälle gegen die Katholische Glaubenslehre«[88]gemacht zu haben. Wieder berief sich Steller auf zwei anonyme Ankläger. Pultar brachte die Angelegenheit vor den Vorstand, der nach Diskussion beschloss, den Vikar bei seiner Verteidigung zu unterstützen, da offenbar »nur Kabalen getrieben würden«, um die Vokation zu verzögern.

Für März 1851 planten die Vorsteher gemeinsam mit Vikar Pultar eine Reise nach Wien, um die Vokationsangelegenheit endlich zu klären. Zur Bestürzung des Vorstandes erhielt Vikar Pultar am 13. Februar als Antwort auf sein für die Reise nötiges Urlaubsansuchen ein Dekret des Konsistoriums,[89] in dem das Konsistorium erklärte, dass »alle bisher ergriffenen Maasregeln bezüglich der Verhältnisse der evangel. Gemeinde zu Linz ohne den gewünschten Erfolg geblieben sind«. Als besonders empörend wurde die Aufforderung am Schluss des Briefes empfunden, der Vorstand möge doch trachten »den Herrn Superintendenten u. K. K. Consistorial Rathe von allen Unbilden zu schützen«. Daraufhin beschloss der Vorstand die Absage der Reise und wandte sich an die Statthalterei in Linz mit der Bitte, sie möge die Sache »einer gnädigen Prüfung würdigen und in ihrer gewohnten Gerechtigkeitsliebe diese hochwichtige hiesige Pastor Angelegenheit zur hochgeneigten Entscheidung bringen«.[90]

Da auch das nichts bewirkte, wandte sich der Vorstand am 29. Juni an Statthalter Eduard Bach persönlich, um ihm die Kirchenangelegenheit »zur Bewirkung einer huldvollen endlichen Erledigung zur Kenntnis zu bringen«.[91]

Am 7. Oktober 1851 erließ das Konsistorium schließlich das lang erwartete Dekret. Darin lehnt es Pultars Vokation ab. Zwar wird zunächst festgehalten, dass die Wahl der Vorsteher und die Wahl des Pfarrers rechtmäßig erfolgt seien, aber der Vorstand habe es versäumt, sich mit der Gegenpartei zu vergleichen. Dann wird dem Vorstand vorgeworfen, dass er unter Umgehung der Superintendentur (die die Weitergabe des Schreibens ja verweigert hatte) die Präsentation des Kandidaten direkt an das Konsistorium geschickt habe. Als wichtigstes Argument gegen Pultar wird genannt, dieser habe in der Angelegenheit vom Februar 1851 (4 Monate nach der Wahl!) die »Warnungen vor Unvorsichtigkeiten im Religionsunterrichte gegenüber der katholischen Kirche dem Vorstande mitgetheilt, um gegen seinen geistlichen Vorgesetzten

88 Protokoll 4. Februar 1851, 62.
89 Protokoll 9. März 1851, 67a.
90 Ebenda 68.
91 Protokoll 29. Juni 1851, 72a.

aufzuregen. [...] der Vikar oder Pastor soll und muß zum Wohle der Gemeinde mit dem Superintendenten zusammenwirken und nicht in der Gemeinde Parthei gegen den Superintendenten und seine Verfügungen nehmen und suchen«.[92]

Der Vorstand reagierte auf das Dekret mit dem Beschluss, den Vikar weiter zu behalten, bis er anderswo eine Anstellung finden sollte, und keine Neuwahl auszuschreiben. Am 26. November verlangte das Konsistorium per Dekret die Ausschreibung einer Neuwahl. Daraufhin sah sich Pultar der Belastung nicht mehr gewachsen und trat als gewählter Pastor zurück.

Der Vorstand erklärte nun, eine Neuwahl erst nach Ablauf seiner Amtszeit durchführen zu wollen und den Vikar bis dahin zu behalten. Das Schreiben des Vorstandes an das Konsistorium vom 21. Dezember 1851[93] drückt die Haltung der Vorsteher aus:

> »Zeit und Erfahrung werden bis dahin den Gemüthern jene Ruhe und jenen Eifer wieder geben, welcher in schwereren Zeiten ungetrübte Eintracht zu erhalten vermochte, und ohne sonstige Beihülfe aus sich selbst Thatkraft schöpfte. Das beiliegende Protokoll [...] wird das hohe Konsistorium überzeugen, daß eine überwiegende Mehrzahl, der es nicht an Intelligenz und Mäßigung fehlt, [...] diesen Wunsch hat.
>
> Wir glauben nicht, daß das hohe Konsistorium einer so geringen Anzahl gegenüber den Grundsatz der freien Wahl des Kirchenvorstandes in Frage stellen und Deutschland,[94] was aber noch mehr ist, dem Protestantismus gegenüber die Verantwortung eines solchen Schrittes auf sich nehmen wolle. Unsere Handlungsweise ist beseelt vom Geist der Versöhnung, aber auch durchdrungen vom Geiste des Protestantismus und in diesem Sinne möge das hohe Konsistorium diese Eingabe aufnehmen.«

Diesmal reagierte das Konsistorium relativ rasch: Am 17. Jänner 1852 schrieb Konsistorialrat Gunesch an den Vorstand:[95]

> »Aus Ihrem Berichte [...] hat das k. k. Consistorium A.C. mit wahrer Missbilligung jene Widersetzlichkeit ersehen welche die evangelische Gemeinde in Linz ungeachtet aller ihr gewordenenen Warnungen den hierortigen Bestimmungen entgegensetzt.«

Der Beschluss, die Pfarrerwahl zu verschieben, wird als Versuch gesehen, auf indirektem Wege zu erreichen, was auf direktem Weg beim Konsistorium nicht durchgesetzt werden konnte. Schließlich drohte Gunesch mit Maßnahmen, falls die Gemeinde nicht innerhalb von zwei Monaten die Wahl durchführen sollte.

Anfang Februar 1852 fand Vikar Pultar eine Anstellung als Pfarrer in Gröbming. Damit löste sich der Konflikt. Am 2. Februar beschloss der Vorstand eine neuerliche Pfarrerwahl, die am 4. April durchgeführt wurde. Mit dem bisherigen Cand. Theol. Friedrich Wilhelm Urbauer, der unter drei Kandidaten mit 115 von 158 gültigen Stimmen gewählt wurde, setzte sich wieder jener Bewerber durch, der von Superintendent und Konsistorium am wenigsten gewünscht wurde. Dennoch erfolgte umgehend die Bestätigung der Vokation. Urbauer übernahm auch den Vorsitz im Vorstand. Be-

92 Abschrift des Dekrets, Protokollbuch 81–82.

93 Protokoll 21. Dezember 1851, 79.

94 Dies dürfte eine Anspielung auf die deutschen kirchlichen Einigungsbemühungen (Kirchentag in Stuttgart 1850 und Elberfeld 1851) sein.

95 Abschrift: Protokollbuch, 85a.

merkenswert ist, dass bei der Vorsteherwahl 1853 einige der Vorsteher, die 1850 im Streit um den Census abgewählt worden waren, wieder in den Vorstand zurückkehrten.

Wie ernst den Linzern das Wahlrecht auch weiterhin war, ist daran zu ersehen, dass man sich 1859 bemühte, das immer noch geltende Recht von 1787 mit Einteilung in Wahlbezirke und Wiedereinführung der Ausschüsse umzusetzen. Das war wohl ein Zugeständnis an die Opposition von 1850, besonders an die Gemeindeglieder rund um Gallneukirchen und Weikersdorf. Dieses Wahlsystem erwies sich für die Stadt jedoch als unbrauchbar, da einzelne Viertel keine geeigneten Vorsteherkandidaten hatten, dafür aber bewährte Vorsteher, die im selben Viertel wohnten, aber nicht wiedergewählt werden konnten. Deshalb wurde 1861 sofort die Provisorische Verfassungsverordnung[96] umgesetzt und nach dieser neuerlich gewählt.

IV.4 Die Lösung der Gesangbuchfrage

Seit dem Gesangbuchstreit am Ende des 18. Jahrhunderts bildete die Frage, welches Gesangbuch verwendet werden durfte, ein heikles Thema. Wie gezeigt, stellte diese Frage einen wichtigen Punkt auf dem Visitationsformular dar, waren doch die Lieder, die in der Gemeinde gesungen wurden, eine Eingangstür für »schwärmerisches«, pietistisches, konservatives, aber wohl später auch liberales und nationales Gedankengut. Deshalb wagte man in den Jahrzehnten nach dem Gesangbuchstreit an dem durch den Konflikt entstandenen Status nicht mehr zu rühren. Die Gemeinden hatten sich an die ihnen aufgezwungenen Gesangbücher gewöhnt. Außerdem waren Neuanschaffungen aus finanziellen Gründen nur für wenige leistbar. Kurioses Ergebnis der Entwicklung war, dass in den elf oberösterreichischen Gemeinden aus fünf verschiedenen approbierten Gesangbüchern gesungen wurde.[97] Außerhalb des Gottesdienstes blieben mancherorts die »verbotenen« alten Gesangbücher im Gebrauch.

Dass diese Zustände nicht mehr tragbar waren, wurde auch dem Konsistorium klar. Den Anstoß zur Lösung der Gesangbuchfrage gab die »Deutsche Evangelische Kirchenkonferenz«, die sich in Eisenach auch mit Gesangbuchfragen beschäftigte und als Ergebnis 1854 ein »Deutsches Evangelisches Kirchengesangbuch in 150 Kernliedern«[98] herausbrachte.

---

96 Provisorische Verordnung des Staatsministers betreffend die innere Verfassung der evangelischen Kirche beider Bekenntnisse in den deutsch-slavischen Kronländern (Wien 1861).

97 Der »große« Wucherer (1783) in Goisern, Gosau, Rutzenmoos und Neukematen, der »kleine« Wucherer (1789) in Scharten, Thening und Eferding, das bairische Gesangbuch in Attersee, das Glatzsche Gesangbuch (1828) in Hallstatt (dank adeliger Förderer). Wallern hatte sein eigenes Gesangbuch aus dem Jahr 1791. Notfalls wurden die alten Bücher durch Glatzsche Gesangbücher ergänzt. Besonders die dritte Auflage dieses Gesangbuches von 1844 findet sich gelegentlich in Nachlässen.

98 Deutsches Evangelisches Kirchengesangbuch in 150 Kernliedern (Cottasche Buchhandlung, Stuttgart und Augsburg 1854).

Mit Erlass vom 20. Juni 1855[99] forderte das Konsistorium die Gemeinden auf, die bisherigen Gesangbücher durch neue zu ersetzen. Die Presbyterien bzw. Vorstände hatten unter fünf Gesangbüchern zu wählen (darunter waren neben dem genannten Buch der Eisenacher Konferenz auch die Gesangbücher von Bayern und Württemberg) und ihre Entscheidung »unter Mitfertigung der Prediger« an das Konsistorium zu melden. Gemeinden, die wie Wallern ein eigenes Gesangbuch hatten, durften um »Spezialbewilligung« ansuchen. Bis Ende 1861 sollte die Umstellung vollzogen sein.

Die oberösterreichischen Gemeinden reagierten prompt. Bereits am 12. September 1855 beschloss eine Konferenz in Wels die Einführung des bairischen Gesangbuches mit einem Anhang von 88 »der beliebtesten Lieder«.[100] 1857 erschien das von den Pfarrern Jakob Ernst Koch (Wallern) und Eduard Mücke (Schladming) überarbeitete, durch die 88 Lieder ergänzte bairische Gesangbuch als »Christliches Gesangbuch für die Gemeinden der evangelischen Kirche Aug. Conf. in Oberösterreich und Obersteiermark«. Wie stark die Verbundenheit der Gemeinden mit dem traditionellen, jahrzehntelang unterdrückten Liedgut war, zeigt die Tatsache, dass schon im Sommer 1857 die meisten und im Sommer 1858 alle Gemeinden des Landes das neue, auf den alten Traditionen basierende Gesangbuch eingeführt hatten.[101]

Die Art, wie die Gesangbuchfrage gelöst wurde, deutet auch eine Wende in der Haltung des Konsistoriums gegenüber den Gemeinden an: Erstmals wurden die Vorsteher in einer »geistlichen« Angelegenheit zur Entscheidung gerufen. Allerdings, ganz konnte das Konsistorium die gewohnte Bevormundung nicht lassen: In den Schulen sollte gemäß dem genannten Erlass das Kirchengesangbuch der Eisenacher Konferenz eingeführt werden. Dass dies tatsächlich geschah, ist zu bezweifeln.

V. Schritte zur Kirchenverfassung von 1866

1859 publizierte das Kultusministerium eine provisorische Kirchenordnung für die ungarische Reichshälfte.[102] Die Verordnung wurde auch an die Oberösterreichischen Gemeinden verschickt. Diese und alle folgenden Entwürfe einer presbyterial-synodalen Kirchenordnung schrieben die seit 1848 feststellbaren Veränderungen der recht-

99 Erlass des Konsistoriums, Schreiben an die Evangelische Gemeinde Wallern vom 25. Juli 1855, OÖLA, Archiv Superintendentur, Sch. 1 AII, Der Erlass bezieht sich ausdrücklich auf die Eisenacher Konferenz.

100 Koch, Gesangbuchfrage (wie Anm. 13) 26.

101 Visitationsprotokolle, Sommer 1858, OÖLA, Archiv Superintendentur, Bündel 7. Allerdings gab es in den Salzkammergutgemeinden, in denen die Umstellung auf das Glatzsche Gesangbuch noch im Gang war, aus finanziellen Gründen Widerstand, der aber überwunden wurde. [Koch, Gesangbuchfrage (wie Anm. 13) 26].

102 Verordnung des Ministers für Cultus und Unterricht vom 2. September 1859. Provisorische Bestimmungen über die Vertretung und Verwaltung der Kirchen-Angelegenheiten der Evangelischen beider Bekenntnisse in den Königreichen Ungarn, Croatien und Slavonien, in der serbischen Wojwodschaft mit dem Temeser Banate und der Militärgrenze (Wien 1859), OÖLA, Archiv Superintendentur, Sch. 5 B 10.

lichen Verhältnisse in den Gemeinden fest und führten zu einer »Klerikalisierung« der Kirche. Übten früher die stimmberechtigten Gemeindeglieder das ius patronis allein aus, während der Prediger wohl mitreden, aber nicht mitstimmen durfte, so sah die Verordnung von 1859 eine völlig andere Stellung des Pfarrers in den Gremien der Gemeinde vor: Der Pfarrer führt den Vorsitz im Presbyterium. Dem ranghöchsten Presbyter, dem »Gemeinde-Inspector« oder »Curator« gebührt nur der »Ehrensitz an der Seite des vorsitzenden Pfarrers« (Abt. 1 § 5). Lediglich bei Verhinderung des Pfarrers stand dem Kurator der Vorsitz zu. Liest man die Liste der Pflichten des Presbyteriums, so fällt auf, dass der Aufgabenbereich wieder auf jene Bereiche reduziert ist, auf die die Kirchenvorsteher schon durch die Verordnungen der Toleranzzeit und des Vormärz zurückgedrängt werden sollten: Sorge für Ordnung und Disziplin in der Gemeinde, Organisation der Wahlen, Verwaltung der Baulichkeiten und der Finanzen. Eine geistliche Mitverantwortung wird neuerlich nicht genannt. Dies scheint mir ein Rückschritt auch gegenüber den Tendenzen von 1855 (Gesangbuchfrage) zu sein. Bemerkenswert ist auch, dass die Wahlberechtigung Männern über 25 Jahren vorbehalten war, die entweder ein Staatsamt bekleideten, ein Geschäft oder einen Haushalt leiteten oder im Dienst von Kirche und Schule standen.

Am 9. April 1861, einen Tag nach dem Protestantenpatent, erschien die »Provisorische Verordnung des Staatsministers betreffend die innere Verfassung der evangelischen Kirche beider Bekenntnisse in den deutsch-slavischen Kronländern«.[103] Gegenüber 1859 sind einige Entwicklungen zu beobachten: Die Wahlberechtigung wird auf Männer, die das 24. Lebensjahr vollendet und ihre Unterstützungsbeiträge an die Gemeinde geleistet hatten, erweitert. Es kann ein Kurator als weltlicher Vorsteher gewählt werden (§ 19), allerdings führt »in der Regel« der Pfarrer den Vorsitz (§ 41) in den Gemeindegremien. Auch auf den höheren Ebenen ist der Vorsitz den geistlichen Amtsträgern und bei deren Verhinderung deren geistlichen Vertretern (Consenior, Superintendent-Stellvertreter) vorbehalten (§ 60).

Im Februar 1866 wurde schließlich die neue Kirchenverfassung[104] publiziert.

Sie unterschied sich schon im Aufbau von den früheren Verordnungen. Folgten noch 1861 auf die »Allgemeinen Bestimmungen« die Abschnitte über die Gemeinden und erst unter Abschnitt 6 die Bestimmungen über die Pfarrer, so standen diese Bestimmungen in der Kirchenverfassung von 1866 an erster Stelle – noch vor der Behandlung von Gemeindevertretung und Presbyterium. § 43 legt fest, dass ein Kurator gewählt werden muss und zugleich dessen Kompetenzgrenzen festgelegt werden müssen. Den Vorsitz im Presbyterium führt in der Regel der Pfarrer (§ 46). In der Gemeindevertretung kann auch der Kurator den Vorsitz führen (§ 53).

---

103 Provisorische Verordnung des Staatsministers betreffend die innere Verfassung der evangelischen Kirche beider Bekenntnisse in den deutsch-slavischen Kronländern (Wien 1861), OÖLA, Archiv Superintendentur, Sch. 5 B 10.

104 Verfassung der evangelischen Kirche Augsburgischen und Helvetischen Bekenntnisses, Reichs-Gesetz-Blatt für das Kaiserthum Österreich, Jg. 1866, V. Stück, 5. Februar 1866, OÖLA, Archiv Superintendentur, Sch. 5 B 10.

In den bestehenden Gemeinden scheinen diese Neuerungen zunächst wenig Begeisterung ausgelöst zu haben. Besonders mit dem Kuratorenamt konnten oder wollten viele Gemeinden nichts anfangen. Mag sein, dass auch die unklare Funktion des Kurators eine Rolle gespielt hat. Sicher aber sah man darin einen Bruch mit der bewährten Tradition des Vorstandes als Kollegium gleichberechtigter Mitglieder. Deshalb lehnte beispielsweise das Linzer Presbyterium nach einer Urabstimmung die Wahl eines Kurators ab.[105] Noch 1867 beklagte die Superintendentialversammlung, dass nicht alle Gemeinden einen Kurator haben, obwohl dies »nothwendig und geboten« sei.[106] In Linz entschied man sich 1866 gemäß der neuen Kirchenverfassung zur Wahl eines Kurators. Seit 1875 legt ein Lokalstatut (heute Gemeindeordnung) fest, dass der Kurator den Vorsitz in Gemeindevertretung und Presbyterium führt.

Dass das Protestantenpatent und die damit verbundenen Verordnungen in den alten Gemeinden keine überschwängliche Begeisterung auslösten, ist nicht überraschend. Die für die Gemeinden bedrückenden Bestimmungen waren bereits 1849 gefallen. Die Bevormundung durch die hohen kirchlichen Behörden blieb aufrecht. Zwar waren die höheren kirchlichen Gremien, Seniorats- und Superintendentialversammlung paritätisch mit Geistlichen und Presbytern besetzt, jedoch zeigt ein Blick in die Protokolle der Superintendentialversammlungen,[107] dass die Geistlichen klar das Wort führten. Das mag daran liegen, dass die Presbyterien aufgerufen wurden, ihre Vertreter in die Gremien für jede Versammlung neu zu wählen. Auch bedeutete die Teilnahme etwa an der Superintendentialversammlung, die in der Regel zwei Tage dauerte, einen hohen Aufwand an Zeit. So lässt sich beobachten, dass die häufig wechselnden weltlichen Abgeordneten neben Geistlichen saßen, die mit den Verhandlungsgegenständen durch langjährige Befassung bestens vertraut waren.

Grundsätzlich aber interessierten sich die Gemeinden nicht so sehr für den Ausbau des presbyterial-synodalen Systems. Wesentlich wichtiger waren ihnen die Gleichstellung mit der katholischen Kirche und die Verankerung der Gemeinden auf allen Ebenen des politischen Systems. In Konferenzen im Jänner und März 1861,[108] an denen Vertreter aller Gemeinden teilnahmen, wurde die Forderung nach Vertretung der Evangelischen im Landtag und den Kreistagen unterstrichen. Am 26. Jänner 1861 wurden der Theninger Kirchenvorsteher Friedrich Meyrzedt und der Linzer Pfarrer Urbauer als Vertreter der oberöstereichischen Gemeinden von Staatsminister v. Schmerling in Wien empfangen. Der Minister kündigte den Oberösterreichern die bevorstehende Gleichstellung mit der katholischen Kirche und den Erlass einer neuen Verfassung an.

---

105 Protokoll 14. September 1861, Protokollbuch der Evangelischen Gemeinde Linz, 1859–1869, 38.

106 Protokoll der oberösterreichischen Superintendentialversammlung vom 19. Juni 1867, 5. OÖLA, Archiv Superintendentur, Sch. 3.

107 OÖLA, Archiv Superintendentur, Sch. 3.

108 OÖLA, Archiv Superintendentur, Korrespondenz 1861, Sch. 20.

Eine Herausforderung für manche Gemeinde stellten die durch das Protestantenpatent möglich gewordenen Neugründungen von Pfarrgemeinden[109] dar. Da die Gemeinden weiterhin für sämtliche Personal- und Sachkosten aufkommen mussten, bedeutete jede Abspaltung einen finanziellen Verlust. Das führte zu Konflikten und, wie beispielsweise zwischen der Muttergemeinde Rutzenmoos und der neuen Gemeinde Vöcklabruck, zu jahrelangen Grenzstreitigkeiten, bei denen um jedes Haus gerungen wurde.[110]

Ähnlich wie bei der Gründung der Toleranzgemeinden fanden sich auch in den neu gegründeten Gemeinden Persönlichkeiten, die die Errichtung von Kirche und Pfarrhaus und die Anstellung eines Pfarrers mit größtem Einsatz betrieben. Allerdings waren die neuen Gemeinden klein und nur dank großzügiger finanzieller Hilfe von außen lebensfähig. Dies stärkte in diesen Gemeinden die Position der Pfarrer, die durch Vortragstätigkeit im Ausland und durch Kontakte zu reichen Gönnern und zu Hilfsorganisationen wie dem Gustav-Adolf-Verein die nötigen Mittel herbeischafften.

VI. Ergebnis

Die vorliegende Arbeit ist der Versuch, die Geschichte der Evangelischen in Oberösterreich unter besonderer Berücksichtigung der Vorsteher, ihrer Bedeutung und ihrer Interessen zu schreiben. Es ist mir bewusst, dass hier noch viel zu tun ist, etwa durch Analyse der Protokolle der Kirchenvorstände und Presbyterien. Es wurden auch Themen angestoßen, die m. E. bisher zu wenig beachtet wurden, Fragen des Wahlrechts, Fragen nach der Stellung der Frauen in den Gemeinden und nicht zuletzt Fragen nach der Toleranz innerhalb der Kirche. Mit dem Protestantenpatent und der Einführung des presbyterial-synodalen Systems endete jene Epoche der evangelischen Kirchengeschichte Österreichs, die durch das Gegenüber von unabhängigen Gemeinden und staatlich-kirchlichen Aufsichtsbehörden geprägt war. Deshalb bricht die Arbeit an diesem Punkt ab. Eine Fortsetzung im Sinn einer Analyse der Rolle der Presbyter und Gemeindevertreter unter den geänderten Bedingungen wäre wünschenswert.

109 Gegründet wurden: Salzburg 1861, Gmunden und Vöcklabruck 1870, Gallneukirchen 1872, Steyr 1875.

110 Karl Schimik, Die Evangelische Gemeinde A.C. Vöcklabruck von der Reformationszeit bis auf die Gegenwart (Vöcklabruck 1895) 50 f.

Über »die so seltsame Spezialjudenliebe« des Superintendenten Theodor Karl Haase in Teschen*

Von Karl W. Schwarz

I. Einleitung und Widmung

Bei meinem letzten Aufenthalt in Teschen/Cieszyn/Těšín anlässlich des 300-Jahr-Jubiläums der Jesuskirche (1709–2009) suchte ich vergeblich das Denkmal, das die Stadtgemeinde dem langjährigen Pfarrer und Superintendenten D. Dr. Theodor Karl Haase (1834–1909) errichten hatte lassen und das am 11. Mai 1912, knapp drei Jahre nach seinem Tod, im Eingangsbereich des Teschener Krankenhauses aufgestellt worden war.[1] Als 29. Pfarrer wirkte Haase mehr als drei Dezennien (1876–1909) an der Jesuskirche, sein Portrait in der Sakristei[2] zeigt ihn nicht im Talar, wie alle seine Amtsvorgänger und Nachfolger. Darin liegt eine besondere Pointe, die vielleicht bewusst gesucht wurde: Dass er nicht nur als geistlicher Amtsträger, als »parochus loci«, in Erinnerung geblieben ist, sondern auch als Politiker. Als die Gemeinde ihn 1876 zum Pfarrer wählte, wollte ihn eine beachtliche Wählergruppe, nämlich die polnischen Gemeindeglieder, dazu veranlassen, dass er auf sein Mandat im Reichsrat verzichte. Er weigerte sich, eine solche Bedingung auch nur in Erwägung zu ziehen, verlangte vielmehr, dass mit seiner Wahl auch ein Personalvikar angestellt würde, um ihm eben ein Wirken zu ermöglichen, das den Dienst als Pfarrer an der Jesuskirche mit dem politischen Auftrag im schlesischen Landtag in Troppau (1870–1902) und im Reichsrat in Wien (1873–1905) verbinden ließ. Sein politisches Credo war der Liberalismus, der in Österreich 1867 ans Ruder gelangt war. Als Vertreter des Städtewahlkreises Bielitz-Skotschau-Schwarzwasser-Jablunkau schloss er sich der Verfassungspartei an; nach deren Zerfall zählte er sich zum »Fortschrittsklub«, der späteren Deutschen Fortschrittspartei. Von einem scharfzüngigen Kritiker wurde er folgendermaßen charakterisiert:[3] »Schwankt [...] zwischen Gottesfurcht und Fabrikantenliebe, zwischen Hirtenamt und Wählerfang, zwischen Schäfchen und Schafwolle«. 1905 lehnte er aus gesundheitlichen Gründen eine weitere Kandidatur für den Reichsrat ab. In Anerkennung seiner umfassenden Verdienste wurde er mit dem Komturkreuz des Franz-Joseph-Ordens mit dem Stern ausgezeichnet und in das Herrenhaus berufen (16. August 1905).

---

* Für Pastor Dr. Herbert Patzelt, den um die Kirchengeschichte Altösterreichs so verdienstvollen Teschener Kirchenhistoriker zum 85. Geburtstag am 1. April 2010.

1 Die Enthüllungsfeier des Denkmals für weiland Superintendenten Dr. Theodor Haase, Herrenhausmitglied Teschen, 11. Mai 1912. *Silesia* Nr. 109/14. Mai 1912, 4 f.

2 Jerzy Pustelnik/Emil Gajdacz, Kościół Jezusowy w Cieszynie/Die Jesuskirche in Cieszyn (Bielsko-Biała 2009) 91, 156, 158.

3 Lothar Höbelt, Kornblume und Kaiseradler. Die deutschfreiheitlichen Parteien Altösterreichs 1882–1918 (Wien–München 1993) 214.

Vor ziemlich genau einem Jahrhundert ist Haase am 27. März 1909 75jährig verstorben.

Vergessen ist er nicht, dafür haben einige Kirchenhistoriker gesorgt: Der Jubilar Herbert Patzelt, dem diese Zeilen zu seinem 85. Geburtstag gewidmet sind, hat zahlreiche Studien der Geschichte seiner Heimat Teschen gewidmet;[4] seine Dissertation handelt von der Bedeutung des Pietismus in dieser Gemeinde,[5] ihre tschechische Übersetzung ist 2011 erschienen. Es ist aber vor allem an die Monographie über die Geschichte des Protestantismus in Österreichisch-Schlesien zu erinnern,[6] wo sich auch eine außerordentlich positive Würdigung Haases findet, die auf sein liberales Credo abstellt. Weiters Oskar Wagner (1906–1989), dessen magistrales Werk über »die Mutterkirche vieler Länder« und den Protestantismus im Teschener Schlesien nunmehr auch in polnischer Sprache vorliegt.[7] Im Konfessionsband der »Habsburgermonarchie« hat Friedrich Gottas dem Protestantismus eine kenntnisreiche Darstellung gewidmet, die auf Haase eingeht.[8] Die moderne polnische

4 Vgl. Veröffentlichungen von Herbert Patzelt 1954–2006, in: Über Schlesien hinaus. Zur Kirchengeschichte in Mitteleuropa. Festgabe für Herbert Patzelt zum 80. Geburtstag, hg. von Dietrich Meyer/Christian-Erdmann Schott/Karl Schwarz (Beihefte zum Jahrbuch für Schlesische Kirchengeschichte 10, Würzburg 2006) 337–362.

5 Herbert Patzelt, Der Pietismus im Teschener Schlesien 1709–1730 (Göttingen 1969).

6 Herbert Patzelt, Dr. Theodor Haase, der Freiheit verpflichtet, in: Ders., Geschichte der Evangelischen Kirche in Österreichisch-Schlesien (Schriften der Stiftung Haus Oberschlesien 5, Dülmen 1989) 183–200; Ders., Theodor Carl Haase (1834–1909), in: Schlesier des 15. bis 20. Jahrhunderts, hg. von Josef Joachim Menzel/Ludwig Petry (Sigmaringen 1990) 148–155.

7 Oskar Wagner, Mutterkirche vieler Länder. Geschichte der Evangelischen Kirche im Herzogtum Teschen 1545–1918/20 (Wien–Köln–Graz 1978) 231 f., 341–359, 530 (Register). Dieses magistrale Werk stützt sich auf den Archivbestand des Evangelischen Kirchenarchivs in Wien (ebenda 489) und liegt nun auch in polnischer Sprache vor: Kościół Macierzysty Wielu Krajów. Historia Kościoła Ewangelickiego w Księstwie Cieszyńskim w latach 1545–1918/20 (Bielsko-Biała 2008).

8 Friedrich Gottas, Die Geschichte des Protestantismus in der Habsburgermonarchie, in: Die Habsburgermonarchie 1848–1918, Bd. IV: Die Konfessionen, hg. von Adam Wandruszka/Peter Urbanitsch (Wien 1985) 489–595, 570 f., 585 f.

Historiographie begegnet ihm eher mit Verlegenheit, weil sie ihn als großen Gegner der polnischen Nationalbewegung im Teschenerland identifiziert,[9] nicht ohne ihm aber den gebührenden Respekt zu zollen.[10]

Im Rahmen der österreichischen Protestantismusforschung ist der schlesische Superintendent wegen seiner philosemitischen Haltung gewürdigt worden.[11] Sie entsprach seinerzeit absolut nicht dem Zeitgeist, seine Parlamentsreden stießen auf großes Unverständnis, sein unerschrockener Einsatz gegen den Antisemitismus wurde geradezu persifliert und als »seltsame Spezialjudenliebe« denunziert.[12] In satirischen Zeitschriften wie dem »Kikeriki« erschienen Karikaturen, den Tanz um den »goldenen Haase« darstellend: »aus Dankbarkeit für die Opposition gegen die Börsesteuer«.[13] Umgehend replizierte der »Volksfreund«, ein Sprachrohr der Antisemiten,[14] den Zynismus auf die Spitze treibend: dass die Juden den Superintendenten Haase statt des goldenen Kalbes verehrten, sei unrichtig, die Juden verehrten nur das Gold, nicht das Kalb.[15]

Haase ist nicht vergessen, gerade wegen seiner entschlossenen Haltung gegen den Antisemitismus.[16] Zuletzt wurde ihm als einem von wenigen Österreichern ein biographisches Lemma in der vierten Auflage der *RGG* gewidmet.[17]

9 Tadeusz STEGNER, Bóg, protestantyzm, Polska. Biografia pastora Leopolda Marcina Otto (1819–1882) (Gdánsk 2000) 73–76, 146–148, 215 (dt. Zusammenfassung).

10 Tadeusz STEGNER, Pastor Teodor Haase na Śląsku Cieszyńskim. Przyczynek do dziejów protestntyzmu w XIX wieku, in: Od Franciszka Józefa do małych ojczyzn. Tom poświęcony pamięci Zbigniewa Frasa (Acta Universitatis Wratislaviensis Historia 154, Wrozław 2002) 31–45.

11 Ulrich TRINKS, Protestantismus in Österreich, in: Kirche und Synagoge Bd. II., hg. von Karl Heinrich RENGSTORF/Siegfried VON KORTZFLEISCH (Stuttgart 1970) 532–558.

12 Ludwig PSENNER, Offener Brief. *Österreichischer Volksfreund* Nr. 11/14. März 1886, 1–2.

13 *Kikeriki* Nr. 20/11. März 1886 – dazu PATZELT, Theodor Carl Haase (wie Anm. 6) 152.

14 Isak Arie HELLWING, Der konfessionelle Antisemitismus im 19. Jahrhundert in Österreich (Wien–Freiburg–Basel 1972) 68.

15 Zit. bei PATZELT, Theodor Carl Haase (wie Anm. 6) 152.

16 Peter F. BARTON, Evangelisch in Österreich. Ein Überblick über die Geschichte der Evangelischen in Österreich (Wien 1987) 161; Astrid SCHWEIGHOFER, Antisemitismus in der evangelischen Kirche – 1880 bis 1938. *Dialog-Du Siach* Nr. 74/2009, 22–36.

17 Karl SCHWARZ, Art. Theodor Haase. *RGG* [4]III, Sp. 1360. Vgl. schon H. ZIMMERMANN, Art. Haase, Theodor Karl. *RGG*[3] III, Sp. 2 f. sowie Art. Haase, Theodor Karl. *Österreichisches Biographisches Lexikon* II, 121 und *Biographisch-Bibliographisches Kirchenlexikon* II, Sp. 415 f.

II. Zum Lebenslauf zwischen Lemberg und Teschen

Theodor Haase ist ein Kind Galiziens. Im Pfarrhaus von Lemberg/Lwów/Ľviv ist er aufgewachsen, wo sein aus Pirna in Sachsen stammender Vater Adolf Theodor Haase (1802–1870) seit 1833 als Pfarrer und Superintendent wirkte und so manche gesamtkirchliche Verantwortung wahrnahm.[18] Hier ist daran zu erinnern, dass schon der Vater Haase den Vorsitz in synodalen Gremien führte (Vorsynode 1849,[19] wo er mehr oder weniger die gemeinschaftliche Sitzung der lutherischen und reformierten Synode erzwang, ebenso auf der gemeinschaftlichen Synode A. u. H.B. 1864) und als erster Vertreter der Evangelischen Kirche 1861 zum Mitglied des Herrenhauses ernannt wurde.

Der Sohn Theodor Karl Haase führte diese Tradition fort, auch er strebte nach Studien in Wien, Göttingen, Berlin und Rostock das Amt eines Pfarrers an. Nach seiner Promotion zum Dr.phil. in Rostock (1856) und einer vorübergehenden Beschäftigung als Religionslehrer in Wien (1857/58) wurde er in eine bedeutende Gemeinde in Österreichisch-Schlesien berufen, nämlich nach Bielitz/Bielsko.[20] Diese Pfarrstelle bekleidete er bis 1876, wobei er sich vehement dafür einsetzte, dass diese Stadt am Fuße der Beskiden zu einem Schulzentrum ausgebaut wurde, gipfelnd in der Errichtung einer Lehrerbildungsanstalt 1867, für deren Leitung er einen der angesehenen Pädagogen Deutschlands, Karl Volkmar Stoy (1815–1885), gewinnen konnte. Die Gründung dieser Anstalt, des ersten Lehrerseminars für die Evangelischen in Österreich, das dementsprechend von Schülern aus den unterschiedlichen Kronländern (»von Kärnten bis zur Bukowina«) frequentiert wurde, war eine organisatorische Meisterleistung.[21] Die Universität Heidelberg nahm dies zum Anlass, Haase 1868 das Ehrendoktorat der Theologie zu verleihen. Dann folgte der Wechsel nach Teschen. Dort wirkte Haase bis zu seinem Tod als Pfarrer. Auch hier rief er mit ebensolcher Energie und Tatkraft sozial-diakonische Einrichtungen ins Leben, darunter ein Krankenhaus in moderner Pavillon-Bauweise, dem attestiert wurde, dass es zum Vorbild für andere Krankenhäuser geworden sei.[22]

An übergemeindlichen Funktionen war ihm schon bald das Amt eines Seniors zugewachsen: 1865 war er zum ersten Mal von den schlesischen Gemeinden zum Senior gewählt worden, 1870, 1875 und 1881 wurde er in dieser Funktion bestätigt,

---

18 Peter F. Barton, Extremster Diasporaprotestantismus: Das »evangelische Galizien« – ein Modellfall, in: Ders./Mihály Bucsay/Robert Stupperich, Brücke zwischen Kirchen und Kulturen (Wien–Köln–Graz 1976) 72–79, hier 77.

19 Karl W. Schwarz, Die »Vorsynode« 1849. Ein Beitrag zur Rechtsgeschichte des österreichischen Protestantismus. *Zeitschrift der Savigny-Stiftung für Rechtsgeschichte* 123, Kanonistische Abteilung 92 (2006) 570–602, hier 579.

20 Walter Kuhn, Geschichte der deutschen Sprachinsel Bielitz (Schlesien) (Würzburg 1981) 308–311.

21 Gottas, Habsburgermonarchie (wie Anm. 8) 586.

22 Wolfgang Haase, Das allgemeine Krankenhaus der evangelischen Gemeinde in Teschen (Teschen 1903); Moritz Landwehr von Pragenau, Geschichte der Stadt Teschen (Würzburg 1976) 82 f.

obwohl es massive Gegenstimmen gab. Insbesondere Julius Kolatschek (1829–1900), zwischen 1878 und 1882 Pfarrer von Hillersdorf/Holcoviče, führte einen verbissenen Kampf mit dem schlesischen Senior, und legte es offenbar darauf an, diesen Konkurrenten um das Amt des schlesisch-mährischen Superintendenten aus seinem Seniorat wegzumobben.[23] 1881 war die Wahl des Seniors mit großer nationalpolitischer Agitation vorbereitet und durchgeführt worden, sodass sich Superintendent Carl Samuel Schneider (1801–1882) veranlasst sah, zum Jahreswechsel 1881/82 mit einem Erlass an die Gemeinden diese Agitationen scharf zu missbilligen und zur Eintracht aufzurufen.[24] Haase wurde 1881 wohl mit Stimmenmehrheit (14 von 22 Stimmen) gegen drei Mitbewerber – Julius Kolatschek, Arnold Źlik (1840–1913), Georg Gottlieb Heczko (1825–1907) – wieder gewählt, doch hatte das Ansehen der Kirche gelitten und auch die Kandidaten waren nicht ohne Verletzungen aus dem Wahlverfahren hervorgegangen. So trat als Protest gegen Haase ein Teil der Gemeinde Hillersdorf in die Kirche H.B. über – mit der bitteren Bemerkung:

> »Heute ist denn nicht mehr Christus das Haupt der Kirche A.B. in Österreich, sondern Superintendent Haase, der nach Ruhm und weltlicher Ehre dürstet, der kein Mittel scheut, seine Macht, seine Herrschaft zu vergrößern.« [Kuttelberg/Kutlberk 24. Mai 1884].[25]

24 Presbyter legten ihr Amt nieder. Kurz gesagt: in der Kirchengemeinde Hillersdorf brannte es lichterloh[26] – Kolatschek sah sich veranlasst, die Konsequenzen zu ziehen und aus dem Verwaltungsbezirk des Wiener Oberkirchenrates auszuscheiden, er wechselte nach Kroatien und wirkte in Agram/Zagreb bis zu seiner 1899 erfolgten Emeritierung.

Im darauffolgenden Jahr wurde der eben als Senior wiedergewählte Haase zum Superintendenten der dreisprachigen mährisch-schlesischen Superintendenz gewählt. Auch diese Wahl stand im Schatten des Nationalitätenkonflikts der Habsburgermonarchie. Vor allem waren die mehrheitlich polnischen Gemeinden bestrebt, endlich einen ihrer Pfarrer zum Oberhirten zu wählen. Doch auch 1882 gelang dies nicht. Die Wahl ging zugunsten des langjährigen Superintendentenstellvertreters Theodor Haase aus. Von den am 2. September 1882 eingeschickten 39 Wahlprotokollen[27] entschied sich eine deutliche Mehrheit für ihn, nämlich 23 Presbyterien, darunter jene der polnischen Gemeinden; acht stimmten für den bisherigen Stellvertreter des Superintendenten Johann Szepessy (1798–1884) aus Zauchtel/Suchdol in Mähren und fünf für Senior Gustav Trautenberger (1836–1902) aus Brünn/Brno, drei Stimmen waren ungültig. Die Stimmen der polnischen Gemeinden hatten den Ausschlag gegeben.

---

23 Gedenkblätter der evangelischen Kirchengemeinde Hillersdorf in Österreichisch-Schlesien aus den Jahren 1878 bis 1882. Als Beitrag zur Geschichte des österreichischen Protestantismus im Auftrage des Presbyteriums hg. von F. G. A. Weiss (Leipzig 1883).

24 *Der österreichische Protestant* Nr. 1/10. Jänner 1882, 11.

25 Zit. bei Patzelt, Dr. Theodor Haase (wie Anm. 6) 194.

26 Dobroslav Novak, Kurzer Abriß der Geschichte der evangelischen Kirchengemeinde A.B. in Hillersdorf (Zuckmantel 1908).

27 *Der österreichische Protestant* Nr. 18/25. September 1882, 276.

Diese Wahl wurde bald in ein schlechtes Licht gerückt, denn dem Sieger wurde unterstellt, durch »Stimmenkauf«[28] die Wahl gewonnen zu haben. Haase hätte aus opportunistischen Gründen die polnischen Gemeinden für sich gewonnen und ihnen seine weitreichende politische Unterstützung, etwa bei der Errichtung polnischer Schulen oder bei der Berücksichtigung der polnischen Sprache im schlesischen Schulwesen und bei Behörden, zugesagt. Die Superintendenz war die größte im Habsburgerreich,[29] sie umfasste in drei Senioraten ca. 35 Kirchengemeinden mit mehr als 100.000 Mitgliedern, davon 25.000 Deutsche, 20.000 Tschechen und 60.000 Polen, ein schwieriges Handlungsfeld also, insbesondere, wenn die Atmosphäre durch nationalistische Agitation aufgeheizt wurde und die Teilung der Superintendenz nach ethnischen Gesichtspunkten immer wieder auf der Tagesordnung der Synode stand.

Haase, seit Kindestagen mit dem Polnischen vertraut, galt als Freund der polnischsprachigen Schlesier/Schlonsaken (polnisch ślązak) und war bestrebt, diese in ihrer deutsch-protestantischen Orientierung zu unterstützen und deren Integration in die Warschau-orientierte polnische Nationalbewegung zu verhindern.[30] So war sein kirchenpolitisches Agieren letztlich nicht widerspruchsfrei, sondern folgte einer gewissen Dialektik. Einerseits zeigte er seine Verbundenheit mit dem polnischen Protestantismus dadurch, dass er das Predigtbuch von Nikolaus Rej (1505–1569) 1883 herausgab,[31] andererseits hatte er 1876 nicht gezögert, polnische Zeitungen (»Nowy Czas. Tygodnik polityczny« = Neue Zeit. Politisches Wochenblatt mit der Beilage »Przegląd Rolniczy« = Landwirtschaftliche Rundschau) zu gründen und einen Kalender in polnischer Sprache herauszugeben (»Kalendarz Ewangelicki« = Evangelischer Volkskalender), um seinen Einfluss auf die polnischsprachigen Gemeinden seiner Superintendenz geltend zu machen und die klerikalen und großpolnischen Bestrebungen unter den Protestanten zurückzudrängen. Er bemühte sich, zwischen den Völkerschaften zu vermitteln, warnte vor einem Übergreifen nationalistischer Agitation in den Raum der Kirche. Bis an sein Lebensende war er erfüllt von diesem Gedanken, die Kirche aus dem Getriebe politischer Parteikämpfe herauszuhalten und entschieden dagegen aufzutreten, »wenn zur Täuschung frommer Gemüter unsere teuere evangelische Sache als Deckmantel polnisch-nationaler Bestrebungen missbraucht werden soll«.[32] Dass er selbst als Mandatar der Deutschfortschrittlichen Par-

28 Eine Superintendenten-Wahl in der Evangelisch-lutherischen Kirche Österreichs. Ein Beitrag zur neuesten Kirchengeschichte von einem Parteilosen (München o. J.); Nachdruck in: Wagner, Mutterkirche (wie Anm. 7) 353–356. Hinter dem Anonymus vermutet Wagner den Teschener Pfarrer Pindor (ebenda 353, Anm. 13), was aber wenig plausibel erscheint, da er Pole war, der Anonymus aber eher als Deutschnationaler vorzustellen ist.

29 Gottas, Habsburgermonarchie (wie Anm. 8) 562.

30 Zur Schlonsakenbewegung vgl. Joachim Bahlcke, Schlesien und die Schlesier (München 1996) 114.

31 Theodor Haase, Kanzania Mikołaja Reja (Teschen 1883).

32 Haase auf der Superintendentialversammlung 1907 – zit. bei Wagner, Mutterkirche (wie Anm. 7) 459.

tei im politischen Parteienkampf stehen musste, empfand er nicht als Widerspruch.

Die Edition des oben erwähnten Predigtbuches von Rej mochte aus Dankbarkeit gegenüber seinen polnischen Wählern bei der Superintendentenwahl 1882 erfolgt sein, sie bedeutete aber vor allem für die Literatur- und Reformationsgeschichte einen großen Gewinn, denn sie trug dazu bei, die Reformation unter den Polen als kulturellen Faktor neu zu entdecken. Das gilt insbesondere für Nikolaus Rej, den Vater der polnischen Nationalliteratur, der ein eifriger Verfechter der reformatorischen Grundsätze war. Haases Herausgabe der Predigten war der Auftakt einer neuen polnischen Geschichtsdeutung, die vor allem mit dem 400. Geburtstag von Rej einsetzte.

Haases schriftstellerische Tätigkeit[33] bezog sich in erster Linie auf die Kirchengeschichte. Als einer der Initiatoren der Gründung der Gesellschaft für die Geschichte des Protestantismus in Österreich[34] hat er an der Gestaltung des seit 1880 erscheinenden Jahrbuchs Anteil genommen und einige für die Geschichte des schlesischen Protestantismus höchst förderliche Abhandlungen verfasst,[35] aber auch der polnischen Reformationsforschung wichtige Impulse vermittelt. Neben dem erwähnten Predigtbuch von Nikolaus Rej gab er die Postille oder Auslegung der Sonn- und Festtagsevangelien des Gregor von Żarnowiec aus dem Jahre 1580 heraus,[36] eines Krakauer Domherren, der sich zu einem evangelischen Erbauungsschriftsteller wandelte. Dass er den berühmten Lutherbrief an Johannes Cuspinian (1473–1529) in Wien

---

33 Bibliographische Hinweise bei Georg LOESCHE, Nachruf auf Theodor Haase. *JGPrÖ* (1909) 188–190; Peter F. BARTON (Hg.), Bibliographie zur Geschichte der evangelischen Christen und des Protestantismus in Österreich und der ehemaligen Donaumonarchie (Wien 1999) 573, 638 f. (Register). Die kirchengeschichtlichen Arbeiten wurden gewürdigt von Karl VÖLKER, Theodor Haase als Geschichtsschreiber. *Schlesische Zeitung*/15. Juli 1934, 8.

34 Theodor HAASE/Gustav TRAUTENBERGER/C.A. WITZ-OBERLIN/Karl Ritter VON OTTO, Die Entstehung unserer Gesellschaft. *JGPrÖ* 1 (1880) 1–10; GOTTAS, Habsburgermonarchie (wie Anm. 8) 569–572.

35 Theodor HAASE, Die Organisation der evangelischen Gemeinde Bielitz nach dem Erscheinen des Toleranzpatents (1782–1784). *JGPrÖ* 1 (1880) 43–53; DERS., Drei Monate vor dem Erscheinen des Toleranzpatents. *JGPrÖ* 2 (1881) 95–106 [Ein Aktenstück aus dem Kultusarchiv enthält das Gutachten der Troppauer Landesstelle vom 7. Juli 1781, welches die Diskriminierungen der Akatholiken vor dem Toleranzpatent dokumentiert: Krankenbesuche durch Pastoren waren an die Erlaubnis des katholischen Pfarrers gebunden. Benachteiligungen bei der Heranbildung der Jugend und bei öffentlichen Anstellungen.]; DERS., Martin Philadelphus Zamrscenus. *JGPrÖ* 3 (1882) 103–106 [In der Umgebung von Teschen fand Haase eine böhmische Postille aus der Feder von Z., einem tschechischen Prediger in Troppau, welche drei Auflagen erlebte, 1592, 1601 und 1602, und offenbar weit verbreitet war. Sein Verfasser stammte aus der Slowakei und wirkte an der Troppauer St. Georgskirche.]; DERS., Zwei Actenstücke zur Geschichte der Reformation in Odrau. *JGPrÖ* 7 (1886) 82–84; DERS. (Hg.), Inaugurationsprogramm der lateinischen Jesusschule in Teschen. Verfasst von Johann Adam Steinmetz, Pastor und Schulinspektor in Teschen, nach seiner Landesverweisung [1730 wegen pietistischer Umtriebe] Generalsuperintendent in Magdeburg. *JGPrÖ* 23 (1902) 68–85; DERS., Das evangelische Schulwesen in Bielitz bis zum Toleranzpatent. *JGPrÖ* 53 (1932) 95–109.

36 Theodor HAASE (Hg.), »Postyla albo wykłady Ewangelij niedzielnych i świat uroczystych« (Teschen 1864).

herausgab,[37] sei ebenfalls erwähnt. Der Reformator schrieb diesen Brief direkt vom Reichstag in Worms am Tag vor seinem zweiten Verhör – ein Juwel in der Handschriftensammlung der Österreichischen Nationalbibliothek.[38] Weitere Arbeiten lokalgeschichtlicher Natur sind der Wollindustrie in Bielitz und dem Krankenhaus in Teschen gewidmet.[39]

Neben der Superintendenz wurde dem gewiegten Parlamentarier 1883 die Leitung des Synodalausschusses A.B. übertragen; 1889, 1891 und 1895 wählten ihn die Mitglieder der Generalsynode A.B. zu ihrem Präsidenten.

Ein Leben aus der Fülle, reich begabt: Sprachkenntnisse, organisatorische Fähigkeiten, rhetorisches Stilbewusstsein, wissenschaftliches Interesse, pastorale Weisheit, politische Klugheit und Bereitschaft, das gesellschaftliche Leben zu gestalten, publizistischer Weitblick, Wertschätzung durch Regierung und Kaiserhaus, Beliebtheit in Kirchengemeinden und im öffentlichen Leben.

Was war das Geheimnis seines Erfolgs? Eine solche Frage lässt sich aus der Distanz eines Jahrhunderts kaum beantworten. In den Biographien von Haase dominiert sein pastorales Interesse am Mitmenschen: Es wäre seine Menschenliebe gewesen, seine visionäre und phantasiebereite Solidarität mit dem Nächsten, die immer wieder in ihrer grenzenlosen Vitalität sichtbar wurde:

> »Der Geringste seiner Wähler fand, wenn sein Begehren begründet war, die willigste Unterstützung bei Dr. Haase, der mit geradezu staunenswertem Eifer allüberall erfolgreich für die Interessen seiner Schützlinge eintrat.«[40]

III. Politische Ambitionen – Philosemitismus = »Spezialjudenliebe«

Von seinen politischen Ambitionen möchte ich nur drei anführen: sein Engagement zugunsten des Zivileherechts, für das Reichsvolksschulgesetz in seiner ursprünglichen Fassung (1868) und gegen den Antisemitismus, der die bürgerliche Emanzipation der Juden mit dem Staatsgrundgesetz über die allgemeinen Rechte der Staatsbürger (1867) zunehmend konterkarierte.[41]

---

37 Theodor HAASE, Luther an Cuspinian. *PLZ* 37 (1889) 157–160; Ein Luther-Brief und ein Luther-Bild. *Leipziger Illustrirte Zeitung* Nr. 2409/31. August 1889, 220 f.

38 ÖNB, Handschriftenabteilung, Autogr. XIII, 43–42 – WA Br. 2, 300, 12 f.

39 Theodor HAASE, Die Bielitz-Bialaer Schafwollwaren-Industrie in ihrer historischen Entwicklung (1873); DERS., Das allgemeine Krankenhaus der evangelischen Gemeinde in Teschen (1893, ^{2}1897).

40 Leonhard DEMEL, Dr. Haase als Reichsratsabgeordneter. *Bielitz-Biala'er Anzeiger* Nr. 1255/13. Juli 1904.

41 Manfred AGETHEN, Die Situation der jüdischen Minderheit in Schlesien unter österreichischer und unter preußischer Herrschaft, in: Kontinuität und Wandel. Schlesien zwischen Österreich und Preußen, hg. von Peter BAUMGART (Sigmaringen 1990) 307–331, hier 331.

Schon bald nach seiner erstmaligen Wahl wurde er 1874 zum Referenten für konfessionelle Vorlagen bestellt und als solcher beauftragt, einen Entwurf für ein Zivilehegesetz auszuarbeiten. Dieser gipfelte in der Forderung: »Eine Ehe sollte gesetzlich gelöst werden, wenn beide Teile zwei Jahre mit Widerwillen sich angeblickt haben.« Er wurde aber nicht zur Beratung gezogen.[42]

Bedeutsam war auch sein freilich wirkungsloser Protest gegen die Novellierung des Reichsvolksschulgesetzes im Reichsrat am 21. April 1883.[43] Durch diese Novelle wurde dem Wunsch der römisch-katholischen Kirche Rechnung getragen und die Besetzung der Schuldirektionen entsprechend der Mehrheitskonfession der Schüler fixiert. Ja es wurde sogar verlangt und nunmehr gesetzlich geregelt, dass der jeweilige Direktor über die Lehrbefähigung für den Religionsunterricht der Mehrheitskonfession verfügen musste. Das bedeutete de facto eine Verletzung der konfessionellen Parität und die Preisgabe eines gleichmäßigen Zugangs zu allen Ämtern in der österreichischen Verwaltung, der eigentlich verfassungsrechtlich geschützt war.

Eine besondere Beachtung verdient sein Einsatz gegen den Antisemitismus, der sich in zwei Parlamentsreden konkretisierte und heftige Reaktionen hervorrief. Einem offenen Brief an den Reichsratsabgeordneten Theodor Haase, veröffentlicht im Organ der Österreichischen Reform-Partei am 14. März 1886, ist, wie oben schon erwähnt, das Zitat von der »Spezialjudenliebe« entnommen. Als Aufmacher platziert, wirft der offene Brief Haase »pures Pharisäerthum« vor, weil die von ihm gepredigte »allgemeine Menschenliebe« gerade denen gegenüber vorenthalten wird, von denen er, Haase, lebe.

> »Hätten Sie auch nur einen Funken von Liebe zu ihren Mitchristen, so könnten Sie unmöglich das sich auf gesetzlichem Boden bewegende, ehrliche Bestreben Ihrer Mitchristen, sich vor Ausbeutung und Unterdrückung durch die Juden zu schützen, den Antisemitismus, verurtheilen und als ›Verleugnung der Kultur und Civilisation‹ verdammen.«

Durch seine Reden gegen den Antisemitismus (22. Jänner 1881, 3. März 1886) hat Haase nachgerade parlamentarische Berühmtheit erlangt. Georg von Schönerer (1842–1921), der Führer der Antisemiten im Reichsrat, erklärte ihn zum »Ehrenjuden«.

Haase hat den Antisemitismus seiner Zeit nicht bloß als religiöse Intoleranz verurteilt, sondern als Rassenhass und sozialen Krieg gegen einen ansehnlichen Teil der Bevölkerung. Man hat ihm deshalb unterstellt, von den jüdischen Spenden für sein Teschener Krankenhaus abhängig zu sein.[44] Haase hat den Antisemitismus als »Verleugnung der Cultur und der Civilisation unserer Zeit« verurteilt, weil er »unter

42 Allgemein dazu Karl Schwarz, Die Ehe ist ein »weltlich Ding«: Anmerkungen zum österreichischen Eherecht aus protestantischer Perspektive, in: War die Ehe immer unauflöslich?, hg. von Maximilian Liebmann (Limburg–Kevelaer 2002) 124–155.

43 IX. Session 301. Sitzung, 21. April 1883, Bd. 10, Seite 10401, 10406 – dazu Gottas, Habsburgermonarchie (wie Anm. 8) 558 f.

44 Patzelt, Dr. Theodor Haase (wie Anm. 6) 198; vgl. auch Ders., Zur Geschichte der Juden in Österreichisch-Schlesien. *Oberschlesisches Jahrbuch* 8 (1992) 25–41.

Aufrufung der niedrigsten Leidenschaften« geführt werde. Und er hat ihm vorgehalten, dass er die allgemeine Menschenliebe verleugne, aber ebenso die Sittlichkeit und Christlichkeit, obwohl er sich gerade auf seine christlichen Wurzeln berufe. Und er schloss seine Parlamentsrede mit einem bekannten Klopstock-Zitat: »Wen fasst des Mitleids Schauer nicht, wenn er sieht, wie unser Pöbel Kanaans Volk entmenscht.« Seine politische Einstellung gegen den Antisemitismus hat Haase durch ein Büchlein bekräftigt, das den Titel »Antisemitismus« trägt.[45] Darin hat er sich mit allen Argumenten der Antisemiten auseinandergesetzt, vor allem aber die These untermauert, dass Christentum und Antisemitismus einander ausschließen. Er warnte darin vor Vorurteilen und Klischees im Blick auf das Judentum und erläuterte liturgische Gebräuche der Juden, die von den Christen übernommen wurden: Aaronitischer Segen, Abendmahl, Psalmdichtungen u. a.[46] Der Antisemitismus sei der organisierte Bruderhass, das Christentum aber die Religion der Liebe.[47]

> »Die römischen Kriegsknechte schlugen dem Herrn ins Angesicht. Was die Antisemiten thun, ist ohngefähr dasselbe [...] Ein Christ der sich selbst versteht, kann kein [...] Antisemit sein.«

Das nachfolgende Zitat gehört zum ceterum censeo des Superintendenten:[48]

> »Vom christlichen Standpunkte aus [...] kann der Antisemitismus immer und immer wieder nur als eine Verhöhnung der ewigen Grundwahrheiten des Evangeliums, als eine Versündigung an der christlichen Moral, als eine Verläugnung des Ursprungs des eigenen religiösen Bekenntnisses, als eine Verletzung der Pietät, welche wir der Person des Erlösers und seiner Apostel schulden, als eine Erniedrigung des eigenen Gottesdienstes angesehen werden. Wir beschimpfen, indem wir die Juden hassen und beschimpfen, den Erlöser, das Christenthum, unsere Kirche, unseren Glauben, unsern Gottesdienst, unsere frommen Bräuche, uns selbst.«

Mit diesem Zitat aus seinem programmatischen Büchlein muss die kleine Jahrhundert-Erinnerung an einen großen Protestanten abgeschlossen werden. Er hatte damit keinen großen Erfolg, er blieb mit seiner Meinung sogar ziemlich isoliert. Im Zuge der Los-von-Rom-Bewegung, die sich in Schlesien zwar kaum auswirkte,[49] setzte sich aber auch in der Evangelischen Kirche in der Habsburgermonarchie der Antisemitismus durch. Vergessen war die interreligiöse Kooperation mit den Juden im Bereich des Schulwesens und im Kampf um die konfessionelle Gleichberechtigung, auch Haases Position geriet ins Abseits, fand keine Nachfolger. Die von Haase verkörperte Interessens- und Aktionsgemeinschaft der beiden religiösen Minderheiten im Habsburgerreich, die auch einem dynastischen Patriotismus verpflichtet war und in Kaiser

45 Theodor HAASE, Antisemitismus. Kleine Studien (Wien–Teschen 1887; polnisch Krakau 1891).
46 Ebenda 29.
47 Ebenda 20.
48 Ebenda 30 – Als zentrale Aussage auch von SCHWEIGHOFER, Antisemitismus (wie Anm. 16) 25 gewürdigt.
49 Karl-Reinhart TRAUNER, Die Los-von-Rom-Bewegung. Gesellschaftspolitische und kirchliche Strömung in der ausgehenden Habsburgermonarchie (Szentendre 1999, [2]2006) 577.

Franz Joseph einen Hüter der errungenen verfassungsmäßigen Rechte erblickte,[50] löste sich nach vollzogener Emanzipation auf. Das kulturpolitische Klima hatte sich durch das Aufkommen nationalistischer Strömungen radikal geändert. Im Zuge der Los-von-Rom-Bewegung seit 1897 etablierte sich ein deutsch-völkischer Antisemitismus, der auf den Protestantismus ausstrahlte und ihm weiszumachen versuchte,[51] dass »nicht der Judenbibel, sondern dem deutschen Luthergeiste der Protestantismus seine Erfolge und völkischen Vorteile [verdankt]«.

Die Tradition jenes schlesischen Philosemitismus bei Theodor Haase ist in Vergessenheit geraten und wurde erst in der zweiten Hälfte des 20. Jahrhunderts wieder freigelegt.[52] Ein Stück weit hat er die Evangelische Kirche in Österreich auf ihrer Suche nach Versöhnung mit dem österreichischen Judentum (»Zeit zur Umkehr«) geleitet.[53]

50 Klaus LOHRMANN, Zwischen Finanz und Toleranz. Das Haus Habsburg und die Juden (Graz–Wien–Köln 2000) 215; Peter KARNER, Die Tradition der Toleranz. Kaiser Franz Joseph I. und die evangelischen Kirchen, in: Geschenke für das Kaiserhaus. Huldigungen an Kaiser Franz Joseph und Kaiserin Elisabeth, hg. von Ulla FISCHER-WESTHAUSER (Wien 2007) 142–150, hier 150.

51 Zit. bei TRINKS, Protestantismus in Österreich (wie Anm. 11) 549.

52 Ulrich TRINKS, Mit Juden reden, nicht über sie! Die Bedeutung des christlich-jüdischen Gesprächs in meinem Leben. *Dialog-Du Siach* Nr. 38/2000, 6–15; DERS., Herausgesagt. Persönliche Erfahrungen gelebten Christseins im 20. Jahrhundert (Wien 2007) 50–70. Dazu Karl SCHWARZ, Einsichten eines Visionärs. *Dialog-Du Siach* Nr. 68/2007, 33–39.

53 Das Wort der Generalsynode »Zeit zur Umkehr« ist abgedruckt in: *Amtsblatt der Ev. Kirche A. u. H.B. in Österreich* Nr. 212/1998, 132–134. Dazu Karl SCHWARZ, »In Österreich ist das anders« – Schuld und Versöhnung als Thema der Evangelischen Kirchen, in: In Grenzen leben – Grenzen überwinden. Festschrift für Peter Maser zum 65. Geburtstag, hg. von Christian-Erdmann SCHOTT (Berlin 2008) 15–29.

»Schicksalsergeben und fromm …« Evangelische in Habsburgs Militär des 19. Jahrhunderts

Von Karl-Reinhart Trauner

I. Vorbemerkung

Der Titel des vorliegenden Aufsatzes stammt aus einem Werk Heinrich Benedikts, der 1946 Ordinarius für Neuere Geschichte an der Universität Wien wurde; davor war er – katholischer Konfession und monarchiefreundlich – österreichisch-ungarischer Berufsoffizier gewesen. In seinem Buch »Monarchie der Gegensätze«, das knapp nach dem Zweiten Weltkrieg erschien, erinnert er sich, zweifellos idealisierend, an die alte Armee:

> »Der übernationale Kaiser stand an der Spitze der übernationalen Exekutive, die das Gefüge der Länder zusammenhielt […]. Armee und Beamtentum waren kaiserlich. Die Mutter und Heimat des Offiziers war die Armee, die eine eigentümlich gefärbte Mundart, das Armeedeutsch, sprach […]. Der Offizier war nirgends und überall zu Hause. In Vorarlberg und in Galizien, in Böhmen und in der Herzegowina, überall fand er Mitglieder seiner Familie vor. […] Die Armee tat ihre Pflicht, die sie dem Kriegsherrn geschworen. Es war eine gute Armee, denn sie verstand immer und immer wieder ihre Pflicht zu tun. Wo der Siegesglaube fehlte, und der fehlte fast immer, wurde er durch den Truppengeist und die gute Kameradschaft ersetzt. Die Armee war schicksalsergeben, fromm, wie es sich für Soldaten geziemt, die mit Gott und dem Waffenglück nicht hadern, ihre Pflicht tun und den Soldatentod nicht scheuen, aber das Leben genießen und genießen lassen und auch in dem Feind den Menschen sehen.«[1]

Es ist bezeichnend, dass zwar das Thema der Religiosität angesprochen wird, nicht jedoch das der Religion bzw. Konfession. Das ist charakteristisch für das integrative Moment der österreichischen Armee, der »Familie des Offiziers«. In einem gewissen Gegensatz stand dieses zur Ausrichtung des allerhöchsten Kriegsherrn, der in einer sehr bewussten römisch-katholischen Tradition stand und damit Österreich bzw. Österreich-Ungarn eine römisch-katholische Staatsphilosophie vorgab. »In den letzten drei Jahrzehnten vor dem Ersten Weltkrieg behauptete sich das Militär als die neben der Dynastie staatstragende Institution Österreich-Ungarns schlechthin.«[2] So konnte Kronprinz Rudolf im Jahr 1884 in einem Brief schreiben: »Die Armee ist das einzige Bindemittel noch, welches in diesem Chaos den Reichsgedanken vertritt; sie ist großösterreichisch.«[3] Die Armee hatte von jeher,

1 Heinrich Benedikt, Monarchie der Gegensätze. Österreichs Weg durch die Neuzeit (Wien 1947) 193–195.

2 Peter Melichar/Alexander Mejstrik, Die bewaffnete Macht, in: Die Habsburgermonarchie 1848–1918, Bd. IX: Soziale Strukturen, 2. Teilbd. (Wien 2010) 1263–1326, hier 1263.

3 Kronprinz Rudolf an Moritz Szeps vom 6. Februar 1884, in: Kronprinz Rudolf, Politische Briefe an einen Freund 1882–1889, hg. von Julius Szeps (Wien–München–Leipzig 1922) 82.

und das sollte sich 1848/49 als problematisch erweisen, einen »innenpolitischen Auftrag«.[4]

Allein schon diese kurzen Bemerkungen deuten auf das Spannungsfeld hin, in das dieses Thema führt.[5] Die Frage nach der Integration evangelischer Soldaten in die österreichischen Streitkräfte ist ohne die Geschichte der evangelischen Kirchen nicht verständlich; indirekt illustriert sie damit die Entwicklung des österreichischen Protestantismus im 19. Jahrhundert.[6]

Interessanterweise hat es schon vor dem Toleranzpatent des Jahres 1781 innerhalb der Armee Akte religiöser bzw. konfessioneller Gleichberechtigung gegeben. Das »Reglement für die sämmentlich-Kaiserlich-Königliche Infanterie« aus dem Jahr 1769 vermerkt:

> »Von der Religion solle niemals gesprochen, hingegen desto eifriger darnach gelebet werden, und das mindeste, was zu einer Gehässigkeit zwischen verschiedenen Glaubensgenossen Anlaß geben könnte, ist bey unausbleiblicher schärfster Strafe verboten.«[7]

Seit der Zugehörigkeit evangelischer Landesteile zum Habsburgerreich gab es selbstverständlich auch österreichische Soldaten und auch Truppenteile, die – trotz noch nicht vorhandener Toleranz – evangelischer Konfession waren. Eine steile Karriere machten aber jene Offiziere normalerweise nicht. Die Armee wurde dennoch zu einem Ort konfessioneller Liberalität. In diesem Zusammenhang ist auch die Stiftung des berühmtesten österreichischen Militärordens, des Militär-Maria-Theresien-Ordens (MMTO), interessant. Er wurde 1757 anlässlich der gegen Preußen gewonnenen Schlacht von Kolin (Kolín) von Maria Theresia gestiftet und war der erste österreichische Militärorden.[8] Der Orden sollte allen geeigneten k. k. Offizieren verliehen

4 Johann Christoph ALLMAYER-BECK, Die bewaffnete Macht in Staat und Gesellschaft, in: Die Habsburgermonarchie 1848–1918, Bd. V: Die bewaffnete Macht (Wien 1987) 1–141, hier 94.

5 Mein Dank für wertvolle Unterstützung bei der vorliegenden Arbeit gilt den Herren Hofrat Dr. Christoph Tepperberg, dem Direktor des Kriegsarchivs (Wien), sowie dessen Marinereferenten, Fregattenkapitän Dr. Bernhard Frh. Wenning-Ingenheim; außerdem meinen Mitarbeitern in der Evang. Militärsuperintendentur, Herrn Vizeleutnant Hubert Kobald und Herrn Oberleutnant Amtsdirektor Manfred Wallgram.

6 MELICHAR/MEJSTRIK, Die bewaffnete Macht (wie Anm. 2) 1267 bemängeln das über weite Strecken geringe Interesse an sozialhistorischen Fragestellungen bzgl. der bewaffneten Macht. Der vorliegende Beitrag beschränkt sich auf die konfessionelle Fragestellung, sieht diese aber als Teil der Sozialgeschichte.

7 Zit. nach: Christoph TEPPERBERG, Evangelische in Habsburgs Heer, in: Evangelische in Österreich. Vom Anteil der Protestanten an der österreichischen Kultur und Geschichte (Katalog zur gleichnamigen Ausstellung in der Österreichischen Nationalbibliothek, Nov. 1996 bis Feb. 1997, Wien 1996) 130–136, hier 132 f.

8 Vgl. J[aromir] HIRTENFELD, Der Militär-Maria-Theresien-Orden und seine Mitglieder (Wien 1857); Franz KAINDL, Zur Geschichte des Militärischen Maria Theresien-Ordens. *TD* 5/1980, 476–478 und 6/1980, 589–592; Georg LUDWIGSTORFF, Der Militär-Maria Theresien-Orden, in: Österreichs Orden vom Mittelalter bis zur Gegenwart, hg. von Johann STOLZER/Christian STEEB (Graz 1996) 90–113; Hubert Michael MADER, Vergangene soldatische Bravur: Der Militär Maria-Theresienorden. *ÖMZ* 4/2007, 436–443.

werden können »ohne auf ihre Religion, Rang und andere Umstände im mindesten zurückzusehen«.

II. Die Duldung

Die Stellung des österreichischen Protestantismus änderte sich Ende des 18. Jahrhunderts grundlegend. Infolge des durch Kaiser Joseph II. 1781 erlassenen Toleranzpatents war evangelisches Leben – unter bestimmten Voraussetzungen und mit klaren Einschränkungen – geduldet; von einer Gleichberechtigung kann jedoch nicht gesprochen werden. Seit dem Toleranzpatent war es endgültig möglich, dass Offiziere des österreichischen – ab 1804 des kaiserlich österreichischen – Heeres[9] auch offiziell anerkannt evangelischer Konfession sein konnten. In einer anonym verfassten, Joseph II. bekannten Schrift ist vom Beispiel des »Militari, wo von den untesten Stufen bis auf den Feldmarschall und Kriegspräsidenten inklusive in keiner Gelegenheit der Unterschied der Religion im Geringsten betrachtet wird«, die Rede.[10] In der Folge wurde die im Toleranzpatent zugestandene Erlaubnis der privaten (!) Religionsausübung, soweit sie bei den k. k. Regimentern nicht schon praktiziert wurde, auch auf die »akatholischen« Soldaten ausgedehnt, die öffentliche Religionsausübung blieb ihnen jedoch weiterhin versagt.

Welch große kulturelle Prägekraft der Protestantismus auch in Österreich gehabt hat, mag man an einem der größten Feldherren seiner Zeit, an Erzherzog Karl, dem Sieger von Aspern, sehen. Er war mit Henriette von Nassau-Weilburg (1797–1829) verheiratet, die evangelisch-reformiert war. Sie brachte den Weihnachtsbaum nach Wien. Zuvor war Weihnachten im gesamten süddeutschen Raum schmucklos gefeiert worden. Es war ein Christbaum, wie wir ihn heute gewohnt sind: mit Schmuck und Kerzen. Und auch die Sitte, sich zu Weihnachten Geschenke zu machen, wurde erst durch Henriette üblich.

> »Der Kaiser, der zur Weihnachtsfeier geladen worden war, soll von dem brennenden Lichterbaum so beeindruckt gewesen sein, daß er Auftrag gab, auch in der Hofburg einen mit Kerzen geschmückten Christbaum aufzustellen.«[11]

Damit war der Siegeszug des Weihnachtsbaumes gesichert.

Das Beispiel des Weihnachtsbaumes macht deutlich, wie bald schon nach dem Toleranzpatent der Protestantismus gesellschaftsfähig geworden war. Die konfessionstolerante Tendenz des Heeres, die schon zuvor bestanden hatte, wurde dadurch noch deutlich verstärkt. Eine Offiziersbiographie, die exemplarisch herausgegriffen wurde, sowie die Errichtung einer evangelischen Militärseelsorge sollen diese Entwicklung

---

9 Zur Entwicklung des Heeres im 19. Jahrhundert vgl. u. v. a. die Überblicksdarstellung von Nikolaus von Preradovich, Die Führungsschichten in Österreich und Preußen 1804–1918 (Veröffentlichungen des Instituts für europäische Geschichte Mainz 11, Wiesbaden 1955).

10 Zit. nach: Tepperberg, Evangelische in Habsburgs Heer (wie Anm. 7) 133.

11 Monika Posch, Henriette von Nassau-Weilburg. Eine Protestantin im Hause Habsburg, in: Die evangelische Gemeinde H.B. in Wien, hg. von Peter Karner (Wien 1986) 72–81, hier 76.

verdeutlichen. Bedeutende evangelische Offiziere dieser Epoche waren Maximilian von Wimpffen oder Friedrich Wilhelm von Bentheim-Steinfurth (1792–1839).

Der österreichische Feldmarschall Maximilian Freiherr von Wimpffen (* 1770, Münster; † 1854, Wien) war 1809 und von 1824 bis 1830 Chef des Generalquartiermeisterstabes, d. h. Generalstabschef. Er war evangelisch H.B. Die Familie der Wimpffen gehörte dem Offiziersadel an. Vertreter der Familie dienten in höchsten militärischen Rängen in vielen Armeen Europas. Maximilian von Wimpffens militärische Anfänge nach seiner Ausbildung an der Theresianischen Militärakademie, von der er 1786 – also fünf Jahre nach dem Toleranzpatent – ausmusterte, fallen noch in die letzte Phase der Türkenkriege. Als Angehöriger des gehobenen Adels wurde er 1896 in den Generalquartiermeisterstab übernommen. Seine letzte Ruhestätte fand er auf dem Heldenberg in Klein-Wetzdorf in Niederösterreich, wo wenig später auch Radetzky begraben wurde.

Dass die Toleranz keine Gleichstellung bedeutete, ist sehr deutlich an der nicht erfolgten Installierung einer Militärseelsorge ersichtlich. Auch nach 1781 durften evangelische Geistliche Kasernen und Militärspitäler nur in Krankheitsfällen und auf ausdrücklichen Wunsch eines erkrankten Soldaten betreten. Eine tiefere Veränderung in der Militärseelsorge trat erst nach den Napoleonischen Kriegen ein. Eine hauptamtliche evangelische Militärseelsorge wurde erst in den 1830er Jahren eingerichtet:

> »Ich will, daß für die Zeit der Anwesenheit mehrerer ungarischer Regimenter in Meinem lombardisch-venezianischen Königreiche zwei protestantische Pastoren und zwar Einer evangelischer, Einer helvetischer Confession, welche die erforderliche Sprachkenntniß besitzen, mit dem angetragenen Gehalte angestellt und ihnen dort ihr Aufenthalt angewiesen, und selbe dort verwendet werden, wo es am zweckmäßigsten ist. Die daraus sich ergebenden jährlichen Auslagen sind aus der ordinären Militair-Dotation zu bestreiten.«[12]

Mit diesem Entschluss aus dem Jahre 1834, basierend auf dem Vortrag des Hofkriegsrates, begründete Kaiser Franz I. eine evangelische Militärseelsorge in Lombardo-Venetien für die rund 18.000 protestantischen Soldaten[13] bei der Armee in Italien. Zuvor hatte es nur eine Seelsorge an den evangelischen Soldaten von Pfarrern außerhalb des Militärs gegeben.[14] In die gesellschaftliche Spannung zwischen dem Konservati-

12 Julius HANAK, Die evangelische Militärseelsorge im alten Österreich. Sonderdruck *JGPrÖ* 87 u. 88 (1974) 49 f. Zur Einführung einer evangelischen Militärseelsorge vgl. auch: Karl-Reinhart TRAUNER, Sámuel von Harsányi. Der erste reformierte Militärpfarrer Österreichs und 1848er wider Willen. *JGPrÖ* 122 (2006) 87–115. Eine allgemeine Darstellung der Militärseelsorge bieten: Roman-Hans GRÖGER/Claudia REICHL-HAM/Alfred SAMMER, Militärseelsorge in Österreich. Zwischen Himmel und Erde (Graz–Wien–Köln 2001).

13 5.025 Mann Infanterie und 1.174 Husaren (das sind insgesamt 6.199 Mann) waren Evangelische A.B., 7.223 Mann Infanterie und 4.625 Husaren (also insgesamt 11.848 Mann) waren Evangelische H.B. Zahlenangaben nach: Claudia REICHL-HAM, Die Militärseelsorge in Geschichte und Gegenwart. Die evangelische Militärseelsorge von ihren Anfängen bis heute. *M&S* 4 (Wien 2005) 45, Anm. 44.

14 Vgl. Péter ZAKAR, A magyar hadsereg tábori lelkészei 1848–49-ben [Die Militärseelsorger des ungarischen Heeres 1848/49] (Budapest 1999) 14.

vismus biedermeierlicher Prägung und dem Aufbruch v.a. liberaler Prägung wurde der Protestantismus mit aller Gewalt hineingezogen, und auch das protestantische Offizierskorps.

III. Kaisertreue und Revolutionäre: 1848 ...

Zu einer Nagelprobe nicht nur des Protestantismus, sondern des gesamten Kaiserreiches wurde die Revolution des Jahres 1848. Im April 1848 erhielt das Kaisertum Österreich eine Verfassung, in der auch erstmals in Österreich Grundrechte formuliert wurden. Die nach dem Innenminister benannte Pillersdorf'sche Verfassung sah die volle Glaubens- und Gewissens- sowie die persönliche Freiheit und auch die bürgerliche Gleichheit aller Konfessionsangehörigen vor. Es wird »allen in der Monarchie [...] anerkannten christlichen Glaubensbekenntnissen und dem israelitischen Cultus [...] die freye Ausübung des Gottesdienstes gesichert«.[15]

Ein Erlass des Innenministeriums regelte ferner den Übertritt zwischen den christlichen Konfessionen dahingehend, dass der Übertrittswillige sich allerdings vor seiner bisherigen Konfession zu rechtfertigen habe. Es kann deshalb nicht erstaunen, dass die Revolution 1848/49 auch wichtige Auswirkungen auf die evangelische Kirche beider Bekenntnisse hatte, auch wenn diese selbst kaum in die Ereignisse Einfluss nahm. Schon zeitgenössische Quellen nennen Ausdrücke wie Emanzipation und Autonomie dafür.[16]

Die Niederschlagung der Revolution 1848/49 mit militärischen Mitteln wurde zu einem Symbol für Kaisertreue hochstilisiert, wohl auch, um von ihrem bürgerlichen Charakter abzulenken. Dieser Vorgang wurde verstärkt, als Kaiser Franz Joseph I., der die letzte Phase der Monarchie gewissermaßen personifizierte, im Zuge der Revolution bzw. ihrer Bekämpfung seine Regierung antrat. In eigenartiger Weise wurde deshalb 1848/49 zu einem Schlüsselgeschehen im Selbstverständnis v. a. des Offizierskorps.[17]

Trotz der Nahebeziehung zwischen Protestantismus und den Forderungen der Revolution war es gerade ein protestantischer Offizier, der in Kaisertreue an nicht unwesentlicher Stelle die Revolution mit niederschlug: Julius Jakob Freiherr von

15 § 31 der Pillersdorf'schen Verfassung, nachdem mit § 17 »allen Staatsbürgern [...] die volle Glaubens- und Gewissens- so wie die persönliche Freyheit gewährleistet« wird.

16 Vgl. u. a. Karl-Reinhart Trauner, Die Idee von Emanzipation und Autonomie in den Revolutionstagen 1848/49 unter besonderer Berücksichtigung der Evangelischen Kirche in Österreich. *Schulfach Religion* 3–4/1998, 151–198.

17 Ein sichtbares Zeichen dieser Hochschätzung der Waffentaten der Streitkräfte in den Jahren 1848/49 bildet der Heldenberg im niederösterreichischen Klein Wetzdorf. Als Überblick zur Entwicklung der bewaffneten Macht im Habsburgerreich in der zweiten Hälfte des 19. Jahrhunderts vgl. u. v. a. die verschiedenen Aufsätze in: Die Bewaffnete Macht, in: Die Habsburgermonarchie 1848–1918, Bd. V (Wien 1987); außerdem Johann Christoph Allmayer-Beck, Erich Lessing, Die K. (u.) K.-Armee 1848–1914 (München–Gütersloh–Wien 1974).

Haynau (* 1786, Kassel; † 1853, Wien).[18] Seine Beinamen »Hyäne von Brescia« oder »Blutrichter von Arad« deuten darauf hin, dass er einer der berüchtigtsten Generale der alten österreichischen Armee war. Geboren wurde er als Sohn des Kurfürsten Wilhelm I. von Hessen-Kassel und seiner Geliebten, Rosa Dorothea Ritter. 1801 trat er in österreichische Dienste, wurde 1844 Feldmarschallleutnant und Divisionär in Innerösterreich und 1847 Divisionskommandeur in Temeschburg (Timişoara). Er scheint insgesamt ein unleidlicher Zeitgenosse gewesen zu sein, denn bald nach seiner Bestellung wurde er wegen Unverträglichkeit seines Postens enthoben. 1848, bei Ausbruch der Revolution, trat er freiwillig als Oberst wieder in sein Regiment in Italien ein und trug zum Sieg der kaiserlichen Armee in Italien bei.

Im Mai 1849 übernahm er als Feldzeugmeister mit unbeschränkten Vollmachten als Nachfolger des Fürsten Windischgrätz das Oberkommando in Ungarn. In kürzester Zeit brach er mit betont hartem Vorgehen die Macht der Rebellen. Auf seinen Befehl wurden im Oktober 1849 dreizehn ungarische Generäle hingerichtet (»Die Märtyrer von Arad«) sowie am gleichen Tag in Budapest der erste ungarische Ministerpräsident, Lajos Batthyány. Dies waren Erfolge, die seinen militärischen Ruf sicherten, ihn aber zugleich zu einer Hassfigur des aufstrebenden Bürgertums avancieren ließen. Im gleichen Jahr wurde er Befehlshaber der 3. Armee in Ungarn, nahm aber wegen Zwistigkeiten mit dem Ministerium 1850 seinen Abschied. Im gleichen Jahr erhielt er das Großkreuz des MMTO, nachdem er bereits 1849 mit dem Kommandeurskreuz des MMTO promoviert worden war. Von Graz aus, wohin er sich nach seinem Abschied zurückgezogen hatte, unternahm er Reisen, wobei er in London und Brüssel (Bruxelles) misshandelt wurde, was zu diplomatischen Verstimmungen führte.

Haynau ist – nicht mit seinem Einsatz 1848/49 an sich, sondern durch seine persönliche Positionierung als radikaler und aggressiver Revolutionsgegner – eine für den Protestantismus untypische Gestalt, denn seit der Revolution 1848 wandte sich die evangelische Gesellschaft zunehmend den Ideen des Liberalismus zu; das gilt v.a. für die städtischen Gemeinden, in denen das Bürgertum prägend war. Dieser Entwicklung innerhalb des Protestantismus entsprach auch die der Gesamtgesellschaft. Die Revolution hatte eine neue Identität und ein neues Selbstbewusstsein der Evangelischen zugelassen, das nicht mehr rückgängig zu machen war. Auswirkungen hatte dieses neue Selbstverständnis gesamtgesellschaftlich, noch dazu, als in der zweiten Hälfte des 19. Jahrhunderts zahlreiche Evangelische zu einem wichtigen wirtschaftlichen und kulturellen Faktor wurden. Nicht zuletzt durch 1848 traten die Evangelischen aus ihrem Schattendasein als »Akatholiken« heraus und wurden trotz der zahlenmäßigen Unbedeutendheit ein integrierter und akzeptierter Bestandteil Österreichs.

---

18 Vgl. Regina Forstner, Julius Freiherr von Haynau. Beiträge zu einer Biographie (Alma Mater Rudolfina, Wien 1980); Karl Schönhals, Biographie des k. k. Feldzeugmeisters Julius Freiherrn von Haynau (Graz ^{3}1853).

IV. ... und danach – am Beispiel der Kriegsmarine

Die Zeit nach 1848 war für das Militär eine Zeit der Reorganisation und der Identitätsfindung nach den Zerrüttungen der Revolution. Das galt auch für die Kriegsmarine. Um diese neu aufzubauen, machte man sich auf die Suche nach einem geeigneten Oberbefehlshaber. Gefunden wurde dieser in der Person des (dänischen) Kommodore 1. Klasse Dahlerup. Im März 1849 wurde der zuvor aus dänischen Diensten »in Gnaden« entlassene Däne Hans Birch von Dahlerup (* 1790, Hillerød; † 1872, Kopenhagen [København])[19] als erfahrener Seeoffizier mit dem durch den Tod Erzherzog Friedrichs verwaisten Oberkommando der österreichischen Kriegsmarine betraut. Als erstes führte er eine vollständige Seeblockade Venedigs (Venezia) durch, das bereits durch österreichische Truppen vom Festland abgeschnitten worden war. Es fand auch wohl der erste Luftangriff der Kriegsgeschichte mit von Ballons abgeworfenen kleinen Bomben statt, die allerdings keinen nennenswerten Schaden anrichteten. Im August 1849 erfolgte dann die Kapitulation Venedigs – der alte politische Zustand war damit wieder hergestellt.

Dahlerup begann sogleich mit zahlreichen personellen und anderen Reformen. Nach der Rückeroberung Venedigs verblieb der Sitz des Marineoberkommandos vorläufig in Triest. Stimmen, die für Pola [Pula] plädierten, wurden aber schon damals laut, was Dahlerup jedoch ablehnte. Trotzdem errichtete man 1850 in Pola ein Marinearsenal. Zu Schulungszwecken verkehrten die Schiffe der Kriegsmarine zwischen den österreichischen Adriahäfen und sicherten auch die griechischen und türkischen Gewässer gegen Seeräuber. Man bemühte sich außerdem verstärkt um deutsch-österreichische Seeleute; ab 1850 war die Dienstsprache Deutsch. Mit dem Bau neuer Schiffe wurde begonnen. Doch schon 1850 bat Dahlerup um seinen Abschied. Sein Nachfolger wurde Feldmarschallleutnant Graf Franz von Wimpffen (1797–1870), ebenfalls ein Protestant.

V. Gleichberechtigung

Die evangelische Kirche Österreich erhielt durch das Protestantenpatent vom April 1861 (RGBl. 41/1861) prinzipielle Gleichstellung mit der römisch-katholischen Kirche. Erst das Protestantenpatent verlieh den Evangelischen die personale bürgerliche Gleichberechtigung mit den Angehörigen der römisch-katholischen Kirche, »hat aber nicht das staatsrechtliche Verhältnis zu den Glaubensgemeinschaften [...] geklärt«.[20]

19 Vgl. die entsprechenden Abschnitte in Hans Hugo Sokol, Des Kaisers Seemacht 1848–1914, in: Geschichte der k. u. k. Kriegsmarine III. Die k.k. Österreichische Kriegsmarine in dem Zeitraum von 1848 bis 1914 (Wien–München 1980, Neudruck 2002).

20 Friedrich Gottas, Die Geschichte des Protestantismus in der Habsburgermonarchie, in: Die Habsburgermonarchie 1848–1918, Bd. IV: Die Konfessionen (Wien 1985) 489–595, hier 556.

Mit der Gleichberechtigung der Kirche begann auch ihre positive Positionierung im öffentlichen Leben. Zuzug aus Deutschland und die allgemeine Zunahme der Bevölkerung ließen nach 1870 die Kirche deutlich wachsen. Trotz eines staatlichen Aufsichtsrechts konnte sich das kirchliche Leben relativ ungehindert entfalten. Auffällig dabei ist, dass das Militär bei dieser Entwicklung wieder einmal eine Vorreiterrolle einnahm, auch wenn alle führenden Offiziere der frühen zweiten Hälfte des 19. Jahrhunderts Teilnehmer an der Niederschlagung der Revolution 1848/49 gewesen waren – das gilt auch für diejenigen evangelischer Konfession.[21] Ein besonders treffendes Beispiel für die neue Rolle des Protestantismus – gerade beim Heer – ist die Schaffung einer evangelischen Garnisonskirche in Wien; sie nimmt das Protestantengesetz gewissermaßen vorweg.[22] Erst als Reaktion darauf wurde die Votivkirche katholische Garnisonskirche.

Die religiöse Liberalisierung in der Habsburgermonarchie ging zeitlich Hand in Hand mit einer »Verstaatlichung der Wehrmacht«, die »direkt mit ihrer Entaristokratisierung zusammen[hing]«.[23] Gerade Zweiteres wirkte für den Protestantismus förderlich;[24] dennoch gehörten auch viele der evangelischen Offiziere dem Adel an.

Neben dem Offizier und Kriegsminister August Franz Johann Christoph Graf von Degenfeld-Schonburg (1798–1876) war der bekannteste Offizier dieser Zeit Feldzeugmeister Ludwig August Ritter von Benedek (1804–1881). Sein Name ist untrennbar mit der geschichtemachenden Niederlage in Königgrätz (Hradec Králové) verbunden. Erfolgreicher als Benedek war ein anderer evangelischer Offizier, der an der letzten machtpolitisch erfolgreichen Aktion der Habsburgermonarchie teilnahm: an der Okkupation Bosniens und der Herzegowina. Es handelt sich dabei um Feldzeugmeister Herzog Wilhelm von Württemberg (* 1828, Carlsruhe/Schlesien [Pokój]; † 1896, Meran [Merano]).[25] Sein Vater, Eugen II. von Württemberg, war General der russischen Armee. Es ist vielleicht etwas Protestantisches – die Öffnung gegenüber bürgerlichen Tugenden –, dass Wilhelm der erste deutsche Prinz war, der aus der geschützten Erziehung am Hofe in der bürgerlichen Welt eines öffentlichen Gymnasiums erzogen wurde – zunächst in Meiningen, dann in Breslau (Wrocław).[26]

Wilhelm von Württemberg machte in den österreichischen Streitkräften eine steile Karriere: 1864 wurde er Generalmajor, nachdem er als Brigadekommandant am Feldzug gegen Dänemark teilgenommen hatte, 1869 Feldmarschallleutnant und

21 Wie wichtig der Einsatz 1848/49 genommen wurde, wurde nicht zuletzt am Heldenberg baulich in Szene gesetzt. Vgl. Hubert Mader/Susanne Mader, Die Helden vom Heldenberg. Pargfrieder und seine »Walhalla« der k. k. Armee (Graz 2008).

22 Vgl. Karl-Reinhart Trauner, Die Garnisonskirche in Wien. Ein vergessenes evangelisches Gotteshaus. *JGPrÖ 121* (2005) 373–396.

23 Melichar/Mejstrik, Die bewaffnete Macht (wie Anm. 2) 1272.

24 Vgl. ebenda 1286.

25 Vgl. Karl Gabriel, Bosnien-Herzegowina 1878. Der Aufbau der Verwaltung unter FZM Herzog Wilhelm v. Württemberg und dessen Biographie (Europäische Hochschulschriften III/973, Frankfurt/Main–Berlin–Bern–Brüssel–New York–Oxford–Wien 2003); Adolf Magirus, Herzog Wilhelm von Württemberg, K. u. K. Feldzeugmeister. Ein Lebensbild (Stuttgart 1893).

26 Vgl. Gabriel, Bosnien-Herzegowina 1878 (wie Anm. 25) 189.

1878 Feldzeugmeister. Die letzte der genannten Beförderungen hing mit der wichtigsten seiner militärischen Aufgaben zusammen: 1878 nahm er erfolgreich als Divisionskommandant am Okkupationsfeldzug in Bosnien und der Herzegowina unter Feldzeugmeister Joseph Freiherr Philippovich von Philippsberg teil. 1878 wurde Feldzeugmeister Wilhelm von Württemberg für die nächsten rund zwei Jahre zum Kommandierenden General und Chef der Landesregierung in Bosnien und der Herzegowina, wo er sich durch eine besonders diplomatische Aufgabenerfüllung auszeichnete.

Von Interesse für das vorliegende Thema ist, dass seine Konfession nicht unwesentlich dazu beigetragen haben mag, dass er mit dieser hohen Funktion in Bosnien-Herzegowina, wo Religion und Konfession eine wesentliche Rolle im gesellschaftlichen und auch politischen Leben spielten, beauftragt wurde. Denn »mit der Berufung des in jeder Hinsicht neutralen FZM [= Feldzeugmeister] Herzog Wilhelm von Württemberg kam das heikle Amt in unbefangene Hände, denn der württembergische Herzog evangelischer Konfession erschien allen Beteiligten als Garant für eine unvoreingenommene Behandlung aller Bürger«.[27]

VI. Normalität der Konfession

Ab dem Protestantenpatent des Jahres 1861 war es »normal« evangelisch zu sein. Allerdings stellt der amerikanisch-ungarische Militärhistoriker István Deák fest, dass »eine Aufgliederung der Offiziere nach dem Religionsbekenntnis [...] auch ein Spiegelbild sowohl der unterschiedlichen Größe der Bildungseliten in jeder Gruppe als auch des unterschiedlichen Grades ihrer Loyalität gegenüber der Dynastie« ist.[28]

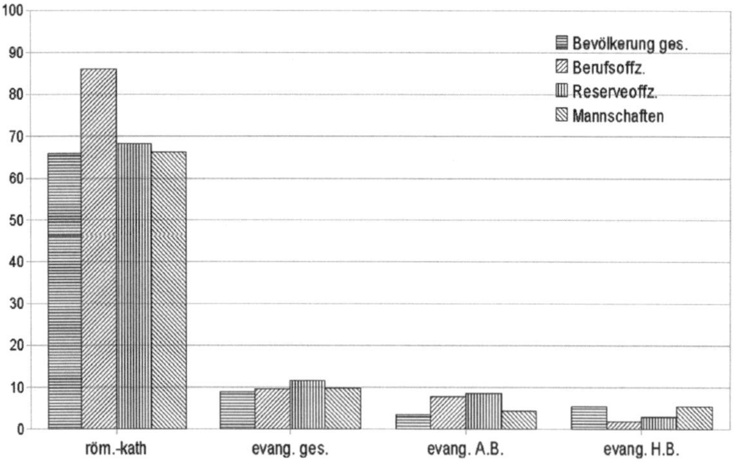

Tab. 1: Die konfessionelle Verteilung in Österreich-Ungarn und in der k. u. k. Armee im Jahre 1911 (in Prozentzahlen).[29]

27 Ebenda 157.

28 István Deák Der K. (u.) K. Offizier 1848–1918 (Wien–Köln–Weimar ²1995) 206.

29 Ebenda, Tab. 10.3, 206.

Tab. 2: Der konfessionsinterne Anteil am Berufsoffizierskorps zeigt die massive Überproportionalität v. a. der Evangelischen A.B.[30]

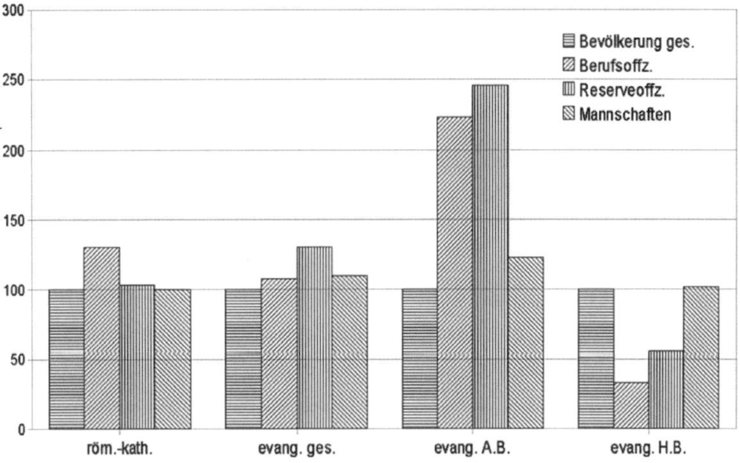

Betrachtet man die Zahlen näher, dann stellt man nicht nur eine Überrepräsentanz der Katholiken bei den Berufsoffizieren fest, die auf eine hohe Identifikation der katholischen Gesellschaft mit der habsburgischen Armee zurückzuführen ist. Noch deutlicher als die Überrepräsentanz der Katholiken ist jedoch die der Evangelischen A.B. Waren die Katholiken mit dem 1,3-fachen Anteil am Offizierskorps gegenüber dem an der Gesamtbevölkerung vertreten, so lag der Anteil der Lutheraner beim 2,2-fachen. Dies ist zweifelsfrei auf die Verbürgerlichung der Armee zurückzuführen, verbunden mit einem ausgeprägten bürgerlichen Anspruch an gesellschaftlicher Mitgestaltung als Bildungselite, zeigt aber andererseits auch – trotz belasteter Geschichte und konfessioneller Unterschiedenheit – die hohe Verbundenheit mit dem (katholischen) Herrscherhaus.

Die Situation bei den Reformierten sah hingegen anders aus. Sie waren unter den Reserveoffizieren eindeutig stärker vertreten als unter den Berufsoffizieren, was zeigt, dass es durchaus eine Bildungselite gab. Die Reformierte Kirche war besonders bei den Ungarn stark vertreten, »und die reformierte Kirche wurde gerne als sozusagen magyarische Institution gesehen«.[31] Deshalb bevorzugten reformierte Offiziere den Dienst in der Honvéd gegenüber der gemeinsamen Armee.[32]

Ab der zweiten Hälfte des 19. Jahrhunderts ist eine zunehmende Zahl von Konversionen von katholischen und israelitischen Berufsoffizieren zum evangelischen Glauben zu verzeichnen. Bei den Katholiken hing der Religionswechsel vornehmlich mit Eheschließungen, bei Israeliten mit besseren Karrieremöglichkeiten und sozialer Akzeptanz zusammen. Im Gegensatz zu den Protestanten hatten Offiziere mosaischen Bekenntnisses in der k. (u.) k. Armee[33] eine schlechtere Laufbahn zu erwarten. Im

30 Basierend auf ebenda.

31 Ebenda 207.

32 Ebenda 207.

33 Ähnlich wie der Protestantismus war auch das Judentum im Bildungsbürgertum mit seinen Idealvorstellungen und seinen Interessen verankert: »Drastisch ist auch die Überrepräsentation

Allgemeinen fühlten sich die Angehörigen der assimilierten, meist deutschfühlenden jüdischen Bildungselite vom Katholizismus nicht besonders angezogen. Daher war der prozentuelle Anteil israelitischer Übertritte zum Protestantismus unverhältnismäßig hoch.[34]

Eine kleine, an sich unbedeutende Gegebenheit soll die Situation zur Jahrhundertwende verdeutlichen, in der evangelische Lebensäußerungen »normal« geworden waren. Im August 1911 befand sich das zumeist aus Kärntnern bestehende k. u. k. Infanterie-Regiment Nr. 7 »Graf von Khevenhüller« in der Untersteiermark (Spodnja Štajerska) auf Manöver. Da ein relativ großer Teil des Regiments evangelisch war, wurde zu Kaisers Geburtstag am 18. August nach einer katholischen Feldmesse auch ein evangelischer Gottesdienst in der evangelischen Kirche in Mahrenberg (Radlje ob Dravi) abgehalten. Der Jahresbericht der Pfarrgemeinde Marburg a. d. Drau (Maribor), zu deren Gemeindegebiet Mahrenberg gehört(e), berichtet:

> »So geschah es, daß nicht nur von den Mannschaften zahlreiche Protestanten sich zu unserer Feier einfanden, sondern daß der Regimentskommandeur selbst – ein Alt-Protestant aus Siebenbürgen – an der Spitze einer größeren Deputation des k.u.k. Offizierskorps in dem dicht besetzten und entsprechend ausgeschmückten Gotteshaus erschien. Im Jubiläumsjahr des Protestantenpatents [...] ist auf solche Weise auch einer kleinen, halb vergessenen Gebirgsgemeinde die bescheidene Genugtuung zuteil geworden, den österreichischen Protestantismus als staatlich anerkannte, der katholischen Kirche gleichgeordnete Glaubensgemeinschaft repräsentieren zu dürfen.«[35]

Ein weiteres Detail möge diese neue Stellung illustrieren. Die 1889 publizierten Aufnahmebedingungen für Kadettenschulen sahen eine besondere Regelung bezüglich des Schulgeldes auch für die Söhne evangelischer (sowie griechisch-orientalischer) Militärgeistlicher vor; parallel zu Offizieren und anderen hauptamtlichen Bediensteten des Militärs.[36]

---

der Juden innerhalb des Reserveoffizierskorps im Jahre 1911 [...].« [Deák, Der K. (u.) K. Offizier 1848–1918 (wie Anm. 28) 207]. Vgl. weiters Erwin A. Schmidl, Juden in der K. (u.) K.-Armee/ Jews in the Habsburg armed forces 1788–1918 (Studia Judaica Austriaca 11, Eisenstadt 1989).

34 Vgl. Tepperberg, Evangelische in Habsburgs Heer (wie Anm. 7) 134.

35 Pfarrgemeinde Marburg, Jahresbericht 1911, 42. Es handelte es sich dabei um – den damaligen – Oberst Johann Fernengel aus Agnetheln (Agnita).

36 Söhne von Offizieren, evangelischen und griechisch-orientalischen Militärgeistlichen, Auditoren, Militärärzten, Truppenrechnungsführern, Militärbeamten und Unteroffizieren des aktiven, des Ruhe- und des Invalidenstandes des k. u. k. Heeres, der Kriegsmarine, der k. k. Landwehr und der k. u. k. Landwehr zahlten 12 fl., die Söhne von Reserveoffizieren oder von Offizieren außer Dienst zahlten 60 fl., und die Söhne aller übrigen österreichischen oder ungarischen Staatsbürger zahlten 120 fl. Schulgeld. Vgl. die entsprechenden Stellen in: Die K. K. Cadettenschulen als Militär-Erziehungs- und Bildungs-Anstalten. Aufnahms-Bedingungen (Wien 1889); Die K. K. Cadettenschulen. Aufnahmsbedingungen und Organisation (Wien 1882); Aufnahmsbedingungen für den Eintritt in die K. u. K. Cadettenschulen, (Wien 1900); Theodor Schlicher, Aus der Geschichte der Militärschulen, in: Der Neustädter Zögling (Festschrift zum 40-jährigen Bestandsjubiläum des Militärrealgymnasiums in Wr. Neustadt, Wiener Neustadt 2005) 41–50.

Ein einziges Beispiel möge noch genügen, um zu zeigen, wie selbstverständlich es in der letzten Phase der Monarchie gewesen war, evangelisch zu sein. Georg Ludwig Trapp, der hier genannt werden soll, wurde erst nach dem Zusammenbruch der Monarchie katholisch. Während seiner Heldentaten im Ersten Weltkrieg war er evangelisch. Georg Ludwig Ritter von Trapp (* 1880, Zara [Zadar]; † 1947, Boston)[37] war U-Boot-Kommandant und der Vater der singenden Trapp-Familie. Er war der Sohn des Fregattenkapitäns August von Trapp, der 1876 in den österreichischen Ritterstand erhoben worden war. Er besuchte ab 1894 die Marineakademie in Fiume (Rijeka), die er 1898 abschloss. Während seiner Ausbildung an der Marineakademie wurde er vom Triester (Trieste) Pfarrer Heinrich Medicus konfirmiert, wie übrigens auch Nikolaus von Horthy.[38] In weiterer Folge zeichnete er sich bei verschiedenen Einsätzen aus. 1908 kam er als Linienschiffsleutnant nach Fiume, wo er die U-Boote kennen lernte, die von der Firma Whitehead gebaut wurden. Dort lernte er auch Agathe Whitehead, Tochter des Torpedofabrikanten John Whitehead und Urenkelin des Erfinders des Torpedos, Robert Whitehead, kennen. Sie war wie Trapp evangelisch (bzw. anglikanisch). Im Jänner 1911 heiratete das Paar und zog in eine Villa in der Nähe von Pola. Mit ihr hatte Trapp insgesamt sieben Kinder. Für seine militärischen Erfolge während des Ersten Weltkrieges erhielt er – allerdings erst 1924 – das Ritterkreuz des MMTO. Nach Ende des Krieges übersiedelte die Familie nach Klosterneuburg bei Wien, wo jedoch seine Gattin Agathe im Jahr 1922 an Scharlachfieber starb. 1923 zog Trapp mit den Kindern nach Aigen bei Salzburg. Hier stellte er 1925 die ehemalige Novizin und strenggläubige Katholikin Maria Augusta Kutschera als Lehrerin und Erzieherin für seine Kinder ein. Als die beiden 1927 schließlich heirateten, konvertierte Trapp zum Katholizismus. Die Familie Trapp nützte eine Konzertreise nach Italien zur Ausreise in die USA, wo sie zur berühmten Sängergruppe, die »Trapp Family Singers«, wurde. 1947 starb Georg von Trapp. Teile seiner Lebensgeschichte bilden die Grundlage für das bekannte Musical »The Sound of Music«.

VII. Evangelisch am Puls der Zeit: Forschung und Entwicklung

Die gesellschaftliche Entwicklung in der Zeit des Biedermeiers und v. a. des Neoabsolutismus bedingte eine natürliche Nahbeziehung des Protestantismus zum Liberalismus; dem Rom-orientierten Konzept stand damit eine evangelische Gesellschaftsauf-

37 Vgl. Georg von Trapp, Bis zum letzten Flaggenschuß. Erinnerungen eines österreichischen U-Boots-Kommandanten (Salzburg–Leipzig ^{2}1935); Günter Schomaekers, K. und K. Korvettenkapitän Georg Ritter von Trapp. Der erfolgreichste U-Boot-Kommandant Österreich-Ungarns im Ersten Weltkrieg (Krefeld 1964).

38 Vgl. Herbert Patzelt, Evangelisches Leben am Golf von Triest. Geschichte der evangelischen Gemeinde in Triest mit Abbazia, Görz, Fiume und Pola (München 1999) 83; Karl-Reinhart Trauner, Vom kaisertreuen Admiral zum Reichsverweser ohne Königs Gnade: Nikolaus von Horthy, in: Über Schlesien hinaus. Zur Kirchengeschichte in Mitteleuropa, hg. von Dietrich Meyer/Christian-Erdmann Schott/Karl W. Schwarz (Würzburg 2006) 99–124.

fassung, die auch auf das Engste mit einer liberalen Religionsauffassung verbunden ist, gegenüber. Über die Intellektuellen sowie Vertreter des gesellschaftlich wichtigen Bürgertums war evangelisches Gedankengut überproportional repräsentiert. Bei ihnen verband sich Kulturverständnis, kulturelles Schaffen und Protestantismus zum Kulturprotestantismus. Diese Position verursacht aber gerade durch ihre Weltoffenheit und Kulturverbundenheit eine Anfälligkeit für gesellschaftliche Strömungen und das weitgehende Fehlen von religiösen Abwehrmechanismen für gesellschaftliche und politische Fehlentwicklungen.

Bekannte Namen Evangelischer in der militärischen Forschung sind Robert Whitehead, Günther Burstyn oder Carl Weyprecht. Der britische Ingenieur und Konstrukteur anglikanischer Konfession Robert Whitehead (1823–1905) entwickelte – zusammen mit Giovanni Luppis – in Pola die ersten Torpedos mit eigenem Antrieb und Selbststeuerung. Der Protestant Günther Burstyn (1879–1945) war der Erfinder des Panzerwagens. Der im hessischen Darmstadt geborene – und evangelische – Carl Weyprecht (1838–1881) erlangte durch seine Arktisforschung Bedeutung. 1871 unternahm er gemeinsam mit Julius Payer die österreichisch-ungarische Spitzbergen-Expedition. Ebenfalls mit Payer leitete er von 1872 bis 1874 die Österreich-Ungarische Nordpolexpedition als Kommandant zur See. Ein wenig exotisch mutet die Wirkung eines anderen Offiziers heute an, der nach wie vor in Japan in hohem Ansehen steht. Theodor von Lerch (* 1869, Pressburg [Bratislava]; † 1945, Wien)[39] war als Generalstabsoffizier auch Schipionier. Er wurde zum wichtigsten frühen Bahnbrecher des militärischen und zivilen Schisports in Japan. Bis heute werden seine Verdienste in Japan anerkannt.[40] 1911 gelang ihm die erste Schibesteigung des 3.748 m hohen Fudschijamas. Er war bewusster Protestant.

Wie sein Vater entschied sich auch Theodor Lerch für eine militärische Karriere. Nach verschiedenen Verwendungen war Lerch, damals Major, in den Jahren 1910 bis 1912 der kaiserlich japanischen Armee als Instruktionsoffizier zugeteilt, um »die auf den Erfahrungen des russisch japanischen Krieges fußende Truppenausbildung zu studieren«.[41] Nach dem siegreichen Krieg gegen Russland 1904/05 fand nämlich die

39 Vgl. Theodor Lerch, Die ersten Winterhochtouren in Japan. *Zeitschrift des Deutschen und Österreichischen Alpenvereins* 63 (1932) 73–78; Ders., Zwei Bergfahrten in Japan. *Zeitschrift des Deutschen und Österreichischen Alpenvereins* 65 (1934) 204–211; Günther Berger, K. u. K. Generalmajor Theodor von Lerchs Koreareise. Ein Beitrag zur Geschichte der hundertjährigen Beziehungen zwischen Österreich (-Ungarn) und Korea. *Österreich in Geschichte und Literatur* 38 (1994) 229–253; Bernd Zimmermann, Ein Skipionier in Japan. Evangelischer Österreicher machte den Skisport in Japan bekannt. *Saat* vom 22. Februar 1998.

40 Vgl. die Chronik der österreichisch-japanischen Beziehungen auf der Homepage der Japanischen Botschaft in Österreich, unter URL: http://www.at.emb-japan.go.jp/Deutsch/bilateralebeziehungen.htm [19.2.2008]; außerdem den Beitrag Major Lerch, unter URL: http://www.city.joetsu.niigata.jp/english/contents.files/Lerch.html [19.2.2008].

41 Theodor Lerch, Erinnerungen eines österreichisch-ungarischen Generals. Japan, Korea und die Mandschurei (Manuskript, nach 1921 verfasst) B/33:2, fol. 1. Zit. nach: Günther Kronenbitter, Krieg im Frieden. Die Führung der k. u. k. Armee und die Großmachtpolitik Österreich-Ungarns 1906–1914 (Studien zur internationalen Geschichte 13, München 2003) 84.

neue Militärmacht Asiens auch bei den europäischen Armeen größere Beachtung. Lerchs Interesse für Japan war bereits 1908 geweckt worden, was dazu führte, dass er sich auch Kenntnisse der japanischen Sprache erwarb. Im Zuge des erwachten Interesses an Ostasien unternahm Lerch außerdem 1912 eine Erkundungsreise durch Korea. Bereits seit 1904 hatte sich Lerch mit dem Schilauf beschäftigt und Einzelunterricht beim Begründer des österreichischen Schiwesens, Matthias Zdarsky in Lilienfeld, genommen. Seit 1895 fanden bei der k.u.k. Armee Schikurse statt, seit 1897 nach der Methode Zdarskys.[42] In Japan machte Lerch seine Offizierskameraden mit diesem Sport bekannt. Ein regelrechtes Schifieber muss nicht nur die Soldaten, sondern auch die Zivilbevölkerung der Gegend ergriffen haben, denn bald fand der Schisport weite Verbreitung.[43]

Bereits 1921 errichtete man als Dank für Lerchs Verdienst in Japan auf einer weit sichtbaren Höhe bei Takata einen Obelisken; weitere drei Denkmäler in verschiedenen Landesteilen folgten, deren eindrucksvollstes – errichtet 1961 im Schistadion am Berg Kanaya bei Takata – Lerch in österreichischer Offiziersuniform zeigt. Auf einem sieben Meter hohen Sockel stellt ein drei Meter hohes Bronzestandbild Lerch auf Schiern dar. In der Stadt Joetsu entstand ihm zu Ehren ein Museum, ja sogar ein nach Lerch benanntes Konfekt zeugt von seiner ungebrochenen Popularität. In Österreich wird Lerchs an zwei Stellen gedacht. Im Zdarsky-Museum in Lilienfeld sowie im Internationalen Wintersportmuseum in Mürzzuschlag.

VIII. Evangelisch am Puls der Zeit: Kunst

Nicht nur in der Forschung war das evangelische Element gesamtgesellschaftlich überproportional vertreten, sondern auch in der Kunst. Eine Ballung des evangelischen Elementes ist im Wiener Historismus bemerkbar. Nahezu alle bekannten Ringstraßenbauten gehen auf die evangelisch dominierten Werkstätten und Ateliers zurück.

> »So kam der Rückgriff des Historismus auf gotische Elemente, wie sie [beispielsweise] das Wiener Rathaus zeigt, aus protestantischem Geist, der sich in jener Zeit erneut auf die Gotik als Ausdruck religiöser Verinnerlichung besann.«[44]

Einige Namen müssen genügen: Theophil Freiherr von Hansen, Carl Freiherr von Hasenauer, Ludwig Christian Friedrich Förster und sein Sohn Emil von Förster, Gottfried Semper, August Sicard von Sicardsburg und Otto Wagner.[45] Auch der Einfluss

---

42 Vgl. die Darstellung über den Beginn des militärischen Schilaufs in Österreich von Hermann Hinterstoisser, Soldaten im Hochgebirge, Teil 1. Anfänge des militärischen Alpinismus. *TD* 3/2006, 210–218, hier v. a. 216 f.

43 Vgl. Heinz Polednik, Das Glück im Schnee (Wien 1991) 45.

44 Liselotte von Eltz-Hoffmann, Die Kulturleistung des österreichischen Protestantismus. GuH (1996) 47–52, hier 52.

45 Vgl. dazu u. a. Karl-Reinhart Trauner/Bernd Zimmermann, Ars Protestantica. Gebaute

auf die Kunst der Secession und auf den Expressionismus ist von Bedeutung. Auch hier mögen zwei Namen genügen: Rudolf von Alt und Alfred Roller.

Im Bereich der Musik ist Johannes Brahms der bedeutendste. Von großer Bedeutung ist auch der Operettenkomponist Carl Millöcker, neben Strauß Sohn und Suppé der dritte große Vertreter der klassischen Wiener Operette. Von besonderem Interesse ist der eben angesprochene Johann Strauß Sohn. Er wurde zwar katholisch erzogen und war die meiste Zeit seines Lebens auch katholisch, konvertierte schließlich aber aus Eherechtsfragen zum Protestantismus, wie er auch deshalb eine Staatsbürgerschaft eines »evangelischen« Landes – Sachsen-Coburg-Gotha – annahm.[46] Beim Militär erreichte die evangelische Familie Fahrbach Bedeutung, und zwar im Bereich der Militärmusik. Die Fahrbachs waren eine Wiener Musiker- und Komponistenfamilie, Zeitgenossen der Familie Strauß, mit der sie auf dem Gebiet der Unterhaltungsmusik und der Walzer- bzw. Marschkomposition in ernste Konkurrenz traten: Die Brüder Joseph, Friedrich (1811–1867), Philipp der Ältere und Anton (1819–1887) Fahrbach; dazu der Sohn Philipp Fahrbachs d. Ä., Philipp Fahrbach der Jüngere. Außer Anton Fahrbach waren alle auch Militärkapellmeister. Auch Henriette Fahrbach (1851–1923), die Tochter Josephs, tat sich als Musikerin hervor.

Joseph Fahrbach (* 1804, Wien; † 1883, ebenda)[47] war Militärkapellmeister beim 45. Venezianischen und beim 44. Lombardischen Infanterie-Regiment. In Lombardo-Venetien erlebte er auch die Feldzüge Radetzkys in den Jahren 1848/49 mit. Sein militärmusikalisches Verdienst liegt v. a. in seiner fachschriftstellerischen Betätigung. Er publizierte eine Reihe von Arbeiten über die Aufgaben und damals aktuellen Fragen des Militärmusikwesens. Am wichtigsten ist sein 1846 in Mailand erschienenes Werk »Organizzazione della musica militare austriaca«.[48]

Am bedeutendsten war jedoch Philipp Fahrbach d. Ä. (* 1815, Wien; † 1885, ebenda),[49] ein »berühmter Tanzkomponist«.[50] Sein Lebenslauf umspannt die Abfolgen zweier Epochen, vom Biedermeier bis zur Hochblüte der Ringstraßenzeit. Joseph Lanner gehörte wie auch Johann Strauß Vater zu seinen Lehrern. Bereits im Alter

---

evangelische Identität in Wien, in: Dem Wahren Schönen Guten. Protestantismus und Kultur, hg. von Karl-Reinhart Trauner/Alexander Gemeinhardt (Wien 2007) 21–76, hier 35–48.

46 Vgl. den Artikel »Evangelische Künstler in Österreich. Dichter, Schauspieler, Architekten, Maler und Komponisten«, in: Dem Wahren Schönen Guten (wie Anm. 45) 77–81.

47 Vgl. Eugen Brixel/Gunther Martin/Gottfried Pils, Das ist Österreichs Militär-Musik. Von der »Türkischen Musik« zu den Philharmonikern in Uniform (Graz–Wien–Köln 1982) 309 f.

48 Vgl. Joseph Fahrbach, Organizzazione della musica militare austriaca. *Gazzetta musicale* (Mailand 1846).

49 Vgl. Philipp Fahrbach, Alt-Wiener Erinnerungen, hg. von Max Singer (Wien 1935); Josef Sawerthal, Über einige Regimentskapellen in Ungarn und Österreich. Ein Reisebericht (Ursprüngl. erschienen in der *Wiener Allgemeinen Musikzeitung* 1846), neu abgedruckt in: Brixel/Martin/Pils, Das ist Österreichs Militär-Musik (wie Anm. 47) 110–128; außerdem eine kurze Lebensbeschreibung: ebenda 309 f.; Otto Schneider, Die »Fahrbachs«. Eine Wiener Musikerfamilie der Strauß-Zeit. *Österreichische Musikzeitung* 22 (1967) 29–32.

50 Emil Rameis, Die österreichische Militärmusik – Von ihren Anfängen bis zum Jahre 1918, erg. u. bearb. v. Eugen Brixel. *Alta Musica* 2 (Tutzing ²1978) 38.

von zwanzig Jahren, 1835, gründete er seine eigene Kapelle, und bereits als Dreiundzwanzigjähriger durfte er, wenn Johann Strauß Vater im Ausland konzertierte, die Hof- und Kammerballmusik leiten – »obwohl er Protestant war«![51] Zwischen 1838 und 1856 war er sogar Leiter der Hofballmusik. 1841 ging er als Kapellmeister zum Niederösterreichischen Infanterie-Regiment Nr. 4 »Hoch- und Deutschmeister«. Er war dort nicht nur Kapellmeister der herkömmlichen Militärmusik. »Viele Regimentsbanden besaßen um diese Zeit bereits längst auch schon ein Streich-Orchester, so [...] die Hoch- und Deutschmeister (I. R. 4) in Wien«,[52] geleitet von Philipp Fahrbach d. Ä. Überdies war er auch musiktheoretisch tätig.[53]

Über ihn urteilt der Wiener Musikhistoriker Alfred Orel: »Er zählte zu den beliebtesten und besten österreichischen Militärkapellmeistern und erwarb sich besondere Verdienste um die Erhaltung und Hebung des Niveaus der Militärkapellen.«[54] Er war zweifelsohne eine der prägendsten Gestalten der Militärmusik und trug viel dazu bei, dass diese auf hohem Niveau erhalten blieb. Zudem war es Fahrbach, der aus den Deutschmeistern ein symphonisches Konzertorchester machte und nicht mehr nur Militärmusik, sondern auch volkstümliche und klassische Unterhaltungsmusik spielte.[55] Manche vermuteten in ihm sogar den wahren Schöpfer des Radetzky-Marsches.[56]

Sein Sohn, Philipp Fahrbach d. J. (* 1843; Wien; † 1894, ebenda),[57] übernahm 1855 die Kapelle seines Vaters, mit der er 1878 bei der Weltausstellung in Paris große Triumphe feierte, und stand ebenfalls in musikalischer Konkurrenz zur Strauß-Dynastie. In seiner Jugend, von 1870 an, absolvierte auch Philipp Fahrbach d. J. eine schon fast obligate Militärkapellmeisterkarriere, und zwar beim Infanterie-Regiment Nr. 38 »Freiherr von Mollinary«. Zehn Jahre verbrachte er im eher begrenzten Raum ungarischer Garnisonen, danach dirigierte er seine Militärmusiker bis 1884 in Wien, wo ihn sein plötzlicher Tod 1894 mitten aus dem aktiven Wirken riss.

Zwei weitere Offiziere wären hier noch einer näheren Behandlung wert: Der Dichter Robert (von) Musil (1880–1942) und der Grafiker Ludwig Hesshaimer (1872–1956).

---

51 So der bedeutende Wiener Musikwissenschafter Alfred Orel auf der Homepage: »[...] Geschichte der österreichischen Militärmusik [...]«, Abschnitt »Kapellmeister, K. und K. Monarchie, Fahrbach Philipp sen«. URL: http://www.oesterreichische-militaermusik.com/Milmusik/Seiten/start.html?=Fahrbach%20Philipp%20sen.html [07.02.2008].

52 Rameis, Die österreichische Militärmusik (wie Anm. 50) 38.

53 Vgl. Philipp Fahrbach d. Ä. [»Ph. F.«], Vom Instrumentale der Militärmusik. *Allgemeine Wiener Musik-Zeitung* (Wien 1844).

54 Geschichte der österreichischen Militärmusik (wie Anm. 51).

55 Darin war er Carl Michael Ziehrer Vorbild.

56 Vgl. Brixel/Martin/Pils, Das ist Österreichs Militär-Musik (wie Anm. 47) 110–128, 138.

57 Ebenda 310.

IX. An der Spitze der habsburgischen Wehrmacht – und an deren Ende

Nun ist die Geschichte der bewaffneten Macht Altösterreichs auch aus konfessioneller Sicht ein interessantes Thema. »Die Habsburger waren der Inbegriff eines katholischen Herrscherhauses, und ihre Armee war ein traditionelles Bollwerk des römischen Katholizismus.«[58] – Das galt zumindest bis zum 19. Jahrhundert. Aber »das gesamte 19. Jahrhundert hindurch wurde der religiösen Zugehörigkeit eines Offiziers nie Bedeutung beigemessen«.[59]

Es ist nicht nur die integrative Funktion der Streitkräfte in sozialer und religiöser Hinsicht bemerkenswert, sondern es ist nahezu erstaunlich, in welchem Maße die bei Franz Joseph mehr geduldeten als freudig begrüßten Protestanten Österreichs zu Spitzenfunktionen in des Kaisers Rock aufsteigen konnten. Immer wieder dokumentiert ist die religiöse bzw. konfessionelle Toleranz beim Militär, über die General Edmund Glaise-Horstenau bemerken konnte, dass »religiöse Duldung [...] ein besonderes Merkmal der kaiserlichen Armee«[60] war. Sieht man sich die konfessionelle Verteilung im habsburgischen Heer an, stellt man fest, dass – grob gesprochen – je höher die Verwendungen waren, der Anteil an Protestanten desto größer war.

Einige wenige Zahlen mögen dies verdeutlichen: Zwischen 1890 und 1914 waren von den 36 Generälen magyarischer Herkunft 10, also fast ein Drittel, evangelisch.[61] Interessanterweise galt dies auch von der Marine: Von den 262 Trägern eines Admiralsdienstgrades zwischen 1808 und 1918/1925 bekannten sich 25 zum Protestantismus, d. h. über 9,5 Prozent. Von diesen 24 waren 6 zuvor anderer Konfession (alle katholisch) gewesen, also ein Viertel. Im gleichen Zeitraum konvertierte (möglicherweise) jedoch nur 1 Protestant zu einer anderen Konfession.[62] Die bekanntesten der Admiräle waren die schon genannten Franz von Wimpffen und Hans Birch von Dahlerup sowie der letzte Flottenkommandant und spätere ungarische Reichsverweser Nikolaus von Horthy.

Das beschränkte sich nicht nur auf die obersten Dienstgrade: Lothar Höbelt bemerkt, dass insgesamt unter den Seeoffizieren der überdurchschnittlich hohe Anteil an Protestanten auffällt, die nahezu zehn Prozent ausmachten.[63] Bezeichnenderweise

---

58 Deák, Der K. (u.) K. Offizier 1848–1918 (wie Anm. 28) 204.

59 Ebenda 204.

60 Edmund Glaise von Horstenau, Ein General im Zwielicht. Die Erinnerungen Edmund Glaises von Horstenau, eingel. u. hg. von Peter Broucek (Veröffentlichungen der Kommission für Neuere Geschichte Österreichs 67, 70 u. 76, 3 Bde., Wien–Köln–Graz 1980–1988) hier I, 293.

61 Vgl. Lázló Mihály Alföldy, Die Generale magyarischer Nationalität im k. u. k. Heer von 1890 bis 1914 (Diss. Karl-Franzens-Universität, Innsbruck 1970).

62 Die Zahlen ergeben sich aus Antonio Schmidt-Brentano, Die österreichischen Admirale, 3 Bde. (Osnabrück 1997–2005).

63 Lothar Höbelt, Die Marine, in: Die Habsburgermonarchie 1848–1918, Bd. V: Die bewaffnete Macht (Wien 1987) 687–763, hier 747.

bringt Höbelt diese Zahl mit der sozialen Herkunft der Seeoffiziere in Verbindung, denn diese unterschied sich lange Zeit von der des Heeres.

> »Zum Unterschied von der Armee überwog bei der Marine nämlich bis in ihre Spitzengliederung hinein von Anfang an das bürgerliche Element, das zu allen Zeiten mehr als die Hälfte der Flaggenoffiziere umfaßte.«[64]

Kaiser Franz Joseph hatte es noch als unmöglich empfunden, einen zum Protestantismus konvertierten Generalstabschef zu haben; so blieb Franz Conrad von Hötzendorf (1852–1925) katholisch, obwohl er evangelisch heiratete und eine Konversion zum Protestantismus erwogen hatte. Trotz der tiefen Verwurzelung Kaiser Karls im katholischen Glauben ist es erstaunlich, dass am Ende der Monarchie gerade an der Führungsspitze seiner Wehrmacht evangelische Offiziere standen: Feldmarschall Arthur Arz von Straußenburg (1857–1935), der Nachfolger Conrads und letzter Generalstabschef der k. u. k. Armee, Feldmarschall Hermann Kövess von Kövesshaza (1854–1924) als Armeekommandant und als Flottenkommandant Admiral Nikolaus von Horthy (1868–1957).

Nahezu symbolhaft für das positive Verhältnis der Evangelischen zu ihrer bewaffneten Macht ist es aber, dass ein protestantischer (evang. H.B.) Offizier der höchstrangige österreich-ungarische Soldat war, der im Ersten Weltkrieg gefallen ist. Der spätere Feldmarschallleutnant Arthur Edler von Mecenseffy (* 1865, Wien; † 1917, Asiago) musterte 1885 zum Leutnant aus und wurde nach Absolvierung der Kriegsschule dem Generalstab zugeteilt, wo er in das Operationsbüro des Generalstabs versetzt wurde. 1909 wurde er Leiter der Nachschubabteilung und galt als exzellenter Fachmann in allen Fragen der Logistik.

Seine weitere militärische Karriere ist als beeindruckend, aber nicht als spektakulär zu bewerten. 1912 wurde er zum Generalmajor befördert. Im Weltkrieg folgten zahlreiche hohe Generalstabsfunktionen. Als Kommandant der 10. Infanteriedivision war er am Erfolg der Offensive von Tarnow (Tarnów)-Gorlice beteiligt. 1915 wurde er – nicht zuletzt deswegen – zum Feldmarschallleutnant befördert. 1916 erfolgte seine Versetzung an die italienische Front, wo er ebenfalls militärisch erfolgreich tätig war. Als Mecenseffy nach Abschluss einer Inspizierung der Stellungen seiner Truppen in Frontnähe sein Kraftfahrzeug bestieg, wurde dieses von einem feindlichen Artilleriegeschoß getroffen. Er wurde dabei so schwer verwundet, dass er kurz darauf starb. Von den insgesamt vier österreich-ungarischen Offizieren im Generalsrang, die im Ersten Weltkrieg gefallen sind, war Mecenseffy als Feldmarschallleutnant der höchste. Er wurde von Oberkirchenrat Alphonse Witz-Oberlin in Wien auf dem Döblinger Friedhof beerdigt.

Als Nachtrag muss noch angefügt werden, dass Mecenseffys Tochter, Grete Me-

64 Ebenda 747, der hier weiter (v. a. auch 747, Anm. 81) ausführt, dass Grafen und andere Hocharistokraten deutlich unter zehn Prozent ausmachten, Freiherren und Altadelige nicht viel mehr; der Rest entfiel auf den Offiziersadel. Von den 17 Admiralen, die 1866 im Stand geführt wurden, waren z. B. 9 als Bürgerliche und 3 als Freiherren zur Welt gekommen, 3 stammten aus dem Kleinadel, 2 aus dem Offiziersadel.

censeffy (1898–1985), Professorin für Kirchengeschichte an der Evangelisch-Theologischen Fakultät Wien wurde und mit ihren zukunftsweisenden Forschungsarbeiten weit über den kirchlichen Bereich hinaus Anerkennung erlangte.

Eine nicht charakteristische, aber vielleicht bezeichnende Beobachtung sei als Abschluss genannt: Am Ende des Krieges stehen nicht nur drei evangelische Offiziere an der Spitze der bewaffneten Macht, sondern auch der letzte Polizeipräsident der österreichischen Monarchie und 1918 für kurze Zeit Innenminister, Edmund von Gayer (1860–1952). Er war es, der an der Seite von Ministerpräsident Heinrich Lammasch Kaiser Karl das Abdankungsmanifest überreichte.

X. Vorbehalte und Vermächtnisse

Eine gewisse Ausnahme zur allgemein großen Bedeutung der Evangelischen ist allerdings die Politik, was hauptsächlich mit der Entwicklung der Evangelischen und ihrer Rechte zusammenhängt. Trotz der offiziellen Gleichberechtigung des Protestantismus herrschten gegenüber diesem gesamtgesellschaftlich noch immer gewisse Vorbehalte. Innerhalb der Streitkräfte äußerten sich diese allerdings kaum, außer dort, wo es sich um prestigeträchtige oder schon in den politischen Bereich hineinreichende Stellen handelte. Es scheint, als wäre diese Frage in der Armee geradezu gemieden worden. Das Religionsbekenntnis von Offizieren wird in Memoiren und zeitgenössischen Biographien fast nie erwähnt.

Ein wichtiges Charakteristikum für das Entstehen des deutschen Nationalbewusstseins im Laufe des 19. Jahrhunderts war die Reformation.

> »Man geht [...] nicht fehl, wenn man die Reformation sowohl als Geburtsstunde des Protestantismus wie auch als Geburtsstunde eines allgemeiner verbreiteten deutschen Nationalbewußtseins deutet. Luthers christlich-fundamentalistischem Widerspruch gegen die Mißstände in der Kirche und gegen die päpstlichen Ansprüche entsprach auf der politischen Seite der antirömische Affekt.«[65]

Der »deutsche Luther«, wie er in der Theologie der Zeit auch vertreten wurde, trug das Seine zu dieser Entwicklung bei. Für die Zeitgenossen waren die Gefahren des Nationalismus für den österreichischen Kaiserstaat bereits frühzeitig deutlich sichtbar. Eine Broschüre aus dem Jahre 1867 macht dies deutlich:

> »Der deutsche Einheitsstaat wird erst dann begründet, wenn in ihm auch die deutschen Provinzen Österreichs die gebührende Stellung gefunden haben. Wie die Konsolidierung des italienischen Einheitsstaates den Abfall Venedigs erheischte, so bedingt der des Deutschen Einheitsstaates naturgemäß den Abfall der deutschen Provinzen Österreichs.«[66]

---

65 Ernst Bruckmüller, Sozialgeschichte Österreichs (Wien–München 1985) 42, wo er fortsetzt: »Luther, der sich den ›Propheten der Deutschen‹ nannte, [...] der mit seiner Bibelübersetzung die deutsche Schriftsprache schuf, hatte allerdings niemals vor, seine Botschaft auf das eigene Volk zu beschränken.«

66 Die anonyme Broschüre hat den Titel: »Der Zerfall Österreichs«; zit. nach Viktor Bibl, Die Tragödie Österreichs (Wien–Leipzig ²1942) 258.

Und doch hat man festzustellen, dass das Nationalbewusstsein innerhalb des aktiven Offizierskorps und auch unter den evangelischen Offizieren – im Gegensatz zum Reserveoffizierskorps – nur gering ausgebildet war.[67] Ihre Offiziersidentität baute zu sehr auf den über den Nationen stehenden Bezug zum Herrscherhaus.

Durch die Los-von-Rom-Bewegung, im Zuge derer von Seiten der radikalen Deutschnationalen ein Austritt aus der römisch-katholischen und ein Eintritt in die evangelische Kirche propagiert wurde und in der der österreichische Protestantismus eine exponierte gesellschaftspolitische Rolle erhielt, wurden solche Vorbehalte nicht geringer. In der Schrift »Kaiser Franz Joseph I. und sein Hof« beschreibt der anonyme »persönliche Ratgeber« des Kaisers die konfessionelle Überzeugung Franz Josephs:

> »Anders [als bei den Katholiken und Orthodoxen] stand es um die Protestanten, für die hatte Franz Joseph nicht viel übrig. Das mag darauf zurückzuführen sein, daß er sie mit politischen Nebenmomenten belastete, die deutsch-lutherischen mit der Los von Rom-Bewegung und den alldeutschen Bestrebungen, die dem Kaiser ungemein verhaßt waren und in denen er eine bedeutende Staatsgefahr erblickte – und die ungarisch-kalvinischen mit den Ereignissen von 1848/49, bei welchen reformierte Führer, Ludwig Kossuth voran, eine hervorragende Rolle spielten. Diese, den Habsburgern übrigens stets eigentümlich gewesene Abneigung gegen den Protestantismus, kam bei Franz Joseph nicht selten auch unmittelbar zum Ausdruck [...].«[68]

Sehr genau jedoch versuchte Franz Joseph offenbar eine Trennlinie zwischen seiner persönlichen Einschätzung und der Politik seines Reiches zu ziehen. Dennoch blieben Vorbehalte auch gesamtgesellschaftlich bestehen. Das mag ein krasses Exempel zeigen: »Auch im Ersten Weltkrieg konnte selbst evangelischen hohen Offizieren die Beerdigung verweigert werden.«[69] Trotzdem ist religiöse Intoleranz im Offizierskorps der k. k. bzw. seit 1889 k. u. k. Armee nur ganz sporadisch belegt. Ein Beispiel dafür ist der einer typischen (evangelischen) Offiziersfamilie angehörende Oberst Ludwig Freiherr von Holzhausen (* 1861, Troppau [Opava]; † 1914, ?), der 1913 Kommandant der ältesten bestehenden Militärakademie der Welt, der Theresianischen Militärakademie in Wiener Neustadt, hätte werden sollen. General Edmund von Glaise-Horstenau vermerkt in seinen Erinnerungen über ihn:

> »Ein anerkannt tüchtiger, aus dem Generalstab hervorgegangener Offizier; der bei dem letzten Wechsel im Kommando der Neustädter Militärakademie diesen Posten nur deshalb nicht erhalten hatte, weil Franz Ferdinand gegen die Berufung eines Protestanten war.«[70]

67 Vgl. Deák, Der K. (u.) K. Offizier 1848–1918 (wie Anm. 28) 215–219.

68 Anonymus [Albert von Margutti], Kaiser Franz Joseph I. und sein Hof. Erinnerungen und Schilderungen aus den nachgelassenen Papieren eines persönlichen Ratgebers, übers. u. hg. von Josef Schneider (Wien– Hamburg 1984) 97.

69 Peter Barton, Evangelisch in Österreich (Wien–Köln–Graz 1987) 151. Über die anderen »Probleme einer Diasporakirche«, die hier im Rahmen dieser Arbeit nicht weiter aufgezeigt werden können, vgl. das gleichlautende Kapitel in: Ebenda 132–142.

70 Glaise von Horstenau, Ein General im Zwielicht (wie Anm. 60) I, 293.

Über die Gesamtsituation innerhalb der Streitkräfte fügt Glaise jedoch sofort hinzu: »Unter Franz Joseph hatten solche Bedenken im allgemeinen keine Rolle gespielt. [...] Religiöse Duldsamkeit war ein besonderes Merkmal der kaiserlichen Armee.«[71] Holzhausen, »ein sehr tüchtiger, eleganter und vornehm denkender Stabsoffizier«,[72] wurde dann Kommandant des nicht weniger repräsentablen Wiener Hausregiments, des Infanterie-Regiments Nr. 4 »Hoch- und Deutschmeister«. In dieser Funktion fiel er auch bald nach Kriegsbeginn.

Diese Sonderstellung des Militärs in religiösen Fragen hing mit der Sonderstellung der Streitkräfte insgesamt zusammen. Anders als das Reserveoffizierskorps, das fest in den gesellschaftlichen Vorgängen vernetzt war, stellte das aktive Offizierskorps gewissermaßen einen Staat im Staat dar, in dem z. B. die Los-von-Rom-Bewegung nicht Fuß fassen konnte. Die Kaiser- und Staatstreue war entgegen den gesamtgesellschaftlichen Bewegungen undiskutier- und unantastbar. Unter dieser militärischen Prämisse der Kaisertreue fand sich das Offizierskorps; das war sein einigendes Band, das stärker als konfessionelle Differenzen war.

Die konfessionelle Sensibilität an der Spitze der Wehrmacht wird am Beispiel Franz Conrads deutlich. Gleich zuvor: Franz Conrad (1852–1925)[73] war nie evangelisch. Und dennoch bietet er ein bezeichnendes Beispiel für den Umgang mit Konfessionalität am Ende der Habsburgermonarchie in Bezug auf die höchsten Funktionen. Der bedeutende österreichisch-ungarische General und Heerführer im Ersten Weltkrieg war in den Jahren 1906 bis 1911 und 1912 bis 1917 Chef des Generalstabs der k. u. k. Armee. Conrad wurde 1917 nach Verleihung des Feldmarschall-Titels von Kaiser Karl jedoch als Chef des Generalstabs enthoben. Er wurde durch den schon genannten Arthur Arz von Straußenburg abgelöst.

Für das Thema interessant ist seine zweite Hochzeit; seine erste Gemahlin war 1905 verstorben. 1915 heiratete er Virginia (Gina) Agujari-Kárász, die jedoch geschieden war. Franz Joseph, bei dem Conrad um Genehmigung ansuchen musste, war – wie sich Gina Conrad erinnert – »nicht erbaut davon, daß da dem streng katholischen Standpunkt nach, dem er [Franz Joseph] immer treu blieb, nicht alles stimmen konnte«.[74]

Die Schwierigkeit bestand einerseits im katholischen Eherecht, nach dem eine (gerichtliche) Scheidung eine sakramental bestehende kirchliche Ehe nicht aufheben kann. Das betraf zunächst den Bereich des Glaubens. Dieser Rechtsstatus wirkte aber andererseits in Österreich auch – nachdem in der Liberalen Ära gewisse Erleichterungen stattgefunden hatten – anfangs des 20. Jahrhunderts im zivilem Recht (§ 111 ABGB) wieder nach, sodass für österreichische Staatsbürger eine Eheschließung nach

71 Ebenda I, 293.

72 So die Anmerkung in der Qualifikationsliste für das Jahr 1914.

73 Vgl. Gina Conrad von Hötzendorf, Mein Leben mit Conrad von Hötzendorf. Sein geistiges Vermächtnis (Leipzig 1935); [Franz] Conrad von Hötzendorf, Private Aufzeichnungen, hg. von Kurt Peball (Wien–München 1977).

74 Conrad von Hötzendorf, Mein Leben (wie Anm. 73) 38.

erfolgter Scheidung auch rechtlich nicht möglich war. Eine solche Heirat – eine sog. Dispensehe – war aber sehr wohl nach ungarischem Recht möglich.[75]

Gina Gräfin Conrad deutet an, dass ihr Gemahl Franz Conrad, der insgesamt dem Glauben gegenüber eher kritisch eingestellt war und einem Sozialdarwinismus zuneigte,[76] erwogen hat, ungarischer Staatsbürger zu werden und zum Protestantismus zu konvertieren.[77] Dass jedoch ein Generalstabschef ungarischer Staatsangehörigkeit sei, dem stand Franz Joseph negativ gegenüber,[78] und offenbar war es für Franz Joseph auch undenkbar, einen zum Protestantismus konvertierten Generalstabschef zu haben. Franz Joseph betonte gegenüber Conrad, dass es »für einen Katholiken keine Brücke über das Ehehindernis gebe«.[79] Interessanterweise war es hingegen der spätere Kaiser Karl, der Conrad unterstützte.[80]

Es mag auf den ersten Blick erstaunen, dass gerade der katholische Feldbischof Emerich Bielik – offenbar auf Intervention des Thronfolgers – einen Ausweg wies, doch es ging wohl darum, dass ein Ausweg gefunden wurde, bei dem Conrad katholisch bleiben konnte: Gina wurde ungarische Staatsbürgerin und trat zum protestantischen Glauben über. Das wurde dadurch erleichtert, dass sie der ungarische General Ernst Kárász von Szigetvár (1857–?) adoptierte und Gina damit ungarische Staatsbürgerin wurde. Conrad selbst »blieb Österreicher und Katholik. So sollten wir eine der ersten Dispensehen schließen«.[81] Die Trauung, »die sich möglichst im geheimen abspielen sollte, fand [...] in der protestantischen Kirche in der Dorotheer Gasse statt«.[82]

Dass es sich um einen Staatsakt handelte und weniger um einen seelsorglichen Fall, wird auch daran deutlich, dass Conrad über die Intervention Bieliks strengstes Stillschweigen anordnete. Als es 1917 um die Ablöse Conrads als Generalstabschef unter dem jungen Kaiser Karl ging, konnte deshalb Bielik in einem im Auftrag des Kaisers verfassten Memorandum über die Ehe – ganz im Sinne der katholischen Ehelehre – diese »als Konkubinat hinstellen«.[83]

---

75 Vgl. Karl W. Schwarz, Die Ehescheidung – zwischen biblischer Weisung und säkularer Praxis. Zur Rechtslage in Österreich im 19. und 20. Jahrhundert in: Sola scriptura. Das reformatorische Schriftprinzip in der säkularen Welt, hg. von Hans H. Schmid/Joachim Mehlhausen (Gütersloh 1991) 240–250.

76 Karl Friedrich Nowak, Der Weg zur Katastrophe. Mit Briefen, Gesprächen, Dokumenten und Karten (Berlin 1926) LIV bemerkt, dass ihm »Schopenhauer mehr sagte als die Bibel«.

77 Das bestätigt Helmut Hoyer, Kaiser Karl I. und Feldmarschall Conrad von Hötzendorf. Ein Beitrag zur Militärpolitik Kaiser Karls (DUW 70, Wien 1972) 127.

78 Vgl. Conrad von Hötzendorf, Mein Leben (wie Anm. 73) 38.

79 ÖStA-KA, MKSM 53-1/249 ex 1915.

80 Vgl. Hoyer, Kaiser Karl I. und Feldmarschall Conrad von Hötzendorf (wie Anm. 77) 128.

81 Conrad von Hötzendorf, Mein Leben (wie Anm. 73) 38; vgl. ÖStA-KA, MKSM 53-1/249 ex 1915.

82 Conrad von Hötzendorf, Mein Leben (wie Anm. 73) 40. Die Hochzeit fand am 16. Oktober 1915 in der Reformierten Stadtkirche, Dorotheergasse 16, statt.

83 Ebenda 39.

Bei der streng katholischen Haltung Kaiser Karls, die später auch bei seinem zweiten Restaurationsversuch als ungarischer König zum Ausdruck kommt – als durch Feldmessen entscheidende Zeit verloren ging –, stellt sich die Frage, wieso am Ende der Monarchie drei Protestanten an den wichtigsten Positionen der Streitkräfte standen. Karl wusste dabei zweifelsohne über die Konfessionalität seiner Spitzenoffiziere Bescheid und akzeptierte diese. Es könnte die Vermutung geäußert werden, dass vielleicht gerade im Niedergang der Habsburgermonarchie ein Schlüssel zu diesen an sich erstaunlichen Personalentscheidungen Karls zu finden ist. Denn es wäre doch vom subjektiven Erleben her gesehen einfacher zu verstehen, dass das auf das Engste mit dem Katholizismus verbundene Habsburgerreich eher unter evangelischen Offizieren ein Ende findet als unter der Führung katholischer.

Verwendete Nachschlagewerke

Allgemeine Deutsche Biographie (ADB), hgg. durch d. histor. Commission bei der Königl. Akademie der Wissenschaften, 55 Bde. + 1 Reg.Bd., Leipzig: Duncker&Humblot 1875–1912 (unter URL: http://www.deutsche-biographie.de/index.html) – Biographisches Lexikon des Kaiserthums Österreich … [1750–1850] (»Wurzbach«), hgg. v. C. v. Wurzbach, 60 Bde. + 1 Reg.Bd., Wien: Zamarski u. Hof- und Staatsdruckerei 1856–1923 (teilw. ND: New York: Johnson, 1966; unter URL: http://www.literature.at/collection.alo?from=1&to=50&orderby=author&sortorder=a&objid=11104&page=) – Dansk Biografisk Lexikon, tillige omfattende Norge for Tidsrummet 1537–1814, hgg. v. Carl Frederik Bricka, 19 Bde., Kopenhagen: Gyldendalske Boghandels Forlag (F. Hegel&Søn) u. Græbes Bogtrykkeri, 1887–1905 (unter URL: http://runeberg.org/dbl/) – Dauber, Robert L.: Johanniter-Malteser-Ritter unter kaiserlichen Fahnen 1523–1918, Gnas: Weishaupt, 2007 – Langendorf, Jean-Jacques: Ahnengalerie der kaiserlichen Armee 1618–1918. Biographische Schattenrisse, Wien: Karolinger, 1995 – Lustig-Prean von Preansfeld, Julius: Lebensskizzen der von 1870 bis 1918 ausgemusterten »Neustädter«, 2 Bde. + 1 RegBd. (Manuskr.). In: ÖStA-KA, Gruppe 1 – Mader, Hubert Michael: Die Helden vom Heldenberg. Pargfrieder und seine »Walhalla« der k. k. Armee, Graz: Vehling, 2008 – Neue Deutsche Biographie (NDB), hgg. v. d. Historischen Kommission bei der Bayerischen Akademie der Wissenschaften, 11 Bde., Berlin: Duncker&Humblot, 1953–1977 (unter URL: http://www.deutsche-biographie.de/index.html) – Neue Österreichische Biographie ab 1815 (NÖB) bzw. Große Österreicher (ab Bd. 10), begr. von Anton Bettelheim, Wien-München: Amalthea, 1923–1959 – Österreich-Lexikon, hgg. v. Bruckmüller, E., 3 Bde., Wien: Verlagsgemeinschaft Österreich-Lexikon, 2004 (aktualisiert unter URL: http://aeiou.iicm.tugraz.at/aeiou.encyclop) – Österreichisches Biographisches Lexikon 1815–1950 (ÖBL), hgg. v. d. Österr. Akademie der Wissenschaften, z. Zt. 13 Bde., Graz-Köln: Böhlau, ab 1957 (unter URL: http://www.biographien.ac.at/oebl?frames=yes – nur Registerfunktion) – Schmidt-Brentano, Antonio: Die österreichischen Admirale, 3 Bde., Osnabrück: Biblio 1997–2005 – Schmidt-Brentano, Antonio: Kaiserliche und k. k. Generale (1618–1815) (Manuskr. d. Österr. Staatsarchivs), Wien: Österr. Staatsarchiv, 2006 (unter URL:http://www.oesta.gv.at/Docs/2006/11/20/Kaiserliche%20bzw_%20k_%20k_%20Generale%201618-1815%20_Liste_.pdf) – Schmidt-Brentano, Antonio: Die k. k. bzw. k. u. k. Generalität 1816–1918 (Manuskr. d. Österr. Staatsarchivs), Wien: Österr. Staatsarchiv, 2007 (unter URL: http://www.oesta.gv.at/Docs/2007/6/5/K_k_%20bzw_%20k_u_k_%20Generale%201816-1918.pdf) – Tausend Jahre Österreich. Eine biographische Chronik in drei Bänden, hgg. v. Pollak, W., 3 Bde., o. O. [Wien-München]: Jugend&Volk, o.J. [1995?] – Wrede, Alphone Frh. von: Geschichte der k. u. k. Wehrmacht. Die Regimenter, Corps, Branchen und Anstalten von 1618 bis Ende des XIX. Jahrhunderts. In: Mittheilungen des k. k. Kriegs-Archivs Suppl.Bd. 2, Wien: Seidel, 1893

Die Bibelgesellschaft im Österreich des 19. Jahrhunderts[1]

Von Harald Uhl

[Bei einigen Zitaten wurde der Originaltext vom Verfasser geglättet und in der neuen Rechtschreibung wiedergegeben.]

Beinahe hätte der Wiener Kongress (18. September 1814 bis 9. Juni 1815)[2] nach der Neugestaltung der politischen Landkarte Europas auch zur Gründung einer österreichischen Bibelgesellschaft geführt. Die gegen Napoleon verbündeten und schließlich siegreichen Mächte Russland, England, Preußen und Österreich waren durch die gemeinsamen militärischen und politischen Erfolge auch in eine – bis dahin kaum vorstellbare – kulturelle Nähe gerückt und in einen gegenseitigen Austausch getreten. Dazu gehörten auch religiöse und kirchliche Fragen, an denen der zeitweise dem Pietismus nahe stehende Zar Alexander I. (1877–1825) besonderes Interesse hatte.[3] Er hatte die Gründung der russischen Bibelgesellschaft in St. Petersburg im Jänner 1813 begrüßt (Napoleon hatte soeben den Rückzug von Moskau angetreten) und förderte deren Arbeit u. a. durch Anregung von Übersetzungen der Evangelien in die aktuelle russische Sprache, bis sein Bruder und Nachfolger (ab 1825) Nikolaus I. (1796–1855) die Bibelgesellschaft im Zuge der restaurativen Politik der »Heiligen Allianz« 1826 verbot.[4] Mitglieder des österreichischen Kaiserhauses zeigten ebenfalls Interesse und

---

1 Die für diesen Beitrag ausgewertete englischsprachige Literatur ist dank des freundlichen Entgegenkommens von Dr. Jutta Henner im Wiener Bibelzentrum der Österreichischen Bibelgesellschaft, Breite Gasse 8, für weitere historische Forschungsarbeiten zugänglich.

2 Erich Zöllner, Geschichte Österreichs. Von den Anfängen bis zur Gegenwart (Wien [3]1966) 346–350.

3 Alexander I. war der Sohn des bei einer Palastrevolte 1801 ermordeten Zaren Paul I. und der württembergischen, ursprünglich lutherischen Prinzessin Sophie Dorothee (1759–1826). Er wurde religiös u. a. von dem konfessionell irrlichternden, aus dem Burgenland (Zurndorf) stammenden Ignatius Aurelius Feßler (1756–1834) [dazu grundlegend: Peter F. Barton, I. A. Feßler (Wien 1969)] und der mystisch-pietistisch eingestellten baltischen Adeligen Juliane von Krüdener (1764–1824) beeinflusst, von der die Idee der »Heiligen Allianz« als Friedensbündnis nach dem Sieg über Napoleon stammen soll [so u. a. Henry Vallotton, Metternich. Napoleons großer Gegenspieler. Eine Biographie (Hamburg [2]1966) 143–145]; Theodore H. von Laue, Die Regierung Alexanders I. (1801–1825), in: Prophyläen Weltgeschichte, Bd. 8, hg. von Golo Mann/Alfred Heuss/August Nitschke (Frankfurt/Main–Berlin 1986) 590–592.

4 Neugründungen (1831, 1876) und politisch-kirchlich erzwungene Unterbrechungen kennzeichneten die weitere Geschichte der Bibelgesellschaft in Russland bis hin zur Gegenwart. Die 1990 gegründete Russische Bibelgesellschaft arbeitet mit Sitz in Moskau in einigermaßen kooperativem Einvernehmen mit der Russisch-orthodoxen Kirche und in engem Kontakt mit den protestantischen Kirchen und Gemeinschaften u. a. an Übersetzungen ins moderne Russische und in die zahlreichen kleineren, vor allem kaukasischen und asiatischen Sprachen der russischen Föderation (*Die Bibel aktuell*, 4/2010).

ließen sich über neue kirchliche Initiativen informieren. So besuchten die Erzherzöge Johann (1782–1859) – der spätere Promotor der Steiermark – und Ludwig (1784–1864) im Frühjahr 1816 England, gewannen dort prägende Eindrücke von der frühindustriellen Entwicklung in der Textil- und Stahlindustrie, ließen sich aber auch in London über die Arbeit der Britischen und Ausländischen Bibelgesellschaft informieren, die mit dem Ziel der weltweiten Bibelverbreitung und Bibelübersetzung in möglichst viele Sprachen am 7. März 1804 – inmitten der Kriege gegen Napoleon – gegründet worden war: Praktisch unverändert seit der Reformation gab es 1804 weltweit nur in 70 Sprachen Übersetzungen der Bibel oder von Teilen der Bibel, davon nur zwei in Afrika und zwei in Ostasien – demgegenüber stand man Ende 2010 bei einer Anzahl von Übersetzungen in 2.527 Sprachen. Der dritte kaiserliche Bruder Karl (1771–1847), der Sieger von Aspern, hatte 1815 die evangelisch-reformierte Prinzessin Henriette von Nassau-Weilburg geheiratet (1797–1829), die bekanntlich ihre Konfession auch im katholischen Kaiserhaus beibehielt, einen straßenseitigen Zugang zur reformierten Stadtkirche in Wien durchsetzte, die Sitte des Weihnachtsbaums nach Wien brachte und als einzige Protestantin in der Kapuzinergruft ihre letzte Ruhestätte fand.[5]

In dieser vorübergehend gesellschaftlich, kulturell (in Wien wirkten Ludwig van Beethoven und Franz Schubert, Franz Grillparzer und Ferdinand Raimund, Jakob Alt und Ferdinand Georg Waldmüller) und kirchlich aufgeschlossenen Atmosphäre – die Glieder der anglikanischen Kirche durften z. B. in einem Raum der britischen Botschaft in Wien Gottesdienste feiern[6] – fand der Delegierte der Britischen und Ausländischen Bibelgesellschaft (BABG), der schottische Theologe Dr. Robert Pinkerton (1784–1859), bei seinem Besuch in Österreich im Sommer 1816 Interesse und wohlwollende Aufmerksamkeit für seinen Vorschlag, eine österreichische Bibelgesellschaft zur Übersetzung und Verbreitung der Bibel zu gründen. Pinkerton hatte bei seinen weiten Reisen im nachnapoleonischen Europa von London bis St. Petersburg – z. T. mit Ehefrau und Kindern und alles per Postkutsche – im Jahr 1814 Bibelgesellschaften u. a. in Amsterdam, Rotterdam (die spätere Niederländische Bibelgesellschaft), Elberfeld, Hannover, Berlin und Dresden[7] gegründet und 1816 im russisch besetzten Polen die bis heute bestehende Polnische Bibelgesellschaft ins Le-

5 Namensartikel zu den Erzherzögen bei: Brigitte Hamann, Die Habsburger (Wien ²1988); zum Besuch in London: George Brown, The History of the British and Foreign Bible Society, Vol. I (London 1859) 344; Lord Teignmouth (1751–1834, Generalgouverneur von Indien 1793–1797, Gründungspräsident der BABG von 1804 bis zu seinem Tod 1834) überreichte den beiden Erzherzögen Bibelübersetzungen und Jahresberichte der BABG gemeinsam mit einer schriftlichen Erläuterung über die Ziele der Bibelgesellschaft. Zur Gründung und zur Geschichte der BABG neuerdings: Roger Steer, Good news for the world. The story of Bible Society (Oxford 2004).

6 Barbara Brash, By His Grace. The history and life of Christ Church (Wien 1978) 6; zu Pinkerton zusammenfassend: Wayne Detzler, Robert Pinkerton, in: Stephen Batalden/Cathleen Cann/John Dean, Sowing the word. The Cultural Impact of the British and Foreign Bible Society (1804–2004) (Sheffield 2004) 269–285.

7 Wilhelm Gundert, Die Geschichte der deutschen Bibelgesellschaften im 19. Jahrhundert (Bielefeld 1987) 34.

ben gerufen, nachdem er bereits 1813 in St. Petersburg (wo zwei seiner sieben Kinder starben) an der Gründung der Russischen Bibelgesellschaft beteiligt gewesen war.[8] Vor diesem politischen und kirchlichen Hintergrund ist es verständlich, dass er bei seinem Besuch in Wien bereitwillige Aufnahme in höchsten staatlichen Kreisen fand.

Nur wenige Tage nach seinem Eintreffen in Wien wurde Robert Pinkerton vom österreichischen Außenminister, dem späteren Kanzler Clemens Wenzel Lothar Fürst Metternich,[9] für den 24. August 1816 zum Abendessen eingeladen, um sein Anliegen vorzutragen. Fürst Metternich (1773–1859) befand sich nach dem von ihm geleiteten, erfolgreich abgeschlossenen Wiener Kongress auf dem Höhepunkt seiner politischen Macht. Der aus einem alten rheinischen Adelsgeschlecht stammende katholische Staatsmann hatte sich durch seine überragenden diplomatischen Fähigkeiten und durch die Heirat mit einer Enkelin des Kanzlers von Maria Theresia, Fürst Kaunitz, eine beherrschende Stellung am Wiener Kaiserhof geschaffen, die er in allen Turbulenzen der Kriege mit Frankreich, dann mit Napoleon, beibehielt, ja durch die von ihm vermittelte Heirat der österreichischen Kaisertochter Marie Louise (1791–1847) mit Napoleon 1810 noch festigte. Nach dem Sturz Napoleons gewann er die europäischen Mächte zur politischen Neugliederung Europas auf dem Wiener Kongress und sicherte als führender Kopf der »Heiligen Allianz« die Restaurations- und Legitimitätspolitik der europäischen Monarchien bis zur bürgerlichen Revolution 1848. Es war außerordentlich bemerkenswert, dass er in dieser Situation einen Theologen aus London (wohin er übrigens 1848 nach der Revolution in Wien vorübergehend floh) in einer religiösen Mission zu empfangen bereit war. Vermutlich wollte er die frische Partnerschaft mit Großbritannien durch ein solches Entgegenkommen bestätigen bzw. festigen.

In seiner regelmäßigen Korrespondenz mit der Zentrale der BABG in London schilderte Robert Pinkerton das Treffen mit Fürst Metternich in einem Brief vom 1. September:

> »Aus meinem letzten [Brief] vom 24. August konnten Sie erkennen, in welchem erwartungsvollen Zustand unsere Bemühungen waren, die Gründung einer Bibelgesellschaft für Österreich zu erreichen. An dem Tag, an dem der Brief geschrieben wurde [d. h. am 24. August] war ich zum Abendessen bei Fürst Metternich, mit Graf Stadion,[10] dem Finanzminister, und anderen Würdenträgern, denen der Fürst mich freundlicherweise vorstellte. Nach dem Abendessen führte ich ein Gespräch mit Seiner Hoheit über die vorgeschlagene

8 Wie Anm. 4 und Barbara Enholc-Narzynska/Janusz Narzynski, The British and Foreign Bible Society in Poland 1816–1966 (Warszawa 1966) 3–4.

9 Valloton, Metternich (wie Anm. 3); zu Metternichs kirchlicher Einstellung: Karl Völker, Metternichs Kirchenpolitik. *Zeitschrift für Kirchengeschichte* (1930) 223–246, wo sich auch ein Hinweis auf die Ablehnung Metternichs von Bibelgesellschaften »als Ausgeburt der Verwirrung des Mystizismus« findet (242).

10 Johann Philipp Stadion, Graf von Waldhausen (1763–1824), geboren in Mainz, war ab 1788 im österreichischen diplomatischen Dienst, 1805–1809 als Vorgänger Metternichs österreichischer Außenminister, ab 1815 Finanzminister und Gründer der österreichischen Nationalbank. Zu seiner Person: Walter Kleindel/Hans Veigl (Hg.), Das große Buch der Österreicher (Wien 1987) 513.

Gesellschaft, und legte ihm den Plan dafür vor, den ich aufgrund seines Wunsches vorbereitet hatte. Ich übergab ihm auch den 11. Jahresbericht der BABG, auf Englisch, und den 2. Jahresbericht der Russischen Bibelgesellschaft, auf Deutsch: Seine Exzellenz empfing das alles sehr dankbar und bat mich, ihn am 29. August wieder zu treffen, damit er in der Zwischenzeit den Vorschlag Seiner kaiserlichen Majestät vorlegen könne, der soeben in die Stadt zurückkehre.

[...]

Dementsprechend hatte ich am 29. August eine Audienz beim Fürsten, der mich mit ausgesuchter Höflichkeit empfing, sagte, dass er mit Seiner kaiserlichen Majestät über den Vorschlag gesprochen habe, eine Bibelgesellschaft für Österreich zu gründen, und dass Seine Majestät interessiert sei, sich genauer mit dem Thema vertraut zu machen. Dass er mein Memorandum und den Plan gelesen habe, das ihn sehr befriedigt habe, dass er beabsichtige, dies Seiner Majestät vorzulegen, wonach dann dies in den verschiedenen Abteilungen der österreichischen Regierung diskutiert würde und dann eine Entscheidung folgen würde. Und dass ich dem Komitee in London mitteilen solle, er habe persönlich die weitere Behandlung des Vorhabens in die Hand genommen. Der Fürst fügte hinzu, dass es zu lange dauern würde, in Wien zu bleiben, bis die Sache entschieden sei, denn in einem katholischen Land würde eine Maßnahme dieser Art, anders als in einem protestantischen Land, auf viele Schwierigkeiten treffen. Aber ich solle versichert sein, dass er alles in seiner Macht stehende tun werde, um das gewünschte Ergebnis zu erreichen. Dabei überlege er, dass die Ziele der Gesellschaft besonders nützlich für die verschiedenen slawischen Bevölkerungsgruppen und andere nichtkatholische Nationen in Österreich seien. Seine Hoheit wünschte, dass ich mit ihm direkt über die Angelegenheit in Kontakt bleiben solle und lud mich freundlich ein, sofort zu ihm zu kommen, wenn ich nach Wien zurückkehren sollte.«[11] [Originaltext in Englisch, Übersetzung des Verfassers.]

Das von Robert Pinkerton an Fürst Metternich am 24. August 1816 übergebene Memorandum hatte folgenden Wortlaut:[12]

»Die erfolgreichsten Mittel, um die besten Interessen der Gesellschaft zu fördern, waren oft, wie entdeckt wurde, ebenso einfach wie effektiv. Wenn man ihre Eigenschaften betrachtet, wundern wir uns und bedauern, dass die Menschheit so lange unwissend geblieben ist über so einfache und erfolgreiche Methoden zur Förderung des Wohlstands der menschlichen Rasse. Das ist der Fall in Bezug auf die Bibelgesellschaften, bei denen die Einfachheit ihrer Grundsätze und die Wirksamkeit ihrer Aktivitäten die Bewunderung der Menschen erzielt haben, und vereinigt wurden zu vielen anhaltenden Segnungen unter den Nationen der Erde.« [Originaltext in englischer Sprache, Übersetzung des Verfassers.]

Nach der Beschreibung der Gründung und der Fortschritte der Bibelgesellschaften sowie der Unterstützung durch Herrscher in den Ländern, in denen sie arbeiten, setzte der Autor wie folgt fort:

---

11 13. Report der BFBS (London 1817) Appendix, 94. Kurz erwähnt bei: STEER, Good news (wie Anm. 5) 119, und bei: Georg LOESCHE, Geschichte des Protestantismus im vormaligen und im neuen Österreich (Leipzig ^{3}1930) 551–553 (mit politischer und religiöser Charakteristik Metternichs), jeweils mit dem nachfolgenden negativen Ergebnis. Der bei Loesche erwähnte, Fürst Metternich übergebene Entwurf für eine österreichische Bibelgesellschaft konnte auf Nachfrage im tschechischen Nationalarchiv in Prag, dem Bewahrer des durchaus vorhandenen Metternich'schen Privatarchivs seit 1945, nicht ausfindig gemacht werden, wird aber aus dem Jahresbericht der BABG wie oben zitiert.

12 13. Report der BFBS (London 1817) Appendix, 95–96.

»Die Einrichtung einer nationalen Bibelgesellschaft in Wien, für Österreich und die zahlreichen Nationen und Völker unter dieser Regierung, ist ein Ereignis, zu dem jeder Freund dieses Anliegens und das Komitee der Britischen und Ausländischen Bibelgesellschaft im Besonderen, mit den höchsten Erwartungen aufblickt. Eine derartige Einrichtung, unter so vielen Millionen von Christen verschiedener Konfessionen, die das Glück haben, unter der gütigen und väterlichen Herrschaft von Franz II. zu leben, verspricht vieles: nicht nur hinsichtlich der Förderung der allgemeineren Verbreitung der Heiligen Schrift, besonders des Neuen Testaments, unter den Mitgliedern der Katholischen Kirche in Österreich, sondern auch hinsichtlich der Vermittlung der gleichen Wohltat unter den Millionen Böhmen, Slowaken, Serben, Polen, Albanern, Kroaten, Krainern und anderen slawischer Abkunft, die entweder zu protestantischen oder orthodoxen Kirchen, die alle unter einer bedauerlichen Knappheit des Wortes Gottes leiden, gehören. Ein Exemplar der autorisierten katholischen Bibel in Polnisch kann weder in Polen noch in Galizien erworben werden, und unter den fünf Millionen Serben, von denen zwei Millionen zu Österreich gehören, wird selten eine Bibel gefunden, nicht einmal in den Händen der Geistlichkeit. Und das gilt noch viel mehr für die verbleibenden drei Millionen Serben unter der türkischen Herrschaft. Die 900.000 Seelen umfassenden Kroaten haben bis heute keinen Teil der Heiligen Schrift in ihrer Sprache mit Ausnahme der Evangelientexte für Sonn- und Feiertage. Und die Albaner haben keinen einzigen Teil der Bibel in irgendeiner Sprache, die sie verstehen. Viel Gutes ist deshalb von der Verbreitung der Heiligen Schrift zu erwarten, nicht nur für die Nationen, sondern auch für die vielen Völker außerhalb der Grenzen des Kaiserreichs, die den christlichen Glauben unter der türkischen Herrschaft bekennen und unter den gegenwärtigen Umständen unfähig sind, Exemplare der Heiligen Schrift zu erhalten, nicht einmal für den Gebrauch in ihren Kirchen oder für ihre Priester. Das gilt zum Beispiel für die bedauernswerten Bedingungen der meisten Walachen, Moldawier und Bulgaren: diese Völker sprechen zwar eine Sprache und besitzen eine Übersetzung der Bibel in ihrer Sprache, doch ist diese so selten, dass man sie nicht für Geld kaufen kann. Für die Teile der Nation, die mit Russland verbunden sind, gibt es jetzt Vorkehrungen; aber für die Millionen Walachen und Moldawier unter der österreichischen Herrschaft wurde bisher nichts getan.

Ohne in weitere Einzelheiten über andere wichtige Arbeitsgebiete für eine solche Einrichtung in anderen Teilen des österreichischen Kaiserreichs zu gehen, kann bereits aus dem bisher Beschriebenen erkannt werden, dass keine (Bibel)Gesellschaft in Europa, mit Ausnahme der russischen, ein derart weites Feld zu bearbeiten hätte wie die österreichische Bibelgesellschaft. Wäre Ihre kaiserliche Hoheit also geneigt, anhand der Grundsätze in dem folgenden Plan die Erlaubnis zur Gründung einer nationalen Bibelgesellschaft für Österreich zu geben, wäre die Britische und Ausländische Bibelgesellschaft bereit, falls diese Hilfe für nötig erachtet wird, entsprechend ihrer Möglichkeiten finanzielle Unterstützung zu gewähren – sowohl für die Gründung der Einrichtung wie für ihre künftige Arbeit, um die allgemeine Verbreitung der Heiligen Schrift ohne Anmerkungen und Kommentare in den verschiedenen Sprachen, die von den dreißig Millionen Menschen unter der österreichischen Regierung gesprochen werden, zu fördern.« [Originaltext in englischer Sprache, Übersetzung des Verfassers.]

Es folgte ein Satzungsentwurf nach dem üblichen Muster der Bibelgesellschaften, der im Originaltext nicht enthalten ist.

Robert Pinkerton nahm anschließend – wie er in einem Schreiben von Wien nach London vom 1. September 1816 mitteilte – Kontakt zu der 1807 von Triest nach Wien verlagerten (heute noch bestehenden) armenischen Druckerei des (mit Rom unierten) Mechitaristenkonvents (in Wien 7., Neustiftgasse) auf, deren zahlreiche religiöse und biblische Texte in armenischer Sprache ihn beeindruckten und eine Zusammenarbeit für Bibelübersetzungen, z. B. auch ins Türkische, aussichtsreich erscheinen ließen.[13] Voll solcher Hoffnungen setzte er seine Reise- und Gründungstätigkeit in Deutschland, Polen und Russland fort.

Inzwischen formierte sich, vom Vatikan ausgehend, entschiedener Widerstand gegen die Gründung von Bibelgesellschaften in Mittel- und Osteuropa. Am 29. Juni 1816 erließ Papst Pius VII. eine Instruktion gegen die inzwischen erfolgte Gründung der Polnischen Bibelgesellschaft, in der er vor einer weiteren Verfolgung dieser »gottlosen Aktivitäten« abriet und vor den Fallen warnte, in die alle daran Beteiligten unter Verlust der ewigen Seligkeit geraten würden. Pinkerton zögerte nicht, diese päpstliche Intervention dem in Warschau zu Besuch weilenden Zaren Alexander I. vorzulegen. Aufgrund der damals wie heute bestehenden Spannungen zwischen dem Vatikan und der russisch-orthodoxen Kirche entschied der Zar für das Fortbestehen der polnischen Bibelgesellschaft. Eine ähnliche vatikanische Intervention gegen die russische Bibelgesellschaft wurde auf die gleiche Weise abgewehrt.[14]

Vollen Erfolg erzielte die vatikanische Opposition allerdings in Österreich (und Bayern). In einem Breve vom 4. Juni 1816 »Postremis litteris« kritisierte Papst Pius VII. in scharfer und polemischer Form die Gründung, die Ziele und die Arbeit der Bibelgesellschaften. Wieder wurde – wie in den Breves gegen die polnische und russische Bibelgesellschaft – betont, dass die Verbreitung der Heiligen Schrift in den Volkssprachen mehr Unheil als Segen stifte und dass die christlichen Wahrheiten, sowohl die dogmatischen als auch die ethischen, nicht nur in der Schrift, sondern auch in den Traditionen der katholischen Kirche enthalten seien; und dass es nur der Kirche selbst zukomme, beides auszulegen. Der vermutlich von Anfang an der Gründung einer österreichischen Bibelgesellschaft abgeneigte Fürst Metternich hatte damit keine Mühe, ein kaiserliches Dekret anzuregen, das mit dem Datum vom 23. Dezember 1816, gegeben zu Buda, jede weitere Tätigkeit der Bibelgesellschaft im Kaiserreich verbot:[15]

> »In Betracht ziehend, dass die Londoner Bibel Vereinigung [London Bible Association – es wurde nicht die korrekte Bezeichnung BABG verwendet] die Einrichtung von einigen mit

13 13. Report der BFBS (London 1816) Appendix, 97–98.

14 Brown, History (wie Anm. 5) 344–346.

15 Das Original des Dekrets ist bisher trotz Nachforschung im Österreichischen Staatsarchiv Wien nicht ausfindig gemacht worden. Der hier zitierte Text ist eine Rückübersetzung aus dem englischsprachigen Bericht bei Brown, History (wie Anm. 5) 347. Dieser Verurteilung der Bibelgesellschaften schloss sich Papst Leo XII. in einer Enzyklika aus dem Jahr 1823 an, in der er unter Bezugnahme auf das Konzil von Trient (1545–1563) das Verbot der Übersetzung oder »Verfälschung« der Heiligen Schrift in die Volkssprachen erneuert hat, da dadurch das Evangelium Christi »in ein menschliches Evangelium oder – schlimmer noch – in das Evangelium des Teufels verwandelt wird«. Er erinnert daran, dass viele seiner Vorgänger Warnungen ausgesprochen hätten, um »diese Pest« abzuwehren, und fordert die Empfänger auf, alles zu tun, um ihre Herde »von diesen vergifteten Weisen« fern zu halten. Zit. nach: Steer, Good news (wie Anm. 5) 156, der dort im Anschluss auf die aktuelle, veränderte Einstellung der römisch-katholischen Kirche und auf die positiven Stellungnahmen von Papst (1958–2005) Johannes Paul II. zur Arbeit der Bibelgesellschaften hinweist.

ihr verbundenen Gesellschaften begründet hat, besonders in Deutschland, und dass einige dieser Vereinigungen in den kaiserlichen Erbländern, besonders unter den Protestanten, eine engere Verbindung beabsichtigen, hat es Seiner heiligen Majestät gnädigerweise gefallen anzuordnen, dass darauf geachtet wird, dass gedruckte Exemplare der Bibel weder kostenlos oder zu einem niedrigen Preis durch solche ausländische Vereinigungen und Gesellschaften in den Erbländern Seiner Majestät verbreitet werden, noch dass die Gründung einer Bibel Vereinigung gestattet würde.«

Das Verbot wurde auch für Ungarn mit Unterstützung der ungarischen katholischen Bischöfe ausgeweitet, sodass die bereits gegründete ungarische Bibelgesellschaft in Pressburg schließen musste und die begonnenen deutschen Bibelausgaben sowie die slowakischen, ungarischen und wendischen nicht gedruckt werden konnten. 400 dort gelagerte tschechische Bibeln wurden beschlagnahmt und erst nach langwierigen Verhandlungen – vermutlich der britischen Botschaft in Wien – an individuelle Empfänger herausgegeben. In Bayern musste – aus Rücksicht auf Österreich und aufgrund des Drängens von Metternich, der persönlich deswegen nach München gereist war – die auch für Österreichs Protestanten wichtige, auf Anregung der BABG 1804 gegründete Nürnberger Bibelgesellschaft 1817 ihre Tätigkeit einstellen. Sie konnte aber 1824 neu gegründet werden.[16]

Die Bibelgesellschaften beschäftigten Metternich noch länger. Konkreter Anlass dafür war ein Schreiben des russischen Außenministers Graf Karl Robert von Nesselrode vom 6./17. Juli (westlicher bzw. russischer Kalender) 1817, in dem der mit Metternich gut bekannte deutsch-baltische Vertraute des Zaren Alexander I. – er hatte die russische Delegation beim Wiener Kongress geleitet – zahlreiche Beispiele politischer Übereinstimmung zwischen dem Zaren und Kaiser Franz I. aufführte, um dann allerdings darauf hinzuweisen, dass das Verbot der Bibelgesellschaft in Österreich beim Zaren auf Unverständnis gestoßen sei: »Er bedauere, dass Sie sich gezwungen gesehen hätten, eine derart wohltätige und mit den Prinzipien der Toleranz Ihrer kaiserlichen Majestät verbundene Einrichtung zu verbieten.«[17]

Das Schreiben schloss mit der Aussicht auf künftige Begegnungen der beiden Monarchen im Interesse weiterer Übereinstimmungen.

Fürst Metternich beeilte sich – obwohl im Urlaub in dem von ihm begeistert geschilderten Lucca in der Toskana weilend –, das Schreiben umgehend unter dem 20. August 1817 zu beantworten und zum Anlass zu nehmen, seine persönliche Einstellung zur Bibel, zugleich aber auch die Ablehnung von Bibelgesellschaften ausführlich

16 GUNDERT, Geschichte der deutschen Bibelgesellschaften (wie Anm. 7) 55–58, 162–163.

17 Der französische Originaltext findet sich in: Klemens Wenzel Nepomuk Lothar VON METTERNICH, Aus Metternich's nachgelassenen Papieren, Bd. 3 (Wien 1881) Nr. 240. Graf Nesselrode (1780–1862), durch seine Taufe in der englischen Gesandtschaftskapelle von Lissabon, wo sein Vater russischer Gesandter gewesen war, Mitglied der Kirche von England, gewann durch seine erfolgreiche diplomatische Tätigkeit das Vertrauen von Zar Alexander I. und stand ihm offenbar auch in dessen religiösen Interessen nahe. Ab 1816 russischer Außenminister, bewahrte er seine führende Stelle am Hof von St. Petersburg auch unter Zar Nikolaus I. ab 1825 und wurde 1845 Kanzler des Russischen Reiches: *NDB* (1999) 74–75.

darzustellen.[18] Er korrigiert den Ausdruck »Verbot der Bibelgesellschaft« dahingehend, dass keine Gesellschaft verboten worden sei, sondern die Gründung einer Gesellschaft nicht erlaubt worden sei – eine typische Metternich'sche Wendung. Dann finden sich in diesem Brief aber die später häufig (u. a. bei Loesche, siehe Anm. 11) zitierten Stellen über die tägliche Bibellektüre des Fürsten »Ich lese täglich ein oder zwei Kapitel der Bibel, und ich entdecke täglich neue Schönheiten [...]«, wobei er das unterschiedliche Verständnis einzelner biblischer Erzählungen in seinen verschiedenen Lebensphasen schildert. Aus diesem Brief stammt auch die ebenfalls häufig zitierte Wertschätzung der Luther-Übersetzung: »Ich lese nur die Luther-Übersetzung, die Beste, die jemals in irgendeinem Land oder in einer lebenden Sprache gemacht wurde.«

Diese tatsächliche oder vorgebliche Wertschätzung der Bibel hinderte den Fürsten aber nicht daran, im gleichen Brief das Verbot der Bibelgesellschaft, ja der Bibelverbreitung in der Volkssprache mit kirchlichen Argumenten zu untermauern. Er bezieht sich dabei auf die Päpste Gregor VII. (1073–1085) und Alexander VI. (1492–1503) und erwähnt die aktuellen vatikanischen Verbote, vor allem aber die Angst vor mystischen Strömungen – Frau von Krüdener (siehe Anm. 3) wird genannt –, die er mit unkontrollierbaren Reformbewegungen in Verbindung bringt. Auch er schloss den Brief mit Erwartungen auf künftige Begegnungen der Monarchen. Der Briefwechsel mit dem russischen Hof wurde damit offenbar beendet, doch brachte Metternich diesen dem Kaiser Franz I. in Kopie und mit einem abschließenden Votum gegen die Bibelgesellschaften unter dem 29. August 1816 – noch immer aus Lucca – zur Kenntnis:

> »Eure Majestät haben sich zweifelsohne längst überzeugt, dass der Geist des Kaisers Alexander sich nie in einer gewöhnlichen Richtung zu halten vermag. Seit dem Jahr 1815 hat er den reinen Jacobinismus verlassen, um sich in den Mysticismus zu werfen. Da seine Tendenz jedoch stets revolutionär ist, so ist es auch sein religiöser Sinn, und das Protectorat der Bibelgesellschaften konnte ihm daher nicht entgehen.
>
> Ich bitte Eure Majestät, meine Antwort an Graf Nesselrode als ausschließend auf den Kaiser Alexander berechnet anzusehen und zu würdigen. Wenn ich auf Details ganz eigener Art eingegangen bin, so habe ich dies gethan, um der Correspondenz zwischen den beiden Kabinetten **über biblische Gegenstände und religiöse Polizei gleich im Entstehen ein Ende zu machen** [...]« [Hervorhebung durch den Verfasser.]

Franz II. hat eigenhändig den Empfang dieses Briefes bestätigt und ihn samt Anlagen an Metternich zurückgesandt.[19]

Der erste Versuch der Gründung einer österreichischen Bibelgesellschaft war am Widerstand des Vatikans und der österreichischen Regierung gescheitert. Resignierend, aber in biblischer Zuversicht schrieb Robert Pinkerton am 20. Mai 1817 aus St. Petersburg nach London:[20]

---

18 Der französische Originaltext findet sich in: VON METTERNICH, Aus Metternich's nachgelassenen Papieren (wie Anm. 17) Nr. 241.

19 Ebenda Nr. 239.

20 14. Report der BABG (London 1818) Appendix, 77.

»In Konsequenz des kaiserlichen Dekrets (vom 23. Dezember 1816), mit dem die Bibelgesellschaften in Österreich verboten wurden, musste auch die hoffnungsvolle Bibelgesellschaft in Pressburg aufgelöst werden. [...] Aber der allmächtige Gott regiert, und wir können mit David sagen: ›Wenn Menschen wider dich wüten, bringt es dir Ehre, und wenn sie noch mehr wüten, bist du auch noch gerüstet‹ (Psalm 76,11).«

Vierzig weitere Jahre hat Robert Pinkerton zunächst von St. Petersburg, ab 1830 von Frankfurt/Main aus die Gründung und die sich ständig erweiternde Übersetzungs- und Verbreitungsarbeit der nationalen Bibelgesellschaften in Mittel- und Osteuropa als Auslandssekretär der BABG betreut. Auch mit Österreich-Ungarn sollte er noch einmal in Verbindung treten – doch davon später. 1857 kehrte er nach England zurück und trat den Ruhestand an, den er aber nur zwei Jahre genießen konnte. Er starb am 7. April 1859 in Reigate, Surrey, und bleibt als bedeutender Pionier der Bibelverbreitung im Europa des 19. Jahrhunderts in ehrenvoller Erinnerung.[21]

Für fast 50 Jahre blieb die Habsburgermonarchie als einziger mittel- und osteuropäischer Staat von der systematischen Bibelverbreitung und der Bewegung zu neuen Übersetzungen in den Sprachen des Vielvölkerstaates beinahe völlig ausgeschlossen. Dabei gab es durchaus auch außerkirchliches Interesse an der Arbeit der BABG, wie zwei Berichte im »Intelligenzblatt zur Wiener allgemeinen Literaturzeitung« aus dem Jahr 1816 beweisen.[22] Hier hatten die Übersetzungaktivitäten der BABG Interesse geweckt, was anhand der Jahresberichte der BABG zu einer ausführlichen Darstellung der Gründung und der Ziele der BABG führte. Mit großer Anerkennung wurde geschildert, dass die BABG seit der Gründung 1804 in Europa 120 nationale und regionale Bibelgesellschaften gegründet hätte, in Amerika über 129 entstanden seien und vor allem in Indien – dort allein bis 1816 in achtzehn Sprachen – und Indonesien Zweigstellen entstanden seien. Unter linguistischen Gesichtspunkten werden die zahlreichen Übersetzungen in asiatische Sprachen hervorgehoben, unter konfessionellen Gesichtspunkten das Bemühen, für Protestanten und Katholiken jeweils autorisierte Ausgaben zu verbreiten. So wurde für Österreich erwähnt, dass die Regensburger (katholische) Bibelgesellschaft 50.000 Exemplare der auch vom Wiener Fürstbischof[23] approbierten Übersetzung des Neuen Testaments verbreiten konnte.[24]

21 Ausführliche Würdigung bei: Robert Steiner, Pioniere des Worts. Biographische Skizzen (Wuppertal 1982) 68–104.

22 Die Artikel stammten von dem slowenischen Linguisten Bartholomäus/Jernej Kopitar (1780–1844), der ab 1810 an der Hofbibliothek in Wien tätig war und u. a. mit Robert Pinkerton 1816, während dessen Besuch in Wien, das Projekt einer serbischen Bibelübersetzung erörterte, die allerdings erst Jahrzehnte später zustande kam. Siehe dazu: Peter Kuzmic, The Bible Society's South Slavic Bible in the Balkan Maelstrom, in: Batalden/Cann/Dean, Sowing the Word (wie Anm. 6) 251–267, hier 257. Kopien der Ausgaben des 4. Jg., Nr. 39 vom September 1816 und Nr. 50 vom Dezember 1816 befinden sich in der Österreichischen Nationalbibliothek in Wien.

23 Das war von 1803 bis 1820 der aus Slowenien stammende (Jesuit) Sigismund Anton Graf von Hohenwart (1730–1820), der u. a. die Ansiedlung der (unierten) Mechitaristen in Wien förderte; zu von Hohenwart siehe. Kleindel/Veigl, Das große Buch (wie Anm. 10) 202.

24 Hier wird Bezug auf die 1809 in Regensburg gegründete katholische Bibelgesellschaft genommen, die unter der Schirmherrschaft des Reformbischofs Johann Michael Sailer (1751–1832)

Es gibt keine weiteren entsprechenden literarisch-wissenschaftlichen Zeugnisse über die Bibelgesellschaften in Österreich nach 1816, sodass davon ausgegangen werden kann, dass die berüchtigten Zensurmaßnahmen des »Systems Metternich« die Behandlung dieses Themas unterbanden.[25] Fürst Metternich blieb bis zur bürgerlichen Revolution 1848 – mit nachlassenden Kräften – maßgeblich für die restaurative Politik des Vormärz in Österreich verantwortlich. Im März 1848 musste er nach London, später nach Deutschland fliehen – sein Kriegsminister Theodor Baillet von Latour wurde an einem Laternenmast in Wien erhängt –, kehrte aber 1851 nach Wien wieder zurück, wo er, den neuen liberalen Entwicklungen verständnislos gegenüberstehend, 1859 starb.[26]

Trotz der staatlichen Hindernisse und Verbote ist es zu gelegentlichen Formen der Bibelverbreitung in Österreich gekommen, getragen vor allem durch unerschrockene Einzelpersonen. Die populärste dürfte die Holzknechtswitwe Brigitte Wallner (1735–1799) sein, die durch ihr mutiges Bekenntnis am 26. Dezember 1781 nach der Verkündung des Toleranzpatents Josefs II.[27] zur Gründerin der evangelischen Kirchengemeinde Gosau wurde.[28] Sie hatte als Botenfrau in ihrem Tragkorb, zusätzlich zu benötigten und bestellten Waren aus Deutschland und dem damals noch nicht zu Österreich gehörenden Salzburg, über die strengbewachten Grenzen oder Schmugglerpfade Bibeln und Andachtsbücher noch vor dem Toleranzpatent nach Gosau gebracht und war deshalb drei Mal verhaftet worden – sie hatte sich aber nicht davon abbringen lassen. In Nürnberg hatte sie mehrmals den Kaufmann Tobias Kießling (1742–1824) aufgesucht, der ab 1763 ein privates, informelles Unterstützungswerk für

---

rund 10 Jahre lang vor allem die von mehreren Bischöfen approbierte Übersetzung des Reformtheologen Leander van Eß (1772–1847) in beträchtlichen Auflagenhöhen verbreiten konnte. Sie wurde 1817 durch Intervention des Vatikan geschlossen, die Übersetzung von van Eß kam 1821 auf den Index. Inzwischen hatte die BABG von van Eß die Rechte für die weitere Verbreitung übernommen und hat diese Übersetzung bis in die 2. Hälfte des 20. Jahrhunderts vor allem in Österreich verbreitet. Mit der überarbeiteten Fassung einer im 18. Jahrhundert in Bayern approbierten Übersetzung des Neuen Testaments konnte der Regensburger Domkapitular, später Professor in München Joseph Franz Allioli (1793–1873), ab 1838 mit Unterstützung der BABG hohe Verbreitungszahlen erzielen. Nach seinem Tod und dem Übergang des Copyrights hat die BABG diese Übersetzung ebenfalls bis in die 2. Hälfte des 20. Jahrhunderts an katholische Interessenten in Deutschland und Österreich abgegeben. Zusammenfassend dazu: GUNDERT, Geschichte der deutschen Bibelgesellschaften (wie Anm. 7) 70–101.

25 ZÖLLNER, Geschichte (wie Anm. 2) 350–352.

26 Namensartikel in der *NDB* (1982) 683–684; VÖLKER, Metternich (wie Anm. 9).

27 LOESCHE, Geschichte (wie Anm. 11) 519–526; Gustav REINGRABNER, Protestanten in Österreich. Geschichte und Dokumentation (Wien–Köln–Graz 1981) 176–185.

28 LOESCHE, Geschichte (wie Anm. 11) 525, Anm. 1; Jakob Ernst KOCH, Zeugen des Evangeliums aus allen Ländern und Ständen. 14. Gottlieb August Wimmer, der Gründer von Oberschützen, in: Die Evangelische Kirche in Österreich. Blüte, Not und neuer Aufbau, hg. von Hans EDER (Berlin 1940) 82–121, hier 118–121; Gustav REINGRABNER, Aus der Kraft des Evangeliums. Geschehnisse und Personen aus der Geschichte des österreichischen Protestantismus (Erlangen 1986) 68.

die österreichischen Geheimprotestanten, ab 1781 für die Toleranzprotestanten und ihre Gemeinden vor allem in Oberösterreich betrieb: Sie konnte von Kießling Bibeln und Andachtsbücher für ihre Schmuggelgänge erhalten, während dieser durch seine Handelskontakte und die regelmäßigen Besuche der Märkte in Linz und Graz – wohl auch Villach und Klagenfurt – neben seinen Handelswaren – vorwiegend Gewürzen – die Möglichkeit hatte, Bibeln, Gesang- und Andachtsbücher nach Österreich zu bringen.[29]

Tobias Kießling schuf in Nürnberg die Verbindung zur BABG, durch deren Anregung er bereits 1804 zum Mitgründer der »Deutschen Bibelgesellschaft« in Nürnberg wurde.[30] Die Gründung wurde durch den Auslandssekretär der BABG, den württembergischen Pfarrer Karl Friedrich Adolf Steinkopf (1773–1859) angestoßen, der seinerseits als Pfarrer der deutschen Auslandsgemeinde in London an der Gründung der BABG im März 1804 beteiligt gewesen war. Er wäre gerne im Jahr 1800 einem Ruf an die evangelische Gemeinde Eferding gefolgt, war aber von der österreichischen Regierung als »Fanatiker und Revolutionär« abgelehnt worden.[31] Schon im 1. Jahresbericht von 1805 wurde ein Brief Kießlings an die BABG (anonymisiert als »ehrenvoller Kaufmann in Nürnberg«) abgedruckt, in dem er den Dank für eine finanzielle Unterstützung seiner Bibelverbreitung in Österreich, aber auch den großen Bedarf dafür zum Ausdruck bringt:

> »Sehr geehrte Herren, als ich meine übliche Tour durch Österreich und die Steiermark unternahm, begegnete ich so vielen dringenden Bitten nach Bibeln und Neuen Testamenten, dass ich wirklich verzweifelt war und nicht wusste, was ich tun oder wie ich diesen vielfachen Wünschen entsprechen sollte. Umso mehr war ich angenehm überrascht, als ich nach meiner Rückkehr den Bericht von Ihrer neugegründeten Bibelgesellschaft über Ihren Auslandssekretär erhielt. [...] Je mehr ich verbreite, umso mehr steigen die Bitten von Pfarrern und Lehrern, nicht nur aus Österreich, sondern auch aus der Steiermark, aus Kärnten und Ungarn. [...] Wir wurden durch diesen Kontakt ermutigt, eine Bibelgesellschaft zu gründen und Freunde in Deutschland und in der Schweiz einzuladen, sich daran zu beteiligen [...].«[32] [Originaltext in englischer Sprache, Übersetzung des Verfassers.]

---

29 Grete Mecenseffy, Der Nürnberger Kaufmann Johann Tobias Kießling und die österreichischen Toleranzgemeinden (Wien 1958) 29–70 (mit ausführlichem Literaturverzeichnis); Gustav Reingrabner, Johann Tobias Kießling, in: Ders., Aus der Kraft (wie Anm. 28) 69 f.; Ders., Johann Tobias Kießling. *Glaube und Heimat* 58 (2004) 53; Ders. Johann Tobias Kießling. *Glaube und Heimat* 59 (2005) 51 f. Der unerschrockenen Bibelbotin Brigitta Wallner wurde 1924 in Gosau unter Pfarrer Dr. Hans Eder, der 1940 erster evangelischer Bischof in Österreich werden sollte, mit dem Tagungs- und Freizeitzentrum »Brigittaheim« ein dauerhaftes Denkmal gesetzt. Die Bibel-Schmuggelpfade sind seit 2009 von der Evangelischen Kirche in Österreich als »Weg des Buches« zu einem durchgehenden Weitwanderweg von Passau über u. a. Eferding, Scharten, Gmunden, Gosau, Ramsau, Tamsweg, Arriach und Villach bis an die slowenische Grenze zusammengefasst, mit Begleitliteratur ausgestattet und als »Bibelwanderweg« durch Hinweistafeln gekennzeichnet worden.

30 Gundert, Geschichte der deutschen Bibelgesellschaften (wie Anm. 7) 55–62.

31 Karl Friedrich Adolf Steinkopf, Reisebriefe Europa 1812, hg. von Ulrich Fick (Stuttgart 1987) 133–134.

32 1. Report der BFBS (London 1805), Appendix Nr. III, 29.

1804 wurde Kießling Mitglied eines europäischen Beratungskreises der BABG und erhielt 100 engl. Pfund zur Unterstützung der Bibelverbreitung in Österreich.[33]

Kießling vermittelte übrigens nicht nur Bibeln und theologische Literatur nach Österreich, sondern auch mehrfach die ersten Theologen für die Toleranzgemeinden, wie z. B. für Gosau Julius Theodor Wehrenfennig – dessen Nachkommen stellen bis in die Gegenwart evangelische Pfarrer in Österreich –, Georg Michael Eisenbach in Eferding sowie dessen Nachfolger Josef Friedrich Groß. Nachdem Tobias Kießling durch den österreichischen Staatsbankrott 1811 sein Vermögen verloren hatte und seine Reisen nach Österreich einstellen musste, blieb er trotzdem mit den Toleranzgemeinden und der BABG in London bis zu seinem Tod 1824 in brieflicher Verbindung und sorgte mit Freunden für deren geistliche Betreuung. Die direkten Kontakte übernahm im Auftrag der BABG Friedrich Steinkopf, der auf einer seiner großen Reisen auf dem europäischen Kontinent 1815 der Universität Wien verschiedene Bibelausgaben schenkte, dem Wiener evangelischen Konsistorium tschechische, polnische und deutsche Bibelausgaben im Wert von 300 engl. Pfund überreichte und der wiederentstandenen ungarischen Bibelvereinigung in Pressburg einen Förderbetrag von 500 engl. Pfund überreichte.[34]

Auch Robert Pinkerton ließ sich durch die Zurückweisung seines Vorschlags einer österreichischen Bibelgesellschaft durch Fürst Metternich nicht abschrecken, sondern behielt Österreich im Auge, um, wenn nicht auf direktem, so doch auf indirektem Wege Möglichkeiten der Bibelverbreitung zu finden. Eine, wenn auch begrenzte, Öffnung boten dazu die staatskirchenrechtlichen Regelungen in der ungarischen Reichshälfte der Habsburgermonarchie. In dieser Reichshälfte – zu der nicht nur das heutige Ungarn, sondern u. a. das Burgenland, die Slowakei, Siebenbürgen und Kroatien gehörten – war bekanntlich der Protestantismus durch die Gegenreformation nicht in gleicher Weise wie in den österreichischen Erblanden ausgelöscht bzw. in den Geheimprotestantismus der Alpentäler verdrängt worden, sondern konnte sich mit Hilfe einflussreicher Grundherrschaften und Magnatenfamilien oder einzelner evangelischer Adelsfamilien und einer korporativen Selbstverwaltungstradition halten.[35] Ab 1681 war durch Artikel XXVI des Ödenburger Landtages beiden evangelischen Bekenntnissen – Lutheranern und Reformierten – das Recht des Bestands und einer eng begrenzten Religionsausübung zugestanden worden, ausgenommen Kroatien und einige andere Landesteile, die bis heute streng katholisch geblieben sind. Das

---

33 Brown, History (wie Anm. 5) 100–103.

34 123. Report der BFBS (London 1816) 12–13.

35 Gustav Reingrabner, Über die Eigenart der burgenländischen Protestantengeschichte. *JGPrÖ* 97 (1981) 147–172; Eva Kowalska, Der Habsburgische Staat und die protestantischen Kirchen vom 16. bis zum 18. Jahrhundert (Annales Universitatis Apulensis, Serie historica 7, Alba Iulia 2003) 25–34; Zoltán Csepregi, Das königliche Ungarn im Jahrhundert vor der Toleranz (1681–1787), in: Geheimprotestantismus und evangelische Kirchen in der Habsburgermonarchie und im Erzstift Salzburg (17./18. Jahrhundert), hg. von Rudolf Leeb/Martin Scheutz/Dietmar Weikl (Veröffentlichungen des Instituts für österreichische Geschichtsforschung 51, Wien–München 2009) 299–330.

Toleranzpatent Kaiser Josefs II. vom 25. Oktober 1781 traf daher in der ungarischen Reichshälfte auf andere Voraussetzungen als in den österreichischen Erblanden, da es hier eine existierende evangelische Kirchlichkeit vorfand. So gab es z. B. je vier lutherische und reformierte Superintendenten, denen jetzt unter Aufhebung der Rechte der römisch-katholischen Bischöfe das uneingeschränkte Visitationsrecht über alle evangelischen Einrichtungen übertragen wurde. Ein Landtag von 1790/1791 erweiterte die Rechte der Protestanten beider Bekenntnisse zu einem hohen Maß an Gleichberechtigung mit der katholischen Konfession.

Unter diesen Bedingungen entfaltete Pfarrer Gottlieb August Wimmer (→Abb.) vom burgenländischen Oberschützen aus eine Jahrzehnte lange Zusammenarbeit mit der BABG im Interesse der Bibelverbreitung in Ungarn und dem sonst dafür verschlossenen Österreich.

Geboren am 20. August 1791 in Wien in ärmlichen Verhältnissen und in der Ev. Pfarrgemeinde Wien A. B. getauft, verlor er bereits mit fünf Jahren seinen Vater, mit neun Jahren die Mutter.[36] Als mittelloser Waise auf der Suche nach einer Ausbil-

36 Aus der reichen, aber verstreut publizierten biographischen Literatur zu G. A. Wimmer seien erwähnt bzw. wurden ausgewertet: Wilhelm SILLER. *ADB* (1898) 322–326; Bernhard Hans ZIMMERMANN, Gottlieb August Wimmer. Ein Bahnbrecher der Bibelverbreitung in Südosteuropa. *JGPrÖ* 58 (Wien–Leipzig 1937) 125–149; KOCH, Zeugen (wie Anm. 28) 82–121, hier 118–121; Karl FIEDLER, Pfarrer, Lehrer und Förderer der Evang. Kirche A. u. H.B. im Burgenland. *Burgenländische Forschungen* 40 (Eisenstadt 1957); DERS., Das evang. Schulwesen im Burgenland (Eisenstadt 1961); Bernhard H. ZIMMERMANN, Gottlieb August Wimmer. *Burgenländische Heimatblätter* 25. Jg. Heft 4 (Eisenstadt 1963) 163–178 (mit ausführlichen Literaturangaben); DERS., G. A. Wimmer (Wien 1965); Gustav REINGRABNER, Protestanten in Österreich (wie Anm. 27) 256–261; DERS., Evangelisch in Österreich (Erlangen 1986) 92–94; Karl Heinz VOIGT, G. A. Wimmer. *BBKL* (1998) 1349–1355; Bernhard H. ZIMMERMANN, Verschiedene Versuche, Christus jüdische Seelen zuzuführen. Ein Kapitel aus dem Leben G. A. Wimmers. *JGPrÖ* 78/79 (1963) 135–162 (bes. Anm. 15: Briefwechsel mit BABG); Symposion. Gottlieb August Wimmer und die Länder der Stephanskrone. *Oberschützener Museumsblätter* Folge 1 (Oberschützen 2004).

dungsmöglichkeit verließ er 1803 Wien und traf auf dem Weg nach Ungarn den evangelischen weltlichen Kircheninspektor Andreas Kubinyi aus dem »Bergdistrikt« in der heutigen Slowakei. Dieser erkannte die Begabung des Knaben und eröffnete ihm den Zugang zur höheren Schulbildung, zunächst am Gymnasium in Osgyan/Schemnitz im Komitat Gömör,[37] worauf nach schwierigen, wechselvollen Schuljahren 1811 das Abitur in Eperies (jetzt: Presov in der östlichen Slowakei) und danach, 1814, das Kandidaticum der Theologie in Ödenburg/Sopron, mit dem eine Predigterlaubnis verbunden war, folgten. Nach zweijähriger Tätigkeit als Hauslehrer in Ungarn und nach einer kurzen Zeit an der evangelischen Schule in seiner Geburtsstadt Wien brach er zu einem allerdings kurzfristigen Auslandsstudium auf, das ihn ab Oktober 1816 an die vom liberal-theologischen Geist geprägte theologische Fakultät der Universität Jena führte.[38] Der dort vorherrschende Rationalismus und – nach eigenen Aufzeichnungen – der Mangel an finanzieller Unterstützung haben wohl dazu geführt, dass Wimmer schon im März 1817 Jena wieder verließ. Er knüpfte dort eine langjährige, zu gemeinsamen geographischen Studien und einem intensiven Briefwechsel führende Freundschaft mit dem berühmten Weltreisenden und Naturforscher Alexander von Humboldt aus Berlin (1769–1859) und konnte dem Dichterfürsten Johann Wolfgang von Goethe (1749–1832) in Weimar begegnen. Im Jänner 1818 durch Superintendent Johannes Kis in Ödenburg/Sopron zum Geistlichen ordiniert, hat er in Oberschützen diese bis dahin vernachlässigte Gemeinde in den folgenden drei Jahrzehnten – wegen theologischer Konflikte mit der Gemeinde unterbrochen durch zwei Jahre (1833–1835) im heute slowakischen Weinbauort Modern/Modra in der Nähe von Bratislava/Pressburg – zu einem Modell evangelischer Bildungsarbeit und sozialer wie missionarischer Wirkung erhoben.[39] Er verband pädagogische mit sozialen Initiativen: Nach Ausbau der vorgefundenen Schule konnte er 1842 die erste evangelische Lehrerbildungsanstalt auf dem Gebiet des heutigen Österreich gründen, aus der – nach der Unterbrechung unter der NS-Herrschaft – das heute in Oberschützen bestehende Musikgymnasium im Evangelischen Schulwerk hervorging. Er bekämpfte den unmäßigen Alkoholkonsum, regte den Obstanbau an und führte die Pockenimpfung ein, die er z. T. eigenhändig praktizierte. Mit einem am 12. Oktober 1958 enthüllten – künstlerisch nicht unumstrittenen – Denkmal[40] und der Namensbezeichnung eines zentralen Ortsplatzes ehrt die Gemeinde Oberschützen ihren bedeutendsten Bürger. Seine besondere Liebe galt der Bibelverbreitung.

---

37 Heute Gemer in der südlichen Slowakei.

38 Diesem kurzen Studienaufenthalt in Jena verdanken wir eine 1858 in Gyula/Südungarn erschienene (lateinische) Lebensskizze Wimmers in dem Sammelwerk von A. Ludwig Haan über ungarische Studenten an der Universität Jena, neu publiziert bei: Zimmermann, Gottlieb August Wimmer (wie Anm. 36) 165f.; der Briefwechsel mit Alexander von Humboldt befindet sich mit dem gesamten Nachlass Wimmers im burgenländischen Landesarchiv in Eisenstadt und harrt dort der wissenschaftlichen Auswertung.

39 Bernhard H. Zimmermann, Gottlieb August Wimmers Reformtätigkeit in der Pfarre Oberschützen. *JGPrÖ* 61 (1940) 159–179.

40 Bernhard H. Zimmermann, Ein umstrittenes Denkmal. *Volk und Heimat* 7/8 (1960).

Es war daher verständlich, dass Robert Pinkerton von Frankfurt/Main aus auf den aktiven jungen Pfarrer von Oberschützen aufmerksam wurde. So kam es ab 1832 zu sporadischen gemeinsamen Aktivitäten, ab 1837 dann zu dauerhaftem Kontakt und damit zum Beginn einer Zusammenarbeit, die bis 1848 dauern sollte.[41] Bereits in den ersten fünf Jahren dieser Zusammenarbeit, also bis 1842, konnten auf Kosten der BABG in der Druckerei Reichard in Güns/Köszeg 8.000 ungarische Bibeln, 15.000 ungarische Neue Testamente, je 10.000 tschechische Bibeln und Neue Testamente und 5.000 deutsche Bibeln sowie 10.000 deutsche Neue Testamente gedruckt und weitgehend verbreitet werden, wobei die Einnahmen aus dem Verkauf – soweit die Exemplare nicht an Bedürftige kostenlos abgegeben wurden – für weitere Bibeldrucke verwendet wurden. Schon im folgenden Jahr 1843 konnte Wimmer die weitere Verbreitung von 23.000 Exemplaren der Heiligen Schrift in den verschiedenen Sprachen melden. Als Wimmer am Sonntag, dem 8. April 1843, in einem Gottesdienst für ungarische reformierte Soldaten allen Interessenten ein Neues Testament anbot, konnte er sich am Tag darauf des Andrangs kaum erwehren, wie er nach London meldete.[42] Auch in Haftanstalten konnte er Exemplare der Heiligen Schrift verbreiten und besonders beeindruckt war er von der »nicht zu beschreibenden« Armut, aber auch der Sehnsucht nach dem Wort Gottes in den entlegenen slowakischen Dörfern der kleinen Karpaten. Auch jenseits der Grenzen der ungarischen Reichshälfte konnte Wimmer – wenn auch nur in Einzelfällen – den Bedarf an Bibeln stillen. In seinem Bericht schildert er diese Begegnung:

> »Unlängst habe ich die Existenz von 800 Protestanten in den Bergen von Niederösterreich entdeckt, nahe einem sehr populären Wallfahrtsort[43]. Sie haben jetzt glücklicherweise einen evangelischen Pfarrer erhalten, der sich bemüht, seine verstreute Herde zur Erkenntnis der Wahrheit zu führen. Ich habe mich unter diesen Umständen entschlossen, an das Komitee der BFBS den Antrag zu stellen, ein Geschenk von 200 Bibeln und 200 Neuen Testamenten zugunsten dieser armen Holzfäller [Original: ›wood-cutters‹] in dieser Pfarrgemeinde in Niederösterreich machen zu dürfen. Es sind alles Tagelöhner, die irgendwie in den Wäldern leben, und alle sehr arm.«[44] [Originaltext in englischer Sprache, Übersetzung des Verfassers.]

Und im selben Jahr berichtet Wimmer über eine evangelische Gemeinde in Kärnten, deren Pfarrer – auch er anonymisiert – ihm schreibt:

> »Die Gemeinden in Kärnten können nicht mit demselben Maßstab gemessen werden wie die in der Steiermark oder in Oberösterreich. Die Armut der Bevölkerung in Kärnten ist wesentlich größer als in den erwähnten anderen Provinzen, und wenn mein Ziel wäre, jede arme Person mit einem Exemplar der Heiligen Schrift zu versorgen, müsste ich fünf Mal soviel Exemplare haben als ich tatsächlich zur Verfügung habe. Lasst mich Sie daher

41 23. Report der BFBS (London 1842) 29–31; wegen der bestehenden behördlichen Restriktionen sind sowohl der Name von G. A. Wimmer wie auch sein Wirkungsort Oberschützen hier wie in den folgenden Berichten aus London anonymisiert.

42 40. Report der BFBS (London 1844) Appendix, 48.

43 Eventuell Mitterbach bei Mariazell.

44 41. Report der BFBS (London 1845) Appendix, 43.

drängen, alles in Ihrer Macht stehende zu tun, damit wir mit Bibelausgaben versorgt werden, und seien Sie versichert, dass ich, wie viele andere, im ernsthaften Gebet den Herrn bitten werde, dass er uns Ihre und Ihrer Freunde freundliche Zuneigung erhalten möge, und dass er Ihnen die benötigte Kraft schenken möge, Ihre wichtige Arbeit fortzusetzen.«[45] [Originaltext in englischer Sprache, Übersetzung des Verfassers.]

Auch über das Interesse an der Bibel der Protestanten in Tirol berichtet Wimmer in diesem Jahr, wobei er auf die Vertreibung von 500 Protestanten 1837 aus dem Zillertal anspielt.[46]

Welche Reputation das kirchliche und schulische Wirken Wimmers inzwischen erreicht hatte, geht aus einem Brief Wimmers vom 20. August 1844 an Dr. Pinkerton als Vertreter der BABG in Frankfurt/Main hervor, in dem er von einem Besuch des preußischen, evangelisch-reformierten Königs Friedrich Wilhelm IV. (1795–1861) in Oberschützen berichtete:

»Am 18. (August) Nachmittag um 6 Uhr überraschte uns plötzlich hier derr [sic!] König, so dass wir kaum Zeit hatten, ihm das Zimmer zu räumen. Schon nach einigen Minuten rief er nach mir, unterhielt sich freundlich mit mir, so viel es nur die große Cortège, die ihn umgab, zuließ. Später rief er mich noch mal und unterhielt sich leise über den Zustand der Kirche bei uns. Ich hielt die Abendstunde, nach derselben näherte er sich gerührt und dankte mir freundlich, versprach mich auch wieder zu sehen.«

Für den 19. August wurde Wimmer dann nach Schloss Erdmannsdorf zu einem weiteren Gespräch mit König Friedrich Wilhelm IV. eingeladen, was die mit beiden in Verbindung stehende, vom Pietismus geprägte schlesische Gräfin Friederike von Reden (1774–1854), die Gründerin der so genannten Hirschberger Bibelgesellschaft (1815) und Förderin der vertriebenen Zillertaler Protestanten 1837, vermittelt hatte. Als Ergebnis dieser Begegnungen ließ der preußische König eine Gabe von 3.000 Talern für den weiteren Ausbau der Schulanstalten in Oberschützen bzw. zur Deckung der angehäuften Schulden überweisen.

1846 kann Wimmer über weitere Verbreitungserfolge berichten und summiert inzwischen 110.000 verbreitete Exemplare der Heiligen Schrift, dazu gedruckte 30.000 Exemplare auf Lager – unter ihnen 5.000 Exemplare eines Neuen Testaments mit Psalmen auf »Wendisch« (wohl: Windisch), dem in Kärnten und im ungarisch-slowenischen Grenzgebiet gebräuchlichen Slowenisch, in Ergänzung zu der klassischen slowenischen Übersetzung von Georg Dalmatin aus dem 16. Jahrhundert. Diese Ausgabe des Neuen Testaments wurde von der BABG nochmals 1883 in Güns/Köszeg gedruckt. Für die rumänische Grenzbevölkerung erbittet er 100 Exemplare in »Wallachisch«, einer bis 1861 gebräuchlichen Entwicklungsform von Rumänisch.[47]

45 41. Report der BFBS (London 1845) Appendix, 74 f.

46 Loesche, Geschichte (wie Anm. 11) 564–583. Vgl. dazu: Rudolf Leeb, Protestantismus und evangelische Kirche in Tirol im 19. Jahrhundert. *JGPrÖ* 123 (2007) 43–64, hier 49 f.

47 Zum Besuch des preußischen Königs in Oberschützen siehe: Bernhard Hans Zimmermann, Carl Ferdinand Kühne, erster Rektor der Lehranstalten in Oberschützen. *JGPrÖ* 68/69 (1953) 265–280, hier 267; Gräfin von Reden. *Evangelisches Gemeindelexikon* (1978) 433 f.; Joachim Bahlcke, »Die jüngste Glaubenscolonie in Preussen. Kirchliche Praxis und religiöse

Neben der BAGB wurde Wimmer als zweite Säule der Förderung von der lutherischen »Palatina« Maria Dorothea von Württemberg (1797–1855) gestützt. Maria Dorothea war seit 1819 die dritte Ehefrau des zwei Mal verwitweten, seit 1795/96 kaiserlichen Statthalters in Ungarn, des Palatins Erzherzog Joseph Anton Johann von Österreich (1776–1847), Bruder von Kaiser Franz I. (1768–1835). Aufgrund gegenseitiger Vereinbarungen durfte Maria Dorothea die lutherische Konfession beibehalten; die »ökumenische« Trauung in der Kapelle des Stuttgarter Schlosses am 23. August 1819 fand durch den katholische Bischof von Keller und den evangelischen Oberhofprediger August Heinrich d'Autel statt. Die vier Kinder der Ehe mussten allerdings in der katholischen Konfession erzogen werden.[48] Die Palatina wurde an der Seite ihres Gatten, dessen wirtschaftliche und soziale Verdienste um die ungarische Reichshälfte mit dem 1869 errichteten Denkmal auf dem nach ihm benannten Platz in der Innenstadt von Budapest gewürdigt wurden, in der Palatinsgruft in der königlichen Burg zu Buda, nach lutherischem Ritus bestattet. Während der Trauerfeier läuteten die Glocken aller evangelischer Kirchen Ungarns.

Mit überzeugender pietistischer Glaubenstreue, mit schwäbischer Beharrlichkeit und auch durchaus staatspolitischem Geschick hat Maria Dorothea an der Seite ihres verständnisvollen Gatten Joseph Anton von Österreich, Bruder und später Onkel zweier österreichischer Kaiser, ab 1819 für die Rechte der traditionsreichen protestantischen Minderheit in der ungarischen Reichshälfte gekämpft und nachhaltige Erfolge erzielt. Schon 1821 konnte sie die Gründung einer evangelischen Filialgemeinde in Ofen/Buda erreichen und berief den von pietistischer Frömmigkeit geprägten, aus Ödenburg/Sopron stammenden Pfarrer Georg Bauhofer (1806–1864) als Hofprediger. Sie übernahm die Schirmherrschaft über den bereits 1817 gegründeten »Wohltätigen Frauenverein« in Budapest und unterstützte sowohl dessen Tätigkeit wie auch unmittelbar bedürftige Familien mit Sach- und Geldspenden. Sie wurde dadurch zur wesentlichen Impulsgeberin der Diakonie in der ungarischen Reichshälfte.

Die hochgebildete, im persönlichen Umgang bescheiden und gewinnend wirkende Frau lernte zusätzlich zu den üblichen Umgangssprachen Deutsch, Französisch und Englisch auch Ungarisch, um sich mit der Bevölkerung direkt unterhalten zu können, was ihr zusätzliche Anerkennung einbrachte. Um die Bibel auch in der Originalsprache lesen zu können, eignete sie sich neben dem aus der Jugend bereits geläufigen

---

Alltagserfahrungen der Zillertaler in Schlesien, in: Migration und kirchliche Praxis, hg. von Ders./Rainer Bendel (Köln–Weimar–Wien 2008) 181–202.

48 Die ungewöhnliche Persönlichkeit Maria Dorotheas und ihr Einsatz für die ungarischen Protestanten ist vielfach (in ungarischer Sprache) geschildert worden; so in einer Monographie mit umfangreichem Literaturverzeichnis von: K. Eberhard Oehler, Maria Dorothea von Württemberg. Ein Leben für Ungarn (Metzingen 2003), zu der es eine wissenschaftliche Rezension gibt von: Karl W. Schwarz. *JGPrÖ* 120 (2004) 320–325 (mit zahlreichen Anmerkungen und Literaturhinweisen); Tibor Fabinyi, Maria Dorothea und der ungarische Protestantismus. *JGPrÖ* 96 (1980) 333–351; Ders. verfasste auch eine Monographie in ungarischer und deutscher Sprache »Maria Dorottya az utulsó magyar nádorné élete képekben« (Budapest 1997) mit der Rezension von Karl W. Schwarz. *JGPrÖ* 115 (Wien 1999) 239–241.

Griechisch und Latein Kenntnisse des Hebräischen an. Mit ihrem Mann, später auch mit ihren vier überlebenden von fünf (katholischen) Kindern, pflegte sie regelmäßige Bibellektüre und konnte durch profunde theologische Kenntnisse brieflich und im Gespräch zeitgenössische Fragen der theologischen Entwicklungen – vor allem von Rationalismus und Pietismus – sachkundig erörtern. Für die Sicherung der ungarischen Kirchengeschichte und ihrer historischen Dokumente kaufte sie den diesbezüglich wertvollen Nachlass des Ödenburger Pfarrers Theophil Gamauf (1772–1841) und gewann den Hofprediger Georg Bauhofer zum Archivar und Herausgeber des historischen Materials in deutscher (Berlin 1854) und englischer Sprache (London 1854) – heute wichtige Bestände im Landesarchiv der lutherischen Kirche in Ungarn und im ungarischen Landesarchiv in Budapest.

Sie setzte ihren Einsatz für die ungarischen Protestanten auch nach dem Tod ihres Mannes 1847 und der von der Wiener Regierung unter Metternich gegen die Regelungen des Ehevertrags verfügten »Verbannung« nach Wien in einem Trakt des Augartenpalais als Witwensitz fort. Als nach der Niederschlagung des ungarischen Aufstands von 1848/1849 die Evangelische Kirche 1850 durch eine oktroyierte Verfassung des Militärkommandanten General Julius Freiherr von Haynau (1780–1853) unter strikte Staatsaufsicht gestellt werden sollte, intervenierte sie gemeinsam mit mehr als 80 Pfarrern erfolgreich bei Kaiser Franz Joseph I. und verhinderte diesen staatskirchenrechtlichen Rückschritt.

Ihre besondere Liebe galt, wie bereits erwähnt, der Bibel, die sie nicht nur zur persönlichen Glaubensstärkung – und zur Unterrichtung ihrer Familie – nützte, sondern deren Verbreitung sie zum wirkungsvollen Anliegen machte. Es war verständlich, dass die Palatina schon etwa 1830 von den sozialen und pädagogischen Initiativen Gottlieb August Wimmers in Oberschützen erfuhr und mit Wimmer, und durch ihn mit der Britischen und Ausländischen Bibelgesellschaft, in Verbindung kam. 1832 konnte auf Anregung von Maria Dorothea auf Kosten der BABG eine Neuauflage des Neuen Testaments in der ältesten ungarischen Bibelübersetzung von Gaspar Karolyi (erstmals 1586/90 erschienen) gedruckt werden, auf die Übersetzungen von Andachtsbüchern des Berliner Sozial- und Missionspioniers Johannes Goßner (1773–1858) und des Bonner Universitätsprofessors, Schriftstellers und Liederdichters Ernst Moritz Arndt (1769–1860) mit Druckort Pressburg folgten.

Eine skurril anmutende Auseinandersetzung mit den österreichischen Behörden ergab sich aus dem Plan, zugunsten der Judenmission in Ungarn das Alte und das Neue Testament auf Hebräisch (neu)drucken zu lassen.[49] Sowohl Maria Dorothea wie auch G. A. Wimmer waren 1839 in Budapest mit zwei schottischen Theologen bekannt geworden, die im Auftrag der Presbyterian Free Church in Scotland nach Ungarn gekommen waren. Dr. Black und Dr. Keith mussten aber zuerst intensiv medizinisch behandelt werden, da sie mit schweren fiebrigen Erkrankungen auf ihrer Schiffsreise »aus dem Orient« donauaufwärts in Budapest ankamen, wie Wimmer

49 Dazu ausführlich: Zimmermann, Verschiedene Versuche (wie Anm. 36) 135–162; Originalberichte von G. A. Wimmer im 43. Report der BFBS (London 1847) Appendix, 53 f.

im November 1839 an Robert Pinkerton von der BABG in Frankfurt/Main meldete. Sowohl Wimmer wie Palatina Maria Dorothea sorgten, zeitweise persönlich, für die langwierige Rekonvaleszenz der beiden Schotten, die in der Folge Budapest zum Zentrum einer langjährigen Judenmission machten, zu der weitere englische Unterstützer stießen. Unter ständiger Beobachtung durch die k. k. Behörden wurde zu Ostern 1843 in Oberschützen beschlossen, eine hebräische Bibelausgabe, jetzt des Alten Testaments, drucken zu lassen. Ein Drucker in Wien wurde gefunden, die Wiener Behörden verweigerten jedoch die Genehmigung, da die hebräische Bibel ihrer Ansicht nach »ein verbotenes Druckwerk sei«. Jetzt aber machte sich Wimmer zu einer persönlichen Demarche nach Wien auf. Wie er Robert Pinkerton anschließend mitteilte, drohte er damit, »die (hebräischen) Bibel hereinschmuggeln zu lassen, da er sich in seinem geistlichen Berufe durch keine weltliche Gewalt hindern lasse werde«. Ob diese Argumentation oder die dahinter stehende Unterstützung der Palatina Wirkung zeigten – jedenfalls einigte man sich, den Druck in Wien durch die renommierte Druckerei J. P. Sollinger, bei dem u. a. das Biographische Lexikon des Kaiserthums Österreich erschien, durchführen, die Bücher aber in Güns/Köszeg binden und dort erscheinen zu lassen. Dabei handelte sich um 10.000 Exemplare des Alten Testaments auf Hebräisch und weitere 3.000 Exemplare auf Hebräisch und Deutsch in der Luther-Übersetzung; diese doppelsprachige Ausgabe war auf ausdrücklichen Wunsch der Palatina erfolgt. Die Kosten wurden zwischen der BABG und der schottischen Judenmission aufgeteilt.

Ebenso wie für die Palatina bedeutete auch für Gottlieb August Wimmer das Revolutionsjahr 1848 das Ende der Wirksamkeit für Kirche und Bibelverbreitung in Ungarn. Er hatte trotz aller behördlichen Beschränkungen und zuletzt steigender innerkirchlicher Kritik aus Kreisen der liberal-rationalistischen Theologie in Zusammenarbeit mit der BABG und einem Netzwerk von evangelischen Geistlichen in beiden Reichshälften des Habsburgerreichs in mehr als einem Jahrzehnt über 500.000 Exemplare der vollständigen Bibel oder von Teilen derselben wie dem Neuen Testament in einem Dutzend Sprachen verbreiten und z. T. drucken lassen.[50] Wimmer hatte sich jedoch, wie viele Protestanten – vor allem auch evangelische Geistliche – für die Ziele der ungarischen Revolte gegen Habsburg und die Loslösung aus dem Kaiserreich ausgesprochen und eingesetzt – nach manchen Berichten sogar mit der Waffe in der Hand.[51] Mit Führern der nationalen Erhebung von 1848/49, wie dem späteren Nationalhelden Thomas Kossuth (1802–1894), war er persönlich befreundet. Um der drohenden Verhaftung zu entgehen, verließ Wimmer am 27. Dezember 1848 Oberschützen – wo sein Schwiegersohn Carl Ferdinand Kühne bis 1856 sein Nachfolger wurde – und ging nach Westeuropa und danach in die USA ins Exil, wobei er auch von dort mit der inzwischen in Wien lebenden Palatina Maria Dorothea brieflich in Verbindung blieb. Ab 1850 wieder in Europa, wirkte er bis 1863 mit – wie

50 Hans Koch, Bibelübersetzung und Bibelverbreitung in Österreich 1550–1850, in: 100 Jahre Bibelverbreitung in Österreich durch die BABG, hg. von Karl Uhl (Wien 1950) 24–27.

51 Zu der umstrittenen deutsch- und ungarischsprachigen Quellenlage: Bernhard H. Zimmermann, G. A. Wimmer (wie Anm. 36) 176, und dort im ausführlichen Anmerkungsapparat.

berichtet wird – großem Anklang an der traditionsreichen St. Martinikirche an der Seite von Georg Gottfried Treviranus (1788–1868), einem Mitbegründer der Inneren Mission, der Evangelischen Allianz und Kontaktmann der BABG in Bremen. Durch einflussreiche Freunde und durch Fürsprache des liberal gesinnten Erzherzogs Rainer (1827–1913) mit einer befristeten Aufenthaltserlaubnis für Österreich versehen, durfte er 1863, seinem Wunsch entsprechend, nach Wien kommen, wo er am 10. Mai 1863 bei Tochter und Schwiegersohn Adelheid und Matthias Zetter starb. Sein Grab befindet sich auf dem evangelischen Matzleinsdorfer Friedhof.[52]

Mit Wimmers erzwungenem Abschied aus Oberschützen endete eine außerordentlich fruchtbare Phase der Bibelverbreitung, nicht nur für die ungarische Reichshälfte, sondern – soweit die behördlichen Restriktionen es zuließen – auch für die österreichischen Erblande und die slawischen Nachbarländer Ungarns. Wimmer konnte durch seine Verbindung mit der Bibelgesellschaft in London und mit Robert Pinkerton in Frankfurt/Main regelmäßig deutschsprachige Bibeln erhalten und verbreiten, vor allem in der Übersetzung Martin Luthers, aber auch in den katholisch approbierten Übersetzungen Franz von Alliolis und Leander van Eß.[53] Von einer »Biblischen Geschichte« der BABG hat er 150.000 Exemplare verbreitet. Auch die Bibelgesellschaft in Basel unterstützte seine Arbeit mit Bibelsendungen. Mit finanzieller Unterstützung der BABG und der Palatina Maria Dorothea ließ er in Güns/Kőszeg in der Druckerei Reichard 13 Bibelausgaben und 25 Ausgaben des Neuen Testaments in deutscher, ungarischer, serbischer, rumänischer, griechischer, syrischer und tschechischer Sprache drucken.[54] Einen Eindruck von seiner umfangreichen Verbreitungstätigkeit vermittelt der Augenzeugenbericht eines sachkundigen Besuchers in Oberschützen, des schwäbischen Pfarrers Christian Gottlob Barth (1799–1862), 1833 Gründer der Calwer Verlagsanstalt in der Nähe von Stuttgart und Autor zahlreicher biblischer Schulbücher, der in einem Brief vom 8. November 1842 schreibt:

> »Gleich beim Eintritt in die [sic!] Hausflur zeigte sich's, was für ein Geschäftsbureaux des Reiches Gottes sich dort befindet. Da standen 20 größere und kleinere Kisten mit Bibeln und Schulbüchern, in die verschiedensten Gegenden in Ungarn adressiert, wohin sie auch größtentheils noch an demselben Tage abgingen. [...] Vier Tage lang waren wir bei Wimmer, und in diesen Tagen erkundigte ich mich genau nach dem ganzen Geschäftsgang, sah seine Rechnungsbücher durch und fand alles in bester Ordnung. Am Samstag hörte ich eine lebendige Predigt von ihm und am Sonntag predigte ich selbst vor einer sehr aufmerksamen Versammlung«.[55]

---

52 Wimmer hatte aus der 1818 mit der aus Fürth stammenden Erzieherin Magdalena Schmidt geschlossenen Ehe fünf Kinder, von denen zwei früh starben. Zwei der überlebenden Töchter heirateten Theologen, Cornelia den Pfarrer und späteren Senior in der Ramsau, Eduard Mücke (1813–1852), Auguste den Pfarrer, Schulleiter in Oberschützen und späteren Senior in Eferding, den aus der Mark Brandenburg stammenden Carl Ferdinand Kühne (1810–1877) und die dritte Tochter Adelheid den Kaufmann Matthias Zetter aus Unterschützen, später in Wien. Vgl. Zimmermann, G. A. Wimmer (wie Anm. 36) 167, Anm. 8 und 9.

53 Siehe dazu: Anm. 24.

54 Jakob Ernst Koch, G. A. Wimmer (wie Anm. 36) 119 f.

55 Bernhard H. Zimmermann, Verschiedene Versuche (wie Anm. 36) 158 f.

Die Zentrale der BABG hatte in allen diesen Jahrzehnten die Aktivitäten von Robert Pinkerton und Gottlieb August Wimmer im Habsburgerreich uneingeschränkt unterstützt. Das galt auch nach dem Tod des Gründungspräsidenten der BABG Lord Teignmouth 1834 für seinen Nachfolger als Präsident des Komitees in London, Nicholas Vansittart Lord Bexley (1766–1851), der, während er von 1812 bis 1823 als Schatzkanzler der britischen Krone die Finanzen Großbritanniens nach den napoleonischen Kriegen wieder ordnete, bereits ab 1811 Schatzmeister der BABG wurde und von 1834 bis zu seinem Tod 1851 das Amt des Präsidenten übernahm.[56]

Waren mit der erzwungenen Emigration Gottlieb August Wimmers im Zuge des ungarischen Volksaufstands 1848/49 und mit der »Verbannung« der Palatina Maria Dorothea nach Wien 1847 die personellen Säulen der Bibelverbreitung im Habsburgerreich weggefallen, schienen sich durch die politischen Liberalisierungen im Gefolge der bürgerlichen Revolution von 1848 neue Möglichkeiten aufzutun. Nach der erzwungenen Abdankung von Kaiser Ferdinand I. ruhten die Hoffnungen ab dem 2. Dezember 1848 auf seinem Nachfolger, dem 18-jährigen Franz Joseph I. (1830–1916). Der Reichstag zu Kremsier/Mähren beschloss eine liberale Staatsverfassung, mit der u. a. die Vorherrschaft der römisch-katholischen Kirche als Staatskirche beendet wurde. Nach der Ablösung Metternichs aus der Regierung und seiner Flucht ins Ausland bemühten sich verschiedene liberale Politiker um eine Lösung der auseinander strebenden Reformforderungen. Zwar wurde der Reichstag von Kremsier am 7. März 1849 aufgelöst und seinem Verfassungsentwurf mit dem Gleichheitsgrundsatz für alle Bürger die Gültigkeit versagt, und schließlich letzterer durch eine oktroyierte Verfassung der Regierung unter Fürst Felix von Schwarzenberg (1800–1852) ersetzt; aber das Ministerium des Innern unter Franz Graf Stadion (1806–1853) schuf durch einen Erlass vom 30. Jänner 1849 bleibende Erleichterungen für die Protestanten im Habsburgerreich, wenn auch noch keine Gleichberechtigung. Evangelische Christen mussten sich nicht mehr als »Akatholiken« bezeichnen lassen, der Konfessionswechsel wurde erleichtert und die evangelischen Pfarrer durften eigene Matrikenbücher führen.[57] Es war nur eine provisorische Verordnung, aber die oktroyierte Verfassung vom 4./7. März 1849 enthielt die Zusicherung der vollen Glaubensfreiheit und der öffentlichen Religionsübung für jede gesetzlich anerkannte Kirche.

Im Vertrauen auf diese politischen und konfessionellen Veränderungen in Österreich entsandte Robert Pinkerton – 34 Jahre nach seiner vergeblichen Initiative bei Fürst Metternich und nach dem kurz vorher erzwungenen Ende der langjährigen Zusammenarbeit mit Gottlieb August Wimmer – aus der kontinentaleuropäischen Zentrale der BABG Frankfurt/Main den jungen englischen Kaufmann und Lehrer Edward Millard im Oktober 1850 nach Wien mit dem Auftrag, die Bibelverbreitung

---

56 Zu Lord Teignmouth: siehe Anm. 3; zu Lord Bexley: STEER, Good news (wie Anm. 5) 175–178.

57 ZÖLLNER, Geschichte (wie Anm. 2) 357–360, 398–400; Robert A. KANN, Die Habsburgermonarchie und das Problem des übernationalen Staates, in: Die Habsburgermonarchie 1848–1918 Bd. II, hg. von Adam WANDRUSZKA/Peter URBANITSCH (Wien 1975) 1–56, hier 26–28; Karl W. SCHWARZ, Die Wiener Augustkonferenz 1848. *JGPrÖ* 99 (1983) 58–108; REINGRABNER, Protestanten (wie Anm. 27) 210–213.

im Habsburgerreich neu zu organisieren.[58] Damit war zwar, wie sich später herausstellen sollte, der richtige Mann gewonnen, aber noch nicht der richtige Zeitpunkt gekommen.

Edward Millard (→Abb.) nahm diesen Auftrag mit Tatkraft und überraschend positiver Resonanz im neuen Wirkungsbereich in Angriff. Es gelang ihm, eine Buchhandelskonzession für die BABG zu erreichen und innerhalb der ersten sechs Monate fast 7.000 Exemplare verschiedener Ausgaben der Heiligen Schrift in deutscher, tschechischer und ungarischer Sprache zu drucken und zu verbreiten. In seinem Bericht nach London beschreibt er den großen Mangel an Bibelausgaben und das über alle Erwartungen große Verlangen danach. Bei vorübergehenden Lieferengpässen kam es sogar zum Angebot von Vorauszahlungen.

Aber die Zeit war noch nicht reif für eine dauerhafte öffentliche Bibelverbreitung in Österreich-Ungarn. Nach Angriffen von katholischen Kanzeln auf das gedruckte Wort Gottes in Laienhänden schloss die Polizei im Frühjahr 1852 die inzwischen in Güns/Köszeg, Budapest und Wien eröffneten Verkaufsstellen und beschlagnahmte die Bibelvorräte. Die von Kaiser Franz Joseph unter dem Einfluss konservativer Ratgeber nach dem Tod von Fürst Schwarzenberg am 5. April 1852 eingeleitete und vom Unterrichtsminister (von 1849 bis 1860) Leo Graf Thun-Hohenstein (1811–1888) im Interesse einer besseren Verständigung mit der römisch-katholischen Kirche auf konfessionellem Gebiet durchgesetzte Rückkehr zu absolutistischen Regierungsformen – die u. a. zum umstrittenen Konkordat von 1855 führte – zeigten ihre Wirkung.[59] Millard erbat und erhielt die Unterstützung des britischen Botschafters in Wien, des Hobbymusikers und -komponisten John Fane, Earl of Westmoreland (1784–1859), die zu einer Demarche der BABG in London beim kurzzeitigen (1852 und nochmals

58 Edward Millard wurde am 21. November 1822 in Bath bei Bristol geboren und wirkte nach einer kaufmännischen und pädagogischen Ausbildung von 1839 bis 1845 in den Niederlanden als Lehrer und Erzieher. 1846 kam er nach Elberfeld und dort in Verbindung mit der Erweckungsbewegung. Robert Pinkerton berief ihn 1847 zum Leiter der Agentur der BABG in Köln, wo auch sein Sohn und späterer Nachfolger in Österreich, Henry Eduard, geboren wurde. Nach einem Zwischenspiel in Berlin erfolgte die Entsendung nach Wien. Siehe dazu: Karl Uhl, Edward Millard. *ÖBL*[2] (1975) 299.

59 Zöllner, Geschichte (wie Anm. 2) 400–402.

1858/59) britischen Außenminister Lord Malmesbury (1807–1889) führte.[60] Zwar nahm die Regierung in Wien das Verbot der Tätigkeit der BABG nicht zurück, genehmigte aber, die Vorräte von 58.087 Exemplaren der Heiligen Schrift in 204 Ballen und 125 Kisten unter Gendarmeriebewachung (»under the charge of a detachment of gendarms conveyed beyond the frontiers of the Austrian territory«) aus dem Habsburgerreich nach Breslau zu bringen.[61] Während der 18 Monate in Österreich-Ungarn war es Millard gelungen, 36.328 – die BABG führte sehr genaue Verbreitungsstatistiken – Bibelausgaben in verschiedenen Sprachen zu verbreiten und weitere 25.000 Exemplare drucken zu lassen. Millard führte in den folgenden Jahren seine Tätigkeit – aber außerhalb Österreich-Ungarns – von Breslau aus fort.

Es dauerte bis zum Jahr 1861, als das Protestantenpatent vom 8. April unter der konstitutionellen Regierung von Erzherzog Rainer (der zwei Jahre später die befristete Rückkehrerlaubnis für Gottlieb August Wimmer geben sollte) einen weiteren, wesentlichen Schritt zur konfessionellen Gleichberechtigung im Habsburgerreich schuf. Es brachte die Gleichberechtigung und Glaubensfreiheit einschließlich der Selbstverwaltung ihrer Angelegenheiten für alle anerkannten Konfessionen, also auch der Evangelischen Augsburgischen und Helvetischen Bekenntnisses.[62] Verfasser der Vorlagen für das Patent waren Sektionsrat Johann Mikulas und der aus Siebenbürgen stammende Jurist, Sektionsrat Joseph Andreas Zimmermann (1810–1897) im Kultus- und Unterrichtsministerium von Leo Graf Thun-Hohenstein (1811–1888). Erlassen wurde es von der Regierung unter Erzherzog Rainer als Ministerpräsident – der es nach eigenen Worten »dem Kaiser abringen musste« – und dem ab 1860 als

---

60 Namensartikel in Oxford Dictionary of National Biography; Präsident der BABG in London war nach dem Tod von Lord Bexley 1851 der erfolgreiche Sozialreformer Anthony Ashley-Cooper Lord Shaftesbury (1801–1885) geworden. Er wurde durch seinen Kampf gegen soziale Missstände der Frühindustrialisierung, gemeinsam u. a. mit dem Romanschriftsteller Charles Dickens, zum »beliebtesten Engländer seiner Zeit« und erreichte durch seine eindrucksvollen, von tiefem christlichen Ethos getragenen Reden im britischen Parlament die Begrenzung der täglichen Arbeitszeit von Industriearbeitern auf 10 Stunden (1847) und das Verbot der bis dahin üblichen Frauen- und Kinderarbeit in Bergwerken (1842). Lord Shaftesbury starb 1885, nachdem er die Präsidentschaft 1882 an Dudley Francis Stuart Ryder, Earl of Harrowby (1836–1900) weitergegeben hatte, der zu dieser Zeit Lordsiegelbewahrer der britischen Krone war. Er blieb Präsident bis zu seinem Tod im Jahr 1900, sodass die BABG im gesamten 19. Jahrhundert nur vier Präsidenten hatte; siehe dazu Steer, Good news (wie Anm.5) 256 f.

61 Karl Uhl, Aus der Chronik der Britischen und Ausländischen Bibelgesellschaft, in: 100 Jahre (wie Anm. 50) 7; Report der BFBS (London 1852) 49–51; 63. Report der BFBS (London 1867) 80.

62 Loesche, Geschichte (wie Anm. 11) 601–608; Karl Völker, Das Zustandekommen des österreichischen Protestantenpatentes vom 8. April 1861. *JGPrÖ* 52 (1931) 3–68; Reingrabner, Protestanten (wie Anm. 27) 213–215; Ders., Um Glaube und Freiheit. Eine kleine Rechtsgeschichte der Evangelischen in Österreich und ihrer Kirche (Schriften zum Staatskirchenrecht 35, Frankfurt/Main–Wien 2007) 105–110; Karl W. Schwarz, Vom Exercitium religionis privatum zur Privatisierung des Religionsbekenntnisses. Der Protestantismus im Spiegel seines Ringens um Religionsfreiheit zwischen 1948 und 1938, in: Mensch, Staat und Kirche zwischen Alpen und Adria 1848–1938, hg. von Werner Drobesch/Reinhard Stauber/Peter G. Tropper (Klagenfurt 2007) 29–50.

Kultusminister wirkenden Anton Ritter von Schmerling (1805–1893). Joseph Andreas Zimmermann wurde 1867 bis 1874 erster evangelischer Präsident des dann auch so bezeichneten Evangelischen Oberkirchenrates A. und H.B.

Die Bibelgesellschaft registrierte diese Entwicklungen aufmerksam, reagierte aber abwartend: Die Enttäuschungen der Jahre 1850/51 wirkten nach. Ab 1863 konnte Edward Millard auf Erkundungsreisen in Böhmen, Österreich und Ungarn wieder mit der Bibelverbreitung beginnen. Der Präsident des k. k. Consistoriums (ab 1867 des Oberkirchenrats) in Wien, Joseph Andreas Zimmermann, informierte Millard, dass er am 27. Februar 1864 dem Ministerpräsidenten (Erzherzog Rainer) ein Memorandum vorgelegt hatte, in dem er die Arbeit der Bibelgesellschaft würdigte und aufs wärmste empfahl.[63] In welchen unsicheren rechtlichen Verhältnissen aber auch dieser erneute Start in Österreich erfolgte, wird durch eine Episode deutlich, wonach in einem Grenzgebiet des Balkans zwei Männer noch Ende 1861 wegen Lesens und Verbreitens der Bibel zu Ehrlosigkeit und sieben Jahren Galeerendienst verurteilt, dann allerdings zur Verbannung begnadigt wurden.[64]

Als Ergebnis der Erkundungsreisen konnte Edward Millard im Frühjahr 1864 in Budapest ein Bibeldepot als ständige Niederlassung der BABG eröffnen, dem am 14. November 1864 im neuerbauten Heinrichshof gegenüber der in Bau befindlichen Staatsoper in Wien ein repräsentatives Ladenlokal in der Hauptstadt des Habsburgerreiches folgte, das bis zum Ende des Ersten Weltkriegs die Zentrale der BABG in Österreich-Ungarn bleiben sollte. Millard, der im Heinrichshof auch mit seiner Familie eine Wohnung bezog, schrieb über die Eröffnung nach London:

> »Der 14. November 1864, als wir zum ersten Mal die Türen öffneten, und die aufgeschlagene Seite der Heiligen Schrift einer Menge von Passanten präsentiert wurde, während ein großes Plakat eine große Auswahl von Bibeln und Neuen Testamenten von 10 Kreuzern aufwärts ankündigte – das war in der Tat ein freudiger und denkwürdiger Tag. Er erinnerte mich an einen ähnlichen Tag aus dem Jahr 1847, als mir in Köln am Rhein, einer ähnlichen Festung des Papsttums, eine ähnliche Aktion gestattet wurde; und ich kann nur beten, dass von dem Depot in Wien ein ähnlicher Segensstrom ausgehen möge, so tief und breit und kraftvoll, wie von dem, inzwischen in anderen Händen befindlichen, Depot in Köln ausgegangen ist.«[65] [Originaltext in englischer Sprache, Übersetzung des Verfassers.]

Im ersten Jahr konnten durch das Ladenlokal und durch den Versand an Interessenten, vor allem an evangelische Kirchengemeinden, fast 20.000 Exemplare an Bibeln, Neuen Testamenten und Bibelteilen (meist Evangelien) verbreitet werden. Es gab allerdings die Einschränkung für den österreichischen Reichsteil, dass die Verbreitung von Bibelausgaben durch so genannte Kolporteure (später: Bibelboten) mit dem Angebot von Haus zu Haus (noch) nicht gestattet wurde.

In rascher Folge wurden weitere Bibeldepots in Prag, Güns/Kőszeg und Belgrad eröffnet. Dort gewann die Bibelgesellschaft das Interesse der königlichen Familie, die an Bibelausgaben auf Serbisch – die Buchproduktion in dieser Sprache stand erst am

63 60. Report der BFBS (London 1864) 53.

64 Loesche, Geschichte (wie Anm. 11) 603.

65 61. Report der BFBS (London 1865) 73–74.

Anfang – und an einer in Gang gekommenen Übersetzung ins Kroatische interessiert war. In Serbien konnten bereits Kolporteure eingesetzt werden, die den unterschiedlichen ethnischen und konfessionellen Gruppen der weit verstreut lebenden Bevölkerung Bibelausgaben ins Haus brachten. Zeitweise hinderten Überschwemmungen den Dienst der Kolporteure auf den noch wenig ausgebauten Verkehrswegen. 1847 war in Wien das Neue Testament in der Übersetzung von Vuk Stefanovic Karadzic als Privatdruck auf Kosten des Übersetzers erschienen, mit dem die moderne Geschichte der serbischen Literatur einsetzte. Ihr waren 30 Jahre der mühevollen Übersetzung und der Verhandlungen mit der BABG vorausgegangen, die noch mit Robert Pinkerton 1816 anlässlich dessen historischen Besuchs in Wien durch Gespräche mit dem Übersetzer begonnen hatten. Die BABG kaufte die zunächst vom orthodoxen Klerus verbotene Vuk-Übersetzung auf, sicherte sich deren Rechte, druckte eine zweite Auflage in Berlin 1857 und verbreitete diese Übersetzung ab 1864 – dem Todesjahr von Vuk Karadzic – laufend in kyrillischer Schrift, der sie eine Ausgabe in lateinischer Schrift für die kroatische Bevölkerung an die Seite stellte. Mit einer Übersetzung des Alten Testaments hatte Karadzic – wie in einem Schreiben an Robert Pinkerton von 1850 angekündigt – ebenfalls begonnen, doch konnten erst 1864 die Psalmen mit Hilfe des zugezogenen weiteren Übersetzers Duro Danicic (1825–1882) und der anhaltenden Unterstützung durch Edward Millard aus Wien – auch gegenüber dem Komitee der BABG in London – erscheinen, 1868 in Belgrad schließlich die ganze Bibel in der Vuk-Danicic Übersetzung, die bis heute in der serbisch-orthodoxen Kirche gebräuchlich ist. Die serbische Orthographie dieser Übersetzung wurde offiziell anerkannt und eingeführt. Hatte man sich zunächst damit begnügt, diese Übersetzung in lateinischen Buchstaben auch für kroatische Leser zugänglich zu machen, forderte die selbstständige Entwicklung dieser Sprache neben vorhandenen älteren Übersetzungen (Katancic 1831, Skaric 1858–1861) eine moderne Übersetzung. 1895 erschien, gefördert durch die BABG, diese zwar noch auf Vuk-Danicic fußende, aber von Milan Resetar (1860–1942, Universitätsprofessor in Wien 1910–1918, anschließend in Zagreb) völlig überarbeitete kroatische Übersetzung, mit der nun die wichtigsten südslawischen Völker moderne Bibelübersetzungen in Händen hatten.[66]

Das von Robert Pinkerton erstmals 1818, dann von Edward Millard nach langjähriger Unterbrechung wieder eröffnete Bibeldepot in Belgrad ist heute Sitz der Serbischen Bibelgesellschaft. In der zweiten Hälfte des 20. Jahrhunderts wurden in Kroatien, Slowenien, Mazedonien und Albanien nationale Bibelgesellschaften in den jeweiligen Hauptstädten gegründet.

Im Bericht über das Jahr 1866 beschreibt Edward Millard ausführlich die Ak-

---

66 Kuzmic, South Slavic Bible (wie Anm. 22) 257–267; Vuk Stefanovic Karadziz (1787–1864) stammte aus Serbien, von wo er 1813 nach dem Zusammenbruch eines Aufstands nach Wien floh und dort wegen seiner außerordentlichen Sprachbegabung vom Linguisten der Hofbibliothek B. Kopitar gefördert und zu Übersetzungen und schriftstellerischer Tätigkeit angeregt wurde. Er gab eine Grammatik und ein Wörterbuch des Serbischen heraus und sammelte serbische Volkslieder in zehn Bänden. Er starb 1864 in Wien, seine sterblichen Überreste wurden wegen seiner Bedeutung für die serbische Sprache 1897 nach Belgrad überführt.

tionen der Bibelverbreitung in Verbindung mit dem für das Habsburgerreich fatal verlaufenen »Bruderkrieg« mit Preußen.

Die Niederlage von 1866 führte zu innenpolitischen Reformen, die 1867 in den »Dezembergesetzen« (Staatsgrundgesetz vom 21. Dezember 1867) mit einem Grundrechtskatalog den Weg zum Verfassungsstaat öffneten und im so genannten »Ausgleich« mit der ungarischen Reichshälfte ihren Niederschlag fanden. Im Dualismus der kaiserlich und königlichen (k. u. k.) Monarchie unter Vernachlässigung der slawischen Bevölkerungsgruppen war allerdings bereits der Keim des späteren Zerfalls der Vielvölkermonarchie gelegt und der Nationalitätenstreit, der auch eine zunehmende Radikalisierung deutsch-nationaler Strömungen mit sich brachte, begann allmählich zu entflammen. Zunächst ermöglichten die restlichen Jahrzehnte des 19. Jahrhunderts eine wirtschaftliche und kulturelle Blüte für die k. u. k. Monarchie, die auch durch die anhaltenden Konflikte auf dem Balkan, ausgelöst durch die zunehmende Trennung der Balkanvölker vom Osmanischen Reich, nicht unterbrochen wurden.

In dieser wirtschaftlich und kulturell blühenden Phase der österreichischen Geschichte konnte auch die Bibelgesellschaft mit ihren vielsprachigen, sich ständig erweiternden Angeboten im Vielvölkerstaat eine wachsende Resonanz finden. Die Zurückhaltung der katholischen Bevölkerungsmehrheit und ihres Klerus hielt zwar an, doch ging die aggressive Ablehnung gegenüber dem gedruckten Wort Gottes zunehmend zurück. Jahr um Jahr konnte Edward Millard von steigenden Verbreitungszahlen und zunehmend positiven Erfahrungen in Einzelbegegnungen und von der Wirkung des Gotteswortes nach London berichten. Im Jahr 1867 bezogen sich seine Berichte allerdings auf Erfahrungen in Verbindung mit dem Kriegsgeschehen des »Bruderkriegs« mit Preußen von 1866. Er schildert die Abweisung durch zivile Behörden gegenüber dem Angebot biblischer Schriften an Heeresangehörige, während die militärischen Behörden aufgeschlossener waren. Außerdem kamen die Niederlagen so rasch und unerwartet, dass kaum Zeit für Verteilaktionen blieb:

> »Wird dazu berücksichtigt, dass nur ein Zehntel [!] der Soldaten lesen können, und dass sogar für die Mehrheit davon Gottes Wort völlig unbekannt ist […] kann man nur mit höchster Überraschung und Dankbarkeit feststellen, dass wir, hauptsächlich rund um Wien, in Ungarn und in Italien 912 Bibeln, 14.830 Neue Testamente und 19.885 Bibelteile [Evangelien] verteilen konnten.«

Besonderes Augenmerk wurde den 25.000 Mann der mit Österreich verbündeten sächsischen Armee zugewandt, die nach der Schlacht von Königgrätz in der Nähe von Wien auf ihre Heimkehr warteten und hier ihr Lager aufgeschlagen hatten. Sie waren fast alle Protestanten. Hier konnte die Bibelgesellschaft durch Bibelboten und die tatkräftige Unterstützung der Militärgeistlichen noch während der Sommermonate fast 10.000 Exemplare der Heiligen Schrift in den verschiedenen Ausgaben verbreiten. Das (heute noch bestehende) Jesuitengymnasium in Kalksburg bei Wien war als Lazarett eingerichtet worden. Es konnten auch dort Bibeln und Neue Testamente verbreitet werden.[67]

67 63. Report der BFBS (London 1867) 84–86.

Noch im Jahr 1866 konnte Edward Millard ein erstes Bibeldepot im siebenbürgischen Klausenburg (heute Clunj/Rumänien) eröffnen, dessen Arbeit im vielsprachigen Gebiet zwischen Ungarn und Rumänien, wo wie in Serbien die Kolportage mit Bibelboten möglich war, großen Anklang fand. Auch die Niederlassungen in Belgrad und Budapest berichteten von steigenden Verbreitungszahlen. Alle diese Gründungen erwiesen sich als dauerhaft und haben sich nach zwei Weltkriegen und den nachfolgenden politischen Veränderungen zu selbstständigen Bibelgesellschaften für Ungarn, Rumänien, Tschechien, die Slowakei, Slowenien, Kroatien und Serbien/Montenegro entwickelt. Auch in Karlsbad/Karlovy Vary und in Triest wurden Zweigstellen eröffnet. Besonders intensiv war weiterhin die Kolportagetätigkeit in Serbien, wo Herr Victor mit seinem Pferd – er berichtet davon – u. a. in zahlreichen Schulen unterwegs war. Beim Mittagessen in einem Gasthaus traf er den Präsidenten des zuständigen Gerichts und bat ihn um Erlaubnis, den Häftlingen im nahegelegenen Gefängnis Bibelausgaben anzubieten. Dieser meinte zwar, die Häftlinge könnten entweder nicht lesen oder hätten kein Geld, gab aber trotzdem die Erlaubnis. Als er miterlebte, wie einige Häftlinge ihre geringen Vergütungen zusammenlegten, um Neue Testamente zu kaufen, bezahlte er aus seiner Tasche weitere Exemplare zugunsten der Anstaltsbücherei.[68]

Ab 1867 konnten nun auch in den österreichischen Kernländern von Wien aus Kolporteure eingesetzt werden, die bis Tirol ausschwärmten.

In den folgenden beiden Jahren betonte Edward Millard die Fortschritte in den bürgerlichen und religiösen Freiheiten, die mit den Dezembergesetzen von 1867 verbunden waren, beklagte aber gleichzeitig den Verfall sittlicher und moralischer Werte, der seiner Ansicht nach zunahm. Es wird von Rückschlägen berichtet: Der orthodoxe Erzbischof von Belgrad hatte sich völlig ablehnend gegenüber der neuen Bibelübersetzung von Vuk-Danicic geäußert, was deren Verbreitung behinderte, aber nicht verhinderte. Die geduldete, aber nicht generell zugelassene Kolportage wurde erschwert, einzelne Bibelboten vorübergehend festgenommen und zu Verwaltungsstrafen verurteilt. Interventionen bei Militärbehörden und bei zivilen Stellen erreichten schließlich die Genehmigung der Bibelverbreitung unter Soldaten an der Militärgrenze zur Türkei und der freien Kolportage im ungarischen Reichsteil. Schwierig und konfliktreich blieb das Verhältnis zum katholischen Klerus – vor allem in Tirol.[69]

Nach leichten Rückgängen der Verbreitung konnte ab 1870 wieder ein Ansteigen registriert werden. In Oberösterreich und Kärnten wurden Kontakte zu Toleranzgemeinden verstärkt, und ein mutiger Bibelbote stieg im Zillertal in die Seitentäler, um Spuren der 1837 ausgewiesenen Protestanten aufzuspüren. Er konnte mit katholisch gebliebenen Verwandten sprechen und fand Interesse an neuen Bibelausgaben. Die neue slowenische Übersetzung der Evangelien fand im Süden Österreichs und den angrenzenden Gebieten großes Interesse, wurde aber beim Karneval in Triest durch

---

68 64. Report der BFBS (London 1868) 82–83.
69 65. Report der BFBS(London 1869) 87–89.

die italienischsprachige Mehrheit zum Gegenstand öffentlichen Gespötts gemacht: Der Nationalitäten- und Sprachenstreit machte vor nichts Halt.[70]

Inmitten seiner weitgespannten Reise- und Organisationstätigkeit in der Habsburgermonarchie fand Millard aber auch Zeit und Energie, in Wien selbst kirchliche Initiativen zu beginnen. Im Jahr 1869 wurde er zum (Mit-)Begründer der Baptistengemeinde, 1873 des Christlichen Vereins Junger Männer (CVJM) in Wien, vermutlich 1871 der Evangelischen Allianz in Wien, jener 1846 in London gegründeten, aus den Erweckungsbewegungen des 19. Jahrhunderts entstandenen frühen ökumenischen Bewegung, die bis heute einen weltweiten »Brüderbund aus verschiedenen evangelischen Denominationen« bildet.[71] Auf Initiative von Edward Millard stellte sich die Evangelische Allianz einer größeren Öffentlichkeit während der Weltausstellung in Wien am 15. Juli 1873 mit einer international geförderten und besuchten Veranstaltung im niederösterreichischen Gewerbeverein (Wien/Eschenbachgasse 11) vor. Auch die BABG hat die Weltausstellung zu besonderen Anstrengungen genützt und vorübergehend eine mobile Zweigstelle in der Praterstraße eingerichtet. Sie fand bei den internationalen Besuchern großen Anklang. Sogar der Vater von Kaiser Franz Joseph, Erzherzog Franz Karl (1802–1878) besuchte inkognito mit seiner Enkelin Gisela (1856–1932) den Stand, ließ sich die Arbeit der BABG erklären und durch sein Gefolge einige Bibelausgaben kaufen.[72]

Ab 1875 setzten regelmäßige Veranstaltungen der Evangelischen Allianz im Rahmen der bis heute weitergeführten Weltgebetswoche ein.[73] Edward Millard hat bis zu seinem Abschied aus Wien 1887 das Sekretariat der Evangelischen Allianz und – nicht zuletzt wegen seiner englischen Muttersprache – die Korrespondenz mit der Zentrale der Allianz in London geführt.

Im Jahresbericht von 1872 wird daran erinnert, dass Edward Millard das 25-jährige Jubiläum im Dienst der BABG begehen konnte: davon hatte er vier Jahre in Köln, dann zwei Jahre in Wien, anschließend vier in Breslau und sieben in Berlin und die letzten acht Jahre seit 1864 wieder und diesmal durchgehend in Wien verbracht. Die Verbreitung im Jahr 1871 hat einen neuen Rekord mit insgesamt 126.130 Exemplaren

70 67. Report der BFBS (London 1871) 90–96.

71 Frank Hinkelmann, Geschichte der Evangelischen Allianz in Österreich (Bonn 2006) 24 f.; Johannes Fleischer, Frühgeschichte des Baptismus in Österreich. Vom Brand in Hamburg bis zu Edward Millard 1842–1887, in: Frisches Wasser auf dürres Land. Festschrift zum 50jährigen Bestehen des Bundes der Baptistengemeinden in Österreich, hg. (im Auftrag des Bundes der Baptistengemeinden in Österreich) von Franz Graf-Stuhlhofer (Baptismus-Studien 7, Kassel 2005) 14–33.

72 70. Report der BFBS (London 1874) 54.

73 Hinkelmann, Geschichte (wie Anm. 71) 26–35; dort auch Wiedergabe eines kritisch-ironischen Berichts des Wiener Tagblatts vom 7. Jänner 1887 über eine Allianzveranstaltung mit Edward Millard, der »mit einer Stentorstimme in gebrochenem Deutsch« die Versammlung leitete. Eine freundlich-verständnisvolle Schilderung einer Allianzversammlung mit Edward Millard hat der Gründer der diakonischen Anstalten von Gallneukirchen, Pfarrer Dr. Ludwig Schwarz (1833–1910) im Evangelischen Vereinsblatt für Oberösterreich, 4. Jg. (Februar 1883) 17–19 veröffentlicht, ebenfalls nachgedruckt bei Hinkelmann, Geschichte (wie Anm. 71) 33 f.

in hauptsächlich 14 Sprachen ergeben, unter denen Deutsch, Ungarisch, Tschechisch und Hebräisch (!) hervorgehoben werden. Hauptsächlich in Wien waren 173.500 Exemplare in Druck, darunter Ausgaben in Ungarisch, Lettisch (!), Japanisch (!), Tschechisch und Hebräisch. Im ehemaligen Fürsterzbistum Salzburg, seit 1815 zu Österreich gehörend, musste die Arbeit allerdings wegen des erbitterten Widerstands des katholischen Klerus wieder eingestellt werden. Der älteste Sohn von Edward Millard, Henry (1847 in Köln geboren), übernahm die Zweigstelle in Budapest; er sollte später Nachfolger des Vaters für die gesamte Arbeit in Österreich-Ungarn werden.[74] Keine Gelegenheit zur Verbreitung der Bibel wurde versäumt: Mit Vertretern der in Gründung begriffenen Altkatholischen Kirche (als Folge der Ablehnung der Entscheidung des 1. Vatikanischen Konzils unter Papst Pius IX. vom 10. September 1870 über die Unfehlbarkeit des Papstes in Fragen der Glaubenslehre[75]) wurde Verbindung aufgenommen und den Teilnehmern der österreichischen Nordpolarexpedition mit der »Tegetthoff« unter Schiffsleutnant Karl Weyprecht und Oberleutnant Julius Payer 1872/74 wurden Bibelausgaben in Kroatisch, Deutsch und Italienisch von der Zweigstelle Triest mitgegeben.[76] Die Expeditionsleiter haben nach der Rückkehr mitgeteilt, dass an Bord täglich ein Kapitel der Bibel vor der versammelten Mannschaft vorgelesen wurde.[77]

In den Jahren 1876 bis 1878 konnten neue Verbreitungsrekorde gemeldet werden, trotz der Ablehnung durch den katholischen Klerus vor allem in Tschechien und – eine neue Enwicklung – durch liberale evangelische Pfarrer in Ungarn. Die Verbreitung stieg auf über 270.000 Exemplare, gedruckt wurden in Wien eine neue russische Bibelübersetzung, polnische, ruthenische, ungarische, tschechische, rumänische, und serbische Neue Testamente und erstmals auch türkische Bibelteile, nämlich das Matthäus-Evangelium und die fünf Bücher Mose. Immer wieder mussten sich aber Bibelboten von aufgehetzten Dorfbewohnern mit Steinen oder Hunden aus Orten vertreiben lassen. Gelegentlich gelang es ihnen dennoch, die Menschen durch Hinweise auf den Inhalt der Bibel zu beruhigen und sie sogar zum Erwerb einer Bibel zu bewegen. Blitzartig wurde das gefährliche Umfeld, in dem die Bibelboten ihren Auftrag erfüllten, durch ein tragisches Ereignis in Tirol 1874 erhellt. Der aus Tirol stammende, seit 1867 im Dienst der BABG stehende Bibelbote Carl Rauch, ab 1870 in Tirol tätig, wurde Mitte Oktober 1874 tot am Ufer der Eisack bei Atzwang/Bozen

74 68. Report der BFBS (London 1872) 64–77; ab 1872 liegen die Jahresberichte der BABG auch in einer gelegentlich sehr zeitgenössischen deutschen Übersetzung vor. Aus Gründen der inhaltlichen Kontinuität wurden für diese Arbeit aber durchgehend die (kompletten) englischen »reports« ausgewertet.

75 August Schuchert/Heinz Schütte, Die Kirche in Geschichte und Gegenwart (Kempen 1970) 475–476.

76 Die Expedition kehrte nach über zwei Jahren, zeitweise im Packeis eingeschlossen, und nach Entdeckung von Franz-Josefs-Land wohlbehalten wieder zurück: Karl Linke, Die österreichisch Nordpolfahrt von Payer und Weyprecht in den Jahren 1872 bis 1874 (Wien 1946); 69. Report der BFBS (London 1873) 98.

77 71. Report der BFBS (London 1875) 49.

(Südtirol) aufgefunden. Wollten die Behörden und die Bevölkerung zuerst an einen Unfall denken, ergaben die genaueren Untersuchungen des unbekleidet und ohne seine mitgeführten Bibelausgaben und sonstige Habschaft aufgefundenen Leichnams eindeutig Hinweise auf die Ermordung Carl Rauchs. Im Bericht nach London schildert ihn Edward Millard als den »treuesten Diener der BABG; Tausende haben nicht nur das Bibelbuch von ihm erhalten, sondern auch das Evangelium von seinen Lippen vernommen«. In Kürze hatte er die Bibelverbreitung in Tirol vervierfacht. 1874 war er das vierte Mal nach Tirol aufgebrochen und sandte bis Mitte Oktober regelmäßig die üblichen Wochenberichte nach Wien. Das Motiv des Mordes wurde nie geklärt; ob es ein krimineller Raubmord war – Rauch trug eine kleine Summe Geldes bei sich – oder ob der Mord aus religiösen Gründen erfolgt war, blieb unklar. Für die zweite Vermutung sprach, dass Carl Rauch in einem nahe gelegenen Ort kurz vorher einige Exemplare der Heiligen Schrift verkauft hatte. Als Zeugnis dieses Märtyrers der Bibelverbreitung zitierte Millard aus einem der letzten Berichte von Carl Rauch:

> »In einem Ort machte ich eine erfreuliche Bekanntschaft mit einem alten Mann. Zunächst wurde ich, wie so oft, als ›Jude‹ abgestempelt, und ich konnte nichts dagegen tun, bis der Mann mich nach einer längeren Diskussion und einem klaren Zeugnis für Christus umarmte und mich als guten Katholiken anerkannte. Er hatte nie eine Bibel besessen, aber trotzdem wusste er durch Bibelabschnitte in seinem Gebetbuch gut Bescheid und hatte klare Vorstellungen von den Grundsätzen der Erlösung. Zwar erfreute sich der Papst seiner unbegrenzten Verehrung, aber ich schloss meine Ohren, vermied alle Polemik und brachte nur das Zeugnis von Jesus in jede Pause seiner Ausführungen ein. Ich muss gestehen, dass uns der Abschied schwer fiel. Ich war überzeugt, dass wir uns eines Tages an einem glücklichen Platz wieder treffen würden. Jedenfalls verließ ich ihn mit einer Bibel in seinen Händen.« [Vorgelegener Text in englischer Sprache, Rückübersetzung des Verfassers.]

In den ihm verbliebenen 36 Wochen des Jahres 1874 hat Carl Rauch 1.810 Exemplare biblischer Ausgaben verbreitet. Die Nachricht von seinem tragischen Tod hat zwei andere Bibelboten spontan dazu bewegt, sich für seine Nachfolge in Tirol zu bewerben. Noch Jahre später trafen Bibelboten Menschen, die erzählten, dass sie ihre erste Bibel von Carl Rauch erhalten hätten.[78]

Auch in den folgenden Jahren berichtet Edward Millard häufig von besonders eindrucksvollen Erlebnissen der Bibelboten – die meisten von ihnen blieben in den Berichten anonym, um sie nicht noch mehr zu gefährden – in Tirol. So etwa im Jahr 1878:

> »Nachdem er in ein Bauernhaus hoch oben in den Bergen eingetreten war, bot er dem Hausbesitzer eine Bibel an, was dieser aber ablehnte. Aber der Kolporteur erläuterte dem Mann eindringlich das Angebot, sodass der Mann begann, in der Bibel zu lesen. Nach kurzer Zeit rief er: ›Es ist für mich besser, ein solches Buch zu kaufen, als meine Zeit und mein Geld mit Kartenspielen zu verbringen.‹ Er kaufte eine Bibel und weitere Exemplare für sein Gesinde und sagte zu ihnen: ›Spielkarten sollen keinen Platz mehr in meinem Haus haben. Ich werde sie alle verbrennen. Ich erwarte, dass ihr alle das Buch aufmerksam lesen werdet, das ich für euch gekauft habe.‹ An diesem Tag, schreibt der Bibelbote, ist Segen in dieses Haus eingezogen.«

78 71. Report der BFBS (London 1875) 48 f. und 75. Report der BFBS (London 1879).

Im gleichen Jahr musste Edward Millard aber auch von negativen Erlebnissen der Bibelboten in Tirol berichten. Mit den Nagelschuhen von Dorfbewohnern und mit Heugabeln wurde ein Bibelbote unter Beschimpfung als »lutherischer Schurke« und »liberaler Hund« aus einem Ort hinausgejagt, obwohl er den Schutz des anwesenden Gendarmen erbeten hatte.[79]

Trotz des Einsatzes von inzwischen 58 Bibelboten in der gesamten Doppelmonarchie – vom Bodensee bis zum Schwarzen Meer, wie Millard schreibt – sanken die Verbreitungszahlen bis zum Jahr 1879 auf 116.237 Exemplare gegenüber 144.376 zwei Jahre zuvor. Es gab Überschwemmungen, Missernten und Hunger, die verringerte Verbreitungsmöglichkeiten zur Folge hatten. Die administrativen Beschränkungen für den Dienst der Bibelboten wurden schärfer gehandhabt. Da half auch kein, wohl durch britische diplomatische Vermittlung zustande gekommener Empfang, den Kaiser Franz Joseph, den der offenbar daran teilnehmende Millard als angenehm und verständnisvoll beschreibt, im Jahr 1879 Vertretern der Evangelischen Allianz gewährte, der aber in der unverbindlichen Höflichkeit des Kaisers sein Bewenden fand.[80]

Das Jahr 1881 war im protestantischen Österreich durch die 100-Jahrfeiern des Toleranzpatents Kaiser Josefs II. gekennzeichnet. Es soll 230 lokale und regionale Feiern gegeben haben. Die BABG verteilte 1.700 Neue Testamente bei diesen Veranstaltungen. Trotzdem sank die Gesamtverbreitung weiter auf 104.139 Exemplare. Beim Ringtheaterbrand in Wien vom 8. Dezember 1881 blieb das nahe gelegene Lager der BABG, in dem Ausgaben in verschiedenen Sprachen deponiert waren, unversehrt. Nach wie vor wurde von harten Gegnerschaften lokaler Behörden und des katholischen Klerus berichtet. In Tirol wurde die Erlaubnis zur Kolportage wieder zurückgenommen, und in der Steiermark gingen Mönche von Haus zu Haus und sammelten die Bibelausgaben wieder ein. In Tschechien gab es immer wieder besonders schwere Attacken gegen Bibelboten. So berichtete der Leiter der Prager Niederlassung, Karl Martin Lorenz Stahlschmidt, von einer schweren Verletzung des Bibelboten Mahr vom Juli 1881 in einem Gasthaus, als er beim Angebot von Bibelausgaben von einem Gast tätlich angegriffen wurde. In diesem Fall eilten andere Gäste und der Wirt zu Hilfe, sodass der Bibelbote nicht lebensgefährlich verletzt wurde. Ein anwesender Müller mischte sich ein und bekannte, dass er durch das Lesen der Bibel zu einem gesegneten Leben gekommen sei. Trotzdem musste der Bibelbote längere Zeit ärztliche Behandlung in Anspruch nehmen.

Unermüdlich motivierte Edward Millard seine Mitarbeiter, sowohl jene in der Wiener Zentrale als auch jene im Dienst der Bibelboten, trotz aller Schwierigkeiten und Feindseligkeit den Auftrag der Bibelverbreitung in Österreich-Ungarn weiter zu erfüllen. Eine seiner Methoden waren regelmäßige Konferenzen mit den Mitarbeitern, zu denen er auch ausländische Gäste aus Deutschland oder England einlud, um dort von ermutigenden Erfahrungen berichten zu lassen. Den österreichischen Mitarbeitern wurde auf diese Weise auch deutlich vor Augen geführt, dass sie an einem

79 75. Report der BFBS (London 1879) 46 f.
80 76. Report der BFBS (London 1880) 48.

weltweiten missionarischen Netzwerk der Bibelverbreitung und -übersetzung beteiligt waren. Im September 1883 fand eine solche internationale Konferenz in Wien in der kleinen schottischen Kirche in der Breiten Gasse statt, unweit des heutigen Standorts des Bibelzentrums der Österreichischen Bibelgesellschaft. Die anwesenden Bibelboten berichteten von ihren Erfahrungen. Zusammenfassend schilderte Karl L. M. Stahlschmidt aus Prag, welchen komplizierten Verkaufsregelungen die Bibelboten in Tschechien unterworfen waren: Sie durften Bibelausgaben nicht direkt verkaufen, sondern nur mit Musterexemplaren Bestellungen aufnehmen, die dann per Post von Prag aus den Käufern zugesandt wurden. Häufig kontrollierten katholische Priester die Sendungen der Empfänger auf den Postämtern und versuchten, die Käufer zur Rücksendung der Bibeln zu veranlassen. Folgten diese dieser Empfehlung nicht, konnte der Bibelbote beim nächsten Besuch das Geld kassieren. Der Vorteil dieses umständlichen Verfahrens war, wie Stahlschmidt betonte, dass der Bibelbote sich überzeugen konnte, dass die Bibel wirklich in die Hände des Interessenten gekommen war und dort genützt wurde. Eine zweite derartige Motivationskonferenz wurde am 6. September in Budapest abgehalten. Da in der ungarischen Reichshälfte die Bibelkolportage zulässig war, wurde hier der lebenslose Zustand vieler evangelischer Kirchengemeinden als Hindernis beklagt. Außerdem hatte sich ein führender Geistlicher der reformierten Kirche unlängst gegen die Bibelverbreitung ausgesprochen. Im erfreulichen Gegensatz dazu hatte die evangelische Generalsynode in Wien 1883 ihrer Dankbarkeit für die Rücknahme staatlicher Beschränkungen gegenüber der Bibelverbreitung Ausdruck verliehen, die reformierte Synode außerdem ausdrücklich für den Dienst der Bibelgesellschaft gedankt. Auch diese Maßnahmen mögen dazu beigetragen haben, dass die Bibelverbreitung 1883 das dritte Jahr in Folge gestiegen war und 110.889 Exemplare erreicht hatte. Eine neue Ausgabe des Neuen Testaments war gedruckt worden für die Bewohner der Slowakei und deren Landsleute, »die als Wanderhändler weit herumkommen und u.a. Mausefallen und ähnliche Erfindungen verkaufen« – damals ein häufiger Nebenerwerb.[81]

Am 31. Jänner 1887 erklärte Edward Millard aus gesundheitlichen und Altersgründen – er war jetzt 64 Jahre alt – seinen Rücktritt von der Leitung der BABG in Österreich-Ungarn. Er konnte im Jahr 1885 mit 147.811 Exemplaren die höchsten Verbreitungszahlen seiner Amtszeit aufweisen. Er hatte in den 29 Jahren seines Dienstes in Wien das Konzept der Bibelbotentätigkeit trotz aller staatlichen und kirchlichen Widerstände erfolgreich durchgehalten und Bibelausgaben in mehr als einem Dutzend Sprachen in Wien drucken lassen, viele davon erstmals. Insgesamt hatte die BABG unter seiner Leitung, wie das Komitee in London zusammenfasste, 4.758.262 Exemplare Bibeln, Neue Testamente oder verschiedene Bibelteile in Österreich-Ungarn verbreiten oder an andere Gesellschaften weiterleiten können – durchschnittlich 150.000 pro Jahr. Als Zeichen der Anerkennung ernannte das Komitee den dienstältesten Mitarbeiter der BABG zum Honorary Life Governor. Im Archiv der BABG in der Universitätsbibliothek Cambridge befinden sich 570 Briefe Edward

81 80. Report der BFBS (London 1884) 48–52.

Millards als Zeugnis seines unermüdlichen Einsatzes und seiner gewissenhaften Geschäftsführung. Zum Abschied fasste Edward Millard seine Lebenserfahrung mit den Worten zusammen:

> »Die Bibel hat mein Herz glückselig, die Thätigkeit meines Lebens freudenvoll und auch ersprießlich, meine Familie einig, meine Gegenwart erfreulich und meine Zukunft herrlich gemacht.«

Zu seinem Nachfolger ernannte das Komitee in London den Sohn von Edward Millard, den 39-jährigen Henry Millard, der bereits seit 19 Jahren an der Seite seines Vaters im Dienst der BABG gestanden hatte, seit vielen Jahren Leiter der Niederlassung in Budapest war, und der neben Englisch die wichtigsten Sprachen der Doppelmonarchie beherrschte.[82]

Mit großem Bedauern nahm auch die Evangelische Allianz Wien Abschied von ihrem (Mit-)Begründer. Dazu heißt es im Bericht der Allianzgebetswoche 1887:

> »Mit dem Schluss der Gebetswoche verbanden sich Abschiedsgefühle, welche manche Wange feuchteten. Während Herr Millard den Vorsitz führt, ist es schwer denkbar, wie ohne ihn auszukommen sein wird. Und doch, da ihm der Herr nach einer langen, in seltener Weise kampf- und erfolgreichen Thätigkeit auszuruhen erlaubt und er sich nach Cannstatt zurückziehen will, wird es so sein müssen. Muß es geschieden sein, so haben die Zurückbleibenden die schöne Aufgabe zu beweisen, dass sie nicht umsonst um einen Vater in Christo gewesen sind. Ein Erzieher hat sein Werk getan, wenn es ihm gelungen ist, sich entbehrlich zu machen. Das Entbehrlich werden hat Herr Millard in edelster Weise angestrebt. Möge, was durch ihn ins Leben gerufen wurde, auch in seiner Abwesenheit weiterblühen.«[83]

Wie bereits erwähnt, wurden die Allianz-Gebetswochen weiter fortgesetzt und bestehen bis heute.

Edward Millard ging allerdings nur vorübergehend nach Stuttgart-Cannstatt: Von 1891 bis 1896 übernahm er die seelsorgerliche Betreuung der Baptistengemeinde Wiesbaden und zog dann nach Wesel, um von dort den Aufbau der Baptistengemeinden in Duisburg und Oberhausen zu unterstützen – weiterhin in Verbindung mit der Bibelgesellschaft in Wien. Der erfolgreiche erste Leiter der Bibelgesellschaft in Österreich starb am 13. Juni 1906 in Wesel, wo er auch begraben ist. Seine Ehefrau, die Niederländerin Diederike Johanna Hoen (1823–1893), und drei seiner sieben Kinder waren vor ihm verstorben. Nachkommen der Familie leben in Wuppertal und am Niederrhein und pflegen das Andenken an diesen alle Hindernisse überwindenden Bahnbrecher der dauerhaften Bibelverbreitung in Mitteleuropa.[84]

Mit Zuversicht übernahm Henry Millard das verpflichtende Erbe seines Vaters, und seine Zuversicht wurde nicht enttäuscht. Mit beinahe 200.000 Exemplaren wur-

---

82 83. Report der BFBS (London 1887) 57 f.

83 Hinkelmann, Geschichte (wie Anm. 71) 36.

84 Briefliche Mitteilung von Theodor Ernst Millard, Wuppertal, vom 30. Oktober 1972, Notizen Karl Uhl, im Archiv der BABG Wien; Briefe Edward Millards im Archiv der BFBS in der Bibliothek der Universität von Cambridge.

de ein neuer Verbreitungsrekord im Jahr 1889 erreicht. Bereits das Jahr 1888 hatte eine erhebliche Steigerung erbracht, als u.a. im Rahmen der großen Jubiläumsausstellung in Wien aus Anlass des 40-jährigen Regierungsjubiläums von Kaiser Franz Joseph die Bibelgesellschaft Evangelien verteilen und auf diese Weise fast 55.000 Exemplare verbreiten konnte.[85] Schrittweise wurden die staatlichen Beschränkungen für die Bibelverbreitung aufgehoben, die zunehmende Schulbildung führte zu mehr Lesekundigen – auch unter den Frauen. Doch blieben klerikal-katholische Gegnerschaft, Armut großer Bevölkerungsgruppen und kirchenfeindliche Strömungen in der anwachsenden sozialistischen Bewegung als Hindernisse bestehen. Erstmals wird im Jahresbericht von 1896 über eine wachsende antisemitische Bewegung berichtet.

Erfolgreich genützt wurde jedes kirchliche oder staatliche Jubiläum, so 1890 die 300-Jahr Feier der ersten vollständigen ungarischen Bibel in der Übersetzung von Gaspar Karoly. Aus diesem Anlass wurde in Güns/Köszeg ein Denkmal des Bibelübersetzers errichtet und unter Mitwirkung der Bibelgesellschaft mit einer sprachlichen Revision der alten Übersetzung begonnen. Selbst die serbisch-orthodoxe Kirche änderte ihre bisherige Zurückhaltung gegenüber der Bibelverbreitung, was sich u. a. in einem Empfang von Vertretern der BABG durch den Patriarchen und Erzbischof von Karlowitz (heute Sremski Karlovici in der serbischen Vojvodina) zeigte.[86] Im Jahr 1894 stieg die gesamte Verbreitungszahl deutlich über 150.000 Exemplare, d. h. über den Durchschnitt der vergangenen Jahre – abgesehen vom Jubiläumsjahr der Doppelmonarchie 1888 –, und konnte sich in der Folge auf dieser Höhe halten. Die ungarische Reichshälfte mit seinen starken evangelischen Minderheiten trug dazu erheblich bei. Einen Höhepunkt erreichte die Verbreitung in Ungarn 1896 in Verbindung mit den Tausendjahrfeiern der Christianisierung Ungarns. Allein während der Jubiläumsausstellung in Budapest konnten 112.800 Exemplare verschiedener Bibelausgaben, vor allem Evangelien, verbreitet werden, sodass die Gesamtverbreitung auf über 300.000 Exemplare anstieg. Eine Delegation der BABG wurde im Rahmen der Jubiläumsausstellung von Kaiser/König Franz Joseph empfangen. In Wien, Budapest und Bukarest wurden fast 400.000 Exemplare in den verschiedenen Sprachen der Doppelmonarchie gedruckt. In zwei Sprachen wurden Übersetzungsarbeiten fortgesetzt: In Jiddisch für polnisch-deutsche Juden und im zeitgenössischen Slowenisch, wofür sich der in Wien wirkende Linguist und Schriftsteller Josip Stritar (1836–1923, heute als »Vater der slowenischen Nation« bezeichnet und in Slowenien hoch geehrt) verantwortlich zeigte, der auch Großvater und Urgroßvater der späteren österreichischen evangelischen Pfarrer Wilhelm Stritar (1917–1997, tätig u. a. in Melk) und Gottfried Stritar, zuletzt Dekan in Bayern, war.[87]

Josip Stritar schloss damit an eine bedeutende österreichisch-slowenische Tradition der Bibelübersetzung und Entwicklung der slowenischen Sprache an. Über dreihundert Jahre vorher hatte Primus Truber (oder Trubar, die Schreibweise wechselt),

85 85. Report der BFBS (London 1889).
86 87. Report der BFBS (London 1891) 54.
87 93. Report der BFBS (London 1897) 54 f. und 94. Report der BFBS (London 1898) 48.

der Reformator Sloweniens, mit einem lutherischen Katechismus 1557 das erste gedruckte Buch in slowenischer Schriftsprache veröffentlicht, dem die Übersetzung des Neuen Testaments, später der Bibel folgten. Primus Truber wurde dadurch zum Begründer der slowenischen Schriftsprache. Die Bibelausgaben wurden zunächst in der »ersten Bibelgesellschaft der Welt«[88] des aus Kärnten stammenden Exulanten Hans Ungnad von Weißenwolf, Freiherr zu Sonnegk (1493–1564) im württembergischen Urach mit Unterstützung von Herzog Christoph von Württemberg (1515–1568) gedruckt und anschließend auf verborgenen Wegen nach Slowenien geschmuggelt.

Die Revision des rumänischen Neuen Testaments durch Professor Nitzulescu wurde 1896 in Bukarest abgeschlossen und dort gedruckt. Im Königreich Rumänien (proklamiert 1881) fanden Bibelausgaben in den verschiedenen Sprachen – trotz Armut und Nachwirkungen von Überschwemmungen – vielfach Interesse. Ein aus der Türkei geflüchteter Armenier freute sich besonders, hier eine Bibel in seiner traditionsreichen Sprache erhalten zu können und überredete einen zufällig dabeistehenden Rumänen, eine solche in seiner Sprache zu erwerben.[89]

Das Jahr 1898 war gekennzeichnet durch das 50-jährige Regierungsjubiläum Kaiser Franz Josephs – jedoch einerseits überschattet durch die Ermordung seiner (seit 1854) Ehefrau Kaiserin Elisabeth in Genf (1837–1898), andererseits, wie Henry Millard berichtet, durch aufflammende nationale Gegensätze in der Doppelmonarchie. Im religiösen Leben wurde die Los-von-Rom-Bewegung spürbar. Nicht zuletzt dadurch überstieg die Verbreitung deutschsprachiger Ausgaben im Gegensatz zu den vergangenen Jahren die der ungarischsprachigen. Allein während der Jubiläumsausstellung in Wien konnten 40.000 Exemplare verschiedener Bibelausgaben verbreitet werden; insgesamt wurde ein neuer Jahresrekord von fast 230.000 Exemplaren erreicht.[90] Die

---

88 GUNDERT, Geschichte der deutschen Bibelgesellschaften (wie Anm. 7) 15–20; Primus Truber, der aus Slowenien Vertriebene, fand in Süddeutschland für sein Wirken gastliche Aufnahme (gestorben und begraben in Derendingen/Tübingen) und wird inzwischen in Rascica bei Laibach/Lubljana durch ein Museum in seinem Geburtshaus sowie durch Denkmäler in Lubljana und in Bad Urach öffentlich geehrt. In der Österreichischen Nationalbibliothek Wien fand 1986 anlässlich der 400. Wiederkehr des Todestages eine Ausstellung zu seinem Leben und Wirken statt [Oskar SAKRAUSKY, Ausstellung Primus Truber, der Reformator einer Vergessenen Kirche in Krain (Fresach 1986) – mit zahlreichen Literaturhinweisen in deutscher und slowenischer Sprache], zahlreiche Veranstaltungen gedachten 2008 in Slowenien, Kärnten und Württemberg der 500-jährigen Wiederkehr seiner Geburt. Zu Hans Ungnad und Truber erstmals grundlegend (aber wenig beachtet): Bernhard Hans ZIMMERMANN, Die Bedeutung Wiens für die Reformation und Gegenreformation bei den Kroaten und Slowenen. *JGPrÖ 65/66* (Wien 1944/45) 21–52; zuletzt zusammenfassend: Bernd ZIMMERMANN, Landeshauptmann Hans Ungnad von Sonnegg (1493–1564). Ein Beitrag zu seiner Biographie, in: Siedlung, Macht und Wirtschaft. Festschrift Fritz Posch zum 70. Geburtstag, hg. von Gerhard PFERSCHY (Veröffentlichungen des Steiermärkischen Landesarchives 12, Graz 1981) 203–216; Hermann EHMER, Primus Truber, Hans Ungnad von Sonnegg und die Uracher Druckerei 1560–1564 (Veröffentlichungen der Kommission für geschichtliche Landeskunde in Baden-Württemberg, Reihe B, Forschungen 181, Stuttgart 2011) 201–216.

89 94. Report der BFBS (London 1898) 48, 62.

90 95. Report der BFBS (London 1899) 48–51.

Bibelboten begegneten verschiedenen Haltungen. So wurde ein Bote in Kärnten von einer alten Bauersfrau gefragt, ob seine Bücher von den Jesuiten herausgegeben seien. Als er das guten Gewissens verneinen konnte, kaufte sie dankbar ein Neues Testament. An anderer Stelle wies ein Bauer den Bibelboten mit der Bemerkung ab, ihm sei streng verboten worden, von Hausierern Bücher zu kaufen. Als ihm der Bibelbote Lukas 2 zeigte, kaufte der Mann sofort die Bibel.[91]

Auch im Jahr 1900, mit dem dieser Beitrag schließt, blieb es bei den unterschiedlichen rechtlichen Rahmenbedingungen: Während in der ungarischen Reichshälfte volle Freiheit für die stationäre wie die ambulante Bibelverbreitung bestand, wurde die Bibelverbreitung in den österreichischen Kronländern weiterhin durch rechtliche Unsicherheit und Restriktion bezüglich der Kolportage behindert. Ohne besondere Jubiläumseinsätze ging die Verbreitung auf rund 167.000 Exemplare zurück, obwohl besonders in Ungarn neue evangelistisch motivierte Bewegungen wie der Christliche Verein Junger Männer, freikirchliche Gemeinden und die wachsende diakonische Arbeit mit ihren Einrichtungen an der Bibelverbreitung mitwirkten. In Oberösterreich war die Arbeit der Inneren Mission als Unterstützung spürbar, in der Steiermark die Los-von-Rom-Bewegung, die zu einem raschen Wachstum der evangelischen Gemeinden führte. Die Unterstützung des Heimatschriftstellers Peter Rosegger beim Bau der evangelischen Kirche in Mürzzuschlag wird erwähnt.[92]

Nicht erwähnt wird, dass Henry Millard in diesen Jahren durch gesundheitliche Probleme mehrfach seine Arbeit unterbrechen musste. Sein Gesundheitszustand verschlechterte sich zusehends. Am 29. März 1902 wurde er im Alter von 54 Jahren in Lüttringhausen/Remscheid aus dieser Zeit abgerufen. Im Jahresbericht der BABG wird seine langjährige, trotz aller Schwierigkeiten erfolgreiche Arbeit auf dem weiten Feld der österreichisch-ungarischen Doppelmonarchie gewürdigt, die ihm die Anerkennung des österreichischen Protestantismus und den uneingeschränkten Respekt seiner Mitarbeiter sicherte. Das Mitgefühl der BABG gegenüber seiner Familie – darunter der ihn um vier Jahre überlebende Vater Edward Millard – wurde vom Komitee in London ausgedrückt. Als Interimsnachfolger wurde der Leiter der BABG im Deutschen Reich, Michael Morrison in Berlin, ernannt.[93]

Für die Leitung der Wiener Niederlassung wurde schließlich der Schweizer Theodor Hofer berufen, dem es gelang, die Bibelverbreitung während des Ersten Weltkriegs weiterzuführen. Der Zerfall der österreichisch-ungarischen Monarchie 1918 führte zu einer völligen Neuorganisation in Mitteleuropa mit weitgehend selbstständigen Niederlassungen u. a. in Prag, Budapest, Bukarest und Belgrad. Die Leitung der Arbeit in Österreich übernahm in Wien ab 1924 der 1875 in Osnabrück geborene, vorher als Chinamissionar im Dienst der BABG stehende Hans Döring, nach dessen plötzlichem Tod 1936 der Wiener Religionslehrer und kaufmännisch ausgebildete

91 96. Report der BFBS (London 1900) 63.

92 97. Report der BFBS (London 1901) 54.

93 98. Report der BFBS (London 1902) 53 f.

Karl Uhl (1907–1998).[94] Die Zusammenarbeit mit allen nicht römisch-katholischen Kirchen führte zur Gründung der Österreichischen Bibelgesellschaft am 23. September 1970, die unter Uhls Nachfolgern Pastor Hugo Mayr und, seit 1996, der Theologin Jutta Henner vom Wiener Bibelzentrum sowohl für Österreich als auch für die Unterstützung der Nachbarstaaten tätig ist.

Der Wiener Kardinal Franz König (1905–2004), der damals Präsident der 1969 gegründeten und vom Katholischen Bibelwerk des Klosterneuburger Augustiner Chorherren Pius Parsch inspirierten päpstlichen Katholischen Bibelföderation war, empfing im Juli 1970 aus diesem Anlass in Rom eine Delegation des protestantischen Weltbundes der Bibelgesellschaften. Dort führte er aus:[95]

> »Nach vier Jahrhunderten hat die katholische Kirche ihre Einstellung der Heiligen Schrift gegenüber von einer negativen in eine positive Haltung gewandelt. Ihre negative Haltung dem allgemeinen Gebrauch der Bibel gegenüber habe Rom infolge der protestantischen Reformation eingenommen, und zwar als eine Art Verteidigung, da zahlreiche religiöse Gruppen sich der Bibel bedienten, um die katholische Kirche anzugreifen. Heute wissen wir, dass die Bibel bei entsprechender Vorbereitung keine Gefahr, sondern eine große geistliche Hilfe darstellt. Heute ist die katholische Kirche auf dem Wege, die Bibel als Gottes Botschaft allen darzubieten. Aus echter Bibellesung kann der Katholik mehr von Gottes Wort, der Bedeutung der göttlichen Offenbarung und der Heilsbotschaft verstehen als durch sonstiges Studium.«

Das Wort Gottes kann niemand hindern.

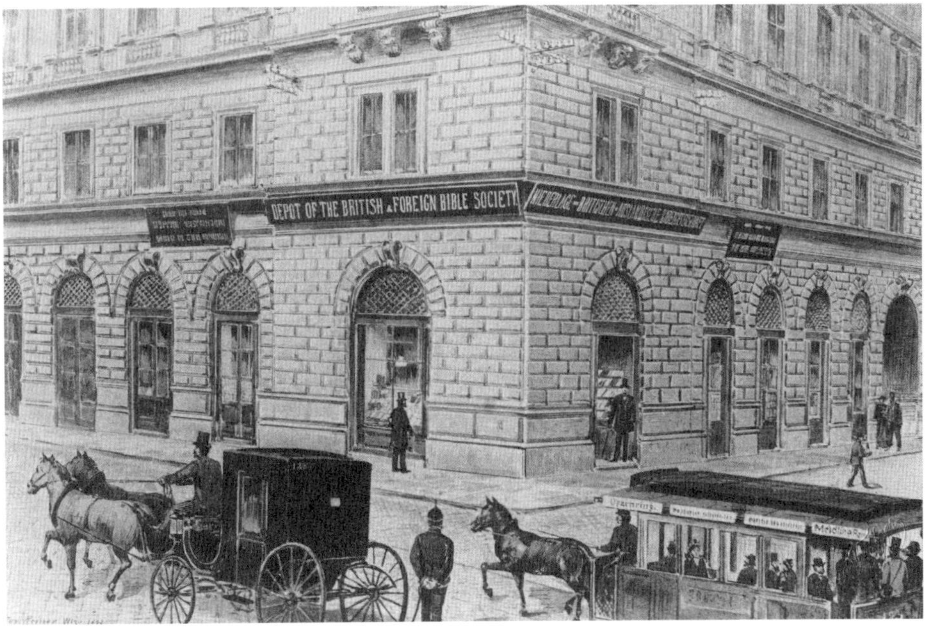

94 Robert Kauer (Hg.), Gottes Wort kann niemand hindern. Aus den Lebenserinnerungen von Karl Uhl (Wien 2007) 23–31.

95 Karl Uhl (Hg.), 23. September 1970 – Gründung der Österreichischen Bibelgesellschaft (unveröffentlichte Festbrochüre, Wien 1970) 11.

Die Rechtsstellung der Evangelischen in Österreich zwischen der Erlassung des Toleranzpatents und der Revolution von 1848

Ein Vergleich mit der Rechtsstellung anderer Religionsgemeinschaften

Von Stefan Schima

I. Einleitung

Im Folgenden wird die Rechtsstellung der Evangelischen im Vergleich mit anderen Bekenntnissen für die Zeit zwischen dem Toleranzpatent und der Mitte des 19. Jahrhunderts untersucht. Die Vergleichsbasis bilden dabei vor allem die Katholische Kirche, die Griechisch-Orthodoxen und die Juden.[1] Es ist nicht zum ersten Mal, dass eine Gegenüberstellung der Rechtstellung einzelner Bekenntnisse bzw. ihrer Angehörigen in Bezug auf die österreichische Rechtsgeschichte stattfindet. Innerhalb der vorliegenden Abhandlung soll insofern eine Neuakzentuierung gesetzt werden, als

1 Das im Hinblick auf die Katholische Kirche Ausgeführte bezieht sich auf die Lateinische und nicht auch auf die unierten Kirchen. Deren Stellung wird in der Folge grundsätzlich nicht mit berücksichtigt. Zu diesen und ihrer Situation in der ersten Hälfte des 19. Jahrhunderts siehe etwa Emanuel Turczynksi, Orthodoxe und Unierte, in: Die Habsburgermonarchie 1848–1918, Bd. 4, Die Konfessionen, hg. von Adam Wandruszka/Peter Urbanitsch (Wien 1985) 399–478, hier 399–424. Wenn im Folgenden die Juden als religiöse Denomination behandelt werden und nicht in ethnischer Hinsicht, so ist festzuhalten, dass die staatliche Gesetzgebung an das Kriterium der Religionszugehörigkeit anknüpfte: Siehe dazu Stefan Schima, Die Revolution von 1848 und die Rechtsstellung der Juden. *Mitteilungen des Instituts für Österreichische Geschichtsforschung* 118 (2010) 415–449, hier 416. Zur Reflexion dieser Anknüpfung im Laufe des 19. Jahrhunderts siehe Gerald Stourzh, Galten die Juden als Nationalität Altösterreichs? Ein Beitrag zur Geschichte des cisleithanischen Nationalitätenrechts, in: Ders., Wege zur Grundrechtsdemokratie – Studien zur Begriffs- und Institutionengeschichte des liberalen Verfassungsstaates (Studien zu Politik und Verwaltung 29, Wien 1989) 259–307. Zur konfessionsmäßigen Zusammensetzung der Bevölkerung siehe – bezogen auf den gesamten Kaiserstaat für das Jahr 1846 – Joseph Hain, Handbuch der Statistik des österreichischen Kaiserstaates, Bd. 1 (Wien 1852) 272: Insgesamt 80,3 % der Bevölkerung waren katholisch – 70,4 % waren »römisch-katholisch«, 9,9 % griechisch-katholisch. 9,2 % waren Protestanten (5,8 % helvetischen und 3,4 % augsburgischen Bekenntnisses. 2 % wurden als »Israeliten« und damit als Personen jüdischen Bekenntnisses gerechnet, 0,2 % als Unitarier. 0,0006 % wurden »anderen Secten« zugerechnet. Zu beachten ist, dass die Evangelischen im Gebiet jenseits der Leitha allein schon von ihrem Bevölkerungsanteil eine viel wichtigere Rolle spielten als im Gebiet diesseits der Leitha: Siehe Friedrich Gottas, Die Geschichte des Protestantismus in der Habsburgermonarchie, in: Die Habsburgermonarchie 1838–1918, Bd. 4 (wie Anm. 1). In Cisleithanien lebten im Jahr 1851 etwa 300.000 Evangelische, davon etwa 70 % Lutheraner und 30 % Reformierte. Für Wien, seine Vorstädte und Vororte, siehe Erika Stökl, Der Protestantismus in Wien von 1781–1848. *JGPrÖ* 68/69 (1953) 205–257, hier 213–215. Ebenda 213: »Für das Jahr 1783 wird die Zahl der lutherischen Gemeindeglieder mit 3000, die der reformierten Familien mit 100 angegeben.«

die Rechtslage der Evangelischen im Rechtsvergleich mit anderen religiösen Minderheiten und der bis Mitte des 19. Jahrhunderts rechtlich dominanten Katholischen Kirche in der Weise durchgeführt wird, dass auch Ebenen des Rechtsvollzugs angesprochen werden – und dies für einen längeren Zeitraum.[2]

In den folgenden Ausführungen steht in geographischer Hinsicht die Behandlung des Gebietes des heutigen Österreich im Mittelpunkt.[3] Auf politische Sonderentwicklungen kann nur am Rande eingegangen werden. So sei hier nur kurz erwähnt, dass das Gebiet des ehemaligen Erzstifts Salzburg erst im Jahr 1816 endgültig zu Österreich kam (wenn auch in seinem gesamten Umfang).[4] Auch das politisch

---

2 Unter den vergleichenden Arbeiten sind vor allem zu nennen: Gerson WOLF, Josefina (Wien 1890): Der Autor zählte zu den Großen der Geschichtsschreibung des österreichischen Judentums. Eine Kapitelüberschrift lautet: »Protestanten, nicht unierte Griechen, Juden, Deisten« (74–104). Zuvor hat sich der Autor in einem Aufsatz des »Jahrbuchs« ebenfalls in vergleichender Hinsicht der Rechtsstellung religiöser Minderheiten angenähert: DERS., Josephina IX (Zum Toleranzpatente – Deisten). *JGPrÖ* 8 (1887) 153–174; Inge GAMPL, Staat – Kirche – Individuum in der Rechtsgeschichte Österreichs zwischen Reformation und Revolution (Wiener Rechtsgeschichtliche Arbeiten 15, Wien 1984): Das Werk der früheren Ordinaria für Kirchenrecht an der Wiener Rechtswissenschaftlichen Fakultät stellt eine unerlässliche Fundgrube von Rechtsquellenhinweisen dar. Die Hinweise sind nach Rechtsbereichen geordnet. Weitgehend nicht thematisiert wird allerdings die Ebene der Rechtswirklichkeit. Josef KARNIEL, Die Toleranzpolitik Kaiser Josephs II. (Schriftenreihe des Instituts für Deutsche Geschichte 9, Universität Tel-Aviv, Gerlingen 1986). In jüngerer Zeit ist erschienen: Anna EHRLICH, Heiden, Christen und Muslime. Eine Geschichte der Religionen in Österreich (Wien 2009). Über die Rechtsstellung der einzelnen Religionsgemeinschaften gibt auch Ignaz BEIDTEL, Geschichte der österreichischen Staatsverwaltung 1740–1848, hg. von Alfons HUBER, Bd. 1, 1740–1792 (Innsbruck 1896), Bd. 2, 1792–1848 (Innsbruck 1898) Aufschluss. Obgleich der Autor – ein prononciert antijosephinisch eingestellter Katholik – *cum ira* berichtet und sich von Polemiken insbesondere gegen Evangelische und Juden nicht frei hält, so ist das bei ihm ebenfalls vorhandene *studium* nicht immer als voreingenommener »Eifer«, sondern zuweilen durchaus als gelehrsame Tätigkeit zu werten. Über die Rechtsstellung von Evangelischen und Orthodoxen in der Zeit vor 1848 informiert Joseph HELFERT, Die Rechte und Verfassung der Akatholiken in dem Oesterreichischen Kaiserstaate (Prag ^{2}1843). Zur Erforschung der Rechtsgeschichte der Evangelischen im Habsburgerreich siehe Gustav REINGRABNER, Um Glaube und Freiheit. Eine kleine Rechtsgeschichte der Evangelischen in Österreich und ihrer Kirche (Schriften zum Staatskirchenrecht 35, Frankfurt am Main 2007) 183–189.

3 Was den Gebrauch des Österreichbegriffs im 18. und 19. Jahrhundert betrifft, so ist dies eine Vielschichtigkeit auf die hier nicht näher eingegangen werden kann: Siehe Grete KLINGENSTEIN, Was bedeuten »Österreich« und »Österreichisch« im 18. Jahrhundert? Eine begriffsgeschichtliche Studie, in: Was heißt Österreich? Inhalt und Umfang des Österreichbegriffs vom 10. Jahrhundert bis heute, hg. von Richard G. PLASCHKA/Gerald STOURZH/Jan Paul NIEDERKORN (Archiv für österreichische Geschichte 136, Wien 1995) 149–220; Ernst BRUCKMÜLLER, Österreichbegriff und Österreich-Bewusstsein in der Franzisko-Josephinischen Epoche, in: ebenda 255–288. In der vorliegenden Abhandlung wird auf die so genannten »Österreichischen Niederlande«, die von 1714 bis 1794 unter habsburgischer Herrschaft standen, nicht eingegangen.

4 Siehe Heinz DOPSCH, Salzburg und Österreich – Vom geistlichen Fürstentum zum Bundesland, in: Was heißt Österreich? (wie Anm. 3) 65–107, hier 99 f. Zur Rechtsstellung der Evangelischen im Salzburger Raum siehe REINGRABNER, Glaube (wie Anm. 2) 174–178.

wechselhafte Schicksal Tirols und Vorarlbergs zu Beginn des 19. Jahrhunderts, das von nicht unbeträchtlichen religionsrechtlichen Entwicklungen begleitet war, kann hier nur kurze Beachtung finden.[5] Darüber hinaus ist festzuhalten, dass das Gebiet des heutigen Burgenlandes zu Ungarn (»Transleithanien«) gehörte und eben nicht zu jenem Gebiet, das im Verlauf des 19. Jahrhunderts immer öfter als »Cisleithanien« bezeichnet wurde.[6] Trotzdem soll hier schwerpunktmäßig auch auf Aspekte der auf späterem burgenländischen Gebiet maßgeblichen Rechtsentwicklung eingegangen werden, wenn auch nicht in dem intensiven Maß, wie dies für die »cisleithanischen« Gebiete des heutigen Österreich der Fall ist.

Die Behandlung der einzelnen Perioden ist nach Rechtsmaterien gegliedert:

- Zunächst wird auf allgemeine Entwicklungen bzw. die verfassungsrechtliche Ausgangslage eingegangen. Die in der Folge angesprochenen religionsrechtlichen Entwicklungen korrespondieren sehr oft in markanter Weise mit dem, was in der verfassungsrechtlichen Forschung als typisch für die jeweilige Epoche dargestellt wird. Berücksichtigt werden in den entsprechenden Abschnitten ferner die allgemeine Rechtsposition von Religionsgemeinschaften und die äußere Entwicklung, der sie im habsburgischen Herrschaftsgebiet im damaligen Zeitraum unterworfen waren.
- Ferner sind Fragen der korporativen Organisation, der Kultusverwaltung und dabei besonders der kirchenbezogenen Ämterbesetzung anzusprechen. Die Behandlung derartiger Themen soll es ermöglichen, die Situation der Anhängerinnen und Anhänger eines Bekenntnisses in ihrem gemeinsamen Auftreten zu erfassen. Dabei ist auch zu klären, welche Rechtspersonentypen für ein korporatives Handeln gemäß staatlichem Recht zur Verfügung standen. Auch muss die Verknüpfung von staatlicher Verwaltungsebene und religionsgemeinschaftlichen Handlungsmöglichkeiten beleuchtet werden (dies betrifft etwa Aspekte des für die Evangelischen maßgeblichen Konsistorialwesens).
- Auf den Umfang der Religionsübungsfreiheit ist besonders einzugehen. In dem durch Joseph II. für Akatholiken gewährten Rahmen waren diese gegenüber den Angehörigen der Katholischen Kirche krass benachteiligt. Diese Benachteiligung konnte im Zuge des 19. Jahrhunderts nur in langsamen Schritten aufgehoben werden.
- Auch eine Darstellung der Entwicklung des Übertrittsrechts muss Aufschluss über den Grad der unterschiedlichen Behandlung der einzelnen Bekenntnisse geben. Vorweg darf darauf hingewiesen werden, dass erst die Gesetzgebung des Jahres 1868 eine Symmetrie des Übertrittsrechts – ohne Bevorzugung der Katholischen Kirche – mit sich brachte.

5 Siehe dazu Stefan SCHIMA, Die »Tiroler Glaubenseinheit« vor dem Hintergrund der österreichischen Rechts- und Verfassungsentwicklung im 19. Jahrhundert. *JGPrÖ* 123 (2007) 65–119, hier 68 f.

6 Zum Begriff »Cisleithanien« siehe Erich ZÖLLNER, Der Österreichbegriff. Formen und Wandlungen in der Geschichte (Wien 1988) 66.

- Breiter Raum wird der Entwicklung des Privatrechts eingeräumt. Dass die Trennlinie zu Bereichen des öffentlichen Rechts nicht immer eine eindeutige ist, zeigen für das 19. Jahrhundert sehr deutlich die Verweise des Allgemeinen Bürgerlichen Gesetzbuchs (ABGB) auf die »politischen Vorschriften«, worunter oft – wenn auch nicht immer – Regelungen des öffentlichen Rechts zu verstehen waren.[7] Zunächst wird auf das Eherecht eingegangen. Dieses stellt traditionellerweise eine zwischen Staat und Religionsgemeinschaften konfliktbeladene Materie dar. In dem zu behandelnden Zeitraum war das staatliche Eherecht stets konfessionell bezogen. Dies äußerte sich nicht nur anhand des staatlichen Bemühens, innerreligionsgemeinschaftliche Eherechtsgrundsätze nach Möglichkeit zu übernehmen, sondern auch daran, dass der Staat grundsätzlich nur solche Ehen anerkannte, die vor dem zuständigen Seelsorger geschlossen wurden.[8] Sieht man von der nicht einmal eineinhalb Jahrzehnte währenden Geltung des so genannten Konkordatseherechts für Katholiken in der zweiten Hälfte des 19. Jahrhunderts ab, so hat der Staat seit Joseph II. seinen Rechtssetzungsanspruch ununterbrochen zur Geltung gebracht. Während des zu behandelnden Zeitraums blieb die Thematik der Mischehe eine brisante. Dabei ist klar, dass der Staat ungeachtet des Anspruchs seiner Regelungskompetenz es nicht allen »recht machen« konnte. Auch kann es nicht überraschen, dass er sein Recht stets in der Weise gestaltete, dass den Anliegen der rechtlich und faktisch dominanten Katholischen Kirche einigermaßen Genüge getan war. Mit anderen Worten: Die Anliegen christlicher Minderheitsbekenntnisse mussten hier im Wesentlichen auf der Strecke bleiben.

  Innerhalb des Privatrechts ist auch auf das Recht der Kindererziehung einzugehen. Dieses war in dem zu behandelnden Zeitraum so gestaltet, dass die Pflicht zur »religiösen« Kindererziehung bestand.

  Darüber hinaus konnten weitere Gebiete des Privatrechts von religionsrechtlicher Relevanz sein. Etwa in Bezug auf das Sachenrecht ist die Frage der Immobilienerwerbsfähigkeit zu berühren.[9] Generell ist hier von einer größeren Beeinträch-

---

7 Zum Verweis des ABGB auf »politische Vorschriften« siehe Wilhelm Brauneder, »Allgemeines« aber nicht gleiches Recht: das ständische Recht des ABGB, in: Das nachfriderizianische Preußen 1786–1806. Rechtshistorisches Kolloquium 11.–13. Juni 1987, Christian-Albrechts-Universität zu Kiel, hg. von Hans Hattenhauer/Götz Landwehr (Motive–Texte–Materialien 46, Heidelberg 1968) 23–33, hier insbesondere 31.

8 Dieses Prinzip wurde seit dem Jahr 1870 durch einige Ausnahmen durchbrochen, sollte aber doch bis 1938 im staatlichen Eherecht maßgeblich bleiben. Unter den Ausnahmen ist nicht zuletzt auch der »Sonderfall« Burgenland zu beachten. Von 1894 bis 1934 bestand hier das System der obligatorischen Ziviltrauung, für Katholiken dann bis 1938 das System der fakultativen Ziviltrauung (es lag in der Wahl der Brautleute, ob sie vor einem staatlichen oder kirchlichen Trauungsorgan in staatlich gültiger Weise heiraten wollten).

9 Nicht eingegangen wird auf jene Regelungen, die insbesondere die Stellung katholischer Geistlicher bzw. Ordensleute oder katholischer Einrichtungen im Sachenrecht und im Erbrecht regelten. Ganz generell wird man sagen können, dass diese nicht mit einer Diskriminierung der Katholischen Kirche in Zusammenhang standen, obgleich auch hier im Einzelnen eine differenzierte Betrachtungsweise vorgenommen werden müsste. Siehe dazu etwa Stefan

tigung von Juden auszugehen, als dies für Evangelische der Fall war. Trotz dieser grundsätzlichen Tendenz muss in dieser Frage deutlicher in die Tiefe gegangen werden. Im Zuge der folgenden Ausführungen wird auch das Erbrecht berührt werden.

- Unter mehreren Gesichtspunkten werden auch verwaltungsrechtliche Entwicklungszusammenhänge angesprochen. Wie das Eherecht zählt auch das Bildungswesen zu jenen Materien, die einen konfliktischen Staat-Kirche-Bereich darstellten. Dies gilt vor allem für den Primärschulbereich. Darüber hinaus müssen einige Bemerkungen zum Gymnasialwesen und zu den höheren Studien gemacht werden.

Spezielle Ausführungen sind den Fragen der Zulassung zum Bürgerrecht gewidmet. Hierin war eine Art »Heimatrecht« in einer Gemeinde bzw. einer Stadt oder einem Markt zu sehen, in dem/der die betreffende Person wohnte. Damit verbunden waren insbesondere Aufenthaltsrecht bzw. Ausweisungsschutz und nötigenfalls der Genuss der Armenversorgung.

Eine wichtige Thematik bildet auch die Frage der Berufsausübungsfreiheit und des Zugangs zu öffentlichen Ämtern.[10]

Hinsichtlich des Militärwesens ist zu fragen, inwieweit nichtkatholischen Soldaten Karrieremöglichkeiten im Heer offen standen und ist die Frage nach dem Zugang zu öffentlichen Ämtern in spezieller Weise zu stellen. Darüber hinaus ist zu fragen, inwieweit auf die Bedürfnisse religiöser Minderheiten Rücksicht genommen wurde und wie es um die betreffende Militärseelsorge stand.[11]

In Zusammenhang mit dem Bestattungswesen sind interkonfessionelle Fragestellungen von Bedeutung, etwa das Begräbnis Evangelischer auf »katholischen« Friedhöfen.

Eingegangen wird ferner auf »weitere Aspekte religionsgemeinschaftlicher Finanzierung«. Fragen der Finanzierung religionsgemeinschaftlichen Lebens sind für einige der hier zu behandelnden Materien von Relevanz. Resümierende und ergänzen-

---

Schima, Die religionsrechtlichen Aspekte des Ersten Bundesrechtsbereinigungsgesetzes 1999, Teil 2: Die in die Anlage zum 1. BRBG aufgenommenen religionsrechtlich relevanten Rechtsquellen. *Österreichisches Archiv für Recht und Religion* 49 (2002) 190–229, hier 197–102; Teil 3: Die in die Anlage zum 1. BRGB nicht aufgenommenen religionsrechtlich relevanten Rechtsquellen. *Österreichisches Archiv für Recht und Religion* 49 (2002) 449–463, hier 451–456; Ders., Vermögens- und Unternehmensnachfolge im Bereich gesetzlich anerkannter Religionsgemeinschaften, in: Erbrecht und Vermögensnachfolge, hg. von Michael Gruber/Susanne Kalss/Katharina Müller/Martin Schauer (Wien 2010) 1189–1210, hier 1191 f. und 1207–1210. Ebenda 1192, zu den Erwerbsbeschränkungen zu Lasten der »toten Hand«. Einschlägige Bestimmungen betrafen vor allem die Erwerbsfähigkeit katholischer Einrichtungen.

10 Die Frage des Zugangs zu Lehrerstellen wird allerdings bereits in den entsprechenden Bildungsabschnitten behandelt. Was den Ämterzugang im militärischen Bereich betrifft, so wird dieses Thema im Zuge der das »Militärwesen« betreffenden Abschnitte beantwortet.

11 Auf die Regelungen bezüglich der militärischen Quartierlast kann nicht näher eingegangen werden. Dass diesen religionsrechtliche Bedeutung zukommen kann, erweist sich etwa anhand der diesbezüglichen Rechtsstellung der Juden: Siehe Schima, Revolution (wie Anm. 1) 428.

de Bemerkungen sollen Übersicht schaffen, wobei auch darauf hingewiesen werden muss, dass sich ein Vergleich der Evangelischen mit anderen Religionsgemeinschaften in keiner Weise in Zahlen bringen lässt. Symptomatisch für diese mangelnde Vergleichbarkeit sind die durch Joseph II. eingerichteten Religionsfonds, die einen zentralen Aspekt der Finanzierung der Katholischen Kirche bis zur Zeit des Nationalsozialismus darstellten (erst im Jahr 1940 wurden sie für aufgehoben erklärt).[12] Während die staatliche Verwaltungsbefugnis über das Vermögen grundsätzlich immer unstrittig war, bestanden zumeist doch Meinungsunterschiede hinsichtlich der Verfügungsbefugnis des Staates bzw. über die Eigentümerschaft am Religionsfondsvermögen, das sich bekanntlich zum großen Teil aus dem eingezogenem Kloster- und Bruderschaftsvermögen zusammensetzte.

Dieselben Probleme ergeben sich auch in Bezug auf die Orthodoxen.[13] Doch auch die Frage der Finanzierung jüdischer Einrichtungen durch den Staat lässt sich nur sehr differenziert beantworten. Einerseits wurden zwar exorbitante Steuern eingehoben, die mit liturgischen Handlungen in Verbindung stehen konnten (»galizische Lichterzündungssteuer«), andererseits konnte das Eingehobene zum Teil etwa dem Aufbau einer Infrastruktur zur schulischen Ausbildung jüdischer Kinder zugute kommen. Darüber hinaus ist daran zu denken, dass Ausgaben für jüdische Gemeindezwecke in Form des Zuschlags zu derartigen Judensteuern finanziert werden konnten.[14] Doch die genaue Analyse derartiger Zusammenhänge bleibt ein Forschungsdesiderat und kann nicht Gegenstand des vorliegenden Beitrags sein.

- Die Entwicklung des (materiellen) Strafrechts macht eine Diskriminierung insbesondere von Juden gegenüber Angehörigen christlicher Bekenntnisse deutlich. Darüber hinaus ist zu fragen, inwiefern sich der Staat bei Fragen, die die Herabwürdigung christlicher Lehren betrafen, auf katholische oder auch auf andere christliche Meinungen berief. Im Rahmen der vorliegenden Abhandlung ist allerdings keine Besprechung des jeweils gesamten religionsrechtlich relevanten Strafrechts möglich. Es werden jene Regelungen behandelt, die im Kontext mit religiösen Minderheiten stehen.
- Gesondert ist auf religionsrechtlich relevante Verfahrensregelungen einzugehen, wobei die Behandlung des Eidwesens im Vordergrund zu stehen hat.[15] Hier ist vor

12 Zu den Religionsfonds siehe etwa Max von Hussarek, Art. Katholische Religionsfonds. *Österreichisches Staatswörterbuch*² 4 (1909) 92–102. Zur Finanzierung der Katholischen Kirche allgemein: Ders., Art. Kirchenvermögen. *Österreichisches Staatswörterbuch*² 3 (1907) 77–94. Zum Einkommen des katholischen Klerus: Heinrich Singer, Art. Kongrua, siehe ebenda 145–161.

13 Zur Finanzierung der Orthodoxen siehe etwa Max von Hussarek, Art. Der Bukowinaer griechisch-orientalische Religionsfonds. *Österreichisches Staatswörterbuch*² 4 (1909) 102 f.

14 Siehe dazu etwa das Protokoll zur Sitzung des österreichischen Ministerrates vom 13. Februar 1850, Punkt 8: Die Protokolle des österreichischen Ministerrates 1848–1867 II/2, bearb. von Thomas Kletečka/Anatol Schmied-Kowarzik unter Mitarbeit von Andreas Gottsmann (Wien 2005) 127.

15 Damit sind nicht jene Eide gemeint, die als Amtseide zu betrachten sind, sondern eben nur jene, die im Zuge des Verfahrensrechts eine Rolle spielten.

allem auf Rechtsquellen zu achten, die auf einzelne religiöse Gruppierungen anzuwenden waren.[16] Doch ist auch die Benachteiligung von Juden gegenüber Christen im Bereich des Beweisverfahrens zu thematisieren. Darüber hinaus ist auch auf die Stellung des katholischen Klerus im Strafverfahren einzugehen. Obgleich dessen einschlägige Sonderstellung unter Joseph II. im Wesentlichen beseitigt wurde, blieben einige Grundsätze doch weiterhin von Bedeutung.[17]

Einige weitere Gebiete müssen außer Acht bleiben. So wird nicht auf das Feiertagswesen eingegangen. Dieses ist im Grunde bis heute katholisch geprägt.[18] Aber auch die Frage einer allfälligen obligatorischen Zugehörigkeit des Landesfürsten zum katholischen Bekenntnis muss unbehandelt bleiben. Immerhin ist sie Gegenstand theoretischer Erwägungen gewesen.[19] Wenn im vorliegenden Beitrag auf die Militärseelsorge eingegangen wird, so ist diese nur eine von vielen Möglichkeiten kategorialer religiöser Betreuung.[20]

Im Rahmen der vorliegenden Arbeit kann grundsätzlich nur auf Entwicklungen de lege lata eingegangen werden. Vergleichsweise wenig Raum ist den rechtspolitischen Anliegen der Bekenntnisse bzw. ihrer – offiziellen oder nicht offiziellen – Vertreter gewidmet. Derartige Anliegen waren nicht selten mit theologischen Fragestellungen verbunden, auf die im Rahmen der folgenden Ausführungen tendenziell nur in Form von Anmerkungen verwiesen werden wird.

---

16 Nicht gemeint ist dabei die Verpflichtung zur Eidesableistung durch evangelische Amtsträger: Siehe dazu etwa Wilhelm KÜHNERT, Vom Leben der evangelischen Toleranzkirche Österreichs: Juristische und psychologische Probleme staatlicher Reglementierung. *Österreichisches Archiv für Kirchenrecht* 28 (1977) 315–331, hier 321 f. Hier finden sich Ausführungen zu der im Jahr 1806 für Superintendenten vorgesehenen Eidesformel. Die Eidesableistungspflicht ist insofern nicht erstaunlich, als Superintendenten damals – ebenso wie die Konsistorialmitglieder – als Beamte zu betrachten waren.

17 Nicht eingegangen wird dagegen auf Fragen des kirchlichen Asylrechts. Dieses erfuhr unter Maria Theresia erhebliche Einschränkungen, die im Wesentlichen eine vollständige Aushöhlung darstellten: Siehe GAMPL, Staat–Kirche–Individuum (wie Anm. 2) 42.

18 Zur Situation in Österreich im 18. und 19. Jahrhundert siehe Stefan SCHIMA, Feiertage: Zankäpfel zwischen Kirche und Staat?, in: Ideologisierte Zeit. Kalender und Zeitvorstellungen im Abendland von der Antike bis zur Neuzeit, hg. von Wolfgang HAMETER/Meta NIEDERKORN-BRUCK/Martin SCHEUTZ (Querschnitte 17, Innsbruck 2005) 185–204, hier 188–194. Zu den staatlichen Regelungen betreffend die Feier eines Bußtages und des Toleranzfestes durch Evangelische siehe REINGRABNER, Glaube (wie Anm. 2) 87. Zur Frage der Unterwerfung von Evangelischen unter das »katholische« Feiertagswesen siehe ebenda 88.

19 Siehe Georg JELLINEK, Der Einfluss des Religionsbekenntnisses auf das Thronfolgerecht in der Österreichisch-Ungarischen Monarchie. Ein Beitrag zur Geschichte der Pragmatischen Sanktion, in: Festgabe zur Feier des fünfzigsten Jahrestages der Doktor-Promotion des geheimen Rates Professor Dr. Ernst Immanuel Bekker, dargebracht von den Mitgliedern der Juristischen Fakultät der Universität Heidelberg (Berlin 1899).

20 Nicht behandelt werden in der vorliegenden Abhandlung Gefängnisseelsorge und Krankenhausseelsorge.

II. Die Ära Josephs II. als Ausgangspunkt für die religionsrechtliche Entwicklung Österreichs im 19. Jahrhundert

II.1 Verfassungsrechtliche Ausgangslage: Die Toleranzgesetzgebung Josephs II. vor dem Hintergrund des damaligen Staatssystems

In gewisser Weise war bereits die Regierungszeit Maria Theresias (1740–1780) durch Elemente der Duldung von Evangelischen gekennzeichnet. Zwar hatte sie für die Bekämpfung des Geheimprotestantismus und die Umsiedlung von Protestanten Oberösterreichs nach Siebenbürgen gesorgt,[21] doch leiteten ökonomische Beweggründe zu einer gewissen Duldung an: Damals spielte der Zuzug protestantischer Unternehmer eine erhebliche Rolle.[22] Für diese galt sogar in Wien die Teilnahme am protestantischen Gottesdienst in der schwedischen, dänischen und niederländischen Botschaftskapelle als gestattet.[23] Dasselbe war auch für evangelische Offiziere der Fall.[24] In Triest war sogar überhaupt die Teilnahme Evangelischer an den Gottesdiensten ihres Bekenntnisses erlaubt.[25] Unter Maria Theresia wurde ferner die Zensur protestantischer Schriften in beträchtlicher Weise gelockert.[26]

---

21 Scharfe Konturen maria-theresianischer Religionspolitik lässt auch die Episode um das so genannte »fingierte Toleranzpatent«, die sich in den Siebzigerjahren in Mähren ereignete, erkennen: Siehe Karl VOCELKA, Glanz und Untergang der höfischen Welt. Repräsentation, Reform und Reaktion im habsburgischen Vielvölkerstaat 1699–1815 (Wien 2001) 382.

22 Siehe Karl VOCELKA, Geschichte Österreichs. Kultur – Gesellschaft – Politik (Wien 62000) 164–166; Martin SCHEUTZ, Legalität und unterdrückte Religionsausübung. Niederleger, Reichshofräte, Gesandte und Legationsprediger. Protestantisches Leben in der Haupt- und Residenzstadt Wien im 17. und 18. Jahrhundert, in: Geheimprotestantismus und evangelische Kirche in der Habsburgermonarchie und im Erzstift Salzburg (17./18. Jahrhundert), hg. von DERS./Rudolph LEEB/Dietmar WEIKL (Veröffentlichungen des Instituts für Österreichische Geschichtsforschung 51, Wien 2009) 209–236, hier 216–220. Einen rechtsgeschichtlichen Überblick über die Stellung der Evangelischen in Österreich zwischen der Reformation und der Erlassung des Toleranzpatents bietet Karl SCHWARZ, Zur rechtsgeschichtlichen Einordnung des österreichischen Geheimprotestantismus, in: ebenda 41–62.

23 Siehe Karl VON OTTO, Evangelischer Gottesdienst in Wien vor der Toleranzzeit. *JGPrÖ* 7 (1886) 120–131; Gustav TRAUTENBERGER, Im Josefinischen Jahrzehnt, Teil 3. *JGPrÖ* 22 (1901) 181–221, hier 206; Georg LOESCHE, Geschichte des Protestantismus im vormaligen und im neuen Österreich (Wien 1930) 522, insb. mit Anm. 2; SCHEUTZ, Legalität (wie Anm. 22) 220–226.

24 Personen aus anderen Schichten dürften allerdings nicht selten unter Benachteiligungen in Form physischer Übergriffe aufgrund derartiger Gottesdienstbesuche gelitten haben. Etwa seit Mitte des 18. Jahrhunderts dürften keine derartigen Übergriffe mehr vorgekommen sein: Vgl. VON OTTO, Gottesdienst (wie Anm. 23) 122.

25 Siehe TRAUTENBERGER, Jahrzehnt, Teil 3 (wie Anm. 23) 206.

26 Siehe BEIDTEL, Geschichte, Bd. 1 (wie Anm. 2) 132: »Den protestantischen Büchern, besonders jenen einer milden Färbung, wurde der Zugang in die österreichischen Staaten gestattet.« Vgl. auch ebenda 185. Demgegenüber darf darauf hingewiesen werden, dass die katholische Staatskirche »Opfer« nicht unbeträchtlicher Zensurmaßnahmen sein konnte. So im Zusammenhang mit dem so genannten »Brevieren Gregors VII.«· Vgl. ein Hofdekret Josephs II. vom 15. Juni 1782, abgedr. bei Joseph KROPATSCHEK, Handbuch aller unter der Regierung des Kaiser Joseph II. für die K. K. Erbländer ergangenen Verordnungen und Gesetze, Bd.

Für die für das Schicksal der Evangelischen sehr wichtige Epoche der Alleinregierung Josephs II. (1780–1790) seien hier die wichtigsten Grundlinien herausgestellt: Die katholische Staatskirche geriet insgesamt in noch größere Abhängigkeit vom Herrscher, als dies vorher der Fall gewesen war (erinnert sei etwa an die Klosteraufhebungen, aber auch an die durch Joseph II. einseitig vorgenommene kirchliche Verwaltungsgliederung). Wenn der aufgeklärte Absolutismus vor allem in seiner josephinischen Prägung im Sinne der Schaffung eines einheitlichen Untertanenverbands auf die Schwächung intermediärer Gewalten gerichtet war, so hat dies auch für die josephinische Kirchenpolitik zu gelten.[27]

Eine weitere Facette josephinischer Kirchenpolitik ist die Gewährung von Toleranz gegenüber nichtkatholischen Gruppierungen. Vor allem interessiert hier das Toleranzpatent aus dem Jahr 1781,[28] das Orthodoxe und Evangelische (»Augsburgische und Helvetische Religionsverwandte«) unter dem Begriff »Akatholiken« zusam-menfasste und formell betrachtet eine einheitliche Rechtsbasis schuf, die allerdings durch

2 (Wien 1785) 241–243, in dem alte Verbote eingeschärft werden: »Es ist bereits unterm 7. Mai 1774 befohlen worden, daß die in den zwar schon verbotenen, gleichwohl aber in den meisten Diözesen noch üblichen Breviarien Gregorii VII. enthaltene so irrige als gefährliche Lekzion von der Gewalt des Papstes, Monarchen abzusetzen, mit einem Papiere verpicket, und ein nach der Hand in Vorschein kommendes dergleichen unächtes Brevier nicht nur in Beschlag genommen, sondern auch dessen Inhaber als ein den Gesetzen Widerspenstiger zur Verantwortung gezogen werden soll. […] 2. Sollen auch die Ordinarien den Ordensgeistlichen überhaupt die Verpickung der mit den landesfürstlichen Verordnungen […] im Widerspruche stehenden Konstitutionen, als die Constitutiones Generales der Kapuziner und Franziskaner in Betreff des Ordensgenerals, und des ihm zu leistenden Gehorsames, welche noch ganz, wie zuvor, bisher gelassen, und zu gewöhnlichen Zeiten abgelesen werden, ernstlich befehlen, und sich von dessen Vollzuge auf die Art, wie bei den Brevieren, versichern.« Zur Zensurpolitik Maria Theresias allgemein siehe Thomas Olechowski, Die Entwicklung des Preßrechts in Österreich bis 1918 (Wien 2004) 58–77.

27 Die Merkmale des Josephinismus sind in jüngerer Zeit zusammengefasst bei Christoph Link, Kirchliche Rechtsgeschichte. Kirche, Staat und Recht in der europäischen Geschichte von den Anfängen bis ins 21. Jahrhundert (München [2]2010) 114–116; Thomas Olechowski, Art. Josephinismus. *Handwörterbuch zur deutschen Rechtsgeschichte*[2] 14. Lieferung (2011) Sp. 1396–1402, mit zahlreichen Literaturhinweisen. Zum Wesen des Staatskirchentums an sich siehe Stefan Schima, Art. Staatskirche. *Enzyklopädie der Neuzeit* 12 (2010) Sp. 600–606.

28 Es ist mit dem 13. Oktober 1781 datiert. Der Text ist abgedr. bei Gustav Frank, Art. Toleranzpatent. *Österreichisches Staatswörterbuch*[2] 4 (1909) 558–562, hier 558 f. Zu beachten ist, dass das Toleranzpatent durch die einzelnen Landesregierungen in einer Weise publiziert wurde, die »den Besonderheiten und dem Kanzleistil eines jeden Landes« angepasst war: Siehe Gustav Frank, Das Toleranz-Patent Kaiser Joseph II. Urkundliche Geschichte seiner Entstehung und seiner Folgen. Säcular-Festschrift des k. k. evangelischen Oberkirchenrathes A.C. und H.C. in Wien (Wien 1882) 47. Auch waren die Zeitpunkte des Inkrafttretens in den einzelnen Ländern unterschiedliche: Siehe etwa Oskar Wagner, Mutterkirche vieler Länder. Geschichte der Evangelischen Kirche im Herzogtum Teschen 1545–1918/20 (Studien und Texte zur Kirchengeschichte und Geschichte I/IV/1–2, Wien 1978) 114 f. Für Ungarn ist allerdings insofern Besonderes zu beachten, als das betreffende Toleranzpatent erst am 25. Oktober 1781 erlassen wurde und im Vergleich zum »österreichischen« Patent noch einen Teil mit konkretisierenden Vorschriften enthielt: Siehe Reingrabner, Glaube (wie Anm. 2) 171.

ganz wesentliche Ausnahmen durchbrochen war – dies gilt sowohl für die Evangelischen, als auch für die Orthodoxen.

Die Rechtslage der Evangelischen war vor Erlassung des Toleranzpatents geographisch eine sehr differenzierte gewesen. In Ungarn war schon im 17. Jahrhundert den Evangelischen weitgehende Religionsfreiheit eingeräumt worden.[29] Doch schlug diese Entwicklung in einer Weise um, dass sogar für die letzten sieben Jahrzehnte vor Erlassung des Toleranzpatents in der Literatur von der »Babylonischen Gefangenschaft des ungarischen Protestantismus« die Rede ist.[30] Was die im 19. Jahrhundert in ihrer Gesamtheit als »Cisleithanien« bezeichneten Länder betrifft, so gab es auch hier Gegenden bzw. Länder, in denen den Evangelischen das Recht auf öffentliche Religionsübung eingeräumt war.[31] Zu nennen ist zunächst Galizien, das seit 1772 zum habsburgischen Herrschaftsbereich gehörte und in dem den Evangelischen seit 1775 dieses Recht zukam.[32] Die Bukowina gelangte 1775 zu Österreich. Schon zuvor waren dort die Evangelischen mit den Katholiken grundsätzlich gleichberechtigt gewesen.[33] Öffentliche Religionsübung war auch im Ascher Bezirk (Böhmen) gewährt. Dort galt das Toleranzpatent nicht.[34] Das Recht auf öffentliche Religionsübung kam den Evangelischen aufgrund der rechtshistorisch besonderen Ausgangslage – der Bezirk Asch war erst im Jahr 1774 des Status der Reichsunmittelbarkeit entkleidet worden – zu.

Darüber hinaus ist zu beachten, dass das Toleranzpatent in Tirol erst später kundgemacht wurde und seine Geltung für Tirol im 19. Jahrhundert umstritten war.[35]

---

29 Zur Rechtslage der Evangelischen in Ungarn im 18. Jahrhundert vor Joseph II. siehe insb. Mihály Bucsay, Der Protestantismus in Ungarn 1521–1978. Ungarns Reformationskirchen in Geschichte und Gegenwart, Teil 2. Vom Absolutismus bis zur Gegenwart (Studien und Texte zur Kirchengeschichte und Geschichte, Erste Reihe III/2, Wien 1979) 13–21; Friedrich Gottas, Die Frage der Protestanten in Ungarn in der Ära des Neoabsolutismus. Das ungarische Protestantenpatent vom 1. September 1859 (Buchreihe der Südostdeutschen Historischen Kommission 14, München 1965) 4–7; Ders., Geschichte (wie Anm. 1) 489–492; Zoltán Csepregi, Das königliche Ungarn im Jahrhundert vor der Toleranz (1681–1781), in: Geheimprotestantismus und evangelische Kirche (wie Anm. 22) 299–330.

30 Bucsay, Protestantismus 2 (wie Anm. 29) 21.

31 Zu jenen Gegenden Cisleithaniens, in denen den Evangelischen die öffentliche Religionsübungsfreiheit zustand, siehe Inge Gampl, Staat und evangelische Kirche in Österreich von der Reformation bis zur Gegenwart. *Zeitschrift für Rechtsgeschichte, kanonistische Abteilung* 83 (1966) 299–331, hier 306–310; Gottas, Geschichte (wie Anm. 1) 492–494.

32 Siehe ausführlich Georg Holzgethan, Rechtsgeschichtliche Notizen über den gesetzlichen Zustand der Akatholiken in Galizien vor der Kundmachung des allgemeinen Toleranz-Patentes. *Zeitschrift für österreichische Rechtsgelehrsamkeit und politische Gesetzkunde* 4, 1. Teilband (1828) 89–120.

33 Siehe dazu Georg Holzgethan, Skizzierte Darstellung der rechtlichen Grundlagen über die Verfassung der in der Bukowina befindlichen Religionsparteien. *Oesterreichische Vierteljahresschrift für Rechts- und Staatswissenschaft* 6 (1860) 1–54, hier 49–54.

34 Siehe Erich Bernhard, Die rechtliche Organisation der Evangelischen in Böhmen seit dem Beginn ihrer Geschichte (Abhandlungen zum Nationalitätenrecht 2, Halle an der Saale 1939) 34 f. mit Hinweis auf ein Hofdekret vom 6. Mai 1791; siehe auch Gottas, Geschichte (wie Anm. 1) 492 f.

35 Zur verspäteten Kundmachung und zur Geltungsdiskussion siehe Schima, Glaubenseinheit (wie Anm. 5) 69 und 73 f., jeweils mit weiterführenden Literaturverweisen.

Zur Vorgeschichte des Toleranzpatents ist zu bemerken, dass Joseph II. schon am 30. Juni 1781 ein Hofdekret erlassen hatte, demzufolge, abgesehen vom nicht gewährten Recht auf öffentliche Religionsübung, kein »Unterschied zwischen katholischen und protestantischen Unterthanen mehr gemacht werden solle«.[36]

Das Toleranzpatent war nicht als immerwährende Garantie durchsetzbarer Rechte gedacht. Vielmehr war der Landesfürst jederzeit zur Zurücknahme der darin enthaltenen Berechtigungen befugt.[37] Die Rechtslage der Evangelischen bzw. »Akatholiken« blieb daher eine unsichere.

Wie die folgenden Ausführungen zum Toleranzpatent ergeben, waren zahlreiche Berechtigungen für Akatholiken iure dispensando zu erwerben. In Punkt 7 des Toleranzpatents wurde festgehalten, dass im Fall des Vorliegens von Umständen, »wegen welcher selbe abzuschlagen erachtet werden«, zunächst keine Dispens gewährt wurde, diese Nichtgewährung samt Begründung dem Gubernium bzw. der Landeshauptmannschaft anzuzeigen war und diese(s) dafür eine allerhöchste Entschließung des Landesfürsten hierüber einzuholen hatte. Daraus ergibt sich, dass man davon auszugehen hatte, dass derartige Dispensen im Regelfall gewährt werden sollten.

Wenn nun im Toleranzpatent die Evangelischen und die Orthodoxen unter dem Begriff »Akatholiken« zusammengefasst waren, darf dies nicht über zahlreiche Unterschiede in der Rechtsposition von Anhängern dieser Bekenntnisse hinwegtäuschen. So waren orthodoxen Gruppierungen schon viele Jahrzehnte zuvor Zugeständnisse gemacht worden, die teils weit über die Gewährungen des Toleranzpatents hinausgingen.[38] Dies hatte mehrere Gründe: Zum einen war man staatlicherseits gegenüber den Orthodoxen »nicht in dem Maße gegenreformatorisch fixiert«, wie dies gegenüber den Evangelischen der Fall war.[39] Ferner stand die orthodoxe Bekenntniszugehörigkeit fast immer mit ethnischen Gegebenheiten in Zusammenhang. In diesem Zusammenhang ist vor allem an die Gewährung dreier Privilegien durch Kaiser Leopold I. zwischen den Jahren 1690 und 1695 zu denken: Diese wurden jenen Serben zugestan-

---

36 Abgedr. in Karl Kuzmány, Urkundenbuch zum oesterreichisch-evangelischen Kirchenrecht (Praktische Theologie der Evangelischen Kirche Augsburgischer und Helvetischer Confession I/2, Wien 1856) Nr. 126 (182 f.).

37 Dies kommt sehr deutlich anhand eines Hofdekrets Leopolds II. vom 25. November 1791, abgedr. in Kuzmány, Urkundenbuch (wie Anm. 36) Nr. 74 (105), zum Ausdruck: »Da vermög Landesverfassung die katholische Religion allein die dominante ist, und nur durch Duldung dermalen den Akatholiken hierlandes gestattet wird, ihren Gottesdienst auszuüben; jede Duldung aber bloss von dem Gutbefunde des Gesetzgebers abhanget, in wie lange er solche belassen will; so sei es auch unthunlich, dass dieses Toleranzgesetz als ein immerwährendes Constitutionsmässiges [sic!] Gesetz angenommen werden könne.«

38 Zur Rechtslage der Orthodoxen vor Erlassung des Toleranzpatents siehe Ernst-Christoph Suttner, Die Toleranzgesetzgebung Joseph II. und die Orthodoxie im Habsburgerreich, in: Im Zeichen der Toleranz. Aufsätze zur Toleranzgesetzgebung des 18. Jahrhunderts in den Reichen Joseph II., ihren Voraussetzungen und ihren Folgen. Eine Festschrift, hg. von Peter F. Barton (Studien und Texte zur Kirchengeschichte und Geschichte II.8, Wien 1981) 93–100; Richard Potz, Die Donaumonarchie als multikonfessioneller Staat. *Kanon* 12 (1994) 49–65, hier 53–55.

39 Potz, Donaumonarchie (wie Anm. 38) 53.

den, die aus dem osmanischen in das habsburgische Herrschaftsgebiet gewechselt waren. Ihnen wurde etwa das Recht auf öffentliche Religionsübung zugesichert,[40] und daran hat das Toleranzpatent selbstverständlich nichts geändert. Die vergleichsweise privilegierte Stellung von Orthodoxen ist schließlich auch in Zusammenhang mit der Ansiedlung im Bereich der »Militärgrenze« zu sehen. Diese wurde erst im Jahr 1881 endgültig aufgelöst. Dabei darf nicht vergessen werden, dass in deren Gebiet – es überschnitt sich freilich nicht mit dem Gebiet des heutigen Österreich – die Orthodoxen (im Wesentlichen Serben und Rumänen) in konfessioneller Hinsicht die relative Mehrheit stellten.[41]

Doch wenden wir uns nun den Angehörigen kleinerer Bekenntnisse zu. Dabei ist vorweg zu beachten, dass Personen, die sich weder als Katholiken bezeichneten noch einem tolerierten Bekenntnis angehörten, grundsätzlich als Katholiken zu behandeln waren, dabei aber weder zur Beichte, noch zum Kommunionempfang, noch allgemein »zur Beobachtung der katholischen Religionsdisziplin« angehalten werden durften. Die Abhaltung eigener Gottesdienste durch diese Gruppen sollte prinzipiell als öffentliche Religionsstörung geahndet werden.[42] Dass Joseph II. mit dem im heutigen Sinn maßgeblichen Toleranzstandard nur wenig am (Kaiser-)Hut hatte,[43] zeigt sehr plastisch jenes Hofdekret vom 10. Juli 1783, mit dem er all jenen, die sich »bei einem Ober- oder Kreisamte als Deist, Israelit, oder als so genannter Lampelbruder« deklarierten, »24 Prügel oder Karbatschstreiche auf den Hintern« androhte. Weiter heißt es hier: »Dieses soll so oft wiederholt werden, als neuerdings kömmt, sich zu melden, nicht weil er ein Deist ist, sondern, weil er sagt, das zu sein, was er nicht weiß, was es ist.«[44]

Das alles kann aber nicht darüber hinwegtäuschen, dass es religiöse Gruppie-

---

40 Siehe Suttner, Toleranzgesetzgebung (wie Anm. 38) 94.

41 Zur Rechtsstellung der Orthodoxen unter Maria Theresia siehe Beidtel, Geschichte, Bd. 1 (wie Anm. 2) 122.

42 Abgedr. in Kropatschek, Handbuch, Bd. 2 (wie Anm. 26) 452.

43 Zum Stellenwert der Toleranz Josephs II. und des Josephinismus überhaupt siehe etwa Gustav Reingrabner, Zur rechtlichen Lage der evangelischen Kirche in den österreichischen Erblanden nach 1781. *ÖGL* 10 (1966) 525–539, hier 526–528.

44 Abgedr. in Kropatschek, Handbuch, Bd. 2 (wie Anm. 26) 465. Siehe dazu Stefan SCHIMA, Deutschkatholiken in Österreich – Eine religiöse Bewegung? Eine alte Fragestellung in neuem Licht. *ÖGL* 49 (2005) 262–285, hier 267, mit weiterführenden Literaturhinweisen betreffend die Unbestimmtheit der Begriffe. Diese müssen um wichtige Literaturhinweise ergänzt werden: Gustav Trautenberger, Schwarmgeister in Böhmen und Mähren. *JGPrÖ* 6 (1885) 33–39; Ders., Im Josefinischen Jahrzehnt, Teil 1. *JGPrÖ* 21 (1900) 202–242, hier 209–218; WOLF, Josefina IX (wie Anm. 2); Ders., Josefina (wie Anm. 2) 98–104. Die Lektüre dieser Werke macht eine inhaltliche Modifikation meiner Ausführungen notwendig. Der Deistenbegriff ist konkret mit jener Strömung in Zusammenhang zu bringen, die als »Adamiten« bezeichnet wurde und aus geistigen Nachfahren der radikalhussitischen Taboriten bestand. Besonders hervorgehoben wird vom Autor der pantheistische Zug von deren Lehren. Die Bezeichnung »Israeliten« wurde zuweilen für Angehörige dieser »deistischen« Strömungen gebraucht. Die im Hofdekret angesprochenen Gegebenheiten hat man vor allem mit der mährischen Walachei in Verbindung zu bringen. Die »Deisten« werden schließlich zur Auswanderung gezwungen oder treten der Katholischen Kirche bei oder deklarieren sich als evangelisch.

rungen gab, deren Angehörige in gewisser Hinsicht wie jene der Akatholiken behandelt wurden[45] und die dabei zumindest als partiell toleriert zu betrachten waren. Zu nennen sind unter den christlichen Richtungen die »Gregorianer« (Angehörige der armenisch-orientalischen Kirche),[46] »die Lippowaner« (ein Zweig der russischen »Altgläubigen«),[47] die Mennoniten (eine Ausformung der Täuferbewegung, der innerhalb des habsburgischen Herrschaftsbereichs in Galizien Bedeutung zukam)[48] und die Anglikaner. Letztere wurden in Triest als geduldet betrachtet.[49] Die Unitarier – sie stellten die Lehre von der Dreifaltigkeit in Abrede – waren in den ungarischen Ländern toleriert.[50] Doch auch nichtchristliche Gruppen konnten einer partiellen Tolerierung teilhaftig werden. Zu erwähnen sind hier die Karaiten: Dabei handelte es sich um eine in Galizien ansässige jüdische Sondergruppierung, die im Vergleich zu herkömmlichen jüdischen Strömungen eine gewisse Distanz zum talmudischen Schrifttum einnahm.[51] Selbst Muslime konnten in beschränkter Weise als geduldet gelten: So hatte der Passarowitzer Frieden von 1718[52] allen türkischen Untertanen in den habsburgischen Ländern die Freiheit des Handels und dabei auch der Begründung entsprechender Niederlassungen garantiert. Und so verwundert es nicht, wenn im 19. Jahrhundert Muslime in der staatlichen Eidgesetzgebung Berücksichtigung fanden.[53]

---

45 Zum Folgenden siehe SCHIMA, Deutschkatholiken (wie Anm. 44) 266 f.

46 Zu diesen siehe Wolfdieter BIHL, Notizen zu den ethnischen und religiösen Splitter-, Rest- und Sondergruppen in den habsburgischen Ländern, in: Die Habsburgermonarchie 1838–1918 III/2, hg. von Adam WANDRUSZKA/Peter URBANITSCH (Wien 1980) 949–974, hier 954.

47 Zu ihnen siehe HOLZGETHAN, Darstellung (wie Anm. 33) 32–48; BIHL, Notizen (wie Anm. 46) 968–970.

48 Zu den Mennoniten in Galizien siehe BIHL, Notizen (wie Anm. 46) 971 f.; Karl SCHWARZ, Die Mennonitische Freikirche in Österreich und ihre historische Anerkennung. *Österreichisches Archiv für Recht und Religion* 51 (2004) 149–165, hier insbesondere 154–159.

49 Was die in Mähren bedeutsamen Herrnhuter – eine durch den späten protestantischen Pietismus geprägte Bewegung – betrifft, so genossen diese als solche keine Toleranz. Siehe dazu Karl SCHWARZ, Eine kultusrechtliche Quadratur des Kreises? Anmerkungen zur gesetzlichen Anerkennung der Herrnhuter Brüderkirche im Jahre 1880. *Österreichisches Archiv für Recht und Religion* 50 (2003) 481–496, hier 483: »Es gehört zu den Traumata des tschechischen Protestantismus, dass Joseph II. 1781 die *Unitas fratrum* in sein Toleranzkonzept nicht aufgenommen hat, obwohl er selbst 1766 in Herrnhut das Aufbauwerk der böhmisch-mährischen Brüder studiert, ja sogar deren Rücksiedlung in Erwägung gezogen hatte. Doch die Hofkanzlei verhinderte diese Erweiterung des engen josephinischen Toleranzrahmens und so hatten sich die Kryptoprotestanten auch in den Ländern der böhmischen Krone zwischen der Confessio Augustana (AB) und der Confessio Helvetica posterior (HB) zu entscheiden.« Die Herrnhuter wurden schließlich im Jahr 1880 zur anerkannten Kirche: Reichsgesetzblatt Nr. 40/1880.

50 Siehe GOTTAS, Geschichte (wie Anm. 1) 491 f. Ihre Zahl darf keinesfalls überschätzt werden: siehe ebenda 492.

51 Zu ihnen siehe BIHL, Notizen (wie Anm. 46) 972 f.

52 Abgedr. in Recueil des traités et conventions conclus par l'Autriche avec les puissances étrangeres, depuis 1763 jusqu'à nos jours, 1, hg. von Leopold NEUMANN (Leipzig 1855) 1–9.

53 Justizgesetzsammlung Nr. 2217. Siehe dazu unten III.8.

II.2 Korporative Organisation, Kultusverwaltung und kirchenbezogene Ämterbesetzung

Zu beachten ist der überwiegend individuelle Ansatz des Toleranzpatents, das vorwiegend eben nicht eine Kirchengemeinde, geschweige denn eine gemeindeübergreifende Kirche im Blick hatte, sondern die einzelnen Angehörigen eines Bekenntnisses. Betrachten wir zunächst die Toleranzkirchen als solches, so waren sie in ihrer jeweiligen Gesamtheit im praktischen Rechtsleben nicht zu erfassen. So konnte die Evangelische Kirche als solche keine Rechtsgeschäfte abschließen. In ihrer Gesamtheit verfügte sie über keine Rechtspersonenqualität. Dieser Mangel an korporativer Handlungsbefugnis, der auch die Orthodoxen und die Juden betraf, darf aber keinesfalls überschätzt werden. Denn dies traf grundsätzlich auch auf die Katholische Kirche zu: Sieht man vom Papsttum ab, so gab es keine Institution, die für die Katholische Kirche des Habsburgerreichs einen juristisch relevanten Gesamtwillen hätte zum Ausdruck bringen können. Und dass das Papsttum in einer diesbezüglichen Willensbetätigung in Bezug auf den habsburgischen Herrschaftsbereich eingeschränkt war, werden nicht zuletzt die Ausführungen zum placetum regium zeigen.[54]

Für den Vergleich zwischen Katholischer und Evangelischer Kirche ist ferner festzuhalten, dass beide unstrittig dem öffentlichen Bereich zugeordnet wurden.[55] Für die Evangelische Kirche ergibt sich dies vor allem daraus, dass die Mitglieder der noch eingehend zu besprechenden Konsistorien als Beamte zu betrachten waren und diesen die Befugnis zur Erlassung hoheitlicher Verfügungen (etwa im Rahmen der Disziplinargewalt) zukam. Letztgenannten Gesichtspunkt wird man in analoger Weise im Sinne dessen geltend zu machen haben, dass auch die Angelegenheiten der Orthodoxen und der Juden grundsätzlich zum öffentlichen Bereich zu zählen waren.

Während man hinsichtlich der Katholischen Kirche für die damalige Zeit jedenfalls von einem Körperschaftscharakter ausgehen kann, dürfte dies hinsichtlich der Evangelischen in der Literatur umstritten sein.[56] Für das praktische Rechtsleben war diese Frage jedenfalls nicht von Bedeutung.

---

54 Siehe dazu unten in diesem Abschnitt.

55 Dazu und zum Folgenden siehe Bernhard, Organisation (wie Anm. 34) 33 f.

56 Gegen den Körperschaftscharakter ebenda 34: Der Autor argumentiert mit dem »Fehlen des Gesamtwillens in der Toleranzkirche«. Falls man hier überhaupt – und in theoretischer Sichtweise – von einer juristischen Person ausging, so bot sich die Rechtsfigur der Anstalt an. Ihr Zweck bestand in der Durchführung der im Toleranzpatent eingehend gewährten Gewissensfreiheit, und diesem Zweck war das Anstaltsvermögen gewidmet. Als Anstaltsherr konnte der Landesfürst betrachtet werden: Bernhard, ebenda. Diese Ausführungen dürfen keinesfalls in dem Sinne missverstanden werden, dass für den Körperschaftsbegriff eine demokratische Gesamtwillensbildung für notwendig erachtet wurde. Doch wurde davon ausgegangen, dass die katholische Staatskirche als »Trägerin des religiösen Lebens« mit einem – zumindest für sie verbindlichen – Gesamtwillen auftrat. Im Sinne einer Körperschaft argumentiert Karl Schwarz, Kirchenreform zwischen Staatsaufsicht und Grundrechtsfreiheit. Die Evangelische Toleranzkirche 1848/49 im Spannungsfeld von Kirchenfreiheitspostulaten, Patronatspflichten und Dotationswünschen (Diss. theol. ev., Wien 1983) 4, demzufolge es

In Punkt 3 des Toleranzpatents wurde in knapper Form die Absicht ausgesprochen, weitere Konsistorien zu errichten. Abgesehen von Ungarn und dem in Westböhmen gelegenen Asch bestand zur Zeit der Erlassung des Toleranzpatents nur in Teschen ein evangelisches Konsistorium.[57] Dieses evangelische Konsistorium A.B. war im Jahr 1744 gegründet worden.[58] Dabei handelte es sich um eine landesfürstliche Behörde. Im Jahr 1784 – und somit unter Joseph II. – wurde das Konsistorium nach Wien verlegt, und im Jahr darauf wurde auch ein Konsistorium für die Reformierten errichtet.[59]

Was die Rechtsnatur eines Konsistoriums betrifft, so handelte es sich um ein »Collegium, welches diejenigen das akatholische Kirchenwesen betreffenden Rechte auszuüben auf sich hat, die ihm von dem Landesfürsten besonders überlassen sind«.[60] Man kann in diesem Zusammenhang von einer Behörde sprechen, da mit den durch den Landesfürsten übertragenen Rechten die Ausübung hoheitlicher Verwaltung verbunden sein konnte.

Eine wichtige Rechtsquelle stellte die Konsistorialinstruktion aus dem Jahr 1784 dar.[61] In dieser war zwar noch von einem in Teschen befindlichen Konsistorium die Rede, doch sollte die Verlegung nach Wien die grundsätzliche Anwendbarkeit der Instruktion nicht beeinträchtigen. Darüber hinaus sollte sie auch auf das Konsistorium H.C. angewandt werden.[62] Die Konsistorien hatten zu jeweils 50 Prozent aus geistlichen und weltlichen Angehörigen des evangelischen Bekenntnisses (Räten) zu bestehen. Ihnen stand ein gemeinsamer Präsident vor, der der Katholischen Kirche anzugehören hatte.[63] Unmittelbare Aufsichtsbehörde war die niederösterreichische Regierung. Die Konsistorien hatten sich mit Glaubensangelegenheiten der Evangelischen zu befassen, wozu etwa die Schlichtung von Streitigkeiten, die Verhängung

---

sich »bei den vom Toleranzpatent begünstigten Augsburgischen und Helvetischen Konfessionsverwandten« insgesamt um einen »korporativen Zweckverband« handelte.

57 Zum Konsistorium in Asch siehe Bernhard, Organisation (wie Anm. 34) 13 f. und 35.

58 Hierzu und zum Folgenden siehe Reingrabner, Lage (wie Anm. 43) 530 und 537; Gampl, Staat und Evangelische Kirche (wie Anm. 31) 313 f. (zum Konsistorium in Asch siehe ebenda 309f., insb. Anm. 53); Dies., Staat – Kirche – Individuum (wie Anm. 2) 68 f., jeweils mit Quellennachweisen.

59 Die Verlegung wurde angeordnet im Hofdekret vom 22. September 1784, abgedr. in Kuzmány (wie Anm. 36) Nr. 225 (182). Im selben Hofdekret findet sich auch die Anordnung der Errichtung eines Konsistoriums »für die zu den deutschen und böhmischen Erblanden befindlichen Reformirten«.

60 Helfert, Rechte (wie Anm. 2) 46.

61 Die Konsistorialinstruktion ist abgedr. in Gustav Frank, Consistorial-Instruction vom Jahre 1784. *JGPrÖ* 7 (1886) 132–153, hier 134–153.

62 Siehe ebenda 134.

63 Zur genaueren Struktur siehe auch Reingrabner, Lage (wie Anm. 43) 530. Die Konsistorialräte wurden durch den Kaiser auf Vorschlag der Wiener Gemeinden ernannt. Auch der gemeinsame Sekretär war durch den Kaiser zu ernennen. Was die Präsidenten betrifft, so waren sie bis zur Mitte des 19. Jahrhunderts gleichzeitig auch Räte der niederösterreichischen Landesregierung (ebenda 537).

von Disziplinarmaßnahmen, die Prüfung von Predigtamtskandidaten, Fragen der Ordination und die Aufsicht über die Superintendenten zählten.

Der erwähnte mangelnde korporative Ansatz des Toleranzpatents lässt es nicht als verwunderlich erscheinen, dass im Patent selbst noch nicht das Recht auf Gemeindegründung erwähnt war. Damals bestanden – von Ungarn abgesehen – Gemeinden in Asch und in Teschen.[64] Noch unter Joseph II. kam es zu zahlreichen evangelischen Gemeindegründungen.[65] Von einem flächendeckenden Gemeindesystem kann allerdings nicht die Rede sein. Ansätze der Zuordnung von Evangelischen nach dem Gesichtspunkt des Ortes privater Religionsübung finden sich im Toleranzpatent insofern, als es anordnete, dass sich Akatholiken grundsätzlich in das zunächst gelegene Bethaus zu begeben hätten (Punkt 1).[66]

Im Übrigen trat der Gemeindebegriff in den religionsrechtlich relevanten Bestimmungen der josephinischen Zeit nur selten auf.[67] Die Superintendentialinstruktion vom Jahr 1785 enthielt allerdings Bestimmungen, die die rechtsgeschäftliche Vertretung evangelischer Gemeinden betrafen.[68]

Was die Stellung evangelischer Amtsträger betrifft, so war es noch vor Etablierung der josephinischen Konsistorialverfassung zur Ernennung von Superintendenten gekommen.[69] Ihre Rechtsstellung war in einigen Belangen ungeklärt: So war zwar einerseits das Konsistorium Aufsichtsbehörde, andererseits war auch die örtlich zustän-

64 Siehe dazu Wagner, Mutterkirche (wie Anm. 28) 115.

65 So zählt Wagner, ebenda 117, im Gebiet der »österreichischen Erblanden, in den Ländern der böhmischen Krone, in Galizien und in der Bukowina« 158 damals entstandene Toleranzgemeinden, davon 100 augsburgischen und 58 helvetischen Bekenntnisses. Siehe auch Trautenberger, Jahrzehnt, Teil 1 (wie Anm. 44) 225–242. Zu Gemeindegründungen im Gebiet des heutigen Österreich siehe Gustav Trautenberger, Im Josefinischen Jahrzehnt, Teil 2. *JGPrÖ* 22 (1901) 70–79. Zur Gründung der Wiener Gemeinde A.B. siehe ebenda 78 (die Zahl der Lutheraner Wiens betrug unter Joseph II. etwa 3.000). Die Reformierten hatten die erforderliche Zahl von 100 Familien zwar nicht ganz erreicht, trotzdem erhielten sie bereits im Jahr 1782 das Recht zur Gemeindegründung (ebenda 79). Zu den Gemeindebildungen siehe auch Wilhelm Kühnert, Unsere Kirche im Wandel der Zeiten, in: Die Evangelische Kirche in Österreich, hg. von Gerhard May (Göttingen 1962) 51–87, hier 78; Reingrabner, Glaube (wie Anm. 2) 93–95. Eine Landkarte zu den »Toleranzgemeinden« auf dem Gebiet Österreichs ohne das Gebiet des Burgenlandes zum Stand des ausgehenden 18. Jahrhunderts siehe Rudolf Leeb/Martin Scheutz/Dietmar Weikl, Mühsam erkämpfte Legalität und widerstrebende Duldung, in: Geheimprotestantismus und evangelische Kirche (wie Anm. 22) 7–24, hier 15.

66 Der Kontext zur Frage der Gemeindezugehörigkeit findet sich bei Helfert, Rechte (wie Anm. 2) 89 f.

67 Reingrabner, Lage (wie Anm. 43) 531.

68 Die einschlägigen Regelungen enthielt Art. V, abgedr. in Gustav Frank, Superintendential-Instruction vom Jahre 1785. *JGPrÖ* 6 (1885) 14–32, hier 23. Demnach hatte jede Gemeinde »einige Vorsteher als Repräsentanten« zu wählen, die in der »Verwaltung der *oeconomicorum*« tätig werden sollten. Bei Ausgaben, die 30 fl. Überstiegen, war mittels des Konsistoriums um Bestätigung der zuständigen staatlichen Behörde anzusuchen.

69 Dazu und zum Folgenden Reingrabner, Lage (wie Anm. 43) 530 f. Zu den theologischen Positionen der Superintendenten siehe Ders., Glaube (wie Anm. 2) 83.

dige staatliche Stelle zur Aufsicht berufen.[70] Der örtliche Zuständigkeitsbereich der Superintendenten ähnelt bis heute dem der katholischen Diözesanbischöfe. Trotzdem war ihnen die Führung des Titels »Bischof« strikt untersagt. Wichtige Aufgaben nahmen sie im Delegationsweg wahr: Diese eigentlich dem Konsistorium zukommenden Kompetenzen bestanden in der Prüfung und Ordination von Predigtamtskandidaten, der Einweihung neuer Bethäuser und der Visitation ihres Amtssprengels, der übrigens nicht selten »Diözese« genannt wurde.

Zu erwähnen sind ferner die Senioren.[71] Diese wurden durch die örtlich zuständige staatliche Stelle auf Vorschlag des Konsistoriums bestellt. Nach Möglichkeit sollte sich der Zuständigkeitsbereich eines Seniors auf zehn Gemeinden erstrecken. Der Senior hatte vom Superintendenten erteilte Aufträge auszuführen.

Was die Besetzung von Pastorenstellen betraf, so sah Punkt 3 des Toleranzpatents vor, dass Akatholiken, die eine solche finanzierten, die – allerdings bestätigungsbedürftige – Auswahl der Person, die dieses Amt bekleiden sollte, selbst treffen konnten. Für den Fall, dass die für diese Akatholiken zuständige »Obrigkeit« für den finanziellen Aufwand aufkam, stand ihr das Präsentationsrecht zu. Da es allerdings zumindest in den Erblanden »wenige oder keine historischen Patronatsrechte gab«, kann man davon ausgehen, dass »die Gemeinden ihre Pfarrer selbst bestellen« konnten.[72] Das Bestätigungsrecht kam den evangelischen Konsistorien zu; wo keine solchen bestanden, übte es der Landesfürst aus. Praktisch waren in den Bestellungsvorgang allerdings auch andere staatliche Behörden eingebunden, und selbst Pastoren hatten eine Art Amtseid abzulegen.[73]

Im Wesentlichen kam die Abhängigkeit evangelischer Kirchenjurisdiktion von der Staatsgewalt dadurch zum Ausdruck, dass staatliche Behörden zur Beaufsichtigung und Leitung berufen waren und dass das eigentliche Gesetzgebungsrecht für die Kirche ausschließlich dem Landesfürsten zukam.[74]

Doch betrachten wir nun die Situation anderer Religionsgemeinschaften: Die Katholische Kirche dominierte zwar als Staatskirche das öffentliche Leben, doch waren mit dieser Stellung Eingriffe in ihren inneren Bereich verbunden, die aus heutiger grundrechtlicher Perspektive durchaus als bedenklich erscheinen müssten. Die staatlich-juristische Fassbarkeit ihrer Einrichtungen war vielfältiger als bei den Evangelischen. Andererseits waren damit sehr oft Zugriffsrechte des Staates verbunden. Die Ämterbesetzung kann aus vielerlei Gründen nicht als frei bezeichnet werden. Das reichte vom so genannten ius exclusivae bei Papstwahlen,[75] das von katholischen Mächten von der Mitte des 16. bis zum frühen 20. Jahrhundert ausgeübt wurde und

70 Siehe Frank, Superintendential-Instruction (wie Anm. 68) 15–32.

71 Siehe Reingrabner, Lage (wie Anm. 43) 531.

72 Ebenda 528.

73 Siehe Reingrabner, Glaube (wie Anm. 2) 83, wo der evangelische Pfarrer durchaus zutreffend »als so etwas wie ein staatlich akzeptierter Funktionär im Land« betrachtet wird.

74 Vgl. ebenda 86.

75 Zur Einordnung des *ius exclusivae* in das System des Staatskirchentums siehe Schima, Staatskirche (wie Anm. 27) 603.

das Recht beinhaltete, zumindest einen Kandidaten von der Wählbarkeit auszuschließen, über das fast überall maßgebliche Nominationsrecht des Landesfürsten bei der Besetzung von Bischofsstühlen bis zum staatlichen Einfluss auf Pfründenvergabe, Pfründenkürzung und Pfründenentzug. Bekanntlich sind diese Einflussnahmen unter Joseph II., unter dem der Charakter der Katholischen Kirche als staatlicher Einrichtung immer stärker hervortrat, nicht geringer geworden, sondern es war das Gegenteil der Fall.[76] Dass der dominanten Katholischen Kirche aus dem System des Staatskirchentums schwere Benachteiligungen erwuchsen, zeigt sich vor allem auch an Kommunikationsbeschränkungen im kirchlichen Verkehr. Unter Joseph II. wurde das Erfordernis des placetum regium für päpstliche Verfügungen beibehalten.[77] Deren Kundmachung bedurfte der landesfürstlichen Bewilligung. Im Wesentlichen wurden nun für den amtlichen Schriftverkehr der Bischöfe dieselben Auflagen vorgeschrieben. Der Verkehr mit Rom war einer besonderen Kontrolle unterstellt. Bekannt sind auch Josephs Bestimmungen über die Sparsamkeit bei der Innenausstattung katholischer Kirchen.[78]

Was das Maß staatlicher Einbeziehung in kirchliche Angelegenheiten betrifft, so ist allerdings doch eine intensivere staatliche Ingerenz in Bezug auf evangelische als im Hinblick auf katholische Kirchenangelegenheiten festzustellen. Die Leitung evangelischer Angelegenheiten war eben in staatlicher Hand, während man dies von der katholischen nicht in diesem Ausmaß behaupten kann.[79]

Ein Vergleich zwischen Evangelischen und Orthodoxen lässt sich hinsichtlich der Kirchenstrukturen nur bedingt anstellen. Der im Jahr 1775 erfolgte Erwerb der Bukowina führte zu einer Umorganisation auf der Ebene orthodoxer Diözesangliederung.[80] Auf dem Boden des heutigen Österreich vollzog sich zur Zeit Josephs II.

---

76 In diesem Zusammenhang ist etwa die durch Joseph II. vorgeschriebene Eidesformel katholischer Bischöfe von Bedeutung: Noch vor ihrer Weihe hatten sie auf den »einzigen rechtmässigen höchsten Landesfürsten und Herrn« vereidigt zu werden und dabei zu beschwören, dass sie nichts unternehmen würden, was dem Landsfürsten, dem Erzhaus oder dem Staat nachteilig wäre: Teilweise zitiert in Beidtel, Geschichte, Bd. 1 (wie Anm. 2) 227, mit Bezugnahme auf ein Hofdekret vom 1. September 1781.

77 Hierzu und zum Folgenden siehe Gampl, Staat–Kirche–Individuum (wie Anm. 2) 76–79.

78 Dass diese Bestimmungen dazu beitrugen, dem Inneren katholischer Kirchengebäude »beinahe das Aussehen protestantischer Tempel« zu verleihen [Beidtel, Geschichte, Bd. 1 (wie Anm. 2) 239] mag zwar aus einer polemischen Haltung heraus formuliert sein, doch ist damit wohl das Wesentliche getroffen.

79 Vgl. Reingrabner, Glaube (wie Anm. 2) 86. Ebenda 87, in Bezug auf die Evangelischen: »Es gab aufgrund dieser Gegebenheiten kein kirchliches Recht, sondern lediglich Recht für die Kirche.«

80 Siehe dazu Max von Hussarek, Griechisch-orientalische Kirche. *Österreichisches Staatswörterbuch*[2] 2 (1906) 576–580. Nachdem der Erwerb der Bukowina zum Verzicht des außerhalb des Gebietes der Donaumonarchie residierenden Metropoliten von Jassy auf kirchenjurisdiktionelle Rechte geführt hatte, wurde der Bischof des bukowinischen Radautz zum eigentlichen Jurisdiktionsträger. Bald darauf erfolgte die Verlegung der Eparchie nach Czernowitz, und 1783 wurde sie dem Metropoliten von Karlowitz (diese Stadt ist in der Wojwodina und damit nicht in Cisleithanien gelegen) unterstellt: Auf die im Jahr 1783 für die

in Wien der Wandel zweier Bruderschaften zu orthodoxen Kirchengemeinden: Es handelt sich um die St. Georgsgemeinde und die Dreifaltigkeitsgemeinde.[81]

Was die Juden betrifft, so war die Möglichkeit korporativer Organisation länderweise sehr unterschiedlich gestaltet.[82] Auf dem Gebiet des heutigen Österreich gab es nur in Vorarlberg und Burgenland jüdische Gemeinden. Das für die Juden von Niederösterreich erlassene und damit auch für Wien maßgebliche Toleranzpatent von 1782 stellte die Möglichkeit der Gemeindebildung ausdrücklich in Abrede.[83]

II.3 Religionsübungsfreiheit

In Punkt 1 des Toleranzpatents gestattete Joseph II. den akatholischen Untertanen an jenen Orten, wo 100 Familien ihres Bekenntnisses lebten, die Errichtung eines eigenen Bethauses und einer Schule.[84] Die Zahl von 100 Familien war zufolge von Regelungen, die in den Jahren darauf erlassen wurden, der Zahl von 500 Personen gleichzusetzen.[85] Die Bestimmungen des Toleranzpatents dürfen nicht darüber hinwegtäuschen, dass für eine Bethauserrichtung eine eigene behördliche Genehmigung einzuholen war.[86]

Einem akatholischen Untertan stand es gemäß Punkt 1 des Toleranzpatents frei, das nächstgelegene Bethaus seines Bekenntnisses aufzusuchen. Akatholische Bethäuser durften nach außen hin nicht als solche erkennbar sein (»solches kein Geläute, keine Glocken, Thürme und keinen öffentlichen Eingang von der Gasse«). Somit sollte Akatholiken grundsätzlich nur die private Religionsübung zukommen, nicht die öffentliche, d.h. nicht die nach außen hin erkennbare Religionsübung. Dabei ist anzumerken, dass Akatholiken die »Administrierung ihrer Sacramenten und Ausübung des Gottesdienstes, sowohl in dem Orte selbst als auch deren Ueberbringung zu den Kranken in den dazu gehörigen Filialen« gestattet wurde.

---

orthodoxen Rumänen im siebenbürgischen – und damit nicht in Cisleithanien gelegenen – Hermannstadt eingerichtete Eparchie ist hier nicht näher einzugehen.

81 Siehe dazu Willibald M. Plöchl, Die Wiener orthodoxen Griechen. Eine Studie zur Rechts- und Kulturgeschichte der Kirchengemeinden zum Hl. Georg und zur Hl. Dreifaltigkeit und zur Errichtung der Metropolis von Austria (Kirche und Recht 16, Wien 1983) 50 und 137–144.

82 Siehe Rudolf von Herrnritt, Art. Israelitische Kultusangelegenheiten. *Österreichisches Staatswörterbuch*[2] 2 (1906) 971–981, hier 972 f.; Schima, Revolution (wie Anm. 1) 419.

83 Die einschlägige Stelle ist abgedr. in Alfred Francis Pribram, Urkunden und Akten zur Geschichte der Juden in Wien, Erste Abteilung, Allgemeiner Teil, 1526–1847 (Wien 1849) 494 f. Dabei darf allerdings nicht außer Acht gelassen werden, dass für Wien zum ersten Mal für das Jahr 1778 eine sephardische Gemeinde bezeugt ist. Ob es sich dabei wirklich um eine Gemeinde mit Rechtsfähigkeit nach staatlichem Recht handelte, bedarf noch eingehender Erforschung.

84 Siehe dazu Gampl, Staat und evangelische Kirche (wie Anm. 31) 312: Diese 100 Familien mussten einem der drei im Toleranzpatent erwähnten Bekenntnisse angehören: Es erfolgte somit keine Addition von Familien unterschiedlichen evangelischen Bekenntnisses.

85 Die Rechtsquellen siehe bei Helfert, Rechte (wie Anm. 2) 72.

86 Vgl. Art. XIV der Konsistorialinstruktion von 1784, abgedr. in Frank, Consistorial-Instruction (wie Anm. 61) 151.

Das Toleranzpatent normierte in Bezug auf die Religionsübungsfreiheit insofern einen Mindeststandard, als die öffentliche Religionsübung zulässig blieb, wenn sie schon vorher gestattet war.[87]

Darüber hinaus ist auch noch zu beachten, dass gemäß Punkt 1 des Toleranzpatents hinsichtlich der Akatholiken »die öffentlichen Begräbnisse mit Begleitung ihres Geistlichen vollkommen erlaubt sein« sollten. Somit konnte in diesem Bereich über den Rahmen privater Religionsübung hinausgegangen werden.

Unter Joseph II. wurde den Evangelischen ferner gestattet, die Buß- und Bettage »mit öffentlichem feierlichem Gottesdienste, Gesängen, Gebeten und Vor- und Nachmittagspredigten« zu begehen.[88]

Der Katholischen Kirche stand als Staatskirche das Recht der öffentlichen Religionsübung zu, und dies im gesamten Habsburgerreich.[89] Für die Orthodoxen ist davon auszugehen, dass ihnen im Bereich der Habsburgermonarchie die öffentliche Religionsübung vor Erlassung des Toleranzpatents in geographisch viel höherem Ausmaß gewährt war, als dies bei den Evangelischen der Fall war.

Die Rechtslage der Juden war sowohl im Vergleich zur Katholischen Kirche als auch im Vergleich zu den Akatholiken äußerst differenziert gestaltet.[90] So enthielt das für Niederösterreich – und damit damals auch Wien – maßgebliche Toleranzpatent selbst für tolerierte Juden kein Recht der öffentlichen Religionsübung.[91]

Ein Teilaspekt der Religionsfreiheit, der mit der Religionsübungsfreiheit in engem Zusammenhang steht, ist durch die Möglichkeit betroffen, schriftliche Manifestationen des eigenen Bekenntnisses zu drucken, in Umlauf zu setzen und zu benützen.[92] Aus heutiger Sicht stellt dies eine Schnittstelle zwischen Religionsfreiheit und Meinungsäußerungsfreiheit dar. Joseph II. gestattete mit Hofdekret vom 22. Juni 1782[93] die Herausgabe »der Bibel nach der gewöhnlichen Hallischen oder Lemgower Ausgabe«. Die bisherigen Gesangbücher konnten weiterhin beibehalten werden. Dabei wurden bestimmte Gesangbücher namentlich aufgezählt. Mit Hofdekret vom 12. Oktober 1782 befahl Joseph II. die Rückgabe abgenommener protestantischer Bibelausgaben an die betreffenden Eigentümer.[94]

87 Siehe dazu etwa Holzgethan, Notizen (wie Anm. 32) 13; Gampl, Staat und evangelische Kirche (wie Anm. 31) 306–310; Dies., Staat–Kirche–Individuum (wie Anm. 2) 100. Für die Orthodoxen ist hier etwa auf das Privileg Maria Theresias für die St. Georgsbruderschaft aus dem Jahr 1776 hinzuweisen: abgedr. in Plöchl, Griechen (wie Anm. 81) 133–136: Gottesdienstliche Verrichtungen dürfen »uneingeschränkt öffentlich gehalten werden«.

88 Kropatschek, Handbuch (wie Anm. 26) Bd. 13 (Wien 1789) 673 f.

89 Vgl. dazu auch die Präambel zum Toleranzpatent: »Der katholischen Religion allein soll der Vorzug des öffentlichen Religionsexerzitii verbleiben […].«

90 Siehe dazu Schima, Revolution (wie Anm. 1) 419.

91 Ebenda.

92 Zum Rückgang der Zensur evangelischer Bücher unter Maria Theresia siehe oben II.1.

93 Siehe dazu Trautenberger, Jahrzehnt, Teil 3 (wie Anm. 23) 197.

94 Zum Gebrauch der unterschiedlichen Gesangsbücher siehe ebenda 197–205.

II.4 Übertrittsrecht

Grundsätzlich waren alle Personen, die nicht der Katholischen Kirche oder einem akatholischen Bekenntnis oder dem Judentum angehörten, als katholisch zu betrachten.[95] Unter Joseph II. wurde der Übertritt von der Katholischen Kirche zu einem akatholischen Bekenntnis gestattet. Die Möglichkeit des Übertritts von einem akatholischen Bekenntnis zur Katholischen Kirche war dagegen rechtlich stets möglich gewesen. Dass unter Joseph II. diese weiterhin bevorzugt blieb, kann nicht erstaunen, denn das Übertrittsrecht war keineswegs in »symmetrischer« Weise gestaltet.[96] Während katholische Seelsorger Bekehrungsversuche gewissermaßen nach Lust und Laune unternehmen konnten, war den Akatholiken »Proselitenmacherei« bei Katholiken strengstens untersagt. Bei übertrittswilligen Katholiken war besonderes Augenmerk darauf zu lenken, ob sie insbesondere aus Unbildung, Leichtsinn oder finanzieller Erwägungen diesen Schritt vollziehen wollten. Übertrittswilligen Akatholiken wurden hingegen keine derartigen Hindernisse in den Weg gelegt. Im Übrigen hatte dem Übertritt eines Katholiken zu einem akatholischen Bekenntnis ein sechswöchiger Unterricht durch den zuständigen katholischen Seelsorger voranzugehen. All dies hinderte freilich zahlreiche Personen, die als Katholiken galten, nicht daran, zum evangelischen Bekenntnis überzutreten.[97]

Der Übertritt von einem christlichen Bekenntnis zum Judentum war nach staatlicher Sicht nicht möglich. Sollte sich ein Christ dennoch zum Judentum bekennen, so drohten Vermögensentzug und Landesverweis.[98] Was den Übertritt vom Judentum zu einem christlichen Bekenntnis betrifft, so konnte ein derartiger Schritt nicht nur wegen der gravierenden Benachteiligung von Juden in diversen Lebensbereichen durchaus als vorteilhaft erscheinen. Joseph II. hob die Mindestaltersgrenze für einen solchen Übertritt vom vollendeten siebenten auf das vollendete 18. Lebensjahr an, Ausnahmen bestanden aber für den Fall der Todesgefahr.[99] »Judenkinder« durften grundsätzlich nur im Fall der Lebensgefahr notgetauft werden und christliche Hebammen von derartigen Kindern traf sogar die Verpflichtung, im Fall der Lebensgefahr für die Spendung der Taufe zu sorgen.[100]

95 Siehe Stefan Schima, Glaubenswechsel in Österreich in der staatlichen Gesetzgebung von Joseph II. bis heute, in: *Wiener Zeitschrift zur Geschichte der Neuzeit 7* (2007) 79–99, hier 80.

96 Unter den Rechtsquellen siehe insbesondere das Hofdekret vom 15. Dezember 1782, abgedr. in Kropatschek, Handbuch, Bd. 2 (wie Anm. 26) 453; Hofentschließung vom 25. Juli 1785, abgedr. in Ders., Handbuch (wie Anm. 26) 10 (Wien 1786) 890; Hofentschließung vom 21. Jänner 1786, abgedr. in ebda., 884. Siehe dazu Gustav Trautenberger, Jahrzehnt 3 (wie Anm. 23) 182; Gampl, Staat und evangelische Kirche (wie Anm. 31) 313; Schima, Glaubenswechsel (wie Anm. 95) 81.

97 Siehe Wagner, Mutterkirche (wie Anm. 28) 116 f., wo die »Eintritte in die evangelische Kirche aus den Reihen der Geheimprotestanten in den österreichischen Ländern« in der Weise beziffert wird, dass dort Ende Oktober 1782 73.722, Ende Jänner 1783 79.226, Ende 1797 132.870 und Ende 1798 156.865 Evangelische lebten.

98 Siehe Schima, Glaubenswechsel (wie Anm. 95) 82.

99 Siehe ebenda.

100 Siehe ebenda.

II.5 Privatrecht

II.5.1 Allgemeines

Unter Joseph II. wurde die Erlassung eines Allgemeinen Bürgerlichen Gesetzbuchs geplant. Tatsächlich kam es nur zur Erlassung von Kodifikationen, die allerdings bloß Teilgebiete des Privatrechts abdeckten.[101] Zu nennen ist zunächst das noch eingehend zu behandelnde Ehepatent von 1783.[102] Darüber hinaus wurden im Jahr 1786 sowohl ein Erbfolgepatent[103] als auch das Josephinische Gesetzbuch erlassen, das vor allem Personen- und Familienrecht enthielt.[104] Das Gesetzbuch beschränkte sich nicht auf privatrechtliche Regelungen. Vor allem hier zeigte sich eine gewisse Tendenz in der Gewährleistung gleicher bürgerlicher Rechte, und zu Recht wurde in der Literatur festgestellt, dass im Josephinischen Gesetzbuch grundrechtsähnliche Verbürgungen enthalten waren.[105] Doch darf man dabei in keiner Weise von Rechten ausgehen, die für den Einzelnen gegenüber der staatlichen Gewalt durchsetzbar gewesen wären. Es ist alles andere als ein Zufall, dass das Josephinische Gesetzbuch hierin der Toleranzgesetzgebung ähnelt: Zum einen Einräumung von Rechten, die gegenüber dem Landesfürsten nicht durchsetzbar sind, zum anderen ein Hang zur Gleichbehandlung der Untertanen, wobei man vom Erreichen gleichheitsrechtlicher Standards noch weit entfernt war.

II.5.2 Eherecht

Das Eherecht wurde durch das Toleranzpatent nicht in direkter Weise berührt. Allgemein ergab sich unter Joseph II. insofern eine Wende in der eherechtlichen Entwicklung, als nun der staatliche Anspruch auf eherechtliche Regelungszuständigkeit zum Durchbruch kam. Dies erfolgte durch das Ehepatent von 1783.[106] Grundsätzlich zeigte man sich staatlicherseits bemüht, katholisch-kirchenrechtlichen Erfordernissen nach Möglichkeit gerecht zu werden,[107] wobei allerdings die

101 Siehe dazu Rudolf Hoke, Österreichische und Deutsche Rechtsgeschichte (Wien ²1996) 273.

102 Abgedr. in Kropatschek, Handbuch, Bd. 2 (wie Anm. 26) 301–322; in der Justizgesetzsammlung Nr. 117 ist das Patent ohne Präambel abgedruckt.

103 Justizgesetzsammlung Nr. 548.

104 Justizgesetzsammlung Nr. 591.

105 Hoke, Rechtsgeschichte (wie Anm. 101) 273. Der Autor verweist auf die jeweiligen §§1 des ersten und zweiten Hauptstücks. §1 des ersten Hauptstücks lautete: »Jeder Unterthan erwartet von dem Landesfürsten Sicherheit und Schutz. Es ist also die Pflicht des Landesfürsten, die Rechte der Unterhanen deutlich zu bestimmen, und ihre Handlungen so zu leiten, wie es der allgemeine und besondere Wohlstand fordert.« §1 des zweiten Hauptstücks lautete: »Unter dem Schutze und nach der Leitung der Landesgesetze genießen alle Unterthanen ohne Ausnahme die vollkommene Freyheit.«

106 Zum staatlichen Anspruch auf Regelung des Eherechts siehe etwa Gustav Adolf Skalský, Zur Reform des österreichischen Eherechtes. *JGPrÖ* 27 (1906) 1–58, hier 19–21.

107 Übereinstimmungen und Unterschiede zwischen staatlichem und katholisch-kirchlichem Eherecht sind dargestellt bei Gampl, Staat–Kirche–Individuum (wie Anm. 2) 72–74.

staatliche Eherechtshoheit auch die primäre Zuständigkeit für Dispenserteilungen umfasste.

Für nichtkatholische Untertanen waren einige von den allgemeinen staatlichen Regelungen abweichende Bestimmungen vorgesehen, die mit der Möglichkeit in Zusammenhang standen, die Ehe dem Bande nach zu trennen (siehe §§ 50–57 des Ehepatents). Eine derartige Möglichkeit stand Katholiken nicht zu.

Eigene Rechtsvorschriften aus dem Jahr 1783 hatten den Abschluss von Mischehen zwischen Katholiken und Akatholiken zum Inhalt.[108] Dabei zeigte sich die Dominanz der Katholischen Kirche in plastischer Weise. Die Trauung selbst hatte durch den katholischen Pfarrer vorgenommen zu werden, wobei allerdings auf Wunsch des akatholischen Ehewerbers der Pastor als Zeuge beigezogen werden konnte.[109] Dies wurde allerdings im Jahr 1785 in der Weise modifiziert, als für den Fall, dass die Braut katholisch war, der akatholische Seelsorger nicht beigezogen werden sollte.[110]

Mischehen waren vor allem insofern dem für Katholiken geltenden Eherecht unterworfen, als sie unauflöslich waren.[111] Die Frage der Unauflöslichkeit stellte sich auch dann, wenn einer der beiden katholischen Ehegatten nach der Eheschließung evangelisch wurde. Im Jahr 1788 wurde ausgesprochen, dass derartige Ehen unter den Voraussetzungen der einschlägigen Bestimmungen des Ehepatents trennbar waren.[112] Doch bereits im Jahr 1789 wurde dies widerrufen.[113]

Es ist unstrittig als Fortschritt zu betrachten, dass das Eherecht der Akatholiken einen Platz in der Gesetzgebung Josephs II. fand. Volle Gleichberechtigung in konfessionellen Belangen wäre am besten durch Einführung der obligatorischen Ziviltrauung zu erzielen gewesen. Dies mag aus heutiger Sicht utopisch klingen, doch tatsächlich wurde dies in den Achtzigerjahren des 18. Jahrhunderts erwogen.[114]

---

108 Auf die einzelnen Vorschriften des Ehepatents – sie waren inhaltlich ähnlich oder gleichgestaltet wie die einschlägigen Regelungen des ABGB von 1811 – muss hier nicht näher eingegangen werden. Zum Eherecht des ABGB siehe unten III.5.2.

109 Hofdekret vom 25. September 1783, abgedr. in Kropatschek, Handbuch, Bd. 2 (wie Anm. 26) 327 f.

110 Hofentschließung vom 15. Jänner 1785, abgedr. in Kropatschek, Handbuch (wie Anm. 26) Bd. 10 (Wien 1788) 892.

111 Hofdekret vom 29. Jänner 1787, abgedr. in Kropatschek, Handbuch, Bd. 13 (wie Anm. 88) 395; ein weiteres Hofdekret vom 29. Jänner 1787, abgedr. ebenda 626 f. (vgl. auch Justizgesetzsammlung Nr. 614). Die Unauflöslichkeit von (Katholiken-)Ehen war in §36 des josephinischen Ehepatents geregelt worden. Zum Vergleich zwischen dieser Bestimmung und §111 ABGB siehe Skalský, Reform (wie Anm. 106) 22.

112 Hofdekret vom 2. Juli 1788, abgedr. in Kropatschek, Handbuch (wie Anm. 26) Bd. 15 (Wien 1789) 701 f.; Hofdekret vom 27. Mai 1788, abgedr. ebenda 968 f.

113 Hofdekret vom 15. April 1789, abgedr. in Kropatschek, Handbuch (wie Anm. 26) Bd. 17 (Wien 1790) 497 f.

114 Siehe dazu Carl von Hock/Hermann Ignaz Bidermann, Der österreichische Staatsrath (1760–1848). Eine geschichtliche Studie (Wien 1972; Nachdruck der Ausgabe Wien 1879) 248; Loesche, Geschichte (wie Anm. 23) 524. Die zuständige Gesetzgebungskommission lehnte diesen Vorschlag der niederösterreichischen Landesstelle mit der Begründung ab, dass

Auch die Ehen zwischen Juden wurden grundsätzlich vom Geltungsbereich des Ehepatents erfasst,[115] obwohl es noch unter Joseph II. zu besonderen Berücksichtigungen des jüdischen Eherechts kam.[116] Ehen zwischen Juden und Christen konnten nach staatlichem Recht nicht gültig geschlossen werden (vgl. §10 Ehepatent[117]). Eine derartige »Mischehe« war somit in diesem Fall rechtlich nicht möglich. Darüber hinaus bedurfte es zum Abschluss von Judenehen einer behördlichen Zustimmung,[118] was insgesamt eine krasse Benachteiligung gegenüber Katholiken und Akatholiken darstellte.

II.5.3 Kindererziehungsrecht

Was die Erziehung von Kindern betraf, die aus einer Mischehe zwischen Katholiken und Akatholiken hervorgingen, so war es vor Erlassung des Toleranzpatents zur Ausstellung von Reversen gekommen. Darin bestätigte der akatholische Ehewerber, die aus der Ehe entstammenden Kinder im katholischen Glauben erziehen zu wollen bzw. einer derartigen Erziehung nichts entgegenzusetzen. Punkt 6 des Toleranzpatents verbot nun die Ausstellung derartiger Bestätigungen. Stattdessen hatten für den Fall, dass der Vater katholisch war, alle Kinder in dessen Glauben erzogen zu werden, für den Fall einer katholischen Mutter hatten die Söhne im akatholischen Bekenntnis, die Töchter im katholischen Glauben erzogen zu werden. Diese Bestimmung stellte zwingendes Recht dar und sollte daher nicht durch private Vereinbarungen geändert werden können.[119]

Da Ehen zwischen Juden und Christen nicht gültig eingegangen werden konnten, stellte sich nicht die Frage des Glaubensbekenntnisses der Kinder aus gemischten Ehen.

Im Bereich der Erziehung von Findelkindern bzw. unehelich geborenen Kindern kam die Dominanz der Katholischen Kirche besonders deutlich zum Vorschein: Die-

---

dies »das gute Einvernehmen zwischen Kirche und Staat störe und [...] der Geistlichkeit ein weites Agitationsfeld eröffne«. In bemerkenswert kurzen und durchaus treffenden Worten hat Loesche, ebenda, den Sachverhalt beschrieben: »Aber der Kaiser blieb wieder auf halbem Wege stehen und hat einfach das katholische Eherecht mit gewissen Abänderungen zum staatlichen erhoben.«

115 Hofentschließung vom 18. April 1786, abgedr. in Kropatschek, Handbuch (wie Anm. 26) Bd. 8 (Wien 1787) 670.

116 Siehe das Patent vom 3. Mai 1786, abgedr. in Kropatschek, Handbuch (wie Anm. 26) Bd. 11 (Wien 1788) 510–512; Justizgesetzsammlung Nr. 543.

117 Die Bestimmung lautete: »Drittens: Sollen Ehen zwischen einem Unterthan, der der christlichen Religion zugethan, und einem andern, der der christlichen Religion nicht zugethan ist, nichtig und ungültig seyn.«

118 Vgl. die Verordnung vom 8. Februar 1783, abgedr. in Kropatschek, Handbuch (wie Anm. 26) Bd. 4 (Wien 1785) 84; Hofentschließung vom 15. April 1786, abgedr. in: Ders., Handbuch, Bd. 11 (wie Anm. 116) 512.

119 Rechtliche Unklarheiten bestanden in Fällen des konfessionellen Übertritts eines Eheteils nach Abschluss der Ehe: Siehe Loesche, Geschichte (wie Anm. 23) 523 f.

se mussten katholisch getauft werden.[120] Wieweit dieser Grundsatz im Einzelnen eine Umsetzung erfuhr, bedarf freilich eingehender Klärung.

II.5.4 Weitere privatrechtliche Materien

In Punkt 7 des Toleranzpatents wurde Akatholiken der Erwerb von Liegenschaften im Dispensweg ausdrücklich gestattet. Juden waren dagegen vergleichsweise benachteiligt.[121] Dies lässt sich feststellen, obgleich die einschlägige Rechtslage sehr differenziert gestaltet war. So durften Juden in einigen habsburgischen Ländern nicht einmal Grundstücke pachten. Doch auch für den Erwerb »beweglicher« Sachen konnten Beschränkungen bestehen.[122]

II.6 Weitere Gebiete des Verwaltungsrechts

II.6.1 Bildungswesen

Bereits unter Maria Theresia war es zu einer gewissen Entflechtung von Schule und Katholischer Kirche gekommen.[123] Von zentraler Bedeutung war die »Allgemeine Schulordnung für die deutschen Normal-, Haupt- und Trivialschulen«, die im Jahr 1774 von ihr genehmigt worden war.[124] Diese Entflechtung schlug sich in der Schaffung einer mehrstufigen staatlichen Schulaufsicht nieder. Nicht zuletzt die Toleranzbestimmungen Josephs II. trugen dazu bei, den Einfluss der Katholischen Kirche im Schulwesen weiter einzuschränken. Ungeachtet dessen ließ sich das Weiterbestehen katholischen Einflusses auf das Schulwesen nicht leugnen. Dies hat man – auf faktischer Ebene – schon in Anbetracht der Tatsache zu bedenken, dass nach Aufhebung des Jesuitenordens zahlreiche »Exjesuiten« weiterhin im Schulwesen als Lehrende

---

120 Siehe ebenda 524; Anna L. Staudacher, Wegen jüdischer Religion – Findelhaus. Zwangstaufen in Wien 1816–1868 1 (Frankfurt/Main 2001) 106 f.; Dies., Jüdisch-protestantische Konvertiten in Wien 1782–1914, Teil 1 (Frankfurt/Main 2004) 60.

121 Siehe dazu Schima, Revolution (wie Anm. 1) 424. Zur nach Ländern äußerst differenzierten Rechtslage siehe ausführlich Moritz von Stubenrauch, Zur kaiserlichen Verordnung vom 2. October 1852, Nr. 190 des R.G.Bl., die Besitzfähigkeit der Israeliten betreffend. *Allgemeine österreichische Gerichts-Zeitung* 4 (1853) 529 f., 553 f., 557 f., 561 f., 617 f., 621 f. Wenn Beidtel, Geschichte, Bd. 1 (wie Anm. 2) 273 meinte, nur wenige Juden hätten sich damals dem Ackerbau gewidmet und mehr Juden sich »den Gewerben« zugewandt, »weil ihnen die Vorliebe zum Kleinhandel (Schacher) angeboren war«, so wurden von diesem Autor die zahlreichen für Juden geltenden Immobilienerwerbsverbote bzw. -beschränkungen übergangen.

122 Vgl. etwa den Verbot des Erwerbs von Salpeter und »Pulver«, Gubernialverordnung für Galizien vom 10. November 1787, abgedr. in Kropatschek, Handbuch, Bd. 13 (wie Anm. 88) 366.

123 Siehe Stefan Schima, Das Verhältnis von Schule und Kirche in der Zeit der Aufklärung, in: Das kirchliche Privatschulwesen – historische, pastorale, rechtliche und ökonomische Aspekte, hg. von Alfred Rinnerthaler (Veröffentlichungen des Internationalen Forschungszentrums für Grundfragen der Wissenschaften Salzburg 16, Frankfurt am Main 2007) 57–94, hier 75–77.

124 Abgedr. in Helmut Engelbrecht, Geschichte des österreichischen Bildungswesens. Erziehung und Unterricht auf dem Boden Österreichs, Bd. 3 (Wien 1984) 491–501.

eingebunden waren.[125] Darüber hinaus ist zu beachten, dass Religionsunterricht grundsätzlich immer von Geistlichen zu erteilen war[126] und dass die Schulaufsicht faktisch zum großen Teil in den Händen katholischer Geistlicher lag.

Betrachten wir nun näher die Rechtslage der Akatholiken im so genannten »Primärschulwesen«: Punkt 2 des Toleranzpatents sah vor, dass dort, wo hundert akatholische Familien lebten, akatholische Untertanen »ihre eigenen Schulmeister« bestellen konnten. Diese waren von der betreffenden Kirchengemeinde zu erhalten. Das akatholische Schulwesen sollte allerdings der allgemeinen Schulaufsicht unterstellt sein. Die Gestattung der Bestellung eigener Schulmeister war im Sinne der Errichtung eigener Schulen zu verstehen.[127] Noch unter Joseph II. wurden Detailregelungen erlassen, die die Rechtsstellung der Akatholiken im Primärschulwesen betrafen.[128] Nochmals wurde die Kostentragungs- und Erhaltungspflicht durch die Akatholiken betont. An akatholischen Schulen waren die für den allgemeinen Schulunterricht vorgeschriebenen Schulbücher zu verwenden, dies allerdings mit Ausnahme der Religionsbücher.[129] Darüber hinaus wurde die Pflicht der Akatholiken, ihre Kinder in Orten, in denen es keine Schule ihres Bekenntnisses gab, in katholische Schulen zu schicken, explizit zum Ausdruck gebracht. Daraus ergibt sich klar, dass Schulen an sich »weiterhin als konfessionelle Einrichtungen gedacht waren«.[130]

Zu erwähnen ist ferner, dass an akatholischen (wie an katholischen) Schulen der Religionsunterricht verpflichtend zu erteilen war.[131] Besondere Regeln wurden hinsichtlich der Erteilung des Religionsunterrichts für akatholische Kinder, die katholische Schulen besuchten, erlassen.[132]

125 Vgl. Beidtel, Geschichte, Bd. 1 (wie Anm. 2) 117 – hier bezogen auf die Gymnasien.

126 Siehe Peter Putzer, Der Religionsunterricht in der Monarchie und in der Ersten Republik, in: Der Religionsunterricht vom Revolutionsjahr 1848 bis zum Konkordat von 1855, in: Historische und rechtliche Aspekte des Religionsunterrichts, hg. von Alfred Rinnerthaler (Wissenschaft und Religion. Veröffentlichungen des Internationalen Forschungszentrums für Grundfragen der Wissenschaften Salzburg 8; Frankfurt/Main 2004) 61–74, hier 65. Im katholischen Religionsunterricht war bereits unter Maria Theresia insofern eine bedeutsame Änderung eingetreten, als der Katechismus des Gegenreformators Petrus Canisius durch den des Schulreformers Johann Ignaz von Felbiger ersetzt worden war: Siehe Beidtel, Geschichte, Bd. 1 (wie Anm. 2) 131 f.

127 Vgl. Engelbrecht, Geschichte, Bd. 3 (wie Anm. 124) 121.

128 Siehe Helfert, Rechte (wie Anm. 2) 127–141.

129 Zur rechtlichen Regelung der Verwendung akatholischer Schulbücher siehe Gustav Reingrabner, Evangelischer Religionsunterricht in Österreich – eine Skizze, in: Historische und rechtliche Aspekte (wie Anm. 126) 133–188, hier 148 f. Aufgrund der Einbeziehung des Staates in deren Abfassung bedurfte es keiner eigenen Religionslehrpläne.

130 Alfred Rinnerthaler, Vom Entstehen des kirchlichen Privatschulwesens im 19. Jahrhundert bis zu dessen Beseitigung in der NS-Zeit – ein Überblick, in: Das kirchliche Privatschulwesen (wie Anm. 123) 95–136, hier 102.

131 Siehe Reingrabner, Religionsunterricht (wie Anm. 129) 145. Ebenda Weiteres zur Religionslehrerausbildung.

132 Ebenda 146 f.

Die durch das Toleranzpatent gewährte Möglichkeit der Gründung von Schulen durch Akatholiken wurde in der Tat in größeren evangelischen Siedlungsgebieten genutzt.[133] Mit diesen Bestimmungen war ein großer Fortschritt für die Evangelischen verbunden. Tatsächlich ist es zur Einrichtung zahlreicher Schulen auf der Ebene des Primärschulwesens gekommen. Was »die deutschen Erblande« betrifft, so wurden viele Lehrkräfte aus anderen Gegenden herangezogen, trotzdem kamen auch Einheimische zum Zug.[134]

Was die Orthodoxen betrifft, so hatte sich bereits Maria Theresia in Ungarn um die Gründung von Schulen im Bereich von deren Pfarren bemüht.[135] In Wien wurde im kirchengemeindlichen Rahmen Religions- und griechischer Sprachunterricht seit etwa 1780 erteilt, dies allerdings auf privater Basis.

Auch die Rechtsstellung der Juden im Primärschulbereich wurde durch Joseph II. verbessert. Obgleich die Errichtung jüdischer Schulen aufgrund josephinischer Toleranzbestimmungen an bestimmten Orten möglich war,[136] ist doch festzuhalten, dass man sich seitens tolerierter Juden in Wien grundsätzlich mit Privatlehrern behalf.[137]

Die Gymnasien dienten der Vorbereitung auf die höheren Studien. Unter Joseph II. wurde diesem Bereich weniger Aufmerksamkeit geschenkt als dies in Bezug auf das Primärschulwesen der Fall gewesen war.[138] Infolge der Auflösung des für das Gymnasialwesen sehr wichtigen Jesuitenordens im Jahr 1773 hatte der Staat zusätzliche Bildungsausgaben zu tätigen. Dies schlug sich unter Joseph II. im Jahr 1784 in der Einführung des Schulgeldes nieder und führte zu einem erheblichen Schülerrückgang. Diese Tendenz konnte erst wieder im Lauf des 19. Jahrhunderts rückgängig gemacht werden. Obgleich das Gymnasialwesen in gewisser Weise ein »verstaatlichtes« war, der Kaiser darüber hinaus durch Aufhebung der marianischen Kongregationen für eine weitere Entflechtung zwischen Gymnasialwesen und Katholischer Kirche sorgte,[139] kam katholischen Geistlichen nach wie vor großer Einfluss zu, so etwa als Lehrer oder im Rahmen der Schulaufsicht.

---

133 Siehe Engelbrecht, Geschichte, Bd. 3 (wie Anm. 124) 121; Adolf Ficker, Bericht über österreichisches Unterrichtswesen. Aus Anlass der Weltausstellung 1873, Teil 1, Geschichte, Organisation und Statistik des österreichischen Unterrichtswesens (Wien 1873) 24 f. Zuvor hatten evangelische Schulen nur im Ascher Bezirk, in Schlesien und in der Bukowina bestanden.

134 Vgl. Trautenberger, Jahrzehnt, Teil 3 (wie Anm. 23) 195: »Die Pastoren musste man von auswärts beziehen, zum Lehrfach aber konnten schon einzelne Eingeborene herangezogen werden.« In Gegenden des heutigen Österreich herrschte schwerer Personalnotstand: Siehe ebenda 195 f.

135 Dazu und zum Folgenden Plöchl, Griechen (wie Anm. 81) 54.

136 Details bei Ficker, Bericht, Teil 1 (wie Anm. 133) 25.

137 Engelbrecht, Geschichte, Bd. 3 (wie Anm. 124) 121.

138 Siehe Schima, Verhältnis (wie Anm. 123) 91.

139 Zur Aufhebung der marianischen Kongregationen durch Joseph II. siehe Beidtel, Geschichte, Bd. 1 (wie Anm. 2) 278. Bei den marianischen Kongregationen handelte es sich um katholische Vereinigungen, die im Sinne jesuitischer Laienpastoral tätig waren. Nach Aufhebung des Jesuitenordens bestanden sie noch unter Leitung der zuständigen Diözesanbischöfe fort. Siehe Willi Lambert, Art. Marianische Kongregationen. *LThK*[3] 6 (1997) Sp. 1359 f.

Der Besuch von Gymnasien war nicht nur für katholische und akatholische, sondern auch für jüdische Schüler ohne vorangehende Dispens möglich.[140]

Was die Anstellung evangelischer Lehrer an Gymnasien betraf, so konnte eine solche eine Seltenheit von beinahe exotischem Charakter darstellen. Für Wien ist der Fall der Anstellung eines protestantischen Gymnasiallehrers bekannt. Unter Zeitgenossen erregte dies größtes Aufsehen.[141]

Bereits vor Erlassung des Toleranzpatents hatte in Teschen die »bis dahin einzige evangelische Schule in den habsburgischen österreichischen Landen« bestanden.[142] In den Achtzigerjahren wurden konkrete Vorschläge im Sinne des Ausbaus dieser Schule zu einer Ausbildungsanstalt für protestantische Prediger gemacht. Erst im frühen 19. Jahrhundert wurde diese »akatholische Schulanstalt« in ein Gymnasium umgewandelt und sollte damit lange Zeit hindurch das einzige evangelische Gymnasium in den habsburgisch-österreichischen Ländern sein.

Im Bereich des höheren Studienwesens hinterließ das josephinische System sehr deutliche Spuren.[143] Zum einen wurden die katholisch-theologischen Studien in einer Weise geregelt, dass die Studenten permanent von den landesfürstlichen Prärogativen in Bezug auf die Staatskirche unterrichtet wurden, wohingegen die Macht des Papsttums als minimiert darzustellen war.[144] Darüber hinaus sollte die theologische Ausbildung von Angehörigen des geistlichen Standes vereinheitlicht werden. Dazu dienten die unter Joseph II. eingerichteten Generalseminarien.[145] Im Bereich der philosophischen Studien kam es mehr zur Berücksichtigung der Lehren evangelischer Autoren als dies zuvor der Fall gewesen war.

Ungeachtet dessen zeigten sich im höheren Studienwesen insgesamt noch immer zahlreiche Verbindungsstellen zur Katholischen Kirche. Dies äußerte sich etwa im »katholischen Charakter« der Prager und der Wiener Universität.[146] Dieser Charakter – was auch immer man darunter verstand – mochte in Anbetracht der ohnehin noch weiter bestehenden Dominanz der Katholischen Kirche nicht ins Gewicht fallen. Betrachten wir näher die Wiener Universität: Die Kanzlerschaft des Wiener Erzbischofs – sie besteht zumindest dem Namen nach übrigens auch noch heute – war zwar auch zu Josephs Zeit nicht mit einem Füllhorn an Berechtigungen ausgestattet, und der Grundsatz, wonach alle Professoren und Doktoren auf den katholischen Glauben hin vereidigt werden mussten, galt nur bis 1785.[147] Doch trotzdem war hier alles in

140 In Bezug auf »Judenknaben« wurde dies eigens in der Hofentschließung vom 15. Dezember 1782, abgedr. in Kropatschek, Handbuch (wie Anm. 26) Bd. 1 (Wien 1785) 502–504, zum Ausdruck gebracht.

141 Siehe dazu Stökl, Protestantismus (wie Anm. 1) 233.

142 Wagner, Mutterkirche (wie Anm. 28) 142. Zum Folgenden siehe ebenda 142 f.

143 Siehe Beidtel, Geschichte, Bd. 1 (wie Anm. 2) 118–120.

144 Zu den damals vorgeschriebenen Lehrbüchern des Kirchenrechts – diese waren für Studenten der Theologie und der Rechtswissenschaften maßgeblich – siehe ebenda 127–129.

145 Siehe Engelbrecht, Geschichte, Bd. 3 (wie Anm. 124) 186–188.

146 Siehe dazu: Der katholische Charakter der Wiener Universität. Eine Denkschrift der theologischen Facultät (Wien 1863).

147 Zu weiteren Maßnahmen zur Zeit Josephs II., die zu einer Entflechtung zwischen Katholischer

katholischer Hand. Anders gestaltete sich die Lage an den »Akademien«, wie anhand von Wien recht gut ersichtlich ist. Die Berufung von Protestanten als Lehrkräfte war jedenfalls nicht als »unerhörtes« Ereignis zu bewerten.[148]

Was die Rechtslage der Evangelischen betrifft, so erhielten die k.k. Universitäten am 4. Dezember 1781 das Recht, Evangelische zu graduieren.[149] Eine eigene Ausbildungsstätte für evangelische Theologen gab es auf dem Boden des heutigen Österreich nicht. Diese erfolgte sehr häufig an ungarischen Bildungsanstalten.

Das evangelische Bildungswesen in Ungarn und somit auch auf dem Gebiet des heutigen Burgenlandes war vergleichsweise stark ausgeprägt.[150] Evangelische Bildungsanstalten hatten hier Tradition. Unter Joseph II. erfolgte die Errichtung zahlreicher weiterer evangelischer Volksschulen. Für die ungarischen Protestanten gab es die »Kollegien«, von denen aus evangelische Schulen mit Lehrern beschickt wurden. Noch vor der Zeit Josephs II. gelangte das »Kollegium« von Debrecen zu großer Blüte. Hier wurde ein Studiengang angeboten, dem selbst restriktive Maßnahmen Maria Theresias nichts anhaben konnten. Auch andernorts war eine Ausbildung evangelischer Theologen möglich, so etwa in Sárospatak.

II.6.2 Zulassung zum Bürgerrecht

In Punkt 7 des Toleranzpatents wurde ferner festgehalten, dass Akatholiken im Dispensweg das Bürgerrecht erlangen konnten. Wenn sich hier in der formellen Rechtslage zunächst keine Unterschiede zwischen Juden und Akatholiken festmachen lassen, ist doch festzuhalten, dass Juden allgemein strengeren Aufenthalts- und Passvorschriften unterlagen. Generell waren sie von Ausweisung viel eher bedroht als Akatholiken.[151] Da bei weitem nicht alle in Wien lebenden Juden als »toleriert« zu betrachten waren, kam es unter Joseph II. zu zahlreichen Abschiebungen.[152]

Kirche und Wiener Universität beitrugen siehe auch Anton Wappler, Geschichte der Theologischen Facultät der K. K. Universität zu Wien. Festschrift zur Jubelfeier ihres fünfhundertjährigen Bestehens (Wien 1884) 275–284.

148 So war bereits unter Maria Theresia im Jahr 1772 ein Protestant an die k.k. Akademie der bildenden Künste berufen worden.

149 Siehe Gustav Frank, Die K.K. Evangelisch-Theologische Facultät in Wien. Von ihrer Gründung bis zur Gegenwart. Zur Feier ihres fünfzigjährigen Jubiläums (Wien 1871) 4.

150 Siehe dazu Sándor Komlósi, Schule und Erziehung in Ungarn (1750–1825), in: Revolution des Wissens? Europa und seine Schulen im Zeitalter der Aufklärung (1750–1825). Ein Handbuch zur europäischen Schulgeschichte, hg. von Wolfgang Schmale/Nan L. Dodde (Bochum 1991) 255–293, hier 268–270 und 274. Zum Volksschulwesen im Burgenland siehe Engelbrecht, Geschichte, Bd. 3 (wie Anm. 124) 144; Hans Paul, Zur Geschichte des Volksschulwesens im burgenländisch-westungarischen Raum vom 17. Jahrhundert bis 1921 (Burgenländische Forschungen 78, Eisenstadt 1999).

151 Siehe Ilse Reiter, Ausgewiesen, abgeschoben. Eine Geschichte des Ausweisungsrechts in Österreich vom ausgehenden 18. bis ins 20. Jahrhundert (Wiener Studien zu Geschichte, Recht und Gesellschaft 2; Frankfurt/Main 2000) 186–189.

152 Es ist nicht allein aus diesem Grund verfehlt, im Zusammenhang mit der Rechtsstellung der Juden von einer durch »Josef II. verkündeten Emanzipation« zu sprechen, die sich nur

II.6.3 Berufsausübungsfreiheit und Zugang zu den öffentlichen Ämtern

Ebenfalls in Punkt 7 des Toleranzpatents wird die Zulassungsmöglichkeit von Akatholiken »zu akademischen Würden und Civilbedienstungen« im Dispensweg ausdrücklich festgehalten. (Unter »Civilbedienstungen« waren Posten im nichtmilitärischen Staatsdienst zu verstehen.[153]) Dasselbe galt für den Erwerb des Meisterrechts, für dessen Erwerb übrigens seit Joseph II. nicht mehr das Bürgerrecht notwendige Voraussetzung war.[154] Bei »allen Wahlen und Dienstvergebungen« musste der Grundsatz, demzufolge kein »Unterschied in der Religion« gemacht werden durfte, Berücksichtigung finden. Ausdrücklich wurde dabei die bisherige Praxis im Bereich der Vergabe militärischer Ämter als vorbildlich dargestellt. Dass der »Unterschied in der Religion« keine Rolle spielen durfte, sollte freilich nur in der Differenzierung zwischen Akatholiken und Katholiken Bedeutung haben. Eine Gleichstellung der Juden war damit nicht beabsichtigt. Diese waren in ihren Berufszugangsmöglichkeiten und in der Befähigung der Bekleidung öffentlicher Ämter vergleichsweise erheblich eingeschränkt.[155] Zwar konnten bezüglich des ihnen grundsätzlich verwehrten Zugangs zu »Staatsbedienstungen« Ausnahmen gemacht werden, doch spielte dies in der Praxis kaum eine Rolle. Grundsätzlich waren Juden allerdings als staatliche Steuereintreiber zugelassen. Zwar waren die Juden seit 1790 zum juristischen Universitätsstudium grundsätzlich zugelassen und erfüllten damit eine wesentliche Bedingung, um Advokat werden zu können, doch war ihnen die Absolvierung des Fachs »Kirchenrecht« verwehrt. Dies bedeutete, dass sie auch nach Joseph II. vom Zugang zum Richteramt ausgeschlossen blieben. Was den Berufszugang außerhalb des öffentlichen Ämterwesens betrifft, so bestanden weitere gravierende Benachteiligungen für Juden – so waren sie vom Erwerb des Meisterrechts jedenfalls ausgeschlossen.[156]

---

schrittweise verwirklicht habe, wie dies Hans Meissner, Geschichte der Badener Juden 1800 bis 1945. Eine Einführung, in: Ders./Kornelius Fleischmann, Die Juden von Baden und ihr Friedhof (Baden 2002) 9–116, hier 32, bemerkt.

153 Gampl, Staat-Kirche-Individuum (wie Anm. 2) 101.

154 Rudolf Kropf, Kirche und Gesellschaft in Oberösterreich im frühen 19. Jahrhundert. Pietismus und Neuzeit – Ein Jahrbuch zur Geschichte des neueren Protestantismus 23 (1997) 53–68, hier 56.

155 Zum Folgenden siehe Schima, Revolution (wie Anm. 1) 427.

156 Restriktionen gab es etwa in Bezug auf das jüdische Schankwesen in Galizien: Siehe das Kreisschreiben vom 30. August 1786, abgedr. in Kropatschek, Handbuch, Bd. 11 (wie Anm. 116) 517. Zweifelsohne mit den Immobilienerwerbsbeschränkungen – siehe oben II.5.4 – in Zusammenhang stand das zumindest für Galizien geltende Verbot, an Juden Mühlen zu verpachten: Gubernialverordnung vom 7. Dezember 1787, abgedr. in Kropatschek, Handbuch, Bd. 13 (wie Anm. 88) 256. Weiterhin blieben Juden vom Salzhandel ausgeschlossen: Hofdekret vom 19. Februar 1787, abgedr. ebenda 265.

II.6.4 Militärwesen

Das Militärwesen war im Vergleich zu anderen öffentlichrechtlichen Bereichen in bemerkenswertem Ausmaß durch konfessionelle Offenheit gekennzeichnet.[157] Nichtkatholische Christen fanden hier eine leichter besteigbare Karriereleiter an, als dies in anderen öffentlichen Bereichen der Fall war.

Eine organisierte Militärseelsorge für Protestanten gab es nicht, individueller Seelsorgezugang war aber nicht gänzlich ausgeschlossen.[158] Unter Joseph II. wurde sogar die Teilnahme auch akatholischer Untertanen an ihren Gottesdiensten ausdrücklich vorgeschrieben und detailliert geregelt.[159] Unter diesem Herrscher kam es sogar zur Gründung einer evangelischen Militärgemeinde in Prag.[160]

Für die katholische Staatskirche war Militärseelsorge dagegen eine Selbstverständlichkeit. Nach Auflösung des hierfür maßgeblichen Jesuitenordens im Jahr 1773 stellte Maria Theresia die Militärseelsorge auf eine neue Grundlage.[161]

Für den orthodoxen Bereich ist zu konstatieren, dass es dort bereits seit 1758 orthodoxe Priester gegeben hatte, die Militärseelsorge ausübten.[162]

Was die Juden betrifft, so stellte sich die Frage von Karrieremöglichkeiten im militärischen Bereich nicht, da sie erst im Jahr 1788 in den regulären Militärdienst einbezogen wurden.[163] Militärseelsorge für Juden war nicht vorgesehen. Ansätze einer institutionalisierten jüdischen Militärseelsorge werden sich dann erst über neunzig Jahre später finden.

II.6.5 Bestattungswesen

Das Toleranzpatent wurde in bestattungsrechtlicher Hinsicht insofern ergänzt, als in einem Hofdekret aus dem Jahr 1782 »Katholiken und Protestanten« auf demselben Friedhof begraben werden sollten, wobei »der protestantische Prediger« den Leichnam »unter dem Geläute der zur katholischen Kirche gehörigen Glocken« begleiten sollte.[164] Beachtenswert ist auch jenes Hofdekret aus dem Jahr 1783, das den Akatho-

---

157 Siehe Trautenberger, Jahrzehnt, Teil 3 (wie Anm. 23) 205–208; Stökl, Protestantismus (wie Anm. 1) 245.

158 Vgl. Stökl, Protestantismus (wie Anm. 1) 245. Siehe auch Julius Hanak, Die evangelische Militärseelsorge im alten Österreich unter besonderer Berücksichtigung ihrer Eingliederung in den kirchlichen Verband, Teil 1. *JGPrÖ* 87 (1971) 3–140, hier 38 f.

159 Siehe ebenda 39.

160 Siehe ebenda 40 f.

161 Siehe dazu Johannes Legler, Militärseelsorge in der österreichisch-ungarischen Armee von 1867 bis 1918 (Wiener katholische Akademie, Miscellanea 82, Wien 1979) 5–7.

162 Ebenda 65.

163 Siehe dazu Erwin A. Schmidl, Juden in der K. (u.) K. Armee 1788–1918. Jews in the Habsburg Armed Forces (Studia Judaica Austriaca 11, Eisenstadt 1989) 28 f.

164 Hofdekret vom 16. März 1782, abgedr. in Theodor Kohn, Ultrum locus, in quo sepeliuntur fideles, pertineat ad notionem sepulturae ecclesiasticae et si ita, quid sentiendum de sepultura asseclae confessionis Augustanae vel helveticae in coemiterio catholico. *Archiv für katholisches Kirchenrecht* 44 (1878) 20–92, hier 22. Zu der im Toleranzpatent verankerten Bestattungsbestimmung siehe oben II.3.

liken das Absingen von Liedern und die Abhaltung von Leichenreden auf katholischen Friedhöfen untersagte, dies für ihre eigenen Friedhöfe allerdings ausdrücklich gestattete.[165]

Die durch das Toleranzpatent geschaffene Rechtslage brachte Probleme bei der Bestattung Evangelischer mit sich.[166] Vor seinem Inkrafttreten war grundsätzlich davon auszugehen gewesen, dass es keine Protestanten gab. Abgesehen davon kann man allerdings von der Existenz eigener »Begräbnisorte« für Evangelische ausgehen, so etwa dort, wo heute die Wiener Votivkirche steht.[167]

Nach Inkrafttreten des Toleranzpatents kam es vor allem in Böhmen zu schwerwiegenden Problemen, wenn Evangelische auf katholischen Friedhöfen begraben werden sollten. Dies kann insofern nicht überraschen, als nach katholischen Grundsätzen Nichtkatholiken kein katholisches Begräbnis zuteilwerden sollte und damit davon auszugehen war, dass auf katholischen Gottesäckern nur »rechtgläubige« Personen ihren Frieden finden durften.[168] Es fehlte nicht an Handlungsweisen frommer Katholiken, die man durchaus als »Leichenschändung« bezeichnen darf. Vergleichsweise friktionsfrei blieb die Lage in Wien.[169] Was die dortigen Orthodoxen betraf, so hatten diese keinen eigenen Friedhof, sondern die Beerdigung hatte ebenfalls auf einem katholischen Friedhof zu erfolgen.[170]

Zuletzt ist noch kurz auf die Rechtslage von Nichtchristen einzugehen. Bekanntlich gab es zahlreiche jüdische Friedhöfe, und es lag durchaus nicht im Sinne gläubiger Juden, auf einem christlichen Friedhof beerdigt zu werden.[171] Wenn nun in einem Hofdekret vom 12. August 1788[172] zahlreiche Aspekte des interkonfessionellen Bestattungwesens geregelt wurden, so ist terminologisch nicht ganz klar, inwieweit die Begräbnisse von Juden auf christlichen Friedhöfen angesprochen waren.[173]

---

165 Hofdekret vom 8. Jänner 1783, abgedr. in Kohn, Locus (wie Anm. 164) 23. Vgl. auch das Hofdekret vom 14. Juli 1783, abgedr. ebenda.

166 Zur einschlägigen Rechtslage siehe oben II.3. Siehe dazu auch Trautenberger, Jahrzehnt, Teil 1 (wie Anm. 44) 219.

167 Vgl. Michael Wolf, Evangelische Christuskirche A.B. Wien-Favoriten (Wien 1995) 3. Dies hatte allerdings nur bis 1783 Bedeutung: Damals wurde die Verlegung aller Friedhöfe vor die Linien Wiens verfügt. Zu den Auswirkungen dieser Anordnungen auf das Wiener jüdische Friedhofswesen siehe Tina Walzer, Der jüdische Friedhof Währing in Wien. Historische Entwicklung. Zerstörungen der NS-Zeit. Status quo (Wien 2011) 15.

168 Zu den damals geltenden katholisch-kirchenrechtlichen Vorschriften siehe Joseph Helfert, Darstellung der Rechte, welche in Ansehung der heiligen Handlungen, dann der heiligen und religiösen Sachen sowohl nach kirchlichen, als nach Oesterreichisch-bürgerlichen Gesetzen Statt finden (Prag 1826) 351–355.

169 Siehe Stökl, Protestantismus (wie Anm. 1) 208.

170 Plöchl, Griechen (wie Anm. 81) 57.

171 Vgl. dazu etwa Gerald Lamprecht, Jüdische Friedhöfe in der Steiermark, in: Jüdische Friedhöfe in Österreich – Aspekte der Erhaltung. Dokumentation einer Expertenkonferenz (Vorlesungen des Centrums für Jüdische Studien 2, Graz 2010) 49–70, hier 51 f.

172 Abgedr. in Kropatschek, Handbuch, Bd. 15 (wie Anm. 112) 944–948.

173 Zum einen ist von Bestattungen von Personen die Rede, die »bei Ermangelung des Freidhofs eigener Religion« der Verstorbenen notwendig seien. Diesfalls sollte der Verstorbene »in den

II.6.6 Weitere Aspekte religionsgemeinschaftlicher Finanzierung

Nicht zuletzt die Tatsache, dass katholische Einrichtungen sehr häufig in grundherrlicher Funktion auftreten konnten, trug zur Stärkung der dominanten Staatskirche bei. Insbesondere die Einnahmen aus dem so genannten »Kirchenzehent« sind in diesem Zusammenhang zu nennen. Ohne hier näher ins Detail zu gehen, ist darauf hinzuweisen, dass schon in diesen Belangen die evangelischen Gemeinden materiell gravierend benachteiligt waren.

Als große Belastung wurde seitens der Evangelischen die Stolgebührengesetzgebung empfunden. Gemäß Punkt 4 des Toleranzpatents waren die Stolgebühren vom zuständigen katholischen Pfarrer (parochus proprius) einzuheben. Stolgebühren waren Abgaben, die für die Verrichtung kirchlicher Handlungen eingehoben wurden. Zu diesen Handlungen – auch »Kasualhandlungen« bzw. »Kasualien« genannt, weil sie jeweils im Bedarfsfall vorgenommen wurden – zählte die Vornahme von Taufen, Trauungen und Begräbnissen. Nun waren der Gesetzgebung Josephs II. zufolge die entsprechenden Matriken durch die katholischen Pfarrer zu führen, und zwar auch dann, wenn diese Handlungen durch akatholische Seelsorger vorgenommen wurden.[174] Auf den ersten Blick stellt dies eine grobe Benachteiligung der Akatholiken dar, doch ist zu bedenken, dass Ordnungsgesichtspunkte für die Aufrechterhaltung des Parochialprinzips sprachen. Wir dürfen der offiziellen staatlichen Argumentation, die sich in der Folgezeit hörbar gemacht hatte, Glauben schenken: Nur das katholische Pfarrnetz konnte eine flächendeckende und effiziente Matrikenführung gewährleisten. Es gab so gut wie keine flächendeckend evangelisch besiedelten Gebiete. Eine Mehrgleisigkeit der Matrikenführung wäre aus staatlicher Sicht durchaus unökonomisch gewesen.[175]

---

nächst gelegenen Freidhof der Religion« zu welcher er sich bekannt hat bzw. wo er auch wünschte, begraben zu werden, bestattet werden (Punkt 7). Nun wurde zur damaligen Zeit der Religionsbegriff sehr häufig im konfessionellen Sinn gebraucht. In weiterer Folge wird das Begräbnis jener Personen geregelt, die auf der Durchreise verstorben sind: »Reisende anderer Religionen als die im Lande tolerirt werden, müssen ebenfalls in dem vorhandenen Freidhof, er mag gemeinschaftlich oder einer besondern Religion eigen sein, aufgenommen werden, und der in dem Orte anwesende Geistliche müsse die Funkzion verrichten, wobei jedoch Juden und Mahometaner nicht verstanden werden.« Ob die Ausnahme bezüglich der Juden und Muslime nur im Hinblick auf die Pflicht ihrer »Geistlichen«, Begräbnisse für andersgläubige abzuhalten, galt, oder, ob diese Bestimmung allgemein auf Juden und Muslime nicht anzuwenden war, ist nicht ganz zu klären. Es bleibt bei dem Eindruck, dass in der Praxis nur das Begräbnis von Akatholiken auf katholischen Friedhöfen große Probleme bereiten konnte.

174 Vgl. das Hofdekret vom 22. Februar 1782, abgedr. in Kropatschek, Handbuch, Bd. 2 (wie Anm. 26) 429 f. Dass den akatholischen Seelsorgern in der Folgezeit unter bestimmten Voraussetzungen die Führung eigener Matriken zugestanden wurde, ändert nichts an der Zuständigkeit des katholischen Pfarrers: Denn diesem war ein Duplikat der entsprechenden Eintragung zuzusenden. Zu den einschlägigen Rechtsquellen siehe Helfert, Rechte (wie Anm. 2) 120–122.

175 Vgl. die bei Helfert, Rechte (wie Anm. 2) 122 angeführte auf Ungarn bezogene »Verordnung« vom 15. Februar 1786.

Doch kann all dies nicht darüber hinwegtäuschen, dass die Evangelischen auch im Hinblick auf das Vermögensrecht gegenüber der Katholischen Kirche gravierend benachteiligt waren.[176] So trugen Akatholiken aufgrund allgemeiner abgabenrechtlicher Verpflichtungen zur Finanzierung von Staatsleistungen an die Katholische Kirche bei. Andererseits kann man davon ausgehen, dass katholische Seelsorger weitgehend vom Staat finanziert wurden bzw. eine Finanzierung garantiert war,[177] während dies für evangelische Seelsorger nicht der Fall war. Und daher kann es nicht verwundern, wenn in der Literatur in diesem Zusammenhang eine »empfindliche finanzielle Doppelbelastung« konstatiert wurde.[178]

Von einer Stolgebührenbelastung waren Juden insofern nicht wie die Evangelischen betroffen, als sie ohnehin ihre eigenen Matriken zu führen hatten.[179]

II.7 Strafrecht

Im Jahr 1787 wurde ein »Allgemeines Strafgesetz«[180] erlassen, das die tendenziell rigorosere Constitutio Criminalis Theresiana ablöste. Für die Rechtslage der Akatholiken war der zweite Teil maßgeblich, in dem die »Politischen Verbrechen« geregelt wurden und somit jene Delikte, die von den Verwaltungsbehörden zu ahnden waren und im technischen Sinn keine eigentlichen »Verbrechen« darstellten. Durch den Tatbestand der Religionsstörung war die »öffentliche gottesdienstliche Uebung der herrschenden, oder einer geduldeten Religion« (§ 62) geschützt. Wenn ferner diejenige Person als strafbar bezeichnet wurde, die »einer der herrschenden Religion zugethanen Gemeinde offenbare Irrlehre, oder Unglauben einzuflößen, und sie von der herrschenden Religion abzuwenden sich bestrebt« (§ 65), so ist hier deutlich eine Bevorzugung der Katholischen Kirche gegeben.

Eine Bevorzugung des Christentums vor dem Judentum zeigte sich darin, dass diejenige Person strafbar war, »die sich anmaßet einen christlichen Religionsverwandten durch falschen Unterricht oder Ränke zum Abfall vom christlichen Glauben zu bestimmen und ihn zur Verläugnung aller Religion, oder zur Annahme einer, die das Evangelium läugnet, zu verleiten« (§ 64).

176 Hierzu und zum Folgenden siehe Erika Stökl, Protestantismus (wie Anm. 1) 211; Karl Schwarz, Die Wiener Augustkonferenz 1848. *JGPrÖ* 99 (1983) 58–108, hier 81.

177 Das Ausmaß dieser Finanzierung zu erklären ist, wie in der Einleitung bereits angedeutet, schwierig. Dabei ist auch zu beachten, dass von katholischen Geistlichen, deren Stellen relativ einträglich dotiert waren, »Überschussquanten« entrichtet wurden, die anderen kirchlichen Zwecken zu Gute kommen konnten.

178 So Schwarz, Augustkonferenz (wie Anm. 176) 81.

179 Verordnung vom 20. Februar 1784, abgedr. in Kropatschek, Handbuch (wie Anm. 26) Bd. 6 (Wien 1786) 574–579, hier 578. Wie zu Beginn des vorliegenden Beitrags ausgeführt, kann auf die finanzielle Situation der einzelnen Religionsgemeinschaften nur am Rande eingegangen werden. Zu bedenken ist, dass etwa in Niederösterreich (und damit auch Wien) nicht tolerierte Juden die so genannte Bollettentaxe zu entrichten hatten: Siehe Schima, Revolution (wie Anm. 1) 418.

180 Justizgesetzsammlung Nr. 611.

II.8 Verfahrensrecht

In Punkt 7 des Toleranzpatents wurde ferner festgehalten, dass für Akatholiken nur jene Eidesformeln zu sprechen waren, »die ihren Religionsgrundsätzen gemäß ist«. Dies wurde im Kontext mit einer Thematik erwähnt, die man heute als »negative Religionsfreiheit« bezeichnet. Denn gleich danach wurde zum Ausdruck gebracht, dass Akatholiken nicht zur Teilnahme an »Processionen oder Functionen der dominanten Religion« gezwungen werden durften.

Für die Rechtsstellung der Juden ist zunächst zu betonen, dass ihre Gerichtsbarkeit für den Staat grundsätzlich keine Wirksamkeit entfalten sollte.[181] Im Hinblick auf die Eide der Juden war es ein seit vielen Jahrhunderten bestehender Grundsatz, dass diese auf die Thora abgelegt werden sollten.[182] Doch über das Eidwesen hinaus ist darauf hinzuweisen, dass der Zeugniswert von Juden ein geringerer war als der von Christen. So enthielt die Allgemeine Gerichtsordnung von 1781 eine Bestimmung, der zufolge ein von einem Juden für einen Glaubensgenossen gegen einen Christen abgelegtes Zeugnis als bedenklich anzusehen war (§ 142 lit. d).[183] Einem derartigen Zeugnis kam zwar ein gewisser Stellenwert zu (vgl. § 137), aber es nahm nicht den Rang ein wie das Zeugnis eines Christen. Doch auch im Zusammenhang mit den Urkundenbeweisen waren Juden benachteiligt. Kam den von den katholischen Pfarrern geführten Tauf-, Trauungs- und Totenbüchern grundsätzlich öffentliche Beweiskraft zu,[184] so war das für die von den Rabbinern zu führenden Personenstandsbüchern nicht der Fall.

Wie bereits in der Einleitung erwähnt, wurde die Sonderstellung des katholischen Klerus im Strafverfahren unter Joseph II. weitgehend abgeschafft. Unter ihm wurde die Strafgerichtsbarkeit über Kleriker grundsätzlich an die weltlichen Gerichte übertragen.[185] Dabei wurde allerdings auch eine Mitteilungspflicht an den »Ordinarius«, und somit in den meisten Fällen an den Diözesanbischof, verankert.[186]

---

181 Unter Joseph II. wurde eigens festgehalten, dass »die Gerichsbarkeit jüdischer Gerichte nach Maaß der publizirten Jurisdikzionsnormen in keiner Art« mehr bestehe und die Juden daher »ohne weiters der in jedem Orte bestehenden Ortsgerichtsbarkeit unterworfen« seien: Hofdekret vom 28. Mai 1785, abgedr. in Kropatschek, Handbuch, Bd. 10 (wie Anm. 110) 674.

182 Siehe dazu Schima, Revolution (wie Anm. 1) 425.

183 Justizgesetzsammlung Nr. 13. Siehe dazu Schima, Revolution (wie Anm. 1) 425. Ebenda, auch Ausführungen zur geringeren Beweiskraft der von Rabbinern geführten Matriken.

184 Hofdekret vom 15. Jänner 1787, Justizgesetzsammlung Nr. 621.

185 Hofkanzleidekret vom 19. Juni 1787, abgedr. in Kropatschek, Handbuch, Bd. 13 (wie Anm. 88) 574 f.

186 Falls »eine geistliche Person« im Zusammenhang mit einem Verbrechen »in die Untersuchung fiel« und dabei in Gewahrsam genommen wurde, hatte der zuständige Ordinarius »ungesäumt« verständigt zu werden. Auch war er von den Urteilen in Kenntnis zu setzen. Details wurden in einem Hofdekret vom 23. August 1787 geregelt, abgedr. bei Kropatschek, Handbuch, Bd. 13 (wie Anm. 88) 575. Dass mit der Gesetzgebung Josephs II. das *privilegium fori* – und somit der Sondergerichtsstand für katholische Kleriker – »gänzlich angeschafft« [so Gampl, Staat–Kirche–Individuum (wie Anm. 2) 79] wurde, muss allerdings bezweifelt werden. Denn offensichtlich war der Fall eines Bischofs, der wegen eines Verbrechens in Gewahrsam genommen wurde, nicht geregelt worden.

II.9 Zusammenfassung

Was die Rechtslage der Evangelischen betrifft, darf an dieser Stelle der vielzitierte Satz Inge Gampls noch einmal wiedergegeben werden: »Der Staat schuf ihnen, wenn schon nicht einen Platz an der Sonne, so doch wenigstens einen Platz am Tageslicht.«[187] Der Weg zu religionsrechtlicher Gleichbehandlung mit der Katholischen Kirche sollte indes noch ein dornenreicher sein. Wenn wir über einen böhmischen Ort die Nachricht vernehmen, dass der dortige erste Pastor von katholischen Ortsbewohnern mit Steinen beworfen wurde,[188] so dürfen wir vermuten, dass man mit ähnlichen Vorfällen auch im Gebiet des heutigen Österreich rechnen musste.

Dass eine religionsrechtliche Gleichstellung nicht einmal in jenen Angelegenheiten anvisiert war, die die Stellung des Einzelnen ohne ersichtlichen Zusammenhang mit seinem Religionsbekenntnis betrafen, muss ebenfalls betont werden: Liegenschaftsankäufe, Erwerb von Bürger- und Meisterrechten, die Zulassung zu akademischen Würden und »Civil-Bedienstungen« sollten eben nur im Dispensweg zulässig sein. Das Habsburgerreich hatte ein katholischer Staat zu bleiben, und dies galt umso mehr für den Bereich der »Erblande«.

III. Die Wiederannäherung von Thron und Altar. Zwischen dem Tod Josephs II. und der Revolution von 1848

III.1 Allgemeine Entwicklungen, verfassungsrechtliche Ausgangslage und religionsrechtliche Landschaft

Dem am 20. Februar 1790 verstorbenen Joseph II. folgte sein Bruder Leopold nach. Als Großherzog der Toskana hatte er das Staat-Kirche-Verhältnis in ähnlicher Weise wie Joseph II. geordnet. Obgleich Leopold II. zahlreiche Reformen seines Bruders zurücknehmen musste, blieb der Status quo in religionsgemeinschaftlichen Angelegenheiten im Wesentlichen erhalten.

Leopolds Sohn Franz II. regierte als zuständiger Landesfürst von 1792 bis 1835. Noch bevor er am 6. August 1806 die Krone des Heiligen Römischen Reiches niederlegte, ließ er sich am 10. August 1804 als Kaiser von Österreich proklamieren. Als solcher wird er als »Franz I.« bezeichnet. Seine über 40 Jahre währende Regierung war vor allem durch den Eindruck der Französischen Revolution und ihrer Folgewirkungen und zunächst durch labile außenpolitische Verhältnisse geprägt. Dabei sind die zeitweiligen Abtrennungen österreichischer Gebiete vom habsburgischen Herrschaftsbereich zu beachten: So etwa die Abtrennung Tirols, wo man im frühen 19. Jahrhundert seitens Bayerns, Frankreichs und des Königreichs Italiens versuchte,

---

187 Gampl, Staat und evangelische Kirche (wie Anm. 31) 310.

188 Siehe Trautenberger, Jahrzehnt, Teil 1 (wie Anm. 44) 220. Es handelte sich um den Pastor Stefan Schimko in Křižlitz unweit Reichenberg.

einer vergleichsweise liberalen Religionspolitik zum Durchbruch zu verhelfen.[189] Auf die Mentalität der dortigen Bevölkerung wirkte sich dies im Großen und Ganzen »kontraproduktiv« aus. Die »Fremdherrschaft« dürfte ihr Wesentliches dazu beigetragen haben, dass in Tirol der Gedanke der katholischen Glaubenseinheit noch lange Zeit hindurch regen Zuspruch erhielt. Doch konnte das Religionsrecht der »Invasoren« durchaus auch Spuren eines paritätsrechtlichen Denkens hinterlassen. So galt der französische Code Civil für einige Zeit in Osttirol und Oberkärnten. Dort war somit das Prinzip der obligatorischen Ziviltrauung maßgeblich. Offensichtlich blieb dies im Bewusstsein der Bevölkerung als etwas in Erinnerung, das sich als Instrument zur Überwindung konfessioneller Gegensätze erwies.[190]

In formell verfassungsrechtlicher Hinsicht scheinen zunächst die Deutschen Bundesakte bemerkenswert, die die Verfassung des Deutschen Bundes darstellten und am 8. Juni 1815 verabschiedet wurden. Dem Deutschen Bund – bei ihm handelte es sich um einen Zusammenschluss von Staaten, der eher als Staatenbund denn als Bundesstaat zu bezeichnen ist – gehörte das Kaisertum Österreich zwischen 1815 und 1866 mit all jenen Gebieten an, die zuvor Teil des Heiligen Römischen Reiches gewesen waren. Wenn in Artikel 16 Abs. 1 der Bundesakte festgehalten wurde, dass »die Verschiedenheit der christlichen Religions-Partheyen ›innerhalb‹ des deutschen Bundes keinen Unterschied in dem Genusse der bürgerlichen und politischen Rechte begründen« könne,[191] so klingt dies zunächst bemerkenswert. In Österreich erhielt die Bestimmung keine praktische Bedeutung.[192] Dies ist allerdings kaum verwunderlich, denn weder den einzelnen Bürgern noch den »Religionsparteien« konnten aus einer derartigen Bestimmung rechtlich durchsetzbare Ansprüche erwachsen.[193]

---

189 Siehe SCHIMA, Glaubenseinheit (wie Anm. 5) 69–71.

190 Dafür spricht die Wortmeldung des Abgeordneten zum österreichischen Reichstag, Emil Vacano, im Rahmen der Debatte des Verfassungsausschusses vom 16. Dezember 1848 [abgedr. in Alfred FISCHEL, Die Protokolle des Verfassungsausschusses über die Grundrechte. Ein Beitrag zur Geschichte des österreichischen Reichstags vom Jahre 1848 (Wien 1912) 128]: »Vacano erinnert dagegen, das Beispiel Frankreichs lehre auch hier die Leichtigkeit der Einführung dieses Gesetzes [sc. Regelungen betreffend die Einführung der obligatorischen Ziviltrauung], insbesondere beim Erscheinen einer neuen und freisinnigen Gemeindeordnung. Er selbst aber habe zu Bleiberg in Ober-Kärnten als Bezirkskommissär das gleiche beobachtet. In dem erwähnten Orte habe nebst zwei katholischen Pfarreien auch ein protestantisches Bethaus bestanden, was in früherer Zeit, namentlich in Ansehung der gemischten Ehen, viele Differenzen verursacht habe. Nach der in jener Gegend geschehenen Einführung der Zivilehe haben sich die Differenzen behoben und die katholischen Pfarrer haben sich gehütet, einer abgeschlossenen Zivilehe die Einsegnung zu verweigern.«

191 Abgedr. in Dokumente zur deutschen Verfassungsgeschichte, Bd. 1, hg. von Ernst Rudolf HUBER (Stuttgart [3]1978) 89. Zu Art. 16 der Bundesakte siehe ausführlich Hermann FÜRSTENAU, Das Grundrecht der Religionsfreiheit nach seiner geschichtlichen Entwicklung und heutigen Geltung in Deutschland (Leipzig 1891) 97–119.

192 Vgl. Franz ZIMMERMANN, Rechtsurkunden der Evangelischen in Oesterreich 1815 bis 1920 (Steyr 1929) 2.

193 Siehe SCHIMA, Glaubenseinheit (wie Anm. 5) 72 f., mit weiterführenden Literaturhinweisen.

Umso eher hat dies für Artikel 16 Abs. 2 zu gelten,[194] der auf »die bürgerliche Verbesserung der Bekenner des jüdischen Glaubens« zielte und von seinem Wortlaut her rein programmatisch war. Auf den ersten Blick konnte auch Artikel 18[195] für die Rechtsstellung der Evangelischen relevant sein: In lit. a wurde das Recht auf freien Immobilienerwerb durch Angehörige eines Mitgliedsstaates des Deutschen Bundes in einem anderen Mitgliedstaat festgeschrieben. Doch relativiert sich diese Sichtweise anhand eines Blickes auf lit. b Z 1: Demnach lag die Entscheidung über die Aufnahme eines Bürgers aus einem anderen Bundesstaat bei jenem Mitgliedstaat, in dem der Bürger wohnen wollte.

Und die kaiserliche Politik war den Evangelischen nicht wohl gesonnen. Zwar spielte eine nicht unbeachtliche Zahl an Evangelischen eine wichtige Rolle im öffentlichen Leben – so etwa der im Jahr 1832 verstorbene Friedrich von Gentz, der ein wichtiger Berater des Staatskanzlers Metternich war. Doch andererseits konnte der Protestantismus mit deutschnationalen Bestrebungen in Verbindung gebracht werden: Das thüringische Wartburgfest von 1817, bei dem sich zahlreiche Studenten aus deutschsprachigen Territorien versammelten, konnte nicht nur als völkische, sondern auch als religiöse Erhebung gedacht werden. Und es ist alles andere als ein Wunder, dass der irritierte Monarch im Jahr 1819 mit großem Gefolge eine Reise in die Ewige Stadt antrat.[196] Diese Reise war eine unübersehbare Reaktion auf das studentische Fest, das in gewisser Weise bis in unsere Tage Wiederholungen findet.

Unter Franz' Sohn Ferdinand I. (1835–1848) erfolgte schließlich die Vertreibung der »Zillertaler«.[197] Dabei handelte es sich um eine Gruppe von mehreren hundert Personen, die sich selbst als Evangelische betrachteten, während die staatlichen Behörden von »Inklinanten« sprachen und somit von Personen, die dem evangelischen Glauben bloß »zuneigten«, jedoch nicht in allem mit diesem übereinstimmten und aus staatlicher Sicht wiederholt als Sekte betrachtet wurden. Dieser im Jahr 1837 erfolgten Maßnahme war die bereits erwähnte Diskussion über die Geltung des Toleranzpatents in Tirol vorausgegangen.[198] Darüber hinaus ist zu beachten, dass es dem Kaiser ohnehin freistand, das Toleranzpatent außer Kraft zu setzen.[199]

Auch in anderer Hinsicht zeigte sich der Staat gegenüber religiösen Bewegungen, die sich nicht unter die Toleranzgesetzgebung subsumieren ließen bzw. die er nicht von dieser erfasst sehen wollte, in misstrauischer Abwehrhaltung. Da ist zum einen

194 Abgedr. in Huber, Dokumente, Bd. 1 (wie Anm. 191) 88 f.

195 Abgedr. in ebenda 90.

196 Siehe Helmut Rumpler, Eine Chance für Mitteleuropa. Bürgerliche Emanzipation und Staatsverfall in der Habsburgermonarchie 1804–1914 (Wien 1997) 210.

197 Siehe Schima, Glaubenseinheit (wie Anm. 5) 65–119, mit zahlreichen weiterführenden Literaturhinweisen.

198 Siehe oben die Einleitung.

199 Siehe oben die Einleitung und Rudolf Leeb, Protestantismus und evangelische Kirche als Teil der Geschichte Tirols. *Amt und Gemeinde* 52 (2001) 226–236, hier 230.

die Bewegung der »Pöschlianer« zu nennen.[200] Für die Geschichte der Evangelischen war allerdings das Wirken der »Boosianer« von größerer Bedeutung. Schon im ersten Jahrzehnt des 19. Jahrhunderts machte der aus dem Allgäu stammende katholische Priester Martin Boos von sich Reden.[201] Im Jahr 1806 wurde er Pfarrer im oberösterreichischen Gallneukirchen, wo er für zehn Jahre bleiben konnte. Dort vertrat er Standpunkte, die in Bezug auf Fragen der Werkgerechtigkeit, Gnadenlehre und Bedeutung der Heiligen Schrift evangelischen Positionen weit näher kamen als der Lehre seiner Kirche. Dass Boos' Wirken sich nicht auf seine geographische Umgebung beschränkte, sondern auch eine intensive Korrespondenz umfasste, konnte das für den Staat bestehende Ärgernis nicht verringern. Von weit her strömten Zuhörer nach Gallneukirchen. Im Jahr 1815 wurde Boos schließlich der Briefverkehr mit dem Ausland untersagt. Im selben Jahr zog ihn der Linzer Bischof zur disziplinären Rechenschaft; über Boos wurde die Klosterhaft verhängt. 1816 musste er schließlich das Land verlassen.

Die Spuren der »Boosianer« blieben trotzdem scharf konturiert: Allein im Jahr 1821 versuchten 64 Personen den Übertritt zu den Evangelischen zu vollziehen, doch ihrem Wunsch wurde erst Jahrzehnte später Rechnung getragen. Der Nachfolger von Boos als katholischer Pfarrer von Gallneukirchen zögerte den für den Übertritt notwendigen Unterricht immer wieder hinaus. Wegen dieser Angelegenheit wurden auch einige Pastoren der Umgebung unter strenge Polizeiaufsicht gestellt. Bischöfliche Visitationen und sogar die Entsendung von Redemptoristen fruchteten nichts, viele Boosianer sonderten sich von ihrer katholischen Umgebung ab und trafen einander in privaten bzw. häuslichen Zusammenkünften. Schwierigkeiten ergaben sich vor allem in Bezug auf das Eherecht und das Bestattungswesen (Verweigerung der Vornahme von Trauungen durch katholische Seelsorger, Zuweisung »schlechter« Bestattungsplätze).

Strenge staatliche Reaktionen riefen schließlich die Deutschkatholiken hervor: Diese Bewegung, die zumindest nach Ansicht ihrer Angehörigen überwiegend eine Religionsgemeinschaft darstellte, bildete sich in den Vierzigerjahren als Reaktion auf katholische Frömmigkeitsbekundungen, die insbesondere mit der Ausstellung des Trierer »Heiligen Rockes« im Jahr 1844 in Zusammenhang standen.[202]

Für Ungarn bedeutete die Zeit bis 1848 einen gewissen Aufschwung für den Protestantismus, obgleich auch hier zahlreiche Wünsche, die auf Emanzipation gerichtet

200 Diese Bewegung ist nach Thomas Pöschl benannt, der im zweiten Jahrzehnt des 19. Jahrhunderts als katholischer Priester im oberösterreichischen Ampflwang wirkte, Exorzismen durchführte und das Nahen des Weltuntergangs lehrte. Pöschl wurde schließlich für unzurechnungsfähig erklärt. Zu ihm siehe Kropf, Kirche (wie Anm. 154) 62.

201 Zu Martin Boos und seiner Bewegung siehe Ursula Senoner, Die Bewegung der Boosianer im Mühlviertel. *JGPrÖ* 89 (1973) 3–160; Leopold Temmel, Evangelisch in Oberösterreich. Werdegang und Bestand der Evangelischen Kirche (Linz 1982) 139 f.; Kropf, Kirche (wie Anm. 154) 62–68.

202 Zu den Deutschkatholiken in Österreich siehe Schima, Deutschkatholiken (wie Anm. 44) 262–265, mit zahlreichen Literaturverweisen.

waren, unerfüllt blieben.[203] Entscheidende Gesetzesvorhaben erhielten erst im April des Revolutionsjahres die Sanktion des Monarchen.

III.2 Korporative Organisation, Kultusverwaltung und kirchenbezogene Ämterbesetzung

Gegenüber der vorangehenden Rechtslage änderte sich zwischen Joseph II. und dem Jahr 1848 nichts Wesentliches.[204] Das im Jahr 1811 erlassene Allgemeine Bürgerliche Gesetzbuch (ABGB) trug im Übrigen kaum zu einer terminologischen Klarheit bei, was die juristische Personenqualität von Einrichtungen im religionsgemeinschaftlichen Bereich betraf.[205] Für den evangelischen Bereich wurden detaillierte Bestimmungen betreffend die Gemeindevertretung geschaffen.[206] Das alles kann aber nicht darüber hinwegtäuschen, dass im frühen 19. Jahrhundert evangelische Gemeindegründungen so gut wie unmöglich waren.[207]

Die Rechtslage der Juden war in Bezug auf Gemeindegründungsmöglichkeiten weiterhin eine sehr inhomogene. Für Wien ist festzuhalten, dass in den Neunzigerjahren des 18. Jahrhunderts insofern »eine Art Vorstufe« einer staatlich anerkannten Gemeinde eingerichtet werden konnte, als es zur Bestellung so genannter »Vertreter« kam.[208] Durch diese war den tolerierten Juden in Ansätzen ein Auftreten als Korporation möglich.[209] Im Jahr 1792 wurde schließlich in Wien ein »Judenamt« eingerichtet, das vor allem den Zuzug armer Juden in die Stadt unterbinden sollte.[210]

---

203 Siehe dazu insb. Bucsay, Protestantismus, Teil 2 (wie Anm. 29) 62–65; Gottas, Geschichte (wie Anm. 1) 490 f.

204 Reichliches Anschauungsmaterial für die Einmischung des Staates in die Belange evangelischen Kirchenlebens bieten etwa die Instruktionen für die Superintendenten der augsburgischen und helvetischen Konfession im Königreich Böhmen vom 20. Mai 1830, Provinzial-Gesetzsammlung des Königreichs Böhmen für das Jahr 1831, Nr. 101.

205 Siehe Stefan Schima, Die religionsrechtliche Dimension des ABGB von 1811 bis heute, in: 200 Jahre ABGB (1811–2011). Die österreichische Kodifikation im internationalen Kontext, hg. von Barbara Dölemeyer/Günter Mohnhaupt (Wien 2012). Vgl. auch Wilhelm Brauneder, Von der moralischen Person des ABGB zur juristischen Person der Privatrechtswissenschaft. *Quaderni fiorentini per la storia del pensiero giuridico moderno* 11/12 (1982/83 = Itinerari moderni della persona giuridica 1) 262–317, hier 264 f.

206 Siehe Helfert, Rechte (wie Anm. 2) 156 f.

207 Reingrabner, Glaube (wie Anm. 2) 95.

208 Kurt Schubert, Die Geschichte des österreichischen Judentums (Wien 2008) 72.

209 Siehe Schima, Revolution (wie Anm. 1) 419.

210 Siehe Wolfgang Häusler, Toleranz, Emanzipation und Antisemitismus. Das österreichische Judentum des bürgerlichen Zeitalters (1782–1918), in: Ders./Anna Drabek/Kurt Schubert/Karl Stuhlpfarrer/Nikolaus Vielmetti, Das österreichische Judentum. Voraussetzungen und Geschichte (Wien [3]1988) 83–140, hier 88.

III.3 Religionsübungsfreiheit

Für das damals zu Ungarn gehörige Gebiet des Burgenlandes sind in Bezug auf die öffentliche Religionsübung insofern Fortschritte zu konstatieren, als bei mehreren evangelischen Kirchbauten der Bau eines Turmes vorgenommen werden konnte. Dies stützte sich auf einen ungarischen Landtagsbeschluss der frühen Neunzigerjahre.[211] Doch ist für das übrige Gebiet des heutigen Österreich kein weiterer Trend im Sinne der Einräumung des Rechts der öffentlichen Religionsübung bemerkbar.

In diesem Sinn war auch den Juden Wiens kein Glück beschieden. Zwar konnte im Jahr 1826 der Wiener Stadttempel eingeweiht werden, doch durfte er nach außen hin nicht als Kultgebäude erkennbar sein.[212]

III.4 Übertrittsrecht

Unter Leopold II. änderte sich in dem für Akatholiken relevanten Übertrittsrecht nichts. Der Übertritt vom Judentum zu einem christlichen Bekenntnis wurde allerdings erleichtert.[213]

Unter Leopolds Sohn Franz ergingen im Jahr 1808 Bestimmungen, die flankierende Maßnahmen zur Vorbeugung von Glaubensübertritten von der Katholischen Kirche zu einem akatholischen Bekenntnis vorsahen: So sollten die örtlich zuständigen Bischöfe die katholischen Seelsorger insbesondere in jenen Gegenden, die einen starken Akatholikenanteil in der Wohnbevölkerung aufwiesen, zu einem in Lehre und Werktätigkeit vorbildlichen Leben und zu besonderer Sensibilität in der Aufsicht über die ihnen anvertrauten Gläubigen ermahnen.[214] Darüber hinaus hatten die Bischöfe Listen betreffend der Motive der in ihrem Sprengel vollzogenen Übertritte von der Katholischen Kirche zu einem akatholischen Bekenntnis zu führen und alle drei Monate der zuständigen Behörde vorzulegen.[215] Hier lässt sich also eine Linie erkennen, die eine noch deutlichere Bevorzugung der Katholischen Kirche beinhaltete als dies unter Joseph II. und Leopold II. der Fall gewesen war. Unter diesem Prätext ist wohl auch jene Bestimmung zu sehen, die für den Übertritt von der Katholischen Kirche zu einem akatholischen Bekenntnis ausdrücklich ein Mindestalter von 18 Jahren vorsah.[216] Selbst eine Person, deren Eltern nach ihrer Geburt von der Katholischen Kirche zu einem akatholischen Bekenntnis übergetreten waren, war dieser Mindestaltersgrenze unterworfen.[217]

---

211 Rudolf Leeb/Erwin Herold, Das österreichische josephinische Toleranzbethaus. Zur historischen Einordnung eines Symbols. *JGPrÖ* 107/108 (1991/1992) 3–23, hier 10 f.

212 Siehe Schima, Revolution (wie Anm. 1) 419.

213 Siehe Schima, Glaubenswechsel (wie Anm. 95) 83.

214 Dekret der vereinten Hofkanzlei vom 16. August 1808, Politische Gesetzessammlung XXXI Nr. 23.

215 Dekret der vereinten Hofkanzlei vom 27. August 1808, Politische Gesetzessammlung XXXI Nr. 27.

216 Hofkanzleidekret vom 9. September 1816, Politische Gesetzesssammlung XLIV Nr. 121.

217 Hofkanzleidekret vom 22. März 1834, Politische Gesetzessammlung LXII Nr. 44.

Für die Zeit Ferdinands I. machte sich wieder Rechtsunsicherheit in der Frage des Übertrittsmindestalters von der Katholischen Kirche zu einem akatholischen Bekenntnis bemerkbar.[218] Tatsächlich dürften zahlreiche Übertritte vor dem vollendeten 18. Lebensjahr vorgekommen sein und dies in einer durch den Staat nicht beanstandeten Weise.

Vor dem Hintergrund des Auftretens der »Zillertaler« und der »Boosianer« kann es nicht überraschen, wenn im Jahr 1840 Regelungen betreffend den Übertritt erlassen wurden.[219] In einer Allerhöchsten Entschließung verfügte der Kaiser, dass Personen, die von der Katholischen Kirche zu einem protestantischen Bekenntnis übertreten wollten, dem zuständigen Kreisamt von ihrer Absicht Mitteilung machen mussten.[220] Dadurch war der Staat nun stärker in das Übertrittsverfahren eingebunden. Die Absicht, die Zahl der entsprechenden Übertritte in Maßen zu halten, ist unübersehbar. Das Kreisamt hatte unter anderem »die Veranlassung und Verhältnisse, welche den Entschluß des Bittstellers bewirkt haben« protokollarisch festzuhalten. Lag kein begründeter Verdacht vor, »daß der Gesuchsteller nicht aus Gewissenhaftigkeit, sondern lediglich aus Nebenabsichten seinen Entschluß gefaßt hat«, sollte dieser an den zuständigen Seelsorger zum Zweck des sechswöchigen Religionsunterrichts verwiesen werden. Nach Erhalt des Religionsunterrichts sollte das Kreisamt nochmals in das Übertrittsverfahren einbezogen sein und für den Fall des Weiterbestehens der Übertrittsabsicht den zuständigen evangelischen Seelsorger informieren.

III.5 Privatrecht

III.5.1 Allgemeines

Unter Franz I. wurde im Jahr 1811 das Allgemeine Bürgerliche Gesetzbuch erlassen, das im Jahr darauf in Kraft trat. Mit seinem § 39 enthält es eine allgemeine Bestimmung, die in religionsrechtlicher Hinsicht zunächst bemerkenswert erscheint. Demnach durfte »die Verschiedenheit der Religion auf die Privatrechte keinen Einfluß« haben. Die Bedeutung dieser Bestimmung darf keinesfalls überschätzt werden: Denn gleich darauf folgt der Halbsatz »außer in so fern dieses bey einigen Gegenständen durch die Gesetze insbesondere angeordnet wird«.[221] Der Stammfassung des ABGB darf schon aus diesem Grund keine markante paritätsrechtliche Tendenz unterstellt werden.[222]

218 Siehe Schima, Glaubenswechsel (wie Anm. 95) 85.

219 Zu den »Zillertalern« und den »Boosianern« siehe oben III.1.

220 Allerhöchste Entschließung vom 6. Mai 1840, Politische Gesetzessammlung LXVIII Nr. 65.

221 Zu beachten ist, dass § 39 bzw. dessen Ausnahmebestimmung heute inhaltlich weitgehend überlagert ist. Siehe dazu Schima, Glaubenseinheit (wie Anm. 5) 72 f., mit Anm. 28; Ders., Dimension (wie Anm. 205).

222 Siehe dazu ausführlich Brauneder, »Allgemeines« aber nicht gleiches Recht (wie Anm. 7) 23–33. Im Übrigen ist auch der Kommentar Franz von Zeillers, der bei der Kompilation des ABGB eine Schlüsselrolle spielte, heranzuziehen: Franz von Zeiller, Commentar über das allgemeine Gesetzbuch für die gesammten Deutschen Erbländer der Oesterreichischen

III.5.2 Eherecht

Die Eherechtsbestimmungen des ABGB unterschieden sich inhaltlich nicht wesentlich von den josephinischen Eherechtsbestimmungen. Das Ehehindernis- und Ehescheidungsrecht war unter konfessionellen bzw. religiösen Gesichtspunkten gegliedert. Erstmals fand nun das für Juden geltende Eherecht in einer Gesetzeskodifikation Berücksichtigung (§§ 125–136). Der äußeren Anordnung der Bestimmungen ist allerdings zu entnehmen, dass das katholische Bekenntnis als das wichtigste zu betrachten war. Im Grunde spiegelte sich im ABGB-Eherecht die durch die Toleranzgesetzgebung Josephs II. vorgegebene Rechtsstruktur.

Das Ehehindernis- und Ehescheidungsrecht war weitgehend den innerreligionsgemeinschaftlichen Grundsätzen der betreffenden Bekenntnisse angepasst, wenn auch hinsichtlich der Katholiken und der Juden Unterschiede anzutreffen waren, die nicht ganz unbeachtlich waren. Insgesamt hatte sich schon unter Joseph II. der Wille gezeigt, das staatliche Eherecht nach äußeren Ordnungsgrundsätzen zu regeln (etwa grundsätzliche Orientierung am Aufgebotsrecht des Konzils von Trient), und es war keinesfalls beabsichtigt, in die Eherechtsprinzipien des betreffenden Bekenntnisses in diskriminierender Weise einzugreifen.[223] Darüber hinaus blieb man weiterhin bei dem Grundsatz, demzufolge eine Ehe nur vor einem Seelsorger geschlossen werden konnte und in keinem Fall von einem (rein) staatlichen Funktionsträger (§ 75). Wenn nun bei den Reformatoren die Ehe als »weltlich Ding« betrachtet wurde, deren Regelungszuständigkeit der christlichen Obrigkeit anheimgestellt war, so war die Gefahr nicht allzu groß, dass das staatliche Eherecht in innerreligionsgemeinschaftliche Grundsätze eingriff.[224] Wenn in § 115 unter bestimmten Voraussetzungen die Trennung von Akatholikenehen zugelassen und gemäß § 119 den Getrennten

---

Monarchie, Bd. 1 (Wien 1811) 154 f., meint hier: »So verschieden und wichtig das Verhältniß der verschiedenen Religions-Parteyen in Rücksicht jener Gegenstände ist, welche entweder allgemein, oder doch nach unserer Verfassung zum politischen Wirkungskreise gehören, so hat doch diese Verschiedenheit auf das Civil-Recht, welches hier abgehandelt wird, einen sehr geringen Einfluß.« Doch ist auch mit anderen Stellen seines Kommentars zu vergleichen. Ebenda 23, heißt es: »Allein die Verschiedenheit des Clima, der Bevölkerung, Verfassung und Cultur, der Grad der religiösen, sittlichen und politischen Aufklärung, die herrschende Erziehungsart und Beschäftigung, der Gemüths-Charakter und Wohlstand der Einwohner, kurz die Verschiedenheit der äußeren und inneren Verhältnisse begründet auch eine Verschiedenheit der Rechtsverhältnisse, nach welchen die darauf sich beziehenden Gesetze modificiret werden müssen.« Dies kann in gewisser Weise als Einfallspforte für die Ungleichbehandlung unterschiedlicher Bekenntnisse im Eherecht betrachtet werden.

223 Das Aufgebotsrecht wurde im so genannten *Dekreten Tapets* des Konzils von Trient geregelt: Abgedr. in Dekrete der ökumenischen Konzilen, Bd. 3, Konzilen der Neuzeit, hg. von Josef Wohltut [Paderborn 2002; basierend auf Conciliorum Oecumenicorum Decreta, hg. von Giuseppe Alberigo/Giuseppe L. Dossetti/Perikles-P. Joannou/Claudio Leonardi/Paolo Prodi (Bologna [3]1973)] 755–759.

224 Vgl. Karol Kuzmány, Handbuch des allgemeinen und österreichischen evangelisch-protestantischen Eherechtes mit durchgängiger Berücksichtigung des Eherechtes anderer christlicher Confessionen, häufiger Hinweisung auf die Gesetzgebungen fremder Staaten (Wien 1860) 50; Karl Schwarz, Die Ehe ist »ein weltlich Ding«: Anmerkungen zum österreichischen Eherecht

grundsätzlich die Wiederverheiratung gestattet wurde, so konnten Angehörige aller akatholischen Bekenntnisse zufrieden sein.

Doch darf das Eherecht des ABGB keineswegs in der Weise betrachtet werden, als ob es unter religionsrechtlichem Aspekt diskriminierungsfrei gewesen wäre. Vor allem anhand des Mischeherechts zeigte sich die Dominanz katholischer Grundsätze. In Bezug auf das Judentum stellte sich die Frage deswegen nicht, weil gemäß § 64 ABGB Ehen zwischen Christen und Personen, die »sich nicht zur christlichen Religion bekennen« ohnehin nicht gültig eingegangen werden konnten.[225]

Eine Benachteiligung von Akatholiken ist zunächst anhand von § 71 ersichtlich, der das Aufgebot regelte. Bei Ehen zwischen Akatholiken musste das Aufgebot nicht nur in deren gottesdienstlichen Versammlungen, sondern auch in den örtlich zuständigen katholischen Pfarrkirchen vorgenommen werden. Dabei ist bemerkenswert, dass es bezüglich der Orthodoxen Ausnahmen von diesem Grundsatz geben konnte.[226]

Für die Eheschließung zwischen Katholiken und Akatholiken war gemäß § 77 die Abgabe der Einwilligungserklärung vor dem katholischen Pfarrer zwingend vorgesehen. Doch durfte auf Verlangen des akatholischen Teiles auch dessen Seelsorger anwesend sein. Benachteiligungen von Evangelischen im Mischeherecht konnten sich auch im Zusammenhang mit § 111 ergeben, der die Untrennbarkeit von Ehen zwischen katholischen Ehegatten zu deren Lebzeiten normierte.[227] In § 111, Satz 2, wurde nämlich auch explizit festgehalten, dass dies auch für jene Ehen der Fall war, bei denen »auch nur Ein Theil schon zur Zeit der geschlossenen Ehe der katholischen Religion zugethan war«. Eine derartige Benachteiligung von Akatholiken sollte allerdings gemäß § 116 nicht greifen, wenn nach Eheschließung zwischen zwei akatholischen Ehegatten ein Ehegatte zur Katholischen Kirche übertrat und der akatholische Teil aus den durch das Gesetz vorgegebenen Gründen die Trennung verlangte. Diesfalls war die Ehe dem Bande nach auflösbar, und es kam nicht der katholische Grundsatz der Unauflöslichkeit von Ehen zum Durchbruch.

Ergänzend sei noch im Hinblick auf § 111 ABGB angemerkt, dass das Hindernis des bestehenden Ehebandes theoretisch dispensabel war. Denn zufolge § 83 ABGB konnte die zuständige staatliche Stelle bei Vorliegen wichtiger Gründe von Ehehindernissen dispensieren. Diese Möglichkeit hat in Bezug auf § 111 in der Zeit der Monarchie allerdings nur eine sehr untergeordnete Rolle gespielt.[228]

---

aus protestantischer Perspektive, in: War die Ehe immer unauflöslich, hg. von Maximilian LIEBMANN (Limburg 2002) 124–155, hier 127–131.

225 Zur Frage, ob es sich hier um eine rein diskriminierende Bestimmung handelte, und inwieweit hier nicht auch jüdischen Geboten entgegengekommen wurde, siehe Stefan SCHIMA, Das Eherecht des ABGB 1811, in: Eherecht 1811 bis 2011, hg. von Thomas OLECHOWSKI (im Druck).

226 Siehe das Hofkanzleidekret vom 26. Oktober 1843, Politische Gesetzessammlung LXXI Nr. 119, wo hinsichtlich der orthodoxen Bewohner der Bukowina das Bestehen einer derartigen Ausnahme konstatiert und auch für die Zukunft bekräftigt wurde.

227 Vgl. dazu bereits § 36 des josephinischen Ehepatents.

228 Siehe Erika WEINZIERL(-FISCHER), Die österreichischen Konkordate von 1855 und 1933 (Wien 1960) 156–159.

Was das Mischeherecht zwischen Katholiken und Akatholiken betrifft, so wurde im Jahr 1814 das so genannte impedimentum catholicismi in ausdrücklicher Form eingeführt.[229] Dieses konnte grundsätzlich in zwei Varianten auftreten: Für den Fall der Trennung einer Akatholikenehe konnte nachher kein Teil zu Lebzeiten des anderen eine gültige Ehe mit einer katholischen Person eingehen. Ferner war für jenen Fall, bei dem ein Ehegatte noch vor der Trennung katholisch geworden war, zu beachten, dass dieser bei Lebzeiten des akatholisch gebliebenen Gatten keine gültige Ehe eingehen konnte. Durch das impedimentum catholicismi wurde dem katholischen Eherechtsverständnis Rechnung getragen: Die Ehe zwischen Christen ist demnach sakramental und grundsätzlich unauflöslich.

Schließlich muss auf eine weitere Benachteiligung von Akatholiken eingegangen werden, die sehr oft mit Eheschließungen in Zusammenhang stand: In § 63 ABGB wurde – wie übrigens schon im josephinischen Ehepatent[230] – in Bezug auf Geistliche, die die höheren Weihen empfangen hatten und Ordenspersonen beiderlei Geschlechts, die im Rahmen feierlicher Gelübde die Ehelosigkeit versprochen hatten, die Unfähigkeit zum Eheabschluss ausgesprochen.[231] Selbst für den Fall, dass eine Person, die zu den in § 63 genannten Gruppen gehörte, sich als akatholisch bekannte und eine akatholische Person ehelichen wollte, war eine gültige Eheschließung nach staatlichem Recht ausgeschlossen. Da die in § 63 genannten Gruppen in der Regel aus katholischen – seltener aus orthodoxen – Geistlichen bzw. Ordenspersonen bestanden, kommt hier einmal mehr die Stellung der dominanten Staatskirche zum Tragen.

Für die Zeit Ferdinands I. ist dann noch ein Allerhöchstes Kabinettschreiben aus dem Jahr 1840 zu erwähnen, das sowohl mit dem Eherecht als auch mit dem Übertrittsrecht in Zusammenhang stand.[232] Demnach durften Personen, die von der Katholischen Kirche zu einem akatholischen Bekenntnis übergetreten waren, nicht von einem Ehehindernis dispensiert werden, wenn »sich die moralische Gewißheit ergibt, daß der Grund des Uebertrittes zunächst in der gewünschten Voraussetzung, diese Dispensation leichter zu erhalten, gelegen habe«.

Trotz all dieser Vorschriften waren Juden eherechtlich schlechter gestellt als Akatholiken. So sah § 124 für den Abschluss von Ehen zwischen Juden eine eigene staatsbehördliche Bewilligung vor. Für Akatholiken fehlte eine derartige Bestimmung.

229 Hofdekret vom 26. August 1814, Justizgesetzsammlung Nr. 1099. Zur Frage, ob es sich dabei um eine Novelle des ABGB oder lediglich um eine authentische Interpretation handelt – diese Frage ist im zweiten Sinn zu beantworten –, siehe Harald Gruber, Authentische Interpretationen und Novellen zum ABGB 1811 von dessen Inkrafttreten bis zum Jahre 1848 (Diss. iur., Univ. Wien 1993) 100–104. Zur Vorgeschichte des Hofdekrets von 1814 siehe Skalský, Reform (wie Anm. 106) 22 f.

230 Siehe dort § 21.

231 Zu diesem Ehehindernis siehe Joseph Unger, Priesterehen und Mönchsehen?, in: Festschrift zur Jahrhundertfeier des Allgemeinen Bürgerlichen Gesetzbuches, 1. Juni 1911, Bd. 2 (Wien 1911) 297–304.

232 Allerhöchstes Kabinettschreiben vom 6. Mai 1840, Politische Gesetzessammlung LXVIII Nr. 64. Das Kabinettschreiben stammte somit vom selben Tag wie die Allerhöchste Entschließung, mit der Modifikationen im Übertrittsrecht – siehe oben III.4 – vorgenommen wurden.

III.5.3 Kindererziehungsrecht

Wie bereits bisher war ein Kind im religiösen Sinn zu erziehen (§139 ABGB). In der Frage der Erziehung von Kindern aus Mischehen zwischen Katholiken und Akatholiken verwies das ABGB auf »die politischen Vorschriften« (§140). Somit blieben die einschlägigen josephinischen Regelungen weiterhin in Kraft.[233] Trotzdem lassen sich für diesen Bereich deutliche restaurative Tendenzen feststellen. In einem Hofkanzleidekret vom Jahr 1841 wurde ausgesprochen, dass kein katholischer Seelsorger zur Einsegnung einer Mischehe gezwungen werden konnte, wenn nicht die katholische Erziehung aller aus dieser Ehe hervorgehenden Kinder durch den akatholischen Ehegatten zugesichert wurde. Diesfalls sollte der katholische Seelsorger nur passive Assistenz leisten.[234] Dem Hofkanzleidekret war eine Instruktion des damaligen Kardinalstaatssekretärs Luigi Lambruschini vorangegangen, die an die Erzbischöfe und Bischöfe Österreichs gerichtet war und inhaltlich in dieselbe Richtung wies wie das Hofkanzleidekret.[235] In einem Hofkanzleidekret des Jahres 1842 wurde schließlich die Kindererziehungsbestimmung des Toleranzpatents in verbindlicher Weise in dem Sinn interpretiert, dass ein protestantischer Bräutigam freiwillig und rechtswirksam die katholische Erziehung aller Kinder aus der betreffenden Mischehe zusichern könne.[236] In der Praxis mag dies zu einem gewissen Zwang zur entsprechenden Reversausstellung beigetragen haben. Bereits für die Zeit unmittelbar davor wird in der Literatur vermerkt, dass »fast kein Wiener katholischer Pfarrer ohne Revers eine gemischte Trauung vorgenommen« habe.[237]

233 Es ist hier nicht der Raum, auf die praktischen Auswirkungen dieser Bestimmungen in dieser Zeit einzugehen. Hingewiesen sei allerdings auf REINGRABNER, Glaube (wie Anm. 2) 85, wo für Kärnten in den Jahrzehnten zwischen 1790 und 1845 ein Rückgang der evangelischen Bevölkerung um fünfzehn Prozent festgestellt und dies auf die Vorschriften des Mischehe- bzw. Kindererziehungsrechts zurückgeführt wird. Dabei ist freilich zu beachten, dass für einige Jahre in Teilen Kärntens französisches Recht galt, das die Diskriminierungen der Evangelischen in dieser Form nicht kannte.

234 Hofkanzleidekret vom 3. September 1841, Politische Gesetzessammlung LXIX Nr. 107. In der Justizgesetzsammlung ist der Text als Nr. 563 als Justizhofdekret vom 20. September 1841 angegeben und abgedruckt. Siehe dazu GAMPL, Staat–Kirche–Individuum (wie Anm. 2) 164, Anm. 17: »Passive Assistenz bedeutet bloße Anwesenheit des zuständigen Pfarrers bei der Ehekonsenserklärung der Nupturienten; bei der aktiven Assistenz hingegen erfragt der Priester den Ehewillen der Brautleute im Rahmen einer kirchlichen Zeremonie.« Siehe auch die Hofkanzleidekrete vom 8. August 1842, Politische Gesetzessammlung LXX Nr. 93, vom 27. Dezember 1842, Justizgesetzsammlung Nr. 665, und vom 27. April 1843, Justizgesetzsammlung Nr. 700.

235 Diese Instruktion (*Cum Romanus Pontifex*) vom 22. Mai 1841 ist abgedr. als Beilage zu Politische Gesetzessammlung LXIX Nr. 107 und in Bruno PRIMETSHOFER, Rechtsgeschichte der gemischten Ehen in Österreich und Ungarn (1781–1848). Ein Beitrag zur Geschichte der Beziehungen zwischen Kirche und Staat (Kirche und Recht 6, Wien 1967) 178 f. Die Vorgänge sind nicht erklärbar ohne Blick auf die so genannten »Kölner Wirren«, die im Zusammenhang mit einem Mischehekonflikt standen, der zwischen Preußen und dem Heiligen Stuhl ausgetragen wurde: Siehe LINK, Rechtsgeschichte (wie Anm. 27) 130–132.

236 Hofkanzleidekret vom 3. Juli 1842, Justizgesetzsammlung Nr. 624.

237 STÖKL, Protestantismus (wie Anm. 1) 207, bezogen auf die Jahre 1839 bis 1841.

III.5.4 Weitere privatrechtliche Materien

Unstrittig blieb der Immobilienerwerb durch Evangelische im Dispensweg zulässig. Doch hinsichtlich des »glaubenseinen« Tirols war diese Frage strittig, wie eine Episode aus der Mitte der Vierzigerjahre zeigt: Damals scheiterte der Immobilienerwerb der Burgruine Kropfsberg im Inntal, die gleichzeitig am Eingang des Zillertales gelegen ist.[238] Zwei preußische protestantische Schwestern – Töchter eines Staatsministers – zeigten sich erwerbswillig. Es fehlte nicht an Interventionen seitens des damaligen Salzburger Erzbischofs Friedrich Fürst von Schwarzenberg. Bizarrerweise berief man sich seitens der Gegner des Ankaufs auf das Toleranzpatent, dessen Geltung für Tirol ja einst gerade aus dieser Ecke her abgelehnt worden war. Die Befürworter des Erwerbs sprachen sich gegen die Geltung des Toleranzpatents aus bzw. wiesen auf Artikel 16 und 18 der Bundesakte hin, denen zufolge einem derartigen Erwerb kein Hindernis in den Weg gelegt werden sollte.[239] Es half nichts. Die beiden Schwestern – ob fromme Pietistinnen, vor deren allfälligen Missionierungsversuchen man sich in Acht zu nehmen hatte, oder nicht – blieben glücklos. Eine Allerhöchste Entscheidung vom 9. Dezember 1846 sprach ein endgültiges Wort.

Anhand dieses Vorfalls lässt sich sehr deutlich demonstrieren, dass für gewöhnlich außerhalb Tirols dem Immobilienerwerb durch Evangelische kein Hindernis in den Weg gelegt wurde. In Kontrast zu dieser Praxis steht die Rechtslage der Juden, denen der Erwerb von Immobilien grundsätzlich weiter verwehrt blieb, wobei aber nach wie vor die nach Ländern differenzierte Rechtslage zu beachten war.

Ältere Immobilienerwerbsbeschränkungen wurden durch das ABGB insofern übernommen, als gemäß dieser Bestimmung jedermann zum Eigentumserwerb an einer Sache berechtigt sein sollte, als ihn die Gesetze nicht ausdrücklich davon ausschlossen (§ 355). Somit wurde an der bestehenden Rechtslage nichts geändert.

Was das Erbrecht betrifft, so waren Evangelische mit Angehörigen der katholischen Staatskirche völlig gleichgestellt. Für Juden war dies nicht der Fall, denn Personen, die sich nicht zur christlichen Religion bekannten, wurden für unfähig erachtet, den letzten Willen eines Christen zu bezeugen (§ 593). Darüber hinaus stellte der Abfall vom Christentum einen Enterbungsgrund dar (§ 768 Z 1).

III.6 Weitere Gebiete des Verwaltungsrechts

III.6.1 Bildungswesen

Für das Volksschulwesen wurde im Jahr 1805 die so genannte »Schulverfassung« erlassen.[240] Diese wurde im Lauf der Zeit modifiziert, blieb allerdings grundsätzlich bis 1869 in Geltung. Bereits in ihrer Gliederung wies die Schulverfassung deutlich

238 Siehe dazu Viktor Bibl, Die Schlossruine von Kropfsberg. Ein Nachspiel zur Zillertaler Protestantenaustreibung. *MIÖG*-Ergbd. 11 (1929) 735–750.

239 Zu den Bundesakten siehe oben III.1.

240 Langtitel: »Politische Verfassung der deutschen Schulen in den kaiserl. königl. deutschen Erbstaaten«. Den folgenden Ausführungen wird die neunte Auflage aus dem Jahr 1847 zu

konfessionsbezogene Momente auf. Ein eigener Abschnitt (XXIII) war Akatholiken und Juden gewidmet. Das darf freilich nicht darüber hinwegtäuschen, dass die Regelungen der Schulverfassung ansonsten prinzipiell auf den Unterricht katholischer Schüler zugeschnitten waren. Das Bündnis von Thron und Altar war damit erneuert: Im Vergleich zur vorangehenden Rechtslage rückten die dominante Staatskirche und der Staat wieder enger zusammen.[241] Der Schullehrer war der Aufsicht des Pfarrers unterstellt. Für diesen hatte er Mesnerdienste zu verrichten. Eine wichtige und örtlich übergreifende Schulaufsichtsfunktion kam auch dem Schuldistriktsaufseher (zumeist Dechant) und dem (katholisch-!) bischöflichen Konsistorium zu. Der schulische Religionsunterricht war von zentraler Bedeutung. Dem Schullehrer oblag es auch, den Religionsunterricht in Form des Wiederholungsunterrichts zu erteilen.[242]

Was nun die Akatholiken betraf, so enthielt die Schulverfassung kaum Neues im Vergleich zur unter Joseph II. geschaffenen Rechtslage: Weiterhin unterstanden ihre Volksschulen der Aufsicht katholischer Geistlicher (§ 447). Dort, wo es keine Schulen für Akatholiken gab, hatten die Kinder die »katholische Schule« zu besuchen (§ 449). Dass die Errichtung akatholischer Schulen von Akatholiken finanziert werden musste, stand weiterhin fest (§ 456). Dasselbe war mit der Lehrerfinanzierung der Fall (§ 457). In der Schulverfassung wurde auch von der Möglichkeit gesprochen, dass katholische Kinder die Schulen von Akatholiken besuchten, ohne allerdings auf die Voraussetzungen näher einzugehen (vgl. § 451). In Fällen gemischtkonfessioneller bzw. -religiöser Schülerbeschickung war der Religionsunterricht in der ersten oder letzten Stunde anzusetzen, um den Schülern des nicht vorherrschenden Bekenntnisses ein Fernbleiben von diesem zu ermöglichen (§ 450). Grundsätzlich bestand für akatholische Schüler die Pflicht, einen Religionsunterricht ihrer Konfession zu besuchen (§ 452). Ausdrücklich wurde festgelegt, dass akatholische Schüler sich für die Dauer des zu Beginn und Ende des Unterrichts stattfindenden Schulgebets entfernen konnten (§ 453). Jene Bestimmung, der zufolge akatholische Schulkinder mit Ausnahme der Religionsbücher dieselben Schulbücher zu verwenden hatten wie ka-

---

Grunde gelegt (Geänderter Langtitel: »Politische Verfassung der deutschen Volksschulen für die k. k. österreichischen Provinzen mit Ausnahme von Ungarn, Lombardei, Venedig und Dalmatien«. Darin sind auch ergänzende und ändernde Vorschriften zur Schulverfassung angeführt, doch auch ihr ursprünglicher Inhalt ist erschließbar. Regelungsgegenstand waren nicht nur »Volksschulen« im heutigen Sinn, sondern etwa auch Bildungsanstalten, die man heute als »Hauptschulen« bezeichnen würde. Zur Schulverfassung siehe auch ENGELBRECHT, Geschichte, Bd. 3 (wie Anm. 124) 226–243; Josef KREMSMAIR, Der Religionsunterricht vom Revolutionsjahr 1848 bis zum Konkordat von 1855, in: Historische und rechtliche Aspekte (wie Anm. 126) 41–59, hier 41.

241 Siehe Gerald GRIMM, Expansion, Uniformisierung, Disziplinierung. Zur Sozialgeschichte der Schulerziehung in Österreich im Zeitalter des aufgeklärten Absolutismus, in: Revolution des Wissens? (wie Anm. 150) 226–254, hier 235.

242 § 255, letzter Satz, lautete: »Der Orts-Seelsorger weiset auch den Schullehrer an, wie er den angehörten Religions-Unterricht mit der Jugend recht nützlich zu wiederhohlen habe, und verzeichnet jedesmahl eigenhändig den Tag der Katechisation in dem Fleiß-Kataloge des Lehrers.«

tholische Kinder (§ 454), wurde als Indiz für einen umfassenden katholischen Einfluss auf das damalige Schulwesen betrachtet.[243] Auch die Ausbildung akatholischer Schullehrer war – da sie bei denselben Stellen zu erfolgen hatte wie die Ausbildung katholischer Schullehrer – stark vom Einfluss der Staatsreligion gekennzeichnet (vgl. die §§ 458 und 459).

Im Jahr 1820 kam es insofern zu einer Wende im Volksschulbereich, als die Schulaufsicht nun evangelischen Amtsträgern – grundsätzlich den Senioren – übertragen wurde (vgl. die Neufassung der §§ 447 und 463). Damit wurde die Dominanz der Katholischen Kirche in der Schulaufsicht in gewisser Weise eingeschränkt. Wenn allerdings in einem Hofdekret aus dem Jahr 1817 festgehalten worden war, dass akatholische Lehramtskandidaten im Rahmen ihrer Prüfungen nicht auf Fragen angesprochen werden sollten, die ihren Glauben von dem der Katholischen Kirche unterschied,[244] kommt darin doch recht deutlich die Dominanz der Letzteren zum Ausdruck.

Ein derartiger »emanzipatorischer« Schritt, wie er im Jahr 1820 für den akatholischen Schulaufsichtsbereich gesetzt wurde, ist für die jüdischen Schulen unterblieben.[245] Ungeachtet der »Lockerungen« des Jahres 1820 blieb das Volksschulwesen von der katholischen Staatskirche dominiert. Klagen betroffener Zeitgenossen, die ihrem Ärger vor allem erst im Gefolge der Revolution von 1848 Luft machen konnten, sprechen hier Bände. Einerseits war die Nachlässigkeit der katholischen Geistlichkeit in ihren schulischen Funktionen zu beklagen, andererseits ließ sich häufig eine Unterdrückung der Schullehrer durch die Pfarrer konstatieren.[246]

Für das Volksschulwesen der Orthodoxen ist die Errichtung der Griechischen Nationalschule in Wien im Jahr 1804 zu erwähnen. Sie wurde auf Gesuch der dortigen Dreifaltigkeitsgemeinde errichtet, und diese hatte auch für deren Erhaltung zu sorgen.[247] Die Gemeinde durfte das Lehrpersonal selbst auswählen[248] und war grundsätzlich den Bestimmungen der Volksschulverfassung von 1805 unterstellt.

243 Gustav Porubszky, Kritische Beleuchtung der neuen österreichischen Gesetze vom 25. Mai 1868, über Ehe, Schule und interkonfessionelle Verhältnisse. *Zeitschrift für Kirchenrecht* 9 (1870) 1–94, hier 24. Zur landesfürstlichen Genehmigung der evangelischen Religionslehrbücher siehe das Studienhofkommissionsdekret vom 30. Dezember 1842, Politische Gesetzessammlung LXX Nr. 155.

244 Studienhofkommissionsdekret vom 4. Juli 1817, Inhalt wiedergegeben in Schulverfassung (wie Anm. 240) 260. Siehe dazu Porubszky, Beleuchtung (wie Anm. 243) 24.

245 Siehe Schima, Revolution (wie Anm. 1) 426.

246 Siehe Franz Joseph Herrmann, Denkschrift über die Zustände des Volksschulwesens in Böhmen und treue Wünsche für die Hebung der Volksschulen im konstitutionellen Kaiserstaate Oesterreich (Kremsier 1849). Den Launen der Pfarrer waren die Lehrer besonders im Rahmen des obligaten Mesnerdienstes ausgeliefert. Und wenn ein Lehrer von der stillstehenden Sonne sprach und somit das heliozentrische Weltbild vertrat, dann konnten diesem berufliche Nachteile widerfahren.

247 Siehe Plöchl, Griechen (wie Anm. 81) 55 f.; Katharina Malli, Die Griechische Nationalschule in Wien im 20. Jahrhundert (Dipl. Arb. Wien 2007) 25–28.

248 Plöchl, Griechen (wie Anm. 81) 56 hält bezüglich der Lehrer fest, dass »diese Griechen

Für das Gymnasialwesen war der »Gymnasialkodex« von 1807 von großer Bedeutung.[249] Er bildet im Wesentlichen eine Zusammenstellung bisheriger Rechtsquellen und blieb bis ins Jahr 1848 von rechtlicher Relevanz. Katholische Dominanz zeigt sich u.a. daran, dass es im Jahr 1818 zur »Ausschaltung der naturwissenschaftlichen Fächer« kam.[250] Darüber hinaus waren die meisten Gymnasien katholisch-kirchliche Einrichtungen, und nur in seltenen Fällen wurden sie von Laien geleitet.[251] Zumeist waren die Gymnasialinspektoren katholische Kleriker, und der zuständige Diözesanbischof war zu großen Prüfungen zu laden.[252]

Aus dem Kodex selbst sind unmittelbar keine Benachteiligungen für Akatholiken ablesbar. Dagegen bedurften »Judenkinder« der behördlichen Bewilligung für den Gymnasialbesuch.[253] Dies stellte aus gleichheitsrechtlicher Sicht einen Rückschritt zur josephinischen Rechtslage dar. Auch waren Juden nicht als Lehramtskandidaten für den Gymnasialdienst und somit auch nicht als Lehrer zugelassen.[254] Was die Protestanten betraf, so war deren faktische Position häufig auch nicht besser gestaltet. Der unter Joseph II. in Wien angestellte evangelische Gymnasiallehrer verlor unter Leopold II. seinen Posten.[255] Vergleichsweise besser gestaltete sich die Lage an den Wiener Akademien.[256]

Unter Franz I. wurde schließlich die Teschener »akatholische Schulanstalt« in ein »Theologisches Gymnasium« umgewandelt. In einem Hofdekret vom 17. April 1812 kam zwar eine gewisse Schlechterstellung gegenüber anderen Gymnasien zum Ausdruck,[257] doch kann es als Etappensieg der Evangelischen betrachtet werden, wenn sie nun in den habsburgisch-österreichischen Ländern über eine derartige Anstalt verfügten. In weiteren Dekreten wurde die Finanzierung des Gymnasiums geregelt, das zunächst übrigens nur als vierklassiges Untergymnasium realisiert wurde.[258] So hatte jedes im österreichischen Schlesien wohnhafte evangelische Familienoberhaupt einen bestimmten Betrag zu entrichten, aber auch die evangelischen Gemeinden von Wien, Prag und Lemberg hatten bestimmte Jahresleistungen aufzubringen.

---

unbedingt österreichische Staatsbürger werden mußten. Sie mußten deshalb auch Kurse an Lehrerseminaren besuchen und Prüfungen für den Unterricht an k.k. Normalschulen (Volksschulen) ablegen«.

249 Den weiteren Ausführungen liegt folgende Auflage zugrunde: Sammlung der Verordnungen und Vorschriften über die Verfassung und Einrichtung der Gymnasien (Wien [5]1847). Siehe darüber hinaus – nämlich zur ursprünglichen Fassung – Engelbrecht, Geschichte, Bd. 3 (wie Anm. 124) 246.

250 Ebenda.

251 Kremsmair, Religionsunterricht (wie Anm. 240) 41.

252 Ebenda.

253 Sammlung der Verordnungen und Vorschriften (wie Anm. 249) 6. Eigene Vorschriften für »Kinder der Israeliten« zeigen aber deutlich, dass man ihren Gymnasialbesuch nicht als etwas Außergewöhnliches betrachtete: Siehe ebenda 16 f.

254 Vgl. Engelbrecht, Geschichte, Bd. 3 (wie Anm. 124) 253.

255 Und dies »trotz seiner Tüchtigkeit«: Stökl, Protestantismus (wie Anm. 1) 233.

256 Siehe ebenda 233 f.

257 Politische Gesetzessammlung XXXVIII Nr. 55.

258 Siehe dazu Wagner, Mutterkirche (wie Anm. 28) 144 f.

Ferner wurde eigens auf die Möglichkeit der Spenden durch Evangelische beider Bekenntnisse verwiesen. Darüber hinaus wurden kleinere staatliche Zuwendungen in Aussicht gestellt. Die ersten Jahre des theologischen Gymnasiums waren nicht von Erfolg gekrönt, da das vierklassige Gymnasium grundsätzlich nur dazu geeignet war, Lehrer in Toleranzgemeinden auszubilden.[259] In Ungarn standen wesentlich bessere Möglichkeiten für die Ausbildung künftiger Geistlicher zur Verfügung. Nachdem im Jahr 1835 (neuerlich) der Ausbau zu einem sechsklassigen Gymnasium verordnet worden war, kam es erst im September 1847 zu einer Umsetzung dieses Plans.[260] Erst ab dieser Zeit kann man von einem »Vollgymnasium« sprechen.

Im Bereich der höheren Studien ergab sich für die Evangelischen insofern eine sehr wichtige Neuerung, als im Jahr 1821 die k. k. Protestantisch-Theologische Lehranstalt in Wien ihren Betrieb aufnahm.[261] Der Hauptzweck der Gründung lag unstrittig in der Abschirmung der jungen österreichischen Theologen von den Strömungen, die sich in den anderen Staaten des Deutschen Bundes vor allem unter den Studenten breit machten. Das vormärzliche Kontrollbewusstsein bestimmte nicht nur den politischen Kontext der Gründung, sondern auch die Bestellung der damaligen Lehrkräfte, wobei das Hauptkriterium in der loyalen Staatsgesinnung der Betreffenden lag. Diese Lehranstalt unterstand der unmittelbaren Aufsicht des Konsistoriums beider Bekenntnisse. Zwar war sie in keiner Weise in den Wiener universitären Betrieb eingegliedert, doch wurden die Professoren aus staatlichen Mitteln bezahlt. Dass diese im Jahr 1837 ausdrücklich dazu verpflichtet wurden, ihre wissenschaftlichen Vorträge gemäß einem jeweils vorgeschriebenen bzw. genehmigten Lehrbuch zu halten, stellt keine spezifisch gegen die Evangelischen gerichtete Maßnahme dar, sondern entsprach dem allgemeinen Studienrecht. Eine Eingliederung der Lehranstalt in die Wiener Universität musste zur damaligen Zeit beinahe als absurd erscheinen, denn durch allerhöchste Entschließung vom 3. Mai 1832 war ihr der Status einer geistlichen Korporation zuerkannt worden.[262]

Für die Orthodoxen brachten die Zwanziger Jahre insofern eine Aufwertung mit sich, als die im Jahr 1783 in Czernowitz eingerichtete Klerikalschule zur Heranbildung des einheimischen Klerus im Jahr 1826 in ein höheres Klerikalseminar umgewandelt wurde. In gewisser Weise ist hier für das cisleithanische Gebiet eine Parallelentwicklung zu den Evangelischen zu konstatieren.

Wenn die bisher dargestellte Rechtslage gewisse konfessionell-paritätsrechtliche Momente durchschimmern lässt, so muss doch auf ein Dekret der Hofkanzlei vom 19. Februar 1804 hingewiesen werden: In diesem wurde der Religionsunterricht an Uni-

---

259 Siehe dazu ebenda 145 f.

260 Siehe ebenda 146 f.

261 Siehe dazu insbesondere FRANK, Facultät (wie Anm. 149) 13–43; Karl-Reinhart TRAUNER, Die eine Fakultät und die vielen Völker. Die Evangelisch-Theologische Fakultät zu Wien im nationalen Spannungsfeld der Habsburgermonarchie, in: Zeitenwechsel und Beständigkeit. Beiträge zur Geschichte der Evangelisch-Theologischen Fakultät in Wien 1821–1996, hg. von Karl SCHWARZ/Falk WAGNER (Wien 1997) 71–98, hier 71–75.

262 Siehe Grete MECENSEFFY, Evangelische Lehrer an der Universität Wien (Wien 1967) 30.

versitäten, Lyzeen und Gymnasien geregelt.[263] Insbesondere die Pflicht zur Anstellung eigener (katholischer!) Katecheten an Gymnasien und die minutiöse Regelung religiöser Übungen an den Sonntagen offenbaren ein erneutes Zusammenrücken zwischen Katholischer Kirche und Staat nach Joseph II.

In der Zeit des Vormärz machte sich die Dominanz der Katholischen Kirche im höheren Studienwesen anhand vieler Gegebenheiten bemerkbar. Nicht allein die Hochhaltung des »katholischen Charakters« der Universitäten Prag und Wien sind hier zu erwähnen. Wenn man sich etwa den im Wesentlichen bis 1848 geltenden Studienplan des philosophischen Lehrgangs von 1824 ansieht, der als allgemeines »Vorstudium« für andere Studien diente, »Religionswissenschaft« als Fach enthielt und dieses zumeist von katholischen Priestern gelehrt wurde, so ist hier nur ein Merkmal katholischer Vorherrschaft angesprochen.[264] In den Zwanzigerjahren wurden auch Bestimmungen erlassen, die nicht nur für katholische Gymnasial- bzw. Lyzealbesucher, sondern auch für Studenten Anwesenheitskontrollen bei Gottesdienstbesuchen an Sonn- und gebotenen Feiertagen regelten.[265] Bei all diesen legistischen Maßnahmen zur Untermauerung der Stellung der Staatskirche verwundert es nicht, wenn es unter Franz I. im Jahr 1808 zur Ablehnung eines evangelischen Bewerbers auf eine mathematische Professur an der Wiener Universität kam. Ein maßgeblicher Staatsrat äußerte die Befürchtung, »daß der Mathematiker die Jünglinge im zarten Alter anstecke«.[266]

III.6.2 Zulassung zum Bürgerrecht

Für den zu besprechenden Zeitraum sind keine Rechtsänderungen auszumachen. Weiterhin blieben Juden im Vergleich zu Akatholiken benachteiligt. Daran änderte sich auch unter den Nachfolgern Josephs II. nichts.[267]

III.6.3 Berufsausübungsfreiheit und Zugang zu den öffentlichen Ämtern

An der josephinischen Rechtslage hat sich im Laufe der hier zu besprechenden Periode nichts geändert. Auf faktischer Ebene sah die Lage traurig, aber keineswegs hoffnungslos aus.[268]

263 Politische Gesetzessammlung XXI Nr. 19.

264 Zum philosophischen Studiengang bzw. Vorstudium siehe Erika Rüdegger, Die philosophischen Studien an der Wiener Universität 1800 bis 1848 (Diss. Wien 1964) insbesondere 37–41.

265 Vgl. etwa die detailliert gehaltene Allerhöchste Entschließung vom 30. März 1827: siehe dazu Wilhelm Unger, Systematische Darstellung der Gesetze über die höheren Studien in den gesammten deutsch-italienischen Provinzen der österreichischen Monarchie 1 (Wien 1840) 56. Die Abhaltung derartiger religiöser Übungen sollte an den Universitäten grundsätzlich dem Professor für Religionswissenschaften obliegen.

266 Zitiert bei Stökl, Protestantismus (wie Anm. 1) 234.

267 Vgl. Reiter, Ausgewiesen (wie Anm. 151) 186 f.

268 Zu den höheren Staatsbedienstungen siehe Stökl, Protestantismus (wie Anm. 1) 242 f. Rein formell betrachtet war Friedrich von Gentz, Hofrat bei der kaiserlichen Hof- und Staatskanzlei und bedeutendster Ratgeber des Staatskanzlers Metternich, Protestant. Weitere Beispiele für hochgestellte evangelische Staatsbeamte: ebenda.

Was die Rechtsstellung der Juden betrifft, so zeigt sich anhand der Rechtsquellen des Vormärz bezüglich jüdischer Hebammen eine Einschränkung: Diese durften nur unter bestimmten Voraussetzungen Dienste in christlichen Familien verrichten.[269]

III.6.4 Militärwesen

Weiterhin war es Evangelischen relativ leicht möglich, Zugang zu höheren militärischen Ämtern zu erlangen.[270] Unter Franz I. machten sich allerdings deutlich paritätsferne Aspekte bemerkbar. Ein Zwang zum Besuch katholischer Gottesdienste blieb nicht aus, während Pastoren dazu verhalten wurden, die Anwesenheit von Katholiken bei ihren Gottesdiensten zu verhindern. Im Gegensatz zum nichtmilitärischen Bereich bestand für akatholische Soldaten auch der Zwang zur Verehrung der Monstranz durch Niederknien innerhalb der katholischen Gottesdienste.

Ungeachtet dessen machte die Evangelische Militärseelorge Fortschritte. Zivile Pastoren, die Militärseelsorge betrieben, erhielten für diese Tätigkeit sogar finanzielle Zuwendungen durch den Staat.[271] Doch wurden keineswegs alle Wünsche, die von evangelischer Seite geäußert wurden, erfüllt. So hat man sich in den Zwanzigerjahren vergeblich für die Finanzierung einer Vikarstelle bemüht, die der Militärseelsorge in Brünn zugedacht sein sollte.[272]

III.6.5 Bestattungswesen

An der für Akatholiken maßgeblichen Rechtslage änderte sich in dem zu besprechenden Zeitraum nichts.[273]

III.6.6 Weitere Aspekte religionsgemeinschaftlicher Finanzierung

Was die Katholische Kirche betrifft, so zeigten sich in Anbetracht gewisser Vorboten der Grundentlastung Zeichen der Irritation. So hat man im Jahr 1843 in Tirol Widerstand gegen einschlägige Maßnahmen angemeldet.[274] Bedenkt man die zentrale Rolle, die das grundherrschaftliche System für die Katholische Kirche spielte, musste der Gedanke an eine bevorstehende Grundentlastung dem Klerus Schrecken einjagen.[275]

---

269 Siehe SCHIMA, Revolution (wie Anm. 1) 427.

270 Vgl. STÖKL, Protestantismus (wie Anm. 1) 245.

271 Siehe HANAK, Militärseelsorge 1 (wie Anm. 158) 42.

272 Siehe ebenda 43.

273 Vgl. HELFERT, Rechte (wie Anm. 2) 126 f.

274 Siehe dazu (Josef STREITER) Die Revolution in Tirol. Von einem Tiroler, Heft 2 (Innsbruck 1851) 58: Schließlich beschlossen im Jahr 1846 die Stände der Weigerung der dortigen Katholischen Kirche, den Feldzehent in Geld ablösen zu lassen, keinen Widerstand mehr entgegenzusetzen. Dass eine derartige Maßnahme tatsächlich finanzielle Einbußen mit sich gebracht hätte, lässt sich nicht behaupten. Doch zeigt das Festhalten der Katholischen Kirche am grundherrschaftlichen System, dass man in diesem Zusammenhang eine Entmachtung fürchtete.

275 Vgl. dazu BEIDTEL, Geschichte, Bd. 2 (wie Anm. 2) 437 f.: »Durch die Bewegung, welche sich

An der Doppelbelastung der Evangelischen infolge der Entrichtungspflicht der Stolgebühren an katholische Geistliche änderte sich in dieser Periode nichts. Dass die Akatholiken wie in vielen anderen Angelegenheiten auch unter staatlicher Bevormundung standen, zeigt nicht zuletzt ein Hofkanzleidekret vom 30. März 1843, in dem die staatliche Bewilligung für Sammlungen zu akatholischen Kultuszwecken im Ausland (!) geregelt wurde.[276]

In Bezug auf die Rechtslage der Juden sind Belastungen durch Auferlegung neuer Steuern festzustellen.[277] Es ist wohl davon auszugehen, dass Juden im Vergleich zu den übrigen Steuerpflichtigen ein Vielfaches an Abgaben zu entrichten hatten.[278]

III.7 Strafrecht

Im Jahr 1803 wurde ein neues Strafgesetz erlassen. Die »Religionsstörung« war in Teil I, §§ 107–109 geregelt. Sie war – entgegen dem Josephinischen Strafgesetz – wieder zu den Verbrechen zu rechnen und somit gerichtlich strafbar. Verboten war es etwa, »eine im Staate bestehende Religionsübung« zu stören (§ 107 lit. b). Somit waren tolerierte christliche Bekenntnisse in diesen Belangen mit der dominanten katholischen Kirche grundsätzlich gleichgestellt – auch die jüdische Glaubenslehre war geschützt.[279] Allerdings ging man seitens der Vollziehung etwa bei der Beurteilung, ob ein Sachverhalt unter den Tatbestand der Gotteslästerung zu subsumieren war (§ 107 lit. a), stets von katholischen Maßstäben aus.[280]

Weiterhin blieb die (bereits versuchte) Verleitung eines Christen zum Abfall vom Christentum strafbar (§ 107 lit. c). Ebenso war die Verbreitung einer der christlichen Religion widerstrebenden Irrlehre zu bestrafen (§ 107 lit. d). In diesen beiden Tatbe-

in allen Provinzen gegen die Grundlasten erhob, wurde der katholische Clerus besonders hart getroffen, weil vielleicht ein Drittel seines Einkommens aus Abgaben floss, welche man Zehenten nannte. Die grosse Mehrzahl der Pfründen wurde durch diese Frage mehr oder weniger berührt. Als der Sturm der Revolution sich überall im Staate bemerkbar machte, hatte das Volk an den meisten Orten die Entrichtung des Zehents unterlassen oder verweigert.«

276 Politische Gesetzessammlung LXXI Nr. 32. Für die Erteilung der Bewilligung war die Hofkanzlei zuständig.

277 Vgl. etwa die Bestimmungen betreffend den »Lichterzündungs-Aufschlag« für die Juden Westgaliziens vom 28. September 1797, Politische Gesetzessammlung XIII Nr. 15 (dort als Nachtrag zu PGS IX).

278 Vgl. dazu etwa die Wortmeldung des Abgeordneten Isaak Mannheimer im österreichischen Reichstag vom 26. September 1848, wo im Wesentlichen von einer durchschnittlich dreifachen Steuerbelastung von Juden ausgegangen wird: Abgedr. in Verhandlungen des österreichischen Reichstags nach der stenographischen Aufnahme, Bd. 2 (Nachdruck der Ausgabe Wien 1849, Wien 1970) 617.

279 Vgl. Sebastian Jenull, Das Oesterreichische Criminal-Recht nach seinen Gründen und seinem Geiste dargestellet 2 (Graz 1809) 175; Ignaz Maucher, Sistematisches Handbuch des österreichischen Strafgesetzes über Verbrechen und der auf dasselbe sich unmittelbar beziehenden Gesetze und Verordnungen, Bd. 1 (Wien 1844) 402.

280 Vgl. Friedrich Hartl, Das Wiener Kriminalgericht. Strafrechtspflege vom Zeitalter der Aufklärung bis zur österreichischen Revolution (Wiener Rechtsgeschichtliche Arbeiten, Wien 1973) 349.

ständen kam nach wie vor eine bedeutsame Benachteiligung des jüdischen Glaubens zum Ausdruck.[281]

III.8 Verfahrensrecht

In der Zeit des Vormärz wurden Hofdekrete erlassen, die Eidesleistungen in zivil- und strafgerichtlichen Verfahren zum Inhalt hatten. Ein Hofdekret vom 10. Jänner 1816 bezog sich zwar primär auf die Eidesleistungen der Mennoniten, doch wurde hier der allgemeine Grundsatz bestärkt, wonach Angehörige religiöser Bekenntnisse, bei denen die Eidesablegung für unerlaubt galt, grundsätzlich per Handschlag ihre Aussage bekräftigen sollten.[282] Ein eigenes Hofdekret vom 26. August 1826 regelte dann die Eidesablegung der »Mohamedaner«.[283] Aus demselben Jahr stammt ein Hofdekret, mit dem »zur größeren Feierlichkeit des als Beweismittel dienenden Eides« die Ablegung desselben vor einem »Crucifixe« und »zwei brennenden Wachskerzen« regelt.[284] Schließlich wurde durch Hofdekret vom 21. Dezember 1832 ausdrücklich verfügt, dass das allgemein bezogene Hofdekret aus dem Jahr 1826 auf die »Helvetischen Confessions-Verwandten« keine Anwendung finden sollte.[285]

Was die Juden betraf, so wurde die Eidesablegung durch Hofdekret vom 30. November 1846 eingehend geregelt und der Grundsatz, dass ein Eid durch das Auflegen des rechten Handballens auf eine bestimmte Stelle der Thora bekräftigt werden sollte, bestätigt.[286] Die in der Allgemeinen Gerichtsordnung von 1781 zum Ausdruck kommenden Benachteiligungen von Juden bei Zeugenaussagen finden sich auch in der Westgalizischen Gerichtsordnung von 1797.[287]

Im Bereich des Gerichtsstands des katholischen Klerus wurden keine wesentlichen Änderungen vorgenommen. Es blieb bei der grundsätzlichen Unterstellung unter die weltliche Gerichtsbarkeit, wobei allerdings Detailregelungen erlassen wurden.[288]

---

281 Der Strafrahmen für die in §107 verankerten Tatbestände war in den §§108 und 109 geregelt. Grundsätzlich war eine Kerkerstrafe von sechs Monaten bis zu einem Jahr vorgesehen. Bei Vorliegen erschwerender Umstände wie etwa die damit einhergehende Erregung öffentlichen Ärgernisses betrug die angedrohte Höchststrafe zehn Jahre Freiheitsentzug.

282 Justizgesetzsammlung Nr. 1201.

283 Justizgesetzsammlung Nr. 2217.

284 Hofdekret vom 17. November 1826, Justizgesetzsammlung Nr. 2231.

285 Justizgesetzsammlung Nr. 2582.

286 Justizgesetzsammlung Nr. 987; Politische Gesetzessammlung LXXIV Nr. 128.

287 Justizgesetzsammlung Nr. 13. Dabei ist zu beachten, dass diese im zweiten Jahrzehnt des 19. Jahrhunderts auch in Gebieten des heutigen Österreich übernommen wurde: Siehe Hoke, Rechtsgeschichte (wie Anm. 101) 271f. Die Allgemeine Gerichtsordnung und die Westgalizische Gerichtsordnung blieben auf Gebieten des heutigen Österreich bis 1898 grundsätzlich in Kraft, wenn auch die die Juden diskriminierenden Bestimmungen schon vorher entfielen: Siehe Schima, Revolution (wie Anm. 1) 441 und 447.

288 Siehe dazu Alphons von Domin Petrushevecz, Neuere österreichische Rechtsgeschichte (Wien 1869) 203 und 294. Dass allerdings in der Praxis Unklarheiten darüber bestanden, ob katholische Geistliche ohne Weiteres vor ein weltliches Gericht zitiert werden konnten (sowohl als Angeklagte wie auch als Zeugen) zeigt ein Hofkanzleidekret vom 29. Februar 1844,

III.9 Zusammenfassung

Die Rechtslage der Evangelischen erfuhr zwischen dem Tod Josephs II. und dem Jahr 1848 keine wesentliche Verbesserung. Ganz im Gegenteil, das Zeitalter der Restauration ließ in mehrerlei Hinsicht einen Hang zu rigoroserer Behandlung religiöser Minderheiten erkennen. So trägt das staatliche Eherecht, aber auch das mit diesem in enger Verbindung stehende Recht der religiösen Kindererziehung Züge, die auf ein Zurückgehen hinter die Toleranzgewährung hindeuten.

Bedenkt man einerseits, dass besonders in den Vierzigerjahren die Unzufriedenheit mit diesem Staat wuchs und die Vorboten der Revolution unübersehbar waren, andererseits aber die staatliche Schraube nicht zuletzt in konfessionellen Angelegenheiten immer enger gedreht wurde, so konnte selbst den reaktionärsten Zeitgenossinnen und Zeitgenossen nicht verborgen bleiben, dass man vor einer gefährlichen Eskalation stand.

IV. Ausblick

Diese Eskalation hätte schlimmer – blutiger – verlaufen können, und doch: Bereits Mitte März 1848 verlief sie blutig genug. Folgerichtig kam es am 17. März zu einem unvermeidlichen Ereignis: Die Toten der Unruhen der vorangegangenen Tage waren zu begraben.[289] Und gerade hier zeigte sich das, was man als die immerwährenden Anliegen konfessioneller Befreiung deuten darf: Es handelte sich um einen Vorgang, der als der erste große interkonfessionelle Akt in Österreich zu betrachten ist. Ein katholischer Priester, ein evangelischer Superintendent und ein israelitischer Prediger hielten die Trauerreden, und gerade dieser Anlass zeigt, dass sich im Verhältnis zwischen Staat und Religionsgemeinschaften eine eigene Revolution anbahnte.

Es handelte sich um Umwälzungen, die sich für viele Angehörige religiöser Minderheiten viel zu langsam vollzogen, und wer auch immer die Existenz evolutionärer Erscheinungsformen wegleugnen möchte, muss doch bedenken, dass gerade in der österreichischen Rechtsentwicklung vieles sehr lange Zeit benötigte, um dem Ideal der Gleichbehandlung möglichst nahe zu kommen. Vieles, das lange Zeit benötigt, ist mit einem umso intelligenteren Design ausgestattet, doch hinsichtlich der Dauer österreichischer Emanzipationsvorgänge ist nicht unbedingt Scherz angebracht.

Justizgesetzsammlung Nr. 789: Dort wird zum Ausdruck gebracht, dass Jesuiten – ihr Orden war im Jahr 1814 durch päpstlichen Akt wiedererrichtet worden – wie alle anderen Staatsbürger auch im Zusammenhang mit Strafrechtsfällen »als Verbrecher vor ein weltliches Gericht gezogen werden« konnten und wie alle anderen Staatsbürger der Zeugnis- und Eidespflicht oblagen. Dass das entsprechende Hofkanzleidekret an Tiroler Behörden gerichtet ist, ist wohl kein Zufall: Nur im »glaubenseinen« Tirol gab es offensichtlich Zweifel an der grundsätzlichen Abschaffung des *privilegium fori*.

289 Siehe dazu Wolfgang Häusler, Von der Massenarmut zur Arbeiterbewegung: Demokratie und soziale Frage in der Wiener Revolution von 1848 (Wien 1979) 149; Schima, Revolution (wie Anm. 1) 439.

Vorerst schienen die Ereignisse einen schnellen Lauf zu nehmen: Durch einen Erlass des Innenministers Franz von Pillersdorf vom 22. April 1848 wurde die »Entbehrlichkeit der Dispens zur Erlangung des Hausbesitzes, Bürger- und Meisterrechtes von Akatholiken« normiert.[290] Es handelt sich um eben jenen Minister Pillersdorf, nach dem die erste österreichische Verfassung benannt ist: Diese wurde drei Tage später erlassen.[291] Nun wurden hier erstmals die dominante katholische Kirche und die bisher tolerierten Bekenntnisse hinsichtlich der öffentlichen Religionsübung auf eine Stufe gestellt (§31), doch die schon dort schemenhaft auftauchenden religiösen Gleichbehandlungspostulate hatten einen steinigen Weg bis zu ihrer Umsetzung vor sich.

In der Folge ergingen weitere Verfassungen bzw. es wurden produktive Versuche unternommen, die verfassungsrechtliche Landschaft zu ändern. Dabei ist allerdings zu beachten, dass den hier verbürgten Berechtigungen grundsätzlich keine zwingende Durchsetzung beschieden war. Erst in der Zeit der Ersten Republik wurde mit dem Verfassungsgerichtshof eine Institution geschaffen, durch die Rechtsakte, die in die Grundrechte eingriffen, nicht nur als verfassungswidrig festgestellt, sondern auch aufgehoben werden konnten.[292]

Wenn man darüber hinaus berücksichtigt, dass höchstgradige Standards der Religions- und Weltanschauungsfreiheit – etwa Recht der öffentlichen Religionsübung auch für Angehörige nicht anerkannter Bekenntnisse, Schutz nichtreligiöser Weltanschauung – erst aufgrund völkerrechtlicher Mechanismen Eingang in die österreichische Rechtsordnung fanden (Staatsvertrag von Saint Germain, Europäische Menschenrechtskonvention) und derartige Rechtssetzungsschritte nicht aus Veranlassung Österreichs gesetzt wurden, dann wird bewusst, dass dieses Land nicht den fruchtbarsten Nährboden emanzipatorischer Entwicklungen in sich birgt.[293]

Was die Rechtsstellung der Evangelischen betrifft, so stellte die Erlassung des Protestantenpatents im Jahr 1861 einen bedeutenden Markstein auf dem Weg zur Emanzipation dar.[294] Doch kann es aufmerksamen Beobachterinnen und Beobachtern nicht entgehen, dass vieles, was sich im Protestantenpatent findet, schon zuvor in der Rechtsordnung verankert worden war. Hier ist vor allem an das so genannte »Provisorium« zu denken, das im Jänner 1849 kundgemacht worden war.[295] Wenn nun als wesentliche Errungenschaft des Protestantenpatents die Erfassung der Evangelischen als »Kirche« und damit als juristische Gesamtheit gefeiert wurde, so ist

290 Politische Gesetzessammlung LXXVI Nr. 48.

291 Verfassungsurkunde des österreichischen Kaiserstaates vom 25. April 1848, Politische Gesetzessammlung LXXVI Nr. 49.

292 Zur Rechtslage in der Monarchie infolge der Einrichtung des Reichsgerichts siehe Hoke, Rechtsgeschichte (wie Anm. 101) 403.

293 Siehe Stefan Schima, Die Rechtsgeschichte der »Konfessionslosen«: Der steinige Weg zur umfassenden Garantie von Religionsfreiheit in Österreich. *Jahrbuch für Europäische Verwaltungsgeschichte* 14 (2002) 97–124, hier 124.

294 Reichsgesetzblatt Nr. 41/1861.

295 Reichsgesetzblatt Nr. 107/1849*.

damit eine durchaus plakative Änderung der damaligen Rechtslage angesprochen. Indes ist zu fragen, ob das Protestantenpatent in seiner Bedeutung nicht überschätzt wurde. Denn für das praktische Rechtsleben scheint dies kaum Auswirkung gehabt zu haben. Abgesehen davon, dass das Konsistorium in »Oberkirchenrat« umbenannt wurde, lag die hauptsächliche Bedeutung des Protestantenpatents wohl darin, dass die Rechte der Evangelischen in ihrer seit der Toleranzgesetzgebung ausgebauten Form nun in einer Art Kodifikation zusammengefasst waren. Dies hatte das im Jahr 1849 kundgemachte »Provisorium« noch nicht leisten können.

All das sind Überlegungen, die der Konkretisierung bedürfen und eine weitere Befassung mit der Rechtsstellung der Evangelischen (Kirche!) im 19. Jahrhundert weiterhin als ratsam erscheinen lassen.

Polemik als Handlungsfeld der theologischen Arbeit

Von Gustav Reingrabner

I. Apologie und Polemik

In der Geschichte der Christenheit waren immer wieder innere Gegensätze vorhanden. Nur zeitweise wurden diese positiv als »vielfältiges Zeugnis« (Eduard Schweizer) von Jesus Christus interpretiert. In der Regel wurden diese mehr oder weniger als schwer bzw. unerträglich angesehen, weil die jeweiligen Seiten meinten, die Botschaft von Christus unverkürzt und unverändert zu bewahren.

Dabei war man der Überzeugung, dass das eigene Bekenntnis voll und ganz mit der angeblichen Botschaft des Herrn ident sei, während andere Standpunkte diesem zuwider seien, ja vom göttlichen Widersacher stammen würden.

Auch die Entwicklung der altkirchlichen Normen und Bekenntnisse, der kirchlichen Ämter und der Vorstellung der apostolischen Sukzession änderte daran nichts Grundsätzliches, sodass es nicht schwer fällt, eine Geschichte des christlichen Glaubens als Abfolge von »Abfall« und Ketzerei zu schreiben, was seit Gottfried Arnolds »Unpartheyische Kirchen- und Ketzer-Historie. Vom Anfang des neuen Testaments biß auf das Jahr Christi 1688« auch mehrfach geschehen ist.

Kirchengeschichte war damit in hohem Maße die Darstellung der Richtigkeit der eigenen Position gegenüber angeblichen anderen Depravationen des christlichen Glaubens. Das geschah einerseits durch eine verabsolutierend positive Darlegung der jeweils eigenen Überzeugung, andererseits mit der Polemik gegen andere Ansichten, wobei man jedes Abweichen von dem selbst als richtig Erkannten und durch kirchliche Autoritäten wie Papst, Konzilien oder Synoden dazu Erklärten als ein Abweichen von Christus und seiner Botschaft verstand. »Ein wenig Sauerteig durchsäuert den ganzen Teig«, meint der Apostel in Gal 5,9 und 1 Kor 5,6 und weist damit vor allem an der erstgenannten Stelle auf die verführerische Kraft der Irrlehre mit ihren schrecklichen Folgen hin, in der man die Verführung durch den Teufel meinte feststellen zu können. Daraus ergab sich gewissermaßen von selbst die Verpflichtung, dem Bösen (Teufel) zu widerstehen (Jak 4,7), denn dann flieht er. Deshalb sah man die Polemik gegen die Ketzerei als gerechtfertigt, notwendig und erfolgversprechend an.

Das blieb durch Jahrhunderte so. Im Ketzer erblickte man den Boten des Teufels, wenn nicht sogar dessen Vertreter. Und als erst einmal die von Augustinus vorgeschlagene Deutung des Jesuswortes Luk 14,23 zu einer Maxime des Kirchenrechtes geworden war, blieb es nicht bei bloßer Polemik. Diese aber behielt mehrfache Bedeutung:

a) Sie machte ketzerische Meinungen dingfest und lieferte so die Grundlagen für Bekämpfungsmaßnahmen.

b) Sie diente der Vergewisserung und der Legitimation des eigenen Standpunktes, wobei sie dafür sorgte, dass auch Nebensächlichkeiten (im 16. Jahrhundert »Adiaphora« genannt) eine schwerwiegende theologische Bedeutung erhalten konnten.
c) Sie emotionalisierte die eigenen Parteigänger und bewog sie zum Auftreten gegen Ketzerei und Ketzer, wobei man nicht selten auf die an sich kirchenrechtlich gebotene Unterscheidung beider (konnte sich doch der Ketzer bekehren, während die Ketzerei jedenfalls dem Teufel und seinen Werken zugeordnet blieb) verzichtete.

Auch die Veränderungen im Verständnis von Glaube und Kirche im 16. Jahrhundert durch die Reformation lieferten genügend neue Möglichkeiten und Verpflichtungen zu polemischer Betätigung. Und auch in der Folge intensivierte sich die Polemik immer dann, wenn sich das konfessionelle Bewusstsein deutlicher ausprägte oder auch wenn man die eigene Stellung als bedroht ansah. Was die literarische Form polemischer Äußerungen betrifft, schloss sie sich durchaus den jeweils zeitgemäßen Formen in der Literatur an, übernahm dabei – oft in Form der Persiflage – deren Ausdrücke und Begriffe und übte durchaus einen gewissen Einfluss auf die weitere literarische Entwicklung aus.[1]

Als im Verlauf der Neuzeit die Staaten durchaus dazu genötigt oder davon überzeugt waren, dass es nicht länger ihre Aufgabe sein konnte, sich zum Büttel theologischer Spitzfindigkeiten, respektive einer bestimmten Konfession zu machen, sondern eine gewisse konfessionelle Vielfalt zu dulden sei, als also nach und nach beinahe alle Formen der im Mittelalter und dann auch in der Barockzeit so kräftig ausgebildeten staatlichen Bekämpfung religiöser Vorstellungen aufhörten, die der Überzeugung des jeweils Regierenden widersprachen, beziehungsweise sich diese auf nur wenige Inhalte beschränkten, die zudem – jedenfalls seit dem 19. Jahrhundert – noch den ordentlichen Gerichten zur Behandlung zugewiesen worden waren, war die alte Verbindung von religiöser Polemik und staatlicher Verfolgung abweichender theologischer Überzeugungen nicht mehr aufrecht zu erhalten.[2] Es gelang aber der kirchlichen Polemik, sich in der vom Staat wenigstens teilweise getrennten Öffentlichkeit einen eigenen Raum für ihre Betätigung zu schaffen. Dabei vermochte man sich – nach dem Wegfall der staatlichen Pressezensur, was in Österreich (grob gesprochen) erstmals unter Kaiser Joseph II. und dann wieder nach der Revolution von 1848 erfolgte – weiterhin der Presse und des Drucks zu bedienen.[3] Dort fand die öffentliche Auseinandersetzung statt, während bestimmte Formen der Predigt oder

---

1 Einen Überblick zu allgemeinen Formen dieser Beziehungen der kirchlichen Polemik gibt: Hermann Stauffer, Art. Polemik. *Historisches Wörterbuch der Rhetorik* 6 (2003) Sp. 1403–1415.

2 Dazu vgl. die Bemerkungen bei: Gustav Reingrabner, Gott im Recht. Einige Beobachtungen zu einem umstrittenen Thema, in: Gottes Vorstellungen. Die Frage nach Gott in religiösen Bildungsprozessen. Gottfried Adam zum 60. Geburtstag, hg. von Ulrich Körtner u. a. (Wien 1999) 389–412.

3 Josef Alexander von Helfert, Die confessionelle Frage in Oesterreich. Zugleich ein Beitrag zur Tages- und Flugschriftenliteratur jener Zeit. *Oesterreichisches Jahrbuch für den oesterreichischen Volksschriftenverein* 6 (1882) 86–182, 7 (1883) 61–196, fortgesetzt in den Jahrgängen 8 (1884), 9 (1885) 10 (1886) und 11 (1887) 45–152.

religiösen Ansprache für die innerkirchliche Behandlung der betreffenden Fragen benützt werden konnten, wo der weltanschauliche Druck auf ketzerische Ansichten größer zu sein vermochte. Das setzte sich unter Umständen in der Beichte fort. In diesem innerkirchlichen Forum stand immer noch manche Anordnung des Kirchenrechtes zur Verfügung, die inhaltlich etwa durch den Ausschluss vom Sakramentsempfang oder von kirchlichen Ehrenämtern bestimmt war, die aber auch manche vulgäre Femehandlungen nicht ausschloss; denn noch war die Gesellschaft in weiten Teilen – was sowohl topographisch wie soziologisch verstanden werden kann – durch ein bestimmtes konfessionelles Milieu bestimmt.[4]

Das war in den Ländern der Habsburger natürlich v.a. das katholische Milieu, das zwar nach 1865 in der veröffentlichten Meinung in einem gewissen Ausmaß durch antikirchlich-laizistische Haltungen eingeschränkt wurde. Letztere beschränkten sich aber vor allem auf bestimmte Schichten im städtischen Raum (Bürgertum, zunehmend auch die Arbeiterschaft), während im Bereich der Kleinbürger und der Bauern die katholische Grundhaltung in einer mehr oder (eher) weniger reflektierten Weise weiterhin bestand. Die Intellektuellen standen zu verschiedener Zeit in jeweils charakteristischer Weise kirchlichen Überzeugungen offen gegenüber. Und innerhalb des Katholizismus selbst gab es – ebenso wie im Protestantismus – unterschiedliche Parteiungen, die zum Teil in der Öffentlichkeit, wie in den Auseinandersetzungen zwischen Konservativen und Christlichsozialen (z. B. in Tirol), zum Teil aber auch eher verdeckt innerhalb der Kirche agierten.

Um die Wende zum 20. Jahrhundert gab es in Österreich dann eine durchaus ausgeprägte und heftige Polemik, die man indessen selbst als notwendige Apologetik verstand. Nur um eine gewisse Vorstellung von dem zu geben, was da von katholischen Publizisten – auf durchaus verschiedenem Niveau – bekämpft wurde, sei Einiges aufgezählt: der politische Liberalismus, der angeblich die Kirche unter die Vorherrschaft des Staates stellen wollte, die aufkommenden Naturwissenschaften, die Gottes Schöpfermacht leugneten (als ihre Vertreter sei lediglich auf Charles Darwin und auf Ernst Haeckel aus dem protestantischen Jena hingewiesen), der Marxismus, der die Kirche als »Opium des Volkes« bezeichnete und in der Arbeiterschaft so weite und kirchenfeindliche Verbreitung fand, das Judentum, dem man auch in Teilen der katholischen Kirche Weltverschwörungen nachsagte, und schließlich der Protestantismus, den man als Sprachrohr einer antikatholischen Richtung des Zeitgeistes und als Bedrohung des Seelenheiles vieler Katholiken meinte definieren zu können.[5] Dabei soll an dieser Stelle darauf verzichtet werden, nach den Gründen für die mehr oder weniger als bedrohlich empfundenen »Erfolge« der Tätigkeit dieser »Agenten des Teufels« zu fragen. Vielmehr dürfte es angezeigt sein, nach den Gründen Ausschau zu halten, die als Folgen innerkirchlicher Verhältnisse zu einer Intensivierung der Polemik führten oder wenigstens dazu beigetragen haben.

---

4 Dazu vgl. Rupert KLIEBER, Jüdische, christliche, muslimische Lebenswelten der Donaumonarchie 1848–1918 (Wien–Köln–Weimar 2010), der (freilich) auf die Kontroversen lediglich am Rande eingeht.

5 Dazu: Richard KÖSTER, Zur Theorie der Kontroverstheologie. *ZKTh* 88 (1966) 121–162.

II. Auseinandersetzung, Verurteilung oder Polemik?

In ganz kurzer Weise soll zunächst festgestellt werden, was im Folgenden unter Polemik zu verstehen ist. Ursprünglich handelte es sich bei ihr um den wissenschaftlich-gelehrten Streit, und zwar v.a. im Bereich von Philosophie und Theologie. Bereits im 18. Jahrhundert bekam der Ausdruck (damit aber auch die Sache) einen pejorativen Beigeschmack, meinte also nicht mehr so sehr die wertende, aber »objektive« Argumentation, sondern einen ins Unsachliche gehenden Angriff. Natürlich sah man einen solchen in der eigenen Darstellung meist nicht als gegeben an, vermutete oder bewies ihn aber in den Schriften der Gegner. Damit löste der Begriff Polemik gewissermaßen den der »Hetze« ab, den v. a. die katholische Theologie im 16. Jahrhundert evangelischen Theologen vorwarf, die versuchten, die konfessionellen Unterschiede herauszuarbeiten.[6]

Der nicht zuletzt im ausgehenden 19. Jahrhundert umfassend angewendete Begriff »Polemik«[7] wurde in der Folge durch den zwar nicht ganz gleichbedeutenden, d.h. auch andere Absichten anzeigenden, aber doch weithin die Sache deckenden Begriff »Kontroverstheologie« ersetzt, der durch den Titel einer 1932 begründeten katholischen Zeitschrift »Catholica. Vierteljahrsschrift für Kontroverstheologie« verbreitet wurde. Man wollte ein Gespräch über das führen, was die Konfessionen trennt. Heute stellt man die Frage, ob diese Bezeichnung noch angemessen ist.[8]

Dabei trat das apologetische Anliegen, das in der Polemik stets vorhanden war, das aber auch unabhängig davon als positive und überzeugende Darstellung der eigenen theologischen Positionen gedacht war, gegenüber dem der Diskussion in den Hintergrund. Von der Apologetik unterschied sich die Polemik v. a. durch

a) den Angriff als Inhalt,
b) die – unterschiedlich deutliche – Abwertung der gegnerischen Überzeugung,
c) persönliche Angriffe, die bis zur Diffamierung gehen konnten
d) und meist auch durch eine eher oberflächliche Argumentationsweise, die zudem zwischen den Hinweisen auf den eigenen Standpunkt und der Darstellung der gegnerischen Überzeugung Niveauunterschiede aufweisen konnte.[9]

Diese wenigen Bemerkungen sollten genügen, den Standpunkt und Inhalt des unten eingehender behandelten Büchleins zu kennzeichnen.

6 Das war nicht zuletzt in der Steiermark der Fall; dazu: Gustav Reingrabner, Bemerkungen zu den Besonderheiten der steirischen Reformationsgeschichtsforschung. *Zeitschrift des Historischen Vereins für die Steiermark* 101 (2010) 81–113.

7 Dazu etwa: Paul Tschackert, Art. Polemik. *RE*³ 15 (1904) Sp. 508–513.

8 Vgl. dazu: Heribert Smolinsky, Art. Kontroverstheologie. *LThK*³ 6 (1997) Sp. 333–335, und Ulrich Köpf, Art. Kontroverstheologie. *RGG*⁴ 4 (2001) Sp. 1651–1653. Bemerkenswert dürfte sein, dass die Theologische Realenzyklopädie weder ein Stichwort zur Polemik noch zur Kontroverstheologie enthält. Die Zeitschrift *Catholica* trägt den Untertitel »für ökumenische Theologie«.

9 Vgl. dazu v.a.: Stauffer, Polemik (wie Anm. 1); außerdem: Dirk Kemper/Hans Saner, Art. Polemik. *Historisches Wörterbuch der Philosophie* 7 (1989) Sp. 1029–1031.

III. Zu den Gegebenheiten in Österreich

In Österreich gab es vom 16. Jahrhundert an einen Gegensatz zwischen Katholizismus und Protestantismus, der sich zu verschiedenen Zeiten zwar unter unterschiedlichen Umständen und in jeweils aktuellen Formen vollzog, der aber mehr oder weniger aktuell blieb. Er ging von der jeweils negativen Bewertung der anderen Konfession im 16. Jahrhundert aus, wobei man von katholischer Seite evangelische Prediger gerade dann beschuldigte »zu hetzen«, wenn sie versuchten, den lutherischen Standpunkt gegenüber dem, was sie am Katholizismus als falsch ansahen, darzustellen. Ganz ohne polemische Töne ging das naturgemäß selten ab; tatsächlich begriffen aber nach und nach die Prädikanten, die auch innerprotestantische Kontroversen (vor allem den flacianischen Streit um die Bedeutung der Erbsünde) hinter sich gebracht hatten, dass eine solche Polemik nicht sehr viel brachte und dass eine Verkündigung des »reinen Evangelium« erheblich erfolgversprechender war, wenngleich man in der Diktion über die römische Kirche das Wort »päpstlich«, eher noch »papistisch« nach wie vor als ausschließlich negative Bezeichnung benützte. Demgegenüber scheute man sich von katholischer Seite keineswegs, weiterhin die Aburteilungen Luthers und »seiner« Kirche unter Verwendung recht deftiger Vokabel vorzunehmen. Und das wurde in dem Maße heftiger, als sich die Position des Katholizismus in den habsburgischen Ländern verbesserte.

Zur Verdeutlichung dieser Beobachtung sei nur angeführt, dass in den lutherischen Flugschriften die Bezeichnung des Papstes als Antichrist – mit Ausnahme der Flacianer – nach 1560/1570 eher seltener wird, während im Katholizismus die von Johannes Cochlaeus her stammende Bezeichnung Luthers als Höllenfürst und/oder ähnliches eher zunahm. Dementsprechend wurden dann die neu angelegten evangelischen Friedhöfe als »Pestgrueben« angesehen und die Prediger als jene bezeichnet, die – im Auftrag des Teufels – der Kirche den Frieden versagten.[10]

Das hielt dann die ganze Barockzeit an, in der die Kontroverspredigt an sich ja nicht notwendig war, weil es – abgesehen von wenigen, die sich indessen vor der Öffentlichkeit verstecken mussten, wollten sie nicht Verfolgung erleiden – niemanden mehr gab, den man bekämpfen musste. Anscheinend bedingte aber die Gewinnung einer einheitlich positiven Stellung zu Land und Herrscherhaus, dass man eine Negativfolie benötigte. Jedenfalls wurde die Polemik gegen Luther zwar inhaltsleerer, aber drastischer.[11] Und das war auch den Behörden bekannt. Dass sich die nach dem Toleranzpatent neu organisierten Gemeinden nicht »lutherisch« nennen durften, sondern

10 Angaben dazu finden sich in allen einschlägigen Darstellungen der österreichischen Reformationsgeschichte: Georg Loesche, Geschichte des Protestantismus im vormaligen und im neuen Österreich (Wien ³1930); Grete Mecenseffy, Geschichte des Protestantismus in Österreich (Graz 1956); Rudolf Leeb, Der Streit um den wahren Glauben – Reformation und Gegenreformation in Österreich, in: Geschichte des Christentums in Österreich. Von der Spätantike bis zur Gegenwart, hg. von Ders./Maximilian Liebmann/Georg Scheibelreiter/Peter G. Tropper (Österreichische Geschichte, hg. von Herwig Wolfram, Wien 2003) 145–279.

11 Dazu: Reingrabner, Bemerkungen (wie Anm. 6); Gustav Reingrabner, Zum ›Lutherbild‹

sich hinter den Buchstaben A.C. (respektive H.C. für die Calvinisten) zu verstecken hatten, womit allerdings auf eine Selbstbezeichnung (»der Augspurgerischen Confession verwandt«) des 16. Jahrhunderts zurückgegriffen wurde, hat wohl in der Angst vor Auseinandersetzungen ebenso seine Ursache wie die Hofdekrete, in denen ein »toleranzgemäßes« Verhalten angemahnt wurde, wobei sich die Ermahnungen an beide Parteien wandten[12] und sowohl konkrete Streithandlungen unter Strafe stellten wie auch eine weniger negative Haltung anmahnten. Trotz einiger Vorfälle, die indessen eher am Rande der Öffentlichkeit geschahen, kam es auch zu einem durchaus erträglichen Verhalten gegenüber der anderen Konfession.

Dabei blieb von katholischer Seite die prinzipiell negative Bewertung des Luthertums unverändert.[13] Bei den Protestanten handle es sich um keine Kirche, die Prediger und Pastoren seien weder Pfarrer (im Sinne staatskirchenrechtlicher Vorschriften) noch Geistliche (im Sinne der Vollmacht zur öffentlichen Verkündigung) und der Inhalt des Bekenntnisses sei zur Gänze absolute Irrlehre. Dabei hing man nach wie vor der Überzeugung an, dass ein wenig Sauerteig den ganzen Teig durchsäuere (Gal 5,9), dass also einige Punkte im Bekenntnis, die von dem als »wahr« Postulierten abwichen, das Ganze als gegen Gottes Willen gerichtet erscheinen lassen.

Noch bis weit ins 19. Jahrhundert hinein nützte man katholischerseits fallweise noch die Möglichkeiten des Strafgesetzbuches dazu, um nach Ausführungen über den katholischen Glauben oder die katholische Kirche, die man als negativ empfand, Gegner zum Schweigen zu bringen.[14] Und es gelang auch noch gelegentlich, Skandale in der Kirche zu vertuschen, selbst wenn sie, wie im Fall eines Olmützer Erzbischofs, von einiger politischer Sprengkraft waren. Allmählich erschöpfte sich jedoch ein derartiges Vorgehen, weil eine liberaler werdende Gerichtsbarkeit letztendlich solche Verurteilungen nicht mehr zuließ. Und dabei wäre nunmehr gerade diese Hilfe als wichtig empfunden worden. Denn in der zweiten Hälfte des 19. Jahrhunderts befand sich der Katholizismus in einer Abwehrposition. Und dabei war es nicht einmal so sehr der Protestantismus, von dem er in besonderer Weise angegriffen wurde, sondern es waren viel eher politische Strömungen. Im politischen Liberalismus sah man aus kirchlicher Sicht den verdammenswerten Subjektivismus und Modernismus am Werk. Und dann kam als Gegner auch noch die politisch-weltanschauliche Los-von-Rom-Bewegung hinzu.[15]

---

der österreichischen Geschichtsschreibung in der Barockzeit. *Martin Luther Heft* 16 (1980) 9–15.

12 So etwa schon im Hofdekret vom 16. Jänner 1782, gedruckt bei: Karl Kuzmany, Urkundenbuch zum österreichisch-evangelischen Kirchenrecht (Wien 1856) Nr. XLV, 82–84.

13 Es gibt an sich nicht viele diesbezügliche Aussagen, doch vgl. immerhin: Oskar Sakrausky, Historische Beschreibung, was sich anlässlich des Toleranzpatentes in Arriach zugetragen hat. *JGPrÖ* 102 (1986) 3–91.

14 Dazu die Hinweise auf diverse Erkenntnisse des Reichsgerichtshofes bei: Hans Weiler/Hans Klecatsky, Österreichisches Staatskirchenrecht (Wien 1956).

15 Die derzeit umfassendste, wegen ihrer Grundthese aber nicht unwidersprochen gebliebene Darstellung findet sich dazu bei: Karl-Reinhart Trauner, Die Los-von-Rom-Bewegung. Gesellschaftspolitische und kirchliche Strömungen in der ausgehenden Habsburgermonarchie

So wurde der schon vorher von Sebastian Brunner, dem Redakteur der Wiener Kirchenzeitung, auf manchen Ebenen ausgetragene Kampf gegen angebliche oder wirkliche Feinde der Kirche und des wahren Glaubens weiter geführt.[16] Dabei wurde das, was sich bei Brunner vor allem im Kampf gegen Aufklärung und Josephinismus bewährt hatte, auch gegen andere Gegner angewandt. Historische und äußerliche Vorgänge wurden dabei in einen Rahmen gestellt, der die ganze gegnerische Lächerlichkeit oder Kulturschädlichkeit zeigen sollte. Dabei war Brunner durchaus auch zu sachlicher Apologetik fähig und man findet von ihm sogar nicht wenige ernsthafte theologische und kirchenhistorische Leistungen. Er war aber auch der Wortführer gegen alle Häretiker und Schismatiker – die Entstehung der Altkatholischen Kirche lieferte ihm dazu aktuelles Material. Neben ihm gab es weitere Priester, die sich als Polemiker betätigten. In diesem Zusammenhang sei nur an den Pfarrer von Weinhaus Josef Deckert erinnert, der an sich ein eifriger und erfolgreicher Seelsorger war und daher mit Recht durch die Nennung eines Platzes mit seinem Namen geehrt wurde (weil es von ihm heftige antisemitische Ausfälle gab, erfolgte neuerdings die Streichung dieser topographischen Bezeichnung). Auch Franz Stauracz gehört zu jenen Priestern, die – neben einer durchaus angemessenen Tätigkeit in der Kirche – die Polemik pflegten.

(Szentendre ²2006). Der Verfasser hat in knapper Form seine Stellung skizziert in: Gustav Reingrabner, Los von Rom oder die andere Seite der protestantischen Tradition in Österreich. *Schriftenreihe Evangelischer Bund in Österreich mit Zeitschrift »Martin Luther«* 149 (1997) 12–17. Zu zum Teil abweichenden Positionen vgl. Rudolf Leeb, Der Kirchenbau der Los-von-Rom-Bewegung, in: Kirchliche Kunst in Sachsen. Festgabe für Hartmut Mai zum 65. Geburtstag, hg. von Jens Bulisch/Dirk Klingner/Christian Mai (Beucha 2002) 156–172; Ders., Der österreichische Protestantismus und die Los-von-Rom-Bewegung, in: Protestantische Mentalitäten, hg. von Johannes Dantine/Klaus Thien/Michael Weinzierl (Wien 1999) 195–230.

16 Dr. Dr. Sebastian Brunner (10.12.1814 Schottenfeld bis 26.11.1893 Währing) stammte aus einer Wiener Seidenfabrikantenfamilie und war nach seiner Priesterweihe eine Zeit lang für den Staatskanzler Metternich tätig. 1848 gründete er die Wiener Kirchenzeitung, die er bis 1865 redigierte. Eine eifrige publizistische Tätigkeit war seine Hauptbeschäftigung, obschon er wechselnde kirchliche Ämter inne hatte und dementsprechend mit hohen Ehrentiteln ausgezeichnet wurde (päpstlicher Hausprälat und Apostolischer Protonotar). Für ihn war das Grundübel Österreichs der Josefinismus. Den galt es seiner Meinung nach zu überwinden. Daneben hielt er mit seinen antisemitischen und antiprotestantischen Überzeugung nicht hinter dem Berg. Als er verstarb, war allerdings der von ihm auch im politischen Bereich so ersehnte Konservativismus schon wieder längst überwunden. Vgl. (neben Notizen in vielen einschlägigen Darstellungen) dazu: Ilse Treimer, Sebastian Brunner als Historiker (Diss. phil., Wien 1948). Dr. Josef Deckert (17.11.1843 Drösing bis 23.3.1901 Wien-Währung) war von 1874 bis zu seinem Tod Pfarrer in Weinhaus (Wien XVIII.) und verband ebenfalls intensive seelsorgerliche Bemühungen mit Polemik und einem parteipolitischem Engagement, zusätzlich noch mit einem religiös motivierten Antisemitismus. Jedenfalls wurden seine Verdienste als so groß angesehen, dass er 1899 die Große Goldene Salvatormedaille der Stadt Wien erhielt. Zu seiner Person (etwas einseitig die Verdienste hervorhebend) vgl. Heribert Holzer, Dr. Josef Deckert, Pfarrer von Weinhaus. Sein Leben und Wirken (Diss kath. theol., Wien 1959).

IV. Und die Evangelischen?

Für einen Evangelischen außerhalb der alten Toleranzgemeinden war es nichts Ungewohntes, Gegnerschaft zu begegnen und sich selbst oder seine Kirche angegriffen zu sehen. Aber man versuchte sich, so gut es ging, zu wehren. Dabei war man durchaus davon überzeugt, dass man in der eigentlichen – evangelisch interpretierten – apostolischen Sukzession, also in der wahren Kirche Christi stünde, wenngleich man unter Umständen eben nicht ausschloss, dass auch andere Kirchen und Personen zum Bereich des Heilands gehörten. Diese Meinung konnte sich mit pietistischen oder – wie das im Wien der ausgehenden Monarchie eher der Fall war – mit liberal-aufgeklärten Positionen verbinden. Insgesamt war man sich weithin der Schwierigkeit bewusst, in Österreich evangelisch zu sein.[17] Dabei war man sich weder in der Wertung der Ursachen dafür einig, noch in der dagegen einzunehmenden Haltung. Das galt insbesondere auch für die Wertung des Katholizismus. Die einen sahen in ihm die Quelle allen Übels, zumal er sich in einer Allianz mit den führenden Schichten der Gesellschaft und des Staates befand, weil er angeblich oder wirklich die gesunden nationalen Gefühle beiseite schieben wollte, weil er eine wirkliche Emanzipation verhinderte. Und darin wusste man sich mit mancher Geistesgröße Österreichs einig, auch wenn man sie vielleicht doch zu einseitig und vorschnell als Gewährsmann meinte in Anspruch nehmen zu können. Andere neigten eher dazu, dem Judentum die Schuld an der Verschlechterung der Situation der Kirche zuzuweisen, wieder andere waren hingegen der Meinung, die Ursache läge in der eigenen Kirche, in der man von den Zielen der Reformation weit abgekommen sei. Das zeigte sich auch in der Beurteilung der Los-von-Rom-Bewegung, wo unter den Wiener Pfarrern ebenso deutliche Meinungsunterschiede erkennbar wurden wie in der Beurteilung der Judentaufpraxis in der eigenen Pfarrgemeinde. In dem ersten Problemfeld waren Alfred Formey und Erich Johanny deutlich gegen eine bereitwillige Öffnung der evangelischen Kirche gegenüber den Los-von-Rom-Leuten, sahen sie doch in dieser Bewegung keine religiös, sondern eine rein politisch motivierte Sache, während Paul von Zimmermann wieder von der damit gegebenen Chance einer Protestantisierung Österreichs träumen konnte; in der zweiten Frage trat der junge Pfarrer Gustav Entz sehr deutlich gegen die von Paul von Zimmermann dazu vertretene wohlwollende Haltung auf.[18] Einig war

17 Gustav Reingrabner, Als Evangelischer in Österreich. Historische Bemerkungen zu einer schwierigen Beziehung, in: Evangelische in Österreich. Vom Anteil der Protestanten an der österreichischen Kultur und Geschichte, Katalog zur gleichnamigen Ausstellung in der Österr. Nationalbibliothek Nov. 96–Feb. 97, hg. von Ders./Monika Haselbach (Wien 1996) 27–32.

18 Es mangelt an einer auch nur einigermaßen guten Darstellung der inneren Vorgänge in der Wiener Gemeinde A.B., in der auch die Positionen der Pfarrer dargestellt werden. Für die reformierte Gemeinde findet sich manches bei: Peter Karner (Hg.), Die evangelische Gemeinde H.B. in Wien (Wien 1986). Die damals vor sich gehende äußerliche Entwicklung skizziert Gustav Reingrabner, Die äußerliche Entwicklung der einstigen Evangelischen Pfarrgemeinde A.B. Wien. *Wiener Geschichtsblätter* 18 (1963) 194–203. Zu den einzelnen Geistlichen: Alfred Formey (31.7.1869 Dessau bis 26.5.1901 Wien) war nach Abschluss einer Tätigkeit in Chile in den Jahren 1874/76 bis zu seinem Tod Pfarrer an der Stadtkirche und übte

man sich hingegen in einem volksmissionarischen Bemühen, durch das einerseits den Evangelischen etwas von der Nähe zu ihrer Kirche vermittelt, andererseits aber Außenstehenden die Möglichkeiten des evangelischen Glaubens aufgezeigt wurden. Dazu dienten mancherlei Flugschriften, aber auch eine durchaus ansehnliche kirchliche Presse.

V. Die Polemik des Franz Stauracz

Franz Xaver Stauracz,[19] der am 22. November 1855 in Wien geboren wurde, war Wiener Priester, Mitglied des Domkapitels und Kirchenrektor, was ihm die Gelegenheit gab, in der »kategorialen Seelsorge« tätig zu sein. Man findet ihn als Jugendseelsorger, bei der Erfassung und Sammlung von katholischen Lehrern, aber auch in der katholischen Arbeiterseelsorge, die damals in verschiedenen Einrichtungen, unter denen das Kolping-Werk herausragte, eine beachtliche Aktivität entwickelte. Durch seine Erfahrungen war Stauracz von der Notwendigkeit einer intensiven religiösen Volksbildung überzeugt und betätigte sich dementsprechend an der kirchlichen Öffentlichkeitsarbeit, wobei er – wie manche seiner Vorbilder – die Grenzen zwischen kirchlicher und politischer Betätigung nicht immer einhielt, wie seine 1907 erschienene Karl-Lueger-Biographie beweist.[20] In seiner Tätigkeit in der Seelsorge begegnete er auch dem, was er als antikatholische Propaganda empfand und was ihm geeignet erschien, Katholiken zum »Abfall« zu bewegen. Dagegen suchte er Stellung zu nehmen, also Priester und Laien Informationen zu bieten, mit deren Hilfe sie innerlich dagegen widerstehen und sich äußerlich dagegen wehren konnten. Diese Tätigkeit brachte dem am 28. Juli 1918 in Hofgastein Verstorbenen manche Ehrung ein. Und manche seiner Anregungen wurden auch von anderen aufgegriffen und blieben daher über seinen Tod hinaus in der Kirche wirksam.

---

durch seine stilvollen, gefühlsbetonten Predigten, aber auch durch schriftstellerische Tätigkeit (Gedichtbände) einen über seine unmittelbare dienstliche Stellung hinausgehenden Einfluss im evangelischen Wien aus. Dr. Erich Johanny (29.5.1861 Pleß bis 6.3.1912 Wien) wurde 1889 als erster Pfarrer auf den neu geschaffenen Amtssitz (Sprengel) in Währing berufen, wo er die Kaiser-Franz-Josef-Jubiläums-Kirche (heute Lutherkirche) erbaute, und wurde nach Formeys Tod Pfarrer an der Stadtkirche. Er trat vor allem mit seinen Bedenken gegen die Los-von-Rom-Bewegung hervor. Seine aus einem Artikel in der *Wiener Allgemeinen Zeitung* entstandene Broschüre »Die Los von Rom-Bewegung« (Wien 1899) – im Selbstverlag des Verfassers erschienen – erregte einiges Aufsehen. Lic. Dr. Gustav Entz, der 1913 als Pfarrer auf die neu geschaffene Stelle (Sprengel) in Hietzing berufen wurde, dann aber 1921 als Professor an die Theologische Fakultät ging, verstarb erst 1957 in Wien. Zu seiner Person u.a.: Gustav Reingrabner, Gustav Entz. Prediger und Lehrer. *Standpunkt. Zeitschrift des Evangelischen Bundes Österreich* 183/2006, 24–31.

19 Franz Loidl, Msgr. Franz Xaver Stauracz (1855–1918). Jugend- und Lehrerseelsorger, apologetischer und politischer Publizist (Wien 1962).

20 An ihn erinnert nicht nur in seinem Heimatbezirk Margareten ein Gassenname, sondern auch an seinem Wohnhaus in der Kohlgasse 19 eine Gedenktafel mit einem Relief. Dazu: Wolfgang Mayer, Margareten (Wiener Bezirkskulturführer 5, Wien 1982) 20.

Stauracz war in den Sachfragen nicht uninformiert und wollte in seinen Artikeln und Flugschriften auch den Anschein einer echten Diskussion mit dem Gegenüber aufrecht erhalten. Dementsprechend zitierte er Neuerscheinungen und klassische Literatur nicht nur aus der eigenen Kirche, sondern auch von der Seite seiner literarischen Gegner, hielt sich auch in der Diktion im Großen und Ganzen etwas zurück und suchte sogar – wenigstens vorgeblich – zwischen der Ketzerei und den Menschen zu unterscheiden, die ihr anhingen. Das Ganze änderte aber nichts daran, dass er letztlich doch in erster Linie polemisierte. Das war in etlichen seiner Aufsätze und Schriften der Fall.[21]

Eine davon soll hier etwas eingehender betrachtet werden, weil daraus etwas über die Art und den Inhalt der Polemik von Stauracz erfahren werden kann. Sie eignet sich nicht zuletzt deshalb dafür, weil er sie selbst beinahe wie ein Kompendium gestaltet hat. Es handelt sich um das etwa 140 Seiten starke Büchlein »Pastor von Zimmermann's Theologie, Philosophie und Historie. Beleuchtet von Franz Stauracz, Wien 1898«.[22]

Der Wiener evangelische Pfarrer Paul von Zimmermann[23] hatte – neben manchem anderen – ein Confirmandenbüchlein herausgegeben, das die Aufmerksamkeit

21 Manche Flugschrift von ihm ist aus einem Artikel oder einer Artikelfolge in der Wiener Tageszeitung der Christlich-Sozialen, der *Reichspost*, entstanden. Zwei Titel von diesen Flugschriften seien genannt: »Jammerbilder österreichischer Schulzustände«, eine Schrift, die gegen die neuen Schul- und Unterrichtsordnungen von 1895 und 1907 gerichtet war, die der Kirche – wie er meinte – kaum mehr Raum in den Schulen ließen, und »Schlachtengewinner Dittes und sein Generalstab«, eine seiner gegen ›Los von Rom‹ gerichteten Schriften.

22 Interessant ist, dass ein Verlag als »Debit für den Buchhandel« genannt ist, bei dem es sich um den durch lange Zeit unter ziemlich direkten Einfluss des Wiener Erzbistums stehenden Mayer & Comp-Verlag in der Singerstraße handelte.

23 Paul (von) Zimmermann wurde am 3. September 1843 in Dresden geboren. Er studierte in Leipzig und Berlin, promovierte dort (vor 1874) zum Dr. phil, wurde am 31. Mai 1870 zum geistlichen Amt ordiniert und dann Katechet bei St. Petri bzw. Hilfsprediger an der Thomaskirche in Leipzig. Am 3. Januar 1875 erfolgte seine Einführung als Pfarrer in Wien, wo er bis zum 30. Juni 1925 blieb. Für die theologische Promotion in Wien legte er ein Konvolut von 14 Schriften vor, von denen die erste »Die Unsterblichkeit der Seele und Platos Phaedro« behandelte. Im Jahre 1880 habilitierte er sich ebenfalls in Wien für Religionsphilosophie, wozu ihm 1908 der Titel a.o. Univ.-Prof. verliehen wurde. Im Jahre 1880 wurde er für einige Zeit Consenior, zwischenzeitlich führte er als Superintendentenstellvertreter die große Wiener Diözese und von 1885 bis 1927 war von Zimmermann Mitglied der Prüfungskommission für evang. Theologen A.B. und H.B. Am 2. Oktober 1923 wurde er a.o. Mitglied des Evang. Oberkirchenrates in Wien. Er erhielt eine Reihe von Ehrungen. Seine Erhebung in den Ritterstand 1884 kann in Wien nicht nachgewiesen werden, stand aber – in dem Jahr, in dem die weitere Verbindung von Ordensverleihung und Standeserhöhung durch kaiserliches Dekret abgeschafft wurde – möglicherweise in Verbindung mit der Verleihung des Leopoldordens. Im Jahre 1910 erhielt er das Ritterkreuz des Franz Josefs Ordens und 1917 den Orden der Eisernen Krone III. Klasse. Er war in vielen Bereichen des kirchlichen Lebens, in der Publizistik, in der Bildungsarbeit, aber auch in der Diakonie tätig, die Errichtung des Diakonissenhauses samt Krankenhaus war zu einem großen Teil seiner Initiative zu verdanken. Darüber hinaus galt er als exzellenter Kanzelredner. Die Jahre seines größten Einflusses lagen vor 1910, in der Folge

von Stauracz erweckt hatte, v.a. aber tat das die Schrift »Was wir der Reformation zu verdanken haben. Hauptpunkte des evangelischen Glaubensbekenntnisses«, die von 1887 bis 1894 vier Auflagen erlebte und von von Zimmermann als ein »Wort der Verständigung an die Gebildeten und Denkenden unter unseren Gegnern. Auch für Übertretende« bezeichnet wurde.[24] Die Absicht war eindeutig: Es sollte jenen, die in die evangelische Kirche A.B. aufgenommen werden wollten, in verständlicher Weise etwas von den Eigenarten dieser Kirche gezeigt werden, es sollte aber auch anderen, die sich bloß dafür interessierten oder dieser Kirche sogar feindlich gegenüberstanden, erklärt werden, was an ihr bedeutsam und richtig wäre. Das geschah in der Weise, dass von Zimmermann auf die bestehenden Unterschiede zur katholischen Kirche und ihrer Verkündigung hinwies, wobei er meinte, dass diese – gemessen an dem gesamten Glaubensgut – eigentlich keine Differenzen darstellten, die jede Gemeinsamkeit ausschlossen. Im Hintergrund stand natürlich die theologische Grundhaltung des Pfarrers, der stark von den aktuellen Strömungen des Zeitgeistes geprägt war und die er mit einem gewissen Schwung und Pathos vortrug. Und auch die seit der Gründung des Evangelischen Bundes in Deutschland (1883) aufbrechende Gegnerschaft zu Rom fehlte nicht.[25]

Auf diese letztgenannte Schrift will Stauracz hier antworten, wobei er meint, dass »wir nicht in der Angriffsstellung, sondern im Verteidigungskampfe um unser gutes Recht, um der Wahrheit« sind.[26] An sich kann er es ja nicht begreifen, dass Zimmermanns »Büchlein unbegreiflicherweise, besonders auch bei ›Übertretenden‹ seinen Zweck erreichte« (S. 7). Und den von von Zimmermann in Anspielung auf die eben beginnende Los-von-Rom-Bewegung in der 4. Auflage als nun wieder »kräftiger in Erscheinung tretenden Feldgeschrei, hie Rom – hie Evangelium« apostrophierten Vorgängen will Stauracz angesichts der »christusfeindlichen zerstörenden Mächte der Welt«, zu denen er zweifellos das Buch von Zimmermanns zählte, als »zeitgemäßen Kampfesruf ›Hie Christus – hie Belial‹« entgegensetzen (S. 6) – der polemische

hinderten ihn einerseits gesundheitliche Probleme, andererseits die weitere Entwicklung des evangelischen Bewusstseins an der Bewahrung dieser Stellung, zumal er an den brennend gewordenen und dringend nach einer Lösung verlangenden organisatorischen Problemen der Wiener Pfarrgemeinde nur wenig Interesse zeigte.

24 Das Buch ist aus einer Reformationsfestpredigt im Jahre 1886 entstanden, wobei der Verfasser die unmittelbar als Teil der Predigt gedachten historischen Ausführungen kürzte, »um hier einen sachlich geschichtlichen Überblick über das zu bieten, was wir der Reformation zu verdanken haben. Der Druck wurde zuerst von einigen Katholiken erbeten«. Dabei ging es von Zimmermann in dem Büchlein nicht mehr um die Darstellung der historischen Vorgänge, sondern um die Entfaltung der von Luther initiierten Bekenntnisaussagen und ekklesiologischen Überzeugungen.

25 Gustav Reingrabner, Rom oder Wittenberg. Vom antikatholischen Affekt im österreichischen Protestantismus, in: Österreich und der Heilige Stuhl im 19. und 20. Jahrhundert, hg. von Hans Paarhammer (Frankfurt/Main 2001) 573–596.

26 Zitate aus der oben mit ihrem genauen Titel angegebenen Schrift von Stauracz werden im weiteren Verlauf des wissenschaftlichen Beitrages lediglich unter Angabe der Seite zitiert. Das hier wiedergegebene Zitat findet sich auf S. 5.

Charakter der Schrift von Stauracz kündigt sich also schon damit an. Sein weiterer Inhalt bestätigt ihn.

Zunächst aber zählt der Verfasser auf, in welcher Weise die katholische Kirche von den Protestanten, genauer gesagt, von deren Funktionären provoziert wurde. Da werden – sogar bei der Firmung im Stephansdom – Traktate verteilt, ebenso Bibeln, zum Teil sogar mit dem »Vermerke – Jubiläumsausstellung –, die, weil ohne Erklärung, Katholiken verboten sind« (S. 2). In den protestantischen Sonntagsschulen findet man auch katholische Kinder und der CVJM betreibt so Propaganda: »Jeder (!) junge Mann ist herzlich willkommen« (S. 3). Das Rufzeichen in dem Zitat hat Stauracz gesetzt, der ergänzend anmerkt: »Es verkehren dort tatsächlich viele Katholiken«.[27] Auch die Tatsache, dass die Protestanten »so gerne, um Katholiken zu verwirren, von ›Confession‹ sprechen, und sagen, [...] die Religion sei die gleiche, nur die Confession sei verschieden«, bereitet ihm Ärger. Dagegen will sich Stauracz energisch verwahren.[28] Und nun hat er auch noch von einer »Aufforderung zum Massenabfall von der katholischen Kirche« gehört (S. 3 f.). Er stuft also »Los von Rom« pauschaliter als »Propaganda für den Protestantismus« ein.[29] Weil er meint, dass das alles Unrecht

27 Der CVJM hatte sich eben damals (1897) durch die Umwandlung des »Christlichen Jünglingsvereines« gebildet und entfaltete in neuer Zielsetzung eine gewisse Werbetätigkeit, die durch die Evangelische Pfarrgemeinde positiv wahrgenommen und durch verschiedene Hinweise unterstützt wurde. Dazu vgl. den Bericht: »Der Christliche Verein Junger Männer in Wien«. *Evangelischer Hausfreund* VII/1897, 37 f. und 152 f. Diese Zeitschrift für das evangelische Haus wurde von Paul von Zimmermann und seinem reformierten Kollegen Dr. Charles A. Witz(-Oberlin) herausgegeben.

28 Die Bemerkung findet sich auf S. 3. Ausgangspunkt der Kontroverse war eine Feststellung in dem gedruckten Bericht des Presbyteriums A.B. über das Jahr 1896: »Auch hat Jedermann das Recht, sich zu verwahren gegen die Beisetzung einer Bemerkung auf dem Verkündschein [die zur Vornahme einer Trauung notwendige Bestätigung], die auf Religionsverschiedenheit hindeutet, da eine solche sowohl zwischen evangelischen und katholischen Christen, die wohl in ihrem Bekenntnis [Konfession], nicht aber in ihrer Religion verschieden sind, doch tatsächlich nicht besteht«. Dagegen hat das katholische *Norbertus-Blatt. Zeitschrift zur Förderung katholischen Lebens* am 27. August 1897 eine Glosse veröffentlicht, in der diese Feststellung als »Unwahrheit« bezeichnet wird. Ihr folgte eine Entgegnung im *Evangelischen Hausfreund* VII/1897, 312 f. Stauracz, von dem wahrscheinlich die Notiz im *Norbertus-Blatt* selbst stammt, sah die Sache als so aktuell oder wichtig an, dass er sie in seiner Flugschrift noch einmal vorbrachte. Dabei versucht er in einer eher wirren Erklärung, den Unterschied von Religion und Konfession, wie er sie versteht, darzulegen: »Die Religion ist im Herzen, die Confession ist das Bekenntnis der Religion im Munde, durch die Tat«. Wenn man sagt, zwischen Katholiken und Protestanten bestünden »nur Verschiedenheiten der Confession, nicht aber der Religion« ist das daher, seiner Meinung nach, eine »falsche Vorspiegelung«. Vermutlich nicht ganz zu Unrecht vermutet der Evangelische *Hausfreund* (vermutlich von Zimmermann selbst), dass der »Sinn dieses Eifers doch nur ist: Wir Römisch-Katholischen sind die einzigen Christen«. Stauracz geht es also darum, in alter Weise zu zeigen, dass Katholizismus und Protestantismus gar nichts miteinander gemeinsam hätten. Ob ihm das jemand abgenommen hat, ist fraglich.

29 Dass die Absichten der Initiatoren dieser Bewegung nur zum kleineren Teil auf einen Übertritt zur evangelischen Kirche gerichtet waren, übersieht er dabei ebenso, wie die in der evangelischen Kirche vorhandenen Bedenken, die etwa in der Verordnung des Oberkirchenrates über die Aufnahme in die evangelische Kirche aus dem Jahr 1897 zum Ausdruck gekommen sind.

darstellt, will er ihm entgegenwirken. Und zu diesem Zweck setzt er sich mit Paul von Zimmermanns Schrift auseinander.

Dabei ist es nach seinen eigenen Worten sein Anliegen, Pfarrer von Zimmermann, den er nur als »Pastor« bezeichnet, als einen schlechten Theologen und einen verfälschenden Historiker zu erweisen, der zudem – obwohl er auch Doktor der Philosophie ist – von Philosophie nichts versteht. Dabei ist es natürlich so, dass sich Stauracz eigentlich nicht auf einen wirklichen Disput mit von Zimmermann einlässt, sondern von einem – wie er selbst meint – absolut gesicherten Standpunkt aus Zensuren verteilt. Die sind negativ, weil sie bei der dabei angewandten Methode gar nicht anders ausfallen können. Nebenbei macht er sich durch etliche eingestreute Bemerkungen über von Zimmermann lustig, dessen Ausführungen er nicht selten einfach als »confus« bezeichnet (etwa S. 93), an anderer Stelle sogar als »Unsinn« abqualifiziert. (S. 72), wobei er die Anekdote einfließen lässt, dass eine Gesellschaft, der er verschiedene Sätze von Zimmermanns vorgelesen hat, »in helles Gelächter ausgebrochen« sei. Von Zimmermann serviere beinahe ständig »unwahre, irreführende Behauptungen« (S. 1).

Stauracz tut dabei immer wieder so, als ob er sich in der Sache wirklich auskenne. Dem dient nicht nur ein relativ umfangreicher Anhang von 20 Seiten mit Nachweisen, sondern auch die Zitierung von Stellen aus Ausgaben von Werken Luthers, die er sichtlich v.a. deshalb nennt, um den Reformator gegen von Zimmermann auszuspielen. Dabei nimmt er diese Zitate aus katholischer Kontroversliteratur, und zwar so, wie er sie dort gerade gefunden hat, also aus unterschiedlichen Ausgaben,[30] kann sich aber dann doch nicht enthalten, durch ein entsprechendes Zitat in Entsprechung zu Heinrich Denifle und Hartmann Grisar, den damals führenden katholischen Lutherforschern, den Reformator als verrückt geworden oder sich verrückt verhalten habend, zu bezeichnen. Dazu kommen gelegentliche Bemühungen, in denen er Luther gegen Luther auszuspielen versucht, also seine Theologie als durch »Fälschungen« (S. 53) und »Schwankungen« (S. 103) bestimmt abqualifiziert. Im Blick auf die moralischen Fragen hält sich Stauracz zwar zurück, ganz ohne Verdächtigungen solcher Art kommt er aber dann doch nicht aus (S. 83: »haßerfüllt«, S. 60: »Verirrungen in seinen Anschauungen und Grundsätzen über Virginität und Ehe«). Der damit festgestellten moralischen und theologischen Unzuverlässigkeit Luthers meint Stauracz die stete Zuverlässigkeit der katholischen »Religion« gegenüberstellen zu können.

30 Es lohnt sich, die in bunter Reihenfolge erfolgenden Angaben von Gesammelten Werken Luthers zusammenzustellen. Stauracz zitiert aus der Jenaer Ausgabe, die von 1555 bis 1558 als die Ausgabe der Gnesiolutheraner erschienen ist, aus der Erlanger Ausgabe, die im 19. Jahrhundert den ersten Versuch einer wissenschaftlichen Ausgabe darstellt, aus den Lateinischen Werken, Wittenberg 1544 ff., aber auch aus der Ausgabe von Walch aus dem 19. Jahrhundert, die alle Schriften in deutscher Sprache, zum Teil also in Übersetzungen abdruckt. Dazu kamen noch die Briefausgaben von de Wette, Walch und anderen. Es ist doch wohl bezeichnend, dass die seit 1883 erscheinende Weimarer Ausgabe, in der bis 1898 bereits eine ganze Reihe von Bänden erschienen war und die damals schon als so etwas wie die authentische Ausgabe der Werke angesehen wurde, nicht zitiert wird.

VI. Der Inhalt der Flugschrift

Der Hauptteil des Buches von Franz Stauracz ist durch das Bemühen gekennzeichnet, die von von Zimmermann am Anfang jedes Abschnittes seiner Schrift »Was wir der Reformation verdanken« gegebenen und am Ende des Buches noch einmal wiederholten Zusammenfassungen in ausführlichen Kommentaren zu widerlegen. Dabei zitiert Stauracz die knappen Sätze von Zimmermanns ohne auf seine weitere Argumentation einzugehen und setzt ihnen auf jeweils etlichen Seiten seine Meinung entgegen. Auf diese Weise gelingt natürlich die »Widerlegung«, von der er selbst eingangs behauptet, dass sie eigentlich gar nicht mehr notwendig wäre, sei sie doch schon »tausendmal« erfolgt (S. 7), womit er vermutlich die ständige Lehre und Verkündigung der katholischen Kirche anspricht. Von Zimmermann hat seine Zusammenfassungen so formuliert, dass sie von Eintretenden vor der Aufnahmefeier zustimmend wahrgenommen werden konnten, die in dieser Situation keineswegs die Einzelheiten der insgesamt wirklich nicht einfachen Bekenntnisinhalte, insbesondere der »Unterscheidungslehren«, zu erfassen vermochten. Dabei kommt Stauracz die Tatsache entgegen, dass von Zimmermann in seinem Bemühen, die Sachfragen einfach darzustellen und griffige Formulierungen für den evangelischen Standpunkt zu finden, simplifiziert, beziehungsweise etwas ungeschützt populärphilosophische Gedanken benützt und dadurch so manche unklare und widersprüchliche Formulierung zulässt.

Es geht im Eingangsabschnitt um die Bezeichnungen »evangelisch«, »lutherisch« und »protestantisch«, wobei eine Nebenbemerkung über das Verhältnis von Schrift und Tradition nicht ausbleiben kann, in der Stauracz sichtlich in Rage kommt und die Aussagen von Zimmermanns, die an sich dem damaligen theologischen Niveau durchaus entsprachen, als »Unverstand« und »Verdrehungskunst« bezeichnet. Dann geht es um den Versuch von Zimmermanns, einen Beweis dafür zu erbringen, die evangelische Kirche »wäre ihrem Wesen [und] Glaubensinhalt nach älter als die katholische, denn unser Glaube ist der altapostolische«, der katholische hingegen sei »durch mittelalterliche Zusätze erweitert und entstellt« worden.[31] Von Zimmermann hat in diesem Zusammenhang auch darauf hingewiesen, dass die Immaculata Conceptio erst 1854 kanonisiert worden sei, was in der naturwissenschaftlich denkenden Periode um 1900 als nicht denkmöglich angesehen werden musste. Stauracz schiebt das beiseite und erklärt, die »Erbsünde, die uns in der Taufe weggenommen wird, war an Maria nie gewesen« (S. 33), begnügt sich aber mit dem Hinweis auf die angebliche kirchliche Tradition und eben die Kanonisation. Mit einem gewissen Genuss macht er dann darauf aufmerksam, dass die Bezeichnung »altapostolisch« im

31 Die Zitierung von Ausführungen von Zimmermanns erfolgt im weiteren Verlauf des wissenschaftlichen Beitrags – wenn nichts anderes angegeben wird – nach Stauracz, der auf S. 32 die hier angeführten Sätze aus dem Buch von Zimmermann zitiert, um sie seiner Widerlegung zugrunde legen zu können.

4. Jahrhundert von den Donatisten in Anspruch genommen worden ist.[32] Wer Dogmen ablehnt, ist nämlich nicht, wie von von Zimmermann behauptet, ein »halber Ketzer«, sondern »wer Dogmen ablehnt und wäre es auch nur ein einziges Dogma, ist ein ganzer Ketzer« (S. 47). In diesem Zusammenhang kommt Stauracz natürlich auch auf »Luthers Fälschungen«, also jene angeblichen Verfälschungen des Schriftsinnes in dessen Bibelübersetzung zu sprechen, auf die Luther selbst bereits 1530 in seinem Sendbrief vom Dolmetschen und anderswo geantwortet hat. Der dritte Abschnitt in den beiden gegensätzlichen Darlegungen beschäftigt sich dann mit dem sola fide der Reformation, ohne dass dabei in den Aussagen von Stauracz irgendwelche überraschenden Aussagen zutage treten.[33] Heiligenverehrung und »Gute Werke« sind die nächsten, bei Stauracz miteinander verquickten Themen der Ausführungen, wobei es darum geht, ob es möglich oder nicht möglich ist, die Gebote zu erfüllen, ohne dass der Katholik auf die Differenz von Gottes Gesetz einerseits, seine Auswirkung auf den Sünder andererseits eingeht oder auf die ihm vermutlich wenig sympathischen Schriftworte in Röm 3 und Röm 7 hinweist (merkwürdigerweise aber auch nicht auf die Aussage in 1 Joh 5,3).

Dann folgt eine Auseinandersetzung über die Heiligenverehrung, wobei es von Zimmermann seinem Gegner leicht macht, weil er – wohl unter Aufnahme vulgärkatholischen Verständnisses – sowohl zwischen Verehrung und Anbetung, wie auch zwischen Anbeten und Beten zu jemand nicht sauber genug unterscheidet. Stauracz kann da auf die in der katholischen Theologie tatsächlich schon öfter dargelegten Differenzierungen hinweisen, wobei er sich in diesem Zusammenhang ziemlich ereifert. Das setzt sich in dem nächsten Abschnitt fort, in dem es um die »Gottesmutter« geht. Da wirft er von Zimmermann zu Unrecht fehlende Unterscheidung vor, weil er selbst nicht genügend zwischen dem dogmatischen System der Marienverehrung und der Wertschätzung der »reinen Magd« zu unterscheiden vermag. Der VII. Abschnitt erörtert die Frage, ob Christus, das unsichtbare Haupt der Kirche dieser ein »sichtbares Haupt« gegeben habe (S. 82). Dazu meint Stauracz, ausführliche Hinweise über den »Haß Luthers gegen den Papst« (S. 83) geben zu müssen, wobei er überzeugt ist, dass jede Form eines päpstlichen Primates genau dem entspricht, was sich als solches nach dem Ersten Vaticanum ausgebildet hat. Er zitiert zwar Ignaz Döllingers Aussagen zur Primatsfrage vor dessen Trennung von Rom, nicht aber das Konzil von 1870 und die – katholischen – Bedenken gegen dessen Beschlüsse, die ja nicht zuletzt bis zur rechtsverbindlichen Dogmatisierung gerade von österreichischen Bischöfen geltend gemacht wurden. Die Dogmatisierung der Infallibilität von 1870 und die Feststellung Luthers, dass seine auf der Schrift ruhende Lehre ewig geltend sei, beurteilt er als

32 Vgl. demgegenüber die gegenwärtige Wertung dieser altkirchlichen »Ketzerei« bei: Bernhard Kriegbaum, Art. Donatismus. *RGG*[4] 2 (1999) Sp. 939–942.

33 Es ist aufschlussreich, wenn man die Darlegungen von Stauracz, der einerseits die Lutheraner heute nicht mehr auf dem Standpunkt der Reformatoren stehen sieht (S. 55) und andererseits meint, dass die protestantische Rechtfertigungslehre »factisch« die katholische »adoptiere« (S. 65), mit dem vergleicht, was die evangelische Theologie dazu äußert. Dazu vgl. etwa: Eberhard Jüngel, Art. Rechtfertigung IV. Dogmatisch. *RGG*[4] 7 (2004) Sp. 111–117.

sachlich wie formal gleichartig, ohne zu merken, dass es sich in dem einen um einen Rechtssatz, in dem anderen um ein persönliches Bekenntnis handelt. Natürlich kann er es sich dann nicht verkneifen, auf die vielen »Päpstchen« im Protestantismus hinzuweisen (S. 94), die zum Untergang des Protestantismus führen könnten.

»Luther neigt zur Verwerfung des Abendmahles« kann nur jemand formulieren (S. 95), der den Unterschied zwischen der Messe als Wiederholung von Christi Opfer und der »Messe« als Verkündigung des rettenden Opfertodes nicht begreift.[34] Angeblich hat Luther auch zur Frage der Communio sub utraque specie eine »sehr unklare und schwankende Stellung« eingenommen (S. 102). Über die Beichte kann Stauracz wieder vermelden, dass »die Buße von Luther nach vielen Schwankungen nicht als Sakrament beibehalten« wurde (S. 103), gibt aber den Grund dafür, der in einem gegenüber der Definition des Tridentinums engeren Sakramentsbegriff liegt, natürlich nicht an. Und weil von Zimmermann schreibt, dass in der evangelischen Kirche das Beichtgeheimnis heilig ist, wird er von Stauracz gefragt: »Welche Garantien gibt Ihre Kirche« dafür (S. 106)? Die anschließende Argumentation über den Schutz der Beichte im Katholizismus bleibt dann jedoch eher oberflächlich und ohne wirkliche theologische und historische Aussagen.

Natürlich gibt es in der Flugschrift auch einen Abschnitt über das »Fegfeuer«. Interessant ist aber, dass der Katholik Stauracz keine Verbindung zwischen dem Ablass und den Seelenmessen herstellt (S. 108). Er begnügt sich mit der die Sachlage eigentlich verfälschenden Aussage, dass »seit den ältesten Zeiten« der Verstorbenen gedacht wurde – das ist jedoch etwas anderes als das, was durch die Seelenmessen erreicht werden soll. Am Schluss seines Buches hat sich dann von Zimmermann – wie könnte es anders sein – gegen die Behauptung von der »allein seligmachenden Kirche« gewendet. Stauracz ist daher genötigt, in einigen Anmerkungen etwas dazu zu sagen, wobei er natürlich weiß, dass es besser ist, weil es von den Zeitgenossen eher akzeptiert wird, wenn er die tatsächliche Bedeutung dieses Terminus lediglich durch verschiedene Hinweise und Umschreibungen unverbindlicher Art an den Rändern auflöst.

Das Ganze endet dann etwas plötzlich und ohne weitere Überlegungen mit dem Hinweis, dass es »die schönste Verheißung des Herrn ist, dass dermaleinst eine Herde und ein Hirte sein wird«, wobei von Stauracz natürlich der unsichtbare Hirte, Christus, und der sichtbare Hirte, der Papst, als zwingende Analogie in der wahren Kirche angesehen werden, ohne dass das freilich expressis verbis genannt wird. War dies in der Öffentlichkeit vielleicht doch nicht besonders opportun? Oder gehörte Stauracz selbst vielleicht nicht einmal unmittelbar zu den papalistischen Maximalisten?

---

34 Zum evangelischen Abendmahlverständnis vgl. – anstelle der vielen Literatur dazu – Thomas Kaufmann/Jörg Baur u. a., Art. Abendmahl. *RGG*[4] 1 (1998) Sp. 10–53, v. a. 24–28, bzw. 31–36.

VII. Bedeutung

Man wird nun fragen müssen, was das Ganze bedeutet, welche Ansichten über die katholische Kirche geäußert werden, was über Luther und die evangelische Kirche ausgesagt wird, und wie Stauracz Katholiken in ihrer Überzeugung bestärken und Evangelische für seine Position gewinnen möchte. Eine Reihe von Beobachtungen ist in dieser Hinsicht anzuführen:

Stauracz lässt sich scheinbar seine Vorgangsweise durch von Zimmermanns Themen und Darlegungen vorschreiben. Das gilt aber nur in äußerlicher Hinsicht. In seinen Inhalten hat er als klare Richtlinie dasjenige, was seine Kirche als ihre Lehre fixiert hat oder was in der katholischen Theologie und Kirchengeschichte seiner Zeit gelehrt wird.

Dass man in der Polemik nicht das eigene theologische System als Grundlage für die Ausführungen nimmt, hat im Katholizismus durchaus Tradition. Es wurde – um ein einziges Beispiel anzuführen – schon von P. Maurus Lichtenheim in seiner Antwort auf den »Sendbrief« des Josef Schaitberger angewendet.[35] Damit werden Argumentationshilfen für das Gespräch auch jenen zur Verfügung gestellt, die diese aus einer systematischen Darstellung nur schwer selbst finden könnten. Das polemische (oder apologetische) Element überwiegt also das systematisch-theologische.

Dabei vermeidet Stauracz weithin, den gegenteiligen Standpunkt unmittelbar als Ketzerei zu bezeichnen. Viel deutlicher versucht er die Darlegungen seines Gegners als skurril und wenig sinnvoll, dabei nicht einmal besonders richtig »im Sinne Luthers« zu erweisen.

Damit meint er, eine moderne Argumentationslinie gefunden zu haben, die auf die alten Schemata und dogmatischen Qualifizierungen der Kontroverstheologie verzichten kann, daher aber zeitgemäß und vielleicht in ihrer Wirkung erheblich angemessener ist.

Ausgehend von der seit der Scholastik immer wieder hervorkommenden Überzeugung, dass die Glaubenslehre der Logik nicht nur nicht widerspricht, sondern sie diese erst mit Inhalt zu versehen mag, unternimmt er es – auf einem allerdings nicht eben hohen, weil der Absicht entsprechenden Niveau –, die absolute Überlegenheit der katholischen Position gegenüber den »wirren« Sprüngen von Zimmermanns (damit aber der lutherischen Überzeugung) zu beweisen.

Neben diesem Mittel zur Erreichung seines Zieles setzt er andere ein, die darin bestehen, dass er seine Gegner, also vor allem Luther und von Zimmermann, in der Weise diffamiert, dass er ihre Denkweise und ihr Verhalten als »Unsinn« vorführt.

Diese Stilmittel entsprechen durchaus den damals in der Öffentlichkeit geübten Umgangsformen. Das verbale Rabaukentum herrschte damals in Wien vor und es war nicht zuletzt die Christlichsoziale Partei, deren Vertreter das recht gut beherrsch-

35 Näheres dazu bei: Gustav Reingrabner, Joseph Schaitberger. Bergmann und Exul Christi (Wien 2000) v. a. 149–157.

ten. Im Vergleich dazu ist Stauracz in seiner Flugschrift sogar ausgesprochen zurückhaltend. Vielleicht hat er erkannt, dass er seine volksmissionarischen Absichten eher in dieser milden Form der Auseinandersetzung erreicht. Die Frechheiten des Angriffs will er denen überlassen, die gegen die wahre Kirche anrennen – diese hat es (vertreten durch ihn) gar nicht notwendig, nach dem Prinzip »Auge um Auge, [...]« zu handeln.

Darum versucht er Brücken zu jenen Protestanten zu schlagen, für die »der Hauptfeind nicht die katholische Kirche ist« (S. 142), womit er auf die Reformationsfestpredigt von Alfred Formey in der Stadtkirche 1897 anspielt. Er hofft aber auch, dass seine Schrift jedem »ehrlichen, christusgläubigen Protestanten« in die Hände kommt und fordert diesen auf, »meiner Versicherung Glauben zu schenken, dass ich ihm und seinen Glaubensgenossen, die im ›guten Glauben‹ leben, nicht wehe tun wollte« (S. 1).

Dass er die Strukturen der evangelischen Kirche und die Art ihrer Bekenntnisbildung und Theologie nicht wirklich begreift, ist durchaus verständlich. Daraus ergeben sich jedoch nicht wenige schiefe und falsche Urteile. Es herrscht dort eben nicht jene römische Disziplin vor, die es Theologen unmöglich macht, Meinungen zu äußern, die gegen die offizielle Stellung der Kirche sind.[36]

Von Zimmermann reizt ihn aus mehreren Gründen besonders zur Polemik. Zum einen ist er fleißig publizistisch tätig, wobei die Bildung der Heranwachsenden einen seiner Brennpunkte darstellt,[37] zum andern ist er eben zweifacher Doktor und Professor an der Universität, aber auch Oberkirchenratsmitglied – da lohnt sich eine Bekämpfung deshalb, weil man damit zeigen kann, wie es um den ganzen Protestantismus bestellt ist.

Die Legitimation für seine Polemik leitet Stauracz einerseits aus der Pflicht der Kirche ab, über die apostolische Lehre gegen alle Ketzerei zu wachen, andererseits aus

36 In Stauracz' Kirche zog damals gerade – nach einem an sich nicht ohne innere Spannungen verlaufenen Jahrhundert – der Antimodernistenstreit herauf, zu dem dann 1907 die entscheidende päpstliche Erklärung erlassen wurde. Vgl. dazu die knappen Hinweise bei: Hubert Wolf, Art. Antimodernismus. *RGG*[4] 1 (1998) Sp. 547 f.

37 Der von von Zimmermann und Charles A. Witz(-Oberlin) herausgegebene *Evangelische Hausfreund* enthielt etwa im Jahrgang 1897 eine überaus ausführliche Darstellung von Zimmermanns zu »Das heilige Gottesgesetz. Betrachtungen über die christlich-evangelische Sittenlehre«, in der in zwölf Folgen (S. 3–5, 19 f., 33–35, 52 f., 81–84, 99 f., 129–131, 161 f., 257–259, 289–291, 321 f., 353 f.) gerade eine Einleitung zu den Zehn Geboten und die ersten beiden Gebote besprochen wurden. Im gleichen Jahr bot man in Inseraten Schriften von ihm an, die als für Konfirmanden geeignet bezeichnet wurden: Für stille Stunden. Andachten auf alle Tage und Feste des Jahres; Haus- und Familienchronik, ein »illustriertes Prachtwerk«; Vaterunser, Betrachtungen mit Bildern; Gottesgrüße aus Natur und Menschenleben, Parabeln und Betrachtungen; Tropfen in's Meer. Predigten und Confirmationsreden (11. Auflage); Das Rätsel des Lebens und die Ratlosigkeit des Materialismus; Platos Lehre von der Unsterblichkeit der Seele (»für studierende Jünglinge«). Und gleichzeitig hielt von Zimmermann (wieder) einen »Fortbildungskurs für confirmirte Mädchen« ab, in dem »Zeitströmungen der Gegenwart im Lichte des Evangeliums« in 30 Vorträgen behandelt werden sollten. *Evangelischer Hausfreund* (1897) 349 u. ö.

der Tatsache, dass man von evangelischer Seite Polemik gegen die katholische Kirche betreibe, ohne die gleiche grundsätzliche Legitimation zu haben.[38]

Dass man Polemik für notwendig hielt, ergab sich – nicht nur für Franz Stauracz – aus mehreren Gründen:

Die grundsätzliche Wertung anderer kirchlicher Positionen ist unverändert geblieben und – im Katholizismus – kirchenrechtlich abgedeckt. Häresie und Schismen sind zu bekämpfen, weil sie gegen den Heilswillen Gottes gerichtet sind.

Der Auftrag, Seelen vor dem Verderben zu retten, das durch einen Anschluss von Gläubigen an die Ketzerei oder gar ihren Abfall gegeben ist, ist nach wie vor zu erfüllen. Das konnte nur im Kampf gegen die falschen Lehren und »Religionen« geschehen.

Es galt, die Stellung der katholischen Kirche in der Monarchie trotz der seit 1867 festgelegten allgemeinen Grundrechte der Staatsbürger zu bewahren, über eine Gleichberechtigung der Konfessionen war damit nämlich noch nichts ausgesagt.[39]

Die neueren Entwicklungen erschienen beängstigend – auch wenn die Auswirkungen der Los-von-Rom-Bewegung 1898 noch kaum spürbar waren. Da war ein Entgegentreten grundsätzlich und tatsächlich dringend geboten.

Natürlich brachte die Polemik gegen Paul von Zimmermann für diesen keine unmittelbaren Nachteile, zumindest nicht größerer Art, viel eher erhöhte sie die Aufmerksamkeit für seine literarischen Produkte und zahlreichen Vorträge, die er nicht nur in Wien hielt. Die Zeit, in der die Bekämpfung durch katholische Einrichtungen oder Amtsträger für evangelische Geistliche existenzbedrohend werden konnte, war jedenfalls vorbei. Immer noch aber war die Situation einzelner Evangelischer in der Diaspora alles andere als leicht. Diese konnten schon noch Verhältnisse erleben, in denen die äußere Existenz von einzelnen Familien ernsthaft bedroht war. Stauracz' Polemik stand insgesamt gegen die geistige Strömung seiner Zeit – das bedeutete, dass ihr kein wirklicher Erfolg beschieden war.

38 Da schon so oft aus dem *Evangelischen Hausfreund* von 1897 zitiert wurde, soll auch durch Hinweise auf seinen Inhalt gezeigt werden, dass Stauracz da nicht Unrecht hatte. Evangelische Polemik, zum Teil in Antwort auf katholische Angriffe, findet sich in einzelnen Partien des in der vorigen Anm. angegebenen großen Aufsatzes von Zimmermanns, dazu aber auch: 28, 148, 233, 209 f.

39 Das galt ja auch von den Bestimmungen des Friedensvertrages von St. Germain (Art. 63), der zwar die Diskriminierung von Angehörigen nationaler oder religiöser Minderheiten verbot, über die Rechtsstellung von Religionsgesellschaften aber nichts aussagte, was nicht von allen verstanden wurde.

Die Steinätzung von Rosegg

Ein Beitrag zur Ars moriendi des 16. Jahrhunderts

Von Yvonne Jäger

Die Steinätzung von Rosegg ist ein einzigartiges und unvergleichliches Kunstwerk. Besonders die geätzten Noten machen es zu einem außergewöhnlichen Objekt. Aber auch die theologische Relevanz darf nicht unterschätzt werden. Es handelt sich dabei um eine 77 cm hohe und 90 cm breite Tischplatte aus Solnhofer Stein, die in die Wand des Presbyteriums der Pfarrkirche St. Michael zu Rosegg in Kärnten eingemauert ist. Datiert ist die Platte auf 1579. Dies beweist die Jahreszahl, die sich knapp über dem Kreuzigungsbild in den Ornamenten verbirgt. Den Steinätzkünstler konnte ich leider nicht ausfindig machen. Zwar gab es zu jener Zeit drei bekannte Steinätzkünstler in Österreich, die auch Noten ätzten (Andreas Peschku, Andreas Pleninger und Michael Holzpecher), aber weder Aufbau, Thematik noch Technik ihrer Werke sind mit der Platte in Rosegg vergleichbar. Außerdem war die Steinätzkunst, die ihren Ausgang in der zweiten Hälfte des 15. Jahrhunderts in Nürnberg hatte, ein Nebenerwerb, sodass viele hauptberufliche Schul- und Rechenmeister nebenbei Steinätzungen herstellten.[1]

Ungeklärt bleibt auch die Frage, woher die Platte stammt bzw. wie sie nach Rosegg gekommen ist. Hierzu gibt es einige Thesen. Alois Kieslinger ist der Ansicht, dass die Platte einst dem Grazer Kulturkreis angehörte.[2] Laut Joachim Eichert gehörte die Platte den Herren von Raitenau, die 1605 die Herrschaft Rosegg kauften und die Platte mitbrachten.[3] Die Platte könnte aber auch den Perkheimer gehört haben, die 1514 Rosegg übernahmen. Jene hatten Beziehungen nach Oberösterreich und damit eventuell Kontakt zu dem Steinätzkünstler Andreas Pleninger.

I. Die »Ars moriendi«

Der Begriff der »Ars moriendi« bezeichnet in der Literaturwissenschaft die Gattung der Sterbebücher, welche am Beginn des 15. Jahrhunderts ihren Anfang hatte. Die Sterbebücher sollen auf ein heilsames Sterben vorbereiten und beinhalten viele Anweisungen, Regeln und Ratschläge dazu.[4] Ihren Höhepunkt hatte diese Gattung im 15. Jahrhundert, jedoch tauchen auch in der Reformationszeit zahlreiche Sterbebü-

1 Bertha Wallners, Musikalische Denkmäler der Steinätzkunst des 16. und 17. Jahrhunderts nebst Beiträgen zur Musikpflege dieser Zeit (München 1912) 16.

2 Alois Kieslinger, Kärntner Steinätzungen (Klagenfurt 1965) 14.

3 Joachim Eichert, Rosegg. Im Rad der Zeit (Klagenfurt 2006) 77.

4 Claudia Resch, Trost im Angesicht des Todes. Frühe reformatorische Anleitung zur Seelsorge an Kranken und Sterbenden (Tübingen 2006) 16.

cher auf.[5] Ein Ende fanden die Anleitungen zum Sterben in den Kirchenordnungen, in denen die individuelle Möglichkeit des Trostes aufging.[6]

Dass die Sterbebücher am Beginn des Buchdruckes zu den meist gedruckten Schriften zählten, lässt sich aus der damaligen Lebenssituation erklären. Zwischen 1400 und 1500 wurden 41 Pestjahre gezählt. Hinzu kam eine geringe Lebenserwartung – viele starben schon im Säuglingsalter – sowie Hungersnöte und Krieg. In jener Zeit hatten die Menschen Sorge um ihr Heil und ihren Gnadenstand, sie strebten nach Entsühnung und hatten Sehnsucht nach Erlösung.[7] Die Seligkeit zu erlangen war das oberste Ziel der Menschen.[8] Doch gerade zu Pestzeiten konnten die Priester ihren seelsorgerlichen Pflichten nicht nachkommen, sodass viele ohne den Empfang des Sakraments sterben mussten.[9] Es war den Geistlichen nicht möglich, alle Kranken zu besuchen, um sie auf das richtige Sterben vorzubereiten; so wurde mit der Vorbereitung auf den Tod schon bei den Lebenden begonnen. Es ist also nicht verwunderlich, dass aufgrund der vielen Opfer der Pest und des Priestermangels eine neue Literaturgattung entstand, die »Ars moriendi«.[10]

Schon im Spätmittelalter waren vor allem die deutschen Sterbeschriften für Laien gedacht, d.h. aber lediglich für lesefähige Bürger und Adelige.[11] Dabei wendet sich die Literatur nicht nur an Menschen, die im Sterben liegen, sondern auch an Menschen, die noch nicht in dieser Situation sind, aber ihre Einstellung zum Tod üben sollten.[12] In jener Zeit ist vor allem die Sterbestunde selbst von großer Bedeutung. Denn hier hat der Sterbende die letzte Möglichkeit, das zukünftige Jenseits noch für sich zu entscheiden. Die Sterbestunde bekommt, wie Hamm es ausdrückt, eine »omnipräsente Nähe«.[13]

Die Anfechtungen, die in den Büchern angesprochen werden, sind nicht immer gleich, aber ein Schwerpunkt findet sich auf den Sünden und der Geduld zu leiden. Besonders wird auch immer auf den Glauben hingewiesen, der das Fundament für das richtige Sterben bildet. Daneben wird das Loslassen der irdischen Güter, das Vermeiden der eigenen Selbsterhöhung und die Frage nach der Prädestination erwähnt. Jedes Werk trägt seinen eigenen Schwerpunkt, bei Anselm von Canterbury und Johann (von) Staupitz ist dies Christus. Bei Staupitz dienen das Sterben und der Tod Christi als Vorbild. Bei Gerson tritt Letzterer eher in den Hintergrund und bei der Bilder-ars taucht Christus nur im Zusammenhang mit Heiligen auf. Zwar sind die Reue der eigenen Sünden und das Tun des Sterbenden von großer Bedeutung,

5 Ebenda 20.

6 Ebenda 197.

7 Rainer RUDOLF, Ars moriendi. Von der Kunst des heilsamen Lebens und Sterbens (Köln 1957) 8.

8 RESCH, Trost im Angesicht des Todes (wie Anm. 4) 18.

9 RUDOLF, Ars moriendi (wie Anm. 7) 6.

10 Ebenda 9.

11 Berndt HAMM, Luthers Anleitung zum seligen Sterben vor dem Hintergrund der spätmittelalterlichen Ars moriendi. *JBTh* 19 (2004) 311–362, hier 316.

12 Ebenda 319.

13 Ebenda 320.

aber die Sühnekraft der Passion Christi darf nicht außer Acht gelassen werden. Das gelingende Sterben ist auch an eine Kraft von außen gebunden, Hamm nennt dies »Extra-nos-Heiligung«. Jedoch ist damit nicht nur Christus allein gemeint, sondern alle himmlischen und irdischen Helfer können dazu beitragen.[14] Der Charakter der Sterbebücher ist eher ein ermahnender bzw. hält sich die Freude in Grenzen. Meist enden sie mit einem ruhigen seligen Sterben. Lob und Preis stehen hier nicht im Vordergrund.

Auch Luther verfasste zu diesem Thema eine bedeutende Schrift, »Sermon von der Bereitung des Sterbens (1519)«. Vieles von der spätmittelalterlichen ars moriendi wird von Luther übernommen, aber das meiste bekommt eine andere Bedeutung im Lichte der Rechtfertigungslehre. Sowohl bei Luther als auch bei der ars moriendi des Spätmittelalters liegt der Fokus auf der Sterbestunde selbst. Zwar wird immer wieder erwähnt, dass schon zu Lebzeiten an den Tod gedacht werden soll, damit dieser nicht mehr so überraschend kommt, doch liegt der Schwerpunkt in allen Texten auf dem Zeitpunkt des Sterbens. Vor allem empfindet nicht nur Staupitz, sondern auch Luther die Anfechtung während des Sterbens am größten und stärksten.[15] Ganz deutlich steht im letzten Augenblick des Lebens die Sünde im Mittelpunkt. Bei Luther wird gerade in der Todesstunde die Macht der Sünde übermächtig. Wie im Mittelalter verwendet auch Luther als Mittel gegen die Anfechtung das Sakrament und das Kreuz. Ganz deutlich ist Christus im Mittelpunkt der Sterbeliteratur, und das nicht nur bei Luther, sondern auch bei Anselm, Gerson und Staupitz. Es geht immer um ein Ringen zwischen Gott und dem Teufel, wobei der Mensch dazwischen steht. Zuletzt verschwindet sogar der Verdienstgedanke in der spätmittelalterlichen Tradition, wenn auch nur kurz, was sonst nirgends zu finden ist.[16]

Doch diese Gemeinsamkeiten sind nur sehr oberflächlich; geht man in die Tiefe, so lassen sich schon gravierende Unterschiede zwischen der spätmittelalterlichen ars und Luther erkennen. Für einen Teil der Verfasser der spätmittelalterlichen Tradition ist die Sterbestunde die letzte Möglichkeit zu bereuen und doch noch ins Paradies zu kommen. Auch wenn oft der direkte Verweis auf eine Werkgerechtigkeit fehlt, ist der Verdienstgedanke dennoch enthalten. Nur wer richtig stirbt, hat auch das Seelenheil. Nicht so bei Luther. Luthers Intention ist eine seelsorgerliche, es geht ihm um die »Entängstigung« angesichts des Todes. Weil Christus für uns gestorben ist, braucht sich niemand vor dem Tod zu fürchten. Luther wendet sich von jeglichem Verdienstdenken ab. Es geht nicht mehr wie im Mittelalter darum, ob das Sterben gelingt. Eine Perfektion des Sterbens kennt Luther nicht, denn der Glaubende erhält die Gewissheit, dass er von Gott letztendlich zur Seligkeit genommen ist. Damit fällt auch ein gewisser Druck von der Sterbestunde. Der Sterbende muss nichts mehr zu seinem Seelenheil hinzutun, weder Demut, Reue noch Geduld, er weiß sich als gerettet.[17] Die

14 Ebenda 325–326.
15 Helmut Appel, Anfechtung und Trost im Spätmittelalter und bei Luther (Leipzig 1938) 112.
16 Ebenda 113 f.
17 Hamm, Luthers Anleitung zum seligen Sterben (wie Anm. 11) 333.

Tröstung des Sterbenden steht für Luther im Mittelpunkt. Sowohl Leben als auch Sterben sollen »entängstigt« werden. Christus steht im Zentrum; er hat durch seinen Tod die Sünde und den Tod besiegt; es gibt nun keinen Grund, sich zu fürchten oder sich besonders auf das Jenseits vorzubereiten. Somit ist auch das Fegefeuer hinfällig geworden, denn Gott hat aus reiner Gnade alle Strafen erlassen.[18]

Luther endet in seinen Schriften immer in Lob und Preis für Gott. Die spätmittelalterliche Tradition kennt das zwar auch, und auch dort lassen sich Dankbarkeit und Freude bezüglich der Barmherzigkeit Gottes finden, jedoch ist bei Luther diese Freude sehr stark und der Charakter des Jubels sehr ausgeprägt.

II. Die Randstreifen

Die Platte wird von einem Randstreifen mit figürlichen Darstellungen umrahmt. Die beiden Breitseiten bestehen aus Pflanzenornamenten. In diesen, kaum sichtbar, verstecken sich Hirsche und Hunde. Auf den beiden Längsseiten befinden sich jeweils 6 Medaillons. Die Medaillons haben außen einen Durchmesser von 4,6 cm und innen von 3,6 cm. Es gibt nur eine Ausnahme: das Medaillon mit dem Hund ist etwas größer und besitzt einen Durchmesser von 5,3 cm. Inhalt der Medaillons ist jeweils eine Darstellung eines Tieres, nur eines zeigt den Kopf eines Mannes.

Zwischen den Medaillons sind eigenartige Fabelwesen eingearbeitet. Diese umrahmen die tierischen Darstellungen, indem sie sich den Medaillons zuwenden und diese anzusehen scheinen. Der Kopf und der Oberkörper sind menschlich, der Unterkörper ist tierisch. Kieslinger meint, es handle sich um Nereiden, da der Unterkörper einem Fischschwanz ähnelt. Er gibt als Vergleich die Nereiden von einem Stich von Dürer an.[19] Ich bin mir nicht sicher, ob auf der Platte tatsächlich Nereiden abgebildet sein sollen. Der Schwanz sieht mir eher nach einem Drachenschwanz aus, da sich am Ende des Schwanzes keine Flossen befinden, sondern ein Tierkopf zu sehen ist, eventuell der Kopf eines Drachen oder einer Schlange. Außerdem haben die Wesen auf der Platte Flügel, auch die Beine sind flügelartig. Es wäre daher möglich, dass der Künstler an eine Harpie gedacht hat. Denn diese wird mit Flügeln und einem Fisch bzw. Drachenschwanz abgebildet.[20] Nur die Füße passen nicht, was mich zu dem Schluss kommen lässt, dass es sich hier vielleicht um eine Eigenkreation des Künstlers handelt. Es ist hier ein Mischwesen abgebildet, das aus Fisch bzw. Drache, Vogel und Mensch besteht.

Bevor nun die einzelnen Medaillons näher besprochen werden, muss noch darauf hingewiesen werden, dass sich die Randstreifen von der übrigen Platte unterscheiden. Jedem Laien fällt dies beim ersten Anblick auf. Die Randstreifen scheinen nicht

---

18 Ebenda 334.

19 Kieslinger, Kärntner Steinätzungen (wie Anm. 2) 23.

20 Arthur Henkel, Emblemata. Handbuch der Sinnbildkunst des XVI. und XVII. Jahrhunderts (Stuttgart 1996) 1635.

so schön geätzt zu sein wie z. B. die feinen Ranken in der Mitte der Platte. Auch die Darstellung der Tiere ist eher einfach und nicht so kunstvoll. Eigenartig ist, dass die Köpfe der Fabel- bzw. Mischwesen auf der einen Längsseite dreidimensional herausgearbeitet wurden, aber auf der anderen nicht. Leider konnte ich für diese Merkwürdigkeit keine Erklärung finden.

Auf der oberen Längsseite ist m.E. als erstes ein Pelikan zu sehen. Für Kieslinger ist nicht ganz klar, was es genau sein soll, für ihn handelt es sich auf jeden Fall um einen Vogel, möglich wäre ein Falke.[21] Typisch jedoch ist hier die Haltung des Kopfes, die für einen Pelikan spricht. Auch auf anderen Abbildungen wird der Pelikan oft adlerähnlich dargestellt, da die Füße nicht denen eines Pelikans ähneln; die Kopfhaltung ist immer die gleiche, nämlich der Schnabel bei der Brust. Laut Physiologus liebt der Pelikan seine Kinder, wenn aber diese den Eltern ins Gesicht hacken, hackt das Erwachsenentier zurück, worauf die Jungen sterben. Den Eltern tut dies leid und sie bedauern ihr Tun drei Tage lang. Dann reißt die Mutter ihre Seite auf und das Blut, das dabei heraustropft, erweckt die Kinder wieder zum Leben. Der Physiologus führt Jes 1,2 an und vergleicht den Pelikan mit Jesus, der am Kreuz für uns gestorben ist und durch sein Blut Erlösung und ewiges Leben gab.[22] Der Pelikan wird so zum Symbol des gekreuzigten Christus.

Der Physiologus ist ein »Natur-Wunder-Buch mit heilsgeschichtlicher Deutung«.[23] Gerade im Mittelalter wurde er sowohl als Schulbuch als auch als Predigtbuch verwendet und erfreute sich starker Verbreitung.[24] Da aber die Symbolik jener Zeit nicht ausschließlich auf dem Inhalt des Physiologus fußt, sondern auch andere Strömungen miteinschließt, ist es nicht immer einfach zu sagen, ob der Schreiber oder Künstler sein Werk ausschließlich auf das soeben genannte Werk stützt.[25] Auch bei der besagten Platte konnte ich nicht alle Tiere im Physiologus wiederfinden. Trotzdem sollte diese damit in Verbindung gebracht werden, weil die Menschen von den Auslegungen des Physiologus wussten und dies auch unter anderem deren Arbeit beeinflusst hat.

Neben dem Pelikan ist eine Ziege abgebildet, die am Boden sitzt. Es ist das einzige Tier das nach rechts blickt, alle anderen sehen nach links. Die Ziege ist im 16. Jahrhundert ein Symbol des Teufels aber auch Symbol der Fruchtbarkeit, Liebe und Lust.[26] Es könnte sich auch um eine Gazelle handeln, diese kommt im Gegensatz zur Ziege im Physiologus vor. Sie liebt das hohe Gebirge, außerdem weiß sie bei jedem, der sich ihr nähert, welche Gesinnung er besitzt. Deshalb verkörpert sie die Weisheit Gottes. Auch Gott durchschaut uns und kennt unsere Werke.[27]

21 KIESLINGER, Kärntner Steinätzungen (wie Anm. 2) 16.
22 Otto VON SCHÖNBERGER, Physiologus (Stuttgart 2001) 11.
23 Ebenda 143.
24 Ebenda 157.
25 Ebenda 152.
26 Sigrid DITTRICH, Lexikon der Tiersymbole. Tiere als Sinnbilder in der Malerei des 14.–17. Jahrhunderts (Imhof 2004) 571–573.
27 VON SCHÖNBERGER, Physiologus (wie Anm. 22) 79.

Bei dem dritten Medaillon könnte es sich, wie Kieslinger meint, um einen Adler mit gespreizten Flügeln handeln. Der Adler des Physiologus verbrennt seine Flügel, wenn er alt geworden ist und fliegt dann hinunter zur Quelle, in die er dreimal eintaucht, um wieder jung und erneuert zu werden. So sollen es auch wir Menschen machen. Auch wir sollen die Quelle aufsuchen, wobei damit die geistliche Quelle, Gottes Wort, gemeint ist. Wir sollen den alten Menschen aus- und den neuen Menschen anziehen (Kol. 3,9).[28] Der Adler mit den gespreizten Flügeln kann aber auch Symbol für Christus selbst sein, der uns erlöst und gegen das Böse kämpft. Er kann zudem für den seelenraubenden Teufel stehen, da der Adler ein gefährlicher Räuber ist.[29] Da die Brust des Vogels seltsame Einätzungen hat, könnte man auch meinen, es handle sich um einen Phönix, der gerade brennt. Der Phönix ist, laut Physiologus, ein Tier, das sich selbst einen Altar baut und sich verbrennt. Am dritten Tage steigt aus der Asche ein neuer hervor. Der Phönix ist ein Sinnbild Christi, der sich auch selbst dem Tod hingegeben hat und am dritten Tage wieder auferstanden ist.[30]

Das vierte Bild fällt etwas aus der Reihe; hier ist kein Tier, sondern ein Mann dargestellt. Man sieht einen bärtigen Mann mit Helm oder auch Hut; Kieslinger erkennt noch eine Krempe, einen Mühlsteinkragen und Andeutungen eines stark gefältelten Ärmels.[31] Der Ring dieses Medaillons enthält Zeichen; ob diese eine spezielle Bedeutung haben, ist fraglich.

Das fünfte Medaillon zeigt ein sitzendes Eichhörnchen, erkennbar an dem buschigen Schwanz, das seinen Kopf mit seiner Vorderpfote aufstützt. Im Gegensatz zu den bisherigen Tieren, wird dieses sehr vermenschlicht dargestellt. Das Eichkätzchen steht für die Suche nach der göttlichen Wahrheit, es wird aber auch oft mit dem Sündenfall in Verbindung gebracht.[32] Aufgrund seines roten Fells und seinen behändigen Bewegungen galt das Eichkätzchen im Mittelalter als Sinnbild des Teufels.[33] Im Physiologus ist das Eichkätzchen nicht vertreten.

Das letzte Medaillon in der oberen Reihe zeigt einen springenden Hund. Dieser Kreis hat einen Durchmesser von 5,3 cm und ist deshalb etwas größer als die anderen. Auch der Hund ist nicht Inhalt des Physiologus. Aber in der christlichen Tradition ist er das Symbol für Judas oder einen unbelehrbaren Sünder. Auf der anderen Seite steht er auch für Wachsamkeit und Glaubenstreue.[34]

Das erste Tier des unteren Randstreifens ist eine auf einem Ast sitzende Eule oder ein Kauz. Im Physiologus ist das Käuzchen ein Sinnbild des Erlösers. Denn das Käuzchen ist ein Vogel, der die Nacht liebt, so wie Christus uns liebt, die wir in der Finsternis wandeln. Obwohl das Käuzchen nach dem Gesetz (3. Mose 11,17) unrein ist, steht

28 Ebenda 15.

29 Dittrich, Lexikon der Tiersymbole (wie Anm. 26) 17–18.

30 von Schönberger, Physiologus (wie Anm. 22) 17.

31 Kieslinger, Kärntner Steinätzungen (wie Anm. 2) 16.

32 Dittrich, Lexikon der Tiersymbole (wie Anm. 26) 73.

33 Gerd Heinz-Mohr, Lexikon der Symbole. Bilder und Zeichen der christlichen Kunst (München 1998) 83.

34 Dittrich, Lexikon der Tiersymbole (wie Anm. 26) 227.

es doch für Christus, weil Christus, der ohne Sünde war, zur Sünde gemacht wurde.[35] Die Eule ist sehr zwiespältig und steht sowohl für Sündhaftigkeit, Unheil, Tod und Nacht als auch für Weisheit und, wie oben schon erläutert, für den Erlöser selbst.[36]

Darauf folgt ein schreitender Hahn. Der Hahn steht im 16. Jahrhundert für Christus und die Auferstehung. Er kann aber auch den Teufel darstellen. Sein Imponiergehabe steht für Eitelkeit.[37] Im Physiologus war der Hahn nicht zu finden.

Das dritte Medaillon beinhaltet einen springenden Hasen. Wenn der Hase bergauf rennt, dann ermatten die Jäger und deren Hunde. Rennt der Hase aber bergab, dann wird dieser gefangen. So schildert es der Physiologus, der das Bergaufrennen mit dem Streben nach den Tugenden und den gottgefälligen Entsagungen vergleicht. Denn dann ermattet auch der Teufel, wie die Jäger. Strebt man aber bergab, so strebt man nach dem Verderben und der Sünde.[38] Der springende Hase steht für Auferstehung, der verfolgte Hase für einen schwachen Menschen. Auf der Platte scheint er eher nach oben zu streben.

Neben dem Hasen ist ein Hirsch abgebildet, wobei es nicht ganz klar ist, ob dieser liegt oder flüchtet. Auffallend ist auch, dass der Ring des Medaillons verziert ist, was ansonsten nur beim nächsten Bild der Fall ist. Der Hirsch kommt im Physiologus nur im Zusammenhang mit einer Schlange vor, die sich auf der Ätzung nicht finden lässt. Im Physiologus steht der Hirsch für Gott bzw. sein göttliches Wort, das den Teufel (die Schlange) besiegt.[39] Ansonsten ist der flüchtende Hirsch ein Symbol für Christus oder einen Gläubigen. Der Hirsch steht für Liebe und Klugheit.[40]

Das nächste Medaillon birgt insofern eine Schwierigkeit in sich, als nicht ganz deutlich ist, welches Tier hier abgebildet sein soll. Es kann sich, wie Kieslinger meint, um einen Dudelsack blasenden Bären handeln, aber auch ein Biber käme in Frage.[41] Dieser Ring ist, wie der vorige, verziert. Stellt das Tier einen Dudelsack blasenden Bären dar, so steht dieser für Sündhaftigkeit und Sinneslust.[42] Der Biber hingegen ist wieder Teil des Physiologus. Dieser beschreibt, dass der Biber seine Hoden abreißt, wenn er von den Jägern verfolgt wird. So sollen auch wir das, was des Teufels ist, nämlich Hurerei und Ehebruch, dem Teufel geben.[43]

Das letzte Medaillon ist etwas seltsam. Wie bei dem Eichkätzchen und dem Bären wird der Fuchs sehr vermenschlicht dargestellt, indem dieser auf einem Schemel sitzt und entweder ein Beutetier oder eine Bibel in Händen hält. Im Physiologus ist der Fuchs ein listiges Tier, indem er, wenn er Hunger hat, sich in den Schlamm legt und röchelt, sodass die Vögel glauben, er verende bald. Doch dann schnappt der Fuchs

35 von Schönberger, Physiologus (wie Anm. 22) 13.
36 Dittrich, Lexikon der Tiersymbole (wie Anm. 26) 109.
37 Ebenda 216–217.
38 von Schönberger, Physiologus (wie Anm. 22) 100–101.
39 Ebenda 49.
40 Dittrich, Lexikon der Tiersymbole (wie Anm. 26) 58.
41 Kieslinger, Kärntner Steinätzungen (wie Anm. 2) 16.
42 Dittrich, Lexikon der Tiersymbole (wie Anm. 26) 44.
43 von Schönberger, Physiologus (wie Anm. 22) 41.

zu. Der Fuchs ist das Sinnbild des Teufels, denn auch der Teufel ist listig.[44] Im 16. Jahrhundert gab es ein sehr begehrtes Motiv, in dem der Fuchs den Gänsen predigte. Dies wird in der Reformationszeit als antikatholische Polemik verstanden.[45]

Es ist schwierig, die Medaillons in ihrem Gesamtzusammenhang zu deuten. Das liegt vor allem daran, dass oft nicht sicher ist, welches Tier dargestellt wird bzw. welche Bedeutung es schlussendlich hat. Auffallend ist, dass drei Mal Tiere vorkommen, die etwas mit dem Tod zu tun haben oder gar selber sterben (Pelikan, Adler bzw. Phönix und der Kauz). Diese stehen auch gleichzeitig für Christus und könnten so eine Verbindung zu dem Kreuzigungsbild in der Mitte herstellen. Drei Tiere wurden sehr menschlich dargestellt. Ein System dahinter konnte ich nicht feststellen, vielleicht war ein solches auch nicht intendiert.

III. Das Lied[46]

Das Textfeld wird von einem Musikstück umrahmt; einer Kontrafaktur einer vierstimmigen französischen Chanson von Pierre Regnault Sandrin. Dieser Streifen ist 10 cm breit und beinhaltet auf jeder Seite jeweils zwei Zeilen einer Stimme. Die Stimmen sind so angeordnet, dass jeder seine Stimme vor sich hat, wenn man um die Platte sitzt. D.h. der Diskant befindet sich links, der Alt rechts, der Tenor unten und der Bass oben, der vom Betrachter aus gesehen auf dem Kopf steht. Diese Anordnung deutet darauf hin, dass die Platte als Tisch verwendet wurde und dass ihr derzeitiger Platz, nämlich in der Wand des Presbyteriums, nicht der dafür vorgesehene war.

Der Komponist ist Pierre Regnault, der sich später Sandrin rufen ließ. Sehr wahrscheinlich wurde er um 1490 geboren; sein Geburtsort ist unbekannt. 1560 starb er in Italien. Sandrin war als Komponist und Sänger berühmt, möglicherweise war er auch als Schauspieler aktiv. Sandrins Hauptarbeit liegt auf vierstimmigen französischen Chansons, von denen er zwischen 1538 und 1549 49 Stück veröffentlichte. Meist sind es Vertonungen von Gedichten mit acht Zehnsilblern von François I., Marot, Claude Chappuys oder Mellin de Saint-Gelais. Sandrin verdrängt sogar den klassischen Vertreter dieser Gattung, Sermisy.[47]

»Doulce memoire« gehört zu den berühmtesten und weitverbreitetsten Werken seiner Zeit. Es gibt zahlreiche Bearbeitungen nicht nur für Sänger, sondern auch für Laute und Tasteninstrumente. Auch Orlando di Lasso wurde von dieser Chanson angeregt.[48] Die französische Chanson war am Beginn des 16. Jahrhundert eine zentrale Gattung. Sie ist ein meist vierstimmiges Musikstück, wobei die Hauptstimme im

---

44 Ebenda 29.

45 Johannes Bolte, Bilderbogen des 16. und 17. Jahrhunderts. *Zeitschrift für Volkskunde* 17 (1907) 425–441, hier 429.

46 Die Zuordnung des Musikstückes zu dem Komponisten Sandrin verdanke ich den Mitarbeitern des Instituts für historische Musikwissenschaft Wien, insbesondere Dr. Gundela Bobeth, die mir bei der Bearbeitung und Einordnung des Stückes hilfreich zur Seite stand.

47 Frank Dobbins, Art. Sandrin. *MGG* 14 (2005) 924–925, hier 925.

48 Ebenda 925.

Tenor liegt. Durch den Einfluss der italienischen Frottola bekommt das polyphone Werk auch homophone Stellen.[49] Auch die Komposition von Sandrin lässt sich hier problemlos einordnen. Die Musik zu »Doulce memoire« taucht zum allerersten Mal im ersten Buch von Jacques Moderne »Le Parangon des Chansons« auf und wurde spätestens Anfang 1538 gedruckt. Für Sandrin war »Doulce memoire« eine seiner ersten Kompositionen.[50]

Doulce memoire en plaisur consomée
\vin O siecle heureux qui cause tel scavoir.
La fermeté de nous deux tant aymée
\vin Qui à nos maux a su si bien pourvoir.
Or maintenant a perdu so pouvoir
\vin Rompant le but de ma seul esperance,
Servant d'exemple à tous piteux à voir.
\vin Fini le bien, le mal soudain commence.

Süße, im Vergnügen verbrachte Erinnerung
\vin O glückliches Jahrhundert, das solches Wissen bewirkt.
Die Festigkeit, die wir beide so liebten
\vin die uns so gut vor unserem Übel zu bewahren wusste.
Jetzt hat sie ihre Macht verloren
\vin und das Ziel meiner einzigen Hoffnung zerbrochen.
Als Beispiel für alle dient sie, traurig zu sehen,
\vin Das Gute ist vorbei, das Schlimme beginnt ganz plötzlich.

Es ist nicht ganz klar, wer der Dichter des Textes ist, denn das Gedicht erscheint anonym in einem Manuskript von Marot in Ferrara 1535. 1538 wird es zum ersten Mal gedruckt, wiederum von Marot. Wieder anonym taucht es bei Alain Lotrian 1542 in Paris auf. Frank Dobbins schließt die Möglichkeit nicht aus, dass das Gedicht tatsächlich von Marot stammt. Allerdings könnte es auch François I. zugeordnet werden, was Dobbins für wahrscheinlicher hält. François I. war König von Frankreich, der nach einer verlorenen Schlacht in Pavia 1525 in Italien eingekerkert wurde. Um sich von seiner Gefangenschaft abzulenken, begann er zu dichten. Sowohl Marot als auch Claude Chappuys zählten zu seinen Mentoren, die ihm bei seinen Gedichten halfen.[51] Das Gedicht »Doulce memoire« wäre somit ein Klagelied über das weit entfernte Königreich.[52]

Das Gedicht besteht aus 8 Zeilen und besitzt 10 oder 11 Silben pro Zeile. Das Reimschema lautet wie folgt: abab bcbc. Worum es in dem Gedicht geht, ist nicht ganz einfach. Der Sprecher erinnert sich an eine glückliche Zeit. Fraglich ist, was mit der in

49 Ulrichs Michel, dtv-Atlas Musik (München 2001) 253.

50 Frank Dobbins, »Doulce memoire«: A Study of the Parody Chanson. *Proceedings of the Royal Musical Association* Vol. 96 (London 1969) 85–101, hier 85.

51 Ebenda 86–87.

52 George Houle, Doulce memoire. A study in performance practice (Bloomington 1990) 1.

dem Gedicht erwähnten »Festigkeit« gemeint ist. Aber denkt man daran, dass dieses Gedicht vielleicht von François I. stammen könnte, dann kann es sich wirklich um das entfernte und zerstörte Königreich handeln. Der erste Teil des Gedichts ist noch positiv gestimmt, da die Erinnerung so schön ist. Der zweite Teil ist hingegen sehr melancholisch und traurig. Es gibt für den Sprecher keine Hoffnung mehr, denn das Gute ist vergangen und das Böse hat begonnen. Die Musik spiegelt den Text wider, gerade auf der formalen Ebene, wie es zu jener Zeit auch üblich war. Die Musik folgt den Zensuren des Textes, sodass jede Textphrase mit einer Kadenz beschlossen wird. Im Ganzen ist das Stück in zwei Teile geteilt, jeweils 4 Zeilen. Markant ist die Wiederholung des ersten Teils, sodass die 1. und 2. Zeile die gleiche Musik besitzen wie die 3. und 4. Wobei – im ersten Teil des Stückes werden die zweite Hälfte der ersten bzw. dann auch der dritten Zeile wiederholt, bevor die zweite Zeile gesungen wird. Im zweiten Teil gibt es so eine Wiederholung für das letzte Wort der letzten Zeile, bevor diese als Ganze nochmals wiedergegeben wird. Dann ganz zum Schluss, wie ein Echo, kommt die zweite Hälfte der letzten Zeile wieder. Es ergibt sich nun folgender Aufbau: ababcdeff.

Dobbins bezweifelt, dass das Stück ursprünglich von einem Amateur komponiert wurde und nur eine Stimme besaß. Denn die Stimmen sind so in die Polyphonie eingebettet und voneinander abhängig, dass eine einstimmige Variante undenkbar erscheint.[53] Sowohl Text als auch Musik haben einen sehr traurigen und melancholischen Charakter.

Das Stück auf der Platte ist eine so genannte Kontrafaktur der französischen Chanson von Sandrin. Bei einer Kontrafaktur bleibt die Musik gleich, nur der Text ist ein anderer. So wurden oft weltliche Lieder mit geistlichen Texten unterlegt, wie z.B. Heinrich Isaaks »Innsbruck, ich muss dich lassen«, das auch mit dem geistlichen Text »O Welt, ich muss dich lassen« bekannt ist. So ist auch in unserem Fall die Musik mit der Chanson Sandrins völlig ident. Geringe und nicht zu beachtende Unterschiede gibt es bei den Tonlängen, da der Text ein anderer ist und die Silben deshalb anders aufgeteilt werden müssen.

Dulcis memoria et suavis recordatio
candidi et synceri amici.
Falsorum autem fratrum
memoria
vulnerta viscera\
perturbans praecordia et animum

Süß ist das Gedenken und lieblich die Erinnerung
an einen lieben und treuen Freund
Der Gedanke aber an die falschen Brüder
verwundet die Eingeweide
erschüttert das Zwerchfell und die Seele.

53 Dobbins, »Doulce Memoire« (wie Anm. 50) 88.

Der Dichter des lateinischen Textes ist mir nicht bekannt. Doch ist diese lateinische Kontrafaktur nicht die einzige. In der Ulmer Stadtbibliothek befindet sich ebenfalls eine lateinische Kontrafaktur mit dem gleichen Text wie auf der Platte. Auch bei dieser bleibt die Musik ident zu Sandrins Chanson.[54] Somit wird deutlich, dass nicht der Ätzer der Dichter des Textes ist, sondern dass dieser eine bekannte Bearbeitung des französischen Chanson übernommen hat.

Es fällt gleich auf, dass der lateinische Text nicht so lang ist wie der französische; es gibt bei der lateinischen Variante auch kein Reimschema. Um nun die Musik ausfüllen zu können, werden ganz andere Textteile wiederholt als bei der ursprünglichen Version. So wird gleich zu Beginn das »dulcis memoria« wieder angeführt. Auch die Zweiteilung ist nicht so auffällig, da es keine Wiederholung des ersten Teiles gibt. Jedoch sind die formalen Zensuren, d. h. die Enden jeweils einer Phrase, auch bei dem lateinischen Text eingehalten. Im zweiten Teil wird das »memoria« im Bezug auf die falschen Brüder wiederholt sowie die letzte Zeile und ganz zum Schluss werden die letzten beiden Worte wiederholt.

Der Inhalt des Textes selbst ist etwas kryptisch. Es scheint um einen lieben und treuen Freund zu gehen, der verstorben ist. Jedenfalls erinnert man sich an ihn. Warum der Freund verstorben ist, geht aus dem Text nicht hervor. Allerdings müssen die »falschen Brüder« etwas damit zu tun haben. Wer allerdings diese sein sollen, bleibt ein Rätsel. Gerade während der Zeit der Reformation könnte es sich um Glaubensbrüder handeln, die diesen treuen Freund aufgrund seines Glaubens auf dem Gewissen haben könnten. Aber dies bleibt Spekulation. Jedenfalls ist der Gedanke an sie schmerzhaft und wühlt die Emotionen des Sprechers auf. Wie bei dem französischen Original teilt sich auch der lateinische Text in zwei emotionale Teile. Wie das Original beginnt er mit einer süßen und schönen Erinnerung, aber der zweite Teil ist traurig und macht den Hass des Sprechers auf die Verantwortlichen deutlich. Durch diese Übereinstimmung hat der andere Text keinen Einfluss auf die Musik, da die Musik dieselbe Gefühlswelt ausdeutet wie beim französischen Vorbild.

IV. O Herr, bis du mein Zuversicht

Der Text des Gebets bzw. des Liedes »O Herr, bis du mein Zuversicht« entspringt der Feder des reformatorischen Schriftstellers Jörg Berckenmayer. Später wird dieses Stück Paul Eber zugeschrieben, ein Grund dafür ist nicht bekannt.[55] Von Berckenmayer wissen wir nicht viel, er war zwischen 1525 und 1545 in Ulm als erbaulicher, biblischer Schriftsteller tätig. Ein Pfarrer Frechte in Ulm gibt ihn bei der Obrigkeit als Anhänger Schwenckfelds an.[56]

54 Ebenda 90.

55 Julius Mützell, Geistliche Lieder der evangelischen Kirche aus dem 16. Jahrhundert, Bd. 2 (Nachdruck der Ausgabe Berlin 1855, Hildesheim 1998) 492.

56 http://de.wikisource.org/wiki/ADB:Berkenmeyer vom 9.2.2010.

In einem Druck »Fünff schöner Christlicher andechtiger Gebett für Gottesförchtige Christen, so in Todesnöten ligen, oder sonst schwerlich angefochten werden, sehr tröstlich zusprechen«, leider ohne Jahreszahl, begegnet das Gebet zum ersten Mal. Es befindet sich auf der letzten Seite mit der Überschrift »Dritt gebet Jörgen Berckenmairs«.[57] Das Lied war im 16. und 17. Jahrhundert weit verbreitet, vorwiegend in Gebet-, aber auch in Gesangbüchern. Ab 1600 taucht das Lied in veränderter Form in diversen Sammlungen auf. Bei Creutz Panier ist dieses Stück im Ton »Allein zu dir herr Jesu Christ« zu singen. Auch Buchwalder (1611) dichtet, um vierzeilige Strophen zu erhalten, zwei Zeilen am Ende hinzu. Demantius hingegen lässt die letzten beiden Zeilen einfach weg.[58] Daraus ist zu schließen, dass das Gebet ursprünglich nicht als Lied gedacht war. Nicht unerwähnt darf bleiben, dass das Gebet 1631 auch in einem katholischen Gesangbuch, »Gross Catholisch Gesangbuch, durch D.G. Corner, Nürnberg 1631«, auftaucht.[59]

Festzustellen ist, dass die Fassungen, die ich finden konnte, wortwörtlich nicht ganz mit der auf der Platte übereinstimmen. Eine große Übereinstimmung gibt es aber in den früheren Drucken. Denn bis auf ein paar kleine Wörter, die anders sind, meist Pronomen, gibt es keine Unterschiede. Die Fassung auf unserer Platte ist aufgrund der Zeilenanzahl nicht singbar und somit wirklich als Gebet gedacht.

O Herr biß du mein zuversicht/
So mein Mund khain Wort nimmer spricht.
Ja so die ohren nichts mher hörn/
Durch deinen Geist thue du mich lern

Herr biß mein sterkh/mein fels unnd trost/
So mir der Tod an mein Herz stoßt.
Dadurch sich meine Augen wennden/
Stehe mir bey unnd hilf mir enden.

Herr meinen Geist bevilch ich dir/
Dein gnedig angesicht kher zu mir.
Dürch dein bitter leiden unnd sterben/
Laß mich in khaine Sund verderben.
Die nur die Feind so groß thuen machen/
O Herr reiß mich auß irem Rachen.

Unnd leg das trostlich Wort in mich/
Deiner Versonung bit ih dich.
Laß mein Gewissen auch empfinden/
Das ich rain sey von meinen sünden.

57 Mützell, Geistliche Lieder (wie Anm. 55) 492.
58 Ebenda 492.
59 Philipp Wackernagel, Das deutsche Kirchenlied. Von der ältesten Zeit bis zu Anfang des XVII. Jahrhunderts, Bd. 3 (Leipzig 1870) Nr. 1270.

Trewer Gott bith dich von hertzen/
Gib mir gedult in meinen schmerzen.
Durch Jesum Christ erhör mein bith/
Laß deinen Knecht Sterben in frid.
Erlöß mich auß der noth unnd qual/
Belaith mein Seel inns himels Saal.
Durch deine Engel/ in dein Reich/
Das ich dich lob dort ewigeleich.
Amen

Das Gebet umrahmt das Bild der Kreuzigung auf der linken und rechten Seite. Es besteht insgesamt aus 26 Zeilen. Hinzu kommt am Ende ein reich ausgestaltetes »Amen«. Die Zeilen sind paarweise angeordnet, da jede zweite Zeile eingerückt ist. Dies entspricht dem Reimmuster, da sich immer ein Zeilenpaar am Ende reimt. Auf der linken Seite befinden sich 14 Zeilen, auf der rechten 12 und das »Amen«.

Die angesprochene Person ist zu Beginn Christus. Dies geht jedoch nicht aus dem Titel der Person hervor, denn »Herr« könnte auch für Gott stehen. Da aber die Leiden und der Tod des Angesprochenen ausgeführt werden, kann es sich hierbei nur um Christus handeln. Die Anrede »Herr« ist bei Martin Luther meist eine Bezeichnung für den Erlöser.[60] Dieser ist die Zuversicht des Beters. Das Wort Zuversicht birgt ins sich viel Positives und Hoffnungsvolles. Es ist auch ein Synonym für Vertrauen und Glaube. Der Beter stellt nicht fest, dass Christus die Zuversicht ist, sondern er fragt danach. Und das in einer ganz bestimmten Situation. Der Beter ist nicht mehr fähig zu sprechen und zu hören. In dieser hilflosen Situation, die auf eine Krankheit oder das Sterbebett hinweist, stellt er die Frage an Christus. Er will wissen, ob er auf Christus hoffen und trauen darf. Die Antwort erbittet sich der Beter, indem er nach dem Geist verlangt, der ihn diese Fürsprache lehren soll. Hier wird auch die extra-nos-Identität Christi angedeutet, denn der Beter weiß, dass er alleine nicht fähig ist, mit dieser Situation umzugehen.

Die nächsten vier Zeilen haben einen ähnlichen Aufbau wie die zuvor. Wiederum wird mit der Anrede »Herr« begonnen. Auch hier könnte wieder mit einer Frage begonnen werden, obwohl das aufgrund des fehlenden Pronomens nicht so deutlich ist. Der Beter konkretisiert seine Anliegen in diesen vier Zeilen. Denn er fragt nun Christus, ob dieser seine Stärke, Fels und Trost ist, was eine Aufschlüsselung des Wortes »Zuversicht« sein kann. Auch die Situation des Redners ist nun klar, er ist dem Tode nahe und wird bald sterben. Die vorhin angedeutete extra-nos-Identität ist deutlich angesprochen, indem um den Beistand und die Hilfe Christi im Sterben gebeten wird. Der Beter weiß um seine Hilflosigkeit und um die Notwendigkeit der Hilfe Christi. Die Unsicherheit des Beters in den vorigen Zeilen ist überwunden. Der Beter hat nun vollstes Vertrauen und befiehlt seinen Geist in die Hände Christi. Aufgrund dieses Vertrauens erbittet sich dieser nun auch die Zuwendung auf der angesprochenen Seite. Christus soll sich seiner annehmen.

60 BSLK 625, 25–30.

Es folgt die Kernstelle des ganzen Gebets. Es wird noch auffallen, dass die Kreuzigungsthematik öfters eine zentrale Stellung einnehmen wird. Es werden die Leiden und der Tod Christi angesprochen. Durch den Tod Christi, der alle unsere Sünden auf sich genommen hat, hat die Sünde keine Macht mehr und dies ist auch dem Beter bewusst. Die reine Tatsache, dass Christus für mich gestorben ist, reicht aber noch nicht aus, um am Heilsgeschehen Anteil zu haben. Der Mensch muss auch daran glauben, dass Christus ihn von Sünde, Tod und Teufel erlöst hat. Dieser Glaube schwingt auch mit, wenn der Beter bittet: »Durch dein bitter leiden unnd sterben / Lass mich in khaine Sünd verderben.«

Mit den Feinden, die die Sünde vergrößern sollen, sind meiner Ansicht nach die kleinen Teufel angesprochen. Sie zeigen dem Sterbenden seine Sünden auf und führen ihn so in die Verzweiflung. Der Sterbende glaubt aufgrund seiner großen Anzahl an Sünden, Gottes nicht würdig zu sein.[61] Auch bei Luther gibt es diese Vorstellung. Bei ihm ist die Sünde neben Tod und Hölle eine der drei Feinde, die Luther in seinem »Sermon von der Bereitung des Sterbens« erläutert.[62] Sowohl in der älteren Tradition als auch bei Luther helfen gegen diese Anfechtung der Gedanke und das Vertrauen auf Christus. Dieses Vertrauen wird im Gebet deutlich, wenn darum gebeten wird, dass Christus vor diesen Feinden bewahren soll. Gerade dieser Satz, der sich mit der Anrede »O Herr« hilfesuchend an Christus wendet, zeigt die große Verzweiflung und Anfechtung, in der sich der Sterbende befindet. Er fühlt sich in den Rachen der Sünde verschlungen, aus dem nur Christus befreien kann.

Mit dem Thema der Versöhnung sind nun wieder das Erlösungsgeschehen und der Tod Christi angesprochen. Bei Luther ist mit Versöhnung das Zentrum des Heilsgeschehens gemeint. Es geht um eine Wiederherstellung der Beziehung von Mensch und Gott. Das zentrale Ereignis ist der Tod und die Auferweckung Christi. Doch mit dem Begriff »Versöhnung« ist nicht nur das soteriologische Geschehen angesprochen, sondern sind auch Heil, Erlösung und Rechtfertigung gemeint.[63] Subjekt der Versöhnung allerdings bleibt das Wirken Gottes, wobei Christus nicht als bloßes Objekt gedacht werden darf. Der Tod Christi ist kein Sühneopfer, das die Gesinnung Gottes zu dem Menschen beeinflussen soll. Für Luther gibt sich Gott selbst in das Elend hinein. Das geht so weit, dass Gott am Kreuz selbst stirbt. Denn in Christus sind Gott und Mensch eine Einheit. Indem Gott den Kreuzestod Christi als den eigenen annimmt und Christus zur Auferstehung verhilft, erfüllt sich das Versöhnungsgeschehen.[64] Am Ende des zweiten Teiles bittet der Sterbende, das Geglaubte auch zu empfinden. Er weiß sich durch Christus von der Anfechtung der Sünden erlöst.

Nun wird Gott selbst angesprochen. Es geht hierbei um eine weitere Anfechtung, die den Sterbenden in seiner letzten Stunde quält, um die Geduld bezüglich

61 Appel, Anfechtung und Trost (wie Anm. 15) 29.

62 WA 2, 687.

63 Dietrich Korsch, Versöhnung III Theologiegeschichtlich und Dogmatisch. *TRE* 35 (2003) 22–40, hier 22.

64 Gunther Wenz, Geschichte der Versöhnungslehre in der evangelischen Theologie der Neuzeit, Bd. 1 (München 1984) 64 f.

der Schmerzen. Der Sterbende empfindet dieses Leiden als ungerecht. Dabei soll er geduldig sein, denn durch das Aushalten der Schmerzen zeigt der Leidende die Liebe zu Gott.[65] Bei Staupitz ist die Ablehnung dieses Leidens Gotteslästerung, da der Sterbende die Schmerzen als ungerecht empfindet und deshalb an der Gerechtigkeit Gottes zweifelt.[66] Luther scheint dieser Anfechtung keine große Aufmerksamkeit zu schenken, jedenfalls erwähnt er sie nicht explizit. Durch Christus, der hier als Mittler zwischen Gott und den Menschen fungiert, soll diese Bitte erhört werden.

Der Beter erbittet sich am Schluss ein friedliches Sterben und damit die Erlösung seiner Qualen. Er wünscht sich, durch die Engel Gottes in den Himmel geleitet zu werden, damit er dort Gott loben kann in Ewigkeit. Damit endet das Gebet sehr freudig und hoffnungsvoll. Es gibt hier zum Schluss keine weitere Anfechtung. Denn der Sterbende lässt sich von der Prädestinationsangst nicht beeinflussen. Der Mensch weiß nicht, ob er für den Himmel oder die Hölle bestimmt ist. Der Sterbende bittet Gott, für ihn den Himmel bereit zu halten. Er macht sich keine Gedanken darüber, ob er für den Himmel oder die Hölle bestimmt ist, sondern legt diese Frage in die Hände Gottes. Er bittet nur darum in den Himmel zu kommen.

Das ganze Gebet ist durch seinen bittenden Charakter bestimmt. In dieser Bitte steckt immer die Hoffnung, dass das Erbetene auch erfüllt wird, ohne Gott bzw. Christus zu etwas zu zwingen. Indirekt ist damit eine letzte Anfechtung verbunden, nämlich die der Selbsterhöhung. Der Sterbende weiß, dass er aus eigener Kraft nichts tun kann. Luther schreibt auch in seinem Sermon, dass niemand alleine versuchen solle zu glauben, sondern dass man vielmehr Gott darum bitten soll, den Glauben zu schaffen und zu erhalten.

Gebete für Kranke und Sterbende waren damals keine Seltenheit. Wie auch hier spielen das Kreuz und die Leiden Christi eine große Rolle, und damit verbunden die Sündenvergebung. Auch der Glaube daran wird öfters erbeten, durch Christus als Mittler. Sehr oft enden die Gebete auch mit viel Lob und Preis, was nicht verwundert, wenn man die Heilstat Christi und die wiederhergestellte Beziehung betrachtet.

V. Du O unnser Gott

Du unser Gott / bist sueß unnd warhafttig / dartzu geduldig / der alle ding durch barmhertzigkeit abrichtest / ob wir schon sündigen / noch seind wir dein und wiß-sen dein großmächtigkeit / sündigen wir dann nit / so wissen wir aber uns sein in der zall der deinen /
Wann dich erkhennen / ist die höchst gerechtigkeit und wir wissen dein gerechtigkeit / kraft / gwalt / zorn guttigkeit und barmherzigkait / das ist ye die wurtzel der untödlichait / derhalben lob ich dich in dir selber / der du bist über alles lob /

65 Appel, Anfechtung und Trost (wie Anm. 15) 80–81.
66 Johann Staupitz, Sämtliche Werke, Bd. 1 (Potsdam 1867) 64.

Wir loben dich in deiner Heilikait / der du allein heilig bist und durch dich allain werden wir heilig gemacht /
Wir loben dich in der veste deiner Sterkh / die da ewig ist / unnd unns alle enthelt /
Wir loben dich in deiner gewalt und macht / dadurch du selig machst unnd verdammest /
Wir loben dich in der ville deiner wunderbarlichen wurkhung / so du täglich auf Erden hast gewurkht / von anfang der Welt biß auf die Stund / und furnemblich das du uns deinen Sun Jesum Christum in die Welt hast geschikhet / der uns am stam des heiligen kreutz mit seinem unschuldigen tod / von dem ewigen tod erloset hat / des wir dir hoch lob / preis / ehr und Glori von ewigkait zu ewigkait sagen /
Wir loben dich auch mit hertzenlicher danksagung / und all dein vätterliche liebe und trew / so du uns armen kindern täglich bewisen hast und noch mit allerley notdurfst des leibs guet und der eben / des wir zu solchem allem unwurdig seind und woll ergers verdienet hetten /
Wir loben dich in der menge deiner herrligkait / die on ende ist und wir dadurch auch herzlich werden /
Das wir aber solchs rechtgeschaffen auf frohlichem willigem gemuet und in jautzen unsers hertzen mögen ewiglich thuen so gib uns lieber Herr dein gnad und deinen heiligen Geist / der uns allzeit errege / fuere treib und lehre / Amen

Das Gebet, das sich unter dem Kreuzigungsbild und dem ersten Gebet befindet, ist durchgängig verfasst und auf 12 Zeilen aufgeteilt. Insgesamt 41 Schrägstriche teilen den Text in kleinere Einheiten. Ein weiteres Gliederungsmerkmal entsteht durch die 9 großen Anfangsbuchstaben an den jeweiligen Satzanfängen. Diese Sätze sind unterschiedlich lang und durch die Schrägstriche unterschiedlich unterteilt. Die meisten Wörter beinhaltet Satz 6, was formal für eine bedeutende Mitte des Gebets spricht. Dies wird durch die inhaltliche Analyse auch bestätigt werden. Ein drittes Gliederungsmerkmal sind die Satzanfänge selber, denn Satz 3-8 beginnen jeweils mit »Wir loben dich«. Dadurch entsteht ein Rahmen mit den Sätzen 1, 2 und 9. Es entsteht eine Einleitung mit den ersten beiden Sätzen, ein Hauptteil mit den Sätzen 3-8 und mit Satz 9 ein Schlussteil.

Sehr interessant ist, das die Sätze 3, 4, 5 und 8 Ähnlichkeit zu Psalm 150 aufweisen. Denn Psalm 150 beginnt wie folgt: »Lobet den herrn ynn seynem heyligthum / Lobet yhn ynn der feste seyner stercke. Lobet yhn ynn seynen gewallt / Lobet ihn nach der menge seyner herlickeit.«[67] Es ist zwar in unserem Gebet in Satz 3 nicht das Heiligtum, sondern die Heiligkeit angesprochen, aber die anderen drei Sätze stimmen überein. Dem Verfasser des Gebets war Psalm 150 sicher vertraut. Er lehnt sich daran an und erweitert das biblische Vorbild sogar, indem er jeweils einen weiteren Satzteil anhängt. Wie dem Verfasser Psalm 150 geläufig war, so vermutlich auch der kleine Katechismus von Luther, denn einiges am Gebet erinnert daran.

67 WA DB 1, 563.

Der Angesprochene dieses Gebets ist Gott, jedoch nur ein Mal, nämlich gleich zu Beginn. Ansonsten wird statt »Gott« nur das persönliche Fürwort »du« verwendet. Am Ende wird »Gott« durch »Herr« ersetzt. Eine Gemeinde scheint zu sprechen, das ist erkennbar durch die vielen Pronomen »Wir« und »uns«. Eigenartig ist, dass genau ein Mal, nämlich im zweiten Satz, ein »ich« vorkommt. Dies könnte auf einen Vorbeter oder Fürsprecher hinweisen. Die Hauptakteure sind Gott und eine unbekannte Gemeinschaft bzw. ein stellvertretender Sprecher. Auch Jesus Christus hat einen Platz im Gebet, im 6. Satz. Jesus wird nicht direkt angesprochen, sondern über Gott als sein Sohn. Auch der Heilige Geist in Satz 9 wird nur in Beziehung mit Gott genannt.

Gleich mit den ersten Worten des Gebets wird eine Beziehungsebene dargestellt. Der Gott, der hier angesprochen wird, steht in Beziehung mit der sprechenden Gemeinde, da es sich um ihren Gott handelt. Hierauf folgen mehrere Eigenschaften, die Gott zugeordnet werden, wie »geduldig« und »barmherzig«, die auf das Richtersein Gottes vorbereiten. Gott ist kein strenger Richter, sondern ein barmherziger. Auch wenn die Gemeinde sündigt, so besteht die Beziehung mit Gott weiter. Dieses »noch« kann sehr missverständlich sein. Da man es einerseits als »noch immer« verstehen könnte, würde dies bedeuten, dass die Gemeinde, auch wenn sie sündigt, in der Gemeinschaft Gottes steht. Dieses kleine Wörtchen kann andererseits auch als »weder noch« verstanden werden; dann würde die Gemeinde, auch wenn sie nicht, wie in dem Gebet ausgeführt, in der Gemeinschaft Gottes steht, von dessen Existenz und Großmächtigkeit wissen. Die zweite Möglichkeit scheint hier aufgrund des folgenden Teilsatzes plausibler. Wenn die Gemeinde nicht sündigt, so ist sie sich ihrer Existenz in der Gemeinschaft Gottes sicher. Daraus folgt, dass ganz gleich, ob die Menschen sündigen oder nicht, Gott über sie richten wird.

Im Erkennen Gottes liegt die höchste Gerechtigkeit. Die Gemeinde weiß, dass in Gott bzw. jeweils in seinen Eigenschaften der Grund der Unsterblichkeit liegt. Daraus kann auch gefolgert werden, dass nicht der Mensch allein zu seinem ewigen Leben gelangt, sondern nur über Gott. Denn Gott bietet die Basis bzw. die Wurzel dafür. Für mich spiegelt der zweite Satz ein starkes Beziehungsgeflecht wider. Nicht nur die Güte und die Barmherzigkeit Gottes sind der Grund für die Unsterblichkeit des Menschen, sondern auch durch den Zorn Gottes erlangen wir diese. Den Zorn Gottes erleben wir aber nur in unserer Eigenschaft als Sünder. Es bleibt dem Sprecher aufgrund dieser Erkenntnis nur noch, Gott zu loben. Dabei vermag er dieses Lob gar nicht auszudrücken, da Gott so wunderbar ist, dass er über allem Lob steht.

Wie der 2. Satz mit Lob endet, so beginnt der 3. damit und eröffnet so den Mittelteil des Gebets, der vor allem von dem Thema »Lob« geprägt ist. Gott ist heilig und er ist der einzige, der heilig ist. Wir können von selbst nicht heilig werden. Aber wir werden von Gott heilig gemacht. Zweimal taucht hier das kleine Wörtchen »allein« auf. Gott ist allein heilig und durch ihn allein werden wir es auch. Es gibt also nichts neben Gott, das selbst heilig ist oder uns heilig machen könnte. Das könnte eine Anspielung gegen die Werkgerechtigkeit sein, da nichts und niemand, weder Kirche noch gute Taten, den Menschen heilig werden lassen.

Gelobt wird im vierten Satz auch die Stärke Gottes, die mit dem Bild der Festung verknüpft wird. Diese Stärke ist ewig und so stark, dass auch die Gemeinde davon profitiert. Es mag sich ein eigenartiges Bild vor den Augen des Lesers auftun, wenn man versucht sich vorzustellen, dass wir in der Stärke Gottes enthalten sind. Aber es gibt auch ein Gefühl von Sicherheit und Schutz. Diese »veste« oder Festung ist ein Sinnbild für Schutz. Gott ist wie eine Burg, die ihren Lehnsherr und die Untertanen schützt. Nur Gottes Burg besteht in alle Ewigkeit.

Mit dem fünften Satz wird wieder auf Gottes Funktion als Richter hingewiesen. Gott hat die Gewalt und Macht zu richten. Aufgrund dieser Attribute kann Gott selig machen und verdammen. Damit wird Gott, wie auch schon am Beginn des Gebets, absolute Gerechtigkeit zugesprochen. Denn die Gemeinde lobt Gott nicht nur, weil er rettet und selig macht, sondern sie lobt ihn auch, weil er verstößt und verdammt.

Die Mitte des Gebets beginnt mit dem Lob der Wirksamkeit Gottes. Gott wirkt seit der Erschaffung der Welt an jedem Tag. Es wird hier ein Gott gezeigt, der sich um seine Schöpfung kümmert. Gott lässt diese nicht im Stich. Er hat sich nach der Erschaffung der Welt nicht aus dieser zurückgezogen, sondern er wirkt aktiv auf die Welt und ihre Geschöpfe ein. Ein besonderer Aspekt dieser Wirkung wird herausgehoben, die Sendung seines Sohnes. Dass diese Sendung etwas ganz Besonderes für die Gemeinde darstellt, wird durch das Wort »furnemblich« ausgedrückt. Gott schickt seinen Sohn nicht ohne Grund, er sendet ihn für uns. Das scheint auch der Gemeinde wichtig zu sein. Gott wirkt zwar immer in der Welt, aber der Kreuzestod Christi versetzt die Gemeinde in eine neue Beziehung zu Gott.

Da Christus ohne Sünde war, hat er durch seinen Tod am Kreuz uns alle von dem ewigen Tod erlöst. Der ewige Tod ist hier nichts Zeitliches. Sowohl Katholiken als auch Protestanten unterscheiden mindestens zwei Arten des Todes. Einerseits den physischen, den Tod des Körpers, und andererseits den ewigen, den Tod der Seele. Der ewige Tod besteht darin, von Gott getrennt zu sein. Die Sünde ist das, was uns von Gott trennt. Und gerade wegen dieser Sünde hat Gott den Tod gegeben. Wer aber nun glaubt, dass Christus durch seinen Tod alle unsere Sünden auf sich genommen hat, der braucht sich vor dem ewigen Tod nicht zu fürchten. Es wird auch darauf hingewiesen, dass Christus seinen Tod als Unschuldiger erlitten hat. Dies ist eine Anspielung auf die Sündenfreiheit Christi. Denn auch wenn Gott durch Christus Mensch wurde, blieb dieser ohne Sünde. Es verwundert hier kaum, dass auf das Opfer Christi, das für uns dargebracht wurde, reichlich Lob, Preis und Ehrerbietung folgen. Denn die Geburt und der Tod Christi setzen uns Menschen wieder in Beziehung zu Gott.

Neben dem Lob wird nun auch Dankbarkeit ausgedrückt. Gott wird im siebten Satz als Vater gedacht und die Gemeinde als seine armen Kinder. Der Dank gilt vor allem seiner väterlichen Liebe, die die Gemeinde täglich empfangen darf. Jedoch hätten die Menschen diese väterliche Liebe gar nicht verdient, da sie ihrer unwürdig sind. Obwohl der Mensch eigentlich noch mehr Strafe verdient hätte, sagt Gott diesem seine väterliche Liebe und Treue zu. Gott hält den Kontakt zum Menschen, auch wenn dieser voller Sünde ist.

Im letzten Satz kommt auch eine Bitte zum Ausdruck. Das »solchs« ist hier wohl das Loben der Gemeinde, denn etwas anderes tut sie nicht in diesem »Psalm«. Alles andere tut Gott. Weil nun die Gemeinde Gott loben will, und dies fröhlich und mit Jauchzen in ihrem Herzen, bittet sie Gott um seine Gnade. In diesem Lob steckt auch implizit der Glaube der Gemeinde. Ohne den Glauben wäre auch das Lob sinnlos. Aufgrund dieses Glaubens erbittet sich die Gemeinde die Gnade Gottes. Mehr kann sie auch nicht tun. Neben der Gnade wird hier schließlich auch die dritte Person der Trinität erwähnt, der Heilige Geist. Auch diesen bittet die Gemeinde, dass er sie allezeit errege, führe, treibe und lehre.

Wir haben ein freies Gebet vor uns, das keinem bestimmten Schema folgt. Mit seinen neun Sätzen ist es eher kurz und knapp gehalten. Die Sprache entbehrt jeglicher überschwänglicher Gefühlsergüsse. Sehr deutlich wurde der Gemeindecharakter, der durch das häufige »Wir« ausgedrückt wurde. In welcher Situation sich die Gemeinde befand, ist aus dem Gebet selbst nicht ersichtlich. Es scheint für keinen bestimmten Anlass und für keinen bestimmten Stand gedacht zu sein. Jeder Christ könnte dieses Gebet sprechen. Auch die Themen sind sehr allgemein gehalten. Es geht um den richtenden Gott und den Kreuzigungstod Christi. Bis auf eine eventuelle Anlehnung an Psalm 150 sind keine biblischen Bezüge erkennbar, die eine Nähe zur Wortwahl der Bibel erkennen lassen. Vielmehr erinnert das Gebet an die Ausdrucksform des kleinen Katechismus von Luther. Aufgrund des Stils und des Inhalts orientiert bzw. orientieren sich der oder die Verfasser an Gebete der ersten Hälfte des 16. Jahrhunderts.

VI. Die vier letzten Dinge

Unter dem freien Gebet folgt nun eine sehr kurze und prägnante Behandlung der vier letzten Dinge.

Die Betrachtung beginnt kurz und knapp mit einem ubi-sunt-Motiv, da der Verfasser darauf hinweist, dass alle Menschen sterben müssen. Es ist also niemand von dem nun Folgenden ausgeschlossen, egal welchen Standes, ob Geistlicher oder nicht. Hierauf folgen ganz typisch die vier letzten Dinge, nämlich Tod, Gericht, Hölle und Himmel. Der Verfasser führt die vier letzten Dinge aus, indem er an den Betrachter vier Fragen stellt. Diese Ausführung ist mehr als schlicht, denn die vier letzten Dinge werden einfach mit einem Adjektiv ergänzt. Jede Frage beginnt mit »Was ist« und wird von einem »Nichts« gleich beantwortet.

Zu Beginn fragt der Verfasser: »Was ist forchtsamer Dann der Tod?« Es ist nicht gerade leicht nachzufühlen, warum es für den Verfasser nichts Furchtsameres als den Tod gibt. Verständlich wäre dies, wenn es sich nicht um den leiblichen, sondern um den ewigen Tod handeln würde. Sowohl in der spätmittelalterlichen Tradition wie auch bei Luther wird zwischen einem leiblichen und einem ewigen Tod unterschieden. Der ewige Tod wäre nichts anderes als das Getrenntsein von Gott. Dass die Vorstellung, auf ewig von Gott fern zu sein, eine große Furcht auslöst, wäre für jeden nachvollziehbar. Ich meine jedoch, dass eine Unterscheidung von leiblichem und ewigem Tod hier nicht angebracht ist, zumal alle den Tod erleiden müssen, jedenfalls den leiblichen, was dem ubi-sunt-Motiv am Beginn der Betrachtung gerecht wäre. Vielmehr ist hier zu fragen, warum man sich vor dem Tod fürchten muss. Ein Aspekt ist die vollkommene Machtlosigkeit angesichts der Tatsache des Todes selbst. Niemand weiß um seine Todesstunde und niemand kann dem Tod entrinnen. Die Furcht vor dem Tod hatte im Spätmittelalter vor allem einen erzieherischen Zweck. Im Zeitpunkt des Todes war der Mensch nicht mehr fähig, irgendetwas für sein Seelenheil zu tun. Deshalb sollte der Mensch jeden Tag so leben, als wäre es sein letzter, und den Tod jederzeit bedenken.[68]

Die Furcht vor dem Tod hilft so dem Menschen zu einem besseren Leben. Vielleicht ist die Furcht vor dem Tod so groß, weil, wie schon zuvor erwähnt, die Gottesgemeinschaft auf dem Spiel steht. Diese Unsicherheit und die Ungewissheit, von Gott erwählt zu sein oder nicht, erzeugen Angst. Dies ist es, was für Luther den Tod so furchtbar macht.[69] Dass der Tod auch positive Züge in sich birgt, wird hier vom Verfasser gänzlich außer Acht gelassen. Denn der Tod befreit auch wieder von der Sünde. Bei Luther begegnet der Mensch nicht nur dem zornigen, sondern auch dem gnädigen Gott.[70] Gerade bei Luther geht es immer um eine »Entängstigung« angesichts des Todes.

Interessant ist auch, wie diese Aussage im Gesamtgefüge der Platte zu sehen ist. Denn sie fällt aus dem Rahmen. Sowohl das Gebet von Berckenmayer als auch das freie Gebet enthalten einen sehr positiven und hoffnungsvollen Tenor. Die Hoffnung wird bei beiden vor allem auf den Tod Jesu Christi gestützt. Der Todesfurcht wird die Kreuzigung Christi entgegengehalten. Der Tod ist somit nicht mehr zu fürchten. Die starre Ansicht, dass es nichts gibt, was mehr zu fürchten wäre als der Tod, irritiert. Vielleicht warnt der Verfasser hier vor einer leichtfertigen Sicherheit, wenn er auf die furchtbare Seite des Todes hinweist. Was genau sich der Verfasser dabei gedacht hat, wird aufgrund der Kürze seiner Ausführung im Dunkeln bleiben.

Ähnliche Fragen stellen sich auch, wenn der Verfasser annimmt, dass es nichts Schrecklicheres oder Erschreckenderes gibt als das Gericht. Diese Angst vor dem Gericht war vor allem im Mittelalter sehr groß. Das Jüngste Gericht wurde als ein großer Schauprozess dargestellt, in dem Christus als gerechter Richter auftrat und alle Verdammten zu ewigen Höllenqualen verurteilte.[71] Verstärkt wurde diese Vorstellung durch das Wissen, dass nur ganz wenige zum ewigen Heil auserkoren sind. Die meisten Menschen sind zur ewigen Verdammnis bestimmt.[72] Auch auf protes-

68 Günter Ott, Die »Vier letzten Dinge« in der Lyrik des Andreas Gryphius. Untersuchungen zur Todesauffassung des Dichters und zur Tradition des eschatologischen Zyklus (Frankfurt/Main 1985) 63–64.

69 WA 40 III, 487, 21.

70 Helmut Thielicke, Tod und Leben. Studien zur christlichen Anthropologie (Geneve² 1946) 152–153.

71 Ott, Die »Vier letzten Dinge« (wie Anm. 68) 67.

72 Anselm Canterbury, Cur Deus Homo (Darmstadt 1970) I, 24.

tantischer Seite ist Christus der gerechte Richter, der beim Jüngsten Gericht urteilen wird. Doch bei Luther muss man sich vor Christus als Richter nicht unbedingt fürchten. Es kommt darauf an, ob man sich zu den Gläubigen oder zu den Ungläubigen zählt.[73] Man soll sich auch nicht fürchten vor dem Jüngsten Gericht, sondern darauf hoffen, dass Christus einen in das Himmelreich mitnehmen wird.[74]

Sowohl bei der Betrachtung des Todes als auch bei jener des Gerichts soll dem Leser Angst gemacht werden. Nichts ist mehr zu fürchten als der Tod und nichts ist schrecklicher als das Gericht. Es steckt in beiden wenig Zuversicht und viel Ermahnung, die der Verfasser hier vermitteln möchte. Dass dies zum Gesamtcharakter der Platte nicht passt, wurde schon erwähnt. Deshalb meine ich, dass hier vor allem eine spätmittelalterliche Tradition überliefert wird. Denn gerade im Mittelalter lag der Schwerpunkt auf der Angst und der Furcht vor Tod und Gericht. Natürlich gab es im Mittelalter auch immer eine Möglichkeit, diese Angst zu überwinden; so verweisen Anselm und auch Staupitz auf den Tod Christi, um dem Sterbenden in seiner Todesstunde Hoffnung zu geben. Nicht außer Acht zu lassen ist auch die Tatsache, dass auf reformatorischer Seite Tod und Gericht negative Züge annehmen. Doch liegt der Schwerpunkt der Angstmacherei im Mittelalter, sodass m.E. gerade dieser Teil der Platte wenig reformatorischen Einfluss hat.

Die Frage: »Was ist Grewlicher Dann das hellischfewer?« ist sowohl für einen Protestanten als auch für einen Katholiken verständlich. Deshalb ist es nicht möglich zu sagen, woran der Verfasser hier gedacht hat. Immerhin waren diverse Höllenvorstellungen im 16. Jahrhundert weit verbreitet und dienten nicht nur zur Abschreckung, sondern auch zur Unterhaltung.[75] Warum nun die Hölle greulich ist, bleibt auch hier Spekulation. In Betracht kommen die oft dargestellten Höllenqualen, wie das Ausgepeitschtwerden von den Teufeln und das Gekochtwerden im heißen Pech. An jede nur mögliche Grausamkeit könnte da gedacht worden sein. Greulich könnte die Hölle auch sein, weil sie ewig währt und es keine einzige Möglichkeit mehr gibt, zu Gott zu kommen. Die Hölle ist deshalb grausam, weil der Mensch darin immer wieder die zerstörte Gottesbeziehung und vor allem die Gottabwesenheit erfährt.

Wie die angsteinflößenden Vorstellungen von Tod, Gericht und Hölle den Menschen zu einem besseren Leben führen können, so ist es auch mit der Vorstellung vom Himmel. Die Vorstellung, im jenseitigen Reich für seine Taten belohnt zu werden, animiert den Menschen zu anderen Verhaltensweisen. Im 15. und 16. Jahrhundert gleicht der Himmel einem Paradiesgarten, in dem pure Lust vorherrscht und in dem Milch und Honig fließt. Der Himmel ist das reinste Schlaraffenland.[76] Hat man nun das Bedürfnis, Gott anzubeten, so begibt man sich in die Himmelsstadt. Bei solchen Vorstellungen verwundert es nicht, dass es nichts Lieblicheres gibt als die ewige Freude bzw. den Himmel. Nicht so farbenfroh schildert Luther den Himmel. Wie auch

73 WA 37, 151, 12.

74 WA 17 I 225, 19.

75 Peter Dinzelbacher, Die letzten Dinge. Himmel, Hölle, Fegefeuer im Mittelalter (Freiburg 1999) 171.

76 Ebenda 84–85.

bei der Hölle ist Luther der Ansicht, dass es dem Menschen unmöglich ist, sich das Jenseits vorzustellen.[77]

Obwohl Luthers Paradiesvorstellungen nicht so ausgeführt sind, so erhofft er sich einen Ort, an dem alle Lebensbedürfnisse von Gott selbst gedeckt werden.[78] Der Mensch ist von jeder Anfechtung frei, denn er ist nicht mehr wie im Leben gleichzeitig Sünder und Gerechter. Dieser Zwiespalt ist im Jenseits aufgehoben.[79] Demnach ist auch auf reformatorischer Seite der Himmel ein lieblicher Ort voller Freude.

Gerade dieser Abschnitt über die vier letzten Dinge macht deutlich, wie nah sich hier beide Traditionen sind. Deshalb ist es so schwierig, eine Zuteilung vorzunehmen. Sowohl ein Anhänger der spätmittelalterlichen Richtung als auch einer der Reformation könnte ohne Bedenken den Aussagen bezüglich der vier letzten Dinge zustimmen. Jedoch hebt er sich durch den ermahnenden und eher hoffnungslosen Grundton von den anderen Texten ab.

VII. Das Kreuzigungsbild

Im Zentrum der ganzen Arbeit befindet sich eine Darstellung der Kreuzigung Christi. Dieses Bild ist eingerahmt und besitzt jeweils eine Seitenlänge von 15,5 cm. Auf dem Bild ist nur eine Person dargestellt, nämlich Christus selbst. Weitere Personen, wie Maria, Johannes oder Soldaten fehlen, auch die zwei Verbrecher, die mit Jesus gekreuzigt wurden, sind nicht abgebildet. Der Schächer scheint für den Künstler keine Bedeutung gehabt zu haben.

Christus ist mit gekreuzten Beinen an ein Kreuz genagelt. Sein Lendentuch flattert im Wind und hebt sich von den daneben abgebildeten Wolken nur schwer ab. Christus trägt eine Dornenkrone, die aber durch den mächtigen Heiligenschein in den Hintergrund gedrängt wird. Der Heiligenschein, der nicht rund ist, sondern die Form eines Dreiecks besitzt, krönt so den Leidenden. Knapp über dem Heiligenschein ist ein Schild mit der Aufschrift INRI zu sehen. Neben dem Gekreuzigten befindet sich links eine hell strahlende Sonne, die sogar ein Gesicht besitzt, und auf der rechten Seite ein sichelförmiger Mond. Sonne und Mond haben kosmologische Bedeutung. Ihre Darstellung bei Kreuzigungsszenen war durchaus üblich.[80] Der restliche Himmel ist mit Sternen und Wolken durchzogen. Im Hintergrund befindet sich eine Stadt, welche die Stadt Jerusalem zeigen soll. Die plumpen Radialstrahlen und die Ätzfurchen der Stadt lassen auf die Nachbildung eines Holzschnitts schließen. Da solche Kreuzigungsbilder aber weit verbreitet waren, ist es klar, dass das Auffinden der Vorlage für diese Kreuzigungsszene ein äußerst schwieriges oder sogar schier unmögliches Unterfangen ist. So wird der Künstler dieses Bildes unbekannt bleiben.

---

77 WA 19, 225, 34 f.

78 WA 36, 593, 24.

79 WA 17 I 225, 33.

80 Ulrich Köpf, Art. Kreuz. IV Mittelalter. *TRE* 19 (1990) 732–761, hier 751.

Abbildung übernommen aus:
Alois Kieslinger, Kärntner Steinätzungen
(Klagenfurt 1965) Abb. 3a.

VIII. Resümee

Heute mögen das Thema der Tischplatte und die Intention ihres Schöpfers merkwürdig erscheinen, aber im 16. Jahrhundert war das Nachdenken über den Tod und die Beschäftigung mit dem Sterben nichts Ungewöhnliches. Ganz im Gegenteil, die Ars-moriendi-Literatur fand große Verbreitung. So ist auch dieses Werk ein Kind seiner Zeit, weil es als Thema die »Kunst des Sterbens« aufgreift. Schon die Überschrift »Wie der Mensch Im selbst zuesprechen soll« verdeutlicht den Zweck dieses Tisches. Einerseits soll der Mensch in der Situation des Sterbens getröstet werden. So wird es im Gebet von Jörg Berckenmayer deutlich, in dem der Sterbende Hilfe und Zuversicht bei Christus findet. Andererseits spricht die Platte auch die Lebenden an, die über den Tod und das Sterben nachdenken sollen. Das wird vor allem im ermahnenden Charakter der vier letzten Dinge deutlich.

Alles aber konzentriert sich auf das Kreuzigungsbild in der Mitte. Denn nur durch den Tod Christi kann eine »Entängstigung« angesichts des eigenen Sterbens und Todes erfolgen und nur durch Christus können alle Anfechtungen in dieser Situation überwunden werden, ja sogar der Tod selbst. Nicht umsonst spielt dieses Thema auch bei den beiden Gebeten eine zentrale Rolle. Aber das Leiden und Sterben Christi bereitet nicht nur ein angstfreies und gelungenes Sterben, es stellt die Beziehung zwischen Gott und den Menschen wieder her. In diesem Tod geht Christus in die tiefsten Abgründe und erfährt die größten Anfechtungen nur für uns. Weil wir durch Christus mit Gott wieder versöhnt sind, bleibt uns nichts anderes übrig, als Gott zu loben und zu preisen. Vor allem das freie Gebet drückt diese Freude und das gewonnene Verhältnis zwischen Gott und den Menschen aus. Das oben Gesagte lässt mich zu dem Schluss kommen, diese Steinätzung in die Gattung der ars moriendi einzuordnen. Auch die Kontrafaktur des französischen Chansons von Pierre Sandrin trägt dazu bei. Vielleicht war der Tod des lieben und treuen Freundes der Anlass für dieses Kunstwerk. Wie die Tiermedaillons hier zu deuten sind, ist schwierig; aber auch in ihnen finden sich Tiere, die mit dem Tod etwas zu tun haben, wie der Pelikan, der Adler oder der Phönix.

Fraglich ist, ob die Platte eher einen evangelischen oder katholischen Charakter hat. Wie schon erwähnt, besteht über diese Thematik im Großen und Ganzen keine Streitigkeit. Es werden auf der Platte selbst keine Kontroversen direkt angesprochen. Unterscheidungsmerkmale wie z. B. die Rechtfertigungslehre werden nur indirekt im freien Gebet angedeutet, wo Gott »allein« heilig macht. Es ist darauf hinzuweisen, dass es in jener Zeit bezüglich der Gebete einen regen Austausch zwischen Katholiken und Protestanten gab. Geht es nun um den Inhalt, so könnten die Texte und Abbildungen sowohl aus einer katholischen, als auch aus einer evangelischen Tradition stammen. Trotzdem würde ich die Platte eher in einen evangelischen Kontext stellen. Dies deshalb, weil der Charakter der beiden Gebete so durch und durch positiv ist. Gerade das freie Gebet besteht aus dem puren Lob Gottes. Die ars-moriendi-Literatur des Spätmittelalters ist eher tröstend und besinnt sich auf ein ruhiges und friedvolles Sterben. Luther hingegen endet bei seiner Sterbeschrift mit Lob, und damit ist er auf protestantischer Seite nicht alleine. Vor allem die Gebete haben für mich deshalb eher einen protestantischen Charakter. Daneben ist noch zu bemerken, dass Jörg Berckenmayer reformatorischer Gesinnung war. Auch das freie Gebet hat Anklänge an eine reformatorische Tradition, nämlich an den kleinen Katechismus von Luther. So sind die Gebete in eine evangelische Tradition einzuordnen. Anders ist es mit der Behandlung der vier letzten Dinge. Der mahnende Charakter spricht für eine spätmittelalterliche Herkunft.

Es ist weder ungewöhnlich, dass zwei verschiedene Traditionen nebeneinander bestehen können, noch ist es undenkbar, dass der mahnende Charakter und die Betrachtung der vier letzten Dinge auch von evangelischer Seite übernommen wurden. Die Platte ist jedenfalls das beste Beispiel dafür, dass zwischen den beiden Strömungen nicht immer klar unterschieden werden kann und dass es nicht auf allen Ebenen zu Konflikten zwischen katholischer und evangelischer Lehre kam.

Rezensionen

Christine Tropper, Glut unter der Asche und offene Flamme. Der Kärntner Geheimprotestantismus und seine Bekämpfung 1731–1738 (Quelleneditionen des Instituts für Österreichische Geschichtsforschung, Bd. 9, Wien 2011).

Von Astrid Schweighofer

Mit »Glut unter der Asche und offene Flamme« liegt eine höchst verdienstvolle Publikation/Quellenedition vor, die sich dem seit einigen Jahren verstärkt auch von »profan«historischer Seite behandelten Thema des österreichischen »Geheimprotestantismus« und seiner Bekämpfung widmet. Im Zentrum der Darstellung stehen die Jahre 1731–1738, jener Zeitraum vom Beginn der Religionsunruhen in Salzburg bis zum Ende der Regierung Kaiser Karls VI., der auch in Kärnten von einem widerspruchsvollen Wechselspiel zwischen evangelischem Bekennertum und staatlichen Zwangsmaßnahmen geprägt war. Die Dichte und der Detailreichtum des edierten Quellenmaterials zu dieser Periode der evangelischen Kirchengeschichtsschreibung sind einzigartig und bilden den besonderen Wert der vorliegenden Edition.

Unter den publizierten Quellen befinden sich unter anderem das Protokoll einer an der Jahreswende 1734/35 in den geheimprotestantischen Gebieten Kärntens durchgeführten Visitation, die »Geheimprotestantenakten« der Pfarre St. Lorenzen in der Reichenau und der Herrschaft Afritz/Gegend, die Protokolle der übergeordneten geistlichen Behörden (Gurker Konsistorialprotokolle und Friesacher Archidiakonatsprotokoll) sowie die bereits bei Paul Dedic[1] in verkürzter Form publizierte kaiserliche »Hauptresolution« vom 12. August 1733, welche die programmatische Grundlage des kaiserlichen Kampfes gegen den Geheimprotestantismus darstellt und in der vorliegenden Arbeit in ihrer umfangreicheren Form als Instruktion für den Kärntner Religionskommissar Adam Seifried Graf von Grottenegg vorgestellt wird. Die Edition dieses Quellenmaterials bildet den zweiten Teil der Publikation (ab S. 129).

Im ersten Teil (S. 11–128) bietet die Verf. eine Einführung in die wissenschaftliche Literatur sowohl evangelischer als auch katholischer Provenienz. Sie spannt einen breiten Bogen von den frühen Publikationen der 1730er Jahre (Anton Faber,[2] Bern-

---

1 Paul Dedic, Der Geheimprotestantismus in Kärnten während der Regierung Karls VI. (1711–1740) (Archiv für vaterländische Geschichte und Topographie 26, Klagenfurt 1940).

2 Anton Faber, Europäischer Staats-Cantzley Drey- und Sechzigster Theil [...] (o. O. 1734) sowie die folgenden Teile (1735–1737).

hard Raupach[3]) über jene des 19. und 20. Jahrhunderts bis hin zu den zeitgenössischen Publikationen der vergangenen Jahre (Stephan Steiner,[4] Rudolf Leeb[5]), wobei sie mit Recht auf die weit ins 20. Jahrhundert hinein reichende starke konfessionelle Prägung der Darstellungen hinweist. Im Anschluss daran erfolgt eine an die jüngere Forschung anschließende kritische Auseinandersetzung mit dem Begriff »Geheimprotestantismus«, an dem die Verf. durchgängig festhält – bei synonymer Verwendung der Begriffe »Kryptoprotestantismus« oder »Untergrundprotestantismus« – und der weniger die Geheimhaltung des evangelischen Bekenntnisses als vielmehr dessen »Illegalität« meint.

Die eigentliche Darstellung beginnt mit einer Einführung zur Entwicklung des Kärntner Geheimprotestantismus bis zum Jahr 1731, nimmt also die für den behandelten Zeitraum relevante Ausgangssituation der Kärntner Protestanten in den Blick (S. 20–30). Die Verf. führt aus, dass das Land zu Beginn des 17. Jahrhunderts trotz gegenreformatorischer Maßnahmen noch stark evangelisch geprägt war. Die geistlich-administrative Zersplitterung des Landes und das oft nur geringe Interesse katholischer Herren an der Religion ihrer Untertanen werden dafür ebenso geltend gemacht werden wie der Schutz der Evangelischen durch protestantische Adelige. Es wird darauf hingewiesen, dass die letzte Religionsreformation im Jahr 1651 eine Zäsur darstellt: der zunehmende Druck auf die evangelisch bäuerliche Bevölkerung vor allem des Gegendtales setzte eine Emigrationswelle in Gang. Im Land selbst hielten viele »im Geheimen« an ihrem evangelischen Bekenntnis fest – die Obrigkeiten begnügten sich oftmals mit einer rein äußerlichen Hinwendung zum Katholizismus, und auch von Seiten der Behörden und der katholischen Seelsorger wurde den Protestanten oft nur wenig Aufmerksamkeit zuteil. Allerdings kam es zu Beginn des 18. Jahrhunderts auch in Kärnten vermehrt zu Konfliktfällen, provoziert durch ein immer stärkeres Hervortreten und offenes Bekennen der Protestanten. Ein möglicher Zusammenhang zwischen dem Bekennermut der Kärntner Evangelischen und der Ausweisung der Dürrnberger und Defregger im Sinne einer Solidarisierung mit den Ausgewiesenen wird von der Verf. infrage gestellt (S. 27). Sie führt die zunehmende Widerständigkeit der Evangelischen in Kärnten vielmehr auf die verstärkte Sozialdisziplinierung und das damit einhergehende schärfere Vorgehen gegen die Geheimprotestanten zurück, wobei sie darauf hinweist, dass die staatlichen Maßnahmen aufgrund mangelnder Zusammenarbeit zwischen den verschiedenen Behör-

3 Bernhard Raupach, Erläutertes Evangelisches Oesterreich oder dritte und letzte Fortsetzung der historischen Nachricht von den vornehmsten Schicksalen der evangelisch-lutherischen Kirchen in dem Ertz-Herzogthum Oesterreich [...] (Hamburg 1740).

4 Stephan Steiner, Reisen ohne Wiederkehr. Die Deportation von Protestanten aus Kärnten 1734–1736 (Veröffentlichungen des Instituts für Österreichische Geschichtsforschung 46, Wien–München 2007).

5 Rudolf Leeb, Zwei Konfessionen in einem Tal. Vom Zusammenleben der Konfessionen im Alpenraum in der Zeit des »Geheimprotestantismus« und zum Verständnis der Konfessionalisierung, in: Impulse für eine Religiöse Alltagsgeschichte des Donau-Alpen-Adria-Raumes, hg. von Rupert Klieber/Hermann Hold (Wien–Köln–Weimar 2005) 129–150.

den sowie personeller und struktureller Schwierigkeiten oft nur schwer durchsetzbar waren. Zu landesfürstlichen Ausweisungsbefehlen kam es zu dieser Zeit nicht mehr. Kaiser Karl VI. hatte einen neuen Weg im Kampf gegen den Geheimprotestantismus eingeschlagen: um das den Lutheranern reichsrechtlich gewährte *ius emigrationis* zu umgehen – und damit eine Einmischung etwa von Seiten des Regensburger Corpus Evangelicorum zugunsten der österreichischen Protestanten zu verhindern – stempelte er die Evangelischen schlichtweg als »Ketzer« und »Aufrührer« ab. Dass diese beim Corpus Evangelicorum in Regensburg um Schutz ansuchten, verweist auf die Verbindungen auch der Kärntner Protestanten zur deutschen Reichsstadt (S. 28–29, 86). Den staatlichen Provokationen folgten aufmüpfige Reaktionen auf evangelischer Seite, ein Wechselspiel von Reaktion und Gegenreaktion, das in den 1730er Jahren eine von den Salzburger Religionsunruhen beeinflusste, von einem gestärkten Selbstbewusstsein getragene evangelische Bekenntnisbewegung und, auf staatlicher Seite, Zwangsverschickungen (Transmigrationen) Evangelischer nach Siebenbürgen zur Folge hatte.

Nach dieser einleitenden inhaltlichen Überblicksdarstellung widmet sich die Verf. den politischen, religiösen und sozialen Rahmenbedingungen geheimprotestantischen Lebens in Kärnten und den darauf abzielenden staatlichen Abwehrmaßnahmen (S. 31–59). Die Verf. führt kurz und prägnant in die Strukturen und Ämter/Positionen der weltlichen und geistlichen Verwaltung ein, beleuchtet die Aufgabenbereiche des für die Geheimprotestanten zuständigen Kärntner Religionskonsesses, nimmt dabei konkrete Einzelpersonen wie etwa Landeshauptmann Johann Anton von Goess, Landesverweser Adam Seifried von Grottenegg oder geistliche Vertreter der Diözese Gurk bzw. des Friesacher Archidiakonats in den Blick und erläutert deren Rolle bei der Bekämpfung des Geheimprotestantismus.

Ab Seite 61 wendet sich die Verf. dem konkreten Raum zu, nämlich der Pfarre St. Lorenzen in der Reichenau und der Herrschaft Afritz/Gegend. Es erfolgt zunächst eine Beschreibung der genannten Kleinräume und der dort wirkenden katholischen Geistlichen (S. 61–81) und im Anschluss daran eine ausführliche, in erster Linie auf dem edierten Quellenmaterial basierende Darstellung der dortigen Abläufe in den Jahren 1731–1738 (S. 82–98). Besonderes Augenmerk widmet die Verf. der evangelischen »Einschreibbewegung« (S. 85–86) sowie den weltlichen und geistlichen Zwangsmaßnahmen gegenüber den Geheimprotestanten (im weltlichen Bereich u. a. Bespitzelung, Versammlungsverbot, Eindämmung des Bücherschmuggels, Kontrolle des Schulwesens, Volksmissionen, publizistische Propaganda, Verhaftungen, Verhöre, Transmigrationen; im geistlichen Bereich u. a. intensivierter Katechismusunterricht, Einrichtung von Missions- und Seelsorgestationen, Eindämmung des Wallfahrtswesens) und wirft in diesem Zusammenhang die Frage nach der noch ungeklärten Rolle der Jesuiten in der Bekämpfung des Geheimprotestantismus auf (S. 104–124). Es wird deutlich, dass der Wiener Hof den katholischen Seelsorgern eine aus angeblicher seelsorgerlicher Nachlässigkeit resultierende Schuld an der fortdauernden Existenz des Geheimprotestantismus anlastete und deshalb verstärkt auf katechetische Unterweisung pochte, wobei ein grundsätzlich mildes und auf die Bedürfnisse der

Geheimprotestanten Rücksicht nehmendes Vorgehen angemahnt wurde (z. B. mehr Predigten, keine Kritik an Luther, vermehrte Hausbesuche, keine Beschimpfungen als »Ketzer«), um diese leichter in die katholische Kirche rückführen zu können.

In einer, wie die sie es selbst nennt, »Annnäherung« geht die Verf. darüber hinaus auf die Frömmigkeit und die soziale Struktur der Geheimprotestanten ein (S. 88–95), betont insbesondere den hohen Stellenwert von Hausandachten und evangelischer Literatur als Grundlage geheimprotestantischen Lebens und stellt gleichzeitig die Frage der Lesefähigkeit der Evangelischen zur Diskussion. Von biographischem Interesse ist weiters die Schilderung des Schicksals des Afritzer Geheimprotestanten Hans Köfler (S. 98–102) – das Protokoll eines seiner Verhöre ist in der nachfolgenden Quellenedition zu finden (S. 343–346).

Der editorische, zweite Hauptteil der Publikation beginnt mit einer Darlegung der Editionsgrundsätze und einigen einführenden Vorbemerkungen zu den oben genannten Quellen (S. 129–145). Die Edition selbst (S. 146–457) ist chronologisch in fünf Abschnitte unterteilt. Der erste Abschnitt widmet sich den Vorgängen vom Beginn der Religionsunruhen in Salzburg bis zur kaiserlichen Hauptresolution vom August 1733, Abschnitt zwei und drei behandeln die Hauptresolution sowie den daran anschließenden Zeitraum bis zur Visitation 1734/35. Die Visitation selbst ist Inhalt des vierten Abschnittes, der fünfte und letzte Abschnitt beinhaltet die den Zeitraum 1734/35 bis 1738 umfassenden Quellen.

Insgesamt stellt diese Quellenedition dank ihres Materialreichtums eine hervorragende Grundlage für weiterführende mikrohistorische Studien zu Alltagsfrömmigkeit, Religiosität, Konfessionalisierung usw. im genannten Zeitraum dar. Die Vielzahl an genannten Namen sowohl von Geheimprotestanten als auch von Katholiken bietet zudem wichtige Anhaltspunkte für die prosopographische Forschung.

Als hilfreich im Umgang mit der Edition erweisen sich das Orts- und Personenregister am Ende der Publikation sowie diverse Abbildungen und Landkarten, welche die geographische Orientierung erleichtern. Dass auf ein Sachregister verzichtet wurde, ist bedauerlich, tut der nicht nur für die österreichische Protestantengeschichte wertvollen Publikation jedoch keinen Abbruch.

Christopher Boyd Brown,
Singing the Gospel. Lutheran Hymns and the Success of the Reformation
(Harvard Historical Studies 148, Cambridge–Massachusets–London/England 2005).

Von Werner Horn

In acht Kapiteln (1: Hymns, Hymnals, and the Reformation, 2: Reformation and the Music in Joachimsthal, 3: Lutheranism, Music and Society, 4: Music and Lutheran Education, 5: Lutheran Music in the Church, 6: Lutheranism and Music at Home, 7: Counter-Reformation in Joachimsthal, 8: Joachimsthal's Influence) beschäftigt sich der Autor – er ist Assistenzprofessor für Kirchengeschichte der University School of Theology in Boston – mit dem Liedschaffen des Joachimsthaler Kantors Nikolaus Herman und seinen Auswirkungen auf Schule, Kirche und Gesellschaft.

Nikolaus Herman wurde um 1500 vermutlich in Altdorf bei Nürnberg geboren. Über seine Ausbildungs- und Lehrzeit ist nichts bekannt. Er wirkte ab 1518 als Kantor, Organist und Lehrer in St. Joachimsthal (tschech. Jáchymov), einer Bergwerkstadt im böhmischen Erzgebirge. Der dortige Graf Stephan von Schlick hatte eine verfallene Silbererzgrube wieder in Betrieb genommen und die Stadt wirtschaftlich aufblühen lassen. Hatte die Stadt im Jahr 1520 nur 5000 Einwohner, so zählte sie 1533 bereits 18.000 Bewohner. St. Joachimsthal wurde zu einem bedeutenden Ort der Münzprägung. Hier wurde der Guldengroschen geprägt, dessen Bezeichnung Joachimsthaler in der Abkürzung Thaler auf Silbermünzen ähnlichen Gewichts überging.

Es ist bemerkenswert, dass der Graf beim Wiederaufbau der Stadt auch auf die Einrichtung einer hussitisch geprägten Gemeinde samt Schule Wert legte. An dieser Schule wirkte Nikolaus Herman ab 1518. Schon früh wurde er ein Anhänger Martin Luthers, dessen 1524 erschienene Schrift »An die Ratsherren aller Städte deutschen Landes, dass sie christliche Schulen aufrichten und halten sollen« ihn sehr beeinflusste. Erhalten ist ein Brief Luthers an Herman vom 6. November 1524 (WA Briefe III, 369 f.).

Eine enge Freundschaft verband Herman ab 1532 mit seinem Direktor, dem späteren Prediger Johann Mathesius. Man kann davon ausgehen, dass ein großer Teil der überlieferten Lieder in regem Austausch mit dem Freund entstanden ist. Aus gesundheitlichen Gründen musste Herman 1557 seine Ämter niederlegen. Im Alter ordnete er sein Schaffen und bereitete es für den Druck vor. Im Jahr 1560 erschien die Liedersammlung der »Sonntags-Evangelia über das gantze Jahr in Gesänge verfasst« (101 Lieder), posthum wurden 1562 »Die Historien von der Sindflut« (75 Lieder) veröffentlicht.

Hermans Verdienst ist die Schaffung qualitätvoller und bis heute beliebter Lieder in Text und Melodie. Ursprünglich waren sie für die »Kinder und christlichen Hausväter« bestimmt. An eine Verwendung im Gottesdienst war zunächst nicht gedacht.

Hermans Hauptanliegen war die Erziehung der Jugend. Dabei leitete ihn der Gedanke, »dass alles, was im Gesang verfasset wird, leichtlicher zu lernen und besser zu behalten ist, denn was man sonst lieset und höret«. Hinzu kam seine Begabung, die christliche Lehre in einfache, verständliche Verse zu fassen, deren Aussagen durch die Melodien vertieft werden. Hermans Volkstümlichkeit wird deutlich, wenn Nikolaus Selnecker im Jahr 1587 bemerkt, dass »seine Lieder aus den Evangelien sehr fleißig von den Schulknaben zu Leipzig auf der Gasse gesungen werden«. Die 15 Lieder, die das Evangelische Gesangbuch enthält, zählen bis heute zum Kernbestand des protestantischen Kirchenliedes.

Am 15. Mai 1561 starb Herman in St. Joachimsthal. Johann Mathesius notierte im Sterberegister: »Nikolaus Herman, ein guter Musikus, der viele gute Choräle und deutsche Lieder gemacht, im Herrn entschlafen.«

Der Verf. macht deutlich, dass Hermans Lieder in St. Joachimsthal und darüber hinaus auf der Straße, zu Hause genauso wie in den Kirchen und Schulen gesungen wurden. Sie waren zentrale Instrumente der lutherischen Pädagogik und wurden als gute Möglichkeit angesehen, sich das Evangelium anzueignen und sich an dieses immer wieder zu erinnern.

In einer Zeit, in der das Singen zu Hause wie in der Schule immer mehr abnimmt, haben wir mit dieser Publikation ein Buch vor uns, das dessen Bedeutung für die Weitergabe des Evangeliums und des Glaubens am Beispiel von Nikolaus Herman entfaltet und unterstreicht.